袁行霈 主編
趙爲民 程郁綴 副主編

歷代名篇賞析集成

宋金元卷（下）

高等教育出版社

篇目表

宋金元卷［下］

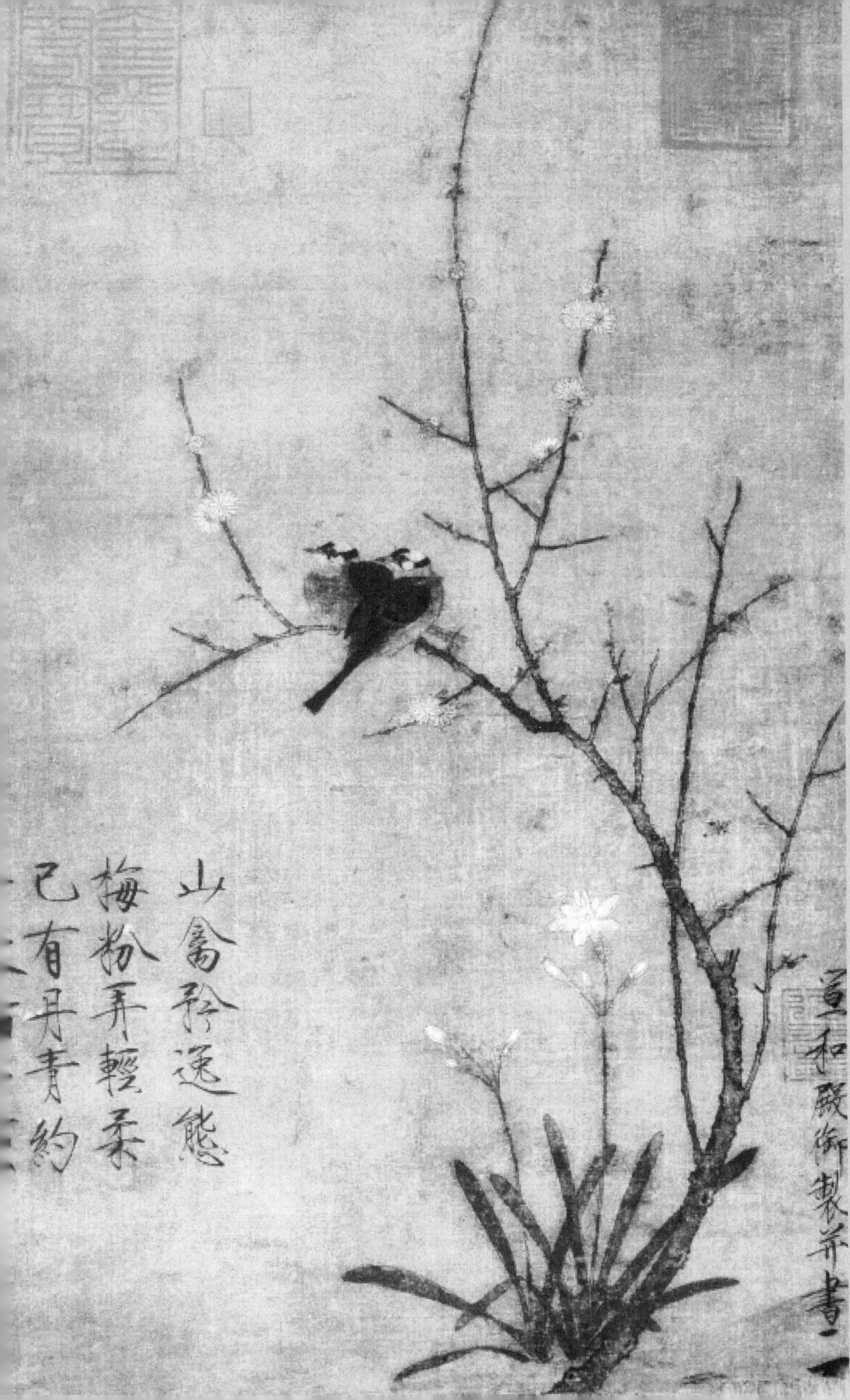

山禽矜逸態
梅粉弄輕柔
已有丹青約
宣和殿御製并書

閒居初夏午睡起

楊萬里

梅子留酸軟齒牙，芭蕉分綠與窗紗。日長睡起無情思，閒看兒童捉柳花。

這首小詩是楊萬里描寫南方夏季自然景色的名篇，歷來被人傳誦。

這首詩的動人之處，就是它的畫面非常鮮明，感情非常眞摯，並且具有非常濃厚的生活氣息和動人的意境。作者毫不塗飾，純用白描，寫來却情景逼眞，令人恍若置身在當時的環境之中，與作者一起領略着初夏睡起的感受。

開頭兩句，點明節令，勾畫出人物活動的具體環境。起句就寫得非常傳神和別具一格。它不寫梅子的外形和黃梅季節的天氣，却從梅子的酸味和人吃梅子的感覺寫起，用語新穎而通俗。初夏時季，梅子已經成熟。作者品嘗了這種時鮮水果，吃的時候還不覺得怎樣，吃後酸味却久久地留在牙牀中間，牙齒上下接觸一下都覺得酸痛，好像變軟了一樣。這種詩句非有親身的生活體驗是寫不出來的。它比起「梅子黃時日日晴」（曾紓《三衢道中》）、「黃梅時節家家雨」（趙師秀《約客》）這樣的詩句來，顯得更生動，更富有生活氣息。「留酸」二字，採用當時的口語，這個詞至今還廣泛地在口頭上使用。「軟」字用得很新穎恰切，牙齒不是眞的軟了，而是吃酸味後牙齒上下不敢接觸時的一種感覺（俗稱「倒牙」）。

第二句寫初夏景象與人的感覺。春去夏來，窗前的幾棵芭蕉已亭亭玉立，濃綠成蔭。在正午陽光的照射下，它的綠蔭映上窗紗，使驕陽減弱了威嚴，微微透出一些涼意，構成一幅非常清幽的圖景。這句中的「分」字用得很巧妙，很傳神。窗紗本來是綠色的，似因爲日子久了，顏色有些黯淡，如今芭蕉濃綠充盈，又把綠色分了一些給它，使窗紗景象一新，也顯得富有光彩了。這種擬人化的手法，不僅富有生活情趣，也使芭蕉的形象顯得更生動更可愛了。

三四兩句，人物的活動由室內轉向室外。夏日轉長，人們易於困倦，一覺醒來，睡意猶存，情思煩悶，覺得有些無聊，信步度出室外，馬上又被另外一種景象吸引住了。孩子們正在蹦蹦跳跳地捕捉柳花。那種高高興興的樣子，天眞活潑的神態，簡直不知道人間還有什麼憂愁。作者看得入神，不知不覺也進入了這種境界之中，心頭的煩悶也消失得無影無蹤了。詩到此結束，眞是韻味無窮。

據說南宋抗金的名將張浚讀了這首詩高興地說：「廷秀（楊萬里的字）胸襟透脫矣！」「透脫」就是不執著於某事物，對事物有一個透徹全面的理解，既能對事物有精深的體會，又能在事物的束縛下解脫出來，而進入一種新的境界。張浚是楊萬里最佩服的師友之一，對楊萬里的爲人很了解，對楊萬里的詩才很讚賞，他這樣說自然有自己獨到的體會。我們想深入了解這首詩的思想境界和張浚這句話的含意，就要追述一下作者的爲人和當時的歷史環境。楊萬里的上幾代沒有做官的，家世很清寒。他做了官以後，始終保持着儉苦的家風。在當時的士大夫中他是一個爲人正直而具有愛國心的詩人。紹興三十二年（一一六二）宋高宗傳位給宋孝宗，政局發生了很大的變化，孝宗卽位以後，銳意恢復，起用張浚等愛國將領。隆興元年（一一六三）張浚爲樞密使，都督江淮兵馬，發動了一次北伐戰爭，人心振奮，長期沉悶的政治空氣又活躍起來，楊萬里也受到很大的鼓舞。這次北伐開始很順利，不料符離集（今安徽宿縣以北）一戰，因將領不和，宋軍大敗。投降派以此爲借口大肆攻擊張浚。孝宗以爲自己犯了一個錯誤，動搖了抗戰的決心，罷免了張浚，進用秦檜餘黨湯思退做宰相，主動割地求和，打擊抗戰派，一度高漲的抗戰呼聲又消沉下去，南宋王朝也由此一蹶不振。這首詩作於乾道二年（一一六六）作者家居時。當時的政治氣氛是低沉的。作者的心情也是鬱悶的。在日長人倦的初夏，作者午睡初起，內心仍感到沒情沒緒。我們了解了作者的爲人和所處的時代環境，自然也就能體會到「日長睡起無情思」，這句看來並沒有什麽思想價值的詩句深處的含意了。但作者並沒有將這種情緒延伸下去，也沒有陷入某種情緒中而不能自拔。而是將筆鋒一轉，進入另一種境界，回到活潑潑的生活中來。這或許就是張浚所說的作者「胸襟透脫」的表現。由此也就可以看出，這首詩的後兩句，雖然由白居易的名句「誰能更學兒童戲，尋逐春風捉柳花」變化而來，但所表現的格調和意境却截然不同。

楊萬里作詩，主張師法自然，善於捕捉稍縱即逝的景物或事物的一瞬間，以生動流轉的筆觸，將事物生動形象地再現出來。錢鍾書先生說：「誠齋（楊萬里的號）擅寫生……如攝影之快鏡；兔起鶻落，鳶飛魚躍，稍縱即逝而及其未逝，轉瞬即改而當其未改；眼明手捷，蹤矢攝風：此誠齋之所獨也。」（《談藝錄》）這首小詩也表現了這方面的特點。「芭蕉分綠與窗紗」是一個靜止的畫面，表現了清幽的環境；「閒看兒童捉柳花」則是一個快鏡頭，活生生地呈現出兒童天眞歡快的神態。一動一靜，結合成一個完整的藝術體，使詩意顯得更加引人入勝了。

（趙呈元）

插秧歌

楊萬里

田夫抛秧田婦接，小兒拔秧大兒插。笠是兜鍪蓑是甲，雨從頭上濕到胛。

喚渠朝餐歇半霎，低頭折腰祇不答。秧根未牢蒔未匝，照管鵝兒與雛鴨。

楊萬里

插秧歌

楊萬里（一一二四——一二〇六或一二〇八），字廷秀，號誠齋，江西吉水（今江西省吉安市）人。他是南宋著名的詩人，與陸游、范成大、尤袤齊名，並都是好朋友，被稱爲南宋「中興四大詩人」。他的詩借鑒前人，自成一家，時稱「誠齋體」。他寫詩勇於擺脫陳規，大量吸收民間口語，非常淺近通俗。他善於描寫自然景物，清新活潑，歷來受人稱讚。他做官剛正直言，關心民衆生活，關心民族的命運，也寫了不少反映勞動人民疾苦和民族危機的詩篇。

《插秧歌》這首詩就生動地表現了農民插秧時辛苦勞累的緊張生活，歌頌了農民勤勞刻苦的優秀品質，反映了詩人對勞動人民的讚佩和同情。

「田夫拋秧田婦接，小兒拔秧大兒插」。這兩句寫出了農民全家老幼一齊出動進行插秧的繁忙情景。拋秧是插秧的一個環節。種稻須先育好秧苗。育秧苗時先整好秧田，平整如鏡，再撒上稻種，秧苗長好後才能用來插秧。插秧時先從秧田裏把秧苗拔出，捆成小捆，在田裏涮淨泥土，再拋給插秧的人把它插在大田裏。因此首聯兩句合起來看：小兒拔秧，田夫拋秧，田婦接秧，大兒插秧。各司其職，大家忙個不停。插秧季節是農民的大忙季節。插秧要快要好，爲了搶農時，所以特別勞累辛苦，不僅要全家總動員，而且要搬請親友，前來幫忙。這兩句也是用了互文的修辭方法。四個人的分工不是固定不變的，中間也會互相調換活路，權當一種休息。這樣，一副熱火朝天的插秧圖，便呈現在讀者的面前。這裏用的淺顯的語言，平常的修辭方式，雖不足爲奇，但却用得恰到好處，最適於表現廣闊繁忙的生產場面。詩人不因詞句平常而不用，也不因詞句華麗而妄用，實在是深得遣詞造句的眞諦。這也是「誠齋體」的一個特點。

「笠是兜鍪蓑是甲，雨從頭上濕到胛。」兜鍪，古時作戰保護頭部的頭盔；甲，古時作戰保護身體的外衣。胛，肩胛，肩膀。詩人說，斗笠和蓑衣就像盔和甲，雨水還從頭上濕到肩膀上。前一句是將插秧比作戰鬥，足見其緊張勞累的程度。後一句寫雨很大，戴斗笠，披蓑衣，雨水還從頭上濕到肩上。即使這樣，農民還是奮不顧身，衹管插秧。

「喚渠朝餐歇半霎，低頭彎腰衹不答。」渠，他，指農民。這兩句說，送飯的人來送飯，叫插秧的人吃早飯，

袁行霈 主編 趙爲民 程郁綴 副主編

歷代名篇賞析集成

宋金元卷（下）

高等教育出版社

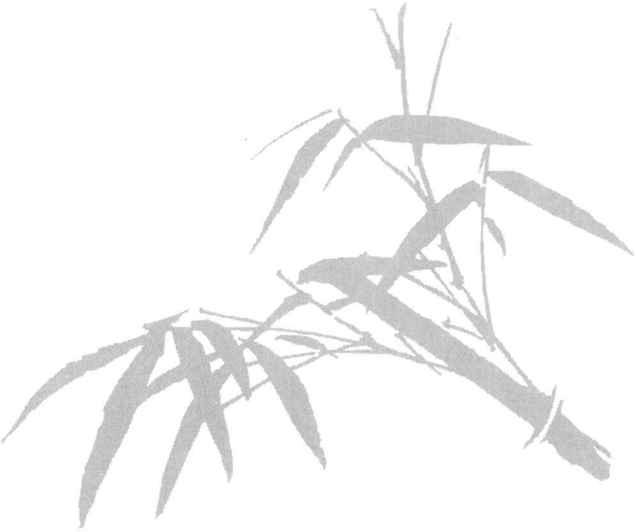

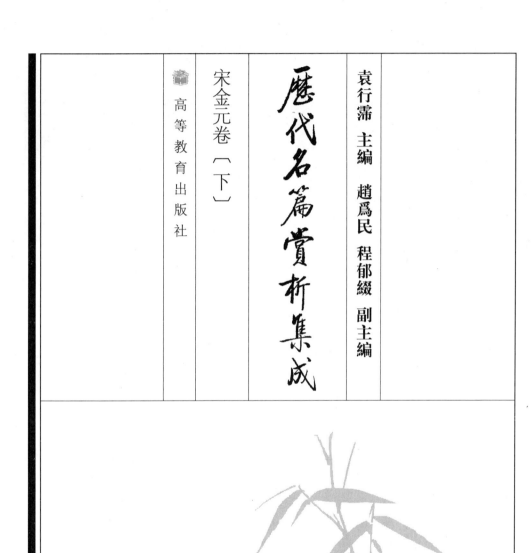

篇目表

宋金元卷［下］

宣和殿御製并書
山禽矜逸態
梅粉弄輕柔
已有丹青約

閒居初夏午睡起

楊萬里

梅子留酸軟齒牙，芭蕉分綠與窗紗。日長睡起無情思，閒看兒童捉柳花。

這首小詩是楊萬里描寫南方夏季自然景色的名篇，歷來被人傳誦。

這首詩的動人之處，就是它的畫面非常鮮明，感情非常眞摯，並且具有非常濃厚的生活氣息和動人的意境。作者毫不塗飾，純用白描，寫來却情景逼眞，令人恍若置身在當時的環境之中，與作者一起領略着初夏睡起的感受。

開頭兩句，點明節令，勾畫出人物活動的具體環境。起句就寫得非常傳神和別具一格。它不寫梅子的外形和黃梅季節的天氣，却從梅子的酸味和人吃梅子的感覺寫起，用語新穎而通俗。初夏時季，梅子已經成熟。作者品嘗了這種時鮮水果，吃的時候還不覺得怎樣，吃後酸味却久久地留在牙牀中間，牙齒上下接觸一下都覺得酸痛，好像變軟了一樣。這種詩句非有親身的生活體驗是寫不出來的。它比起「梅子黃時日日晴」（曾紆《三衢道中》）、「黃梅時節家家雨」（趙師秀《約客》）這樣的詩句來，顯得更生動，更富有生活氣息。「留酸」二字，採用當時的口語，這個詞至今還廣泛地在口頭上使用。「軟」字用得很新穎恰切，牙齒不是眞的軟了，而是吃酸味後牙齒上下不敢接觸時的一種感覺（俗稱「倒牙」）。

閒居初夏午睡起

第二句寫初夏景象與人的感覺。春去夏來，窗前的幾棵芭蕉已亭亭玉立，濃綠成蔭。在正午陽光的照射下，它的綠蔭映上窗紗，使驕陽減弱了威嚴，微微透出一些涼意，構成一幅非常清幽的圖景。這句中的「分」字用得很巧妙，很傳神。窗紗本來是綠色的，似因爲日子久了，顏色有些黯淡，如今芭蕉濃綠充盈，又把綠色分了一些給它，使窗紗景象一新，也顯得富有光彩了。這種擬人化的手法，不僅富有生活情趣，也使芭蕉的形象顯得更生動更可愛了。

三四兩句，人物的活動由室內轉向室外。夏日轉長，人們易於困倦，一覺醒來，睡意猶存，情思煩悶，覺得有些無聊，信步度出室外，馬上又被另外一種景象吸引住了。孩子們正在蹦蹦跳跳地捕捉柳花。那種高高興興的樣子，天眞活潑的神態，簡直不知道人間還有什麼憂愁。作者看得入神，不知不覺也進入了這種境界之中，心頭的煩悶也消失得無影無蹤了。詩到此結束，眞是韻味無窮。

據說南宋抗金的名將張浚讀了這首詩高興地說：「廷秀（楊萬里的字）胸襟透脫矣！」「透脫」就是不執著於某事物，對事物有一個透徹全面的理解，既能對事物有精深的體會，又能在事物的束縛下解脫出來，而進入一種新的境界。張浚是楊萬里最佩服的師友之一，對楊萬里的爲人很了解，對楊萬里的詩才很讚賞，他這樣說自然有自己獨到的體會。我們想深入了解這首詩的思想境界和張浚這句話的含意，就要追述一下作者的爲人和當時的歷史環境。楊萬里的上幾代沒有做官的，家世很清寒。他做了官以後，始終保持着儉苦的家風。在當時的士大夫中他是一個爲人正直而具有愛國心的詩人。紹興三十二年（一一六二）宋高宗傳位給宋孝宗，政局發生了很大的變化，孝宗卽位以後，鋭意恢復，起用張浚等愛國將領。隆興元年（一一六三）張浚爲樞密使，都督江淮兵馬，發動了一次北伐戰爭，人心振奮，長期沉悶的政治空氣又活躍起來，楊萬里也受到很大的鼓舞。這次北伐開始很順利，不料符離集（今安徽宿縣以北）一戰，因將領不和，宋軍大敗。投降派以此爲借口大肆攻擊張浚。孝宗以爲自己犯了一個錯誤，動搖了抗戰的決心，罷免了張浚，進用秦檜餘黨湯思退做宰相，主動割地求和，打擊抗戰派，一度高漲的抗戰呼聲又消沉下去，南宋王朝也由此一蹶不振。這首詩作於乾道二年（一一六六）作者家居時。當時的政治氣氛是低沉的。作者的心情也是鬱悶的。在日長人倦的初夏，作者午睡初起，內心仍感到沒情沒緒。我們了解了作者的爲人和所處的時代環境，自然也就能體會到「日長睡起無情思」，這句看來並沒有什麼思想價值的詩句深處的含意了。但作者並沒有將這種情緒延伸下去，也沒有陷入某種情緒中而不能自拔。而是將筆鋒一轉，進入另一種境界，回到活潑潑的生活中來。這或許就是張浚所說的作者「胸襟透脫」的表現。由此也就可以看出，這首詩的後兩句，雖然由白居易的名句「誰能更學兒童戲，尋逐春風捉柳花」變化而來，但所表現的格調和意境却截然不同。

楊萬里作詩，主張師法自然，善於捕捉稍縱卽逝的景物或事物的一瞬間，以生動流轉的筆觸，將事物生動形象地再現出來。錢鍾書先生說：「誠齋（楊萬里的號）擅寫生……如攝影之快鏡；兔起鶻落，鳶飛魚躍，稍縱卽逝而及其未逝，轉瞬卽改而當其未改；眼明手捷，蹤矢攝風：此誠齋之所獨也。」（《談藝錄》）這首小詩也表現了這方面的特點。「芭蕉分綠與窗紗」是一個靜止的畫面，表現了清幽的環境；「閒看兒童捉柳花」則是一個快鏡頭，活生生地呈現出兒童天眞歡快的神態。一動一靜，結合成一個完整的藝術體，使詩意顯得更加引人入勝了。

（趙呈元）

插秧歌

楊萬里

田夫拋秧田婦接，小兒拔秧大兒插。笠是兜鍪蓑是甲，雨從頭上濕到胛。

喚渠朝餐歇半霎，低頭折腰祇不答。秧根未牢蒔未匝，照管鵝兒與雛鴨。

插秧歌

楊萬里（一一二四——一二〇六或一二〇八），字廷秀，號誠齋，江西吉水（今江西省吉安市）人。他是南宋著名的詩人，與陸游、范成大、尤袤齊名，並都是好朋友，被稱爲南宋「中興四大詩人」。他的詩借鑒前人，自成一家，時稱「誠齋體」。他寫詩勇於擺脱陳規，大量吸收民間口語，非常淺近通俗。他善於描寫自然景物，清新活潑，歷來受人稱讚。他做官剛正直言，關心民衆生活，關心民族的命運，也寫了不少反映勞動人民疾苦和民族危機的詩篇。

《插秧歌》這首詩就生動地表現了農民插秧時辛苦勞累的緊張生活，歌頌了農民勤勞刻苦的優秀品質，反映了詩人對勞動人民的讚佩和同情。

「田夫拋秧田婦接，小兒拔秧大兒插」。這兩句寫出了農民全家老幼一齊出動進行插秧的繁忙情景。拋秧是插秧的一個環節。種稻須先育好秧苗。育秧苗時先整好秧田，平整如鏡，再撒上稻種，秧苗長好後才能用來插秧。插秧時先從秧田裏把秧苗拔出，捆成小捆，在田裏涮淨泥土，再拋給插秧的人把它插在大田裏。因此首聯兩句合起來看：小兒拔秧，田夫拋秧，田婦接秧，大兒插秧。各司其職，大家忙個不停。插秧季節是農民的大忙季節。插秧要快要好，爲了搶農時，所以特别勞累辛苦，不僅要全家總動員，而且要搬請親友，前來幫忙。這兩句也是用了互文的修辭方法。四個人的分工不是固定不變的，中間也會互相調換活路，權當一種休息。這樣，一副熱火朝天的插秧圖，便呈現在讀者的面前。這裏用的淺顯的語言，平常的修辭方式，雖不足爲奇，但却用得恰到好處，最適於表現廣闊繁忙的生産場面。詩人不因詞句平常而不用，也不因詞句華麗而妄用，實在是深得遣詞造句的眞諦。這也是「誠齋體」的一個特點。

「笠是兜鍪蓑是甲，雨從頭上濕到胛。」兜鍪，古時作戰保護頭部的頭盔；甲，古時作戰保護身體的外衣。胛，肩胛，肩膀。詩人説，斗笠和蓑衣就像盔和甲，雨水還從頭上濕到肩膀上。前一句是將插秧比作戰鬥，足見其緊張勞累的程度。後一句寫雨很大，戴斗笠，披蓑衣，雨水還從頭上濕到肩上。卽使這樣，農民還是奮不顧身，衹管插秧。

「喚渠朝餐歇半霎，低頭彎腰衹不答。」渠，他，指農民。這兩句説，送飯的人來送飯，叫插秧的人吃早飯，休息一會兒，他們却低着頭，彎着腰，衹顧插秧，顧不得回答。這說明插秧的人一心衹想着幹活，腦子裏完全被幹活佔據了，不知道飢餓，不知道疲勞，眞是達到了廢寢忘食的程度。這時，吃大苦耐大勞的崇高的農民形象，矗立在了詩人和讀者的面前。

「秧根未牢蒔未匝，照管鵝兒與雛鴨」。蒔，移栽；插秧又叫蒔秧。匝，環繞一周；這裏是完畢的意思。這兩句是說，秧根還未長牢，插秧還未完畢，還要看管好鵝和鴨子，不要放它們到田裏糟蹋秧苗。這反映了插秧大忙不但勞苦而且繁雜，一處想不周到，也會影響插秧工作的順利完成，眞是累人又累心。詩人對農民生活的甘苦，確有比較細緻深切的了解，可稱得體貼入微了。頸聯兩句已將插秧的繁忙勞累寫到了極點，無可再寫了，但到了尾聯兩句，詩人却把筆鋒一轉，把讀者又引向縱深處的一點上。這樣，一幅平面的插秧圖，又有了立體感。而且作者也衹是寫了縱深處的一點，其餘各點則由讀者自己去體味。詩篇至此，戛然而止，但却餘味無窮。這種生產場面的描寫，極易流於枯燥，費力不討好，但詩人却寫得很成功，足見詩人藝術手腕之高，不愧爲大手筆。

本詩所取的題材，雖極普通，却很重要。詩人選取這種題材入詩，很有見地。反映勞動人民生活和勞動的題材，在宋詩中是不太多的。一般作者視爲俚俗、鄙下，因而較少表現，尤其難以表現得好，楊萬里則一反流俗，滿腔熱情地着力表現農民的生活和勞動，生動感人，就拿本詩來說，既表現了插秧的繁忙情景，也讚美了農民的勤勞刻苦；不僅具有巨大的美學價値，而且具有重要的認識價値，在文學史上應佔有一席之地。（馮國華）

曉出淨慈寺送林子方

楊萬里

畢竟西湖六月中，風光不與四時同。接天蓮葉無窮碧，映日荷花別樣紅。

這是宋代詩人楊萬里描寫西湖六月風光的七言絕句。

六月的杭州已經暑熱難耐。但在清早還算涼快，尤其是位於西湖西南邊的淨慈寺一帶，由於地處山水之間，更爲涼爽。一天早晨，詩人呼吸着涼爽的新鮮空氣，步出淨慈寺，送友人林子方（官居直閣秘書）他去，經過西湖邊。大概詩人很久未到西湖邊了，突然間，滿湖的蓮葉、荷花闖入了他的眼簾，大自然的美色一下子把他征服了。他不禁脫口而出，吟詠了這首小詩。

開頭兩句是一個以「畢竟」領起的十四字句。在前七字中，「西湖」、「六月中」分別交代地點和時間；後七字指明此時此地的風光自有特色。如果按照一般語序，這十四字應作「西湖六月中風光畢竟不與四時同」。詩人將「畢竟」提前，從消極一面來說，是爲了協調平仄；從積極一面來說，是爲了借助「畢竟」二字強調「風光不與四時同」的特定地點（「西湖」）與時間（「六月中」），同時由於修飾詞（「畢竟」）遠離開被修飾的詞（「不同」），又便於造成一氣貫穿的語勢，恰恰符合觸目興嘆、卽興行吟的口語化的特點。「四時」，卽春夏秋冬四季。詩人原意是想說滿湖蓮葉、荷花爲夏季所特有，春秋冬各季另有不同的特色。但「六月中」屬夏，六月中的風光衹能與春秋冬三時有異，豈能與四時不同？不過這正如「四季如春」的成語一樣是約定俗成的說法，不必拘泥於字面。「四時」，在這裏衹是泛指其它季節。

以上兩句彷彿是詩人的一陣喝采聲，雖然並不具體，却飽含着感情。喝采聲過後，詩人具體地再現了使他動情至深的西湖六月的特異風光，這就是後兩句所描寫的；滿湖的蓮葉、荷花，一直鋪到水天相接的遠方，在朝陽的輝映下，無邊無際的碧綠與豔紅眞是好看極了！對於這後兩句詩的理解，不可忽略的是彼此互文關係，也就是說在文義上是交錯互見的：蓮葉接天，荷花當然也是接天的；荷花映日，蓮葉當然也是映日的。同樣道理，蓮葉既無窮又別樣，荷花也別樣又無窮。互文，這是古漢語中常見的一種修辭格式，古典詩歌由於精練的要求與格律上的限制，運用互文更爲常見。有時表現在一聯（兩句）之中，如上述的三四句；有時也表現在一句之內，如「秦時明月漢時關」（王昌齡《出塞》），「秦」與「漢」，「明月」與「關」，都是錯舉見義，並非專屬的，意思是秦漢時的明月映照着秦漢時的邊關。如果不懂得詩中的互文關係，在閱讀欣賞古典詩歌時就不能擺脫字句的羈絆，自由自在地翱翔於高遠的形象思維的太空。

楊萬里善於七絕，以白描見長，工於寫景。就這幾點來說，這首詩不失爲他的代表作之一。從藝術上來看，除了白描以外，此詩還有兩點值得注意：一是虛實相生，前兩句直陳，衹是泛說，爲虛；後兩句描繪，展現具體形象，爲實。如果有虛無實，卽衹有一二句而無三四句，感情就會顯得空泛，叫人無從把捉；如果有實無虛，卽衹有三四句而無一二句，衹有具體的景色而不知道是何時何地之景，形象也就失去了它的規定性。此詩由於虛實結合，收到了相得益彰的效果。二是剛柔相濟。後兩句所寫的荷花、蓮葉，一般歸入陰柔美一類，詩人却寫得極爲壯美——境界闊大，有「天」，有「日」；語言也很有氣勢，「接天」，「無窮」。這樣，陽剛與陰柔、壯美與柔媚就在詩歌形象中得到了統一。難怪廣大的讀者，無論是欣賞豪放派詩詞的，或者是欣賞婉約派詩詞的，都對這首小詩饒有興趣。

（陳志明）

湖天暮景（其二）

楊萬里

坐看西日落湖濱，不是山銜不是雲。寸寸低來忽全沒，分明入水衹無痕。

宋孝宗淳熙十六年（一一八九）冬天，楊萬里在召爲秘書監以後，借煥章閣學士的身分充任接伴使，前往淮河迎接金國賀正旦使。《湖天暮景》五首卽沿運河北上，途經高郵湖時所作。高郵湖在今江蘇高郵縣西北。《大清一統志・揚州府》：「高郵湖，一名新開湖，在高郵州西北三里，長闊一百五十里。安徽天長以東之水，皆匯此湖，達於運河。」

如題所示，這是一組寫湖天暮景的詩。這裏所選析的是第二首。它衹將湖上落日攝入鏡頭，以細微的觀察、白描的手法描繪出落日西沉的奇特景觀。在南宋詩壇上，楊萬里以善寫山水田園詩著稱。他對於山水自然有着特殊的愛好，一景一物、一山一水，「物物是詩題」。姜夔曾風趣地說：「處處山川怕見君」。同時，他又是一位主張師法自然、反對因襲、善於自鑄新意的山水田園詩人。山水自然景物，一經他捕捉入詩，便成爲一幅幅清新秀美的山水畫。他以透脫自然、幽默詼諧的獨特風格，衝破黃陳藩籬，超越陶謝規矩，創造出自成一家的「誠齋體」，在「作家各自一風流」的口號下馳騁詩情文思，自出機杼，把大自然的山山水水描繪得淋漓盡致。這首寫暮天湖景的詩正是他的一次成功的藝術實踐。

詩的開頭，但衹平直寫來，似無奇絕之處，可是就在這平直之中却蘊涵着對眼前景物的一片賞愛之情。他坐在船頭，遙望西方，衹見一輪落日緩緩下沉，漸漸落到湖西岸邊。夕陽西下雖是動態之景，而詩人「坐看」日落却是靜觀，以靜觀動，顯得意態從容，細細地觀賞着、翫味着，在暮天中追尋着美的情趣。那寬闊的高郵湖水，一望無邊，橫無際涯，它既沒有羣山環抱，又逢上無雲天氣，正是觀賞湖上落日的大好機會。此時此地，仰觀暮天萬里，清淨如洗；俯視湖水萬頃，平淨如鏡。在那天涯水際的接合處，雖然不是「秋水共長天一色」，却也水天相浸，融合爲一。在一般人看來，天淨氣清，地平水遠，遙望湖上落日似乎單調了些。詩人彷彿揣摩到了這種心理，所以在第二句中連用兩個否定判斷，有意點破，故意明明白白地說此時此地坐看的落日，既不是山銜而沒，也不是雲遮而隱，而是另有一種境界，別有一番意趣。讀到這裏，我們已略略領悟到詩人的觀賞景物自是別具隻眼了。在他看來，夕陽西下，山銜半璧，雲蔽羲輪，固然很美，可是夕景萬千，姿容殊多，日落之美又何衹山銜雲蔽呢？上文說過，楊萬里是一個不喜歡襲用前人舊調而刻意求新的詩人。他覺得那些「青山欲銜半邊日」、「西岑猶將落日銜」以及「浮雲蔽白日」、「孤雲銜日落岑邊」的寫法實在太多太平淡了，山銜雲蔽幾乎成了詩家口頭禪了。更何況此時此地無山亦無雲，要「師法自然」，摹寫眼前的眞景實景，衹有獨闢蹊徑，另造新境。經過一番細緻觀察，匠心安排，終於寫出了一句絕妙的詩句：「寸寸低來忽全沒」。「寸寸」二字極言日落之緩，也道出觀察之細。一輪夕陽，落在湖濱之後，又一寸一寸地向下沉沒。就在它行將沉沒之際，突然加快速度，一下子消失得無影無蹤，故而用了「忽全沒」三個字。按事理來說，這衹不過是一種心理錯覺，夕陽下沉是不會有加速度的。然而詩人的感受却是千眞萬確的。這就寫出了不合事理而合心理的「無理而妙」的奇趣。而且這三個字不僅捉住了落日沉沒的瞬間變化，也點帶出了詩人因落日忽沒的驚訝神情。本來，他凝神注目，想盡情飽覽日落平湖寸寸而沒的景致，不料它竟是如此忽然而沒，驚訝之中也難免有幾分悵惘。這種微妙的感情狀態都在「忽全沒」三字中吐露出來。其中「忽」字的作用不止是表達時間觀念上的快速，還表達了心理感受上的意外。這個字眼是很平常的，而包含的意蘊却是很豐富的。對這個「忽」字，楊萬里似乎有着特殊的感情，尤其晚年作詩，每每用之。

落日全沒，暮景盡消，「坐看」的興致似乎已經了結，但詩人偏要「跳騰踔厲即時追」，不肯草草收尾，於是再寫出一句：「分明入水衹無痕」。夕陽入水，這是視覺上的錯覺，也是由湖面巨大的空間距離所造成的一種幻覺。可是事舛情眞，他執著地說太陽是落到水裏去的，所見分明，看得眞切。在詩人想來，偌大一個太陽入水而沒，應須是衝波濺浪，排開萬頃湖水，但恰恰出乎意外，它竟然是悄然無聲，了無痕跡，沒有留下半點可以捉摸的信息。這樣就把湖上落日的景象寫得變幻難測，維妙維肖，充滿奇趣。就全詩來說，一二兩句是靜中見奇，三四兩句則是動中見奇，而這種奇趣又都是用通俗的語言寫出，樸素自然，詼諧幽默，饒有風趣。前人所論「誠齋體」的本色，在這首詩中得到了生動的證明。

讀罷全詩，我們除了品味到楊萬里善於把尋常景物剪入詩卷、寫出新意的藝術風格，還隱約感到其中暗寓着另一層深意。聯繫《誠齋詩集·朝天續集》諸詩，似乎在這首詩中可以觸摸到詩人憂慮國家命運的感情脈搏。試想，那江河日下、國勢日頹的南宋王朝同湖上的落日多麽相似！它正在漸漸地沉淪下去，有朝一日也必將忽然全沒，瞬間傾覆。這種借落日之景而暗示國危之勢的寫法，與李商隱的「夕陽無限好，衹是近黃昏」，很有些相似之處。那末，這首詩也體現了「誠齋體」婉而多諷、微而益顯的詩風。

（臧維熙）

桑茶坑道中

桑茶坑道中

楊萬里

其二

田塍莫道細於椽，便是桑園與菜園。嶺脚置錐留結屋，盡驅柿栗上山巔。

其三

沙鷗數個點山腰，一足如鉤一足翹。乃是山農墾斜崦，倚鋤無力政無聊。

其五

秧疇夾岸隔深溪，東水何緣到得西？溪面祇消橫一梘，水從空裏過如飛。

其七

晴明風日雨乾時，草滿花堤水滿溪。童子柳陰眠正着，一牛吃過柳陰西。

楊萬里與陸游、范成大、尤袤是互相欽佩的詩友，當時合稱「中興四大詩人」。嚴羽《滄浪詩話・詩體》中列有「楊誠齋體」，解釋說：「其初學半山、後山，最後亦學絕句於唐人。已而盡棄諸家之體而別出機杼，蓋其自序如此也。」這裏的「自序」，指的是《誠齋江湖集序》和《誠齋荊溪集序》。《江湖集序》云：

桑茶坑道中

予少作有詩千餘篇，至紹興壬午七月皆焚之，大概「江西體」也。今所存曰《江湖集》者，蓋學後山及半山及唐人者也。

《荆溪集序》云：

予之詩，始學江西諸君子，既又學後山五字律，既又學半山老人七字絶句，晚乃學絶句於唐人。學之愈力，作之愈寡。嘗與林謙之屢嘆之，謙之云：「擇之之精，得之之艱，又欲作之之不寡乎？」予喟曰：「詩人蓋異病而同源也，獨予乎哉！」……戊戌三朝，時節賜告，少公事，是日即作詩，忽若有寤。於是辭謝唐人及王、陳、江西諸君子，皆不敢學，而後欣如也。試令兒輩操筆，予口占數首，則瀏瀏焉無復前日之軋軋矣。自此，每過午，吏散庭空，即攜一便面（扇子），步後園，登古城，採擷杞菊，攀翻花竹，萬象畢來，獻予詩材。蓋麾之不去，前者未讎，而後者已迫，渙然未覺作詩之難也。

所謂「萬象畢來，獻予詩材」，就是從自然風物和社會生活中覓取題材和靈感，而不單純在前人的詩集裏下工夫。這種對詩歌的「源」和「流」的正確認識，促使他在詩歌創作的天地裏開闢了新的境界，寫出了被稱爲「誠齋體」的新體詩。

鍾嶸在《詩品序》中就說過：「『思君如流水』，既是即目；『高臺多悲風』，亦惟所見；『清晨登隴首』，羌無故實；『明月照積雪』，詎出經史？觀古今勝語，多非補假，皆由直尋。」此後，主張從自然風景和社會生活中覓詩者代不乏人，這裏衹引幾首宋人的詩以見一斑。

史堯弼《湖上》：

桑茶坑道中

浪湧濤翻忽渺漫，須臾風定見平寬。此間有句無人得，赤手長蛇試捕看。

陳與義《春日》：

朝來庭樹有鳴禽，紅綠扶春上遠林。忽有好詩生眼底，安排句法已難尋。

史堯弼的「浪湧濤翻忽渺漫，須臾風定見平寬」，陳與義的「朝來庭樹有鳴禽，紅綠扶春上遠林」，都是來自大自然的詩句。他們或者說「此間有句無人得，赤手長蛇試捕看」，或者說「忽有好詩生眼底，安排句法已難尋」，都意在強調「此間」、「眼底」的好詩還不止那一些，讓讀者通過想象去捕捉。

再看陸游的兩首詩：

《過靈石三峯》：

奇峯迎馬駭衰翁，蜀嶺吳山一洗空。拔地青蒼五千仞，勞渠蟠屈小詩中。

《秋思》：

烏桕微丹菊漸開，天高風送鴈聲哀。詩情也似并刀快，剪得秋光入卷來。

這是說，他把「眼底」的「好詩」，都收拾到自己的詩篇裏了。

「萬象畢來，獻予詩材」，這是不錯的；但不同的詩人有不同的表現手法。關於楊萬里的表現手法，即所謂

桑茶坑道中

「活法」，當時人張鎡是這樣形容的：

造化精神無盡期，跳騰踔厲即時追。目前言句知多少，罕有先生活法詩。

錢鍾書在《談藝錄》裏講得更透徹：

以入畫之景作畫，宜詩之事賦詩，如鋪錦增華，事半而功則倍。雖然，非拓境宇、啓山林手也。誠齋、放翁，正當以此軒輊之。人所曾言，我善言之，放翁之與古為新也；人所未言，我能言之，誠齋之化生為熟也。放翁善寫景，而誠齋善寫生。放翁如畫圖之工筆；誠齋如攝影之快鏡，兔起鶻落，鳶飛魚躍，稍縱即逝而及其未逝，轉瞬即改而當其未改，眼明手捷，蹤矢躡風，此誠齋之所獨也。

先看楊萬里的《插秧歌》：「田夫拋秧田婦接，小兒拔秧大兒插。笠是兜鍪蓑是甲，雨從頭上濕到胛。喚渠朝餐歇半霎，低頭折腰衹不答。秧根未牢蒔未匝，照管鵝兒與雛鴨。」這眞像「攝影之快鏡」，連續攝下了一個個鏡頭，令人應接不暇。

現在再談《桑茶坑道中》。

這是八首七絕，寫桑茶坑路上所見。我們衹談其中的四首。

第一首，總寫全景。「田塍莫道細於椽，便是桑園與菜園。」極寫山農對於土地的珍惜及其利用率之高。田塍，這裏指「畦埂子」。細於椽，是說那畦埂子比屋上的木椽還細，其對土地之珍惜，已不言而喻。這樣細的田塍，也沒有讓它閑着，而是充分地利用來或種桑，或種菜。「莫道」與「便是」呼應緊密。這兩句一翻譯，就是這樣的意思：不要說田塍比椽子還細，那就是桑園子和菜園子啊！光寫了田塍，沒有寫田，但田塍與田塍之間，

桑茶坑道中

就是田，誰都可以想象出來。「如攝影之快鏡」，不過是個比喻，作詩與攝影畢竟有區別。詩的形象，還需要在讀者想象中再現和補充。

三四兩句更精彩。「嶺脚置錐留結屋」，這又是一個鏡頭。「置錐」一詞，作者不一定有意用典，但它不能不使人想起《漢書·食貨志》中的話：「富者田連阡陌，貧者亡（無）立錐之地。」這句詩是說：農民在嶺脚留出一點僅可「置錐」的地方，準備搭房子，其貧困已不難想見。怎麽知道那「置錐」之地是「留結屋」的呢？大約由於那裏堆放了些「結屋」的材料，才作出了那樣的判斷。按農家的習慣，屋子周圍，是要種些果樹的。如今衹留「置錐」之地「結屋」，自然無地再種果樹，於是詩人又攝取了一個鏡頭：「盡驅柿栗上山巔。」農家把本來應該種在屋子周圍的柿栗一古腦兒趕到山頂上去了。——這寫得多麽「活」！

讀了這首詩，不禁使人聯想到作者的另一首詩《過石磨嶺，嶺皆創爲田，直至其頂》：

翠帶千鐶束翠巒，青梯萬級搭青天。長淮見說田生棘，此地都將嶺作田。

「長淮」，指當時的淪陷區。聯繫這首詩，更可以看出前面講過的那首詩不僅攝取了幾個鏡頭而已，還有言外之意可尋。

第二首，寫山農的耕作之苦。「沙鷗數個點山腰，一足如鉤一足翹」，寫沙鷗，形態逼真。但「山腰」怎麽會有「沙鷗」呢？仔細一看，原來不是「沙鷗」，——「乃是山農墾斜崦，倚鋤無力政（正）無聊。」「斜崦」，就是山坡。如前一首所寫，山農對土地那麽珍惜，那麽充分利用，但還不滿足，還是「墾斜崦」，這究竟是爲什麽？當然是因爲已有的土地收入，還不足以養家活口。那「倚鋤無力」的神態和「政無聊」的心情，都可以使讀者想得很多、很遠。

第三首，寫秧田和水源。「秧疇夾岸隔深溪」，寫景如在目前。但作者並不是悠閒地欣賞這田園風光，而是看到「溪」那麽「深」，關心「東水何緣到得西？」再一看，放心了，高興了，於是又攝取了一個鏡頭：「溪面祇消横一梘，水從空裏過如飛。」這個鏡頭不僅攝得很巧妙，還在明快的色調中蘊含了對山農的勞動和智慧的讚頌之情。

第四首，寫兒童牧牛情景。「晴明風日雨乾時，草滿花堤水滿溪。」山農儘管貧苦，但自然風光還是美好的。風日晴明，又剛下過雨，溪水滿湖，地面初乾，堤上野花盛開，草當然也很肥美。這「花堤」上，不是正好牧牛嗎？於是，詩人用「攝影之快鏡」，又攝下了兩個鏡頭：「童子柳蔭眠正着，一牛吃過柳蔭西」。

詩人的高明之處在於，對本來是動的景物，他準確地攝下了動的畫面，如「水從空裏過如飛」、「一牛吃過柳蔭西」等等；對本來是靜的景物，他也能寫活，如「盡驅柿栗上山巔」、「沙鷗數個點山腰」等等。還有，畫面裏都或多或少地含蘊着思想意義，並非一覽無餘。

元人劉祁在《歸潛志》裏説，李之純晚年「甚愛楊萬里詩」，謂其詩「活潑剌底人難及也。」清新、活潑，這的確是「誠齋體」的特點。

（霍松林）

觀書有感二首

朱　熹

半畝方塘一鑑開，天光雲影共徘徊。問渠那得清如許？為有源頭活水來。

昨夜江邊春水生，蒙衝巨艦一毛輕。向來枉費推移力，此日中流自在行。

觀書有感二首

宋代「理學」（或稱「道學」）興盛。理學家一方面說什麽「文詞害道」，反對作詩，另一面又大作其詩，用詩講道學。正如南宋劉克莊所説：「近世貴理學而賤詩，間有篇詠，率是語錄講義之押韻者耳。」（《後村大全集》卷一一一《吳恕齋詩稿跋》）像金履祥道學詩選《濂洛風雅》中的作品，大抵是「語錄講義之押韻者」，味同嚼蠟，算不得詩，也自然談不上藝術生命力，在羣衆中沒有流傳。

在宋代理學家中，朱熹的老師劉子翬可算優秀詩人。他的那些憤慨國事的作品，像組詩《汴京紀事》二十首，就寫得很感人，在南宋傳誦極廣。朱熹本人的許多詩，也很少「語錄講義」的氣味，值得一讀。他的那首《春日》七絕：「勝日尋芳泗水濱，無邊光景一時新。等閑識得東風面，萬紫千紅總是春」，至今還被人們引用。下面談談他的《觀書有感》。這兩首詩中的第一首，也常被人們引來說明某種道理。

從題目看，這兩首詩是談他「觀書」的體會的，意在講道理、發議論；弄不好，很可能寫成「語錄講義之押韻者」。但他寫的却是詩，因爲他沒有抽象地講道理、發議論，而是從自然界和社會生活中捕捉了形象，讓形象本身來說話。

先看第一首。

「半畝方塘一鑑開，天光雲影共徘徊」，這景象就很喜人。「半畝方塘」，不算大，但它像一面鏡子那樣澄澈明淨，天光雲影，都被它反映出來，閃耀浮動，情態畢見。

作爲景物描寫，這也是成功的。這兩句展現的形象本身，能給人以美感，能使人心情澄淨，心胸開朗。

這感性形象本身還蘊涵着理性的東西，最明顯的一點就是：「半畝方塘」裏的水很深很清，所以能够反映天光雲影；反之，如果很淺，很污濁，就不能反映，或者不能準確地反映。詩人正抓住了這一點，作進一步地挖掘，寫出了頗有「理趣」的三四兩句：

問渠那得清如許？為有源頭活水來。

「渠」是個代詞，相當於「他」、「她」、「它」，這裏代「方塘」。「清」，已包含了「深」，因爲塘水如果沒有一定的深度，卽使很清，也反映不出「天光雲影共徘徊」的情態。詩人抓住了塘水深而且清就能反映天光雲影的特點，但沒有到此爲止。進而提出了一個問題：「方塘」爲什麼能够這樣「清」？而這個問題，孤立地看「方塘」本身，是無從找到答案的。詩人於是放開眼界，終於看到「源頭」，找到了答案：就因爲這「方塘」不是無源之水，而是有那永不枯竭的「源頭」，源源不斷地爲它輸送「活水」。

後兩句，當然是講道理、發議論，但這和理學家的「語錄講義」很不相同：第一，這是對前兩句所描繪的感性形象的理性認識；第二，「清如許」和「源頭活水來」，又補充了前面所描繪的感性形象。因此，這是從客觀世界提煉出來的富有哲理意味的詩，而不是「哲學講義」。用古代詩論家的話說，它很有「理趣」，而無「理障」。「方塘」由於有「源頭活水」不斷輸入，所以永不枯竭，永不陳腐，永不污濁，永遠深而且「清」，「清」得不僅能够反映出「天光雲影」，而且能够反映出它們「共徘徊」的細微情態——這就是這首小詩所展現的形象及其思想意義。

朱熹給這首詩標的題目是「觀書有感」，也許他「觀書」之時從書中受到了什麼啓發，獲得了什麼新知，因而聯想到了「方塘」和「活水」，寫出了這首詩。如果是這樣，那麼他所說的「源頭活水」，就是指書本知識。其用意是勸人認眞讀書、博覽羣書，不斷從那裏吸取前人的間接經驗。

朱熹還作過一首七律《鵝湖寺和陸子壽》：

德義風流夙所欽，別離三載更關心。偶扶藜杖出寒谷，又枉籃輿度遠岑。舊學商量加邃密，新知培養轉深沉。却愁說到無言處，不信人間有古今。

這個詩題及整篇詩，大概很少人能記得，但其中的「舊學商量加邃密，新知培養轉深沉」兩句，至今還被一些學者引來談治學經驗。用來談治學經驗，當然是可以的，但作爲「詩」，却遠不如「半畝方塘」一首有詩味，儘管在朱熹那裏，「舊學商量」、「新知培養」，很可能和「源頭活水」是一回事。

不管朱熹的本意如何，「半畝方塘」這首詩由於取材客觀實際，訴諸藝術形象，其形象及其思想意義很有普遍性。比如說，爲了使我們的「方塘」不枯竭、不陳腐、不汚濁，永遠澄清得能够反映客觀事物及其細微變化，就得不斷學習，不斷實踐，不斷調查新情況、研究新問題、吸收新知識，就得讓我們的知識不斷更新，避免老化。這一切，當然超出了朱熹的創作意圖。然而這又是符合藝術規律的：具有典型性的藝術形象，其客觀意義往往大於作家的主觀思想。

再談第二首。

「昨夜江邊春水生，蒙衝巨艦一毛輕」，其中的「蒙衝」也寫作「艨艟」，是古代的一種戰船。因爲「昨夜」下了大雨，「江邊春水」，萬溪千流，滾滾滔滔，匯入大江，所以本來擱淺的「蒙衝巨艦」，就像鴻毛那樣浮了起來。這兩句詩，也對客觀事物作了描寫，形象比較鮮明。但詩人的目的不在單純寫景，而是因「觀書有感」而聯想到這些景象，從而揭示一種哲理。

「向來枉費推移力，此日中流自在行」，就是對這種哲理的揭示。當「蒙衝巨艦」因江水枯竭而擱淺的時候，多少人費力氣推，力氣都是枉費，哪能推動呢？可是嚴冬過盡，「春水」方「生」，形勢就一下子改變了，從前推也推不動的「蒙衝巨艦」，「此日」在一江春水中自在航行，多輕快！

「蒙衝巨艦」，需要大江大海，才能不擱淺，才能輕快地、自在地航行。如果離開了這樣的必要條件，違反了它們在水上航行的規律，硬是要用人力去「推移」，即使發揮了人們的衝天幹勁，也還是白費氣力——這就是這首小詩的藝術形象所包含的客觀意義。作者的創作意圖未必完全如此，但我們作這樣的理解，並不違背詩意。

前一首，至今爲人們所傳誦、所引用，是公認的好詩。後一首，似乎久已被人們遺忘了，但它同樣是好詩，能給人以哲理的啓迪：別做在岸上推船的蠢事，而應爲「蒙衝巨艦」的自在航行輸送一江春水。

類似這樣的哲理詩，宋詩中還有一些。蘇軾的《題西林壁》，先說「橫看成嶺側成峯，遠近高低各不同。」然後再揭示詩人從中領會到的哲理：「不識廬山眞面目，祗緣身在此山中。」

當然，哲理詩的寫法也是各種各樣的。有鮮明的形象，由形象本身體現理趣，固然好；但也不一定非如此不可，例如蘇軾的《琴詩》：「若言琴上有琴聲，放在匣中何不鳴？若言聲在指頭上，何不於君指上聽？」兩個假設，兩個提問。假設有道理，提問更有道理。問而不答，耐人尋味。說這有「禪偈的機鋒」，當然是可以的。但如果從中領會出這樣一種道理：衹是很好的客觀條件，或者衹有很好的主觀條件，都不行；而把二者完美地結合起來，就能取得很好的效果：這也不能算違反詩意吧！這首詩，既有理趣，也有詩味，應該算是較好的哲理詩。紀昀「此隨手寫四句，本不是詩」的看法是值得商榷的。

至於理學家所寫的那些「語錄講義」式的所謂詩，道理粗淺，議論陳腐，語言枯燥乏味，就不算詩。例如徐積的那首長達兩千字的《大河上天章公顧子敦》：「萬物皆有性，順其性爲大。順之則不變，反之則有害。……」（《節孝詩鈔》）這怎能算詩呢？

（霍松林）

水口行舟（其一）

朱熹

昨夜扁舟雨一簑，滿江風浪夜如何？今朝試捲孤篷看，依舊青山綠樹多！

這首詩見於《朱文公文集·卷第十》，原未署明寫作時間。宋光宗紹熙二年（一一九一）四月，朱熹自漳州離任回崇安，途經水口（今福建古田縣水口鎮）；此詩很可能卽寫於此時。它所描繪的風物，符合閩江一帶夏初的景象；它所蘊含的理趣，也跟朱熹卸官歸來時的心境相近。

朱熹是南宋初年的著名理學家。他談論道學時，眞可謂「頭巾氣」十足；但作起詩來，倒也深懂得形象思維和比興的妙用。這首詩就是一例。

詩人乘小船溯閩江而上，夜間經過水口，正值風雨大作，滿江波浪洶湧澎湃，儼如茫茫黑夜要吞噬一切似的。哪知次日清晨捲起船篷一看，衹見青山、綠樹依舊一派生機，周圍又是風平浪靜了。

這些事在生活裏本屬尋常，一般人很可能見過也就忘了。朱熹却憑着詩人的敏感，從中領悟出某種人生哲理：青山不老，綠樹常青，風浪終歸有平息之時。但他不像平日講道學那樣一味抽象地說教，而是通過形象的敘述和描寫，勾勒出一幅幅宛如動畫片式的畫面，引讀者進入一個饒有理趣的詩歌境界。因此整首詩使你覺得生動、活潑，充滿了詩情、畫意和審美趣味。

「昨夜扁舟雨一蓑」，時間和空間都交代得很清楚。它用逆寫「昨夜」江上的風雨開頭，以反襯結尾兩句「今朝」雨霽風停時的情狀。「雨一蓑」三字，從邏輯上講，固然指人們因雨而披上蓑衣；但從語句結構給我們的印象說，「一蓑」在這裏是數量詞，表示滿蓑衣都是雨水，極言雨大的意思。詩人守在黑暗中的小船艙裏，遇到如此大雨，其危苦已可想見；加上次句「滿江風浪夜如何」的進一步渲染，便造成一種極險惡的氛圍感。上、下兩句中，「夜」字兩見，似乎是作者未嚴格遵守近體詩應避免同字重出的要求；但若果眞換用了其它字眼，則勢必使「夜」字所產生的象徵意味被削弱，因爲「夜」往往象徵黑暗。朱熹早年的生活道路和仕途都不很平坦，在知漳州任上，又因施行經界以防止土地兼併事而招致頑固勢力的反對。此時他辭官返回崇安，遇上自然界的狂風、惡浪，面對着沉沉黑夜，哪能不觸起他身世浮沉之感呢？

「今朝試捲孤篷看」一句，在詩中居於關鍵地位，目的在振起尾句中所要抒發的眞正思想感情。就篇章的結構講，這是個轉折句：它用「今朝」跟首句「昨夜」呼應，而後陡然轉折，以展現出尾句中與前兩句截然不同的興象。在短短的四句中，用如此大開大闔、跌宕起伏、縱橫恣肆、抑揚頓挫的手法，顯然收到了極好的審美效果，給讀者以絕處逢生或化險爲夷似的快感。「試」字，表明詩人捲篷時仍心存疑慮，爲翻出尾句的歡愉景象充當墊筆。

「依舊青山綠樹多」，表面看是寫山水勝景，深一層看則隱含着無限情趣。從「依舊」一詞，可察出詩人的感情色彩。青山、綠樹，鬱鬱葱葱，它逗人深思，啓發人們對生命活力的熱愛和追尋。因此就某種意義可以說：通篇主旨，全在尾句。但優秀的文學作品每篇都是個有機整體，若僅割取其中某句，則即使是警句，也將失去它原有的藝術感染力。這首詩也是這樣。若無起首兩句的鋪墊、映襯和第三句的承轉，則尾句也就不成其爲詩句了。

朱熹是很有寫詩才能的。儘管他在《答楊宋卿》的信裏否認詩有工、拙，甚至說：「德足以求其志，必出於高明純一之地，其於詩固不學而能之。」事實却並非如此。如同樣是宋代著名理學家的邵雍（一〇一一——一〇七七），他的絕大部分詩作（見《伊川擊壤集》）就像是押了韻的理論文章，枯燥乏味透了。而朱熹却不然。他有許多詩確實寫得很好。這跟他學習了大量前人的詩歌作品並逐漸掌握了寫詩技能，是分不開的。即如這首詩，他用形象思維廣泛地攝取題材（夜、扁舟、雨、簑、江、風、浪、篷、青山、綠樹等），然後注入自己的感情，熔鑄出一個嶄新的詩歌意境。他懂得用比興手法，在動態中有層次地敍寫審美對象，達到審美主體和客體的完美統一。他詩中的理趣，純從形象中自然溢出。這正是他在寫詩方面高出兩宋其他理學家的緣故。

這首詩寫得自然、樸素，沒有用一個難字和典故。表面看它衹是平平淡淡地寫出所見的景象，骨子裏却蘊涵着極爲濃烈的感情。這樣「寓濃於淡」，或如蘇軾所說「寄至味於淡泊」（《書黄子思詩集後》），正是它成功的奥秘之一。陳衍評朱熹的詩「寓物說理而不腐」（《宋詩精華錄·卷三》），也就是說：朱熹能將理趣寓於事物的形象中，因此詩顯得新穎、活潑，沒有陳腐的味道。陳衍的話，可謂中肯。

（蔡厚示）

六州歌頭

張孝祥

長淮望斷，關塞莽然平。征塵暗，霜風勁，悄邊聲。黯銷凝！追想當年事，殆天數，非人力。洙泗上，弦歌地，亦膻腥。隔水氊鄉，落日牛羊下，區脫縱橫。看名王宵獵，騎火一川明，笳鼓悲鳴，遣人驚。　念腰間箭，匣中劍，空埃蠹，竟何成！時易失，心徒壯，歲將零，渺神京。干羽方懷遠，靜烽燧，且休兵。冠蓋使，紛馳鶩，若為情。聞道中原遺老，常南望，翠葆霓旌。使行人到此，忠憤氣填膺，有淚如傾！

在宋代詞的國土上，蘇軾和辛棄疾是豪放派的代表人物，他們就像拔地而起的兩座奇峯，時隔百年而南北相望。而在這兩峯之間，還有廣闊的原野，趙鼎、胡銓、岳飛、張元幹、張孝祥等人，繼承了蘇軾壯詞的傳統，胸中激盪着南渡以後的時代風雲，曾在其間彎弓盤馬，往來馳騁；而張孝祥，更可以說是他們之中的「詞家射雕手」。

在詞史上，張孝祥是上承蘇軾下啓辛棄疾的重要橋樑。他十分推崇蘇軾，曾經問門下的賓客：「我比東坡何如？」謝堯仁回答說：「若在他人，縱讀書百年，不易比東坡，以公才氣縱橫，再讀十年，當可推倒此老。」可惜在內憂外患身心交瘁之中，張孝祥祇活了三十八歲，現存詞二百多首，還來不及有本來應該有的更大的建樹。說他以後可以壓倒蘇軾，我們已經無法得知，但「才氣縱橫」四字他的確是可以當之無愧的。

六州歌頭
（長淮望斷）

這首《六州歌頭》大約寫於宋孝宗隆興二年（一一六四）。一一六一年冬，虞允文在采石磯擊敗金主完顏亮率領的南侵大軍，不久，完顏亮本人也被部下殺死。當時，鎮守在江西撫州的張孝祥聽說這次南渡後罕有的大捷，十分振奮，在《水調歌頭・聞采石戰勝》一詞裏，他曾抒發滿懷喜悅之情：「賸喜燃犀處，駭浪與天浮！」但是，他同時也對權奸當道國事難以收拾表示了他的隱憂：「赤壁磯頭落照，淝水橋邊衰草，渺渺喚人愁！」詩人眞是不幸而言中了。隆興元年（一一六三），主戰派張浚出師江淮，先收復宿州，但後來由於種種原因在符離（今安徽宿縣符離集）潰敗，主和派因此又重新得勢，次年冬達成和議，宋、金以淮河爲界。據《歷代詩餘》所引《朝野遺記》的記載，張浚此時都督江淮軍馬，開府建康，張孝祥爲都督府參贊軍事，並領建康留守。張浚召集山東、河北抗金志士於建康上書反對和議，張孝祥卽席賦《六州歌頭》一詞，張浚激動得爲之「罷席而入」。八百年後我們來讀此詞，仍可想見當時詩人「筆酣興健，頃刻卽成」的豪壯風采和不凡身手。

「長淮望斷，關塞莽然平」，詞的起句卽大氣包舉，籠罩全詞。從全篇的詞意看，其中的「望」字 不僅說明詞人在登高眺遠，而且是竟夕凝眸，蒼茫景物奔來眼底，萬千感慨齊上心頭；從全詞的章法而言，這個「望」字高踞題頂，是上闋的詞眼，直貫下面的十餘句，此之謂「筆所未到氣已吞」，實非高手不辦。極目長淮，淮河岸邊的茂林荒草已長得和關塞一樣高了，可見戍守無人，戰備不修。在如此大寫一筆之後，詩人又以節短音強的三字短句予以補足，征塵之「暗」，有色，霜風之「勁」，有聲，它們和無聲之「悄」動靜互映，相反相成，渲染了昔日風物繁華而今竟成邊地淮河兩岸的肅殺環境與氣氛，也隱隱透露出詩人心中的淒涼和悲慨。「黯銷凝」是詞中頓筆，跌宕生情，魂消意奪的詞人在略作頓挫之後，又以「追想」領起下文，由眼前的實景而轉入對往昔和更遼闊的空間的描繪：一一二七年靖康之難，中原易手，這大約是天意而非人力吧？北中國文化昌明之地早已彌漫着一片膻腥之氣了。正言若反，虛籠實寫，詩人對賣國求和的當道者的憤激之情，曲曲傳出。憑高佇望，詩人的思緒不禁從遙遠的時空回到眼前的現實。他一筆兜回，以「看」字點明和貫串上下幾句：夕陽殘照裏，淮河北岸遍布敵人的 氈帳和哨所，夜幕降臨後，金人的將帥在領兵行軍。這裏，「笳鼓悲鳴」、「騎火通明」與「悄邊聲」構成了鮮明強烈的對照，敵人的活動如此頻繁與猖獗，南宋一方卻邊備廢弛，這是多麼令人觸目而驚心呵！這首詞，上闋以寫景爲主，景中見情。在寫景的技法上，有三點値得稱道：一是有鳥瞰式的角度。「望」是觀察的定點和視角，詩人正是從這一視點出發展開描繪；二是鮮明的線索。從「關塞莽然平」到「落日牛羊下」，再到「看名王宵獵」，一條時間綫索連貫其間，細針密線，一絲不走；三是有錯綜變化。近景與遠景，概括之景與特寫之景，白天之景與夜晚之景，紛然雜呈而又井然有序。這樣，上闋的景物描寫就構成了一幅有層次有深度而又飽含情韻的圖畫。

下闋以寫情爲主，情中有景。與上闋的「望」遙相呼應，詩人在這裏用一個「念」字統領下文，直貫結句。在下闋中，又可見詩人化平直爲矯健、於奔注中見從容的詞筆之妙。「腰間箭」與「匣中劍」本是效武於沙場的利器，在兩個直述式的短句之後，詩人特筆頓住：「空埃蠹，竟何成！」百感交集，見於言外，筆勢奔湧而又波瀾横生。接筆仍是如風雨驟至的三字句，由外部器物的刻畫而轉入内心世界的直接抒寫：「時易失，心徒壯，歲將零，渺神京。」詩人匡時報國恢復中原的壯心不已，可是時機空逝，歲月將盡，這是多麽無法解決的矛盾和多麽深重的悲哀！造成這種時代悲劇的原因何在呢？詩人接着宕開一筆，由近及遠：北方淪陷區的父老是「遺民淚盡胡塵裏，南望王師又一年」，可是朝廷的君臣權要們施行的却是投降路線，他們對金妥協，以求苟安，奉命求和的使臣往來不絶，奔走於途。兩種情境一經集中對照，便顯得婉而多諷，句法的繁音促節，更令人盪氣迴腸。全詞縱筆直書，激越奔放，結尾以轉折作收，神完氣足：「使行人到此，忠憤氣塡膺。有淚如傾！」「到此」與「長淮」遙相挽合，「忠憤」二字點明和突出了全詞的主旋律，「有淚如傾」如同詩人幾年後在荆州寫的「一尊濁酒戍樓東，酒闌揮淚向悲風」一樣，在這裏完成了這一闋「悲愴奏鳴曲」的最後的樂章。

張孝祥的詞，有蘇軾的清超豪放，也有辛棄疾的雄奇悲壯。陳廷焯《白雨齋詞話》評論《六州歌頭》一詞時說：「淋漓痛快，筆飽墨酣，讀之令人起舞。」的確，這首詞的那種如鷹隼臨空飛旋而下的境界，在宋詞中並不多見，在宋代的詞壇上，張孝祥確實是一位天不假年而遠遠未盡其才的射雕手！

（李元洛）

念奴嬌

過洞庭

張孝祥

洞庭青草，近中秋、更無一點風色。玉鑑瓊田三萬頃，著我扁舟一葉。素月分輝，明河共影，表裏俱澄澈。悠然心會，妙處難與君說。　應念嶺表經年，孤光自照，肝膽皆冰雪。短髮蕭騷襟袖冷，穩泛滄浪空闊。盡挹西江，細斟北斗，萬象為賓客。扣舷獨嘯，不知今夕何夕！

張孝祥（一一三二——一一六九）是南宋前期著名的愛國詞人，字安國，號于湖居士，歷陽烏江（今安徽和縣）人。宋高宗紹興年間舉進士第一，隨後在朝中和地方上作官。他曾極力贊助張浚的北伐計劃，他的一些政治和經濟措施也得到人民的歡迎。他在廣南西路任經略安撫使時，因遭讒言罷官，於宋孝宗乾道二年（一一六六）從桂林北歸，經過洞庭湖時寫了這首《念奴嬌》。此後又過了三年就去世了，祇活了三十八歲。

這首詞上片先寫洞庭湖月下的景色，突出寫它的澄澈。「洞庭青草，近中秋、更無一點風色。」青草是和洞庭相連的另一個湖。這幾句表現秋高氣爽、玉宇澄清的景色，是縱目洞庭總的印象。「風色」二字很容易忽略過去，其實是很值得翫味的。風有方向之別、強弱之分，難道還有顏色的不同嗎？也許可以說沒有。但是敏感的詩人從風雲變幻之中是可以感覺到風色的。李白《廬山謠》：「登高壯觀天地間，大江茫茫去不還。黃雲萬里動風色，白波九道流雪山。」那萬里黃雲使風都爲之變色了。張孝祥在這裏說「更無一點風色」，表現洞庭湖上萬里無雲，水波不興，讀之泠然、灑然，令人嚮往不已。

「玉鑑瓊田三萬頃，著我扁舟一葉。」玉鑑就是玉鏡。瓊是美玉，瓊田就是玉田。「玉鑑瓊田」，形容湖水的明淨光潔。「三萬頃」，說明湖面的廣闊。著，猶着，或釋爲附着。船行湖上，是飄浮着、流動着，怎麽可以說附着呢？著者，安也，置也，容也。陳與義《和王東卿》：「何時着我扁舟尾，滿袖西風信所之。」陸游《題齋壁》：「稽山千載翠依然，着我山前一釣船。」都是這個意思。張孝祥說「玉鑑瓊田三萬頃，著我扁舟一葉。」在三萬頃的湖面上，安置我的一葉扁舟，頗有自然造化全都供我所用的意味，有力地襯托出詞人的豪邁氣概。

「素月分輝，明河共影，表裏俱澄澈。」這三句寫水天輝映一片晶瑩。「素月分輝」，是說皎潔的月亮照在湖上，湖水的反光十分明亮，好像素月把自己的光輝分了一些給湖水。「明河共影」，是說天上的銀河投影到湖中，十分清晰，上下兩道銀河同樣地明亮。「素月分輝，明河共影」這兩句明點月華星輝，暗寫波光水色，表現了上下通明的境地，彷彿是一片琉璃世界。所以接下來說：「表裏俱澄澈。」這一句是全詞的主旨所在。說來說去，洞庭秋色美在哪裏呢？詞人在這一句裏點了出來，美就美在「澄澈」上。這是表裏如一的美，是光潔透明的美，是最上一等的境界了。「表裏俱澄澈」這五個字，描寫周圍的一切，從天空到湖水，洞庭湖上上下下都是透明的，沒有一絲兒汚濁。這已不僅僅是寫景，還寄寓了深意。這五個字標示了一種極其高尚的思想境界，諸如光明磊落、胸懷坦蕩、言行一致、表裏如一，這些意思都包含在裏面了。杜甫有一句詩：「心跡喜雙清」（《屏跡》三首其一），心是內心，也就是裏，跡是行跡，也就是表，心跡雙清也就是表裏澄澈。「表裏俱澄澈，心跡喜雙清」，恰好可以集成一聯，給我們樹立一個爲人處世的準則，我們不妨拿來當作自己的座右銘。當張孝祥泛舟洞庭之際，一邊欣賞着自然景色，同時也在大自然中寄託着他的美學理想。他筆下的美好風光，處處讓我們感覺到有他自己的人格在裏面。詩人的美學理想高尚，心地純潔，他的筆墨才能這樣乾淨。

上片最後說：「悠然心會，妙處難與君說。」洞庭湖是澄澈的，詞人的內心也是澄澈的，物境與心境悠然相

念奴嬌・過洞庭

會，這妙處難以用語言表達出來。悠然，閒適自得的樣子，形容心與物的相會是很自然的一種狀態，不是勉強得來的。妙處，表面看來似乎是指洞庭風光之妙，其實不然。洞庭風光之妙，上邊已經說出來了。這難說的妙處應當是心物融合的美妙體驗，衹有這種美妙的體驗才是難以訴諸言語的。

下片着重抒情，寫自己內心的澄澈。「應念嶺表經年，孤光自照，肝膽皆冰雪。」嶺表，指五嶺以外，今兩廣一帶。「嶺表經年」，指作者在廣南西路任經略安撫使的時期。「應」字平常表示推度猜測的意思，這裏講的是自己當時的思想，無所謂推度猜測。這「應」字語氣比較肯定，接近「因」的意思。杜甫《旅夜書懷》：「名豈文章著，官應老病休。」猶言「官因老病休」，「應」也是肯定的語氣。「應念嶺表經年」，是由上片所寫洞庭湖的景色，因而想起在嶺南一年的生活，那是同樣的光明磊落。孤光，指月光。蘇軾《西江月》：「中秋誰與共孤光，把盞淒然北望。」就曾用孤光來指月光。「孤光自照」，是說以孤月爲伴，引清光相照，表現了既不爲人所了解，也無須別人了解的孤高心情。「肝膽皆冰雪」，冰雪都是潔白晶瑩的東西，用來比喻自己襟懷的坦白。南朝詩人鮑照在《白頭吟》裏說：「直如朱絲繩，清如玉壺冰。」南朝另一個詩人江總《入攝山棲霞寺》說：「淨心抱冰雪。」唐代詩人王昌齡《芙蓉樓送辛漸》說：「洛陽親友如相問，一片冰心在玉壺。」這些都是以冰雪比喻心地的純潔。張孝祥在這首詞裏說：「應念嶺表經年，孤光自照，肝膽皆冰雪。」結合他被讒免職的經歷來看，還有表示自己問心無愧的意思。在嶺南的那段時間裏，自問是光明磊落，肝膽照人，恰如那三萬頃「玉鑑瓊田」在素月之下「表裏澄澈」。在詞人的這番表白裏，所包含的憤慨是很容易體會的。

「短髮蕭騷襟袖冷，穩泛滄浪空闊。」這兩句又轉回來寫當前。蕭騷，形容頭髮的稀疏短少，好像秋天的草木。結合後面的「冷」字來體會，這蕭騷恐怕是一種心理作用，因爲夜氣清冷，所以覺得頭髮稀疏。「短髮蕭騷襟袖冷」，如今被免職了，不免帶有幾分蕭條與冷落。但詞人的氣概却絲毫不減：「穩泛滄浪空闊」。不管處境如何，自己是拿得穩的。滄浪，本指海水，這裏指洞庭湖水的浩淼。這句是說，自己安穩地泛舟於浩淼的洞庭之上，心神沒有一點動搖。不但如此，詞人還有更加雄偉的氣魄。

「盡挹西江，細斟北斗，萬象爲賓客。」這是全詞感情的高潮。西江，西來的長江。挹，汲取。「盡挹西江」，是說汲盡西江之水以爲酒。「細斟北斗」，是說舉北斗星當酒器慢慢斟酒來喝。這裏暗用了《九歌・東君》：「援北斗兮酌桂漿」的意思，詩人的自我形象極其宏偉。「萬象」，天地間的萬物。這幾句是設想自己作主人，請萬象作賓客，陪伴我縱情豪飲。一個被讒罷官的人，竟有這樣的氣派，須是多麼的自信才能做到啊！

詞的最後兩句更顯出作者藝術手法的高超：「扣舷獨嘯，不知今夕何夕！」舷，船邊。扣舷，敲着船舷，也就是打拍子。蘇軾《赤壁賦》：「扣舷而歌之。」嘯，蹙口發出長而清脆的聲音。張孝祥說：「扣舷獨嘯」，或許有嘯詠、嘯歌的意思。「不知今夕何夕」，用蘇軾《念奴嬌・中秋》的成句：「起舞徘徊風露下，今夕不知何夕！」張孝祥稍加變化，說自己已經完全沉醉，忘記這是一個什麼日子了。這兩句作全詞的結尾，收得很輕鬆，很有餘味。從那麼博大的形象收攏來，又回到一開頭「近中秋」三字所點出的時間上來。首尾呼應，結束了全詞。

張孝祥在南宋前期的詞壇上享有很高的地位，是偉大詞人辛棄疾的先驅。他爲人眞率坦蕩，氣魄豪邁，作詞時筆酣興健，頃刻卽成。他的詞風最接近蘇東坡的豪放，就拿這首《念奴嬌》來說吧，它和蘇東坡的《水調歌頭》風格就很近似。《水調歌頭》寫於中秋之夜，一開頭就問：「明月幾時有？把酒問青天。不知天上宮闕，今夕是何年。」將時空觀念引入詞裏，在抒情寫景之中含有哲理意味。末尾說：「但願人長久，千里共嬋娟。」欲打破時間的局限和空間的阻隔，在人間建立起美好的生活。整首詞寫得豪放曠達，出神入化。張孝祥這首《念奴嬌》寫的是接近中秋的一個夜晚。他把自己放在澄澈空闊的湖光月色之中，那湖水與月色是透明的，自己的心地肝膽也是透明的，他覺得自己同大自然融爲一體了。他以主人自居，請萬象爲賓客，與大自然交朋友，同樣豪放曠達，出神入化。蘇東坡的《水調歌頭》彷彿是與明月對話，在對話中探討着關於人生的哲理。張孝祥的《念奴嬌》則是將自身化爲那月光，化爲那湖水，一起飛向理想的澄澈之境。兩首詞的寫法不同，角度不同，那種豪放的精神與氣概，却是很接近的。

黃蓼園評此詞說：「寫景不能繪情，必少佳致。此題詠洞庭，若衹就洞庭落想，縱寫得壯觀，亦覺寡味。此詞開首從洞庭說至玉界瓊田三萬頃，題已說完，卽引入扁舟一葉。以下從舟中人心跡與湖光映帶寫，隱現離合，不可端倪，鏡花水月，是二是一。自爾神采高騫，興會洋溢。」（《蓼園詞選》）這首詞在情與景的交融上的

確有獨到之處。天光與水色，物境與心境，昨日與今夕，全都和諧地融會在一起，光明澄澈，給人以美的感受與教育。（袁行霈）

西江月

張孝祥

黄陵廟

滿載一船明月，平鋪千里秋江。波神留我看斜陽，唤起鱗鱗細浪。　明日風回更好，今宵露宿何妨，水晶宫裏奏《霓裳》，準擬岳陽樓上。

張孝祥詩文極力追蹤蘇軾。葉紹翁《四朝聞見録》乙集「張于湖」條記載張孝祥「嘗慕東坡，每作爲詩文，必問門下曰：『比東坡何如』？」他的詞猶如詩文，也是追慕東坡，以東坡詞爲法。張詞以豪放爲主，但像蘇軾一樣，適應不同的内容，在藝術風格上是多種多樣的。這一點，宋滕仲固跋《笑笑詞》就指出張詞「或如驚濤出壑，或如縐縠紋江，或如静練赴海」。「驚濤出壑」、「静練赴海」的雄健奔放之作，當以《六州歌頭》（長淮望斷）爲代表。《西江月・黄陵廟》則是清雋自然，似「縐縠紋江」的詞章。

這首詞的題目是「黄陵廟」，《于湖居士文集》則作「阻風三峯下」。張孝祥乾道四年（一一六八）秋，徙知荆南湖北路安撫使，遂離潭州，八月到荆州（今湖北江陵）。這首詞就是作於乾道四年秋離開湖南道上。張孝祥在給友人黃子默的信中說：「離長沙且十日，尚在黃陵廟下，波臣風伯，亦善戲矣。」黃陵廟在湖南湘陰縣北的黃陵山上，山在洞庭湖邊。詞中所寫的卽是舟被風阻於黃陵廟下時，作者見到的秋江月夜的景色和自己的感受。

黃陵廟下，月明如晝，詞人高興地吟道：「滿載一船明月，平鋪千里秋江」。月光灑向千里秋江，銀輝堆滿一葉扁舟。着一個「滿載」、一個「平鋪」，境界全出，顯示了千里秋江籠罩在一片朦朧月色之中的美景。這種月光融融、空明澄澈的雄闊境界，傳達出作者面對秋江月夜，喜愛明月的思想感情，它是作者美感欣賞能力的再現。翻開《于湖居士文集》，可以看到皎潔的月光不止一次出現在作者的筆下。如乾道二年（一一六六）他由知靜江府（今廣西桂林）改知潭州北歸洞庭時寫了一首《念奴嬌・過洞庭》，詞中就有「素月分輝，明河共影，表裏俱澄澈」的名句，它與「滿載一船明月，平鋪千里秋江」文字雖有不同，意思却是一樣的。作者喜愛澄澈的月光，正是高潔情操的暗喻。在這裏，投降派的打擊、路途的艱辛一掃而空了，卽使途中爲風所阻，也不感到煩惱了。

「波神留我看斜陽，喚起鱗鱗細浪」。波神，卽水神，這指行船爲風浪所阻。這裏雖然是繼續描繪景色，但時間已經更換，從夜裏提前到傍晚，是傍晚的景色。如果說首聯對簇擁滿船的月光的描繪，充滿喜悅神情，那麽這裏所表現的樂觀之情則更上一層樓了。不僅明月夜令人喜愛，而且「斜陽」、「細浪」也是極美的。波神有情，喚起鱗鱗細浪迎接詞人到來，欣賞江上傍晚斜陽的誘人景色。未見其形，先聞其聲，「喚」「留」二字，用得恰到好處，開拓了物我交會而景中有情的妙境。風浪本是缺少性情的客觀形象，在詞人筆下，由於移情於物，它們已經浸透了作者那種愉悅曠達的胸襟。這首詞的上闋純粹寫景，感情含而不露，深藏着的不是羈旅困頓之感，也不是抱怨天公，而是曠達樂觀的情懷，這就構成了本詞的特色。

下闋開頭兩句，承上啓下。「今宵露宿何妨」，今晚露宿黃陵廟有什麽關係呢？點明了上面寫景的深情厚意。「明日風回更好」，說明羈留途中，順風而行當然更好，而且前面更有動人的景色。

「水晶宮裏奏《霓裳》，準擬岳陽樓上」，正是一路順風，飽賞洞庭美景的預言。《霓裳》是唐代流行的歌曲《霓裳羽衣曲》。明朝啓航，一路上波浪滾滾，猶如龍宮水府奏出動人的音樂，一路樂聲，送我到岳陽，那「氣蒸雲夢澤，波撼岳陽城」（孟浩然）、「吳楚東南坼，乾坤日夜浮」（杜甫）的宏觀壯闊的景象美不勝收，比明言岳陽更加雄闊壯麗。但這裏還可以作進一層體會：我們何嘗不可以把「明日風回更好」看作象徵作者以後的生活，「水晶宮裏奏《霓裳》」，又是「今宵露宿何妨」感情的集結點。張孝祥「性剛正不阿」（《宣城張氏宗譜傳》），多少年來，懷有濟世之志的作者，在抗金大業中，迭經憂患。他期待着登上岳陽樓，搜尋那使他感到無窮樂趣的湖光水色，以補償他宦海浮沉的艱難歲月中所失去的美的享受機會，來表明他對充滿《霓裳羽衣曲》美好生活的嚮往和追求。

這首《西江月》娓娓敍說，紓徐有致，通篇沒有激動語，勾畫晚來秋江的詩情畫意，讀來自有「縐縠紋江」之趣，很能引人入勝，這種境界寫出了與衆不同的感情，開闊的胸襟，樂觀的精神，這反映了作者把羈旅哀愁一掃而空的獨特性。

《西江月》在寓情於景的表達方式上也獨具特色。詞中所寫的是信手拈來的江月、江風、江浪三種實景。它們本身雖然有各自形象，但是詞人頗具匠心地把它們有機地組合在一起所產生的一種整體的詩情畫意，其功能却在深度與廣度上遠遠超過了各自的形象。在組合的時候，詞人插上了想象的翅膀，把它們寫得很有靈性。行船爲風浪所阻，說成是「波神留我」，湖面掀起層層波浪，描繪成水府在演奏美妙悅耳的歌曲《霓裳羽衣曲》。這些完全出於人的想象，是從人的感情出發的，是詞人的主觀感受。實際上是月、風、浪所構成的藝術形象之美作用於舟中主人，因而使人感到可親可愛。正如李清照在《怨王孫》詞中所說的：「水光山色與人親，說不盡，無限好。」我們走進詞人所創造的藝術境界裏，不僅感受到「明月」、「波神」、「水晶宮」有無限情韻，而且發現在詞人描繪的秋江月夜藝術天地裏，閃耀着曠達的胸懷與飄逸的情思。

（梅大聖）

水龍吟

辛棄疾

登建康賞心亭

楚天千里清秋，水隨天去秋無際。遥岑遠目，獻愁供恨，玉簪螺髻。落日樓頭，斷鴻聲裏，江南游子，把吳鉤看了，闌干拍遍，無人會，登臨意。　休說鱸魚堪膾，盡西風，季鷹歸未？求田問舍，怕應羞見，劉郎才氣。可惜流年，憂愁風雨，樹猶如此！倩何人喚取，紅巾翠袖，揾英雄淚？

辛棄疾在連天烽火中從北方的土地上率領一支起義的隊伍突破金兵的重重阻擊南歸，滿想支持南宋政權恢復北方，統一祖國，幹一番事業。但在腐朽的南宋政權之下，經歷了一個時期，一直不得重用。在一年的秋天，他懷着佛鬱的心情，登上建康（今江蘇南京市）的賞心亭，寫出了這一首著名的《水龍吟》詞。

這首詞就題材來說，屬於登臨游覽之作，但作者在詞中感嘆身世，寫得具有較強的政治意義，它表現了作者渴思報國，而又志不得酬的苦悶；同時也表現了對南宋統治者苟且偷安的批判，這些却是通過登臨游覽的感受寫了出來，感情的色彩很強烈，在藝術表現上有它的一些特色。最明顯的特色是它的語言遒勁而又圓轉暢達；敘事議論，兼而有之。在辛詞中，代表了它的風格的一個重要方面。

水龍吟·登建康賞心亭

上闋是寫他登上賞心亭所見和他在亭中臨眺時的情景和感觸。起首兩句，用挺拔而又婉轉的句子寫出了一種望中闊大的境界，在古人的詩詞中，江水總是和愁連在一起的，「水隨天去秋無際」包含了愁，沒有說出來，接下去的三句點出了「愁」字和「恨」字。這是山河破碎之愁和家國之恨。詞中寫江北「玉簪螺髻」般的青山引起了他登臨的愁恨，用「遙岑遠目」引起。詞人寫他遠望羣山，不是按照一般的敍事順序，說青山引起了他的愁思，而是說「獻愁供恨，玉簪螺髻」，把順序顛倒了過來。過去的詞評家稱這種寫法叫「倒捲之筆」（陳洵《海綃說詞》），「倒捲之筆」在這裏是能顯出遒勁的風格來的。

「落日樓頭，斷鴻聲裏，江南游子，把吳鉤看了，闌杆拍遍，無人會，登臨意」，這七句一氣貫下，每一句祇能用逗點隔開。按照詞律，「江南游子」末尾一字是韻脚，因此人們習慣於在這裏用一個句點，其實這割斷了文氣。如果從語法上分析，「江南游子」是「把吳鉤看了」的主語，「落日樓頭，斷鴻聲裏」是兩個表述時間和地點的短語。我們讀這幾句詞，從「落日樓頭」起，一定要讀到「登臨意」才領會了作者的一個完整的意思。然而這七句每一句都包含了獨特的內容，都能引起讀者的一些想象。「落日樓頭」，令人聯想到南宋統治集團由於不發憤圖強所造成的衰頹局面；「斷鴻聲裏」，令人聯想到北方戰火中離散的人民；「江南游子」，令人想起辛棄疾南歸後的淪落不偶；「把吳鉤看了」，令人理解辛棄疾的不忘戰鬥和志在恢復；「闌干拍遍」，令人想起辛棄疾的報國之志未酬；「無人會，登臨意」，表現了辛棄疾當時的孤獨心情。儘管這七句能引起讀者豐富的想象，然而它作爲一個整體的形象，是作者描寫他在登賞心亭時的卽目所見和心緒。句子像散文般的流暢，而在讀到它時，却又感到詩味是那樣濃郁。

下片用了幾個典故，作者借用典故發議論。開頭兩句用晉代張翰（季鷹）在洛陽做官，「見秋風起，因思吳中菰菜蓴羹、鱸魚膾」而「命駕便歸」事。作者用這個典故，不是寫他思念故鄉，要回老家去——他已是無家可歸。他用這個典故的意思是表明他也曾想棄官歸隱，這意味着拋棄平生抗金的抱負。但又一轉念，這樣做就變得和漢末的許汜一樣，將被劉備所譏。劉備在譏許汜「求田問舍」的同時，還說他無「憂國忘家」、「救世之意」，辛棄疾如果棄官歸隱，不也是如此嗎？他又轉而想到，這些年來，時間在「憂愁風雨」中白白地流過去了。「樹猶如此，人何以堪！」眞是無可奈何。下闋主要表現的就是這些意思。這些意思如果用散文來寫，表達得曲折盡情也許不是很難；用詞來寫，要求寫得不失去詞的韻味，就不是那樣容易了。辛棄疾在這裏，像寫散文那樣地暢談心曲，寫得是那樣層層推進，舒卷自如，然而他寫出來的却是形式精美和筆意婉轉的詞，絲毫沒有留下散文的痕跡。最後用「倩何人喚取，紅巾翠袖，揾英雄淚」作結，這不但寫出了一種孤獨之感，回應上闋「無人會，登臨意」，而且用一種慷慨嗚咽的筆調收束住下闋的這些議論，使得這首詞如過去詞評家所說有「裂竹之聲」。

一首詞或一首詩中表現複雜的思想感情，表現某種激烈的情緒，總不能不發一些議論，有時就要帶一點散文化的傾向。一不注意，就易流於鹵莽，或者索然寡味。然而一些寫得成功的詞和詩，對這些問題是解決得很好的，辛棄疾的這首詞就是如此。

（胡念貽）

菩薩蠻

辛棄疾

書江西造口壁

鬱孤臺下清江水，中間多少行人淚。西北望長安，可憐無數山。　青山遮不住，畢竟東流去。江晚正愁予，山深聞鷓鴣。

第一眼看這首詞，覺得是寫客旅之思的。就這樣已經是很好的一首抒情的詞了。這說的是一個旅客，由於

菩薩蠻・書江西造口壁

旅途中的苦況，心酸淚流，看到江水也覺得好像是他的眼淚了。這正如《單刀會》中關羽看見江水說不是江水而是二十年來的英雄血一樣。旅客想長安，可是看不見，因爲被密密層層的山遮斷了。旅客在千山萬水中奔波，走也走不痛快，山彷佛阻礙他似的，好在水還是照舊暢流着，心神又爲之一舒。然而到了黃昏，在江邊又叫人發起愁來，那地方是那樣的寂寞，祇有深山裏傳來鷓鴣的叫聲。這不是很好的抒情的詞麽？

可是再仔細看來，就不僅是這樣了。幹嗎說長安呢？辛棄疾又不是長安人。長安代表國都，原來他是懷念祖國的政治中心啊。那麽，可見「可憐無數山」也就代表很多讓他不能痛快地看到這個政治中心的事物或勢力了。這樣，「中間多少行人淚」也就不止是普通旅客的眼淚了。因而詞中所寫的寂寞感也就不是單純的客旅的寂寞了。於是感到這首詞的沉痛。

更從題目看，是經過江西造口。爲什麽特別在這個地方發這樣大的感慨呢？原來這裏是南宋初年隆祐太后被敵人追趕的地方。我們就可以進一步斷定，那行人淚中是包含受了敵人欺辱的眼淚，包括渴望得到祖國溫暖的眼淚，包括怎樣收復失地的焦灼心情的眼淚了。這樣，「西北望長安」也就有了分量，「江晚正愁予，山深聞鷓鴣」也就有了更大的哀愁。

隆祐太后是個什麽人？是一個普通太后麽？不是的。原來這是一個被敵人劫持過但終於掙扎出來的太后，是一個不貪戀權位、避免內爭而肯把政權交給高宗的太后，是一個賞識抗敵將領韓世忠、張浚的太后，總之，這是一個善良的並傾向抗敵的老婦人。而她的被敵人追趕，又是那樣慘痛，從南昌到吉安、到贛縣，一路顛沛流離。而這一路也就恰是當時辛棄疾走過的一路。原來辛棄疾想到的就是這一段史實。當時已事隔四十多年，而中原淪陷如故，人民受敵人欺凌如故，愛國的辛棄疾就不覺熱淚一湧而出了。

當時的辛棄疾是三十六七歲，距他抱着想去抗敵的熱情回到祖國懷抱，已經有十幾年。朝廷並沒把他安置在前線，而安置在爲他後來十分痛心的鎮壓茶農起義上，他因此到江西去。置祖國當前的大敵於不顧，却叫他去對付自己人，他不能不難過了。所以他那「行人淚」又是十分委屈的眼淚。

可是他沒灰心，「青山遮不住，畢竟東流去」，他相信人民的洪流還是終於要勝利的。

（李長之）

摸魚兒

辛棄疾

淳熙己亥，自湖北漕移湖南，同官王正之置酒小山亭，為賦。

更能消幾番風雨？匆匆春又歸去。惜春長怕花開早，何況落紅無數。春且往，見說道、天涯芳草無歸路。怨春不語，算祇有殷勤、畫簷蛛網，盡日惹飛絮。長門事，準擬佳期又誤，蛾眉曾有人妒。千金縱買相如賦，脈脈此情誰訴？君莫舞，君不見、玉環飛燕皆塵土。閒愁最苦。休去倚危欄，斜陽正在、煙柳斷腸處。

這是辛棄疾四十歲時，也就是宋孝宗淳熙六年（一一七九）暮春寫的詞。辛棄疾自一一六二年渡淮水來歸南宋，十七年中，他的抗擊金軍、恢復中原的愛國主張，始終沒有被南宋朝廷所採納。南宋朝廷不把他放在抗戰前線的重要位置上，祇是任命他作閒職官和地方官吏，使他在湖北、湖南、江西等地的任所轉來轉去，大材小用。這一次，又把他從湖北漕運副使任上調到湖南繼續當漕運副使。漕運副使是掌管糧運的官職，對辛棄疾來說，作這種官當然不能施展他的大志和抱負。何況如今又把他從湖北調往距離前線更遠的湖南後方去，更加使他失望。這次調動任職，使辛棄疾意識到：這是南宋朝廷不讓抗戰派抬頭的一種表示。不讓抗戰派抬頭，關係到辛棄疾個人，事情尚小；關係到國家民族，那問題就大了。當時女真統治者的軍隊屢次南下犯境，南宋朝

摸魚兒（更能消幾番風雨）

廷中的主和派採取妥協投降的錯誤政策。他們不僅忘了「徽欽之辱」，並且忍心把中原淪陷區廣大人民長期置於女真貴族統治之下，過着水深火熱的生活。收復山河的大計，已爲納金幣、送禮物的投降政策所代替。辛棄疾目睹這種狀況，滿懷悲憤。他空有收復河山的壯志，而多年來一直無法實現。所以這次調離湖北，同僚置酒爲他餞行的時候，他寫了這首《摸魚兒》詞，抒發他胸中的鬱悶和感慨。這首詞內容包括：第一，對國家前途的憂慮；第二，自己在政治上的失意和哀怨；第三，對南宋當權者的不滿。

以下對這首詞作簡單的解釋：

上片起句「更能消幾番風雨？匆匆春又歸去。」其意是：如今已是暮春天氣，哪裏禁得起再有幾番風雨的襲擊？這顯然不是單純地談春光流逝的問題，而是另有所指的。

「惜春長怕花開早」二句，作者揭示自己惜春的心理活動：由於怕春去花落，他甚至於害怕春天的花開得太早——因爲開得早也就謝得早，這是對惜春心理的深入一層的描寫。

「春且住」三句，由於怕春去，他對它招手，對它呼喊：春啊，你停下脚步，別走啊！但是春還是悄悄地溜走了。想召喚它歸來，又聽說春草鋪到了遙遠的天邊，遮斷了春的歸路，春是回不來了。因此產生「怨春不語」的感情。就是說：心裏怨恨沒有把春留住，有話難以說出口來。

「算祇有」三句，意思是：看來最殷勤的，祇有那檐下的蜘蛛——它爲了留春，一天到晚不停地抽絲結網，用網兒來網住那飛去的柳絮。

下片一開始就用漢代陳皇后失寵的典故，來比擬自己的失意。自「長門事」至「脈脈此情誰訴」一段文字，說明「蛾眉見妒」，自古就有先例。陳皇后之被打入冷宮——長門宮，是因爲有人在忌妒她。她後來拿出黃金，買得司馬相如的一篇《長門賦》，希望用它來打動漢武帝的心。但是她所期待的「佳期」，仍屬渺茫。這種複雜痛苦的心情，向誰訴說呢？

「君莫舞」二句的「舞」字，包含着高興的意思。「君」，是指那些忌妒別人來邀寵的人。意思是說：你不要太得意忘形了，你沒見楊玉環和趙飛燕後來不是都死於非命嗎？安祿山攻破長安後，在兵亂中，唐玄宗被迫把楊玉環縊死於馬嵬坡。趙飛燕是漢成帝的皇后，後來被廢黜爲庶人，終於自殺。「皆塵土」，用《趙飛燕外傳》附《伶玄自敍》中的語意。伶玄妾樊通德能講趙飛燕姊妹故事，伶玄對她說：「斯人（指趙氏姊妹）俱灰滅矣，當時疲精力馳騖嗜慾蠱惑之事，寧知終歸荒田野草乎！」

「閒愁最苦」三句是結句。閒愁，作者指自己精神上的鬱悶。危欄，是高處的欄干。意思是：不要用憑高望遠的方法來排除鬱悶，因爲那快要落山的斜陽，正照着那被暮靄籠罩着的楊柳，遠遠望去，是一片迷濛。這裏的暮景，反而會使人見景傷情，以至於銷魂斷腸的。

這首詞上片主要寫春意闌珊，下片主要寫美人遲暮。有些選本以爲這首詞是作者借春意闌珊來襯託自己的哀怨。這恐怕理解得還不完全對。這首詞中當然寫到作者個人遭遇的感慨，但更重要的，是他以含蓄的筆墨，寫出他對南宋朝廷暗淡前途的擔憂。作者把個人感慨納入國事之中。春意闌珊，實兼指國家大事，並非像一般詞人作品中常常流露出來的綺怨和閒愁。

上片第二句「匆匆春又歸去」的「春」字，可以說是這首詞中的「詞眼」。接下去作者以春去作爲這首詞的主題和總線，有條不紊地安排上、下片的內容，把他那滿懷感慨曲折地表達出來。他寫「風雨」，寫「落紅」，寫「草無歸路」……我們不妨運用聯想：這「風雨」，難道不是象徵金軍的進犯麼？這「落紅」，難道不是象徵南宋朝廷外交、軍事各方面的失敗，以致失地辱國，造成欲偏安江左而不可得的局面麼？「草無歸路」，難道不是象徵奸佞當權、蔽塞賢路，致使一些有雄才大略的愛國志士不能發揮其所長、起抗戰救國的作用麼？然後作者以蜘蛛自比。蜘蛛是微小的動物，它爲了要挽留春光，施展出它的全部力量，在「畫簷蛛網」句上，加「算祇有殷勤」一句，意義更加突出。這正如晉朝的著名畫家顧愷之爲裴楷畫像，像畫好後，畫家又在頰上添幾根胡子，觀者頓覺畫像神情生動起來。（《晉書·顧愷之傳》：「愷之嘗圖裴楷像，頰上加三毛，觀者覺神明殊勝」。）「算祇有殷勤」一句，也能起「頰上加三毛」的作用。尤其是「殷勤」二字，突出地表達作者對國家的耿耿忠心。這兩句還說明，辛棄疾雖有殷勤的報國之心，無奈官小權小，不能起重大的作用。

上片以寫眼前的景物爲主。下片的「長門事」、「玉環」、「飛燕」，則都是寫古代的歷史事實。兩者看起來好像不相連續，其實不然。作者用古代宮中幾個女子的事跡，進一步抒發其「蛾眉見妒」的感慨，這和當時現實不是沒有聯繫的。而從「蛾眉見妒」這件事上，又說明這不衹是辛棄疾個人仕途得失的問題，更重要的是關係到宋廷興衰的前途，它和這首詞的春去的主題不是脫節，而是相輔相成的。作者在過片處推開來寫，在藝術技巧上說，正起峯斷雲連的作用。

下片的結句更加值得我們注意：它甩開詠史，又回到寫景上來。「休去倚危欄，斜陽正在，煙柳斷腸處」二句，最耐人尋味。

以景語作結是詞家慣用的技巧。因以景語作結，會有含蓄不盡的韻味。

除此之外，這兩句結語還有以下各種作用：

第一，它刻畫出暮春景色的特點。暮春三月，宋代女詞人李清照曾用「綠肥紅瘦」四字刻畫它的特色，成爲千古傳誦的名句。「紅瘦」，是說花謝；「綠肥」，是說樹蔭濃密。辛棄疾在這首詞裏，他不說斜陽正照在花枝上，却說正照在煙柳上，這是用另一種筆法來寫「綠肥紅瘦」的暮春景色。而且「煙柳斷腸」，還和上片的「落紅無數」、春意闌珊相呼應。如果說，上片的「更能消幾番風雨？匆匆春又歸去」是開，是縱；那麼下片結句的「斜陽正在、煙柳斷腸處」則是合，是收。一開一合、一縱一收之間，顯得結構嚴密，章法井然。

第二，「斜陽正在、煙柳斷腸處」，是暮色蒼茫中的景象。這是作者在詞的結尾處着意運用的重筆，旨在點出南宋朝廷日薄西山、前途暗淡的趨勢。它和這首詞春去的主題也是緊密相聯的。宋人羅大經在《鶴林玉露》中說：「辛幼安（卽辛棄疾）晚春詞云：『更能消幾番風雨？……』詞意殊怨。『斜陽煙柳』之句，其與『未須愁日暮，天際乍輕陰』者異矣。……聞壽皇（宋孝宗）見此詞頗不悅。」可見這首詞流露出來的對國事、對朝廷的觀點，都是很強烈的。

詞是抒情的文學，它的特點是婉約含蓄。前人說過：「詞貴陰柔之美」。晚唐五代的花間詞，就是如此，花間詞是詞中的婉約派。這一派詞的內容大都是寫兒女戀情和閒愁綺怨，而且是供酒邊尊前娛賓遣興之用。到了宋代，詞壇上除了婉約派外，又出現了豪放派。豪放派的代表作家如蘇軾、辛棄疾，都是把詞作爲抒寫自己的

摸魚兒（更能消幾番風雨）

性情、抱負、胸襟、學問的工具。內容變了，風格跟着也變了。比如辛棄疾另一首《破陣子》：「醉裏挑燈看劍，夢回吹角連營。八百里分麾下炙，五十弦翻塞外聲，沙場秋點兵。　馬作的盧飛快，弓如霹靂弦驚。了却君王天下事，贏得生前身後名。可憐白髮生。」它是抒寫作者對抗戰的理想與願望的。它的內容和形式，都和婉約派詞迥然有別。我們在《花間集》中，是找不到這樣的作品的。

拿《破陣子》和這首《摸魚兒》比較，內容有其相似之處；而形式上，也就是表現手法上，又有區別。《破陣子》比較顯，《摸魚兒》比較隱；《破陣子》比較直，《摸魚兒》比較曲。《摸魚兒》的表現手法比較接近婉約派：它完全運用比興的手法來表達，而不直接說明詞的內容。這說明，辛棄疾雖然是豪放派的代表作家，但是一個大作家，他的詞風是多種多樣的。儘管《摸魚兒》詞採用婉約的表達形式，却並未完全掩蓋它的內容。我們讀這首《摸魚兒》時，感覺到在那一層婉約含蓄的外衣之內，有一顆火熱的心在跳動，這就是辛棄疾學蜘蛛那樣爲國家殷勤織網的一顆耿耿忠心。

總起來說，這首詞的內容是熱烈的，而外表是婉約的。使熱烈的內容與婉約的外表和諧地統一在一首詞裏，這說明了辛棄疾這位大作家的才能。最後，我們以「肝腸似火，色貌如花」八個字，作爲這首詞的評語。

（夏承燾　吳無聞）

祝英臺近

辛棄疾

晚　春

寶釵分，桃葉渡，煙柳暗南浦。怕上層樓，十日九風雨。斷腸片片飛紅，都無人管，更誰勸、啼鶯聲住。　鬢邊覷，試把花卜歸期，才簪又重數。羅帳燈昏，哽咽夢中語：是他春帶愁來，春歸何處，却不解、帶將愁去。

詞人們繼承了詩的比興手法，加以創造發展，講究託物寄意。作者的本意並不直接說出，而是通過其他形象的刻畫來寄託、來表達，採用的全是暗喻的手法。這樣一來，使詞的意境更爲深遠，形象更加完美；但也帶來了另外一個問題，即作者的本意究竟是什麼，却並不是每一首詞都能一目了然的。如辛棄疾的這首詞，題爲「晚春」，全詞所寫祇是一個思婦在晚春時節的種種心理情緒。詞人是在怨春傷別，還是別有深意？並不能得出一個統一的結論。不過，這首詞寫得好，却是被歷來詞論家所公認的。

在寫法上，這首詞以寫傷別爲主，且把傷別與怨春結合起來寫。

詞的上片，寫女主人公感傷離別、怨恨春事的感情。

前三句寫感傷離別的感情：「寶釵分，桃葉渡，煙柳暗南浦。」女主人公的丈夫是什麼時候走的？到什麼地方去了？爲什麼要離家遠行？……詩人一概不寫，詩人的筆墨集中用來揭示丈夫走後，在女主人公心靈深處所引起的感情波動。所以詩一開始就首先抓住對女主人公觸動最深、印象最深的離別來寫。「寶釵分，桃葉渡」，那離別時的情景又出現在她眼前了。分釵贈別的習俗古已有之。例如早在南朝，梁人陸罩的《閨怨》詩就有「自憐斷帶日，偏恨分釵時」的句子。但在本詞，却並不是用的一般的分別的套語。據王明清《玉照新志》卷四記載說：「春日，諸友同游西湖，至普安寺，於窗戶間得玉釵半股、青蚨（錢）半文，想是游人歡洽所分授，偶遺之者。」可見這種習俗在南宋時仍很流行。那麼，「寶釵分」一語，就是送別情景的實際描寫了，表現出無限依戀的情意。緊接着，「煙柳暗南浦」一句，女主人公從回憶離別的沉思中回到了現實，眼前已是暮春天氣，昔日送別分手之地，如今已是綠柳如煙，一派凄迷，巧妙地由昔過渡到今。綠柳如煙，本也很美，但詩人的用意却不在歌頌景物的美好，而在表現思婦黯然神傷的心境，所以他巧妙地着一「暗」字。「暗」，既是寫柳蔭濃密鬱鬱葱葱的景象，同時也表現出心情的悲傷：春色如許，人還未歸；又由傷別暗暗過渡到怨春。三句詩，在敍事寫景中表現了深深的感情，襯託出她心境的淒涼。

上片的後五句，描寫思婦怨春的情緒。這一層是承「煙柳暗南浦」一句而來：她看到了眼前的暮春景象，於是由傷別轉而怨春，把因離別而生的感傷，融入到對暮春景物的憂怨中去了。在寫法上，這一層的特點是把抒情、寫景融爲一體，由概括到具體，筆觸越來越細。「怕上層樓」，是對女主人公心情的總概括。「層樓」，登之可以望遠，可以看到無限風光。但她不去登臨，不是無心登臨，也不是不忍登臨，而是「怕」去登臨。「怕」，說明她是想去登臨的，衹是登臨所產生的種種愁思，使她沒有勇氣去登臨而已。在「怕」字的背後，隱含着許多難以言喻的深愁和感傷；用一「怕」字，意思更深一層，刻畫心理更爲生動。爲什麼對登樓有「怕」的感覺呢？「十日九風雨」，就因爲天氣不好。下面又緊承「風雨」二字，鋪展開來，描寫出風雨無情摧殘春光的景象：「斷腸片片飛紅，都無人管，更誰勸、啼鶯聲住」。這裏描寫了暮春時節落花、鶯啼兩種景象，表現了極度傷心的感情，深婉曲折，包含着很多層意思。寫落花：「斷腸片片飛紅」，「片片」，言落花之多，百花凋零，使人傷心腸斷，一層；落花而「無人管」，可見人情冷漠，二層；「都無人管」，一個「都」字，則人情冷漠到了極點，三層。

天意如此，人情如此，大可悲傷。寫啼鶯：「更誰勸、啼鶯聲住」，是怕啼鶯斷送春光吧？北宋曾公亮詩云：「花正開時豔正濃，春宵何事惱芳叢？黃鸝（即黃鶯）啼得春歸去，無限園林轉首空。」百花盛開的春天，被這聲聲鶯啼斷送了，怎能不使人「怕」聞鶯啼？或者，是怕「啼鳥還知如許恨，料不啼清淚長啼血」（《賀新郎・綠樹聽鵜鴂》）吧？總之，「飛紅」已使人「斷腸」，再聞「啼鶯」就更加不堪，所以用了一個「更」字，加重了感情色彩。啼鶯使人傷慘，一層；無人勸，又是一層。這裏仍是寫了自然、人事兩個方面，怨天、尤人，前後情緒是一致的。僅僅三句詩，却包含了許多層意思，手法是很高明的。譚獻云：「『斷腸』三句，一波三過折。」（《譚評詞辨》卷二）誠然，由於惜春情切，她是多麼希望花不落、鶯不啼！然而，花落鶯啼本是自然現象，難道還需要人管人勸？當然不是。女主人公自從丈夫走後，由於自身感到孤單、淒涼，以我觀物，也就感到春無人管、鳥無人勸了。

上片揭示女主人公的心理很充分。對於她來說，天時人事，都使她失望，使她傷心，好像茫茫天地間無一樂事。女主人公是在怨春嗎？是的，美好的春天在「十日九風雨」中消逝，怎能不讓人傷悲呢？但又不完全是，甚至主要不是。詞人巧妙地把這種怨春心理的揭示放在「傷別」之後，意在說明：她所悲傷的，更主要的是人生的青春在無人管、無人勸的寂寞獨處中消逝。所以，寫怨春，即是寫傷別懷人。這從下片的描寫中就看得更清楚了。

詞的下片，側重在表現女主人公的懷遠盼歸、怨恨春事的感情。下片寫了她的兩種表現，一爲醒時，一是夢裏。

醒時，寫她占卜丈夫歸期，表現她懷念遠方親人、盼望親人歸來的感情：「鬢邊覷，試把花卜歸期，才簪又重數」。她在憂愁寂寞、百無聊賴之中，看到了鬢邊插戴的花朵，於是產生了以花占卜丈夫歸期的念頭。寫花卜，妙在偶然，她是看到了鬢邊的花朵，才靈機一動想起了這一招兒的。如果是鄭重其事，就太呆板，反而失去了神韻。這種辦法是否有效，大概思婦本身也未必信，但既是心神不定，索性一試，所以在「把花卜歸期」前着一「試」字。既「試」之後，反生疑惑，於是「才簪又重數」，剛剛卜過，仍不放心，又把剛插戴好的花取下來，

祝英臺近・晚春

重數一過，反反覆覆，心猿難繫，坐臥不寧，花卜點燃了她心中的愛情之火，希望之火。描繪女主人公盼望丈夫歸來的殷切心理極爲細膩，情態宛然在目。

夢裏，又寫她怨春的情緒：「羅帳燈昏，哽咽夢中語：『是他春帶愁來，春歸何處，却不解、帶將愁去？』」是春天引起了她傷春念遠的愁懷，現在，春天要去了，却不能把她的愁煩帶走。詞人明明是要揭示女主人公眞實的精神世界，却偏偏託之於夢境。醒時之思，夜而入夢，詞人是要說明女主人公無論醒時還是睡裏，都爲愁纏繞，爲愁所苦惱。她的愁是什麽？上片寫了，下片的前一層也寫了，就是傷離盼歸。詞人很巧妙，他把這種內容講清之後，就顧左右而言他，換了一個角度，又寫起怨春情緒來。春回大地，人未還家，目睹陌頭的柳色，大概也會使她想起遠遊的親人：「忽見陌頭楊柳色，悔教夫婿覓封侯」（王昌齡《閨怨》），這便是她所說的「春帶愁來」吧？然而，飛紅片片，春歸人未歸，春走了，不僅她的思親之愁依然如故，還更增添了一重惜春之愁：「怕上層樓，十日九風雨」。「却不解、帶將愁去」，「愁」字既指傷別，復指傷春，一語雙關。用一「解」字，把春天擬人化了，但春却偏偏不懂把愁帶去。這就把春的無情同她的多情形成對照。她的愁煩之多，不僅無人理解，連春也難以理解。怨春傷別，一語收束，乾淨利落。

這首詞描寫了一個思婦在暮春時節怨春傷別的情緒。通過這種描寫，究竟要表現詞人一種什麽樣的感情呢？歷來說法不一。一說此詞有本事，張端義《貴耳集》云：「呂婆，即呂正己之妻。正己爲京畿漕，有女事辛幼安，因爲微事觸其怒，竟逐之。今稼軒『桃葉渡』詞，因此而作。」此說與詞意不合，已被學者疑爲宋人說部臆造之辭。也有的人認爲此詞有寄託，譚獻云：「末三句託興深切，亦非全用直語。」（《譚評詞辨》）張惠言云：「點點飛紅，傷君子之棄；流鶯，惡小人得志也；春帶愁來，其刺趙、張乎？」（《張惠言詞選》）黃蓼園云：「此必有所託，而借閨怨以抒其志乎？」（《蓼園詞選》）但所託爲何？所指都不確切。聯繫詩人以怨春寄託懷抱的其他詞章（如《摸魚兒・更能消幾番風雨》、《賀新郎・綠樹聽鵜鴂》等）來看，這首詞可能是通過怨春傷別的描寫，表現詞人對身世遭遇、對國勢衰微的憂傷心情。詞人念念不忘收復失地，但壯志難酬，年華已老；國家長期分裂，宋王朝又被投降派弄得風雨飄搖。個人的、國家的春天已去，怎能不使詞人像詞裏所寫的思婦一樣，日夜

清平樂·獨宿博山王氏庵

憂傷呢？

在寫作上，不發一句議論，始終不點明作者本意，却着力於思婦形象的刻畫，千迴百折，細膩傳神，含蓄委婉，饒有餘味。詞的風格也由激昂悲壯轉爲悱惻纏綿，顯示出辛詞風格的多樣性。沈謙曾盛讚此詞云：「稼軒詞以激揚奮厲爲工，至『寶釵分，桃葉渡』一曲，昵狎溫柔，魂銷意盡，才人伎倆，眞不可測！」（《塡詞雜說》）張炎云：「辛稼軒《祝英臺近》……景中帶情，而有騷雅」（《詞源·賦情》）。所論極是。（張燕瑾　楊鍾賢）

清平樂

辛棄疾

獨宿博山王氏庵

繞牀饑鼠，蝙蝠翻燈舞。屋上松風吹急雨，破紙窗間自語。　平生塞北江南，歸來華髮蒼顏。布被秋宵夢覺，眼前萬里江山。

宋孝宗淳熙八年（一一八一）冬天，四十二歲的辛棄疾被彈劾罷官，回到江西上饒帶湖閒居，一住就是十年。對於雄才大略而又年富力強的辛棄疾來說，這無疑是一個沉重的打擊。他「一生志在恢復」，要「試手補天裂」，可是南宋最高統治者却讓這位「經國手」去「管竹管山管水」，投閒置散，過着隱居生活，辛棄疾的悲憤心情是完全可以想見的。正如黃梨莊說的：「辛稼軒當弱宋末造，負管、樂之才，不能盡展其用，一腔忠憤，無處發洩；觀其與陳同父（亮）抵掌談論，是何等人物！故其悲歌慷慨，抑鬱無聊之氣，一寄之於其詞」（引自《詞苑叢談》卷四）。這樣發而爲詞，那自然是激盪磊落、豪放悲壯的聲音。農村的閒居生活，總是比較恬淡平靜的，優美的田園風光愉悅着詞人的心胸，嫵媚的山巒溪澗陶冶着英雄的情操，春風拂面，秋露霑衣，「一松一竹眞朋友，山鳥山花好弟兄」。這種日與山水同樂、花鳥爲伍的生活，使詞人那一顆劇烈跳動的心得到暫時的慰藉。但在這種閒適的退隱生活中，每當他想起淪陷的大好河山和當年的戰鬥生活，就抑制不住激情的奔湧；每當他想到艱難的時局和整頓乾坤的宏偉抱負，就壓抑不住滿腔的悲憤。於是，他就在回憶過去戰鬥生活和吟詠自然景物的歌詞中寄寓了自己這種複雜的感情。「放開筆下閒風月，收斂胸中舊甲兵」（劉過《送王簡卿歸天臺》詩句），這就形成爲辛詞雄奇幽怨、摧剛爲柔的獨特藝術風格。而稼軒在帶湖閒居期間寫的這首《清平樂・獨宿博山王氏庵》詞，就體現了辛詞的這種獨特風格。

這首詞，運用純熟的藝術手法，委婉曲折地表達了作者那種請纓無路、報國無門的深沉悲哀和堅定不移、至死不忘恢復的愛國主義精神。整首詞的布局是煞費苦心的。就時間講，上片在後，下片在前。就事件講，上片是寫實境，下片是寫夢境。就結構講，上片重在寫景，景中含情；下片重在抒情，情景交融。寫景是爲了抒情，爲了更深刻地揭示主人公的內心世界。

詞的下片寫夢境，是從大處、遠處着筆，用粗線條勾勒。「平生」二句至爲精練，是詞人在夢中對自己戰鬥經歷的悲苦回憶，內容非常豐富：在淪陷的故鄉，他年輕時曾兩次隨計吏抵燕山偵察敵人形勢；二十二歲聚衆起義，曾冒着敵人的槍林箭雨，擒賊於金營之中，斬將於戰場之上，「壯聲英概，懦士爲之興起」；二十三歲率衆南歸後，曾渡淮潛入金國偵探虛實，並向朝廷屢陳恢復大計，但未被採納，遂「歷遍楚山川」，創建飛虎軍，……他足跡踏遍「塞北江南」，爲的是恢復「萬里江山」。但統治者不僅不重用他，反而不斷地迫害他，最後被罷官閒居。正如他志同道合的知心朋友陳亮說的那樣：「復仇自是平生志，勿謂儒臣鬢髮蒼！」（《及第謝恩和御賜詩韻》）他雖白髮歸隱，但時刻不忘恢復，以致形之於夢寐。「夜半狂歌悲風起，聽錚錚、陣馬檐間鐵。南共北，正分裂！」（《賀新郎・送杜叔高》）表達的也正是這種心情。詞的下片抒發了詞人收復祖國大好河山的

清平樂・獨宿博山王氏庵

壯志豪情，調子是高昂的，詞人的心情也是比較平靜的。但這是在夢中。而一回到現實環境，詞人的心情就抑制不住沸騰翻滾起來。

現實是個什麼樣子呢？詞的上片正是作者「布被秋宵夢覺」後追尋「眼前萬里江山」時所見所聞的情景。茅屋陰暗，殘燈如豆，饑鼠繞牀，蝙蝠翻舞，這是「眼前」所見。饑鼠、蝙蝠都是醜惡的形象，這些醜類的囂張跋扈不是有着深刻的寓意嗎？這不禁使我們想起詞人那首有名的《摸魚兒》詞中對誤國權奸的義憤填膺的厲聲斥責：「君莫舞！君不見、玉環飛燕皆塵土！」松濤轟鳴，狂風挾着暴雨，搖撼着詞人棲身的矮小茅屋，使得窗間的破紙發出淒厲的聲音，這是耳中所聞。作者緊緊扣着「獨宿」二字，極力渲染秋夜的荒涼恐怖、蕭瑟孤寂。饑鼠繞牀而走，蝙蝠翻燈而舞，正見庵中無人；破紙自語，愈見無可告語的孤獨；伴之以淒風苦雨，這秋夜的景象是够淒涼蕭森的。這是就小處、近處着眼，細筆刻畫，具體入微。詞中寫的是當時所處的自然環境，但這正是使詞人「歸來華髮蒼顔」的殘酷現實的形象寫照，正是這「松風急雨」驚破了詞人的美夢。

獨宿茅庵和萬里江山，一小一大，一近一遠，構成了鮮明的對比，具有強烈的藝術感染力。「憑誰訴？寄聲傳語，沒個人知處。」（《點絳唇・留博山寺》）這種衹能「夢中行遍，江南江北」的惱人歲月是使詞人悲憤難平的。現實是令人失望的，但詞人的心情還是豪壯的，他夢寐不忘的是祖國的萬里江山。詞的結尾雄渾有力，振奮人心，給人以鼓舞的力量。但詞人在寫這首詞的時候，心情却是淒苦的，是滿含着眼淚的。這首詞與辛棄疾那首有名的《破陣子》的寫法雖然不同，但表達的思想感情却是相同的。《破陣子》前九句極力渲染威武雄壯的軍容和激烈的戰爭場面，風馳電掣，驚心動魄，那種渴望建功立業的豪情壯志躍然紙上，酣墨淋漓，一氣呵成。但全係夢境。結句陡地一轉，跌回現實，戛然而止，重若千鈞。「可憐白髮生」和「歸來華髮蒼顔」，表達的感情都是極爲沉痛和憤慨的，同是表現了稼軒抑鬱孤獨、壯志難酬的英雄懷抱。

這首詞在用韻上很好地適應了作者感情的變化。詞的上片連用四個仄聲韻，而且都是上聲，「上聲厲而舉」，韻位密，節奏促，加之長短參差的四、五、七、六句式，聲情格外激切動宕。下片改用三個平聲韻，「平聲哀而安」，韻位疏，節奏緩，加之整齊的六、六句式，聲情顯得舒緩和平。這樣就把作者那種沉鬱悲壯的情懷委婉曲折地表達出來。這種摧剛爲柔的藝術手法，正是爲了恰切地表現詞人那種雄奇幽怨的感情，此卽所謂「於豪邁中見精緻」者也。

近人況周頤論詞曰：「吾聽風雨，吾覽江山，常覺風雨江山外有萬不得已者在。此萬不得已者，卽詞心也。而能以吾言寫吾心，卽吾詞也。此萬不得已者，由吾心醞釀而出，卽吾詞之眞也，非可強爲，亦無庸強求。」（《蕙風詞話》卷一）此論極是。而這類詞，祇有像辛棄疾這樣的至情至性的人方能寫得出。這首《清平樂》，當作如是觀。

（張忠綱）

醜奴兒近

辛棄疾

博山道中效李易安體

千峯雲起，驟雨一霎兒價。更遠樹斜陽，風景怎生圖畫！青旗賣酒，山那畔、別有人家。祇消山水光中，無事過這一夏。

午醉醒時，松窗竹戶，萬千瀟灑。野鳥飛來，又是一般閒暇！却怪白鷗，覷着人、欲下未下。舊盟都在，新來莫是，別有說話？

辛棄疾退隱江西上饒時，經常來往於博山道中（博山在江西廣豐縣西南三十多里）。這首詞寫博山道中所見，好像是一幅山水畫。題目是「效李易安體」，所以這首詞寫得明白如話。雖然在文字上容易讀懂，可是我們要仔

醜奴兒近・博山道中效李易安體

細體會，因爲詞裏隱約地寄託了他的身世之感。詞的上片寫山水景物；下片則全是想象之辭，雖然是虛寫，却是這首詞最主要的部分。

上片首寫起雲，次寫驟雨，再次寫放晴，是寫夏天山村的天氣變化。「一霎兒價」，就是一會兒功夫。「價」是語助詞。「風景怎生圖畫」句，可以理解爲讚嘆之辭：這風景是怎樣美麗的圖畫呵！也可以體會爲反詰語氣：這風景怎麽能畫得出來呵?!上面六句把山鄉風光描繪爲一幅清曠的圖畫。最後兩句：「祗消山水光中，無事過這一夏」，是作者寫自己的思想願望，即由此引起下片想象之辭。

下片是作者設想在這裏過生活的情景。寫「午醉醒時」，看見「松窗竹戶」十分瀟灑（「萬千」是「十分」的意思），又看見飛來的野鳥，更增加了意境的閒暇。末了「却怪白鷗」幾句來一個轉折，使文情起了變化，說明他所想象的平靜悠閒的生活，在現實裏是不可能實現的。「舊盟都在」幾句是作者對白鷗說的話：「我還記得同你們有過盟約，而你們現在却同我隔膜了。」「別有說話」，是說存在着違背舊盟的念頭。古詩有盟鷗之辭，李白詩：「明朝拂衣去，永與白鷗盟」，可能是最早的兩句。辛棄疾於退隱帶湖新居之初，也有「盟鷗」的《水調歌頭》：有「凡我同盟鷗鳥，今日既盟之後，來往莫相猜」之句。相傳白鷗是最無機心的禽鳥，而辛棄疾這首詞的結尾却說，連曾經跟我有過盟約的、最無機心的白鷗，如今也不相信我了。用反襯的手法，極寫自己在官場上受猜忌的遭遇。

辛棄疾一生政治上的處境是很不得意的，他在《論盜賊札子》中說：「臣生平剛拙自信，年來不爲衆人所容，顧恐言未脫口而禍不旋踵……」他處處受到統治集團的排斥、打擊，經常有人彈劾他，所以他惟恐話還沒出口，災禍就接二連三地來了。在服官江西以後，他又曾受諫官的打擊。

辛棄疾的另一首《江神子・博山道中》也有「白髮蒼顔吾老矣，祗此地，是生涯」之句，正寫於他被迫退休江西的時期。從四十三歲起，他在江西上饒一共住了十年。這種政治遭遇使他很希望擺脫官場生活。這首詞的前半，就是反映了他的這種願望。然而他同時也清楚地知道，這種願望祗是一種空想。即使生活在那樣寧靜的山鄉裏，也還是不能逃脫別人的猜忌。

這首詞採用鋪敍的手法，把景物一一展現在讀者的面前。詞的上片以及下片的前半，極力渲染風景的優美、

鷓鴣天·鵝湖歸，病起作

環境的閒適。作者這樣寫的目的是爲了襯託最後五句所表達的失意的心情。通過白鷗的背盟，寫出自己身世之感和生活道路的坎坷不平，不用一句直筆而收到很高的藝術效果。以淡景寫濃愁，這也是辛棄疾詞的一種常用的藝術手法。

（夏承燾）

鷓鴣天

辛棄疾

鵝湖歸，病起作

枕簟溪堂冷欲秋，斷雲依水晚來收。紅蓮相倚渾如醉，白鳥無言定自愁。　書咄咄，且休休。一丘一壑也風流。不知筋力衰多少，但覺新來懶上樓。

這首詞是辛棄疾在江西安撫使任上被彈劾罷職，歸隱帶湖後所作。

鵝湖，山名，位於江西鉛山縣東北。山上積水成湖，湖中長着許多荷花，原名荷湖。東晉時有個姓龔的人住在這裏養鵝，因而改名鵝湖。山下有鵝湖寺，長松夾道，翠竹掩映，碧水白雲，環境十分幽美，是當地著名的風景區。一次辛棄疾自帶湖來遊，歸途因遇急雨，偶感風寒，回到家中便生了一場病。病愈後以「鵝湖歸，病起作」爲題，寫了三首調寄《鷓鴣天》的小詞，此卽其中的一首。

本篇寫新秋傍晚對景感懷。從表面上看，詞的情調低沉，但思想深處却埋藏着對黑暗現實的強烈不滿，曲折地表達了作者壯志未酬、報國無門的憤懣不平之情。

上片寓情於景。開篇兩句，即目所見，寫出地點、時間、景物和抒發主人公對自然環境的感受。「枕簟溪堂冷欲秋」，首句敍事。詞人久病初愈，信步來到帶湖之濱的小樓閣上。這裏還陳放着盛夏消暑的臥具：牀上放着涼枕，鋪着竹席。病中多時未來，今日至此，自應休息片刻，領略領略帶湖風光。可是當他剛躺上「枕簟」，頓時感到一股涼意襲來，不禁爲之一怔。啊，原來殘暑漸退，秋天已經快到了。「冷欲秋」三字，既說明了時令的變化，也反映出作者病後身體虛弱，對氣候的冷暖特別敏感。聯繫下片，「冷欲秋」似乎不僅指自然氣候而言，其中也可能融入了詞人對世態炎涼、現實冷酷的體驗和感受。「斷雲依水晚來收」，次句狀景。作者在「溪堂」上，舉目眺望，衹見白天飄浮在水面上的片片流雲於傍晚時都消失得無影無踪了。這兩句通過敍事、寫景，烘託出一種冷漠、空曠的氣氛。

「紅蓮相倚渾如醉，白鳥無言定自愁。」三四爲對偶句，用擬人化的藝術手法，色彩鮮明、神情畢現地描繪帶湖的風光景物。詞人憑欄細看，水上的雲霧雖然消失了，但湖中粉紅色的荷花却在晚風中輕輕地搖擺，那亭亭玉立的倩姿東晃西歪，互相依偎，簡直像醉酒的美人一樣；岸邊的白鷺縮頸呆立，一動不動，沉默不語，肯定是在獨自發愁。此聯雖係狀物，但主觀感情色彩很濃，字裏行間透露了作者當時深感孤獨寂寞的心情。正如王國維《人間詞話》所說：「以我觀物，故物皆著我之色彩。」由詞中紅蓮與白鳥的情態，不難看出作者罷歸田裏以來，憂慮國事，借酒澆愁，鬱悶在胸，有口難言的境況。這兩句融情入景，運化無迹，十分自然。沈際飛在《草堂詩餘正集》中評論說：「生派愁怨與花鳥，却自然」，深中肯綮，一語道出了這兩句在藝術表現上的特點。

下片直抒胸臆。過片三句，由寫景轉入抒懷。借古人酒杯澆自己胸中塊壘，曲折地揭示出作者自罷官歸隱以來，終日悶悶不樂，欲寄情山水又不能忘懷世事的矛盾心理。「書咄咄」，用晉人殷浩事。咄咄，表示驚異的感嘆詞。據《世說新語・黜免》，殷浩被黜放後，不露聲色，口無怨言，衹是整天用手在空中書寫「咄咄怪事」四字。「且休休」，用唐人司空圖事。休休，罷休，退休的意思。據《唐書・卓行傳》，司空圖隱居中條山，蓋「休休亭」，以示其甘居林泉，無用世之意。「一丘一壑也風流」，用晉人謝鯤事。丘，小山；壑，溝谷。風流，這裏指

鷓鴣天・鵝湖歸，病起作

舉止瀟灑，情趣高雅。據《世說新語・品藻》，晉明帝問謝鯤：你自以爲比庾亮如何？謝鯤：回答說：輔佐朝政，爲百官的榜樣，我不如庾亮；一丘一壑，寄情山水，自以爲超過了他。這三句一句一典，沉鬱頓挫，含而不露，深刻表達了詞人對無端被彈劾免職的憤懣和牢騷。大意是：這次被罷官簡直莫明其妙，眞是咄咄怪事，羅織的罪名都是子虛烏有，難以使人心服。然而事已至此，還有什麽可說呢？罷了，罷了，不如隱居深山，放浪林泉，苦中尋樂，聊以自慰，也不失爲一個瀟灑風流的隱士。詞人以古喻今，信筆而書，波瀾起伏，意味深厚，耐人咀嚼。

「不知筋力衰多少，但覺新來懶上樓。」結拍兩句，撫今思昔，感慨萬千，發出了沉痛的嘆息：不知病後精力衰退了多少，祇覺得近來懶得登上高樓。這裏表面是說疾病損害了詞人的健康，實際上也暗寓着政治上的打擊給他的心靈造成了嚴重的創傷。辛棄疾自南渡以來，力主北伐，爲光復失地、統一祖國進行了不屈不撓的鬥爭。可是正當他年富力強之時，却被人彈劾罷免了官職，從而使他殺敵報國的理想落了空。不久前又得了一場病，眞是身心憔悴，不堪回首呵！說「懶」未必是眞，祇因心情不好，體力不佳，即使登樓遠眺，也祇能徒然增添煩惱而已。這兩句語言平淡，如話家常，但含蘊極深，雖不言痛，而痛入骨髓矣。當年「突騎渡江」、斬將搴旗的英雄，如今閒置山林，衰病不堪，落到這等地步，連「上樓」的興致也沒有了，可見現實多麽黑暗，世道多麽不公平呵！

這首詞即景抒懷，上片繪景狀物，渲染氣氛，突出一個「愁」字；下片剖訴心曲，通過自身遭遇，抨擊南宋統治集團對愛國志士的迫害。有沉哀茹痛之語，無劍拔弩張之勢。信筆寫來，倍感眞切；含蓄蘊藉，全憑形象說話。風格蒼涼悲壯，藝術感染力很強，是稼軒詞中的代表作之一。

（喻朝剛）

青玉案

辛棄疾

元　夕

東風夜放花千樹。更吹落、星如雨。寶馬雕車香滿路。鳳簫聲動，玉壺光轉，一夜魚龍舞。　蛾兒雪柳黄金縷。笑語盈盈暗香去。衆裏尋他千百度。驀然回首，那人却在，燈火闌珊處。

上面這首詞，大約是辛棄疾於宋孝宗乾道七年（一一七一）任司農寺主簿，或淳熙二年（一一七五）任倉部郎官時所作；通篇寫元夕在南宋都城臨安（今浙江杭州）所見。上半闋寫所見之景，下半闋寫所見之人。詞的起調兩句，運用奇幻的想象、誇張的比喻，描寫臨安元夕燈市的盛況。首句「東風夜放花千樹」，取意於蘇味道《正月十五夜》詩「火樹銀花合」句，以千樹繁花喻燈，而寫得比蘇句更爲飛動，更有氣勢。句首的「東風夜放」四字，既是暗點「元夕」，又是以詞人的豐富聯想，不僅由燈想到花，還由花樹想到春風，把作爲燈的喻體的花，説成是被春風一夜吹放。次句「更吹落、星如雨」，則進一步馳騁想象，再以萬點繁星喻燈，而且仍就「東風」運思，把遠近高低、一望無際的滿城燈火，説成是被春風吹落的滿天星雨。這些想象和比喻，虚中有實，來自實景。王仁裕《開元天寶遺事》曾有「韓國夫人置百枝燈樹」的記載；吴自牧《夢粱録》也有「諸營班院……

各以竹竿出燈球於半空，遠睹若飛星」的描述。當年臨安城中的上元之夜，各色燈彩，萬態紛呈，而這首詞衹用開頭兩句，就已經把作爲元夕主要景色的燈景寫活了，寫足了。

寫過燈景後，作者把詞筆移向地面，以「寶馬雕車香滿路」一句，轉而描畫路上所見。這就是郭利貞《上元》詩中所寫的「傾城出寶騎，匝路轉香車」，展示了都民傾城出遊、車水馬龍的熱鬧場面。在這句後，再承以「鳳簫聲動，玉壺光轉」一對偶句，把氛圍渲染得更加歡樂，景象烘託得更加融和。據《夢粱錄》記，「杭城元宵際」，「家家燈火，處處管弦」。「鳳簫」句就使讀者既看到了燈火，又聽到了管弦。詞筆下呈現的不僅是一個光影眩目的世界，也是一個聲樂悅耳的世界，聯繫「寶馬」句，正是孟元老《東京夢華錄》所寫：「寶騎駸駸，香輪轆轆。五陵年少，滿路行歌；萬戶千門，笙簧未徹。」這一句寫了聲，下句則又寫光。句中的「玉壺」，一說指燈，一說喻月，各有所本，但似以後說爲勝。李華《海上生明月》詩「皎皎秋中月，……輪抱玉壺清」，即以玉壺喻月。這樣再把筆觸從地面轉向夜空，轉向人人在觀燈之際也要同時仰望的那正月十五夜晚的明月，就擴大了詞境，展現了人間天上、燈月交輝的景象，也從月光的轉動顯示時間的推移，從而過渡到「一夜魚龍舞」句。這過拍一句，是回過筆來再寫燈，以與起調二句首尾相應。「魚龍」，指魚形、龍形的燈，也是以魚躍龍翔形容舞燈的隊伍；薛道衡在一首寫元夕的詩中也有「竟夕魚負燈，徹夜龍銜燭」（《和許給事善心戲場轉韻詩》）的描寫。而句首的「一夜」二字，則暗中與「玉壺光轉」句相承，並用來結束在整個燈節之夜所見的勝景，也結束了詞的上半闋。俞平伯在《唐宋詞選釋》中指出，這首詞的上半闋的後三句「連用『動』、『轉』、『舞』等字，均寫動態」。其實，它的前三句寫風之吹、花之放、星之落、滿路之車馬往來，無一句不是從動態來寫的。

下半闋的前兩句，泛寫觀燈的婦女。上句「蛾兒雪柳黃金縷」，列舉元夕婦女頭上的裝飾，即周密《武林舊事》所記「元夕節物，婦人皆戴珠翠、鬧蛾、玉梅、雪柳……」。從這些節日的妝戴寫起，就使下半闋雖由寫景轉到寫人，却仍然與上半闋相鈎連，使人物的出場也帶有濃郁的元夕氣氛。下句「笑語盈盈暗香去」，則在七個字中組合了視覺、聽覺、嗅覺，使讀者似看到了這一羣遊女結伴而過，同時又似聽到了她們的歡聲笑語，嗅到了她們的粉氣衣香。寫到這裏，這首詞既描繪出燈節的景色，也描繪了觀燈的人羣，在《元夕》這個題目上似乎沒有什麼好寫了。

出人意表的是：下半闋的後四句竟以前兩句爲跳板，別出詞意，另開詞境，意味一新，境界一變。「衆裏尋他千百度」句，起承上啓下作用，從泛寫衆多的觀燈婦女提到作者心目中的那一個「他」。看了這一句，讀者方才知道，其所以在人山人海中特別注意這一羣脂粉隊伍，正是爲了在「衆裏」尋找出「他」來。而且，這一「尋他」的意念是異常執著的。儘管尋了千百度，尋而未得，可是依然一往情深，尋而不捨。那麼，這位使作者如此苦苦尋覓的「他」，是否實有其人？是其素所愛戀、早已相識之人，或祇是其生活理想中所追求的一個美的化身呢？這是頗費尋繹的。而更耐人尋繹的是下面結拍三句：「驀然回首，那人却在，燈火闌珊處。」這三句，似峯迴路轉，柳暗花明。對「尋他千百度」的作者而言，應是眼目一明，有會於心，正是「踏破鐵鞋無覓處，得來全不費功夫」；對看到這三句的讀者而言，則從熙熙攘攘的熱鬧場被領入一塊遠離塵囂的清涼地，似在萬紫千紅之外看到了一株不同凡豔的幽蘭。這是一個與前八句所描摹、烘染的元夕場景迥異其趣的意境，也是一個極美、極高的意境。這裏，沒有對「那人」作外貌或內心的描述，祇推出了一個以「燈火闌珊」作背景的畫面，而讀者自會想見其亭亭玉立的倩影及其孤芳高潔的情操。至於作者回首之際，與「那人」兩目相遇時的心靈狀態、感情狀態如何，雙方相見後的下文如何，則是這首詞的畫外之景、曲外之音，如俞陛雲在《唐五代兩宋詞選釋》中所稱，「含意未申，戛然而止，蓋待人尋味也」。

也許正由於這首詞在終篇處留下了尋味不盡的畫外景、曲外音，後人對它就有各種不同的理解。梁啓超評爲「自憐幽獨，傷心人別有懷抱」（《藝蘅館詞選》引），這祇是就結拍三句的意境而言。晚近的一些選註本和賞析文則把這幾句詞說成是作者自況，或認爲詞句中的「他」、「那人」是作者的化身，是作者堅持抗戰、受到排斥、政治上失意的寫照。但如前所述，這首詞最可能作於孝宗乾道七年。這時，孝宗任虞允文爲相，正在積極備戰，銳意恢復中原。在這前一年（一一七〇），作者爲孝宗召見，曾論奏「阻江爲險，須藉兩淮」，又上疏請練民兵以守淮；任司農寺主簿後，又曾作《九議》上虞允文。這正是他進用之時，不可能以「在燈火闌珊處」的「那人」自況，而且從詞句來看，也不像自況之語。不考察寫詞的時間和背景，刻意求深，一味拔高，可能反而有失詞的本旨。辛棄疾誠然是一位愛國詞人，但大可不必把他的每首詞都與愛國主義掛鈎。難道他在其他方面，在生活上、感情上就不能有所愛戀、有所追求嗎？至於王國維在《人間詞話》中認爲「古今之成大事業、大學問者，必經過三種之境界」，並舉這首詞的結末四句爲「第三境」，那衹是借用這幾句話來說明另一問題，如他自己所聲明，「遽以此意」解釋原詞，是爲作者「所不許」的。

（陳邦炎）

清平樂

辛棄疾

村居

茅簷低小，溪上青青草。醉裏吳音相媚好，白髮誰家翁媪？　大兒鋤豆溪東，中兒正織鷄籠；最喜小兒無賴，溪頭卧剝蓮蓬。

辛棄疾寫了不少描繪農村生活的詞，如《西江月·夜行黃沙道中》、《鷓鴣天·游鵝湖，醉書酒家壁》、《鷓鴣天·代人賦》等。而這首《清平樂·村居》，也是其中比較引人注目的作品，在描寫手法、藝術結構和構思方面，有突出的特色。

對這首詞的藝術特色，下面分三點來分析。

第一，在描寫手法上，這首詞上下片並沒有一句使用濃筆豔墨，衹是用白描的手法，就把一家農民的居住環境和一家老小五口的生活畫面眞實地描繪出來了。尤其是作者能够把這家老小五口人的不同面貌和情態，描寫得這樣眞切動人，活靈活現，具有濃厚的生活氣息；這在描寫農村生活題材的詩詞當中，是比較少見的。

具體來說，這首詞是怎樣以白描手法表現的呢？上片開頭「茅簷低小，溪上青青草」兩句，是描寫一處農家低小的茅草房。這所房子，緊靠着一條清澈見底的小溪。溪邊沒有高大的樹木，却長滿了許多碧綠的青草。在這裏，作者衹用淡淡的兩筆，就把茅屋、小溪、青草的清新秀麗的環境勾畫出來了。從全詞來看，這兩句的地位，並不是無足輕重的，它擔負着描寫環境的重要使命。

「醉裏吳音相媚好，白髮誰家翁媪」，這第三、第四兩句，又用極其平淡的筆觸，非常成功地描繪出南方一對滿頭白髮的老夫妻，他們親熱地坐在一起，一邊喝酒、一邊聊天的悠閑自得的生活畫面。儘管作者沒有使用誇張和比喻，也沒有使用形容詞，寫得那樣平平淡淡，毫無驚人之處。但是，作者竟然能把那對老夫老妻乘着酒意彼此親熱要好的那種和諧、溫暖、愜意的情態，逼眞地再現出來，這就是無奇之中的奇妙之筆。「吳音」，泛指南方的地方話。作者寫這首詞時，住在江西省上饒地區，這個地方春秋時代屬於吳國，所以把這個地區的話叫作「吳音」。「媪」，指老年婦女。

下片「大兒鋤豆溪東，中兒正織鷄籠；最喜小兒無賴，溪頭臥剝蓮蓬」四句，純是大白話，採用敍事的方式、白描的手法，和盤托出老夫妻三個兒子的不同形象。大兒子是家中的主要勞力，承擔着小溪東邊豆地裏鋤草的主要勞動。二兒子年紀尚小，衹能做點輔助性的勞動，所以在家裏編織鷄籠。三兒子不懂世事，最受父母的寵愛，衹有讓他任意玩耍。看他躺臥在小溪邊剝蓮蓬籽兒吃的神態，就可想而知。以上四句，雖然通俗易懂，却描繪出農村獨特的生活意境。特別是「無賴」臥剝蓮蓬的那種天眞活潑的神態，栩栩如生，饒有情趣。這眞是神來之筆，古今一絕！「無賴」，是頑皮的意思，是愛稱，絲毫沒有貶意。「臥」字的使用最妙，它把小兒「無賴」那種天眞、活潑、頑皮的勁兒，惟妙惟肖地再現在讀者面前。過去人們常說「一字千金」，就是說使用一個字，用得恰到好處，能給全句或全篇增添光彩。「臥」字的使用，就有這樣的價值。可見白描手法的用字，如同形容、誇張和比喻一樣，用得巧妙，同樣能收到較好的藝術效果。

第二，從藝術結構上來看，這首詞緊緊圍繞着小溪，布局畫面，展發人物活動。茅屋是靠近小溪的。老人的大兒子在小溪東邊豆地裏鋤草，小兒無賴臥在小溪的一頭剝着蓮蓬。在這四句之中，連用三個「溪」字。顯而易見，作者以這條小溪爲中心進行布局，就使得整首詞的畫面十分緊凑勻稱。所以，「溪」字的使用在這首詞的結構上，起着橋樑的作用。

第三，這首詞構思巧妙，頗爲新穎。茅簷、小溪、青草，這本來是農村裏司空見慣的，然而作者把它們寫在詞裏，就使得再現的村舍環境顯得格外清新優美。這是寫景。在寫人物方面，一對老夫妻，身邊有大中小三個兒子。大兒子在田裏鋤草，二兒子在家編織鷄籠，小兒子在溪邊臥剝蓮蓬，老夫妻倆不再勞動了，在家喝點酒，聊聊天。通過這樣巧妙而簡單的構思，就把農村充滿着一片生機、和平寧靜、樸素安適的生活景象，如繪如畫地反映出來了。這樣的構思，不僅使這首詞具有濃厚的詩情，而且有着優美的畫意，眞是清新悦目，使人心曠神怡。

這首詞對農村清新秀麗、安靜恬適生活的描寫；對老年夫妻及其三個兒子形象的刻畫，表現了作者喜愛農村和平寧靜生活的審美觀點。

這首詞題爲「村居」，是作者晚年遭受議和派排斥和打擊，志不得伸，歸隱上饒地區，在農村閒居時所寫。詞裏描寫農村和平寧靜、樸素安適的生活，並不能説是作者對現實社會的粉飾。從作者一生始終堅持抗擊金兵、恢復中原的思想來看，他嚮往農村這樣的生活，將會更加堅定地統一祖國的理想。就南宋時代來説，在遠離抗金前線的南方村莊，這種和平寧靜的生活，也是存在的。所以，這首詞應是現實社會生活在作者頭腦裏的眞實反映。

（陸永品）

賀新郎

辛棄疾

賦水仙

雲臥衣裳冷。看蕭然、風前月下，水邊幽影。羅襪生塵凌波去，湯沐煙波萬頃。愛一點、嬌黃成暈。不記相逢曾解珮，甚多情、爲我香成陣。待和淚，收殘粉。靈均千古《懷沙》恨。記當時，匆匆忘把，此仙題品。煙雨淒迷僝僽損，翠袂搖搖誰整？謾寫入、瑤琴《幽憤》。絃斷《招魂》無人賦，但金杯、的皪銀臺潤。愁滯酒，又獨醒。

馮正中、李後主於詞高處祇是寫而不作，珠玉、六一間有作，而膾炙人口之什亦多是寫。自此而下，大抵作多而寫少，甚或祇作而不寫；等而下之，祇能作而不能寫，又下者並作亦不會，寫更無從夢見。略說之：耆卿濫作，清眞軟作，白石硬作，夢窗木作，其餘小作或不成作。

東坡、稼軒其也作否？

曰：也祇是作。然髯公是隨意作，辛老子却是精意作。隨意作，故自在；精意作，故當行。然辛老子亦有隨意作時，蘇却不能精意作者，就是所以蘇之自在處辛偶能到之，辛之當行處蘇必不能到也。至於辛之隨意作，大失檢點而成爲率意作（雖然不好說是濫作），說他細行不檢也得，泥沙俱下也得，說他彼榛楛之勿剪，累良質

賀新郎·賦水仙

而爲瑕亦無不得。吾輩固不可不知，要不必介意。效顰之流專學此病，譬之學孔子專學其不抑美食，學魯大師專學其吃醉了酒大鬧五臺山，一等是沒分曉鈍漢，香臭也不知，說它則甚（也畢竟是說了，糟堂[1]此刻自行檢討，言兄幸勿再託敗闕）。

如今且說正中、後主、大晏、六一之詞之所以是寫而非作，原故是其辭無題（關於無題，王靜老已有說，此不絮聒），一有題便非作不可，專去寫便不能成篇。言兄明人不須細說，故竟不說。

辛老子者一首《賀新郎》，不但有題，而且是賦物，這就迫使辛老子非作不可，縱使他平日專愛寫，何況此老平日之專愛作乎？他既然於千載之上作，而且精意作，吾輩今日且看，而且高着眼看他是爭生個作法。

先說賦物。

賦物之作當然怕賦成不是物，然而又怕賦成衹是個物，最好是賦成物物而不物於物。不是物不消說得，病在它已經不是物了，說也無從說起；衹是物也不消說得，病在它已經衹是物了，還說它則甚？到了物物而不物於物，神光離合，乍陰乍陽，周規檢矩，離圓遁方，乍看來不是物，再看來也衹是個物，而又不僅於衹是個物，是物不是物，不是物是物，非此物，是此物，卽此物，離此物，物物而不物於物，斯乃所以成其爲賦物之作也。

畢竟要爭生個賦法乃可以成爲物物而不物於物底賦耶？

曰物有生死動靜之別，一等可憐是它無靈魂、無感情（無生物），或有感情焉，而無思想（動植物），總而言之，它不是人。大作家筆下所賦之物卽不如然，它有靈魂、有感情、有思想，總而言之，它是人。必如是夫而後賦物之時乃可以物物而不物於物。例證大有在，不必旁徵博引，老杜詩篇萬口流傳，賦鷹、賦馬，篇什不少，其在事，世間不必定有如是鷹，如是馬；其在理，老杜筆下所賦之鷹、之馬，却必須是如是鷹、如是馬。在事，鷹與馬縱有感情却無思想，卽有思想，豈有靈魂？卽有靈魂，決是非人。老杜賦來，不獨全有，而且是人。所以故？老杜不肯使其全無而且非是，而必欲使其全有而且眞是。於是老杜乃給與以情感、以思想、以靈

[1] 顧隨先生晚年曾自號「糟堂」。下句及文中他處提及的「言兄」均指顧先生的學生周汝昌。按，此文原是顧隨先生寫給他的。

魂，又不寧唯是，而又給與以人底情感、人底思想與夫人底靈魂，使之成爲特出的鷹、馬，之外又復具有完全眞正的人格焉。此其所以賦物而能物物而不物於物也。

於此，賦物底「賦」字似不當訓作「鋪敍」之賦，而當解作「給予」之賦。此非文字游戲，更非誑語，非妄語，所以者何？宗教家言：上帝造人，賦以靈魂。以彼例此，作家筆下於所賦物正復如然。

準上說，辛老子這一首《賀新郎》之賦水仙，正與老杜賦鷹、賦馬同一精神、同一意匠、同一手腕。詞中所賦底者一水仙是人，是水仙那樣底人，同時又是人那樣底水仙也。

賦物之作而至於是，乃可以使讀者諷詠之、翫味之，而增意氣，而開心眼，而養品質焉。賦物云乎哉！賦物之作寫而至於是，乃全乎其爲「人類靈魂之工程師」焉，賦物作家云乎哉！

於是糟堂談此詞竟，以下是贅語。

廿九日寫至此

「雲臥衣裳冷」是老杜詩。這一句子，依前人說，是格意高古；若依現在說法，衹是個寫實。雲是雲，臥是臥，衣裳是衣裳，冷是冷，如此而已。辛老子信手拈來，隨手放下，仍舊是五個大字，與老杜原作絲毫無別。然而稼軒詞中底「雲臥衣裳冷」却徹頭徹尾大差於少陵詩中底「雲臥衣裳冷」：因爲雲不是雲，衣裳不是衣裳，衹有臥與冷似，仍仍舊貫，然而杜詩中所表現者是老杜之高古，辛詞中却是水仙之幽嫻。「君向瀟湘我向秦」，毫無一點相干處，想見李光弼將郭子儀軍之壁壘一新，是又豈杜陵老子當初着筆時所能逆睹者哉！

接着是「看」到「幽影」「蕭然」，好，除却水仙極難有第二種花當得起此蕭然兩字。「水邊幽影」是常，「風前月下」是變，有變無常，失却本色，有常無變，絕少意態。然而也還衹是個靜中境界（此種境界稼軒詞中雖非絕無，却是極少），所以下面緊跟是「羅襪生塵凌波去」，此句來源自然出於曹子建《洛神賦》，但讀者却萬不可向上六字死去，如此衹能見得曹賦，却不見得辛詞，着眼字應在末一字「去」，有此一「去」，不獨動了起來，而且便是蒙叟所謂「而君自此遠矣」。遠而不可以無所至極也，於是乎「湯沐煙波萬頃」，而渺然焉，而浩然焉矣。

賀新郎・賦水仙

「湯沐」語源出湯沐邑，借用雙關，巧而不纖：「煙波萬頃」亦誇而非誕，隨筆提及，非意所在。茲所欲言者，辛老子寫此六字時，意識中或不免有山谷詩「坐對眞成被花惱，出門一笑大江橫」兩句子在。然而黃詩拋開水仙抒寫自我，辛詞不出自我，專寫水仙，固自不同；況夫稼軒此詞自開端「雲臥」一句迤邐至此，譬如雲騰致雨，勢所必至，鞭策驅使，不得不然。故純是作。然而種因收果，水到渠成，則所謂不得不然者，乃成爲自然而然，雖作也而近乎寫。是則黃詩之所不能與較，而尤非一般作詞者之所能夢見焉。

所不能輕放過者，自發端至此，雖然愈鈎勒愈自然，愈轉折愈貫串，却祇是客觀描寫，吾輩讀之，祇見辛老子爭生個賦水仙，却不見他爲甚的賦水仙。辛老子爲詞，一向是披肝瀝膽，決不肯藏頭露尾。（吾輩今日好道他是不打自招？）所以「萬頃」之下便說出「愛一點嬌黃成暈」。「嬌黃」者何？水仙之花黃，而伊人之額黃也。適間之人那樣底水仙，至是乃成爲水仙那樣的人焉。於是乎一口氣唱出「不記相逢曾解珮，甚多情、爲我香成陣。待和淚，收殘粉」來。這雖不必値得讀者馨香拜禱，却實實値得吾輩衷心感謝。所以者何？倘無此二十一字，吾輩自「雲臥」讀至「萬頃」，祇能看出稼軒翁賦水仙賦得能好，而看不出（至少是不易得看出）此翁何以賦水仙賦得能好。比及讀了此二十一字，便恍然大悟：元來此翁心目中早已具有水仙那樣的人，所以自「雲臥」至「萬頃」能寫出那樣底水仙來也。法門如此細大，而學者乃成叫囂，糟堂今日祇恨後人胡塗，更不復爲此老叫屈也。

二十一字以上總說之，以下將分說：

「解珮」用《列仙傳》漢皐神女與鄭交甫事，如今且莫祇贊嘆他水仙故實用得好，如此會去，去辛老子心事大遠在。須知「不記」七字乃是說舊時一向緣淺，而「甚多情」八字乃是說今日一見鍾情。如此說來，緣淺縱輸於緣深，相見總勝於不見。然而緊接是「待和淚，收殘粉」六個大字，於是而回天無術徒喚奈何矣。「殘粉」者何耶？水仙底人之年之遲暮歟？之身之將喪歟？詞無明文，史無例證，糟堂此際不敢臆說，但九九歸一，痛苦到深處，悲哀到極點則可斷言。於是而吾輩乃不獨看出稼軒翁賦水仙賦得能好，而且更恍然大悟此老何以賦水仙賦得能好也。

贅說至此亦辭意俱盡。所以者何？辛詞至此亦已辭意俱盡故；稼軒當日既已啼得血流，糟堂此刻亦使得力盡故。

然而尚有過片在。於詞，稼軒不能不作；於文，糟堂亦不能不說，他爭生作，我便爭生說。

換頭「靈均」七字，似是劈空而來，實非無因而至。二十五篇屈原賦（特別是《離騷》），多是歌詠香草美人，自然而然地與辛詞中之人底水仙、水仙底人應節合拍。（節外生枝爲是與言兄共語，不妨援引希臘神話中之 **Nacissus**，說靈均也是水仙。當然糟堂如此亂道，又豈稼軒着筆時所能逆睹？）「記當時」十一字情生文、文生情，順口爲水仙呼冤；「烟雨」七字不見怎的；「翠袂搖搖誰整」，大好，水仙之美原不盡在於花，葉亦自有風致。虧得此老指出，而且一發看出水仙底人與夫人底水仙來。若說，這莫是「天寒翠袖薄」一句子在作用着乎？糟堂曰：也得、也得，不必、不必，以下獨無修竹可倚，抑且倚不得修竹故。（「搖搖誰整」不是倚修竹底姿態也。）「謾寫入瑤琴《幽憤》」，當然不指在水仙（辛老子縱有率筆，從不亂道），亦無甚奇特，好在是興起下面之「弦斷《招魂》無人賦」，但金杯、的皪銀臺潤」，雖亦衹是前片「殘粉」之重說與引申，而「金杯」、「銀臺」刻畫水仙，有聲有色，其妙在觸。白石《暗香》、《疏影》之詠梅，生怕觸着，反而死去，不似辛老子之參贊造化，推倒智勇，儘管觸去，而且愈觸而愈活也。

歇拍是「愁滯酒，又獨醒」，多少人嫌它（糟堂舊日亦復不免）結得忒煞質直，更無弦外之音（集中此等結法不一而足）。今日看來，多少人膠柱鼓瑟（糟堂舊日亦復不免），死死黏住「曲終人不見，江上數峯青」也，如今不說曲終人杳、江上峯青之流弊必至於毫無心肝、不知痛痒，且道作家能無論在甚底環境之中、甚底情形之下，當在結時，老去翻曲終人杳、江上峯青底板麼？證之往古，「三百篇」不如此，漢樂府、《十九首》不如此，卽在唐代，李太白、杜少陵當其情思鬱積暴發沉着痛快，亦並不如此，奈之何而強我稼軒之必如此也？援今證古，野馬索性跑到外國去，難道馬耶可夫斯基作《列寧》、吉洪諾夫作《基洛夫與我們同在》，其於結時，亦必責之以曲終不見、江上峯青麽？非於事於勢有不可，乃於情於理則不可也。稼軒作此《賀新郎・賦水仙》，撫今追昔，嘆老傷逝，着他作結時如何能曲終人杳去？何能江上峯青去？

然而，「絃斷《招魂》無人賦」以至「愁滯酒，又獨醒」，畢竟是病，糟堂今日亦不死死爲賢者諱。病不在於其不能曲終人杳、江上峯青，而在於重複了前片底「待和淚，收殘粉」。上文已說過：此詞寫到「待和淚，收殘粉」早已辭意俱盡，衹緣於詞必有過片，遂使拔山扛鼎底辛老子向灰頭土面底糟堂手裏納盡敗闕也。此則形式文學之大病，而又非盡屬辛老子之病矣。

倘若本諸春秋責備賢者之義，則辛老子此詞之病不僅於此「愁滯酒，又獨醒」六字，通篇亦有病。其病維何？曰：沒奈何而已。又不僅於止此一篇而已，集中諸作往往而有，然此病又初不僅於止辛老子一人而已，「三百篇」、「楚辭」、漢樂府、《十九首》中郎亦不免，自此而下，饒他曹孟德之雄強、陶彭澤之淡宕、李太白之飄逸、杜少陵之堅實，說到沒奈何一病，也還是同坑無異土。若曰：此乃時爲之、勢爲之，正好一齊放過。彼亦何不幸，而不生於今之世也。

夫所謂時與勢者何耶？宿命論者所謂「命運」者耶？宗教家所謂「天意」者耶？

曰：否，不然。舊時不合理之社會積重而難返，志士仁人而不奮斗斯成俘虜，必欲奮鬥終趨滅亡，所以者何？彼衆而我寡，而且諸志士仁人又每每不知聯結同心，發動羣衆，徒思以個人底善良之志願、高尚之品質、堅強之意志與彼無惡不作、鋌而走險者流之集團，作殊死戰焉，其亦止有殊死而已耳。如其不死，靜夜良辰，山邊林下，言爲心聲，發爲篇章，於是乎雖不欲說沒奈何不得也矣。夫然，則稼軒之病又非唯稼軒之病，而又不足爲稼軒及稼軒外古昔諸大作家之病矣。曰時爲之、勢爲之者以此。

者一首詞，也有人民性麼？

糟堂情知有此一問。

糟堂雖向釋迦頭上着糞，也不在稼軒臉上貼金，說辛老子者一首《賀新郎・賦水仙》之如何如何地富有人民性。

假若吾輩承認者乃是辛老子自寫私生活底供狀，吾輩可能說它有一絲一毫反人民性麼？

糟堂今日且不暇說辛老子之於詞每寫女性必極盡其尊重之能事是何等底超越時流、突破往古，衹看一首《賀新郎》，百一十六字是何等底富有人情，而且是至情。者人情，者至情，也就正是辛稼軒底人性。齊宣王不忍牛之觳觫若無罪而就死地，孟子曰：「是心足以王矣。」玄奘大師在天竺見一東土扇子而病，有人說他倘此際不能爲扇子而病，當年也決不能爲一大藏教，發願來西天取經。（這一公案，八年前說辛時已曾拈舉。）是故說感性認識發展而成爲理性認識，倘不，理性認識便是無根之木、無源之水。人民性屬後者，人情、至情則屬前者，夫豈有人民性而不出於人情、至情與夫人性者乎！然則者一首《賀新郎》本身卽不富於人民性，恰恰正是人民性底大好根芽與基礎在。（糟堂如是說，倘若仍然有人致疑，便請他讀了普希金的《奥尼金》了再來理會。野馬又跑到外國去了也。）（顧　隨）

賀新郎

辛棄疾

陳同父自東陽來過余，留十日，與之同游鵝湖，且會朱晦庵於紫溪，不至，飄然東歸。既別之明日，余意中殊戀戀，復欲追路，至鷺鷥林，則雪深泥滑，不得前矣。獨飲方村，悵然久之，頗恨挽留之不遂也。夜半投宿泉湖吴氏四望樓，聞鄰笛悲甚，爲賦《賀新郎》以見意。又五日，同父來書索詞，心所同然者如此，可發千里一笑。

把酒長亭說。看淵明、風流酷似，臥龍諸葛。何處飛來林間鵲，蹙踏松梢微雪。要

賀新郎（把酒長亭說）

破帽、多添華髮。賸水殘山無態度，被疏梅、料理成風月。兩三雁，也蕭瑟。　佳人重約還輕別。悵清江、天寒不渡，水深冰合。路斷車輪生四角，此地行人銷骨。問誰使君來愁絕？鑄就而今相思錯，料當初、費盡人間鐵。長夜笛，莫吹裂。

淳熙十五年（一一八八）冬，南宋著名的愛國思想家、文學家陳亮（同父）從浙江東陽來江西上饒，拜訪被罷官後閒居帶湖的辛棄疾。他們志同道合，有共同的理想和抱負，都受到投降派的排斥和打擊，彼此心心相印，經常互致書信問候、勉勵。此時，辛棄疾正在病中，陳亮的到來使他受到鼓舞，精神爲之一振。他們相聚十日，並肩攜手，「憩鵝湖之清陰，酌瓢泉而共飲，長歌相答，極論世事」（《祭陳同父文》）。陳亮行前曾致書朱熹（晦庵），約他在紫溪相會。但朱熹失約未至，於是陳亮告別辛棄疾，匆匆東歸。陳亮離去後，辛棄疾感到相處的時間太短，言有未盡，戀戀不舍，又駕車去追趕他。終因大雪封山，道路難行，不得不停止前進。當天他獨自投宿於吳氏泉湖四望樓，深夜聞笛，哀音如訴，更加觸動了他思念戰友陳亮的情懷，於是便在燈下寫成了這首《賀新郎》（又名《乳燕飛》）。過了五天，陳亮來信索取新詞，辛棄疾便將這首詞寄給了他。此後他們通過書信互相唱和，共寫了五首《賀新郎》。（辛棄疾兩首，陳亮三首。辛棄疾另有一首同調同韻的詞是寄給杜叔高的。）這幾首詞情辭慷慨，風格豪放悲壯，表達了愛國志士堅持抗金救國的決心，在社會上引起了強烈的反響，對推動南宋前期詞風的變化起到了積極的作用。

詞前小序，以優美的抒情筆調描述了「鵝湖之會」和本篇的寫作經過，爲理解這首詞提供了生動的背景材料。全篇着重抒寫詞人與陳亮之間的深厚友誼。上片從惜別說起，通過對雪中「剩水殘山」的描繪，暗喻國事岌岌可危，愛國者有志難展。

「把酒長亭說。看淵明、風流酷似，臥龍諸葛。」開頭三句，滿懷深情地讚揚陳亮的風度和才華：我們在長亭裏舉杯告別，親愛的戰友請聽我說，你的舉止言行，風流瀟灑，高風亮節和東晉大詩人陶淵明多麽相似；你胸懷大志，才智超羣，又好像三國時期高臥隆中的諸葛亮。以上兩位古人，都是辛棄疾平生最敬仰的賢哲。這

賀新郎（把酒長亭說）

裏以他們來比擬陳亮，說明作者對摯友給予了崇高的評價。數年前，陳亮曾被誣入獄，備受摧殘折磨。辛棄疾盛讚陳亮，既有慰勉鼓舞之意，同時也是對南宋當局迫害愛國志士表示抗議和不滿。

「何處飛來林間鵲，蹙踏松梢微雪。要破帽、多添華髮。」接着三句，宕開一筆，寫長亭話別時的景物：不知從哪裏飛來一羣喜鵲，停在松林上，嘰嘰喳喳，跳來跳去，把樹梢的殘雪踢落在我們的破帽上，好像有意要給我們增添幾許白髮。這一細節描寫，既渲染了臨別時冷落荒涼的氣氛，也爲後文卽景抒懷做了鋪墊。

「賸水殘山無態度，被疏梅、料理成風月。」這兩句寓情於景，寄意遙深：大地覆蓋着一片白茫茫的積雪，少數殘露在外的河山顯得支離破碎，零落凋枯，實在不成樣子。冰雪中幸而有幾株稀疏的臘梅，凌寒而開，才裝點出一番美景來。詞人筆下的這幅畫面是具有象徵意義的。它暗喻山河破碎、國土分裂，衹有少數愛國志士在險惡的環境裏堅持鬥爭，支撑着危局。那不畏風雪嚴寒的梅花，正是當時高舉抗金救國旗幟的主戰派的藝術寫照。

「兩三雁，也蕭瑟。」上片結拍兩個短句，託物見意，抒發了作者深感寂寞的情懷：長空飛過兩三隻大雁，那淒厲的叫聲打破了沉寂，可是大地已被冰雪覆蓋，它們失去了駐足棲息之所，自然也會感到冷落淒涼。辛棄疾是來自北方的所謂「歸正軍民」，他們捨生忘死，衝破重重阻礙，起義來歸，却受到投降派的歧視和排斥，對此他是深有體會的。這裏作者以南歸的「兩三雁」相比，反映了自己和少數愛國者政治上的孤獨寂寞之感。

換頭以後，照應上片起處，接寫長亭握別之後作者驅車追趕陳亮，爲風雪所阻，歸途感到無限惆悵的心情。

「佳人重約還輕別。悵清江、天寒不渡，水深冰合。」佳人，美人，也指品格高尚的男子，這裏是指陳亮而言。過片三句，寫詞人遙望遠方，彷彿對途中的戰友說道：你重視這次約會，不遠千里而來，可又輕易離別，使我戀戀難捨。令人擔憂的是，如今正是數九寒天，江面已經結冰，船不通航，你在路上一定會遇到許多困難。這三句語重心長，進一步顯示出作者對陳亮的關懷以及兩位愛國詞人之間的深情厚誼。

「路斷車輪生四角，此地行人銷骨。」車輪生四角，車輪上好像長出了四隻角，不能轉動前進。陸龜蒙《古意》詩：「願得雙車輪，一夜生四角。」銷骨，銷魂入骨，形容十分傷心痛苦。這兩句寫詞人追趕陳亮至鷺鷥林，因雪深泥滑，不能前進，感到惆悵的情景：道路被大雪阻斷，車輪無法轉動，衹得在這裏停下來，沒能追上你，真叫人傷感呵！「悵清江、天寒不渡」爲友人設想，「路斷車輪生四角」從自己着筆，一虛一實，情景相生，繪出了一幅辛棄疾風雪追趕陳亮的動人圖景。

「問誰使君來愁絕？鑄就而今相思錯，料當初、費盡人間鐵。」君，詞人自謂。錯，錯刀，雕琢玉石的工具，這裏語意雙關，借指錯誤。據《資治通鑒》卷二六五載，唐末天雄節度使羅紹威爲了消滅田承嗣在魏州的「牙軍」，請來朱全忠的軍隊，耗去了大量物資積蓄，結果使他自己的勢力也大爲削弱。於是他後悔地對人說：「合六州四十三縣鐵，不能爲此錯也。」以上三句用設問作答和誇張的手法，抒寫作者思念陳亮的愁苦之情：請問是誰使你愁得如此厲害呢？不是別人，正是我自己呵。千不該，萬不該讓你匆匆離去，到如今兩地相思，銘心刻骨，鑄成如此大錯，想當初一定用盡了人間所有的鋼和鐵。

「長夜笛，莫吹裂。」最後兩句，用聞笛收束全詞，含不盡之意於言外。據《太平廣記》卷二〇四《李謩》條說，唐代有個獨孤生擅長吹笛，曾在一次宴會上把笛子吹裂。作者夜宿四望樓，「聞鄰笛悲甚」，而想到這個故事，並借此表達心中的惆悵：長夜漫漫，笛聲哀婉，可不能把笛子吹裂了呵，我的心已經够煩亂了，何必再給我增添悲愁呢？

這首詞雖然也是寫的離別相思，但與婉約派詞人描述男女戀情的啼香怨粉之作，在意境和格調上都不一樣。詞中不但淋漓盡致地抒發了辛、陳之間的深摯友情，而且關合國事，寄意深遠，富有社會意義。詞的脈絡清晰，畫面生動，從別時寫到別後，融懷友與憂世之情於一爐，具有強烈的藝術感染力。

（喻朝剛）

破陣子

爲陳同甫賦壯語以寄

辛棄疾

醉裏挑燈看劍，夢回吹角連營。八百里分麾下炙，五十絃翻塞外聲，沙場秋點兵。

馬作的盧飛快，弓如霹靂弦驚。了却君王天下事，贏得生前身後名，可憐白髮生！

每與人論及此詞，人多以爲自「夢回吹角連營」至「弓如霹靂絃驚」皆夢中情事。這是帶有普遍性的一種誤解。其原因是把「夢回」二字錯會爲「夢中」或「夢中回到」之類的意思了。「夢回」怎講？就是夢醒。牛嶠《菩薩蠻》：「山月照山花，夢回燈影斜。」李璟《浣溪沙》：「細雨夢回鷄塞遠，小樓吹徹玉笙寒。」均可爲證。「夢回」二字實在是全詞的關鍵所在，確定了這兩個字的涵義，就可以肯定詞中所寫的分炙點兵、飛馬拽弓，種種雄壯的場面，並非醉夢中的幻影，而是少年時代的親身經歷。這首詞從開頭第一句起，就是往昔戰鬥生活的追述，一口氣寫了九句，直到最後一句「可憐白髮生」才落到今日。《破陣子》分上下兩片，按照習慣，過片應當有個轉折。辛棄疾哪裏管得什麼習慣？豪情湧來，直瀉而下，如飛瀑驚湍，酣暢淋漓，最後戛然而止，輕鬆地收攏了起來。若非有千鈞筆力，如何做得到！寫詩填詞要有這等手段，才見功力。敢於放，善於收，方爲高手。人稱稼軒詞豪放，的確豪放。但決非劍拔弩張、狂呼大吼，而是在豪放中有節制、有含蓄，有一種內在之力、沉

破陣子·爲陳同甫賦壯語以寄

鬱之氣貫注其間。明白了這一點，才算是懂得了辛詞的妙諦。

作者在《破陣子》詞牌下曰「爲陳同甫賦壯詞以寄」。「同甫」是陳亮的字，他「爲人才氣超邁，喜談兵，議論風生，下筆數千言立就。」（《宋史》本傳）他因堅持抗金，遭到當權者的嫉恨，幾次被誣下獄，人目爲「狂怪」。但辛棄疾和他志趣相投，是知心的朋友。劉熙載《藝概》說：「陳同甫與稼軒爲友，其人才相若，詞亦相似。」陳亮的《水調歌頭》（不見南師久）大聲鞺鞳，氣勢磅礴，不亞於辛詞。宋孝宗淳熙十五年（一一八九），陳亮從浙江金華到江西上饒訪問辛棄疾，住了十天。他們一起遊覽了鵝湖等地。分別以後彼此懷念，不止一次以《賀新郎》詞相贈答。這首《破陣子》作於何年難以考明，衹知道是特爲陳同甫所作並寄贈給他的。詞裏回憶自己過去的戰鬥生涯和豪情壯志，也表達了壯志未酬白髮已生的悲憤心情，含有激勵對方、寄以希望之意。

「醉裏挑燈看劍，夢回吹角連營。」這兩句都是往事。「看劍」有鉛刀一割、渴望殺敵的意味。古典詩詞中寫劍，往往寄託着雄心，如鮑照《擬行路難》：「對案不能食，拔劍擊柱長嘆息。」李白《獨漉篇》：「雄劍掛壁，時時龍鳴。」都是借劍以抒懷。這裏的「看劍」也是一種感情的流露，不可僅僅當成一個動作的交代，輕輕放過。而「醉裏挑燈」則爲「看劍」渲染了背景和氣氛，增添了浪漫色彩。這一句是寫夜間，下句寫清晨。岑參《武威送劉判官赴磧西行軍》：「都護行營太白西，角聲一動胡天曉」，可見古代軍中清晨吹角。晨曦之中，各個軍營角聲此呼彼應，連成一片，是何等森嚴而又雄壯！我們可以理解爲，詞人在夢醒之後聽到「吹角連營」，也可以想象是這連營的號角聲喚醒了詞人的夢。「吹角連營」既是「夢回」所聞，「夢回」又是「吹角連營」所致。如同孟浩然的「春眠不覺曉，處處聞啼鳥」，也可以從兩個不同的角度去體會。「醉裏挑燈看劍，夢回吹角連營」，一寫夜，一寫晨，一開頭就把調子定得很高，正所謂「起句當如爆竹」（《四溟詩話》），引人進入勝境。

這首詞不但起得好，接得也好：「八百里分麾下炙，五十絃翻塞外聲，沙場秋點兵。」這三句應當連讀，寫的是同一件事，即檢閱軍隊。分炙、奏樂，都在點兵儀式之中。「八百里」語義雙關，一方面指牛，用《世說新語·汰侈篇》的典故：「王君夫（愷）有牛，名八百里駁，常瑩其蹄角。王武子（濟）語君夫：『我射不如卿，今指賭卿牛，以千萬對之。』君夫既恃手快，且謂駿物無有殺理，便相然可，令武子先射。武子一起便破的，却

破陣子・爲陳同甫賦壯語以寄

據胡牀叱左右：『速探牛心來！』須臾炙至，一臠便去。」蘇軾詩裏也說「要當啖公八百里，豪氣一洗儒生酸。」另一方面，「八百里」又兼言營寨分布之廣。辛棄疾早年曾參加以耿京爲首的抗金起義軍，並在軍中掌書記。起義軍有數十萬之衆，佔領的地區很廣。「麾」是大旗。「麾下」指軍中主帥所居之地。「分麾下炙」是說代主帥用烤熟的牛肉犒賞三軍。「五十絃」指瑟，李商隱《錦瑟》：「錦瑟無端五十絃」。「翻」是翻奏的意思，劉禹錫《楊柳枝》：「請君莫奏前朝曲，聽唱新翻楊柳枝。」「五十絃翻塞外聲」這一句是說樂器中演奏出塞外的曲調。上片最後一句「沙場秋點兵」把分炙、奏樂的活動加以概括，點出是檢閱軍隊。閱兵是戰前的準備，秋天草肥馬壯，氣象肅殺，正是用兵的時節。檢閱期間一邊翻奏塞外雄壯的樂曲，一邊用烤熟的牛肉犒賞三軍，其雄壯、肅穆、熱烈、豪放，可以想見。

下闋「馬作的盧飛快，弓如霹靂弦驚」是寫戰鬥的場面。「作」，好像。「的盧」，駿馬名。《相馬經》：「馬白額入口齒者，名云榆鴈，一名的盧。」《蜀志・先主傳》註引《世語》：「劉備屯樊城，劉表憚其爲人，不甚信用。曾請備宴會，蒯越、蔡瑁欲因會取備，備覺之，潛遁出。所乘馬名的盧，騎的盧走渡襄陽城西檀溪水中，溺不得出，備急曰：『的盧，今日厄矣，可努力！』的盧乃一踊三丈，遂得過。」「弓如霹靂」是說弓弦響聲如雷。《南史・曹景宗傳》載：「景宗謂所親曰：『我昔在鄉里，騎快馬如龍，與年少輩數十騎，拓弓弦作霹靂聲，箭如餓鴟叫，……此樂使人忘死，不知老之將至。」《隋書・長孫晟傳》：「突厥之內大畏長孫總管，聞其弓聲謂爲霹靂，見其走馬稱爲閃電。」辛棄疾這兩句詞用了典故却讓人不覺得是用典故。快馬良弓，奔騰馳騁於沙場之上，往日的生活是何等豪邁！而這一切都是爲了一個大目標：「了却君王天下事，贏得生前身後名。」就是要收復失地，一統天下，完成君王的使命，贏得自己的功名。從詞的開頭到這裏都是回憶，包括當年的戰鬥生活和當年的理想抱負。最後一句才回到今天：「可憐白髮生！」辛棄疾遭受壓抑，歲月蹉跎，光陰虛度，昔日金戈鐵馬的生涯祇是一段回憶，而昔日的豪情壯志也已化爲泡影。鬢邊的白絲，這嚴酷的不可扭轉的現實使詞人產生難以言說的悲憤。前九句的「壯詞」如果說是豪壯的話，到末尾就變成悲壯了。

范開《稼軒詞序》曰：「器大者聲必閎，志高者意必遠。」辛棄疾誠所謂器大志高者，所以他的詞聲閎意遠。

西江月·夜行黃沙道中

詞自《花間》以後走上一條狹而又深的路，「大都類似清溪曲澗，雖未嘗沒有曲折幽雅的小景動人流連，而壯闊的波濤終感其不足。」（俞平伯《唐宋詞選釋·前言》）辛棄疾繼蘇軾之後另闢蹊徑，以如椽之筆抒壯闊之情。詞中那戰鬥的場面，英雄的氣概，確實足以震撼千古。

（袁行霈）

西江月

辛棄疾

夜行黃沙道中

明月別枝驚鵲，清風半夜鳴蟬。稻花香裏說豐年，聽取蛙聲一片。　七八個星天外，兩三點雨山前。舊時茅店社林邊，路轉溪橋忽見。

一代詞宗辛棄疾，有作戰、爲宦、退隱、出山等複雜的生活經歷，有「以氣節自負、以功業自許」可貴的政治熱情，由於不能見用於闇弱的朝廷，不能挽回頹敗的國運，祇得把一股憂國憂民的忠憤之氣化爲歌詞。他的詞反映了前人未及的豐富深廣的思想內容，形成博大深沉、濃纖綿密、樸素明朗、鬱勃豪雄等多樣的藝術風格。值得注意的是他有一組農村詞，爲閒住江西農村時所寫。他的農村詞別具特點，表現了對農民及農村生活的眞摯感情。出於對朝廷與官場中人事紛爭的無比憎惡，他特意讚美農村的和平與寧靜，加倍喜愛農民的樸素與率眞。這首《西江月》詞描寫了農村風光，表現了詞人的村居生活，流露了詞人的寧靜心境和欣悅心情。

西江月・夜行黃沙道中

詞有題：「夜行黃沙道中」。大約在作者四十幾歲的時候，他閒居在江西上饒帶湖。上饒縣西有黃沙嶺，由於喜愛這裏的清幽風景，他常在通往黃沙嶺的山道上行走往來。這首詞應該是他的現實生活的體驗了。詞的上片寫尚晴的夏夜。首二句以景物點明夏夜：「明月別枝驚鵲」，烏鵲見光驚起是夏夜常見的景象。曹操《短歌行》：「月明星稀，烏鵲南飛。繞樹三匝，何枝可依」，蘇軾《杭州牡丹詩》：「月明驚鵲未安枝」，周邦彥《蝶戀花》詞：「月皎驚烏棲不定」，都寫此境。至於本句的「別枝」，却有不同的解釋，一解是「另一枝」的意思；烏鵲在月光下驚得飛起，從一枝跳到另一枝，正和「無枝可依」、「未安枝」、「棲不定」同一意境。「別」字是形容詞，和下聯形容「夜」的「半」字恰相對偶。還有一解是「辭別本枝」的意思。但那樣，就沒有「無枝可依」、「未安枝」、「棲不定」的境界了；況且把「別」字作爲動詞，便對不上下聯的「半」字。再有一解是「斜枝」的意思，表示月光斜照。然而月光不是手電筒，恐怕也難於衹射到一根斜枝上吧。況且，「別枝」通常可見，像方幹《寓居郝氏林亭》詩句：「蟬曳殘聲過別枝」，也無非是由一枝到另一枝的意思，就不必在「別」字上再找彎拗了。「清風半夜鳴蟬」，一陣清涼的風送來斷續的蟬鳴，正是夏夜容易聽到的聲音。半夜鳴蟬，表示天氣晴熱，爲下文雨來作伏筆。夜行，走向田間和溪畔，行路人看不見稻花的金黃色，却聞到空氣裏散溢着的稻花香。他也看不清潺潺的溪流，却聽到羣蛙鼓噪，響成一片。有趣的是，詞人在聽，羣蛙在說，說什麼呢？詞人聞着稻花香氣，不由得欣喜地想到豐收在望。這時，他聽着蛙鼓，不覺認爲它們也在爲豐收而歌唱了。在夏夜的黃沙道上，詞人由尋詩的閒情逸致轉向對豐收的喜悅，不能不是封建知識分子脫離官場與士大夫，走向農村和農民的心理轉變與精神感受。

下片寫欲雨的夏夜。詞人繼續在幽靜的山路上走着，天氣起了變化。首句，雨意：「七八個星天外」，遠處雲移，雲層裏透露七八個星。次句，雨來：「兩三點雨山前」，山前霧起，已經落下幾滴雨點，是悶熱的夏夜驟雨將臨的前奏。五代盧延讓《松門寺》詩：「兩三條電欲爲雨，七八個星猶在天」，不及這裏四、二句式的一聯寫得靈動。天氣的變化，逼得行路人步行加速，內心有一番活動：雨是好雨，但在何處可以避雨呢？於是落到最後二句：「舊時茅店社林邊，路轉溪橋忽見」。「社林」，土地廟的社樹。古代立社，每在社旁栽立土地相宜的樹木，以爲神靈可以憑依。《論語》載孔門弟子宰我對魯哀公說：「夏后氏以松，殷人以柏，周人以栗」，就指的是社林。「見」，與「現」通，應讀如「現」。詞人記得土地廟的林子，有個茅草作頂的小店，那裏可以避雨。他衹有依靠模糊的記憶，摸索奔去。他三步兩步，過了溪邊小橋，拐了一個彎，忽然看見那間足以避雨的茅店出現在眼前了。從不期遇雨的焦慮轉向有處避雨的欣慰，那一種驚喜之情，表露得十分眞切。

全詞以自然景物中微末形象，用天生好言語，刻畫詞人的心理活動和心情變化。不用一個典，不用一個生僻的字眼，但讀來飄灑雋逸，和諧輕鬆，深入淺出，靈活生動，有鄉土氣息，有生活情味。其藝術風格眞可謂橫豎爛漫、變化多端了。（楊敏如）

鷓鴣天

辛棄疾

代人賦

陌上柔桑破嫩芽，東鄰蠶種已生些。平岡細草鳴黃犢，斜日寒林點暮鴉。　山遠近，路橫斜，青旗沽酒有人家。城中桃李愁風雨，春在溪頭薺菜花。

王國維《人間詞話》指出：「小令易學而難工」。此話是深得個中三昧之言。蓋此體篇幅逼仄，格局極小，而又要求具有豐富的內容、完整的意境和濃厚的韻味。弄得不好，很容易流於陳辭濫調，成爲淺薄空洞之物。

所以宋詞大家作令詞，每每既貴清新，尤講含蓄。能清新則可以避免陳辭濫調，自鑄偉辭，自創佳境；能含蓄則不致流於直率淺露，了無餘味。清新而又含蓄，不但能够予人以耳目一新之感，同時也耐人翫索，使讀者獲得較多的美感享受。辛棄疾是衆體兼備的詞壇領袖，他才大藝精，有如沙場老將獻技，十八般武器皆能得心應手。他的傳誦人口的代表作，當然多半是那些高山大河似的長調慢詞；然而他的令詞也常常以清溪曲澗似的幽雅小景動人流連。單就他的農村詞而論，其中清新含蓄的優秀短章就不在少數。這首題爲「代人賦」的《鷓鴣天》，實際上是抒發作者本人的生活感受。它不但以清新爽麗的筆觸，描繪出一幅生機勃勃的江南初春圖畫，而且還通過歌詠鄉村景物，含蓄地表達了作者獨特的人生觀和審美情趣，具有一定的哲理意味。

詞的上片，描寫農村田野因春氣萌動而呈現的新景象。表面看來，這四句全是以平常之語寫平常之景。實際上作者別具匠心，他所挑選入畫的都是能够充分代表初春特徵的景物。柔桑的嫩芽、初生的幼蠶、平岡的細草、歡叫的黄犢，這些全是因春而起、生機旺盛和來日方長的新生事物。作者不滿足於靜態的觀照，而是抓住它們活鮮可愛的動態來進行渲染描繪，這就饒有生趣地展現出一軸欣欣向榮的春光圖卷。首句「陌上柔桑破嫩芽」，細筆勾畫，用詞非常考究而生動。「陌」，田間小路，這裏代指田野。說「柔」說「嫩」，桑芽初露時的細小嬌弱之狀隱然可見。形容桑芽初露，有許多動詞可供選用。但這裏不但不用「生」，不用「吐」，也不用「冒」，不用「綻」，而偏偏挑了一個響亮傳神的「破」字，將植物犯寒而生、春意不可遏抑的情態充分表達出來了。次句「東鄰蠶種已生些」，乍讀之，平平淡淡，毫無藻飾形容，但寓深意於平淡之中，含蘊十分豐富。試看作者不按一般的寫法，說春氣暖了，鄰家的蠶種孵化出許多小蠶來了，而偏偏說是「生」出了一「些」。所謂「些」，是少許之意。這恰如前人詠早梅，先說「前村深雪裏，昨夜幾枝開」，高明者認爲「幾枝」無以顯其「早」，於是改「幾」爲「一」。一枝先開，比幾枝齊開更生動地突出了「早」字。稼軒此句，也是用的此法。說是蠶種開始孵出了「一些」，這就富有詩意地展示出春氣剛剛萌動之際給大地帶來的變化。「已生些」與上句「破嫩芽」相呼應，這首春之頌歌的第一串音符就細柔輕緩地彈奏出來了。

上片第三句「平岡細草鳴黄犢」，由植物而寫及動物，通過小黄牛之口，將細微的、幾乎是無聲的春之萌動，

鷓鴣天·代人賦

一下子上升爲春光遍野的歡快呼喊。好比一支樂曲演奏時，開始是幺弦輕訴，進行必要的鋪墊；到了中段，蓄勢已足，出現了清脆悅耳的高音旋律。原來光禿禿的平頂山坡已經長滿小草，嚴冬裏蜷伏在圈中的小牛這時已經出牧，在草茵上吃食撒歡了，這不是春意漸濃的明證嗎？當然，殘冬的陰影尚未退盡。黄昏之時，「斜日寒林點暮鴉」，偏西的太陽照在帶有幾分寒氣的樹林上，點點飛鴉正在暮色中尋巢安歇。上片末這一句所展示的黄昏春寒的畫面，是整個春光圖卷的一個小小陪襯，它沒有給人以衰颯之感，而是使人聯想到，那些方興未艾的嫩芽、細草與生意盎然的春蠶、黄犢之類，定會把更多的春意帶給人間，而夕陽暮景一般的殘寒不久就會徹底消亡了。

詞的下片，寫詞人在鄉居生活中所尋得的樂趣與哲理。「山遠近，路横斜，青旗沽酒有人家」三句，由景物轉寫到人事，過渡十分靈巧而自然。兩個三字句並非單寫山景，而是寫人遊山。聯繫上下文，這裏的意思是說：這風光優美的鄉村，有縱横交錯的小路通往遠近許多秀麗的山峯，讓人們遊覽登臨；沿路還有一些掛着青布招牌的酒店，供遊人憩息飲宴。末二句「城中桃李愁風雨，春在溪頭薺菜花」是一篇主旨所在，將城中桃李與鄉野薺菜進行對照描寫和議論，表現了作者頑強的人生觀和清新樸素的美學思想。俞平伯先生《唐宋詞選釋》說此二句道：「結句言桃李愁風雨，而菜花之不愁風雨，意在言外。對比形容，清新明朗」。所論大致不差，衹是還有一點語焉不詳，即結句既然並非泛泛詠物，而是「意在言外」，那麽這言外之意究竟是什麽？我們試從作者的意象描寫入手，來分析體味一番。你看，桃李一到春天就濃妝豔抹，競鬥美色。表面上，春天似乎因它們而生輝，因它們而熱鬧了。然而實際並不如此。這些個夭桃豔李太嬌弱，生命力很差。它們愁風畏雨，一遭風雨摧殘，就紅消香斷，化爲塵泥。衹有那溪頭野生的薺菜花，它們姿色平平，樸樸素素，默默無聞地在山林生長。城中的王孫公子小姐太太們從不屑於看它們一眼。可是它們生氣勃勃，在廣袤的原野頑強地蔓延，能長期經受風雨的侵襲，向人們含笑開放着那數不清的小白花。人們有理由認定，春天不在桃李那裏，而在薺菜花中。這個抒情境界，與蘇東坡《望江南》詞後半闋：「微雨過，何處不催耕？百舌無言桃李盡，柘林深處鵓鴣鳴，春色屬蕪青」略同，皆以爲城市裏燈紅酒綠的生活繁華難久，不如質樸的鄉野常得春意。辛詞顯然受了蘇詞一定的啓發。但比之蘇詞，這兩句意象對比似更鮮明，抒情似更集中而強烈，而且明顯地帶上了哲理意味。

這首詞是辛棄疾閒居江西時的作品。這時，他無端被陷害落職，祇得住到鄉下，躬耕壟畝，以待東山再起。歌頌薺菜花，可以看作是他在農村時自己感覺生命力頑強，渴望在事業上還能有所作爲的精神表現；而滿腔熱情地描繪農村景物和農家生活，也可看出他確對農村產生了深厚的感情。因此，這首小詞稱得上是作者閒居時期思想狀況的生動寫照。（劉揚忠）

水龍吟

辛棄疾

過南劍雙溪樓

舉頭西北浮雲，倚天萬里須長劍。人言此地，夜深長見，斗牛光焰。我覺山高，潭空水冷，月明星淡。待燃犀下看，憑欄却怕，風雷怒，魚龍慘。　峽束蒼江對起，過危樓、欲飛還斂。元龍老矣，不妨高卧，冰壺涼簟。千古興亡，百年悲笑，一時登覽。問何人又卸，片帆沙岸，繫斜陽纜？

這是辛詞中愛國思想表現得十分強烈的名作之一。作者在紹熙五年（一一九四）前曾任福建安撫使。從這首詞的內容及所流露的思想情緒看，可能是受到主和派讒害誣諂而落職時的作品。作者途經南劍州，登覽歷史上有名的雙溪樓，作爲一個愛國詞人，他自然要想到被金人侵佔的中原廣大地區，同時也很自然地要聯想到傳說落入水中的寶劍。在祖國遭受敵人侵略的危急存亡之秋，該是多麼需要一把能掃清萬里陰雲的長劍呵！然而詞人之所見，却祇是莽莽羣山，潭空水冷，月明星淡。欲待燃犀向潭水深處探看，却又怕水面上風雷怒吼，水底裏魔怪兇殘。後片卽景抒情，雖然流露出壯志難酬、不如閒居高臥的隱退思想，但這一消極思想之產生，是與他當時的處境，與當時南宋王朝整個政治形勢分不開的。南宋小朝廷偏安一隅，不圖恢復進取，一味妥協投降；對愛國抗敵的有識之士却百般壓制打擊直至迫害鎮壓，使統一中原的偉大事業付之東流。因此，在指出辛詞中經常流露的隱退閒居這一消極思想的同時，還必須指出這種思想之所以產生的客觀原因。

這首詞的藝術特點集中表現在以下三個方面。一是線索清晰，鈎鎖綿密。這是一首登臨之作。一般登臨之作，往往要發思古之幽情，而辛棄疾此詞却完全擺脫了這一俗套。作者卽景生情，把全副筆墨集中用於抒寫主戰與主和這一現實生活中的主要矛盾之上。開篇遠望西北，點染出國土淪喪、戰雲密布這一時代特徵；接着便直接提出了解決這一主要矛盾的主要方法：「倚天萬里須長劍」！也就是說，要用自衛反擊和收復失地的戰爭來消滅入侵之敵。下面緊扣雙溪樓引出寶劍落水的傳說。這裏的寶劍既指堅持抗敵的軍民，又是作者自況。這是第一層。從「人言此地」到上闋結尾是第二層。作者通過「潭空水冷」、「風雷怒，魚龍慘」來說明愛國抗戰勢力受到重重阻撓而不能重見天光來發揮殺敵報國的作用。下闋換頭至「一時登覽」是第三層。正因爲愛國抗戰勢力受到層層阻撓，甚至冒着極大的危險，所以詞人才產生「不妨高臥」這種消極隱退思想。最後緊密照應開篇，以眼前之所見結束全篇，使全詞鈎鎖嚴密，脈絡井然。

第二是因邇及遠，以小見大。作者胸懷大志，以抗金救國、恢復中原爲己任。他雖身處福建南平的一個小小雙溪樓上，心裏盛的却是整個中國。所以，他一登上樓頭，便「舉頭西北」，由翻捲的「浮雲」聯想到戰爭，聯想到淪陷的大片領土和骨肉同胞。而要掃清敵人，收復失地，則需要有一支強大的軍事力量。但作者却從一把落水的寶劍起筆，加以生發。所謂「長劍」，最長也不過是「三尺龍泉」而已，但作者却通過奇妙的想象，運用誇張手法，寫出了「倚天萬里須長劍」這一壯觀的詩句。這是詞人的心聲，也喊出千百萬人心中的共同意願。這「長劍」

是千萬把利劍的化身，是廣大抗戰軍民的化身。它以一總多，以小見大。這是詞人的想象，也是藝術的辯證法。

第三個特點是通篇暗喻，對比強烈。這首詞裏也有直抒胸臆的詞句，如「元龍老矣，不妨高臥」，「千古興亡、百年悲笑，一時登覽。」但更多的詞句，關鍵性的詞句却是通過大量的暗喻表現出來的。詞中的暗喻可分成兩組：一組是暗喻敵人和主和派的，如「西北浮雲」，「風雷怒，魚龍慘」，「峽束蒼江對起」等；一組是暗喻主戰派和詞人自己的，如「長劍」，「過危樓，欲飛還斂」，「元龍老矣」等等。這兩組不同的形象在詞中形成鮮明的對照和強烈的對比。這種強烈的對比，還表現在詞的前後結構上。如開篇直寫國家危急存亡的形勢：「舉頭西北浮雲」，而結尾却另是一番麻木不仁的和平景象：「問何人又卸，片帆沙岸，繫斜陽纜？」沐浴着夕陽的航船卸落白帆，在沙灘上擱淺拋錨。這與開篇的形象是何等的不同！這正説明當時的中國大地，一面是「西北浮雲」，「中原膏血」；而另一面却是「西湖歌舞」，「百年酣醉」。南宋滅亡，勢在必然。

由於這首詞通體洋溢着愛國熱情，加之又具有上述三方面的藝術特點，所以很能代表辛詞雄渾豪放的風格，讀之有金石之音、風雲之氣，令人魄動魂驚。

（陶爾夫）

沁園春

辛棄疾

將止酒，戒酒杯使勿近

杯汝來前！老子今朝，點檢形骸。甚長年抱渴，咽如焦釜；於今喜睡，氣似奔雷。

沁園春·將止酒，戒酒杯使勿近

汝說劉伶，古今達者，醉後何妨死便埋。渾如此，歎汝於知己，眞少恩哉！更憑歌舞為媒，算合作平居鴆毒猜。況怨無大小，生於所愛；物無美惡，過則為災。與汝成言：「勿留亟退，吾力猶能肆汝杯！」杯再拜道：「麾之卽去，招則須來。」

這是一個嗜酒者晚年決心戒酒時的宣言，或者也可以說是一封寫給酒的絕交書。

魏晉之際竹林七賢之一的劉伶，是古今聞名的大酒徒。他曾經寫過一篇讚美飲酒之樂的《酒德頌》，其中有這樣的句子：「捧甖承槽，銜杯漱醪，奮髯箕踞，枕麴藉糟，無思無慮，其樂陶陶。」（《昭明文選》卷四十七）《世說新語》上還記着他許多有關飲酒的軼事。辛棄疾一向善飲，如今要「止酒」了，便很自然地想起劉伶。可是這首《沁園春》詞歷數酒對人的毒害，「戒酒杯使勿近」，恰恰同《酒德頌》唱了個反調。而這一正一反兩篇酒徒之歌，都是文學史上說酒的名文。

同其他辛詞一樣，這首《沁園春》具有散文化、議論化的語言特色和粗獷豪放、蒼勁悲涼的氣度風格。這是一經誦讀便能鮮明感受到的。

在結構上，它由兩部分構成。從開頭至「吾力猶能肆汝杯」，是詞人對酒杯的訓誡。這是詞的主幹，詞的思想意義集中在這裏。末三句是酒杯的回答，既是詞的收束，又以詼諧的語調爲詞增添了色彩。以問答語入詞，借對話形式以結構篇章，這在詞的創作中早已有之，在辛詞中也是一種常見的手法。

現在我們來看這首詞的主幹部分。這一大段包括兩方面的內容。一面是對酒杯（其實是對酒）的訓誡和斥逐，一面是詞人對自身行爲的反省。訓斥酒杯表示了戒酒的決心，自我反省則揭示了戒酒的原因。兩個方面交錯推進、互補互明，共同構成了本詞的主體。

詞一開始，對酒杯的一聲呼喚，態度粗豪，氣勢不凡，引出下面一篇訓話。「老子今朝，點檢形骸」，明確點出自我反省之意，不可僅僅理解爲作者要檢視身體狀況。「甚長年抱渴」四句，是一個用「一字逗」領起的長句。「甚」，意思是：說什麼。「抱渴」，指酒癮如渴難以遏止。「焦釜」，就是燒乾了的鍋。這四句意思分兩層：從前

沁園春・將止酒，戒酒杯使勿近

我一年到頭酒癮難忍，喉嚨乾得像口燒乾的鍋，這是第一層；但那是從前，還說它做什麼，如今貪杯變成了貪睡，一睡下去就鼾聲如雷，我竟衰老到如此地步，這是第二層。爲什麼會這樣，難道不需要反省一番嗎？於是便歸結到飲酒過度傷害了身體，又由此引發了對酒的批判，其實批判和反省的是一回事，衹是角度不同罷了。

從「汝說劉伶」直至上片結束，是批判的第一層意思。這裏用了劉伶的典故。《世說新語・文學篇》註文引《名士傳》：「（劉）伶字伯倫，沛郡人，肆意放蕩，以宇宙爲狹。常乘鹿車，攜一壺酒，使人荷鍤隨之，云：『死便掘地以埋』。土木形骸，遨游一世。」辛棄疾數落酒道：你說劉伶是古往今來的達觀之人，衹要醉酒，死都無所謂。他把你當成知己，你却把他毒害到這種地步，眞太不够交情了。「少恩」，恩惠太少，薄情寡義之意。這是詞人對酒的初步指責。過片的「更憑歌舞爲媒，算合作平居鴆毒猜」兩句，指責加重了，是批判的第二層意思。詞人說，如果不但飲酒而且伴以美人歌舞，使人沉溺於酒色之中，那麼危害就更大。這時，以歌舞爲媒介而加倍狂飲的醇酒，簡直就跟毒藥一樣，是可以致人死命的。「鴆毒」，鴆鳥的羽毛極毒，用它蘸酒，飲之必死。「平居」，平常的家居生活。「算合作平居鴆毒猜」，直譯是：算起來（即說來）應該當作日常的毒藥看待。從這一句可知上一句「更憑歌舞爲媒」，原是帶有假設意味的。

「況怨無大小」四句，又是一個「一字逗」領起的長句。《沁園春》詞的格律要求如此。這四句可以看作詞人的自語，也可以看作他對酒推心置腹的傾談。他首先申明今日的怨酒，起因却是昔日的愛酒；他又解釋，酒作爲無知之物本無所謂美惡，嗜酒過度這才成了災害。很顯然，詞人內心深知貪戀酒色罪責應由貪戀者承擔，醇酒和歌舞本身却是無辜的。因此這裏含有反省之意，並不是一味指斥誘人的美酒。

既然認識得如此清楚，接着便該下決心了。於是詞人對酒杯，實際上同時也是對自己決絕地說：「與汝成言：『勿留亟退，吾力猶能肆汝杯！』」「成言」，約定，達成協議。「亟退」，趕快走開。「肆」，古代死刑後陳尸示衆叫肆，這裏作處分、懲治講。這句話有一點幽默。詞的表面意思是說：我決心戒酒，因爲我老了，身體不行了，一天到晚犯睏衹想睡大覺了，可是懲治你這隻酒杯的一點力氣還是有的。一個人在一隻酒杯面前無疑是龐然大物，這個龐然大物對無力自衛的小酒杯發那麼大狠勁，不是顯得有幾分可笑嗎？可是，細細一想，我們便會感到可悲。因爲我們想到辛棄疾這樣一位性格豪邁雄放的詞人、「壯歲旌旗擁萬夫」的虎將、胸懷「萬字平戎策」的愛國志士，在南宋政府主和派的排斥壓抑之下，抗金救國的理想成了泡影，青春年華衹換得一頭白髮，他除了向醉鄉中尋求心靈的片時寧靜，還有什麽辦法來排憂解悶呢？不是連雄才大略的曹操都有過「慨當以慷，幽思難忘；何以解憂，唯有杜康」的感嘆嗎？辛棄疾被迫借酒澆愁，已經够可悲的了，而今竟衰老得連酒也不能再喝，竟落得衹能獨自向小小的酒杯發發牢騷和脾氣，豈不是悲上加悲嗎？一絲幽默的背後藴藏着無限的苦澀，詞中表現的複雜感情值得我們仔細翫味。

然而辛棄疾畢竟是辛棄疾，生性倔强的詞人不肯奏出單一的哀傷的音調。在訓斥酒杯時故作粗豪，他在爲酒杯擬答時又故作詼諧。這就是本詞的結尾：酒杯向它服侍多年的老主人再次敬禮並說道：絶對服從您的命令，揮我我就走，招我我就來。「麾之」，就是揮之。揮之卽去，招之卽來，你看，這酒杯是多麽溫馴聽話善解人意，他們主僕之間又是多麽有情有義啊。看來辛棄疾戒酒雖然說得堅決，却不會眞的做到。果然就在這首《沁園春》之後，他又有一首同調同韻之作。那是「城中諸公載酒入山，余（辛自指）不得以止酒爲解，遂破戒一醉」之後寫來自我解嘲的。如此說來，他在這首詞末借酒杯之口表明「麾之卽去，招則須來」的意向也許並不是無意的吧。

（董乃斌）

賀新郎

辛棄疾

邑中園亭，僕皆為賦此詞。一日，獨坐停雲，水聲山色，競來相娛，意溪山欲援例者，遂作數語，庶幾彷彿淵明思親友之意云。

甚矣吾衰矣。悵平生、交遊零落，祇今餘幾！白髮空垂三千丈，一笑人間萬事。問何物、能令公喜？我見青山多嫵媚，料青山、見我應如是。情與貌，略相似。一尊搔首東窗裏，想淵明停雲詩就，此時風味。江左沈酣求名者，豈識濁醪妙理。回首叫雲飛風起。不恨古人吾不見，恨古人、不見吾狂耳。知我者，二三子。

我嘗謂宋詞之有蘇、辛，猶唐詩之有李、杜。李與杜詩風迴不相侔，前人並無異議；但近人却把蘇、辛同歸爲豪放一派，雖大體不差，實未盡貼切。就我個人體會，竊以爲蘇近於李而辛近於杜。然劉熙載《藝概》有云：「東坡詞頗似老杜詩，以其無意不可入，無事不可言也。若其豪放之致，則時與太白爲近。」其實細繹劉說，即就《藝概》中其它各條而論，亦足以證成鄙見。其一則云：「太白《憶秦娥》聲情悲壯。晚唐五代惟趨婉麗，至東坡始能復古。」又一則云：「東坡詞具神仙出世之姿」；再一則云：「東坡詞雄姿逸氣，高軼古人。」這些評語，實際上都更可說

賀新郎（甚矣吾衰矣）

明蘇詞確近於太白的詩風。至於辛之似杜，我們也可援引一則《藝概》的話：「辛稼軒風節建豎，卓絕一時；惜每有成功，輒爲議者所沮。觀其《踏莎行·和趙興國》有云：『吾道悠悠，憂心悄悄。』其志與遇概可知矣。」其與老杜之志與遇亦何其相似乃爾！從辛詞的思想內容看，確與杜詩之以憂國憂民爲心相近。若就蘇辛兩家詞風言之，則蘇大筆濡染，「如天風海雨逼人」，而辛沉鬱頓挫，千回百轉，筆力如椽；蘇詞大而辛詞深；蘇豪邁而辛遒勁；蘇駿快無拘束而辛沉着有丘壑；蘇韶秀而辛老辣；蘇縱橫馳騁而辛盤根錯節；特別是辛詞用典，如數家珍，以文爲詞的特點格外突出，則眞承少陵法乳，渾與太白殊途。當然，李、杜在前，蘇、辛在後，不論爲蘇爲辛，都不能不兼受李杜兩人的影響。我不過就其側重的情況而言，並非強畫畛域，認爲彼此間不得互越雷池一步也。

我曾說，詞中小令蓋詩之餘，而慢詞長調則賦之餘。北宋詞乃詩餘，南宋詞確是賦或駢文之餘，而南宋小令又往往似散曲。風會使然，非人力所能強而致。故詞中大量用典，顯然受賦和駢文的影響爲多，雖稼軒亦不例外。中國的文學作家在詩詞歌賦和文章戲曲中用典，是有其深遠的民族傳統的。借典故可以表達十分繁複曲折的思想感情，可以概括自己多方面要說的話。凡前人已塑造成功的藝術形象或已表達透徹的邏輯思維，後人都可以信手拈來，加以靈活運用，或引申或發展，或襲其貌或傳其神，然後成爲自己作品的血肉組成部分。這樣不論寓意達情，都可通過典故來委曲表現，既簡約、含蓄、深刻，又使讀者感到餘味無窮。這當然是指用典的成功一面。如就其失敗的一面而言，則時有餖飣堆砌、煩瑣冗贅、晦澀迂曲之病。賢如稼軒，亦在所不免。蓋事物總有它的兩面性，這也是用典故必然導致的結果。至於從讀者的角度說，則希望能確切掌握作者用典的動機和目的，不僅明察其出處，還要默會其涵義，這才談得到正確地理解作品本身。因此讀者對箋註家不僅要求弄通字面的講法，還希望把典故和作品主題的內在聯繫也註釋出來。

我之所以不嫌絮聒地大談詩詞的用典，正緣稼軒詞具有這方面的特點，而且十分突出。這首《賀新郎》就是一個極明顯的例子。此詞載鄧廣銘先生《稼軒詞編年箋註》卷四「瓢泉之什」，繫年於南宋寧宗慶元中。蓋稼軒自閩中罷歸，隱居瓢泉，修葺園亭，以山水自娛。更築停雲堂於山上，地勢高爽，爲稼軒所喜，故詞中賦「停雲」者獨多。這首《賀新郎》前有小序云：

邑中園亭，僕皆爲賦此詞。一日，獨坐停雲，水聲山色，競來相娛，意溪山欲援例者，遂作數語，庶幾彷彿淵明「思親友」之意云。

因此，在分疏詞中其它典故之先，必須弄清陶淵明的《停雲》詩是怎麽回事。茲錄其全篇於下：

停雲，思親友也，樽湛新醪，園列初榮，願言不從，嘆息彌襟。

靄靄停雲，濛濛時雨，八表同昏，平路伊阻。靜寄東軒，春醪獨撫；良朋悠邈，搔首延佇。

停雲靄靄，時雨濛濛，八表同昏，平陸成江。有酒有酒，閒飲東窗；願言懷人，舟車靡從。

東園之樹，枝條載榮，競用新好，以招余情。人亦有言，日月於征。安得促席，説彼平生！

翩翩飛鳥，息我庭柯，斂翮閒止，好聲相和。豈無他人，念子實多；願言不獲，抱恨如何！

古人對這一篇陶詩的理解也是其説不一的。一種認爲義兼比興，或謂悲憤爲懷，或言寓意譏刺，甚至有人以爲此詩「取比《離騷》」，「深遠廣大」。如劉履《選詩補註》、黄文煥《陶詩析義》以及王夫之、查初白諸人之説皆然；另一種則認爲詩意衹是「思親友」而已，無須扯得太遠。我則以爲有三點值得注意：一、陶詩所謂「八表同昏，平陸成江」云云，確不似單純描述客觀景物或環境，而有隱喻世衰道微之意，否則措詞不會如此嚴重；準此，則末章「豈無他人，念子實多，願言不獲，抱恨如何」諸語，也就不光是泛泛地衹想找個朋友來閒飲春醪，消遣消遣；作者的知音難遇、孤懷難傾和壯志難酬的心情還是一覽而知的。二、辛棄疾以「停雲」名其堂，特別是他寫的這首《賀新郎》，並沒有描寫「水聲山色」，而是一肚皮抑鬱牢騷躍然紙上，顯然他對《停雲》原詩的理解也並非單純地停留在「思親友」這一層表面的意義上面。三、此詞所謂「悵平生、交遊零落，衹今餘幾」，以及「江左沈酣求名者，豈識濁醪妙理」云云，其慨嘆知音難覓、孤懷難傾和壯志難酬的起伏心潮固已表露無遺，而結尾數句，蓋謂當今之世既無知己，衹有尚友古人，引前賢以爲同調了。可見辛棄疾對《停雲》一詩如此重視，甚至揣摩陶淵明作此詩時的感情和「風味」，正是由於他認爲《停雲》確有政治涵義，而非一般的思念親友。有了這個基本理解，則於稼軒此詞之主旨何在，亦可以「思過半矣」。

下面就根據各家註本，略參己意，把這首詞逐句地加以詮析。除指出作者所用各個典故外，也兼釋其用典之旨和表現手法的特點。

甚矣吾衰矣。

此襲《論語·述而》孔子「甚矣吾衰矣，久矣吾不復夢見周公」之言而僅用其上句。何晏《集解》引孔安國說：「夢見周公，欲行其道。」胡雲翼先生《宋詞選》謂：「這裏衹引用上句，實含有『吾道不行』的意思。」其說是也。

悵平生、交遊零落，衹今餘幾！

此暗用孔融《論盛孝章書》「海內知識，零落殆盡」語意，言外指志同道合的朋友日見稀少，亦即在政治上主張一致、可以同進退共患難的人越來越少。上一句從自己說，這兩句從朋友說，一再感嘆，可見作者所謂的「思親友」確非單純想敍敍家常，「悅親戚之情話」而已。

賀新郎（甚矣吾衰矣）

白髮空垂三千丈，一笑人間萬事。

李白《秋浦歌》之十五：「白髮三千丈，緣愁似個長？」作者意思是說，自己對人間萬事本來是「愁」的，始而愁如何解決「人間萬事」，其愁在於煞費苦心；後來則愁到「白髮三千丈」也於事無補（故着一「空」字），衹能歸之一笑。夫「事」而言「萬」，極言其多且繁：這裏面包括了個人的功名事業，宋朝的前途安危，偏安的政局，執政集團的爾虞我詐，人與人之間的世態炎涼，……却以最簡單的辦法「一笑」置之。這「一笑」是由多愁轉化而來，不僅有靜觀世變之意，而且有憤慨，有感嘆，是無可奈何的苦笑，又是袖手旁觀的冷笑。這說明他對人生似冷漠而實執著，對自己似解嘲而實鬱悶。

問何物、能令公喜？

《世說新語·寵禮篇》：「王珣、郗超並有奇才，爲大司馬（桓溫）所眷，拔珣爲主簿，超爲記室參軍。超爲人多鬚，珣狀短小，於時荆州爲之語曰：『髯參軍，短主簿：能令公喜，能令公怒。』」「公」在此處是借用，爲作者自稱。這是一個過渡句，也可以說是關鍵句，與下片「回首叫雲飛風起」句的性質相同。但這裏有一問題值得研究，即這個句子是連上文還是啓下句？文研所編選的《唐宋詞選》（一九八一年人民文學出版社出版）在註釋時認爲是連上文，三句一並講解。這當然也可以。不過從語氣上看，如連上文，則是說對人間萬事衹能都付諸一笑，再無一物可以使自己高興的了。但作者本意實際是說萬物雖不稱心，「青山」却還使自己生嫵媚之感，因而對山有喜悅之情。這從序文中「水聲山色，競來相娛」的話中可得到佐證。下文還說到青山是人的知音，看到作者的「情與貌」與它「略相似」，也感到了人的嫵媚。另外，作者尙有一首《蝶戀花》，開頭寫道：「何物能令公怒喜？山要人來，人要山無意。」與此詞意境相近。可見這裏的「問何物、能令公喜」也與下面的「青山」有聯繫，「何物」的「物」即指下文的「青山」。故鄙意以爲此句應屬下而不宜連上。至於作者襲《世說》成句，雖似借用字面，亦略有寓意。蓋世之可喜的人與事實在太少了（相反，使人怒的事自然就多了），衹有青山嫵媚足以娛慰寸心，而自己的心志也衹有毫無知覺的「青山」才能理解，感慨萬端，盡在言外。

我見青山多嫵媚，料青山、見我應如是。情與貌，略相似。

《新唐書·魏徵傳》引唐太宗語：「人言徵舉動疏慢，我但見其嫵媚耳。」鄧《註》引《冷齋夜話》：「東坡曰：世間之物未有無對者。太宗曰『我見魏徵常嫵媚』，則德宗乃曰『人言盧杞是奸邪』。」胡《選》引稼軒《沁園春》云：「『青山意氣崢嶸，似爲我歸來嫵媚生。』因知以『嫵媚』狀山，稼軒屢用之。」自「我見」以下至上片結束，竊謂都應是上文「喜」的內容。即不僅青山嫵媚令人可喜，連「青山見我」也感到嫵媚，認爲我同青山從形貌到神情都有共同之點，也是使自己心裏高興的事。蓋自己屢受謗譏，立朝遭忌，有誰能如唐太宗之識魏徵那樣使自己感到還是個有用之材呢！胡《選》謂「這裏作者隱以魏徵自比」，誠未始無見也。在這樣的社會裏，一個人衹能向青山去尋找共鳴，其爲孤憤，可以想見。

一尊搔首東窗裏。想淵明停雲詩就，此時風味。

此逕用陶詩《停雲》句意。「搔首」、「東窗」皆見前。但我以爲作者此處還兼用杜詩。《春日憶李白》云：「何時一尊酒，重與細論文。」又《夢李白》之二：「出門搔白首，若負平生志。」而《春望》則云：「白頭搔更短，渾欲不勝簪。」此處正以李杜之深情摯誼扣緊「思親友」之旨，而作者之抑鬱不平，亦盡從「一尊」句中流露出來。所以推想「淵明停雲詩就」，「風味」與己正同也。

江左沈酣求名者，豈識濁醪妙理。

蘇軾《和陶飲酒》：「江左風流人，醉中亦求名。」蘇軾筆下的「江左」本指陶淵明時代的東晉偏安局面，到辛棄疾引用時則借古喻今之意已極明顯，直把筆鋒指向南宋小朝廷上一班追名逐利之徒。又，陶淵明《己酉歲九月九日》：「何以稱我情，濁酒且自陶。」杜甫《晦日尋崔戢李封》：「濁醪有妙理，庶用慰沈浮。」這裏是反用而直說，步步逼緊下文「狂」字。

回首叫雲飛風起。

這句涵義很多，是下片的關鍵句，其重要性尤甚於上片的「問何物能令公喜」。第一，這句中的「雲飛風起」可以是寫實，寫溪山間的風雲變幻，如《停雲》一開首的「靄靄停雲」四句；但也如「八表同昏」兩句的義兼比興，象徵着南宋政局的變幻莫測。第二，全詞無一景語，祇用此一句振起下文，起到關鍵句的作用。第三，在「雲飛風起」前面加上「回首叫」三字，既有作者人物性格在，又刻畫了詩人的「狂」態。蓋搔首東窗，手持尊酒，意似從容閒適；但客觀景物一時驟變，作者內心的「情」再也無法掩飾，一下子爆發出來，鋒芒畢露，把「金剛怒目」式的本色又不由自主地呈現於外，「狂」態復萌。第四，此句仍係用典。上三字用杜甫《同諸公登慈恩寺塔》：「回首叫虞舜，蒼梧雲正愁。」下四字用劉邦《大風歌》：「大風起兮雲飛揚，威加海內兮歸故鄉，安得猛士兮守四方！」可見這裏不僅借用字面，而實含有杜的憂時思治（杜此詩作於安史之亂前夕，已預見到唐室將危，詩中的「虞舜」隱指唐太宗李世民）和劉邦的於暫時承平中思猛士以衛疆土之意。然而這些都成爲泡影，留下來的祇是「白髮空垂三千丈，一笑人間萬事」，所以下文便不得不細思古人了。

不恨古人吾不見，恨古人、不見吾狂耳。

《南史・張融傳》：「融常嘆云：『不恨我不見古人，所恨古人不見我。』」這裏作者却更拈出一個「狂」字，而這個「狂」是要打引號的，是指自己被時人的曲解、誤解，甚至根本不被人理解，或竟受到小人的讒毀和誣陷，而目之爲「狂」。這種內心的鬱悶痛苦，恐怕衹有古人見到時才能予以理解和同情。而這也正是孔子、陶淵明和杜甫、李白諸人在他們各自的當時所具有的同樣的苦悶。所以說「不恨古人吾不見」、「所恨古人不見我」了。下文的「知我者」兩句，便是自然而然得出的結論。

知我者，二三子。

俞平伯先生《唐宋詞選釋》：「合用《論語・憲問》『知我者其天乎』、《述而》『二三子以我爲隱乎』兩句。全篇借《論語》作起結。」「二三子」，《論語》屢見，大抵皆指孔門弟子。此處似引《八佾》所載儀封人語「二三子何患於喪乎？天下之無道也久矣，天將以夫子爲木鐸」爲更合適。這裏顯然也是以孔子的遭遇比喻天下失道而知音者少的意思。

歸納全詞及其所用典故，有幾點值得注意：一、起結用《論語》，說明作者對孔子的用世之志是向往的，對孔子的不得行其道也是表示感慨和同情的。二、由於典故中涉及的人物，全詞所展示出來的社會背景是春秋末期、東晉和唐代安史之亂前後，這就使讀者對辛棄疾當時所處的南宋的偏安局面自然產生聯想。這樣的手法比直接點明作者所生活的時代就更富有暗示性和啓發性。三、作者在詞中所涉及的歷史人物形象，主要有孔子、陶淵明和杜甫，而對於杜甫，又強調他對李白的深摯友情，這就緊扣「思親友」（實際是對知音難遇的感慨和憤激）這一中心內容。四、「思親友」是《停雲》和這首詞的共同主題，但它不過是個「綱」；圍繞這個內容，作者情不自禁地寫出了他的感慨萬千和心潮起伏，而這種無窮感慨和萬千思緒又始終是圍繞着自己憂時思治、自

賀新郎（甚矣吾衰矣）

傷「吾道不行」、既不甘心與青山爲鄰又不得不與青山爲友的矛盾心情來抒發的，揭示了稼軒的忠愛國家却又横遭冷遇的不平命運。五、基於以上的分析，我以爲，詞的結尾處所說的知己的「二三子」，乃是他所恨的「不見」其「狂」的「古人」，卽孔子、陶淵明、李白和杜甫諸人，而非實指辛棄疾當時所交往的朋友。實際上也祇有尚友古人，才能排遣作者的一腔悲憤和抑鬱，才能獲得心靈上的慰藉。

最後還想附帶討論一個問題。歷來評論此詞，多舉岳珂《桯史》「稼軒論詞」之說，以爲有美中不足之處。今摘錄其言如下：

> ……稼軒有詞名，每燕（宴）必命侍姬歌其所作。特好歌《賀新郎》一詞，自誦其警句曰：「我見青山多嫵媚，料青山見我應如是。」又曰：「不恨古人吾不見，恨古人、不見吾狂耳。」每至此，輒拊髀自笑，顧問坐客何如，皆嘆譽如出一口。既而又作一《永遇樂》，序北府事，……特置酒召數客，使妓叠歌，益自擊節。遍向客，必使摘其疵。……余率然對曰：……「前篇豪視一世，獨首尾二腔警語差相似；新作（小如按：指《永遇樂》）微覺用事多耳。」（稼軒）於是大喜，酌酒而謂坐中曰：「夫君實中予痼。」乃味改其語，日數十易，累月猶未竟。其刻意如此。……

其實這首《賀新郎》也幾乎句句用典，不過所用乃古語而非古事，故岳珂不覺耳。至於說「我見」二句和「不恨」二句，雖爲警語而病重複，辛本人也同意了，但改來改去却終未改成。其所以難改，我曾反覆揣摩，認爲不好改，一也；然亦不必改，二也；甚且可以說不應改，三也。不必改者，一詞前後本可互相照應，可以從相反方面照應，也可用相同手法照應，所謂「照花前後鏡，花面交相映」，本不害其一而二，二而一。不應改者，句法近似不過表面現象，內容意義却並不雷同。蓋「青山」，物也；「古人」，人也；山無情，人有情，但此詞山似有情，而古人往矣，却已無情。這是主要的區別。所謂青山愛己之嫵媚，無情而似有情矣，關鍵却在「情與貌，

鷓鴣天（壯歲旌旗擁萬夫）

略相似」二句。人所以似青山，是從風度、氣韻、精神面貌和道德品質上去比較。如己抱負之宏偉，胸襟之開闊，抗金復國之心志堅定不移，浩氣之亘古長存等等，皆稼軒所具有的與山相似之點。既有共性，故相喜愛慕悅。孔子說「仁者樂山」，陶淵明「悠然見南山」，雖說對山有情，實亦視山爲有情之物。而「山要人來」，則體現自己有遠離世俗隱居山林的打算。這實是不得已而爲之，辛與陶在這一點上亦是共同的。至於古人之於今人，己之「狂」與不狂，則是從人的思想水平、理想見解上有無共通之處來進行比較。思古人，正是對今人的抗議和不滿；由於胸懷大志而不爲今人所知所容，故被以「狂」名。古人如見己之「狂」則將愛自己，所以「恨古人不見吾狂」；而今人則對己之「狂」衹有謗譏和憎恨。最終作者衹能與古人爲鄰，「知我者」惟古之「二三子」而已。上片寫自己在百無聊賴中却被青山引爲知音，故「喜」；下片則轉喜爲恨，慨嘆人間知音寥落，故直抒胸中憤懣不平。句型雖相似，却給人以層層遞進的感受，是涵義的愈益深入。岳珂徒以形貌雷同而提出意見，猶未爲得也。

（吳小如）

鷓鴣天

辛棄疾

有客慨然談功名，因追念少年時事，戲作。

壯歲旌旗擁萬夫，錦襜突騎渡江初。燕兵夜娖銀胡䩮，漢箭朝飛金僕姑。

追往事，歎今吾。春風不染白髭鬚。都將萬字平戎策，換得東家種樹書。

鷓鴣天（壯歲旌旗擁萬夫）

這是辛棄疾晚年的作品，那時他正在家中閒居。

一個老英雄，由於朝廷對外堅持投降政策，衹落得投閒置散、避世隱居，心情的矛盾苦悶當然可以想見。忽然有人在他跟前慷慨激昂地大談功名事業，這位老英雄禁不住又慨嘆又有點好笑了。想起自己當年何嘗不是如此滿腔熱血，以爲天下事情容易得很，哪裏知道並非如此呢！

此詞上片憶舊，下片感今。上片追摹青年時代一段得意的經歷，激昂發越，聲情並茂。下片轉把如今廢置閒居、髀肉復生的情狀委曲傳出，前後對照，感慨淋漓；而作者關注民族命運，不因衰老之年而有所減損，這種精神也滲透在字裏行間。

辛棄疾二十二歲時，投入山東忠義軍耿京幕下任掌書記。那是宋高宗紹興三十一年（一一六一）。這一年金主完顏亮大舉南侵，宋金兩軍戰於江淮之間。第二年春，辛棄疾奉表歸宋，目的是使忠義軍與南宋政府取得正式聯繫。不料他完成任務北還時，在海州就聽說叛徒張安國已暗殺了耿京，投降金人。辛棄疾立即帶了五十餘騎，連夜奔襲金營，突入敵人營中，擒了張安國，日夜兼程南奔，將張安國押送到行在所，明正國法。這一英勇果敢的行動，震驚了敵人，大大鼓舞了南宋士氣。

上片追述的就是這一件事。「壯歲」句說他在耿京幕下任職（他自己開頭也組織了一支游擊隊伍，手下有兩千人）。

「錦襜突騎」，也就是錦衣快馬，屬於俠士的打扮。「渡江初」，指擒了張安國渡江南下。

然後用色彩濃烈的筆墨描寫擒拿叛徒的經過。

「漢箭朝飛金僕姑」，自然是指遠途奔襲敵人。大抵在這次奔襲之中，弓箭（「金僕姑」是古代有名的箭，見《左傳》）曾發揮過有力的作用，所以才拿它進行藝術概括。

至於「夜娖銀胡觮」，却要費一些考證。

「胡觮」是裝箭的箭筒。古代箭筒多用革制，它除了裝箭之外，還另有一種用途，夜間可以探測遠處的音響。唐人杜佑《通典》卷一五二《守拒法》說：「令人枕空胡祿臥，有人馬行三十里外，東西南北皆響見於胡祿中。

鷓鴣天（壯歲旌旗擁萬夫）

名曰地聽，則先防備」宋人《武經備要前集》卷六說法相同：「猶慮探聽之不遠，故又選耳聰少睡者，令臥地枕空胡鹿——必以野猪皮爲之——凡人馬行在三十里外，東西南北皆響聞其中。」胡祿、胡鹿、胡簶，寫法不同，音義則一。「娖」，《說文》：「謹也」，是小心翼翼的意思；這裏作動詞用，可以釋爲戒備着。「燕兵」自然指金兵。燕本是戰國七雄之一，據有今河北北部、遼寧西部一帶地方；五代時屬契丹，北宋時屬遼，淪入異族已久，所以決不是指宋兵。由於辛棄疾遠道奔襲，擒了叛徒，給金人以重大打擊，金兵不得不加強探聽，小心戒備。（這兩句若釋爲：「儘管敵人戒備森嚴，棄疾等仍能突襲成功。」也未嘗不可。）「夜娖銀胡簶」便是這個意思。

這是一段得意的回憶。作者衹用四句話，就把一個少年英雄的形象生動地描繪出來。

下片却是眼前情況，對比強烈。「春風不染白髭鬚」，人已經老了。但問題不在於老，而在於「都將萬字平戎策，換得東家種樹書。」本來，自己有一套抗戰計劃，不止一次向朝廷提出過，（他的文集中有《美芹十論》、《九議》等，都是這一類建議，卽所謂「平戎策」）却沒有得到重視。如今連自己都受到朝廷中某些人物的排擠，「平戎策」換來了種樹的書（暗指自己廢置家居）。少年時候那種抱負，衹落得一場可笑可歎的結果了。

由於它是緊緊揉和着對民族命運的關懷而寫的，因此就與衹是個人的歎老嗟卑不同。正如陸游所說的：「報國欲死無戰場」，是愛國者共同的悲慨。

（劉逸生）

賀新郎·別茂嘉十二弟

賀新郎

辛棄疾

別茂嘉十二弟

綠樹聽鵜鴂。更那堪、鷓鴣聲住，杜鵑聲切。啼到春歸無尋處，苦恨芳菲都歇。算未抵、人間離別。馬上琵琶關塞黑，更長門、翠輦辭金闕。看燕燕，送歸妾。將軍百戰身名裂。向河梁、回頭萬里，故人長絕。易水蕭蕭西風冷，滿座衣冠似雪。正壯士悲歌未徹。啼鳥還知如許恨，料不啼清淚長啼血。誰共我，醉明月。

理解此詞，首先的障礙是詞中那許多典故。詞題爲「別茂嘉十二弟」，內容却似與題目不相干，初讀令人如墮五里霧中，摸不住全詞要旨之所在。辛詞喜掉書袋、用典故，很有人不以爲然。不過，詞人有時感觸深，非用典不能抒表鬱結之氣；或因形勢所迫，有難言之隱，祇能借典故曲折道來。在這種情況下用典，是不能以炫耀才學加以指責的。這首《賀新郎》詞，正是如此。王國維認爲此詞「語語有境界」(《人間詞話刪稿》)，並不以它大量用典爲病，相反給予極高評價，自有他的道理。確實，我們若弄懂了詞中典故的含義和詞人的用意，就會發現此詞具有獨特的藝術魅力。或許可以說，這首詞能從詩詞中常見的古老的送別題材寫出新意，部分原因就在於詞中這些典故的運用。

賀新郎・別茂嘉十二弟

詞的開頭，先寫三種鳥啼：「綠樹聽鵜鴂。更那堪、鷓鴣聲住，杜鵑聲切。」這是三種啼聲悲切的鳥。阮籍《詠懷》詩有「鳴雁飛南征，鵜鴂發哀音」之句；而鷓鴣啼聲如曰「行不得也哥哥」，因此它常引起行人的客愁，如唐李涉《鷓鴣詞》：「唯有鷓鴣啼，獨傷行客心。」杜鵑的啼聲如曰「不如歸去」，也最令行人傷心；又有杜鵑啼血的傳說，故杜甫《杜鵑行》詩有「其聲哀痛口流血」之句。在送別親人之際，心情非常愁苦，此時這些悲切的鳥啼，更增加了與親人離別的悲痛。當然，這三種鳥啼可能是詩人此時耳邊所聞，卽景抒情，借以興起送別之意。但也有另一可能，它們並非全是詞人當時親耳所聞，詞人衹不過借用它們的象徵意義，引發全詞的主旨。也就是說，這裏的三種鳥，並非描述性意象，而是具有象徵意義的特殊意象，也可算作一種「典故」。據我看，後一種可能比較符合詞人的用意。理由有三：第一，這與全詞用典抒情的表現手法相統一；第二，因爲這三種鳥在古詩詞中包含有特殊的含義，它們在古詩詞中出現，大多具有特殊的象徵性質，或兼有描述和象徵兩重性質；第三，此詞題下有作者小註：「鵜鴂杜鵑實兩種，見《離騷補註》。」指出鵜鴂、杜鵑分開運用的出處、依據。這條小註往往被人忽略，其實這正是詞人用典的說明。試想，如果當時詞人眞是親耳聽到三種鳥聲此起彼伏，還有註明出處的必要嗎？顯然這條小註別有用意。本來，關於鵜鴂歷來有兩種說法。一說鵜鴂卽杜鵑；一說鵜鴂卽鵙，又名伯勞，是與杜鵑不同的另一種鳥。二說各有根據，稼軒則採用後說，而且特意註明，用意何在？原來，不管從名物的角度看鵜鴂、杜鵑是否同一物，在詩詞等文學作品中出現時，二者確實又具有不同的抒情意義和象徵意義。先看鵜鴂，自《離騷》唱出「及年歲之未晏兮，時亦猶其未央；恐鵜鴂之先鳴兮，使夫百草爲之不芳」之後，這種鳥便蘊積了催人及時作爲之類的象徵意義，在詩詞中就常被用來表現歲月蹉跎、年華虛度、萬物衰歇、青春遲暮的悲哀。如阮籍《詠懷》：「鳴雁飛南征，鵜鴂發哀音。素質游商聲，淒愴傷我心。」至於杜鵑，則是有名的「怨鳥」。相傳古代蜀王杜宇，號曰望帝，後失國，其魂化而爲鵑，啼聲哀怨，「血漬草木，凡鳴皆北向」（《禽經》）。故在古人詩詞中，杜鵑鳥除了用來抒發客愁之外，往往寄寓着家國鄉土的感慨，具有特殊的象徵性含義。如杜甫《杜鵑》詩：「杜鵑暮春至，哀哀叫其間。我見常再拜，重是古帝魂。」又如宋末文天祥《讀杜詩》：「耳想杜鵑心事苦，眼看胡馬淚痕多。」從這些例子可看出，在古人詩詞中，杜鵑意象所蘊含

賀新郎・別茂嘉十二弟

的象徵性內容確實與鵜鴂不同，難怪稼軒要鄭重其事地加以註明。在這首詞中，鵜鴂、杜鵑與鷓鴣一起，以各自不同的意象內涵，從不同的角度烘托、渲染着詞人此時的複雜感情。至於鷓鴣，它是一種生在南方的鳥，「志常南向，不思北徂」（《埤雅》），所以它除了引起行人客愁之外，還有一個特殊之處，詩人們認爲它的啼聲特別令南來的北方人傷心。白居易《山鷓鴣》詩說它「唯能愁北人，南人慣聞如不聞。」張詠《聞鷓鴣》詩也說：「畫中曾見曲中聞，不是傷情卽斷魂。北客南來心未穩，數聲相應在前村。」稼軒本人正是南來的北方人，所以詞中借鷓鴣隱寓了他思念北方故土、故國的深意。正如他《菩薩蠻》詞所說：「西北望長安，可憐無數山。……江晚正愁予，山深聞鷓鴣。」綜上可見，稼軒以三種鳥啼興起送別之情，其實包含了更深的意義。他生活的時代，中原陸沉，南宋統治者苟且偷安，無心北伐，愛國志士在投降派的壓制之下虛度歲月。他本人在北方起義抗金，南下之後，卻備受壓制，不被重用。眼看歲月蹉跎，壯志未酬，故國難復，故土難歸，種種現實，令他深爲痛心。因此在送別親人時，百感交集，借題發揮，以三種鳥啼，寓難言之隱。離愁別緒與家國之恨和失意之悲，已融成一片。正如他《蝶戀花》詞所說：「不是離愁難整頓，被他引惹其他恨。」這層意思，在詞的下文得到更突出的表現。

緊接下去，「啼到春歸無尋處，苦恨芳菲都歇」二句，化用《離騷》「百草不芳」之意，總挽開頭，收結鳥啼引出的種種悲怨，爲下文的轉折作準備。「算未抵、人間離別」，筆鋒一轉，點出題意。梁啓超說此處「爲全首筋節」（《藝衡館詞選》丙卷引），是承上啓下的關鍵。然而接下去仍不正面敍說與親人的離別，而是盡集古人許多離別故事，以他人之酒杯，澆自己之塊壘。前面各種鳥啼引出的深衷苦情，正是下文所言「人間離別」恨事的有力襯託。

「馬上琵琶關塞黑」，用漢代王昭君故事。晉代石崇作《王明君辭序》，認爲漢元帝送別昭君，定會讓她在馬上彈琵琶「以慰道路之思」，此後便產生了昭君出塞於馬上彈琵琶自慰的傳說，李商隱《王昭君》詩有「馬上琵琶行萬里」句。這是人間離別恨事的第一件：昭君出塞，遠嫁匈奴。

「更長門、翠輦辭金闕」，用漢武帝陳皇后故事。「長門」，指漢長門宮，陳皇后失寵，幽居於此。「翠輦」，指陳皇后乘坐的宮車。「金闕」，皇帝所居宮殿；「辭金闕」，意謂陳皇后被黜辭君。這是人間離別恨事的第二件：陳皇后失寵，退居長門宮。

「看燕燕，送歸妾」，用春秋時莊姜戴嬀故事。《詩・邶風・燕燕》云「燕燕于飛，差池其羽。之子于歸，遠送于野。瞻望弗及，涕泣如雨。」《毛詩序》謂：「《燕燕》，衛莊姜送歸妾也。」這裏歸妾指衛莊公的妾戴嬀。莊公夫人莊姜無子，「陳女戴嬀生子名完，莊姜以爲己子」。莊公死後，完繼立爲國君，被州吁殺死，戴嬀被迫回娘家陳國，莊姜親自送行，臨別作了《燕燕》這首詩。這是人間離別恨事的第三件：戴嬀失子，被迫歸陳。

詞的上片到這裏結束，進入下片並不轉折，仍緊承上列三事，列舉典故，詞意不斷。

「將軍百戰身名裂。向河梁、回頭萬里，故人長絕。」這是漢代李陵、蘇武的故事。「將軍」指李陵，他曾領兵抗擊匈奴，身經百戰，終因戰敗投降匈奴，故這裏說他「身名裂」。「河梁」，即河橋；「故人」，指蘇武；「長絕」，永遠離別的意思。相傳李陵在匈奴送蘇武歸漢，作《與蘇武詩》云：「攜手上河梁，游子暮何之。」又據《漢書・蘇武傳》載，李陵送別蘇武時對蘇武說：「異域之人，一別長絕。」這是人間離別恨事的第四件。

「易水蕭蕭西風冷，滿座衣冠似雪。正壯士悲歌未徹。」這幾句用戰國末荊軻入秦、辭別燕太子丹的故事。據《史記》載，燕太子丹使荊軻入秦刺殺秦王，在易水邊爲荊軻送行，在座者皆穿戴白衣白帽。荊軻臨行，慷慨悲歌：「風蕭蕭兮易水寒，壯士一去兮不復還。」這是人間離別恨事的第五件。

這五件事，互不關聯，但有共同之處——件件是悲劇性的離別。或關係國家政局，或牽涉帝王嬪妃，或涉及個人的政治前途，都不同於一般的親友離別。稼軒運用這五事，顯然就不是抒寫一般的離愁別恨，而是借送別親人，抒發家國之恨和失意之悲。所以他認爲這樣的離別才是人間最爲沉痛的事，以至於下面說：「啼鳥還知如許恨，料不啼清淚長啼血。」到這裏，詞意轉深一層。前面所舉三種鳥啼，本已寄寓着令詞人極爲悲怨的內容，然而啼鳥若知人間這些恨事，那麼它們的啼聲將更加悲痛以至啼血，可見此恨之深、其痛之切。這裏的「如許恨」，既是指那些人間恨事，同時也是指詞人心中的怨恨。聯繫到當時政局和稼軒本人屢遭排擠打擊的「孤危」處境，可以看出他之所以在送別親人之際借題發揮，運用許多典故隱晦曲折地抒寫心中如許怨恨，實在是深有苦衷、不得已而爲之的。清人周濟說此詞「上半闋北都舊恨，下半闋南渡新恨」（《宋四家詞選》），主要就詞中五件恨事而言。其實這五事之所指未見得就如此明確，過於坐實，反嫌牽強。

詞到這裏，已達到感情的高潮，於是以「誰共我，醉明月」兩句，挽住沖決而出的思緒，回到送別茂嘉的本題上來。這六字眞有千鈞筆力，它收結了全詞，而其含義又不僅僅是言別。從深長的嘆息中可以體會出苦無知音的悲哀：他的抗戰主張無人理解，滿腔悲憤無人訴說，「年來不爲衆人所容」，處境「孤危」；如今，唯一可以傾吐衷腸的茂嘉弟也將離別遠去，這就不能不使他悲痛萬分了。他的《摸魚兒》詞說：「千金縱買相如賦，脈脈此情誰訴？」《水龍吟》詞說：「把吳鈎看了，欄干拍遍，無人會，登臨意。」所表現的也正是這種深沈的悲哀。

以上可見，詞中的用典，件件是別有用意。典故的背後，隱藏着難以明言的深衷苦情，蟠曲着鬱結不平之氣。前人論辛詞特點，有「潛氣內轉」之說，指的正是這種情形。進一步體會，還可發現，詞中所用典故本身就帶有悲怨、悲涼或悲壯的感情色彩。那五件人間離別恨事，作者的安排是頗具苦心的：上片三事，主人公全爲女性，且都具有悲怨的色彩。下片兩事，主人公則爲男性，李陵事有悲壯的一面，然而他畢竟投降了匈奴，永遠離別了故鄉故國，心情又是悲涼的；而荆軻則是慷慨赴義，自然是悲壯激烈的了。這幾件事的安排順序，可以看出在感情上是層層遞進，至荆軻事而達到高潮。最後則以六字用力挽住，極爲沉痛。這種結構方法，傳達了詞人此時的複雜心情，看上去互不關聯的五件事，因此而聯成一個整體，以內在的感情變化作爲貫穿的線索，產生了強烈的藝術效果。王國維說它「語語有境界」，並非虛譽。

寫到這裏，似乎可以總結此詞的兩大特點：第一是抒情手法獨特，通篇用典，驅遣自如，不嫌板滯，不顯堆砌，語語契合內心深沉的感情，讀來令人迴腸盪氣。這一點，非稼軒這樣的大手筆莫能爲。第二，與用典的手法相應，採用了特殊的詞法結構。一般詞的上下分片處多爲詞意轉折點，上片寫景，下片抒情。此詞則不然，分片處詞意不轉，上下承接連舉典故，一氣貫注。上下片中各有一轉折處，上片在「算未抵，人間離別」句；下片在「啼鳥還知如許恨，料不啼清淚長啼血」句。而中間連舉的五事又不是單純並列，而是層層遞進，推至高潮。

這種章法，爲一般詞中所少見，確是稼軒的又一「創格」（許昂霄《詞綜偶評》）。前人又認爲這是《恨賦》、《別賦》的章法，也有人認爲實本於唐人「賦得」詩，都有一定道理。但稼軒之所以採取這種章法，完全是服從抒情的需要，並非故意蹈襲。且此種章法於詩、賦雖常見，於詞則頗見新穎，所以王國維又稱讚此詞說「章法絕妙」。於此可見稼軒在創作上確實是不拘泥於陳規的。

最後，引清人陳廷焯的幾句話爲本文作結，陳氏曾推此詞爲稼軒詞之冠，認爲它「沉鬱蒼涼，跳躍動盪，古今無此筆力。」（《白雨齋詞話》）

（張　鳴）

西江月

遣　興

辛棄疾

醉裏且貪歡笑，要愁那得工夫。近來始覺古人書，信著全無是處。　昨夜松邊醉倒，問松「我醉何如？」祇疑松動要來扶，以手推松曰「去！」

以大手筆寫小詞，以英雄情懷寫日常生活瑣事，寫得瀾驚濤怒而又饒有情致的，當以辛棄疾此詞爲最。

題曰「遣興」，實則「遣愁」。題目選得好！全詞寫來，看似醉酒貪歡，實是壯志難酬。一種隱憂難排的烈士情懷，凝聚爲這首震人心絃的小詞。

這首詞，雖作年難以確定，但顯而易見，是作於稼軒閒居上饒期間。像辛稼軒這樣以氣節自負、以功業自許的英雄人物，罷官鄉居，過着投閒置散的生活，他的悲憤心情是可以想見的。以他這樣「用之可以尊中國」的「經國手」去「管竹管山管水」，以他這個「要挽銀河仙浪，西北洗胡沙」的抗金英雄去「檢校長身十萬松」，豈不大材小用！滿腹經綸，不得施展，一腔忠憤，無處發洩，遂寄之於飲酒、讀書。「醉裏且貪歡笑，要愁那得工夫」，看來他是沉溺於醉酒，祇顧得歡笑，全然顧不得憂愁了。其實不然！他這是在以酒澆愁，企圖在沉醉中忘掉憂愁。豈不知「舉杯消愁愁更愁」，一種難以排解的鬱悶時時襲上心頭。但是，他的憂愁，不是那些所謂「婉約派」詞人的兒女情愁，而是「雕弓掛壁無用」的戰士之愁，「南共北，正分裂」的家國之恨。他不過是故做曠達，以淡語說濃愁，來寄寓他的大悲憤。「近來始覺古人書，信著全無是處。」「近來」者，罷官閒居以來也；「始覺」者，醉後方得大徹大悟也。不是古人之書「全無是處」，而是當時的社會現實，上層統治集團的所作所爲，與聖賢書上所說的完全對不上號。這是稼軒對現實深爲不滿的憤激之詞，它曲折地表達了詞人深沉的感慨。稼軒何嘗醉耶，而是清醒得很。

詞的上闋是寫閒居飲酒、讀書，完全是正話反說，但還是抽象的、概括的。詞的下闋則選擇一個特寫鏡頭，具體地、形象地着力描繪了作者的醉態。昨夜他喝得酩酊大醉，不覺醉倒松邊，「一松一竹眞朋友」，醉中他眞的把松樹視爲知己，不禁傻乎乎地問松曰：「我醉得怎樣？」在醉眼恍惚中，他覺得松樹仿佛動起來，要來扶他。但他醉中尚知自持自愛，對松的憐憫，斷然拒絕，倔強地以手推松，喝令它離開。這就是頂天立地的辛棄疾！他醉了，但却充滿自信；他身子倒了，但精神沒有倒。跌倒自己爬起來，何須別人來扶持！下闋四句，不僅活靈活現地寫出了詞人醉中的神態，而且生動地表現了詞人倔強的性格，從而把他的悲憤表現得更加深沉，具有很高的思想性。這種新奇絕妙的描寫手法，不禁令人拍案叫絕。謝章鋌說得好：讀辛詞，「知詞中有人，詞中有品，不敢妄自菲薄。」（《賭棋山莊詞話》卷九）辛棄疾最善於運用擬人化的手法，賦予自然景物以生動的性格，景物中活躍着詞人的生命。在古典詞人中，很少有人像辛棄疾這樣把作者的個性特徵表現得如此突出，如此生動，如此鮮明。

蘇軾「以詩爲詞」，辛棄疾進而「以文爲詞」，大大地開拓了詞的境界。這首小詞的一個最大特色，就是運用散文化的問答體，而又符合詞的音律。「以手推松曰『去！』」完全是散文句法，又是用典。《漢書·龔勝傳》：「勝以手推常（夏侯常）曰『去！』」稼軒衹改動一字，用於詞中，完全不露痕跡。「近來始覺古人書，信著全無是處。」化用《孟子·盡心下》：「盡信書，則不如無書。」也使人全然不覺，而含意更加曲折含蓄。有人批評辛詞「掉書袋」，但這首小詞却寫得通俗易懂，明白如話，是用典，又不是用典，活用經典，收到了很好的藝術效果。這首詞，上闋議論，下闋白描，靈活多變，妙趣横生，内容和形式達到了完美的統一。

還應指出的是，詞中小令，平仄通押的很少。而《西江月》詞却是平仄通押。此詞爲雙調，五十字，上下闋各兩平韻，結句各叶一仄韻。這首詞中的「書」、「如」二字屬平聲「魚」韻，「夫」、「扶」二字屬平聲「虞」韻，同屬詞韻第四部，而兩結句的「處」、「去」二字，雖屬仄韻，但在詞韻中也屬同部。這樣平仄韻同部互協，可以增加詞的聲情之美。仄聲韻放在兩闋的結尾，用沉重的語氣來振動全篇。如「以手推松曰『去！』」，「去」字一聲怒喝，聲情最强烈，最重濁，非用去聲不可。這就充分地表現出作者那種兀傲倔强的性格和鬱悶不平的感情，加之用散文句法，更覺有一股拗勁。以此句結束全篇，就具有振聾發聵的力量。而末句以散文句法入詞，在他人也是很少見的。應該説，運用此調聲情最好的，當推辛稼軒的這首《西江月》。由此亦可看出，對詞這種藝術形式的運用，辛稼軒已是達到了爐火純青的境界。

（張忠綱）

永遇樂·京口北固亭懷古

永遇樂

京口北固亭懷古

辛棄疾

千古江山，英雄無覓，孫仲謀處。舞榭歌臺，風流總被，雨打風吹去。斜陽草樹，尋常巷陌，人道寄奴曾住。想當年，金戈鐵馬，氣吞萬里如虎。　元嘉草草，封狼居胥，贏得倉皇北顧。四十三年，望中猶記，烽火揚州路。可堪回首，佛狸祠下，一片神鴉社鼓。憑誰問：廉頗老矣，尚能飯否？

這首詞的題目是「京口北固亭懷古」。「京口」，就是今天的江蘇省鎮江市；城北有北固山，下臨長江，三面傍水，形勢非常險要；山上有北固亭（又名北固樓、北顧樓）。三國時代，孫權曾在這裏建都，後遷都建業（今南京），改這裏爲京口鎮。東晉時候的大將劉裕就在京口出生，以後他又在這裏起兵，平定了貴族軍閥桓玄的叛亂，並曾多次北伐，滅了南燕和後秦，最後推翻了東晉，建立了劉宋王朝。這首詞一開始就抒發懷古之情，寫他登臨北固亭時立卽想到的這兩位英雄，所以題名「懷古」。

先看第一句：「千古江山，英雄無覓，孫仲謀處」，意思是說，千年以來，像孫權那樣的英雄人物現在已無處尋覓了。「英雄無覓，孫仲謀處」就是「無覓英雄孫仲謀處」，或者說「英雄孫仲謀無覓處」，意思都一樣，這是爲了適應詞的平仄格律的要求，句法上不能不做這樣的變動。「孫仲謀」就是孫權，他曾經「坐斷東南」，自稱吳帝，與魏、蜀兩國抗衡。「千古」就是千年。下句「舞榭歌臺，風流總被，雨打風吹去。」是說那時的繁華景象、一代人物的文采風流已經隨着風吹雨打，隨着時光的流逝一去不復返了。「舞榭歌臺」是指舊時歌舞的地方。這句和上一句聯繫起來，就包含了作者「江山依舊，人事已非」的感慨心情。接着，作者又寫劉裕：「斜陽草樹，尋常巷陌，人道寄奴曾住。」爲什麼用「斜陽草樹」來形容劉裕住過的地方？因爲這是作者登樓所見的實景。這句是說，在斜陽裏，在草樹掩映下的那個普通小巷，人們傳說是劉裕曾經住過的地方。「寄奴」是劉裕的小名。爲什麼用「尋常」來形容「巷陌」？那是爲了強調劉裕出身低賤，並不是什麼貴族大家子弟，可是却做出了一番大事業。緊接這句之後，就談到劉裕的歷史功績：「想當年，金戈鐵馬，氣吞萬里如虎。」「當年」，指劉裕北伐的時候。東晉時代，北方中原被少數民族貴族統治者佔領，所以劉裕要北伐收復失地。「金戈鐵馬」是全副武裝：手執長戈，坐上披甲的戰馬，寫出劉裕的英武。「氣吞萬里如虎」，寫他北伐時的聲威、氣勢。以上是詞的上片，作者之所以推崇孫權、劉裕這兩個古代英雄，目的就是通過懷古來諷諭時事。對古人推崇愈高，就愈反襯出南宋皇帝的胸無大志、懦弱無能。當然，這其中也包含了勸勉皇帝學習古人以勵精圖治的意思在內。

詞的下片，內容、感情都比較複雜。作者一面借用歷史教訓，警戒朝廷要愼重用兵，否則會招致不堪設想的後果。與此同時，他又感嘆自己不被重用，沒有爲國立功的機會。「元嘉草草，封狼居胥，贏得倉皇北顧」，說的是宋文帝（劉裕的兒子）元嘉二十七年派王玄謨北伐遭到慘敗的事。「元嘉」是宋文帝的年號。「草草」就是草率，這裏指草率出兵，缺乏充分的準備，也說明宋文帝用人方面的疏忽、不愼重。王玄謨是一個志大才疏的人，喜歡紙上談兵，又剛愎自用，很像戰國時代趙國的大將趙括。元嘉二十七年戰敗，和他有直接關係。「封狼居胥」是說宋文帝有「封狼居胥意」。這句話出自《宋書・王玄謨傳》：「玄謨每陳北侵之策，上（指宋文帝）謂殷景仁曰：『聞玄謨陳說，使人有封狼居胥意。』」就是說，王玄謨多次陳說北伐的計策，宋文帝受了鼓動，產生了「封狼居胥」的欲望。「封狼居胥」指的是漢武帝時大將霍去病北伐匈奴取得大勝，一直打到狼居胥山，並在那裏封山刻石以慶祝勝利的事。所以「元嘉草草」這幾句的意思是：宋文帝元嘉二十七年，由於草率北伐，想要像霍

永遇樂・京口北固亭懷古

去病那樣立下「封狼居胥」一樣的大功，以便名垂史冊，結果遭到慘敗，落得「倉皇北顧」的結局。「倉皇北顧」指宋文帝在軍隊敗退的緊張情況下，登北固樓驚慌地向北方敵人方面瞻顧。

這裏，作者引用元嘉戰敗的歷史故事，目的是影射一一六三年南宋北伐失敗的事。一一六一年，金主完顏亮背棄了「紹興和議」，向南宋大舉進犯，由於北方人民紛紛起義，金國內訌，完顏亮被部下所殺，加之南宋抗戰派大臣的堅決抵抗，金兵被迫撤退到淮水以北。那時人心鼓舞，將士用命，一度出現了可喜的抗金形勢。如果朝廷能及時整頓軍隊，使將領們協調一致，奮勇爭先，則北伐完全有勝利的希望。然而，朝廷沒做充分準備，就在一一六三年（宋孝宗隆興元年）任用張浚倉促北伐，終因軍隊腐敗，符離一仗幾乎全面崩潰。其結果是又和金國簽訂屈辱的「隆興和議」，這是一個沉痛的教訓。所以，作者從元嘉之敗很自然地想到了隆興元年的符離之敗。

隨後，他又想到符離之敗前夕的大好形勢。他用十分興奮却又十分惋惜的口吻追敍着四十三年前從山東南歸時，揚州一路烽煙迷漫的壯烈情景：「四十三年，望中猶記，烽火揚州路。」「望中」是說在登樓向北眺望之中。「揚州路」指淮南東路，是宋代的行政區劃，相當於今天的蘇北一帶地方。四十三年前，辛棄疾率衆南歸時就從這一帶經過，那時到處可以見到抗金的戰火。這幾句的意思是說，在登樓北望的一剎那間，自己還清楚記得四十三年前南歸時，揚州一路烽火漫天的情景。我們再看下面幾句：「可堪回首，佛貍祠下，一片神鴉社鼓。」「可堪回首」有反問語氣，意思是「怎麽能够回想」，實在的意思就是「不堪回首」。「佛貍祠下，一片神鴉社鼓」是承接「元嘉草草，封狼居胥，贏得倉皇北顧」說的。因爲宋文帝草率用兵，招致北伐的失敗，隨後就發生了北魏太武帝率大軍追到瓜步，並在瓜步山上設立行宮的事。這個行宮，後來就成了魏太武廟，又叫做「佛貍祠」（「佛貍」是魏太武帝拓跋燾的小名），地點就在長江北岸，是南宋朝廷管轄的地方。「神鴉」是吃廟裏祭品的烏鴉，「社鼓」是社日（祭祀土地神的日子）前後演奏的音樂，如吹簫擊鼓之類。這裏「一片神鴉社鼓」，是說明魏太武廟香火很盛。爲什麽這種情況詩人要感嘆「可堪回首」呢？這是因爲宋文帝元嘉之敗和南宋的符離之敗有相似的地方。使作者「不堪回首」的，是造成「佛貍祠下，一片神鴉社鼓」的原因，當然也就是造成元嘉之敗的原因。就是說，宋文帝草率北伐，致有元嘉之敗，因而出現了「佛貍祠」；那麽，聯想到宋孝宗初年的草率北伐，不也正是造成符離之敗和簽訂喪權辱國的「隆興和議」的原因嗎？其結果不但使大好的抗金形勢去而不返，而且宋朝國勢再也不能振作起來。所以，他從北魏太武帝的「佛貍祠」聯想到宋文帝元嘉之敗的嚴重後果，撫今追昔，就不能不發出「可堪回首」的慨嘆。北魏太武帝南侵的歷史，人們都早已遺忘了，可是，就在他所踐踏過的地方還遺留着他的祠廟，而且至今香火不斷。那麽，金人南侵的歷史，人們不是也很容易遺忘嗎？用宋文帝元嘉之敗來影射南宋的符離之敗，這是借用史事進行類比的一種傳統手法，即《文心雕龍》所謂「據事以類義，援古以證今」。這對於南宋朝廷打算倚重韓侂胄倉促北伐，無疑是一個嚴重的警告。後來事實的發展，果然如詞人預料的那樣，韓侂胄伐金大敗，南宋進一步向金納貢稱臣。再看詞的最後兩句：「憑誰問：廉頗老矣，尚能飯否」，是借用廉頗的典故，抒發自己雖然年老，還強烈地希望能爲國立功，但又感嘆不被重用因而抱負難以實現的複雜心情。廉頗是戰國時代趙國的名將，晚年被排擠到了魏國。趙國因多次受到秦國威脅，打算重新任用廉頗，於是趙王派使者去了解廉頗的近況。廉頗的仇人郭開怕廉頗再被重用，就買通使者在趙王面前毀謗廉頗。使者歸報趙王時，說廉將軍雖老，還很能吃飯，但是和我坐了一會工夫，就去廁所好幾次。趙王聽了，認爲廉頗確實老了，終於沒再起用他。作者這裏引廉頗事，很明顯是以廉頗自比。他雖然已經六十六歲，但還有廉頗那樣的雄心，而晚年的境遇也很像廉頗，甚至還不如廉頗。因爲廉頗雖老，趙王還派使者去探問情況；而自己，却連探問的人都沒有。所以作者發出「憑誰問：廉頗老矣，尚能飯否」的感慨和悲嘆。「憑誰問」是憑藉誰（靠誰）來問的意思。

這首詞，內容豐富，思想深刻，感情深沉。辛棄疾從古代歷史談到眼前時事，不但徵引了歷史經驗，也暗寓和借鑒了南宋的沉痛教訓。他高瞻遠矚，襟懷開闊，見解精湛，所以能寫出這樣氣魄宏大、豪視千古的名作。《永遇樂・京口北固亭懷古》在表現手法、藝術風格方面有許多獨到之處，如對比反襯手法的運用、借用古事進行類比方法的運用等等。這裏指出一點，作者借眼前風物以興起懷古之情，而懷古之中又寄寓着對國事和自己身世的感喟，這樣，就把懷古和傷今，敘事、議論和抒情有機地結合起來了。從表面看來，這些材料似乎不相

水調歌頭・送章德茂大卿使虜

連屬，而實際上，它們的內容，以及所要表達的感情、精神完全是一貫的，是融合無間的。祇要我們了解了它每一部分的含意，我們就會感到它們的寄託之深和各個部分內在聯繫之妙。（李　華）

水調歌頭

陳　亮

送章德茂大卿使虜

不見南師久，漫說北羣空。當場隻手，畢竟還我萬夫雄。自笑堂堂漢使，得似洋洋河水，依舊祇流東。且復穹廬拜，會向藁街逢。

堯之都，舜之壤，禹之封。於中應有，一個半個恥臣戎。萬里腥膻如許，千古英靈安在，磅礴幾時通？胡運何須問，赫日自當中。

在文學史上，宋詞被譽爲一代文學的冠冕。但宋人自己却十分卑視詞體，目之爲「詩餘」、「小道」。宋詞中的大部分都是酒邊花前娛情遣興的產物，作者們一般並不把這件事當作什麽「經國之大業，不朽之盛事」。至情至性如蘇東坡、辛棄疾，雖曾寫過不少像詩文一般嚴肅的詞，但也還免不了經常聲明自己是遊戲筆墨，「偶作小歌詞」。這方面陳亮却是一個例外。他認認眞眞地用詞來抒寫自己的政治見解與英雄之志，把詞作爲「載道」的工具。據他的好友葉適說，他每作一首詞，就自嘆道：「平生經濟之懷，略已陳矣」（《書龍川集後》）。這首《水調歌頭》，是《龍川詞》的壓卷第一篇。通過解剖這篇政論式的嚴肅作品我們會發現，陳亮詞的獨特價值，是由

水調歌頭·送章德茂大卿使虜

這種與衆不同的以作詩作文宗旨來寫小歌詞的態度所決定的；而其在一定程度上忽視文彩的缺點，也與這種政治化、議論化的傾向不無關係。

宋孝宗淳熙十三年（一一八六）十一月，懦弱的臨安小朝廷派章森、吳曦二人爲例行使節，去燕山恭賀金世宗完顏雍生辰（萬春節）。章森，字德茂，廣漢（今屬四川）人，他此時的官職是大理少卿試戶部尚書，故陳亮尊稱他爲「大卿」。「使虜」，出使敵國。南宋年復一年地派大臣帶上重禮，去向強佔中原的敵酋叩頭朝拜，祝他萬壽無疆，以便長久地奴役北中國人民，這種屈辱的外交活動，使一切有民族自尊心的宋人感到極端羞恥。可是，面對因主和派畏敵、媚敵所致的既成之局，光是切齒扼腕又於事何補呢？更重要的，是激勵士氣，振奮民族精神，使南宋自尊自強，去逐步實現中興大業。於是，政治家兼詩人的陳亮即事抒情，通過對友人章森所承擔的屈辱使命進行議論，在這首送行詞中表達了自己強烈的民族自豪感和消滅敵人的必勝信念。

「不見南師久，漫說北羣空」。詞以議論發端，抒寫作者對偏安局面的憤慨。自孝宗初年張浚北伐失敗、屈辱投降的「隆興和議」訂立，到章森這次出使之時，二十多年中南宋君臣一直畏敵如虎，恢復中原的大計早已束之高閣。陳亮在著名的《上孝宗皇帝第一書》中就沉痛地指出：「南師之不出，於今幾年矣！河洛腥羶，而天地之正氣鬱而不得洩。」詞中二句之意與此相同，衹不過文中是直說，而詞中變換了一個角度，從敵人那方面落筆，並使用了典故而已。「漫說」，莫說、休說之意。韓愈《送溫處士赴河陽軍序》云：「伯樂一過冀北之野，而馬羣遂空。夫冀北馬多天下，伯樂雖善知馬，安能空其羣耶？解之曰：吾所謂空，非無馬也，無良馬也。」這裏反用韓語，駁斥敵人。二句是說，長久不見南宋的軍隊北伐，金朝就胡說宋朝沒有人才，再也振作不起來了。言下之意是南方有人才，有力量，衹不過被壓抑而不能發揮，因此被金人藐視罷了。這樣寫，語約而意豐，一方面表達作者的自信心，另一方面引起下文對章森的讚美和對形勢的議論。

「當場隻手，畢竟還我萬夫雄。」二句承上文「漫說」而來，讚章森，兼寓作者自己的抱負，毅然承擔天下興亡的豪情壯志溢於言表。「隻手」，言單槍匹馬，無所畏懼，隻身一人負起重任。二句說，畢竟我們當中還有英雄，比如你章森就能獨當一面，有力敵萬夫的氣概，敢於肩負出使敵國的重任。這個讚揚是有具體歷史背景的。爲敵酋祝壽，雖非光彩的使命，但當時的朝臣談金人而色變，不肯輕履險地，即使輪到像祝壽這樣的使命，也有盡力推辭回避的。甚至有些人把別人薦舉自己出使金朝視爲傾軋與陷害。在這樣的情況下，章森敢於接受使命，從容束裝上道，也可以說是難得的了。作者《與章德茂侍郎》第二書稱讚章森「英雄磊落，不獨班行第一，於今大抵罕其比矣。」可見「當場隻手」云云，並非此次送行時說泛泛的恭維話，而是對其人一向傾仰的表現。不過這不單是讚頌友人，也是作者的自我寫照。陳亮是一個以氣節自負、以功業自許的衣冠偉人，他從不假做謙遜，諱言自己的才幹與志向。在《謝羅尙書啓》中他就曾自稱：「亮少張虛氣於萬夫」。從他對章森的讚辭中，我們不也看到了抒情主人公自己的偉岸形象嗎？

「自笑堂堂漢使，得似洋洋河水，依舊衹流東」。三句以「自笑」作一頓挫，揭示章森此次使命的悲劇性。這裏全是虛擬章森的口氣。「自笑」，貫三句爲言，有不屑之意。「漢使」，指章森。「得似」，反詰語，意即「豈得似」。「洋洋」，大水貌。「河」，黃河。河水衹向東流，比喻宋朝一貫衹向金朝屈服的政策。三句意爲：可笑我堂堂大宋的使節，豈能長此向敵人屈辱求和，像河水朝宗於海那樣永遠衹向東流？有的選家認爲這三句是以河水東流比喻章森的「忠節自守」，又有的認爲是以河水洋洋比喻章森的大才，出發點固然良好，可惜從文意上推求就扞格難通。從「自笑」、「得似」、「依舊」等語意辛酸的用詞來看，這裏顯然是愛國者的悲憤自嘲。

既然不甘心朝拜敵人、永久偏安，那麼對這次屈辱使命又將如何處置呢？上片末二句「且復穹廬拜，會向藁街逢」，作了審時度勢的明智回答。「穹廬」，古代北方游牧民族所居之氈帳，這裏指金朝廷。「藁街」，漢代長安城中給外國使臣居住的一條街。《漢書・陳湯傳》載，陳湯出使西域，假托朝廷之命發兵斬郅支單于，奏請「懸首藁街蠻夷邸間，以示萬里明犯強漢者，雖遠必誅。」南宋胡銓乞斬漢奸秦檜等人的奏疏也說：「願斬三人頭，竿之藁街。」本詞用此意。這兩句委婉而樂觀地勸慰章森：你姑且再一次向金廷低頭下拜吧，將來總會有一天將敵酋誅滅，懸首藁街以快人心的！這裏在悲憤之中申說自己渴望抗金大業早日勝利的迫切心情，見識卓絕，語意精警，滲透了濃烈的抒情氣氛。

陳亮是個敢說敢罵的熱血書生。如果說詞的上片還衹是通過章森使金這件事來略略抒發自己內心鬱結之情的話，那麽，在下片裏作者就忍不住大步流星地站出來指斥時政了。過片處十分憤激地呼喊道：「堯之都，舜之壤，禹之封。於中應有，一個半個恥臣戎。」「都」，京城。「壤」，土地。「封」，疆域。三個短句文稍不同，實共爲一意，卽指從上古聖王堯舜禹以來代代相傳的中華神聖領土——眼下被金人強佔的中原地區。「一個半個」，是憤慨的話，並不是說陳亮心中認爲衹有這麽少的人數。「恥臣戎」，以向金人稱臣爲恥。這四句說：中原大地是我們祖先世代相傳的領土，在那裏總該有一些人把投降敵人看作恥辱吧？這幾句是全詞最精警、最壯烈、最顯作者的性格與胸襟，因而也最能代表作者獨特詞風之處。作者因感情噴薄而出，無暇作婉轉曲折的雕琢修飾，也顧不上使用這個詞調過片處的傳統句法，而出之以硬語盤空的古文句式和不借助於形象的直率議論，眞可謂一段「詞論」。對這些議論，我們甚至可以從作者的政論文中找出與之大致相同的句子。如《上孝宗皇帝第一書》云：「中國（按指中原地區），天地之正氣也，天命所鍾也，人心所會也，衣冠禮樂所萃也，百代帝王之所相承也……豈以堂堂中國，而五十年之間無一豪傑之能自奮哉？其勢必有時而發洩矣。」由此可見，陳亮已經突破了文與詞的畛域，徑直將詞當成議論政治的手段。龍川詞的主要藝術特點卽在於此，它的藝術上的不足與遭受譏議也由於此。清人陳廷焯《白雨齋詞話》論及此詞云：「『堯之都，舜之壤，禹之封。於中應有一個半個恥臣戎』，精警奇肆，幾於握拳透爪，可作中興露布讀，就詞論則非高調。」說這樣的詞並非高調，當然是一種過於看重「本色」的迂見，我們不能籠統地贊同；但這段評論畢竟既肯定了原詞精警雄奇、振聾發聵的優點，也指出了它憤激有餘而形象不足和過於直率、缺乏含蓄之美的缺點。

「萬里腥膻如許，千古英靈安在，磅礴幾時通？」這三句承過片之意，熱誠呼喚民族精神，渴望悠久的民族優良傳統得到繼承和發揚，以造成壓倒敵人、振興宋朝的新氣象。游牧民族以牛羊爲主食，其味腥膻。「萬里腥膻」指女眞族奴隸主集團佔我中原地區。「千古英靈」承上堯舜禹而來，指幾千年的先聖英烈們。「磅礴」，廣大無邊的樣子。這三句說：祖國的萬里疆土就這樣長期被金人強佔，千百年來英雄聖賢們爲國犧牲的精神哪裏去了？我們民族的浩然正氣什麽時候才能壓倒邪氣而通於廣闊天地之間呢？振興國家，收復中原，靠的是大批有像祖先一樣的獻身精神的優秀人才，靠的是民心、民氣和民族自豪感。這三個問句，大義凜然，筆勢緊健，喊出了當時愛國志士的共同心聲。

詞的結末二句，樂觀昂揚地指明了當時金朝一天天衰落，宋朝的中興事業大有可爲的可喜形勢。「胡運」，金朝的命運。「赫日」，燦爛的太陽，喻南宋。這裏幷非下句回答上句，而是上下句分讀。全部意思爲：金朝的命運何須再問，它已經衰落，快完蛋了；而南宋國運方隆，有如赤日中天。這裏看似言天道，其意却在借此堅定南宋君臣滅金復仇的決心，幷不是要他們坐等勝利，而是要乘敵人已經衰落之機振奮精神，共圖大業。因而對這兩句切不可簡單地視之爲安慰人的空話，而應看作是自勉和勉人的警語。

這首詞是《龍川詞》中最慷慨激昂和最富創作個性的一篇。我們讀着這樣充滿政治激情的好作品，但覺其光耀眼，其熱炙手，被那一團愛國熱忱所震動、所折服。這篇傑作，在調高韻響、情詞俱壯這一點上，方之作者的密友辛稼軒，直有奪席之勢。論者向把陳亮歸入以稼軒爲首的愛國豪放詞派，褒揚他們共有的憂國傷時的思想內容和雄放悲壯的風格特徵，這誠然不錯。但顯示一個作家獨特地位的，幷不是他與別人的共同點，而是其相異之處。拿辛、陳二人來說，他們雖同有英雄豪傑之詞，但由於性格、學養、身分與生活環境相異，風格大不相同。稼軒詞雖眞氣勃發，奇情壯彩，但由於他處境惡劣，憂讒畏譏，往往「言未脫口而禍不旋踵」，必須時時想到自己是一個北來的「歸正」官員，不得不有所收斂，往往將其恢復大業之眞意及其對當局的不滿情緒，深藏於內，而通過委婉曲折的比興方式加以表達。如他的代表作《摸魚兒》、《永遇樂》、《水龍吟》等等即是。陳亮則終身布衣，沒有政治地位，因而無所畏懼。加之他性情鯁直，喜高言大語，創作時就侃侃堂堂，以雄肆激揚爲宗。同樣是憎恨偏安之局，他可以痛快淋漓地戟手大罵：「堯之都，舜之壤，禹之封。於中應有，一個半個恥臣戎」，悲憤地直呼：「萬里腥膻如許，千古英靈安在」；而辛稼軒就衹能委婉地感嘆：「長安父老，新亭風景，可憐依舊」（《水龍吟·甲辰歲壽韓南澗尙書》）和「舉頭西北浮雲，倚天萬里須長劍」（《水龍吟·過南劍雙溪樓》），用對比映襯的意象描寫和含意深刻的比興手法來流露自己的悲慨。稼軒摧剛爲柔，風格沉鬱頓挫；陳亮直言快語，風格奔放恣縱。他這首代表作，就表現了這種主導風格特徵（當然他也還有少數優秀之作）。他曾自贊爲「人中之龍，文中之虎」，宣稱具有「推倒一世之智勇，拓開萬古之心胸」，從這首詞來看，表現的果然是一種光明俊偉、磊磊落落的非凡氣象。這是陳亮詞最可寶貴和最有個性之處。同時我們也不得不指出，正因爲其人好直説，喜顯豁，過多地發議論，不大注意形象，較少使用比興，這類詞便有不够含蓄、忽視文采的缺點，往往給人以思想性很强而藝術造詣稍次之感。這些優劣長短之處，是我們評價陳亮詞時應兼顧到的。

（劉揚忠）

念奴嬌

陳亮

登多景樓

危樓還望，歎此意、今古幾人曾會？鬼設神施，渾認作、天限南疆北界。一水橫陳，連崗三面，做出爭雄勢。六朝何事，祇成門戶私計？因笑王謝諸人，登高懷遠，也學英雄涕。憑却江山，管不到，河洛腥膻無際。正好長驅，不須反顧，尋取中流誓。小兒破賊，勢成寧問强對！

陳亮，字同甫，學者稱他爲龍川先生。他是南宋一位傑出的思想家，是向當時的道學「舉起投槍的一個封建異端學派」。他堅決主張北伐收復中原失地，反對苟安一隅，以言論警策震驚天下。他是辛棄疾的密友，在詞壇上又是「不作一妖語媚語」的硬漢。他精研了古代軍事歷史，撰作《酌古論》，作爲中興、「復讎」事業的借鑒。嘗稱「推倒一世之智勇，開拓萬古之心胸，自謂差有一日之長。」他要把自己鍛煉成爲文武兼備的人才，「欲爲社稷開數百年之基」，鄙棄徒發空論的文人和祗憑匹夫之勇的粗漢。他的填詞，也是可以作爲政治鬥爭的武器，而不是刻紅剪翠，或弄些几案上的小擺設。

這首《念奴嬌》是他登上多景樓時寫的。從詞裏所表現的思想、所發抒的感慨來看，眞能「起頑立懦」，使人振奮。

多景樓在江蘇丹徒縣北固山甘露寺內，北臨長江，隔江可以遙望軍事重鎭揚州，這一帶是歷史上軍事必爭之地，熟研軍事歷史的陳亮，登臨這裏，慷慨淋漓地抒發了感今懷古的豪情。

那時候，南宋的疆土最北面是淮河，淮河的形勢，對南宋來說是無險可守的，必須倚靠長江天險來保護淮南地區。因此南宋朝廷便把長江視作「天限的南北疆界」。但這不過是小朝廷偏安江左的藉口，在主張收復中原的陳亮看來，單靠長江之險而不思進取，那祗是保護統治集團內部少數人私利的政策而已。因此作者一開頭就提出：「歎此意、今古幾人曾會？」登臨多景樓瞻望的人，今古不知凡幾，其中多少人能眞正認識這裏的山川形勢，不把它作爲偏安局面的憑借，而是把它作爲進取中原的根據地來看待呢？這是一句意味深長的話。

緊接着，作者就闡述自己的觀點：「鬼設神施，渾認作、天限南疆北界」。句中有一個典故：曹丕代漢以後，曾想南下掃平東吳。他「御駕親征」來到廣陵（今揚州市），臨江閱兵時，却見巨浪滔天，洪流滾滾，使這位生長在戎馬之間的北人膽戰心驚，不知如何飛渡。他嘆息說：「此固天之所以限南北也！」於是引兵北歸。這便是「長江天塹」一語的最早來歷。「鬼設神施」是自然形成、不關人力的意思。作者又下了「渾認作」三字，帶有鄙視之意，意思是說，長江固然具有天然險要，難道就可以認爲這是上天注定不能打破的南疆北界麼！這話其實是針對朝廷上那班保守求和的人說的，話裏頗含有諷刺的意味。

他又進一步分析地方形勢：「一水橫陳，連岡三面，做出爭雄勢。」是說這地方形勢險要，前面橫着一條大江，可以阻攔北來軍馬；而且沿着長江南面還有一系列山巒，從三面向北圍攏，彷彿是爲了保衛長江，又是爲了爭奪優勢似的（從南京到鎭江一帶，有鍾山、湯山、大華山等，都不高峻）。地理形勢既能爭雄，爲什麼人却不能爭雄呢？

念奴嬌·登多景樓

「六朝何事，衹成門戶私計」——想起從東吳、東晉到宋、齊、梁、陳，在建業（南京）建都，衹是劃江自守，毫無壯志雄心；甚至爲了一門一戶的私人利益，甘願退縮江南一角，這眞是可嗤可笑了。

上片是作者在多景樓上放眼河山時，從眼前景色想到許多歷史事實。在字面上雖是指摘六朝，骨子裏却是針對現實的。

東晉時，有王謝兩姓大族，從中原南遷而來。其中不少人成爲東晉朝廷裏的核心人物，掌握軍政大權。後人提及東晉這些權勢人物時，往往省稱「王謝」。《晉書·王導傳》記載了這樣一件事：西晉政權滅亡後，統治集團在長江以南重建朝廷。有一回，南渡的士大夫在新亭（在今南京市南）宴飲，有個叫周顗的嘆息說：「風景不殊，舉目有山河之異。」（西晉建都洛陽，南京的自然環境有一部分同洛陽的相像。所以唐詩人許渾《金陵懷古》詩說：「英雄一去豪華盡，惟有青山似洛中。」）在座的人都相對流涕，衹有王導還勉強說幾句豪言壯語。下片開頭，作者便譏笑這種人物，因爲他們并沒有恢復山河的雄心壯志，却又假惺惺地灑些眼淚，模倣着英雄的樣子，其實骨子裏全不是那回事。這話的目的當然不在譏古，而在諷今。

接下去，「憑却江山、管不到，河洛腥膻無際。」（「腥膻」，同羶腥，牛羊的臊氣，此指北方敵人，因爲他們原都是牧羊放馬的。）是說小朝廷利用長江的地理形勢，并不是爲了恢復北方失地，儘管中原大地一片牛羊的腥臊，老百姓在敵人鐵蹄之下呻吟，他們也充耳不聞，甚至若無其事。

以上是借古諷今，用六朝的舊事把南宋當時劃江自守的政策給予辛辣的諷刺。表面含蓄，其實用意是很明顯的。

因此，下面筆鋒一轉，轉到當前。作者索性站出來申述自己的主張。

「正好長驅，不須反顧，尋取中流誓。」「長驅」是毫不停留向前進發的意思。作者認爲，長驅北向、恢復中原失地這種民心士氣是無時不在的，所以應該行動起來，不要徘徊瞻顧，遲疑不決了。「中流誓」又是運用東晉一個典故。《晉書·祖逖傳》載：祖逖自西晉覆亡後，移居丹徒的京口，「以社稷傾覆，常懷振復之志」，晉元帝於是封逖爲奮威將軍、豫州刺史，由他自己招募兵馬。於是祖逖帶着一批原居江北的勇士渡江北發，「中流擊楫而誓曰：『祖逖不能清中原而復濟者，有如大江。』辭色壯烈，衆皆慨嘆。」作者希望南宋朝廷也讓一些像祖逖的人才發揮力量，爲恢復中原而獻身效力。

「小兒破賊，勢成寧問強對」——他認爲，如今「破賊」之勢已成，不要以爲敵人是「強對」（強大的對手。出《三國志·陸遜傳》）就不敢去碰它。要知道，東晉當年，謝玄、謝石以寡敵衆，帶領八千子弟兵打敗北方敵人苻堅的數十萬大軍，那正是利用了民心士氣這個有利形勢的。句中又用了一個典故。《晉書·謝安傳》說，謝安當苻堅以數十萬大軍進攻東晉時，使弟謝石、侄謝玄率軍迎戰，當時強弱之勢懸殊，京師震動，謝安却「夷然無懼色」，沉着地部署軍事。「玄等既破（苻）堅，有驛書至，安方對客圍棋，看書既竟，便攝放牀上，了無喜色，棋如故。客問之，徐答云：小兒輩遂已破賊。既罷，還內，過戶限，不覺屐齒之折。」作者使用這個典故，目的在於鼓勵南宋朝廷，不要以爲敵人貌似強大就不敢去碰它。

陳亮在《上孝宗皇帝第一書》中曾經指出：「人才以用而見其能否」，「兵食以用而見其盈虛」；并且大聲疾呼：「今乃驅委庸人，籠絡小儒，以遷延大有爲之歲月，臣不勝憤悱！」他反對株守退縮的懦夫行徑，強調了人的主觀能動作用：「天下大勢之所趨，天地鬼神不能易，而易之者人也。」這些都可以作爲「正好長驅，不須反顧」等語的註脚。

讀罷這首詞，我們便能感覺到它那氣魄磅礴、志雄萬夫的威勢。陳亮的詞風，在南宋詞人中是很突出的。

（劉逸生）

沁園春

劉　過

寄辛承旨。時承旨招，不赴。

斗酒彘肩，風雨渡江，豈不快哉！被香山居士，約林和靖，與坡仙老，駕勒吾回。坡謂：「西湖，正如西子，濃抹淡妝臨照臺。」二公者，皆掉頭不顧，祇管傳杯。白言：「天竺去來，圖畫裏崢嶸樓閣開。愛縱橫二澗，東西水繞；兩峯南北，高下雲堆。」逋曰：「不然，暗香浮動，不若孤山先訪梅。須晴去，訪稼軒未晚，且此徘徊。」

宋詞演變到南宋，一方面在「復雅」運動中追求格調的騷雅，一方面却在詩法入詞的風氣中將豪放曠逸漸漸引向粗率隨意。劉過作詞學稼軒，「詞多壯語」，因而習慣上將他歸入辛派詞人。實際上，劉的人品是頗具兩重性的，他也作詩，屬於江湖派，雖有「詩俠」之稱，但亦不免於江湖詩人的陋習，方回甚至指責他的詩「外強中乾，多謁客氣。」即以塡詞而言，也有失之於粗率平直、時出讕語的地方，如詠美人脚、美人指甲，雖工麗可喜，然纖巧褻瑣，終落下乘。不過，流沙之中亦有黄金，更何況劉過之詞遠非流沙可喻。

我們知道，宋人作詩不比唐人之講「意興」而具「氣象」，宋詩的長處之一在「理趣」與「諧趣」，而這種「理趣」與「諧趣」又自然地隨着「以詩爲詞」的風氣而進入詞體之中。劉過的這首《沁園春》，便是一首極富「諧趣」

沁園春（斗酒彘肩）

的詞苑佳品。

此詞前有小題，毛氏汲古閣本《龍洲詞》作：「寄辛承旨。時承旨招，不赴。」而《宋六十名家詞・龍洲詞》又作：「風雪中欲詣稼軒，久寓湖上，未能一往，因賦此詞以自解。」辛棄疾進樞密都承旨爲其六十八歲事，其時劉過已故去，可見毛氏本小題中的「承旨」二字當爲後人所加。由此小題的內容自然引出此詞的寫作緣起，宋寧宗嘉泰三年（一二〇三），朝廷起用辛棄疾知紹興府（治所在今浙江省紹興縣）兼浙東安撫使，辛棄疾遣介招劉過前往，劉過當時在臨安，以事不及行，因效辛體作此詞以寄之，辛得此詞而大喜，「致餽數百千，竟邀之去，館燕彌月，酬唱亹亹（不倦）」。這是必然的，依辛棄疾的豪爽性格和放逸才思，豈能不愛此快言快語之作！

和辛詞所常常具有的特徵一樣，劉過此詞完全打破了上下片之間的界限，一氣貫通，藉名流門才以鋪排西湖勝景，借三人對話而呈自家襟懷，辭語俊邁，猶如高山瀉瀑，風趣天然，頗有縱恣氣度。既不同於堆垛故實，亦不類於隱括舊章，寫活了幾個人物，渲染出一幅場景，而最終又在於自抒情懷。

發唱之處，恰好可用詞中一語來形容：「豈不快哉！」本是因故不能赴招，但作者憑空虛構，差遣古人來演出一部千古逸事。「香山居士」，乃白居易晚年自號，「和靖」乃林逋之字，「坡仙」即爲蘇軾，都成了這裏的風趣角色。起首三句，先說自己之極願渡江赴招。「江」者，錢塘江也，紹興在錢塘之南，故「渡江」即是赴招。但作者却不願將這一番意思平平寫出，而是極力渲染自己見招之際的狂喜和想象中渡江之行的豪快。「斗酒彘肩」，用《史記・項羽本紀》故事：鴻門宴上樊噲自入帳中而見項王，項王「賜之斗酒」、「賜之彘肩（猪蹄髈）」。辛棄疾一生皆爲抗金奮鬥，劉過也是力主抗金者，此處竟以樊噲自喻，興許含有投效帳下以展雄略的意思，但主要還在於抒寫豪放不羈的氣概。以下又言「風雨渡江」，則又意含多層，其一是表示自己赴招心切，風雨無阻；其二則是借此再來顯示豪快之情懷；其三，與歇拍「須晴去」一句相呼應，這「風雨」二字亦是寫實，《宋六十名家詞》的小題中不也有「風雪中」的話嗎！總之，情懷如此，眞正「快哉！」緊接着更妙趣橫生，無端而出來了三位古人，將作者「駕勒」回頭，不得前往了。「駕勒」原有強迫之意，引申爲勸阻，而此間又不能不帶有一點善意的諧謔意味。也許，我們還當注意作者對三位古人的選擇和稱謂：白居易晚年自號香山居士，頗信禪佛，閒逸自放，不似早歲之志在兼濟了；林逋更不待言，隱居西湖孤山不仕，垂二十年；至於蘇軾，此處不稱東坡而稱「坡仙」，分明是取其曠逸超邁的襟度。一言以蔽之，是虛構了與這樣三位古人的晤會，以共演高蹈放逸之舉，而言外已將自己的襟抱表白。

由此以下，便分別將三位古人關於西湖景致的名句融化入詞，亦可算是別具一格的西湖放歌。蘇軾《飲湖上初晴後雨》詩云：「水光瀲灧晴方好，山色空濛雨亦奇。欲把西湖比西子，淡妝濃抹總相宜。」作者借其詩意而加以融化改造，使它變成流利自如的散文式語言，十分切合杯酒游吟之際的氣氛。尤其妙者，在於「二公者，皆掉頭不顧，秖管傳杯」兩句，既寫出了白、林二公恃才傲世的氣度和放逸詩酒的情懷，又平添了此處的生活氣息，使這子虛烏有的雲間逸事帶上了濃重的人間色彩。接寫白居易所言，不僅引其成詩而已，先自鑄詞語以寫天竺風光，復點化白氏詩句以狀「雙峯」景致。西湖北山有上天竺、中天竺、下天竺三寺，田汝成《西湖游覽志・北山勝蹟》云：「三竺之勝，周回數十里，而巖壑尤美者，回聚茲區。」所謂「樓閣」，正指寺觀而言。白居易《寄韜光禪師》詩云：「東澗水流西澗水，南山雲起北山雲。」「南山」，即南高峯，「北山」，即北高峯，就是西湖勝景之一「雙峯插雲」中的「雙峯」。作者此處點化成句亦見功力，由一「愛」字領起彼此對稱的兩組四言句，工穩而不失流動之美，警動而頗含韻秀之姿，就描摹西湖景致而言，較之白居易原詩而見出藍之妙。茲後便接寫林逋之說。前面寫蘇軾時，白、林二公是「掉頭不顧，秖管傳杯」，此時白居易語音方落，林逋就急起反駁，從章法上講，自然顯得富於變化，從詞意上講，又暗含有西湖勝景美不勝收的意味。寫林逋，自然要寫孤山之梅，作者秖拈出林逋《山園小梅》之「疏影橫斜水清淺，暗香浮動月黄昏」兩句中的「暗香浮動」四字，而騰出筆墨來寫林逋提議先去孤山訪梅，似乎這幾位超越於時間之外的詩人在飲酒唱和之後要去漫步遊覽了。

一段生趣盎然的凌虛故事至此而將近尾聲，但三位古人的音容笑貌似乎要永遠留在我們的想象之中，而西湖的湖光山色梅香寺影也因爲有此一番異想天開式的刻畫而更顯得神奇迷人了。但且不可忘了最後三句的妙處：它之所以妙，還不僅在於以呼應開篇的方式收束全詞，而在於繼續以幽默的筆調寫他那虛構的逸事。也許詩酒盤桓得久了，作者還惦記着渡江赴招哩，於是細心的林逋又提議：「今日天氣不佳，如此風浪不可行，待天氣放晴，衆人結伴去拜訪稼軒，時亦不爲晚，事却更見好，至於眼前，有如此美景，何不多多流連！」難怪稼軒得此詞而大喜，原來劉過要給他約來三位老先輩呵！

這首詞寫來如同散文，倘若依着曲詞之本色典雅派的要求，怕難免「句讀不葺之詩」的責難，但是，「退一步乾坤大」，在審美鑒賞的領域，肯退一步而放寬眼界，就更能領略一層詩歌宇宙的神秘魅力。正因爲這樣想着，我們才選取此詞而略作析說，同時，還有一個希望，那就是能引起人們的興趣而去發現我國民族藝術心理中的幽默感。

（韓經太）

蝶戀花

送　春

朱淑眞

樓外垂楊千萬縷，欲繫青春，少住春還去。猶自風前飄柳絮，隨春且看歸何處。　綠滿山川聞杜宇。便做無情，莫也愁人苦。把酒送春春不語，黃昏却下瀟瀟雨。

這首《蝶戀花·送春》詞，是女詩人朱淑眞的名篇，古今不少名詞選本都選了它。

朱淑眞，自號幽棲居士，浙江錢塘（今杭州）人。約生於北宋神宗年間，卒於南宋紹興初年，活了五十餘歲。她是我國明代以前女作家中留存詩詞作品數量最多的一個，現有足本《朱淑眞集註》（浙江古籍出版社出版，含

蝶戀花·送春

斷腸詩詞）傳世。

朱淑眞的一生是在富裕家庭的小圈子裏度過的。她自小聰慧，才貌出衆，熱愛人生，酷愛自然。可是，戀愛與婚姻的不幸，曾給她精神上帶來了沉重的悲哀與苦惱，使她一生抑鬱不得志。表面看，她的生活幾乎與一切富貴人家的知識婦女沒有兩樣，而她的賦詩、塡詞、彈琴、繪畫、讀書、寫字、踏青、飲酒等等，却往往是意在排解愁憂和苦悶。她的一生沒有經歷過蔡琰那樣的坎坷生活，也沒有李清照那樣的社交環境，她有父母而少朋友，丈夫又同她長久分離，所以她與外界很少接觸，這就使她觀察事物和思維的範圍比較狹窄，養成了她的思緒隨季節而變化的習慣；她的詩詞多是因對四季景物變化的感觸而寫出的抒情之作，她的集子也是以春景、夏景、秋景、冬景這樣的順序編排。讀她的詩詞，我們眼前好像總是晃動着一個對生活滿懷憧憬，却又被封建社會吞噬了的多愁善感、悽惋哀怨的知識婦女形象，使人不能不寄予同情。

這首《蝶戀花》，題目是《送春》，內容却不完全局限於這個範圍，其中還蘊含着作者自己對青春卽逝的惋惜之情。

春日卽將歸去。詞人首先是從近處——樓外垂伏着的縷縷楊柳寫起，她賦予楊柳以人的思想感情，使它也具備了人的靈性，好像它也惜春，想用自己的柳絲拴住春天一樣。但是春天祇能稍稍停留，最終還是要匆匆歸去。而柳絮呢？也依舊是隨着春風飄蕩，像是要跟隨春天去探看它的歸處。一個暮春的景象，就這樣由樓外的一棵垂柳的感發，聯想到柳絲，又緊緊抓住柳絮這個暮春的特徵，并將它們擬人化，在創作主體的想象中，它們也如同人一樣惜春，使人產生一種時光易逝、逝者如斯的感歎。下片又從遠處着眼，漫山遍野茂密的草木之中，有杜鵑啼鳴。聽到它的叫聲，誰不產生匆匆歸去之想？這裏又把整個春天人化了，好像它也聽到杜鵑的催促，而要匆匆歸去。杜鵑本是一種鳥兒，莫非它也爲美好時光的易逝而愁苦嗎？春天卽將歸去，作者自己的青春也不會再來，詞人舉起酒杯向它告別。這種思緒原是舊時知識女子普遍的情感，作者却緊緊抓住了它，并用樸素的語言抒發出來，不加任何雕飾，自然清新，給人以無窮的回味。

這首詞的別緻之處是以「黄昏却下瀟瀟雨」煞尾，大凡暮春之時，瀟瀟雨下，夏日也就不遠了，這一筆眞有水窮雲起之勢，空靈耐讀。清人李佳評論這首詞說：「情緻纏綿，筆底毫無沉悶。」（《左庵詞話》）這一評價確實符合這首詞的表現，也符合朱淑眞思想和性格「無鉛粉氣」（陳繼儒《太平清話》卷三引孟淑卿語）的一面。然而，朱淑眞的另一面，則是在詩詞中着重反映她孤獨寂苦的生活并抒發她苦悶無聊的情懷。她雖然總是要求自己擺脱愁煩，面對現實，面對未來，勇敢地向昨天告別，熱切地迎接明天的到來：「休論殘臘千重恨，管入新年百事諧」（《立春古律》），而在實際上她又往往無法做到，不得不滿含着淚水，「忍到更深枕上流」（《新秋》），表現出一個女子比較柔弱的一面。顯然，這首詞中是沒有流露此類情調的。

朱淑眞留存下來的詞共有三十一首，其中還有一首《清平樂》，那是寫在春日最後一天的。詞的開頭就是「風光緊急，三月俄三十」，意思是說時光過得眞快，一霎眼就到了春日最後的一天了，此時此刻，她不是悲傷，而是「寄語春宵」：「來年早到梅梢。」這個煞尾也是充滿了對生活、對人生的美好希望。賈島有一首《三月晦日寄劉評事》：「三月正當三十日，風光別我苦吟身。勸君今夜不須睡，未到曉鐘猶是春。」也是寫在春天的末日，朱淑眞却能由此而翻出新意，注入自己的活潑潑的心緒，更是耐人尋味。

傷春、惜春的主題，在朱淑眞的詩作中也有不少，比較起來，詞和詩雖各具特色，但都善於煞尾，有着奇特的想象。比如有兩首《書窗即事》，其二云：「一陣催花雨，高低飛落紅。榆錢空萬疊，買不住春風。」春要歸去，這是大自然的規律，是任何強大的力量也阻擋不了的。時光像流水，一去不復返，古人常用黄金形容時光的珍貴，說：「寸金難買寸光陰」，朱淑眞在這裏又加以巧妙的構思，尾聯雖然用語不奇，而詩意尤深，顯示出她的思想確有一定的深度。

總之，朱淑眞的這首詞，寫的是人人常見的暮春景象，反映的也是舊時知識女子常有的惜春之情，但是她寫得樸素自然，不用新奇的言辭，不抒發矯揉造作的感情，而是眞實地寫自己感受到的東西。所以說，從朱淑眞的詩詞作品中，我們常常可以清楚地看到她自己的映像。

（冀　勤）

揚州慢

姜　夔

淮左名都，竹西佳處，解鞍少駐初程。過春風十里，盡薺麥青青。自胡馬窺江去後，廢池喬木，猶厭言兵。漸黃昏，清角吹寒，都在空城。杜郎俊賞，算而今重到須驚。縱豆蔻詞工，青樓夢好，難賦深情。二十四橋仍在，波心蕩，冷月無聲。念橋邊紅藥，年年知為誰生。

南宋姜白石，是詞壇傑出的作家。他的詞，多寫個人孤高的襟抱，其中隱含着身世家國之恨；藝術上不僅結構完整、音節響亮、字句靈動，還能運用想象，以比興手法顯出神韻；具有「野雲孤飛，來留無跡」的「清空」（張炎：《詞源》）的風格特色。這種風格，與五代北宋以「揭響入雲」見稱的韋莊、蘇軾等人的詞風有一脈相承之處，不但啓發了白石以後的張炎等南宋詞人，并且還下開清代朱彝尊等浙派詞人，餘波所及，影響非常深遠。

《揚州慢》一詞，是白石詞中的最早作品，全詞通過空靈的比興手法，以諧婉的音節，精妙的字句和自然景物的襯托，反映了寄慨很深的家國之恨，表現了作者孤高的個性人格，從而充分體現出白石詞「清空」的藝術風格，確實是白石詞中具有代表意義的重要作品。

詞前有小序云：「淳熙丙申至日，予過維揚，夜雪初霽，薺麥彌望，入其城，則四顧蕭條，寒水自碧，暮

揚州慢（淮左名都）

色漸起，戍角悲吟。予懷愴然，感慨今昔，自度此曲。千巖老人以爲有《黍離》之悲也。」本詞作於孝宗淳熙三年（一一七六），這時距完顏亮南侵（一一六一）已有十五年，距符離之敗（一一六三）亦有十三年，但揚州城却依然是四顧蕭條，一片殘破。作爲一個身世孤寒、流落江湖的旅人、一個關心國家前途的詞人，當他征途小駐，這座想象之中昔年歌吹極盛的名城，却以殘破淒涼的姿態出現在他的眼前，他目擊心傷，就在沉重的嘆息聲中抒發出對亂後蕪城的傷悼之情，以及由此而生的無限哀時傷亂之感。在懷古傷今的情調中，不僅寫出名城揚州的昔盛今衰，更重要的是借此道出詞人對國事的深切憂念；而在這種士大夫式的「行邁靡靡，中心搖搖」（《詩經・王風・黍離》）的家國之恨中，又充滿着白石詞所特具的低徊不盡的韻味。

起首八字，不用詞藻，以拙、重、大的筆墨，概括出想象中昔年維揚的繁華景象。「淮左名都」，點出了揚州在全國的地位；「竹西佳處」，又説明了竹西在揚州的地位。「解鞍」句記初過維揚。「過春風」兩句忽然筆鋒一轉，折入眼前「城春草木深」的荒涼景象，警動異常。衹言十里薺麥，是上承起首八字，提空點出昔年何等繁華的揚州，而今却是屋宇蕩然，人煙稀少，雪後蕪城，四顧蕭條，這就是虛處傳神、用筆精妙之處。李白曾有《越中覽古》詩道：「宮女如花滿春殿，衹今唯有鷓鴣飛」，是通過對比寫今昔之感；白石在此所用筆法，一起一伏，正和李白相似。又辛棄疾晚年在鎮江知府任上（一二〇四），曾賦《永遇樂》一首，其中有「四十三年，望中猶記，烽火揚州路」之語，指出他在宋高宗紹興三十二年（一一六二）奉表南歸時，那想象之中春風十里、歌吹喧天的「揚州路」，却是沉没在一片「烽火」之中。兩位詞人，在亂離的歲月裏先後路過揚州，所見所感有相似之處，當形諸吟詠時所用的手法亦極相倣，在姜詞中是「薺麥春風」，在辛詞則爲「烽火揚州」，對比之下，傷心懷古之情，不禁黯然而生。傷今，主要是嘆息中原淪喪、山河破碎；懷古，則係借杜牧詩筆渲染出國力強盛時代的名城春光。一今一古，一衰一盛，其中反映出作者寓意很深的慨恨，他們都同樣地痛心於南宋王朝苟安江左、不思恢復，致使長江以北成爲敵騎縱横之所，名城揚州亦因完顏亮等南侵而破壞殆盡，如今或僅見青青薺麥，或惟睹連天烽火，令人悲不自勝，憂憤難禁。

「自胡馬」兩句，進一層言戰亂之慘、破壞之徹底，卽連「廢池喬木」，猶對敵人的侵略殘殺感到十分厭恨，

揚州慢（淮左名都）

則人們在傷亂之餘對這種殘酷戰亂的痛心疾首更不待言。這是借物比人，深透無匹。本來，「廢池」足以顯蹂躪之深；「喬木」是用以寄故國之思，這裏則用擬人手法賦予它們以生命和情感，而與詞人一齊哀時傷亂，飲恨無窮。李白《戰城南》中「匈奴以殺戮爲耕作，古來惟見白骨黃沙田」，是直接以白骨黃沙反映殺戮之慘，兩者在手法上可稱異曲同工。「漸黃昏」兩句又進一層點出空城寒角，是靜中見動，用來反襯出周遭一片沉寂，從而暗示出敵騎威脅未除，而朝廷却祇圖暫時苟安，以空城防邊；這種現象使詞人不僅深感悽寂，而且更覺憂心忡忡，哀不可抑。這裏揭出「空城」，用以襯託起首的「佳處」、「名都」，十分出色，且又由此生發出下片詞意。

換頭用杜牧詩意，憶昔傷今，不禁欷歔。白石落魄江湖，輒以杜牧自喻，這以「東風歷歷紅樓下，誰識三生杜牧之」（《鷓鴣天・十六夜出》）說得最爲明顯，其中自然也表現了封建文人的階級局限。以下「算而今重到須驚」寫往昔繁華而今荒廢，故使人「驚」。「縱豆蔻詞工，青樓夢好，難賦深情」又深一層，指昔年韻事流傳、豆蔻詞工的詩人，假如今日重來目覩殘破景象，恐也難再有逸興抒寫兒女戀情。「算」字、「縱」字，都是虛擬，借此透露出極爲深沉的含意。下面再寫眼前波蕩冷月的夜景，也是靜中見動，透露出繁華衰歇、觸目傷懷的悲涼情調。這與鮑照《蕪城賦》中的「東都妙姬，南國麗人，蕙心紈質，玉貌絳脣，莫不埋魂幽石，委骨窮塵」同一意境，不過鮑照是用實寫，白石却用虛筆。虛實筆法不同，但兩人在此情此景中低迴哀傷之情的感人心腑，却是一樣的。最後，詞人嘆息橋邊紅藥，年年如舊，但又有何人來欣賞領略呢！杜甫《哀江頭》云：「江頭宮殿鎖千門，細柳新蒲爲誰綠」，詩意極爲沉痛；白石詞中的哀時傷亂之意，與杜詩正好相同，而以「知爲誰生」的手法刻畫寂寞空城、蕭條無人的亂後景象，則又顯然從杜詩脫胎而來。

在詞中，詞人對人民所遭受的苦難表示了同情，對由於南宋小朝廷苟安求和而招來的侵略戰亂表示痛心。作爲一個流落江湖的失意文人，他的同情和不滿雖然還不能與當時豪情洋溢、堅持抗戰的愛國文人相比，但却與屈膝求和的投降派迴不相同，他至少能在詞中寄寓了一定的愛國思想。而這樣的思想內容，却是在獨特的藝術手法之下逐步表現出來的。

首先，從章法來看，這首詞從起到結，脈絡分明，通篇係從「薺麥」、「廢池」、「喬木」、「清角」、「冷月」

揚州慢（淮左名都）

這些景物體現出作者覩傷揚州殘破的情懷。上下兩片，則採用撫今思昔、景中見情的對比方式來進行抒寫。再以句法來看，詞中有用擬人句以物擬人，使無情之物轉爲富含情感。如「廢池喬木，猶厭言兵」是設想「廢池喬木」的感覺，則人們的感時傷亂不問可知。也有用透過句，如「縱豆蔻詞工，青樓夢好，難賦深情。」是透過一層立說，用來表示心中哀傷之極的內心活動，語意十分曲折含蓄。再從句法來看，詞中句首多作去聲，如「過」、「盡」、「自」、「廢」、「漸」、「杜」、「算」、「縱」、「二」、「念」等都是。萬樹《詞律》認爲詞中去聲字最爲重要，并指出：「名詞跌宕處，多用去聲。」此語頗得倚聲三昧，然亦本於沈義父《樂府指迷》。去聲字，與音樂關係最大；因爲上、去、入三仄聲中，入可作平，上介乎平仄之間，惟去聲由低而高，最爲響亮，所以在領頭處，往往用去聲來發調，以增加跌宕飛動之美。而在本詞，則不僅僅是領頭處，即在句中也將去聲字運用得十分精當。如「波心蕩，冷月無聲」，「蕩」字是去聲字，聲音既響亮，而通過聲音來體現水波蕩漾、冷月無聲的境界，亦是傳神之筆。《詞旨》把此句列爲警句，主要就是由於作者體會深刻，用字精練，能化靜爲動，從中表達出自己身歷其境的思想感情和藝術情趣，從而也給人以美的感受。

其次，這首詞多用對比，充滿着馳騁的想象。其中有用古事比今事的，作者以想象中歷史上揚州的繁華，來和目前揚州的一片殘破景象進行對比，則一興一衰，不待言傳而可知。又有用昔人比今事的，作者以想象中詩人杜牧的風流俊賞來和自己的解鞍沉吟進行對比，則一爲承平之世，一是身逢亂離，又是不言而喻。還有以昔景比今景的，作者以想象中「春風十里」的名城揚州，來和今日「薺麥青青」、「廢池喬木」進行對比，則一爲遊賞勝地，一則寂寞荒涼，不堪回首。以上這許多豐富深刻的想象對比，是極有助於對現實情景的抒寫的。與此同時，作者或採用襯託，或運用虛筆進行概括的勾勒，逐步暗示出作者對國事的關心，對朝政的感慨，從而抒發了封建文人身遭亂離之時的「《黍離》之悲」。宋翔鳳《樂府餘論》說白石詞：「其流落江湖，不忘君國。皆借託比興，於長短句寄之。」是很有見地的話。

通過以上較爲全面的評析可以看出，白石詞的藝術風格是和作者的特定生活環境、思想傾向以及文學、音樂等各方面的藝術修養分不開的。在本詞中，作者塑造了一個具有一定的時代和階級特徵的文人形象，并且以其真實和生動而使讀者受到感染，得到美的享受。在春日黃昏，路過維揚的年輕詞人，漫步於這座寂寞淒涼的空城，周圍的殘破景象，使他嘆息敵人蹂躪之深，同情人民遭遇之慘，痛心邊境守備之疏，更結合着自身流落之悲而發出了寄慨極深的家國之恨。凡此種種，都是在欲言又止、欲說還休的心情下曲曲暗示、步步透露的，而這些內心活動，又都是通過想象，通過比興，通過暗示來傳達表現，從而流露出言有盡而意無窮的深長韻味，體現了白石詞「清氣盤空、高遠峭拔」（見《七家詞選》）的風格特色。

（唐圭璋　潘君昭）

點絳脣

姜　夔

丁未冬，過吳松作

燕雁無心，太湖西畔隨雲去。數峯清苦，商略黃昏雨。　第四橋邊，擬共天隨住。
今何許，憑闌懷古，殘柳參差舞。

姜夔，字堯章，號白石道人，饒州鄱陽（今江西波陽）人。約生於南宋紹興二十五年（一一五五）前後，卒於嘉定十四年（一二二一）前後。

在姜白石所處的時代，南宋王朝和金朝南北對峙，民族矛盾和階級矛盾都十分尖銳複雜。白石在童年就失去了父母，寄居在漢川（在今湖北）的姐姐家，度過了青少年時期。他愛好音樂和文學，早年就以詩詞震驚了

點絳脣·丁未冬，過吳松作

文壇，但也就從早年，由於經常和士大夫周旋，白石的靈魂已經趨向衰老了。成年以後便奔波四方，謀求衣食，開始了他的幕僚清客的生涯。在幾十年的坎坷歲月中，他走過很多地方，「贏得一襟詩思」，寫出了不少的作品。但他始終沒有得到一種力量來恢復自己的青春，因而淒涼的心情表現在一生的文學和音樂創作裏。

山河殘破，使白石感到痛心。他懷念受奴役的中原人民，讚揚堅決抗金的辛棄疾（稼軒），但表達這種感情的氣魄恢弘的作品爲數不多。白石對當時的政治和社會狀況不滿，對自己的漂泊生活也屢次表示「客途今倦矣」；但又處處依附腐朽的統治階級，欣賞和留戀那個可以逃避現實的風花雪月的小天地。他生活在錯綜複雜的矛盾心情中。

白石深刻細緻地描寫了自己的空虛的心情和所看到的景物，而一切景物，在他的創作構想中，都是有生命、有情感的，都和他有共同的感受。景物彼此之間，他和景物之間，都互有感應，息息相通。這首《點絳脣》詞就是白石的代表作之一。丁未年卽南宋孝宗淳熙十四年（一一八七）。吳松也稱松江，卽今吳江（見夏承燾《姜白石詞編年箋校》卷二），在太湖之東。這年初冬，白石途經吳松時寫成此詞。詞的前段所說的「燕雁」，指從北方飛回南國的鴻雁。「燕」是古代北方的一個國名，這裏泛指北方。白石看到歸雁無意在太湖久留，就和白雲結伴翩然南飛，而自己長年漂泊異鄉，却不能歸去。此刻又正是「山雨欲來風滿樓」的黃昏，更使詞人感到悲傷。「數峯清苦」句的構想或是受了白居易《長相思》詞的啓示。白居易詞說：「汴水流，泗水流，流到瓜洲古渡頭，吳山點點愁。」吳山籠罩在雲霧中，時隱時現，人們看到的衹是山峯偶爾從雲霧的隙縫中顯露出來的部分，都表現出愁容，所以說「點點愁」。「吳山點點愁」，在白石筆下轉化成「數峯清苦」的意境。「清苦」是寂寥愁苦的意思。白石《徵招》詞描寫剡山（在今浙江）時也說：「重相見，依依故人情味。似怨不來游，擁愁鬟十二。」剡山十二峯都像愁苦美人的鬟髻，也是「數峯清苦」的形象。白石在吳松看到，雲霧從峯谷間冉冉升起，是幾個山峯相商，在醞釀着一場暮雨。雲霧寒水，一行鴻雁，這樣美麗的畫面使白石進入幻想世界中，文思馳騁，如莊周夢蝶，難分物我。

詞的後段所說的「第四橋」，卽吳江的甘泉橋。唐代名士陸龜蒙自號天隨子，隱居吳江時，常泛舟太湖，自得其樂。白石羨慕天隨子的爲人和生活，希望能和他同遊。但他現在何處？白石正倚着闌干懷念古人，古人也許泛舟未歸，已經一去不復返了，眼前衹留下殘敗的柳絲在寒風中忽東忽西地飄舞。這種意境可能受了崔顥《黃鶴樓》詩的影響。崔詩說：「昔人已乘黃鶴去，此地空餘黃鶴樓。黃鶴一去不復返，白雲千載空悠悠。」但憑闌懷古的白石，這時的心情却更爲沉重，他的境遇不是和殘柳一樣嗎？

（陰法魯）

平調滿江紅

姜夔

仙姥來時，正一望、千頃翠瀾。旌旗共、亂雲俱下，依約前山。命駕羣龍金作軛，相當諸娣玉為冠。向夜深、風定悄無人，聞佩環。 神奇處，君試看：奠淮右，阻江南，遣六丁雷電，別守東關。却笑英雄無好手，一篙春水走曹瞞。又怎知、人在小紅樓，簾影間。

這是姜夔在一一九一年春初經過安徽巢湖時寫的一首詞。詞前有篇小序：

《滿江紅》舊調用仄韻，多不協律。如末句云：「無心撲」三字，歌者將「心」字融入去聲，方諧音律。予欲以平韻為之，久不能成。因泛巢湖，聞遠岸簫鼓聲，問之舟師，

平調滿江紅（仙姥來時）

云：「居人為此湖神姥壽也。」予因祝曰：「得一席風，徑至居巢，當以《平調滿江紅》為迎送神曲。」言訖，風與筆俱駛，頃刻而成。末句云「聞佩環」，則協律矣。書以綠牋，沉於白浪，辛亥正月晦也。是歲六月，復過祠下，因刻之柱間。有客來自居巢，云「土人祠姥，輒能歌此詞。」按：曹操至濡須口，孫權遺操書曰：「春水方生，公宜速去。」操曰：「孫權不欺孤。」乃撤軍還。濡須口與東關相近，江湖水之所出入。予意春水方生，必有司之者，故歸其功於姥云。

小序對他寫這首詞的動機、經過，說得清清楚楚。《滿江紅》本用仄韻，他改用平韻，在音律上是創新。至於仄韻《滿江紅》爲什麼多不協律，要改用平韻才協，因宋詞的唱法已經失傳，今天我們是說不清楚的。

姜夔這首詞是爲巢湖仙姥寫的迎送神曲。我國古代名山大川大都由女神作主。江妃、洛神、巫山瑤姬、昆侖山王母，這些形形色色的女神，大抵是母系社會的遺跡。巢湖仙姥看來也不例外。

詞的上片是詩人從巢湖上的自然景色幻想出仙姥來時的神奇。它分三層寫：先是湖面風來，綠波千頃，前山亂雲滾滾，從雲中隱約出現無數旌旗，彷彿是她的先頭部隊。接着寫她車駕前後的羣龍、諸娣，甚至連羣龍的金軛、諸娣的玉冠都看到了。這當然是想象，但也有一定的現實根據，因爲詩人是從仙姥廟中莊嚴的塑像來設想的。原詞在「相當諸娣玉爲冠」句下自註：「廟中列坐如夫人者十三人」，說明了這一點。最後是夜深風定，湖面紋絲不動，偶然還有畫外傳來清脆的叮噹聲，彷彿是仙姥乘風歸去時飄來的環珮餘音。這種寫法正合乎前人說的「語盡意不盡」，給人以「餘音嫋嫋，不絕如縷」的感覺。

我們今天當然不相信有什麼主宰巢湖的仙姥。但當時的人們是相信有的，因此爲她設廟祝壽，使姜夔在舟過巢湖時還聽到遠岸簫鼓之聲。從屈原的《湘君》、《湘夫人》到南朝的《神絃曲》，唐人的《河瀆神》、《水仙謠》，古今詩人通過對民間女神的描寫，表現當時人民對她的祈求和親昵，在文學史上形成詩歌浪漫主義的一個方面。姜夔對巢湖仙姥的這些描繪繼承了前代詩人這方面的傳統。「帝子降兮北渚，目渺渺兮愁予，嫋嫋兮秋風，洞庭波兮木葉下」，「駕飛龍兮北征，邅吾道兮洞庭」，「九嶷繽兮幷迎，靈之來兮如雲」。《湘君》、《湘夫人》裏這些名句對此篇的影響是明顯的。作者沒有拘泥於形式的模倣，而加以變化出奇，這見出他手法的高明。

下片進一步描寫仙姥的神奇。她不僅奠定了淮右，保障了江南，還派雷公、電母、六丁玉女（《雲笈七籤》：「六丁者，謂陰神玉女也。」）去鎭守濡須口的東關。這就把仙姥的神奇誇張到極度，簡直就是一位坐鎭邊關的統帥。接下去詩人聯想起歷史上曹操與孫權在濡須口對峙的故事，發出了深沉的感慨：「却笑英雄無好手，一篙春水走曹瞞」。爲什麼我們的英雄人物竟沒有一個好手，結果却祇能憑一篙春水把北來的曹瞞逼走。這「曹瞞」當然不是歷史上的曹操，「英雄好手」也不會是指歷史上的孫權；他是借歷史人物表現他對現實的憤慨的。因爲當時離宋金的隆興和議將近三十年，偏安江南的南宋王朝也正是依靠江淮的水域來阻隔金兵的南下的。

你們這些英雄人物沒有一個頂用的，眞正能够興風作浪使敵人不敢南下的是「小紅樓簾影間」的那個人。封建社會衛道士總是把婦女看得一錢不值，提出「女子無才便是德」的荒謬口號，而具有民主思想的詩人則往往有意誇大婦女的才能，擡高婦女的地位，借以貶低那些峨冠博帶、戎衣長劍，實際是酒囊飯袋的男人。姜夔這首詞被刻在廟柱上年年歌唱，說明他的思想傾向是符合於當時人民的願望的。

「小紅樓簾影間」的幽靜氣氛，跟上片「旌旗共、亂雲俱下」的開闊場景，以及下片「奠淮右，阻江南」的雄奇氣象，截然相反。然正因爲一個「小紅樓簾影間」的人物，却能興風作浪，逼退強敵，這就更顯出她的神奇。因此這突然變換筆調的結局，在藝術上恰好起了相反相成的作用。姜夔在《詩說》裏總結自己的創作經驗說：「篇終出人意表，或反終篇之意，皆妙。」《平調滿江紅》的結句，正是反終篇之意而出人意表的一個典型例子。

（王季思）

淡黄柳（空城曉角）

淡黄柳

姜夔

客居合肥南城赤闌橋之西，巷陌淒涼，與江左異。惟柳色夾道，依依可憐。因度此闋，以紓客懷。

空城曉角，吹入垂楊陌。馬上單衣寒惻惻。看盡鵝黄嫩綠，都是江南舊相識。正岑寂，明朝又寒食。强攜酒，小橋宅，怕梨花落盡成秋色。燕燕飛來，問春何在，唯有池塘自碧。

姜白石的詞，刻意描寫自己的活動的，往往用跨度很大的聯想和飄忽的想象，用極少的文字把它們概括下來，甚至衹透露一些暗示的痕跡。他有些特殊的生活經驗不容易引起别人的共鳴，而且又常用典故，常用隱喻反襯的方法，别人也不容易追蹤他的思路的變化，因此，空疏恍惚便成爲白石詞在文字表達方面的缺陷。

白石對於自己的愛情生活的敍述，更是隱隱約約、語意閃爍。但讀者可以從他的作品中看到他所懷念的人的影子。夏承燾先生在《姜白石詞編年箋校·行實考》中指出，白石的情侣擅長琵琶，有一個很長的時期住在合肥。這個説法可以幫助我們理解白石的許多作品。這一首《淡黄柳》樂曲和歌詞就是在合肥作的。

淡黃柳（空城曉角）

當時南宋王朝與金朝南北對峙，大致以淮河爲界。合肥已經成了南宋的邊城，而且也被金兵蹂躪過，「邊城一片離索」，和江南的景象不大相同。詞的前段說，空城拂曉的號角聲，蕩漾在楊柳成行的街巷。白石在馬上覺得衣裳單薄，經不住初春微涼。「惻惻」是微寒的感覺。看遍了鵝黃嫩綠的柳色，那都是江南舊日相熟的景象。這裏雖然楊柳依依，但使人有滿目荒涼之感。詞的後段所說的「岑寂」卽寂寞的意思。寒食節，在清明節前二日。詞人客居，正在寂寞的時候，又遇上寒食節，更增添惆悵之情。「小橋」究竟是地名還是人名？夏先生認爲小橋原是三國時代橋玄的次女、周瑜妻，這裏是借指白石的情侶而言。白石勉強帶着酒，到小橋宅舍探訪，怕的是梨花落盡、又是秋色蒼茫。春天很快就過去了。等燕子從南國歸來，問到春在何處，衹有自然碧綠的池塘還可能保存着一點殘跡。

白石對邊城和個人身世的感嘆，對情侶的惜別之情，集中寫在這首詞裏。他的另一首詞《醉吟商小品》，夏先生認爲是在離開合肥時寫的：「又正是春歸，細柳暗黃千縷。暮鴉啼處，夢逐金鞍去。一點芳心休訴，琵琶解語。」這裏寫出了白石和他的情侶別離的情景：是在春天卽將歸去、飄拂着暗黃柳絲的時候，大概送別的人又彈起琵琶。「不要傾訴心裏的深情吧，琵琶能傳出千言萬語。」寥寥數語，情感無限，可以作爲《淡黃柳》詞的補充。

（陰法魯）

暗香

姜夔

舊時月色。算幾番照我，梅邊吹笛？喚起玉人，不管清寒與攀摘。何遜而今漸老，都忘却、春風詞筆。但怪得、竹外疏花，香冷入瑤席。江國。正寂寂。嘆寄與路遙，夜雪初積。翠尊易泣。紅萼無言耿相憶。長記曾攜手處，千樹壓、西湖寒碧。又片片、吹盡也，幾時見得？

劉熙載在《藝概》中說：「姜白石詞幽韻冷香，令人挹之無盡。擬諸形容，在樂則琴，在花則梅也。」真可謂姜白石的知音。白石詞今存八十餘首，詠梅的就佔十八首之多，其中尤以《暗香》、《疏影》最爲著名。張炎云：「詞之賦梅，惟白石《暗香》、《疏影》二曲，前無古人，後無來者，自立新意，眞爲絶唱。」（《詞源・雜論》）周濟雖批評白石「局促」、「才小」，但也不能不推崇《暗香》、《疏影》，說它們「寄意題外，包蘊無窮，可與稼軒伯仲。」（《介存齋論詞雜著》）

《暗香》、《疏影》所詠的對象雖然是梅花，但字句之中字句之外隱然有一幽獨的佳人，呼之欲出。在《暗香》裏佳人和白石一起賞梅；在《疏影》裏，佳人則竟幻化爲梅花。詠梅而不黏滯於梅，意趣高遠，清空古雅，確有獨到之處。

暗香（舊時月色）

詞前小序曰：

辛亥之冬，予載雪詣石湖。止既月，授簡索句，且徵新聲。作此兩曲。石湖把翫不已，使工妓隸習之，音節諧婉，乃名之曰《暗香》、《疏影》。

辛亥是宋光宗紹熙二年（一一九一），這年冬天姜白石冒雪到蘇州訪范成大（石湖居士），住了一個多月，除夕才回湖州。在此期間，姜白石應范成大的請求作了兩支新曲，范成大非常欣賞，使樂工歌妓學習演唱，音節諧和婉轉，於是命名曰《暗香》、《疏影》。調名取林逋《山園小梅》詩：「疏影橫斜水清淺，暗香浮動月黃昏。」

詞從回憶寫起。「舊時月色。算幾番照我，梅邊吹笛？」既曰「幾番」，顯然不止一次，詞人往日曾不止一次趁着月光在梅邊吹笛。但到底幾次，詞人也算不清了。以上三句是泛泛地回憶往事。接下來便回憶某一次賞梅的具體情景：「喚起玉人，不管清寒與攀摘。」「玉人」，既可指男子，也可指女子，這裏是指他的情人。由「喚起」二字可以想見「玉人」已經睡下，詞人却還是將她喚起，一同冒着清寒去摘花。那時的興致多麽高啊！這兩句是從賀鑄《浣溪沙》：「玉人和月摘梅花」變化而來，但意味更深長，情韻更飽滿。

自此以下轉入慨嘆今日。「何遜而今漸老，都忘却、春風詞筆。」白石以何遜自比，說自己如今漸老，已失去當年的詩興和才華了。何遜是南朝梁代詩人，曾在揚州寫過《詠早梅詩》。杜甫詩曰：「東閣官梅動詩興，還如何遜在揚州。」（《和裴迪登蜀州東亭送客逢早梅相憶見贈》）「但怪得、竹外疏花，香冷入瑤席。」「怪得」有驚疑、驚嘆等意味，李曾伯《滿江紅》：「推枕聞鷄，正怪得、乾坤都白。」可以爲證。有人釋曰「責怪、埋怨」，蓋非。往日詞人關心花期，對梅花的開放不會感到突然。現在不但忘却春風詞筆，連梅花的開期也漠然淡忘了。等到竹林之外的幾點早梅把冷香送入瑤席，才驀地察覺自己所愛的梅花已經開放！從字面上看，這幾句是感嘆自己老了，其實是因爲和玉人離別而興致索然。所以下闋就接着寫自己對玉人的思念。

「江國。正寂寂。嘆寄與路遙，夜雪初積。」這幾句用南朝宋陸凱《贈范曄詩》：「折梅逢驛使，寄與隴頭人。江南無所有，聊贈一枝春。」詞人在南國水鄉，寂寞中想折梅寄與遠方的情人，但路途遙遠，夜雪初積，不能如願，徒增嘆惋。「翠尊易泣。紅蕚無言耿相憶。」眼前的綠酒紅梅，一個是「易泣」一個是「無言」，衹能加重自己的思念。最後又轉入回憶：「長記曾攜手處，千樹壓、西湖寒碧。又片片、吹盡也，幾時見得？」宋代西湖孤山多梅樹，梅花盛開，樹枝低壓，映着一片寒碧的湖水，是何等的賞心悅目！而料峭的春風將梅花瓣片片吹盡又是何等的淒切！和玉人攜手徜徉於西子湖畔賞梅的情景印在心上久久不能遺忘，什麼時候才能重溫這場舊夢呢？自己是「何遜漸老」，而「玉人」恐怕也已紅顏暗老。相見之後又將會怎樣呢？

（袁行霈）

疏影

姜夔

苔枝綴玉。有翠禽小小，枝上同宿。客裏相逢，籬角黃昏，無言自倚修竹。昭君不慣胡沙遠，但暗憶、江南江北。想佩環、月夜歸來，化作此花幽獨。

猶記深宮舊事，那人正睡裏，飛近蛾綠。莫似春風，不管盈盈，早與安排金屋。還教一片隨波去，又却怨、玉龍哀曲。等恁時，重覓幽香，已入小窗橫幅。

從《暗香》詞前序文可知，《暗香》、《疏影》乃同時所作。想必是寫了《暗香》之後，意猶未盡，遂另作一首《疏影》。前人都說這兩首詞難解，《疏影》尤其撲朔迷離，確實如此。我想，如果把它們對照着讀，也許可以看得清楚些。《暗香》雖說是詠梅，但并沒有對梅花本身作很多描寫，而是圍繞梅花抒寫懷人之情。所懷是他的情人，一個美麗的女子。她曾陪詞人折梅月下，也曾和他攜手賞西湖。在《暗香》這首詞裏，玉人是玉人，梅是梅。梅花衹是引起詞人想念玉人的觸發物而已，它本身并沒有任何比喻或象徵意義。如果把這首詞的意思向前推進一層，賦予梅花以人格，就可以翻出另一首詞，這就是《疏影》。在《疏影》裏，詞人時而把梅花比作獨倚修竹的佳人，時而把梅花比作思念故土的昭君。既是歌詠梅花，又是歌詠佳人，梅花和佳人融爲一體了。

前人多認爲這首詞有寄託。張惠言說：「時石湖蓋有隱遁之志，故作此二詞以沮之。《暗香》一章，言己嘗有用世之志，今老無能，但望之石湖也。《疏影》更以二帝之憤發之，故有昭君之句。」（《詞選》）鄭文焯說：「此蓋傷心二帝蒙塵，諸后妃相從北轅，淪落胡地，故以昭君托喻，發言哀斷。考唐王建《塞上詠梅》詩曰：『天山路邊一株梅，年年花發黃雲下。昭君已沒漢使回，前後征人誰繫馬？』白石詞意當本此。」（鄭校《白石道人歌曲》）近人劉永濟舉出宋徽宗趙佶被擄在胡地所作《眼兒媚》詞：「花城人去今蕭索，春夢繞胡沙。家山何處？忍聽羌管，吹徹《梅花》。」解釋說：「此詞更明顯爲徽欽二帝作。」（《唐五代兩宋詞簡析》）以上這些說法都是由詞中所用昭君的典故引起的。詞人說幽獨的梅花是王昭君月夜魂歸所化，遂使人聯想徽欽二帝及諸后妃的被擄以及他們的思歸，進而認爲全詞都是有感於此而作。其實這種聯想是缺乏根據的。昭君和親出塞與徽欽被擄、諸后妃淪落胡地，根本不倫不類。王建是唐人，他的《塞上詠梅》和宋帝毫無關係。宋徽宗作《眼兒媚》思念家國，既沒有提到王昭君，也就不能肯定白石是用《眼兒媚》的典故。如果不是斷章取義，而是聯繫全篇來看，就不難看出這首詞的主旨在讚美梅花的幽獨；寫其幽獨而以美人爲喻，當然最好是取昭君，這是不足爲怪的。

「苔枝綴玉。有翠禽小小，枝上同宿」。范成大《梅譜》曰：「古梅會稽最多，四明吳興亦間有之。其枝樛曲萬狀，蒼蘚鱗皴，封滿花身；又有苔鬚垂於青枝或長數寸，風至，綠絲飄飄可翫。」這幾句是說：在長滿青苔的枝幹上綴滿如玉的梅花，又有小小的翠鳥在枝上伴她同宿。「翠禽」暗用《龍城錄》裏的典故：隋開皇中趙師雄遷羅浮，日暮於松林中遇一美人，又有綠衣童子歌舞於側。「師雄醉寐，但覺風寒相襲，久之東方已白，起視大梅花樹上，翠羽刺嘈相顧。所見蓋花神。月落參橫，惆悵而已。」詞人明寫梅花的姿色，暗用這個典故爲全詞定下了幽清的基調。「客裏相逢，籬角黃昏，無言自倚修竹。」化用杜甫《佳人》詩：「絕代有佳人，幽居在空谷。……天寒翠袖薄，日暮倚修竹。」又把梅花比作幽居而高潔的佳人。「昭君不慣胡沙遠，但暗憶、江南江北。

疏影（苔枝綴玉）

想佩環、月夜歸來，化作此花幽獨。」杜甫《詠懷古跡》詠昭君村，有「環佩空歸月夜魂」之句。詞人想象王昭君魂歸故土化作了這幽獨的梅花。上闋分三層寫來，用三個典故，將三位美人比喻梅花，突出地表現了梅花的「幽獨」。

下闋換了一個角度，寫梅花的飄落。「猶記深宮舊事，那人正睡裏，飛近蛾綠。」「蛾綠」，指女子的眉，《太平御覽》卷三十「時序部」引《雜五行書》：「宋武帝女壽陽公主，人日臥於含章殿簷下，梅花落公主額上，成五出花，拂之不去。皇后留之，看得幾時。經三日，洗之乃落。宮女奇其異，竟效之，今梅花妝是也。」這幾句好像是寫壽陽公主（那人），其實還是寫梅花，借一位和落梅有關的美人來惋惜梅花的衰謝。「猶記」，是詞人猶記，詞人看到梅花遂記起宮廷裏這段故事。接着便以叮嚀的口吻說道：「莫似春風，不管盈盈，早與安排金屋。」「盈盈」是儀態美好的樣子，借指梅花。「安排金屋」用《漢武故事》，漢武帝幼時，他的姑母把他抱在膝上，指着女兒阿嬌曰：「阿嬌好否？」漢武帝笑曰：「好。若得阿嬌作婦，當作金屋貯之也。」詞人用這個典故表示惜花之願，意謂不要像春風那樣無情，任梅花飄零而不顧，應當及早將她保護。「還教一片隨波去，又却怨、玉龍哀曲。」這是假設的口氣，「還」是如若、假如的意思　詩詞中多有這種用法。如秦觀《水龍吟》：「名繮利鎖，天還知道，和天也瘦。」辛棄疾《賀新郎》：「啼鳥還知如許恨，料不啼清淚長啼血。」有的註本把「還教一片隨波去」講實了，說「花隨波去，無計挽回。」是因爲忽略了這個「還」字而誤會了詞人的原意。這是進一步叮嚀：如果讓梅花隨波流去，卽使祇有一片，那麼《梅花落》的笛曲又要再添幾分哀怨了。「玉龍」，笛名。詞的最後說：「等恁時，重覓幽香，已入小窗橫幅。」這幾句仍然是叮嚀：等到那時，再去尋覓梅花的幽香，祇有從畫上才能找到了。夏承燾《姜白石詞編年箋校》曰：「《唐摭言》卷十載崔櫓《梅花》詩：『初開已入雕梁畫，未落先愁玉笛吹。』姜詞數句，似衍此二語。」如果確實是敷衍崔詩，在敷衍中也有創新，其境界遠非崔詩所可比擬。細細揣摩下闋的口吻，梅花尚未凋謝。詞人因愛之深切，遂一再叮嚀，不要使她飄零。叮嚀誰呢？沒有別人，就是詞人自己。

綜觀全詞，上闋末尾一個「幽」字，下闋末尾又一個「幽」字，「幽」就是詞人借着梅花所表現的美學理想。

這和陶淵明詠松菊、張九齡詠蘭桂，一脈相通。如果說這首詞有寄託的話，可以說是寄託了詞人理想的人格。詞裏雖然帶着孤芳自賞的意味，又有什麽可指摘的呢？

關於白石的詞風，人多以「清空」二字概括，這是出自南宋末年張炎的《詞源》。但細審張炎原文，并沒有以「清空」概括白石全部的意思。在張炎看來，「清空」衹是白石的一個方面。因爲白石多詠物詞，詠物容易「留滯於物」以致「拘而不暢」、「晦而不明」，此所謂「質實」；白石詠物而不留滯於物，這就是「清空」。張炎在「詞要清空，不要質實；清空則古雅峭拔，質實則凝澀晦昧。姜白石詞如野雲孤飛，去留無跡」這段話之後，還有一段話說：「白石詞如《疏影》、《暗香》、《揚州慢》、《一萼紅》、《琵琶仙》、《探春》、《八歸》、《淡黃柳》等曲，不惟清空，又且騷雅，讀之使人神觀飛越。」很明顯，張炎并非一味提倡「清空」；「清空」要以「騷雅」去充實才算詞的上乘。張炎又說：「所以出奇之語以白石騷雅之句潤色之，眞天機雲錦也。」可見他所重的不僅是「清空」，還有一個「騷雅」。張炎還說：「詞以意趣爲主，……姜白石《暗香》賦梅云（詞略），《疏影》云（詞略），此數詞皆清空中有意趣，無筆力者未易到。」也明明指出白石詞不衹是「清空」，而且富有「意趣」。衹「清空」而無「意趣」，豈不成了一個空架子？可見張炎雖然拈出「清空」二字來評姜白石的詞，但并沒有以偏概全地說白石詞衹是「清空」，這是不能不辨的。

如上所說，以「清空」概括白石詞并不全面，也不符合張炎的原意。若論白石詞風，莫若劉熙載所謂「幽韻冷香」四字，簡而言之可謂「幽冷」。他正是以「幽冷」另樹一幟，自立於軟媚、粗獷之外，成爲南宋詞壇上影響重大的一位詞人。

（袁行霈）

齊天樂（庚郎先自吟愁賦）

齊天樂

姜　夔

丙辰歲，與張功父會飲張達可之堂，聞屋壁間蟋蟀有聲，功父約予同賦，以授歌者。功父先成，辭甚美；予裴回茉莉花間，仰見秋月，頓起幽思，尋亦得此。蟋蟀，中都呼為促織，善鬥。好事者或以三、二十萬錢致一枚，鏤象齒為樓觀以貯之。

庚郎先自吟愁賦，淒淒更聞私語。露濕銅鋪，苔侵石井，都是曾聽伊處。哀音似訴。正思婦無眠，起尋機杼。曲曲屏山，夜涼獨自甚情緒。　西窗又吹暗雨，為誰頻斷續，相和砧杵？候館迎秋，離宮弔月，別有傷心無數。《豳》詩漫與。笑籬落呼燈，世間兒女。寫入琴絲，一聲聲更苦！（自註：宣、政間，有士大夫製《蟋蟀吟》。）

姜夔，字堯章，號白石，南宋詞人。《齊天樂》是他的一篇代表作，但歷來對其評價頗有分歧。宋末張炎《詞源》標舉「清空」、「雅正」，以姜詞爲典範，稱爲「如野雲孤飛，去留無跡」。清代浙派詞家朱彝尊、汪森等也推它爲極則。汪氏《詞綜序》評宋詞流派，以爲「短長互見，言情者或失之俚，使事者或失之伉，鄱陽姜夔出，句琢字煉，歸於醇雅」，意謂其高於「婉約」、「豪放」兩派而獨造至境。然而周濟的《介存齋論詞雜著》却認爲

齊天樂（庚郎先自吟愁賦）

它「情淺」、「才小」，「看是高格響調，不耐人細思」；王國維《人間詞話》也說：「格調之高無如白石，惜不於意境上用力。」近時多有指摘其偏重形式格律而內容貧乏，甚至視爲當時詞壇的逆流。其實這兩種評論都不無偏頗，貶者也許失諸皮相，譽者或未必搔着癢處，究其原因，都是對姜詞的境界深度缺少探析，故而各執一端。現在試就《齊天樂》進行解剖，或許有助於認識姜詞的思想藝術成就。

這裏首先值得注意的是詞前的小序。詞在唐末宋初是新興的詩體，被視爲小道，大都爲遣興之作，所謂「滿心而發，肆口而成」，常常無題，當然也沒有序。北宋詞至蘇軾而有大發展，其詞很多有題，不少有序。詩詞的由無題而進到有題，或有自序，使主題更明確，創作背景與意圖更清楚，這是一種進步現象。當然有了題不能使詩詞的意境爲題所拘限，仍應讓讀者有豐富的體會；有了序不是把詩詞的內容預先說盡，而是更啓迪讀者深邃的遐思。姜夔的許多詞前有序，文辭優美，有似散文詩，內容與詞篇相生發，珠聯璧合，交相輝映，因此甚受推重。周濟說「白石小序甚可觀，苦與詞復」，幷以時人「津津於白石詞序」爲可笑，今試看本詞的序，便知這一批評是幷不中肯的。

序文介紹了本詞寫作的過程。本詞是宋寧宗慶元二年（一一九六）在當時都城臨安（杭州）寫的。此時北宋淪亡已約七十年了，南宋統治集團在這山明水秀的西子湖畔偏安已久，可是中原父老、北國山河，國仇家恨、遠慮近憂，仍然鬱勃於愛國志士心頭。在一個秋涼的夜晚，姜夔與其好友張功父（名鎡，抗金名將張浚之孫）等一起飲酒，聽到蟋蟀鳴聲，相約以此爲題作詞。張詞先成，即《滿庭芳·促織兒》（見《南湖詩餘》），細緻地描寫了月下草間、樓外牆陰的「寒聲斷續，微韻轉淒咽悲沈」，幷追憶兒時捕鬥蟋蟀的生動情景。姜夔稱讚它「辭甚美」，而自己則繼續在花間徘徊覓句，顯然他是在尋思如何出奇制勝。當他仰頭望見明月的時候，靈感突生，頃刻成篇。爲什麽低頭覓句久未有得，仰見秋月頓起幽思呢？因爲明月閱盡世事的盛衰滄桑，普照人間的悲歡離合，很能引起人們豐富的聯想。南朝謝莊的《月賦》、李白的《靜夜思》、杜甫的《月夜》、陸游的《關山月》等許多詩篇中流露的感情就是由詩人望月引起的。姜夔的《齊天樂》亦如此。他吟詠蟋蟀而仰望秋月，聯想到過去與當前鬥蟲的情景，聯想到同在這月下的行人思婦、羈客騷人聽到寒聲的情感，創作思路頓時豁然開朗。應

齊天樂（庚郎先自吟愁賦）

當說，這首詞的境界已超出一般詠物題材的界限而反映了某種時代風貌。鄭文焯校《白石道人歌曲》在肯定張作的同時，高度評價了姜詞的别開生面：

《負暄雜錄》：「鬥蛩之戲，始於天寶間，長安富人鏤象牙為籠蓄之，以萬金之資，付之一喙。」此敍所記好事者云云，可知其習尚至宋宣、政間，殆有甚於唐之天寶時矣。功父《滿庭芳》詞詠促織兒，清雋幽美，實擅詞家能事，有觀止之嘆；白石别構一格，下闋託寄遙深，亦足千古已。

序的最後敍中都鬥蟋蟀的豪華競逐現象一段文字，是很可以推敲翫味的，鄭文焯認爲是追記北宋末年政和、宣和間汴京故事，下闋中寄寓了對離亂時事的悲慨。俞平伯《唐宋詞選釋》持相同看法，註云：「中都，汴京。蟋蟀北方俗呼促織、趣織，自漢以來如此，非始於宋。看本篇『候館』下三句，『中都』云云自非泛語。」「政和、宣和，宋徽宗年號（一一一一——一一二五），北宋亡國之時。本篇作意自註甚明」。這些解釋應是深得姜夔遺意的。但也有不少註家認爲中都指杭州。其實，中都指汴京，不但有詞末自註可相印證，作者此時正在杭州，從上文看，這段緊接「頓起幽思」之後，不像是記述身邊近事的口吻。而且南宋雖建都杭州，究竟有點臨時性質，故一般稱之爲「行在」。一些不忘中原的作者筆下的「京都」是專指汴京的。如張孝祥《六州歌頭》的「洣神京」。陸游《夢從大駕西征盡復漢唐故地》的「涼州女兒滿高樓，梳頭已學京都樣」，也當指汴京。張端義《貴耳集》說李清照「南渡以來，常懷念京洛舊事，晚年賦《永遇樂·元宵》詞」，所謂「京」、「洛」，即汴京與洛陽。那末，姜夔在序末爲什麼要追憶北宋末年汴都盛事呢？是寄託故國之思？是抒發盛衰之感？還是揭示那釀成北宋滅亡和無數時代悲劇的某種原因呢？他沒有明言，却留給讀者自己去體味。這正如他的詩論著作《白石詩說》中所指出：「句中有餘味，篇中有餘意，善之善者也。」這和白居易《新樂府序》所標舉的「首句標其目，卒章顯其志」直言談相式表現手法是有所不同的，故而不能因其未曾明說即斷言他對現實幷無諷喻之意。這篇小序與下面詞篇之間，

齊天樂（庚郎先自吟愁賦）

存在內在聯繫，却保留相當的空隙；相互呼應，却不犯復。正因如此，我們讀了這篇序，覺得饒有引人入勝之趣，懷着迫切的嚮往心情去讀下面的詞，而當讀他的詞的時候，眼前又驀地展現出出人意表的無限風光。

詞的開頭：「庚郎先自吟愁賦，淒淒更聞私語。」宛如奇峯突起，與逶迤而來的陵陸脈絡相連而壁立千仞，又如高屋建瓴，飛流直下，展開爲浩渺煙波。蟋蟀，候蟲，隨季節而鳴，本是無情之物，無所謂愁，也無所謂樂；然而聽者的境遇和心情不同，感受也各異；豪客捉來競勝誇富，騷人聞之倍增悵觸。這裏開宗明義表明了自己早已是愁情滿懷，聽到了似泣似訴的蟲聲更加感慨萬千。這也點出了本詞雖是詠物却以抒情爲主，實際上寄寓着身世之感、家國之痛，因而所着重描寫的不是蟋蟀本身而是各種人物聽其鳴聲的情景。「庚郎」，卽庾信，南北朝後期著名詩人。庾信所在的時期，祖國長期南北割裂爭戰。他初仕南朝梁，出使西魏而梁朝覆亡，被羈留北國。漫漫歲月，庾信傷感身世時局，寫下了《哀江南賦》、《枯樹賦》等光輝作品，既抒發了自己的鄉關之思，也描述了故國凋殘、人民離喪的苦難。杜甫曾給予很高評價，在「漂泊西南」時期作品《詠懷古跡》之一中說：「羯胡事主終無賴，詞客哀時且未還。庾信平生最蕭瑟，暮年詩賦動江關。」既是歌詠庾信，也詠自己。由此可見姜夔的以庾郎賦愁自況，寓有深意。有人根據傳本《庾子山集》中無《愁賦》之目而遽譏姜詞「開口」便「捏造典故」。據夏承燾《姜白石詞編年箋校》等考證，宋時庾集確有此篇，後當佚失，已足辨其誣。這裏更想補充的是，姜夔原像杜甫那樣稱道庾信暮年詩賦以自喻蕭瑟。「愁」，概括了庾賦的精神風貌，庾信《哀江南賦序》便自稱所作「惟以悲哀爲主」。故「愁賦」者，抒寫愁情之賦也，如果拘泥於某一篇，反或縮小其意義。

姜夔所處的宋金對峙時代與庾信所處的南北朝頗相類似。當女眞鐵騎南侵的時候，驚破北宋汴京城中歌舞昇平的迷夢，不論貴族宦家或平民百姓都飽嘗兵荒馬亂、死別生離的苦果。有的慘遭屠戮，有的被擄北去，有的逃亡到了南方。從此輾轉呻吟於金朝貴族統治之下的中原父老，便日日夜夜盼望着南宋出兵恢復而不見影蹤。而在南方地區，由於趙宋統治集團的妥協投降政策，忠臣義士反被投閒置散，還我河山的壯志難伸；南渡的北方人民「鳥飛返故鄉」的願望也遙遙無期。他們分別處在破碎的大地，分隔千里，共同望看着這普照九州的皓月清輝，將有多少悲恨？再加上候蟲的哀鳴，倍增韶華易逝、歸期無憑的感慨，怎能不傷心無數呢？這些悲劇，在詞中一幕幕展示出來了。

「露濕銅鋪」，是失意人被幽禁的處所。「銅鋪」，銅質門環底座，長時無人敲打，故爲露濕，表示門徑的久閉。此句語本唐李賀《宮娃歌》：「屈膝銅鋪鎖阿甄」「屈膝」卽鉸鏈。阿甄，三國時著名美女，魏文帝曹丕之後，後遭讒毁，被廢幽禁，不久賜死。「苔侵石井」，是山居野處者的閒寂庭院。井欄生苔，表示使用的稀少。此句語本唐司空曙《題陳上人院》：「雨後綠苔生石井」。那些幽閉的失意之人與寂寞的閒散之士，聽到蟋蟀的鳴聲，不是像在訴說他們的幽恨與閒愁麼？然而這秋夜的哀音更能打動那懷念行人而深夜不眠的婦女的心絃，使她猛省到嚴冬不遠，趕緊起牀找尋織具，爲遠人製作寒衣。蟋蟀别名促織、趨織，原是聲音之轉。古代有這樣的俗語：「趨織鳴，懶婦驚」，意謂蟲聲報寒催婦女紡織。詞人把這常用成語移置到征夫思婦的典型環境中，更有特殊意義了。

畫屏回合繚繞，象徵着女主人居處的深邃，屏上連綿的山峯却使她的愁情觸緒更長，何況秋夜的涼意仍然透過曲折屏山而侵襲着她的肌骨，她的離情别緒更加凄惶而纏綿了。詞的上片到此戛然而止，而又餘韻盎然，並與下片開頭「西窗又吹暗雨」緊密銜接。深夜不知何時飄起濛濛細雨來了，昏暗中既不見形，又不聞聲，衹是被西風吹拂濕透窗槅，既似慰藉，又添寂寥；何況伴隨着它，還傳來了與斷斷續續寒蟲鳴聲交響合奏的遠處砧杵擣衣之聲。這使詞境愈加凄清又無限伸延，一種幽情孤緒悵然彌漫於寥廓長空和大地。一首詞的上下片之間，詞意須要有斷有續，最見作者功力。張炎《詞源》曾舉此詞作爲範例云：「最是過片，不要斷了曲意，須要承上接下。……此則曲脈之意不斷矣。」這裏「爲誰頻斷續」的問句也很有意思。對無情之物偏發有意之問，問得似極無理，却更見感情的眞摯沈鬱；屈原的搔首問天、歐陽修的淚眼問花（《蝶戀花》），都是如此。秦觀《踏莎行》「郴江幸自繞郴山，爲誰流下瀟湘去」，作者浪跡天涯的惆悵情緒與流水俱逝；姜夔的幽思也隨着蟲鳴而綿延不盡。思婦空房夜織是孤獨的，然而在山河破碎、征行不斷的時代，這種情景有着普遍性。窗外水邊擣衣的婦女也是在爲遠征的親人準備衣服啊！正像李白《子夜吳歌》所描寫的：「長安一片月，萬戶擣衣聲。秋風吹不盡，總是玉關情。何日平胡虜，良人罷遠征！」在姜夔詞中，蟋蟀的鳴聲把深閨屏中與窗外水邊的婦女的情緒織成一

齊天樂（庚郎先自吟愁賦）

片，並繼續遠伸到羈旅在天涯海角的行客征夫。

「候館」，即客館；「離宮」，帝王臨時居住的地方，也稱行宮。白居易《長恨歌》描寫唐玄宗逃亡四川時的淒涼境況：「行宮見月傷心色，夜雨聞鈴腸斷聲。」李賀《宮娃歌》又有「啼咕弔月鈎欄下」之句。舊註謂「弔月，對月而鳴」。離人弔月，則是望月傷感了。本詞這裏寫到那些流離羈留在異鄉客地的各種人等，聞蟋蟀的哀鳴而驚覺秋涼的來到，望夜月的孤冷而自傷歸期的無準，去國懷鄉的愁緒也紛至沓來。「當君懷歸日，是妾斷腸時」，遙遙相對，眞是「別有傷心無數」啊！

本詞以蟋蟀鳴聲爲線索，展現了廣闊的畫卷，到處是幽怨與離恨，這對懷着強烈身世時代之感的作者來說更是滿眼悠悠，詩興郁勃了。「《豳》詩漫與」一句有力地與開端的「庚郎先自吟愁賦」相呼應。《詩經・豳風・七月》是比較全面地反映周時農業勞動和生活的長篇，其中有詠蟋蟀之句。《詩序》說：「《七月》，陳王業也。周公遭變故，陳后稷先公風化之所由，致王業之艱難也。」反映它的重要社會意義。杜甫《江上値水如海勢聊補述》：「老去詩篇渾漫與。」謂晚年作詩多屬卽興而無矯飾。姜夔以《七月》與杜甫的創作譬喻自己的作詞，鮮明地表示了其傾向性。然而，在通篇都寫怨情之間，突然插入「笑籬落呼燈，世間兒女」兩句，別開生面而感觸更深。一些癡小兒女，不知愁恨爲何物，正在籬落之間興高采烈捕捉蟋蟀呢！這是何等尖銳的對照。正如陳廷焯《白雨齋詞話》所說：「以無知兒女之樂，反襯出有心人之苦，最爲入妙。」張鎡詞中，也曾有「兒時曾記得，呼燈灌穴，斂步隨音」等句，與此語近而意不同。張詞乃是追憶自己兒時歡樂與老境相對比，這裏則是以當時一些醉生夢死之徒與別有傷心懷抱者相對比。在南宋偏安的歲月中，有不少人已經忘却國難家仇而文恬武嬉，正如與姜夔大略同時的林升《題臨安邸》所云：「山外青山樓外樓，西湖歌舞幾時休。暖風薰得游人醉，直把杭州作汴州。」姜夔大概也有類似的悲慨吧！這樣深沈而強烈的感觸，自然「寫入琴絲，一聲聲更苦」了。詞末作者自註，說明北宋末年已有作《蟋蟀吟》的，其詞云何，已不可考，但姜夔既以之作比較，想來也當有所傷感，可是怎麼及得上經歷了社會的大變亂而觸目驚心之作那樣迴腸盪氣呢？

這首《齊天樂》詞，把秋夜聽蟋蟀的許多情景有機連綴起來，浮想聯翩而描寫眞切，處處切合詠題而展示出了瑰麗多彩的社會圖畫，意境是深遠的。有些譏之爲「不耐細思」的批評者，也許是未曾細思吧。甚至還有認爲它是拼湊堆砌的，如陳銳《裒碧齋詞話》說「『邠詩』四字太覺呆詮；至『銅鋪』『石井』『候館』『離宮』亦嫌重複」。顯然對這些詞句的特殊意義缺少探求，也不理解全詞的脈絡，幾乎把這首名作肢解了。陳廷焯《白雨齋詞話》說姜詞「清虛騷雅，每於伊鬱中饒蘊藉」，「感慨全在虛處」，確能揭示其特色。當然，力求「雅」與「含蘊」，也有缺陷，避初期婉約詞的俚俗而失其清新，抑豪放詞的高亢而不够開朗，用典較多，鍛句煉字，有時過於曲折隱晦，致使粗讀不識深意，深求或成穿鑿，作者也不能說沒有責任的。宋翔鳳《樂府餘論》認爲姜夔詞句「皆借託比興」，「如《齊天樂》，傷二帝北狩也」。可能是因其中某些詞語涉宮禁而遽加附會，這是詞論中另一種偏向。其實作此詞時，徽欽二帝去世已數十年，如有所寄意，自當不祇傷其蒙塵北國而應哀悼他們的喪身胡沙了。本文對全詞不憚辭煩，試爲闡釋，不知能否探驪得珠，還有待讀者的指正。（顧易生）

綺羅香

詠春雨

史達祖

做冷欺花，將煙困柳，千里偷催春暮。盡日冥迷，愁裏欲飛還住。驚粉重、蝶宿西園，喜泥潤、燕歸南浦。最妨它佳約風流，鈿車不到杜陵路。　沈沈江上望極，還被春潮晚急，難尋官渡。隱約遥峯，和淚謝娘眉嫵。臨斷岸、新綠生時，是落紅、帶愁流處。

記當日門掩梨花，翦燈深夜語。

史達祖詞「妥貼清圓，辭情俱到」（宋張鎡語），姜堯章稱他「能融情景於一家，會句意於兩得，『做冷欺花，將煙困柳』一闋，將春雨神色拈去」（《花庵詞選》）。他的詠物詞，大體都是觀察入微，巧得物色的妙趣，同時體現詞人的情意。南宋在韓侂胄未興兵時國力還強，他的詠物詞便不像王沂孫等人的詠物詞那樣寄慨很深，所以讀起來，還是輕俊活潑的。

這首詞開始以輕輕怪責語點明春雨，用人情擬物情，說：「做冷欺花，將煙困柳，千里偷催春暮」。「欺花」一詞見杜甫《漫興》：「恰似春風相欺得，夜來吹折數枝花」，這裏指雨做寒意如有意欺正開的花。唐人崔魯《蠻溪渡》詩：「綠楊如髮雨如煙」，這裏寫「將煙困柳」，就是說雨像攜帶着煙團困柳一樣。唐彥謙《寄懷》詩云：「柳因微雨不勝垂」，這當是困柳的形象。「千里偷催春暮」寫雨一望無際，跨郡連州，暗地裏催春天過去。「偷」字不但擬人化，而且表現人們不知道也不情願的意思，意含多層，使句子警絕。「春暮」不指天晚，正文有「燕來落紅」字樣。可見這三句已將春雨神色寫出來了。

下二句：「盡日冥迷，愁裏欲飛還住。」筆放平寫，展開雨的畫面。「冥迷」卽冥濛、冥冥意思。細雨濛濛一片，但用「迷」字就含些情意，於是接着寫雨像在愁中濛濛不停，有時稍大些有時小雨霏霏；這是春雨形象，而不是雨脚斜飛，或森森雨足。「驚粉重、蝶宿西園，喜泥潤、燕歸南浦。」「西園」乃泛指，曹丕《游芙蓉池》：「清夜游西園」。「南浦」也是泛指，本於江淹《別賦》。這裏是用蝶和燕的感覺來體現雨，溫庭筠《偶題》：「黃染花叢蝶粉輕」，蝴蝶遇雨則粉重。杜甫《絕句》：「泥融飛燕子」，吳徹《滿庭芳》：「燕忙知爲泥融。」這兩句以寫蝶燕不同的心理狀態而側面寫雨。上片結尾却回寫人事，用「最妨它佳約風流，鈿車不到杜陵路」寫恨，卽妨礙風流佳約，伊人不來。韋應物《寒食寄京師諸弟》：「把酒看花想諸弟，杜陵寒食草青青。」「杜陵路」是指春天仕女春游的地方。杜牧《街西》詩：「繡鞅璁瓏走鈿車」，「鈿車」是女子所乘。這二句詞具有一種雨所造成的佳約輕誤的距離美，有相思惆悵感。

綺羅香・詠春雨

下片陡然轉筆到江上，但一點不令人感到是拼湊，彷彿詞人走到江邊，衹見「沈沈江上望極，還被春潮晚急，難尋官渡。」這三句暗用韋應物《滁州西澗》：「春潮帶雨晚來急」句，意顯示雨，又用「沈沈」、「難尋官渡」字樣點染，寫煙雨冥冥，不見渡口。下二句寫雨中看山：「隱約遙峯，和淚謝娘眉嫵。」「謝娘」在宋詞中慣指女子而多數是指歌女。這是擬人化的手法，這樣一比喻，便含有別情離緒。遠峯隱隱，在迷濛煙雨中，就像是帶淚謝娘的嫵媚眉峯。這些句子也是「含情景於一家，會句意於兩得」。由這二句起更多地表現詞人情思，儘管仍然是寫雨。他寫道：「臨斷岸、新綠生時，是落紅、帶愁流處。」梁簡文帝《經琵琶峽》云：「斷岸或通川」，「斷岸」是岸缺口水流別處，春水經雨就更綠了。梁鮑泉《和湘東王》詩：「新水新綠浮」；宋蔡伸《醉落魄》：「池塘雨後添新綠」，可證他寫的是雨；同時這裏也是經雨落紅流的地方，也是渲染雨。《花庵詞選》講這兩句也是姜堯章最賞識處，綠添紅減，寫得很優美。「帶愁」是擬人筆法，寫花落，也是寫人惜春。最後寫：「記當日門掩梨花，翦燈深夜語。」仍然暗寫春雨，是潛在的背景。第一句用戴叔倫《春怨》詩：「梨花春雨掩重門」。第二句變化用李商隱《夜雨寄北》：「何當共剪西窗燭，却話巴山夜雨時。」而這二句又恰爲詞人回憶最深的心層。所以這首詞似斷實連，處處是寫春雨，却又是雨中相思情景，這種構思是非常奇妙的，不僅是寫春雨妙入神境。

史達祖詞不用過於尖新或晦澀詞面，寫得流轉圓美，藝術構思多化用唐人詩寫春雨的藝術境界，這也是詠物詞不犯正位的特點，如果不說明，雖然也可讀通，但遠不如說明了透徹。

（王達津）

雙雙燕

史達祖

詠燕

過春社了，度簾幕中間，去年塵冷。差池欲住，試入舊巢相并。還相雕梁藻井。又軟語、商量不定。飄然快拂花梢，翠尾分開紅影。　芳徑。芹泥雨潤。愛貼地爭飛，競誇輕俊。紅樓歸晚，看足柳昏花暝。應自棲香正穩，便忘了、天涯芳信。愁損翠黛雙蛾，日日畫闌獨憑。

史達祖的《梅溪詞》以詠物見長，善於描摹物象的形態神理。王國維以爲「詠物之詞，自以東坡《水龍吟》（按：指詠楊花詞）爲最工，邦卿《雙雙燕》次之」（《人間詞話》），對史達祖的這首詠物詞評價極高。此外，詞人的詠物名篇尚有《綺羅香·春雨》和《東風第一枝·春雪》。

《雙雙燕》爲史達祖自度曲，詞詠雙燕，即以爲名，從而使文情與聲情高度和諧融合。此詞雙調九十八字，前段九句五仄韻，後段十句七仄韻。

沈義父《樂府指迷》說：「煉句下字最是要緊，如詠桃，不可直說破桃，須用『紅雨』、『劉郎』等字，說柳，不可直說破柳，須用『章臺』、『灞岸』等字。」簡言之，須用「代字法」。史達祖的這首詞詠雙燕而不着一「燕」字，雖無「雙燕」字面，却句句詠燕。然而，詞人也未囿於「代字」，更未隸事用典，而是純用白描手法，通過巧妙的構思、傳神的刻畫，表現出精美圓熟的藝術技巧。

詞的起三句從雙燕歸來落題。首句點明節令，時過春社，日暖花開，正是燕歸時節。二三句寫雙燕歸巢。「度」者，飛也。「簾幕」，借指室內。「去年」，點明此係舊巢而非新居。「塵冷」二字爲首韻中的關鍵詞語，積塵滿巢，一片清寂之狀，寫出雙燕對舊居的感受。譚獻稱「起處藏過一番感嘆，爲『還』字、『又』字張本」（《譚評詞辨》）。一謂其用語含蓄，寓情於景。二謂其有章法，爲下文雙燕定巢情態及銜泥補巢伏筆。

次五句卽承「塵冷」二字，寫雙燕定巢時猶疑不定之心理狀態。「差池」，不齊貌，這裏形容雙燕張尾舒翼而上下翻飛、左右盤旋之態，語出《詩經・邶風・燕燕》：「燕燕於飛，差池其羽。」「相」（讀去聲），仔細端詳。「雕梁藻井」，謂雕花的屋梁和繪有藻飾成井欄狀的頂板。「軟語」，雙燕互語的呢喃之聲。這幾句觀察細微，描繪逼眞，而又全憑「欲」、「試」、「還」、「又」四個虛字傳神。先是繞飛不已，一個「欲」字，寫活了雙燕對舊巢眷戀而又怯生之情。繼之，入巢相並，親昵已極，着一「試」字，以見其謹慎試探的心理。繼之，又細細辨認四周環境，是否確是昔日故居，表現出某種疑慮情狀。末了，更以「軟語商量」狀其親切和諧之態，純是擬人手法，猶如一對戀人在竊竊私語。總之，這幾句形神俱到，情韻兼勝，詠物而不滯於物，堪稱詠燕詞中的絕唱。

「飄然快拂花梢，翠尾分開紅影。」寫雙燕出飛。「飄然快拂」，言其身姿輕盈敏捷；「紅影」承「花梢」而來，同爲烘托雙燕出力。看，雙燕輕靈地掠過繁花枝梢，綠色的尾翼猶如一把鋒利的剪刀裁開了紅色的花影。姿態美妙，色澤鮮明，直堪入畫。

「芳徑。芹泥雨潤。」承上寫燕飛之路，謂雙燕翻飛於花叢小徑。「芹泥」，帶有花草香味的泥土，經過春雨滋潤後，尤宜燕子築巢所用。杜甫《徐步》：「芹泥隨燕嘴。」鄭谷《燕》：「落花徑裏得泥香。」這兩句照應上文「軟語商量」，補出雙燕銜泥補巢細節，是爲詞人用筆含蓄細膩處。「愛貼地爭飛，競誇輕俊」緊承上文「飄然」兩句而來，好似重複，實則角度不同，取意有別，恰好互爲補充，相爲輝映。「飄然」兩句重在寫其形，描摹其飛翔姿態之美，這兩句則重在繪神，表現其雙飛時心情之愉悅。貼地而飛者，喜雨後芹泥，本係燕子本性，但冠一「愛」字，便覺人化。曰「爭飛」，曰「競誇」，寫足雙燕鬥巧賽美的歡快之情。

「紅樓」兩句，寫雙燕飛歸。「看足柳昏花暝」，是對「歸晚」的申述，意謂雙燕看够了濃郁春色，享盡了雙遊之樂，及晚始歸。王國維以爲「軟語商量」，不通「畫工」之美，不及「柳昏花暝」有「化工」之妙（見《人間詞話》）。這是欣賞其「昏」「暝」二字，雖用力錘煉，却能出以自然。再者，繼「柳暗花明」之後，亦能自闢新境。「柳暗花明」，濃麗燦爛，足令遊人流連忘返；「柳昏花暝」，則薄暮春色，似帶倦意，不容雙燕不歸。「紅樓」，卽上文「簾幕」、「雕梁藻井」處，也卽燕巢之所在。這裏暗暗逗出樓中思婦，寫燕亦寫人，寫樓頭思婦注目雙燕歸巢，充滿由衷的羨慕與嚮往。

「應自」兩句，寫雙燕歸巢棲息。「應自」，分明是紅樓思婦的揣想之辭。「香」，指香巢，以雙燕的「棲香正穩」，襯出思婦的孤獨冷清。「天涯芳信」，用燕足傳書事，事見《開元天寶遺事》，此怨雙燕衹顧自享雙飛之樂，不意忘却交付遠方行人捎來的書信。有此一筆鋪墊引渡，結拍便挑明人事，正面點出紅樓思婦形象。「翠黛雙蛾」，指用青綠色畫筆描就的一雙秀眉，卽以代指美人。馮延巳《蝶戀花》詞云：「淚眼倚樓頻獨語。雙燕來時，陌上相逢否？」史詞結拍兩句也取燕歸人未歸之意，寫紅樓少婦因見雙燕而思念遠方行人情景。由此返照全詞，則以上雙燕種種情態，無一不是樓頭少婦所見所思，最後的「獨憑」與「雙棲」，也是對照映射手法。

雖然如此，但詞旨未必就是閨怨。此詞實係單純詠物之作，就作者用筆命意看，與其說是以燕襯人，以燕雙之樂襯人獨之悲，毋寧謂其以人襯燕，以紅樓思婦獨居之苦，反襯社日春燕雙飛之歡。詞人飽含熱情詠燕，燕的形象凝聚着詞人的美學情趣，自然美與藝術美水乳交融，給人以美的享受。再者，通過紅樓思婦的側面襯托，也啓迪人們對自由美好生活的嚮往。也許這就是該詞的全部價值。舍此或謂閨怨詞，或謂「紅樓歸晚」兩句比興寄託，略寓個人身世之感，恐怕都不無失實和穿鑿之嫌。

從藝術技巧上說，周爾墉謂此詞「能盡物性」（周評《絕妙好詞》），卓人月則稱其「不寫形而寫神，不取事而取意，白描高手」（《詞統》），王士禎更以爲「詠物至此，人巧極天工錯矣」（《花草蒙拾》）。以上諸評，大體允當。具言之：一、描摹物象，形神兼備，細膩傳神而富情致，一幅栩栩如生的雙燕圖，眞個呼之欲出。二、側筆烘托，或以自然美景襯托其輕盈靈巧的優美姿影和佔斷春光的愉悅心境，或以紅樓思婦的寡居念遠，反襯其比翼雙飛的美滿幸福，使整幅畫卷顯得益發豐富多彩、生氣勃勃，並具有動靜交錯、抑揚有致的美感。三、構思精巧而嚴密。從雙燕歸來簾幕、尋覓舊居，到定巢時的驚疑怯生、軟語商量，從「飄然快拂」、銜泥補巢，到「貼地爭飛，競誇輕俊」，從比翼賞春到「看足柳昏花暝」，到雙雙棲息香巢、甜睡正穩，其間詞脈流動跳躍，而又一意融貫。至於「塵冷」爲出飛伏筆，而「簾幕」、「雕梁藻井」、「紅樓」，直至「翠黛雙蛾」、「畫闌獨憑」，亦深具灰蛇蚓線之妙。

（朱德才）

新涼

徐璣

水滿田疇稻葉齊，日光穿樹曉煙低。黃鶯也愛新涼好，飛過青山影裏啼。

江南的盛夏，溽暑酷烈，到了夏末秋初，雖説是「夏盡炎氣微」，但殘暑未消，依然令人煩燠。如果下一場透雨，「一點新涼破殘暑」，那末不僅使人們感到「涼雨消炎燠」，「清風送涼氣」，心清神爽，而且「新涼入郊墟」，「物色盈懷抱」，田野山林也充滿清新的氣息。徐璣這首七言絕句所描寫的就是這雨後新涼的清新之景和喜悅之情。

詩的開頭，詩人先用「水滿田疇」四字暗寫昨天的夜雨。「田疇」二字，析而言之，谷地爲田，麻地爲疇；

合而言之，指耕熟的田地。此處乃指後者。從「水滿田疇」的景象中可以想見昨天的夜雨是一場滌除煩襟，令人喜悅的大雨。田裏水滿，飽含着雨後的涼意，籠罩在大地上的炎氛殘暑被驅散了，空氣變得清新涼爽，「新涼」的題意也暗中一筆點破，喜在其中，不言自明，文字省淨而含蓄。後面的「稻葉齊」三字，寫稻葉整齊茂密，點帶出雨後稻田的禾苗吸足甘霖，葉含新光，豐潤可愛，顯得生機盎然，長勢喜人。這裏所表現的不止是詩人對雨後新涼的喜悅，還反映出他對農事的關心和對田園的喜愛。在這第一句中，農村田地的雨後清景已經勾畫出來了，所以第二句接寫田邊山林景色。一夜大雨，到了早晨，雨收雲散，燦爛的陽光又照耀大地，把萬道光束射入樹林深處。因爲時光尚早，林中的曉霧將散未散，飄浮在地面樹脚，朦朦朧朧，如雲如煙如輕紗，在陽光下變幻游動，漸漸消去。此刻，林中的空氣融和着泥土的芳香，格外清爽新鮮，沁人心脾，「新涼」的快意又巧妙地濡染了出來。在這第二句中，遣詞用字也頗見功夫。「日光穿樹」的「穿」字，寫陽光透過茂密的枝葉，直射而入，不僅寫出光照的動態，而且寫出光束的力度，有強勁疾速之感。而「曉煙低」的「低」字，也是一個十分妥貼的字眼。它既寫出晨曉時分煙霧低浮的情景，又説明雨後水氣濃重，煙霧不能高舉飄飛，衹能貼近地面浮游。同時，「日光穿樹」而「曉煙低」還有某種因果關係，含有日光消融着晨霧曉煙的意味。總括起來，這一句七個字寫林中日光曉煙之景，形象生動，意蘊很深，而這一切全由細緻入微的觀察得來。

詩的後兩句，承轉第二句，寫山林鳥鳴的新涼意趣。雨過天晴，晨光融融，山鳥飛鳴，寂靜的山林又開始活躍起來。在曉煙霽色中，美麗的黃鶯兒敏鋭地感受到了雨後的清景，也愛這新涼的好氣候，高興地展開雙翅，婉囀歌喉，朝着涼意最濃的青山背影中飛鳴而去。這裏所寫的黃鶯兒完全被人格化了。在詩人的心目中，它像人一樣不但有知而且有情，也和人一樣在三伏溽暑中煩熱不堪；一旦雨後新涼，身心舒爽，喜不自勝，在青山幽谷中盡情地唱起讚美新涼的晨曲。它那歡快、舒暢的神情和那圓囀悅耳的歌喉，爲這新涼天氣增添了無限情趣。更爲有趣的是，詩人寫黃鶯兒新涼的喜悅，不是在林中枝頭啼鳴，而是「飛過青山影裏啼」，隨着黃鶯兒的飛鳴遠去，畫面拓開了，展現出青山綠樹、峯影林陰。同時，黃鶯鳴聲遠揚，空谷傳響，這又是多麼富於詩意的境界。而這一幕動人的圖景完全是由「也愛」二字生發而出的。它不但逼真地寫出新涼中的禽鳥之樂，而且通過黃鶯兒也愛新涼的描寫，化虛爲實，化人意爲物情，形象而又生動地把詩人自己的喜悦之情全部傾吐出來。在徐璣以前的詩詞中，這種借物寫人的手法所在多有，但運用這種手法寫新涼之樂却並不多見。像杜甫的「陰雷慢轉野雲長，駿馬雙嘶愛雨涼」已經是難得的佳句了。比較起來，徐璣這裏所寫的「黃鶯也愛新涼好，飛過青山影裏啼」，可以算得上别出心裁，自成一格，寫出新意了。而且論其韻味，也似乎更爲醇厚一些。

通觀全詩，構思新穎，立意巧妙，起結都緊緊圍繞着雨後新涼的主題，把稻田、日光、樹林、曉煙、黃鶯、青山等自然景物依次攝入鏡頭，組合成優美生動的畫面。詩人的意旨在寫新涼的快感，但又始終沒有正面說出自己對新涼的感受，衹是以景寫意，借景抒情，通過典型景物的描繪表達出內心的喜悦，使物與我、景與情相融，從而把新涼的題意寫得玲瓏剔透，饒有意趣。古人作七言絶句，素來注重第三句，有「婉轉變化工夫，全在第三句」之說，認爲第三句「轉變得好，則第四句如順流之舟」。徐璣這首詩的妙處恰恰在「黃鶯也愛新涼好」一句。而第四句自然承續，圓通如轉珠，全詩以此收結，又是句絶而意不絶，餘音繚繞，頗有靈動之感，足見在章法上確實下過一番工夫。論語言，這首詩具有爽麗自然、野逸清瘦的風格，能於淡語淺語中見出深厚情味。像這種婉而有致的精美之作，不但在永嘉四靈中難得一見，即使在南宋同題之作中也堪稱上品。

（臧維熙）

促織（其一）

洪咨夔

一點光分草際螢，繅車未了緯車鳴。催科知要先期辦，風露饑腸織到明。

促織（其一）

洪咨夔（一一七六——一二三五），字舜俞，自號平齋，于潛（今浙江臨安）人。宋理宗時官至刑部尚書，直言敢諫，常在詩中諷刺貪官惡吏。

然而寫詩並不像上奏章，多次指斥朝政時弊的洪咨夔也懂得詩要有形象。請看本詩一二兩句。夏秋之夜，螢火蟲從草叢中飛出，微弱的點點亮光在流動着，閃耀着。促織和螢火似乎是天然的伙伴，杜甫曾連寫《促織》、《螢火》兩首五律，晚唐詩人雍陶《宿石門山居》也説：「螢火飛來促織鳴」。這首詩的第二句也正是寫促織鳴叫。你聽，好像繅車還沒停下來，織機就響起來一樣，促織賽着勁兒叫個不停，此起彼伏，一片轟鳴。「分」字將兩句緊緊聯結起來：促織是借螢火之光在鳴叫。第一句描寫的是促織鳴叫的環境，是映襯；第二句才點詩題，是主句。一點螢火光，一片促織鳴，組成了一個新的完整的境界：本無星月的夜有了亮光，本是寧靜的夜充滿蟲鳴。環境之暗，顯得鳴叫之苦；流螢之閒，顯得促織之急。

第三句筆鋒陡轉，尖銳地直說出催逼賦稅的官吏規定了期限，百姓知道必須在限期前準備好織物，否則大禍臨頭。所以不管如何艱難，也要「風露饑腸織到明」。這裏含風飲露、饑寒交迫的織者已經是千千萬萬個織婦。她們伴着促織單調的鳴聲，通宵勞作不停。

在傳統的詠促織作品中，促織和織婦往往是歷歷分明的兩回事。而這首詩比喻生動，以促織比織婦，使二者密不可分。如第二句寫促織，但似乎也是寫織婦；第四句寫織婦，也可以說是寫促織。促織、織婦成了一體。以這個比喻爲基礎，全詩的構思也是新巧的。由螢到促織是個鋪墊，由促織到織婦又是個襯托，而從與織婦同命運的昆蟲促織引出摧殘織婦生命的眞正「促織」——催科者，層層剝繭，步步深入，使詩意越來越顯豁，主題越來越深刻。這種深刻性，對比陸游《夜聞蟋蟀》（《劍南詩稿》卷二十一）則更明顯：「布谷布谷解勸耕，蟋蟀蟋蟀能促織。州符縣帖無已時，勸耕促織知何益？安得生世當成周，一家百畝長無愁……耕亦不須勸，織亦不須促。機上有餘布，盎中有餘粟……」。陸詩也揭露了州縣無休止的剝削和掠奪，但他走進了幻想中的豐衣足食的世界。而洪咨夔則面對社會現實矛盾，毫不留情地揭露了官吏催賦逼稅之惡，對婦女勞作之苦表示了深深的同情。另外，詩不是從一家一戶一織婦寫起，概括性強，典型意義更大。

（朱明倫）

約客

趙師秀

黃梅時節家家雨，青草池塘處處蛙。有約不來過夜半，閒敲棋子落燈花。

宋代詩歌發展到陸游，有如一條山系最後峙起的高峯，鬱鬱葱葱，風光壯麗，後來者再也難以爭勝，祇有一些丘陵餘脈蜿蜒；南宋後期的「永嘉四靈」，就是以這樣的姿態進入了我們的視野。

「永嘉四靈」的共同詩歌主張是反對江西詩派，標榜晚唐賈島、姚合的詩，共同創作特點是以清苦爲工，多爲近體，題材與格局都不够寬廣。除此之外，「永嘉四靈」這一專有名稱可以說是一種歷史的巧合：徐璣號靈淵，徐照號靈輝，翁卷號靈舒，趙師秀號靈秀，他們都是浙江永嘉人，故由是而得名。在中國古典詩歌史上，他們以自己的努力和成績，爭得了遠不是顯赫重要但却也不可一概抹煞的地位。

趙師秀字紫芝，其名雖在四靈之末，成就實居四靈之首。《梅磵詩話》記載：「杜小山問句法於師秀，答曰：『能飽喫梅花數斗，胸次玲瓏，自能作詩。』」可見他的作品比較清新圓潤。他自己還曾說過「莫因饒楚思，詞體失和平」，又以「詩篇老漸圓」自許。「微雨過時松徑黑，野螢飛出照青苔」、「遠愛柳林霜後色，一如春至欲黃時」、「數日秋風欺病夫，吹盡黃葉下庭蕪。林疏放得遠山出，又被雲遮一半無」，就是他的好句佳篇，至於絕句《約客》，更是他的特「秀」之作。

約客

《四庫提要》評趙師秀的詩說：「專以煉句爲工，煉句法又以煉字爲要。」我不想重複前人的足跡，而祇擬從蒙太奇結構與細節描寫兩方面，和讀者一起去探索和觀賞這首詩的佳勝。

蒙太奇，是法語建築學上的名詞的譯音，原意是裝配構成，電影藝術從建築學的門庭內借用了這一術語，引申爲剪輯與配合，成爲電影構成形式和構成方法的總稱。然而，蒙太奇並不是電影所獨有的手法，在我國古典詩歌的表現藝術中，就有許多和蒙太奇手法的不謀而合之處。例如電影經常把一些跳躍幅度較大的時空不同的畫面，按照藝術的邏輯並列組接起來，構成並列式蒙太奇，從而渲染作品氛圍，構成特定情境，寄託某種寓意。如果以這種蒙太奇來衡量，趙師秀這首詩有異曲同工之妙。

江南地區，立夏以後有一個連綿匝月的多雨季節，名爲「黃梅天」，雨則稱「黃梅雨」。「黃梅時節家家雨」，詩人首先推出了一個時間與空間比較闊遠的畫面，概括性很強。「雨」不但有形而且有聲，所以這種畫面刺激讀者的視聽感官，既訴之於視覺也訴之於聽覺，同時，這種雨不是匆匆過客式的驟雨，也不是大肆揮灑的豪雨，而是「淫雨霏霏、連月不開」的黃梅雨，這就既烘染了那種惱人的凄苦氣氛，也可以說是詩人心境寂寥而切盼友人前來的主觀心理的外射；此外，家家雨而家家阻雨，也爲客人久候不至埋下了伏筆。「青草池塘處處蛙」，這個畫面的時間與空間較前一個畫面爲小，它是由視覺形象更是由聽覺形象所構成。南北朝時的謝靈運，在《登池上樓》中有「池塘生春草，園柳變鳴禽」的名句，趙師秀的「青草池塘」化用前人的成句而不落痕跡，也更爲濃縮，但具備一定的詩歌知識的讀者却可以由此而聯想到許多。這種化用典故而加深其歷史和藝術內涵的方式，英美現代詩人、批評家艾略特稱之爲「同存結構」，因爲讀者的想象由此不致停留在絕緣的平面，而可以馳入歷史的縱深。如果說前面兩個鏡頭還是戶外自然之景，那麼，「有約不來過夜半，閒敲棋子落燈花」，就是由戶外而室內的人物之景了。從詩的整體而言，這三個鏡頭的組接是平行式的，然而，從前兩個鏡頭與第三個鏡頭的關係來看，則可以理出先後發展的時間線索；這種由遠而近、由外而內地發展的鏡頭，可稱爲「前進式的蒙太奇句子」。同時，前面兩個鏡頭較爲闊大，是遠景、全景，後一個鏡頭較爲細小，是近景、小景，相當於電影中的「特寫」。在這一特寫鏡頭中，祇見主人失望而仍然不無期待地敲着桌上的棋子，燈花開了又落，而客人遲遲不至。一「敲」一「落」，表現了時間之久、懷念之深、企盼之殷，而室外的雨聲、蛙聲，室內的敲棋聲、燈花開落聲，聲聲入耳，這種強動態、強音響的描寫，正深層次地反襯了主人公內心的孤寂。把那種「客有可人期不來」的情緒與氛圍，表現得分外動人。

細節描寫，也是這首詩的值得稱道之處。細節描寫，並不是敘事性文學作品之所獨擅；在抒情詩中，細節描寫也大有它的英雄用武之地，有的作品甚至就是因爲精彩的細節描寫而遍體生輝。「靜女其姝，俟我於城隅。愛而不見，搔首踟躕」（《詩經·邶風·靜女》），「自伯之東，首如飛蓬。豈無膏沐，誰適爲容」（《詩經·衛風·伯兮》）……在遠古的《詩經》中，細節描寫就因極具形象美和心理深度而令人過目不忘的了。「偶向江邊採白苹，還隨女伴賽江神。衆中不敢分明語，暗擲金錢卜遠人」，這是唐詩人于鵠的《江南曲》；「南洲溽暑如醉酒，隱几熟眠開戶牖。日午獨覺無餘聲，山童隔竹敲茶臼」，這是柳宗元的《夏晝偶作》，這兩首詩，不都是因爲最後一句的細節描寫而倍增光彩嗎？在趙師秀的《約客》裏，「閒敲棋子落燈花」的有關「敲」與「落」的細節描寫，也有如前所述的一石數鳥之功，如果沒有抒情主人公「敲」的形態動作和燈花「落」的動態呈現，那麼這首詩就會減色不少。同是將夜間下棋與友情作綜合抒寫，有杜牧的絕句《重送》：「絕藝如君天下少，閒人似我世間無。別後竹窗風雪夜，一燈明暗覆吳圖。」前面兩句人我分敘，是寫事抒情的虛筆，後兩句集中寫抒情主人公自己，是寫景抒情的實筆。「覆吳圖」，意即一人在棋枰上按照棋譜下棋——因爲友人已別，無法對弈了；這樣，棋聲所敲響的，便是雪夜的孤寒和抒情主人公內心的寂寞。趙師秀的這後兩句，與杜牧詩後兩句的情境與細節描寫，有些相似而各有勝境，讀者在對比參照中，自然可以領略到更多的詩的妙趣。

是的，趙師秀的《約客》，是否也敲響了你的心的絃索呢？

（李元洛）

賀新郎（國脈微如縷）

賀新郎

劉克莊

實之三和，有憂邊之語，走筆答之。

國脈微如縷。問長纓、何時入手，縛將戎主？未必人間無好漢，誰與寬些尺度？試看取、當年韓五。豈有穀城公付授，也不干、曾遇驪山母。談笑起，兩河路。　少年棋柝曾聯句。嘆而今、登樓攬鏡，事機頻誤。聞說北風吹面急，邊上衝梯屢舞。君莫道投鞭虛語。自古一賢能制難，有金湯便可無張許？快投筆，莫題柱。

這首詞前有一小序：「實之三和，有憂邊之語，走筆答之。」序中的「實之」，即詞人好友王邁（一一八四——一二四八），有《臞軒集》，與劉克莊唱和甚多。劉克莊在一首《滿江紅・送王實之》中讚美他是「天壤王郎，數人物、方今第一。」這首《賀新郎》原韻是王實之所作，他們反覆唱和了五次。「三和」，即指第三次和詞。「憂邊」，指宋王朝的邊境受到敵人侵擾，作者深感憂慮。小序雖短，卻清楚地交代了填詞時的時代背景和作者心境。

因原詞「有憂邊之語」，詞人「答之」，自然也離不開「憂邊」這一主題。所以開篇一句：「國脈微如縷」，便把國家命運岌岌可危的現狀，形象地表現出來了。國家，也如同具有生命力的人一樣，當她在病入膏肓之際，她的命脈也細微得像一根線那樣，隨時可以斷掉。這一句奠定了全詞的基調，它說出了當時朝野上下仁人志士心裏想說而沒有說出的話。以下諸句，全由此一句引出。在國家危急存亡之秋，愛國的志士仁人當然不能坐以待斃。「問長纓、何時入手，縛將戎主」就充分表達了這樣的思想感情。作者與廣大愛國志士一樣，渴望能像終軍那樣殺敵報國，挽救國家垂危命運。《漢書・終軍傳》載，終軍「自請受長纓，必羈南越王而致之闕下。」「長纓」，長繩。「戎主」，敵人的首領。「何時入手」一句，很值得翫味。這說明，南宋王朝並非沒有像終軍那樣的人才，衹是長期以來不得信用而已。下面，「未必人間無好漢，誰與寬些尺度」對此作了補充。這兩句，看似駁斥南宋王朝用人標準過嚴，實際是在嘲諷過江以來一貫奉行的妥協投降政策。南宋王朝面對敵人無休止的侵擾，節節敗退，屈辱求和，哪裏是沒有人才，沒有英雄好漢？分明是怕抗敵（劉克莊寫此詞時元已滅金，正逐步南侵）救國會影響統治集團的私利。作者對此明察於心，但不好明說，衹能旁敲側擊。揶揄譏諷之情，洋溢於字裏行間。

「試看取、當年韓五」至上片結尾，以韓世忠出身行伍、英勇抗金的事實，進一步說明，人才是在戰鬥中成長起來的，不一定要有名師傳授，問題在於朝廷是否敢於大膽起用。韓世忠排行第五，世稱「韓五」。《琬琰集刪存・韓忠武王世忠中興佐命定國元勛之碑》中說：「楚國（夫人）生五丈夫子，王其季也。」「穀城公」，指授張良以兵書的老人。《史記・留侯世家》載，這位老人對張良說：「孺子見我，濟北穀城山下黃石卽我矣。」所以，後世錄授張良以兵法書的老人爲「穀城公」或「黃石公」。「驪山母」，傳說中的仙人。《太平廣記・驪山姥》引《集仙傳》載，唐代李筌在嵩山得黃帝《陰符經》，「抄讀數千遍，竟不曉其義理。因入秦至驪山下，逢一老母」，「爲說《陰符》之義。」後李筌「述二十四機，著《太白陰經》……仕爲荆南節度副使」。「談笑」，表示輕而易舉，絲毫不費氣力。「兩河路」，指河北東路與河北西路（今河北及黃河以北的河南地區）。北宋末年，韓世忠統率少量部隊，在這一帶屢次擊敗金兵。

下片轉寫敵寇的猖獗，形勢緊迫，要依靠忠貞的英雄人物來保衛國家的安全。換頭，從詞人自身寫起：「少時棋柝曾聯句。嘆而今、登樓攬鏡，事機頻誤。」作者在回憶少年時期生活時，主要抓住了兩件事：一是下棋，一是聯句。古代士人講究琴、棋、書、畫。詞人對下棋也是頗有興趣的。他在另一首《賀新郎》中說自己「不但

賀新郎（國脈微如縷）

槊棋誇妙手，管城君亦自無勍敵。」「槊棋」，即棋槊，古代博弈的一種。這裏的「棋枰」，亦即棋槊之意。「管城君」，指毛筆。「勍敵」，強敵。由上可見，作者的棋藝與書法都很精妙。「聯句」，即兩人以上，彼此接替造句，合組成詩。但是，這裏寫「槊棋」、「聯句」，並非自我滿足、自我欣賞，而是對自己的過去採取批判態度。因爲不論「槊棋」也好，「聯句」也好，都是浪擲光陰，於國無補。所以，下面緊接說：「嘆而今、登樓攬鏡，事機頻誤。」「攬鏡」即覽鏡，對鏡自照，容顏衰老，多次失去報效祖國的大好時機。這三句與結尾上呼下應，一氣貫注。

「聞說北風吹面急，邊上衝梯屢舞。」筆鋒一轉，寫當前敵人南侵，邊事緊急，又到沙場立功的大好時機了。「北風吹面」，借喻敵人南侵。「邊上」，邊地。「衝」，衝車；「梯」，雲梯，二者均爲古代攻城的重要工具。「屢舞」，形容攻城的戰鬥十分激烈。《後漢書·公孫瓚傳》：「袁氏之攻，狀若鬼神，梯衝舞吾城上，鼓角鳴於地中。」

從「君莫道投鞭虛語」至「快投筆，莫題柱」，進一步指出，鞏固邊防，保衛祖國，決不能祇靠長江天險，而要依靠朝野臣民，特別是那些關鍵性的英雄人物。「投鞭」句，用苻堅南侵時的豪言壯語。《晉書·苻堅載記》：苻堅南侵時曾說，「以吾之衆旅，投鞭於江，足斷其流。」「虛語」，不能實現的大話。這句提醒南宋王朝萬不可輕視敵人南侵的野心。「自古一賢能制難，有金湯、便可無張許。」這兩句再次強調人才的作用，萬不可因有堅固的城池而放鬆對人才的使用。「制難」，克服危難。「金湯」，即金城、湯池。「金」比喻堅固；「湯」，比喻沸熱不可接近。「便可」，豈可，怎麼可以。「張許」，指張巡、許遠。張巡、許遠在唐安史之亂中，死守睢陽，遏阻了叛軍的進攻，是歷史上著名的英雄人物。最後，「快投筆，莫題柱」兩句，既是詞人的決心和態度，也是與有志之士的共勉之語。表示在生死已到最後關頭之機，定要拋棄個人功名利祿的打算，投筆從戎，報效國家。「投筆」，用班超投筆從戎的故事。《後漢書·班超傳》載，班超少有大志，嘗投筆嘆曰：「大丈夫無他志略，猶當效傅介子、張騫立功異域，以取封侯，安能久事筆硯間乎？」後班超在西域建立大功，封定遠侯。「莫題柱」，表示不要空作書生。《華陽國志·蜀志》載：「(成都)城北十里有升仙橋，有送客觀。司馬相如初入長安，題其門曰：『不乘赤車駟馬，不過汝下也』。」結尾與開篇遙相呼應，整體完整而又緊密。

這首詞寫得激憤昂揚，意態縱橫，充分表達出詞人的愛國豪情。詞的主題鮮明而又集中，有完整的構思，細密的安排。入手直接點題，以下從正反兩個不同側面加以抒寫，頓挫有致，波瀾起伏。正面寫人間好漢、抗敵英雄和詞人自己；反面寫統治集團壓制人才，對敵人的進攻掉以輕心，依靠自然條件而無視英雄人物的作用。正是在這兩方面的反覆抒寫與對比之中，才突出了抗敵衞國的意志與決心。劉克莊繼承了辛棄疾以文爲詞，以議論爲詞的傳統，詞裏夾敍夾議，用典很多。但這些典故大都用得其所。議論未離開抒情，用典不脫離形象，所以，這首詞仍有很強的感染力。

（陶爾夫）

滿江紅

劉克莊

夜雨涼甚，忽動從戎之興。

金甲琱戈，記當日、轅門初立。磨盾鼻、一揮千紙，龍蛇猶濕。鐵馬曉嘶營壁冷，樓船夜渡風濤急。有誰憐、猿臂故將軍，無功級。平戎策，從軍什。零落盡，慵收拾。把茶經香傳，時時温習。生怕客談榆塞事，且教兒誦《花間集》。嘆臣之壯也不如人，今何及。

這首詞的上片不難理解，是劉克莊追憶宋寧宗嘉定十二年（一二一九）在建康軍幕的一段從軍經歷。下片

滿江紅（金甲琱戈）

自傷衰頹，但不掩其負性使氣，故意說些反話、怪話。這有其特殊的背景，需要說明。

宋金百年對峙的局面因成吉思汗崛起漠北而被打破。在成吉思汗凌厲無前的攻勢下，金連失三京，遷都於汴，國土日蹙。失之北則取之南，遂南下侵宋以求打開危局。嘉定十二年三月，金分兵三路南進，前鋒游騎直至採石楊林渡，建康大震。三十三歲的劉克莊，這時正任職於江淮制置使李珏的幕府。詞的上片，就是記他親身參與這次宋金之戰的少年壯事。江淮制置使是節制江淮前線諸軍的統兵大員，府署在建康（今南京）。開頭三句即從帥府初建着筆，頗具威武氣象。儘管「受命於危難之際」，却有威嚴鎮定、出師必勝的氣概。「磨盾鼻」三句說到自己。磨盾鼻是軍中草檄的典故。齊梁之際的荀濟曾說，要在盾鼻上磨墨作檄討伐梁武帝。洪天錫《後村先生墓志銘》說劉克莊在建康幕府，「軍書椽筆，一時傳誦。」報國的壯志，從軍的豪情，緊急紛雜的軍書往來，使得他才情勃發，健筆縱橫，落紙如雲。「一揮千紙，龍蛇猶濕」，說得自負，也值得自負。「鐵馬曉嘶營壁冷，樓船（戰艦）夜渡風濤急」一聯，用以概舉軍事行動中戎馬倥偬的日日夜夜，似從陸游《書憤》一詩的名句「樓船夜雪瓜洲渡，鐵馬秋風大散關」脫胎而來。但融入詞中，爲詞增添了前方的戰鬥氣氛，仍不失新的意義。而且，劉克莊是有其實際生活爲基礎的。《後村大全集》卷一二八庚辰《與方子默僉判書》提到：「今春虜騎犯安、濠，攻滁，游騎已至宣化飲江。某與同蒂王中甫輩至龍灣點視舟師，虜騎幟隔江明滅可數。」他不避鋒鏑沿江視察，感受到緊張肅殺的戰場氣氛，因而寫來並不空泛而有實感。金人的這次進犯不久被擊退，「金人自是不敢窺淮東」。但劉克莊却因故去職，無功而歸。「有誰憐」三句借漢代李廣功高而不得封侯事，用以自況。劉克莊的戰功當然不能和「猿臂故將軍」李廣相比，但用這個典故有着多層含義，至少足以表達他的遭受怨屈和憤憤不平。

劉克莊遭受的怨屈不止於此。更大的災禍接踵而來。嘉定十七年（一二二四）宋寧宗死，丞相史彌遠擅權，廢立皇子趙竑而改以趙昀（理宗）繼位，引起朝野爭議。錢塘書賈陳起所刻《江湖集》內有劉克莊的《南嶽稿》，其七律《落梅》結句云：「東風謬掌花權柄，却忌孤高不主張。」被認爲是同情趙竑而譏誚史彌遠，觸犯時忌獲罪。《江湖集》劈板，陳起流配，劉克莊則爲此廢退十年。直到史彌遠死（一二三三）的十年間，朝廷「詔禁士大夫作詩」。當時稱爲「江湖詩案」。這首詞下片所寫的，就是「江湖詩案」發生後劉克莊在家閒居的寂寞與悲涼。身遭廢退，壯志拋殘，在焚香煮茗中消閒度日。回顧建康幕府軍中草檄一揮千紙的往事，恍如隔世。「把茶經香傳，時時溫習」，在這裏絕不是怡養情性，屬意風雅。它同辛棄疾感慨「却將萬字平戎策，換得東家種樹書」一樣，正是抒寫一種志士沉淪之痛。由於因詩得禍，在香氣時度、茶煙輕颺之際，仍驅散不了憂讒畏譏的心情，不能不以「莫談國事」爲戒律，「生怕客談榆塞事，且教兒誦《花間集》。」上句爲己戒，下句爲戒子。當時在江湖詩人中頗有聲望的孫惟信（字季蕃，號花翁），在「江湖詩案」後就戒詩而「改業爲長短句」。劉克莊《花翁墓誌》說孫惟信「所談非山水風月，一不掛口。」他的《花翁詞》即承花間餘習。但劉克莊畢竟與孫惟信之徒不同。他廢退閒居並非不以國事爲念。這首《滿江紅》的詞題說：「夜雨涼甚，忽動從戎之興」，說明他寶刀未老，壯志如昔。上片回顧往事，滿懷激奮，筆酣墨飽，正躍動着渴望再試身手的雄心。不過現在縱有「從戎之興」，却更有身遭罪譴、不得從戎之恨。這首詞實際上就是寫的這個矛盾。借「茶經香傳」遣悶，心則未甘；以《花間集》課子，意在有避。這些看似蕭散閒淡的詞句，背後蘊藏着報國有心、請纓無路的積憤。正常情況下，人們「情動於中而形於言」，言與情一致；但有時蓄之於中卻不得發之於外，就往往迂迴其詞，正言反說。劉克莊此詞下片就說了這類反話。這是在「江湖詩案」的特殊背景下產生的現象，是「江湖詩案」在宋詞中留下的一個時代傷痕。

此詞上下片都用事作結，上片用李廣事，下片用燭之武語。春秋時燭之武對鄭文公說：「臣之壯也，猶不如人；今老矣，無能爲也已。」劉克莊用此散文句入詞，自然妥貼。燭之武雖老猶能退秦師，劉克莊自傷衰頹之餘也表示猶有可爲，這才是他留在舌底想說而未及說出的本心。

（吳熊和）

清平樂

五月十五夜翫月

劉克莊

風高浪快，萬里騎蟾背。曾識姮娥眞體態，素面原無粉黛。　身游銀闕珠宮，俯看積氣濛濛。醉裏偶搖桂樹，人間喚作涼風。

劉克莊這首《清平樂》，是充滿浪漫主義色彩的作品。他運用豐富的想象，描寫遨遊月宮的情景。

開頭「風高浪快，萬里騎蟾背」二句，是寫萬里飛行，前往月宮。「風高浪快」，形容飛行之速。「蟾背」點出月宮。《後漢書・天文志》劉昭註引張衡《靈憲渾儀》：「羿請無死之藥於西王母，姮娥竊之以奔月，……是爲蟾蜍。」後人就以蟾蜍爲月的代稱。

「曾識姮娥眞體態」，「曾」字好。意思是說，我原是從天上來的，與姮娥本是相識。這與蘇軾《水調歌頭》「我欲乘風歸去」的「歸」字同妙。

「素面原無粉黛」，暗用唐人「却嫌脂粉污顏色」詩意。這句是寫月光皎潔，用美人的素面比月，形象性特強。

下片寫身到月宮。「俯看積氣濛濛」句，用《列子・天瑞篇》故事，杞國有人擔心天會掉下來，有人告訴他說：「天積氣耳。」從「俯看積氣濛濛」句，表示他離開人間已很遙遠。

末了「醉裏偶搖桂樹，人間喚作涼風」二句，是全首詞的命意所在。用「醉」字、「偶」字好。這裏所描寫的衹是醉中偶然搖動月中的桂樹，便對人間産生意外的好影響。這意思是說，一個人到了天上，一舉一動都對人間産生或好或壞的影響，既可造福人間，也能貽害人間。

北宋王令有一首《暑旱苦熱》詩，末二句說：「不能手提天下往，何忍身去游其間。」全詩都是費氣力寫的。劉克莊這首《清平樂》則寫的輕鬆明快，與王令的《暑旱苦熱》詩比較，用意相近而表現風格不同。

劉克莊有不少作品表現憂國憂民思想，如《運糧行》、《苦寒行》、《築城行》等。他寫租稅、寫征役，爲民請命，都很沉痛。這首詞「人間喚作涼風」，該也是流露作者對清平世界的嚮往。全首詞雖然有濃厚的浪漫主義色彩，但是作者的思想感情却不是超塵出世的。他寫身到月宮遠離人間的時候，還是忘不了下界人民的炎熱，希望爲他們起一陣涼風。聯繫作者其他關心民生疾苦的作品，可以說這首詞也可能是寄託這種思想的，並不衹是描寫遨遊月宮的幻想而已。

（夏承燾）

春思

方岳

春風多可太忙生，長共花邊柳外行。與燕作泥蜂釀蜜，才吹小雨又須晴。

詩人方岳（一一九九——一二六二），字巨山，自號秋崖，宋時祁門（今安徽祁門縣）人。其詩清新有味，耐人咀嚼，是南宋一位重要詩人，有《秋崖集》四十卷。

這首詠春小詩，構思別致，清新雋永，語言質樸、自然，情眞意深，是當時七絶中的上乘之作。它沒有像一般描寫春天的詩那樣，直接描繪春天的一派生機景象，而是別具匠心，用擬人化表現手法，賦予春風以人的性格，把「春風」和「花、柳、燕、蜂、雨、晴」等春天的景物聯繫在一起，用樸實、自然的語言去輕描淡抹，以展現春天的意境。這樣，人們讀了詩後，會感到有個勤勞善良、播散春光、美化大千世界的藝術大師的形象，笑語盈盈地出現在面前。在春風吹拂下，那紅花綠柳、舞燕忙蜂、知時好雨、雲霧晴空，都攜帶着春天的禮品，來輕輕叩擊人們的心扉，掀動人們的感情，敦促人們感奮起來，在明媚的春光裏，蕩遊於春的生活激流裏，拚搏、開拓、進取。

全詩四句，僅二十八字，可謂容量有限。詩人却別出心裁，把五光十色、萬紫千紅的春天景氣，壓縮於這樣一首小詩中，其藝術手法自是不凡。

詩的首句，開門見山，先把詩的主體「春風」推向讀者面前，接着就用「多可太忙生」五個不着色彩的字，對春風的性格和品格作了高度概括的描寫。句中的「多可」，卽多所許可，有「寬容」意，猶言什麽都肯幹，很隨和；「太忙生」，卽十分忙碌，「生」是語助詞。全句的意思是：春風很勤勞，很善良，什麽都肯幹，總是閒不住。詩人爲什麽用春風作詩的主體呢？這除了春風緊扣詩題、統攝全詩外，更重要的恐怕還是詩人活用「春風風人」這個成語來表達自己的願望，確切地說，就是在春風身上寓有詩人樂用自己之風去風萬物的思想。

若說首句是總寫春風，那麽以下三句則是分別具體描寫春風的「多可太忙生」了。

詩的第二句「長共花邊柳外行」，寫的是花和柳在春風吹拂下吐紅染綠的情景。「長共」是「常從」的意思；「花邊」的「邊」字，具體寫出了花非一花，而是百花；「柳外」的「外」字，具體寫出了柳非一柳，而是多柳；「長共」與「行」，一呼一應，畫出了春風「太忙生」的情景。讀了此句，「春風太忙生」的景象就會呈現在目前：春風用「吹面不寒」的暖風吹醒了冬眠的百花，百花則吐紅綻蕾，競放異香；用溫柔的聲音喚醒了熟睡的柳條，柳條則染綠飄絮，裊娜垂姿。這是「春到人間草木知」（張栻《立春偶成》）的具體化。含英咀華，細心品味，善讀詩者會由此想見到杜甫在《絕句二首》中描寫的生意盎然的春天景象：「遲日江山麗，春風花草香。泥融飛燕子，沙暖睡鴛鴦。」這種景象怎不使人感奮向上！

詩的第三句「與燕作泥蜂釀蜜」，寫的是春風助燕助蜂的品格。春風驅散了嚴寒，送來了溫暖，幫助燕子銜泥作窩，使之棲息育雛；幫助蜜蜂採花釀蜜，使之自食食人。春風的這種高尚行爲，甚爲人們所讚頌。至於燕和蜂，雖然一爲禽一爲蟲，但它們確有有益於人而無求於人的地方。因之，春風助之，人們愛之，似乎也合情理。顯然，詩人在讚美春風助燕助蜂的同時，也就把自己高潔的內心世界表露出來了。

詩的末句「才吹小雨又須晴」，生動地描寫了春風爲了春光的美好而左右雨和晴。「吹」字符合春風本身的特點；「才」和「又」，前後呼應，具體畫出了「春風太忙生」的景象。它才吹來烏雲，下了陣小雨，又把烏雲吹散，送來了一個晴天。試想，春風能吹雨送晴，在某種意義上說，不就是能主宰天氣了嗎？從這裏也透露出詩人有想左右雨晴的心思。

這首小詩，描寫了春風的繁忙，展示了生機勃勃的春天景象，表現了詩人對春的讚美，表露了詩人積極進取的情思。歐陽修《六一詩話》引梅堯臣語曰：「含不盡之意，見於言外」，以此來評價這首小詩，不爲過譽。

（盧　榮）

方岳

春思

湖上絕句四首

方岳

沙暖鴛鴦傍柳眠，春來亦懶避湖船。佳人窈窕惜顏色，自照晴波整翠鈿。

今歲春風特地寒，百花無賴已摧殘[1]。馬塍曉雨如塵細，處處筠籃賣牡丹。

綠波如畫雨初晴，一岸煙蕪極望平。日暮落花風欲定，小樓絃管壓新聲。

游人抵死惜春韶，風暖花香酒未消。須向先賢堂上去，畫船無數泊長橋。

方岳以《湖上》爲題的七絕不止上述四首。除絕句外，他還有題爲《湖上》的七律，頷聯「楊柳得青春眼舊，山巒留雪白頭新」，雖然留有明顯的刻鏤痕跡，但它的工巧、形象以及擬人化手法的成功運用，還是給人留下了深刻的印象。

以上四首，寫春天時西子湖上的風光，詩人如展長軸，展現出一幅又一幅湖上之春的畫圖。

第一幅描畫鴛鴦與佳人。畫的一端，柳絲長垂，沙灘上，一對對鴛鴦浴着暖暖的春陽，交頸而臥。游船從旁邊經過，它們也懶得躲開。從另一面來說，遊人祇管遊湖，懶得去驚動鴛鴦，更沒有幹出棒打鴛鴦那種殺風

[1] 摧：《宋詩紀事》卷六十作「催」，誤。此據《宋詩抄初集·秋崖小稿抄》。

景的事來。在畫面的主題位置上，一位漂亮的妙齡女郎，正對着波平如鏡的水面整理着自己的翡翠頭飾。她自珍自愛，但難說衹是在孤芳自賞。那一對對鴛鴦，是否已觸動了她那敏感的少女的心呢？這一首寫鴛鴦與佳人各得其所，自得其樂，是一幅和諧、閒適、寧靜的湖上春趣圖。

第二幅寫湖邊賣牡丹。詩人在春寒的背景上攝下雨中馬塍的全景，進而讓一位位賣花女郎從畫面深處走出來。「如塵細」的「曉雨」輕籠畫面，增加了幾分朦朧的詩意。上一首開門見山寫鴛鴦、佳人，這一首層層鋪墊，最後點到正題。以今年春風特別寒、百花無可奈何已被摧殘作背景，這就愈益顯出裝點春光的馬塍牡丹之值得珍愛。馬塍在錢塘門西北，以種花出名。南宋都城臨安（今浙江杭州）的花卉，都來自馬塍，每天由花農採摘鮮花賣到城裏。這一首展示的是一幅飄散着鄉土氣息的湖邊賣花圖。

第三幅寫湖邊小樓的絃管聲。上一首時間是在早上，這一首寫日暮雨後的情景。雨後初晴，湖山如洗，碧波蕩漾；在沉沉暮靄中極目望去，岸邊的草地似有煙霧籠罩，成了平展展的一片。落花垂垂，看來風就要停了。這時，「歌管樓臺聲細細」（蘇軾《春宵》），小樓上傳出了絲竹奏出的新曲。末句「壓新聲」是說演奏新曲。「壓」的原意是按捺，這裏指吹彈演奏。南宋小朝廷的官僚們無所事事，舊曲聽厭了，便要來點新的刺激，聽聽「新聲」。眞是尋歡逐樂，醉生夢死，「直把杭州作汴州」（林升《題臨安邸》）了。詩人是否含蓄地有所諷刺，倒也未必。但在客觀上，這幅湖邊小樓夜樂圖，却是不無一定的社會認識價值的。

第四幅寫遊人對先賢的敬仰。遊人們不要命地愛惜春光，盡情賞翫，帶着幾分酒意，在暖風花香中將船停在長橋邊，向先賢堂上走去。西湖邊的「先賢堂」，在蘇堤南端第一橋映波橋之北，又名仰高祠，祭祀許由等四十人並烈女孫夫人等五人。「長橋」，在淨慈寺以東，離先賢堂不遠。第三句的「須」，作「應該」、「必定」講，是料想之辭。詩人從「畫船無數泊長橋」的事實中，推想出遊人們是到先賢堂去瞻仰、憑弔那些作爲民族脊梁的先賢的。這是一幅憑弔先賢圖，但畫面並不正面展示憑弔情況，而是通過泊於長橋的無數畫船含蓄地加以表現。

四幅畫，既寫出了自然風光，也寫出了人情風俗。前兩首重在寫物象，主要展示西湖之春的自然美；後兩首重在寫精神，從對比中表現了一些人在征歌逐舞，更多的人遊春不忘先賢，見出人心不死。詩作所蘊含的自

然美與社會美，留給人的印象是美好而積極的，因而也是令人難忘的。（陳志明）

遊園不值

葉紹翁

應憐屐齒印蒼苔，小扣柴扉久不開。春色滿園關不住，一枝紅杏出牆來。

這是一首寫遊園尋春的小詩。題目「不值」是「沒有遇到」的意思。詩的內容比較簡單，字句也不難懂。

第一、二句，「憐」是愛惜的意思；「屐齒」，指木鞋底的兩道高齒；「小扣」，輕輕地敲；「柴扉」，是小園的柴門。這兩句次序可以倒換一下去理解，第一句是詩人久敲柴門不開時的猜想。詩人興致勃勃地來到友人的小園尋春，可是園門緊閉，輕輕敲了許久，無人出來開門。他於是感到失望，猜想大概是小園的主人愛惜園中的蒼苔，怕來人的木屐踏傷了它，所以緊閉園門。這兩句有兩個層次，先是久扣柴門，盼望進園去遊賞，然後是因柴門不開而大失所望。第二句的「久」字不僅寫出了盼望遊園的迫切，也暗示了此時心情的失望。既然不能如願，詩人應灰心而去吧，可是且慢，下面三四句突然一轉，詩人於失望之餘有了新的發現：「春色滿園關不住，一枝紅杏出牆來。」主人雖然緊閉園門，但那滿園的春色，畢竟還是關不住的。一枝盛開的紅杏，似乎不滿意主人把它關在園內，越出牆頭，向人微笑。詩人眼前一亮，精神爲之振作。從這枝溢出牆頭的杏花，他似乎看見了那萬紫千紅的滿園春色，失望的心情頓時得到了意外的滿足。

詩的大意如上。古來寫遊園、尋春、賞花的詩作數不勝數，湮沒不聞的又何止千萬，而這首詩却以它獨特的魅力而誦傳古今，其中原因何在？

這裏先說說詩中佔突出地位而又生機勃勃的意象——「杏花」。這枝杏花在詩中給人以特別深刻的視覺印象。江南的春天，杏花開時，春意已經十分濃烈。因此，在古代詩詞中，杏花就成了具有鮮明的春天季節特徵的意象，蘊含着濃烈的春意。如溫庭筠《杏花》詩：「杳杳豔歌春日午，出牆何處隔朱門。」還有宋祁《玉樓春》詞的名句：「紅杏枝頭春意鬧。」都以杏花表現生機勃勃的大好春天。又如蘇軾的《哨遍》詞：「一霎煖風回芳草……方杏靨勻酥，花鬚吐繡，園林排比紅翠。」春風送暖，萬紫千紅，更是錦繡一般的明媚春光。南宋陳與義在南渡之後所作的《臨江仙》詞中，回憶早年與友人春日宴遊，「杏花疏影裏，吹笛到天明。」這裏的杏花更帶有一種懷念美好時光的意味。杏花又總是伴着春雨而來，它所顯示的江南春天的季候特徵就更爲鮮明了。晏殊《蝶戀花》詞說：「紅杏開時，一霎清明雨。」陳與義《懷天經智老因訪之》詩也有「杏花消息雨聲中」的名句。更爲人稱道的是陸游《臨安春雨初霽》中「小樓一夜聽春雨，深巷明朝賣杏花」兩句，圓潤流轉的詩句，寫出了春天氣息的無往不在。這些詩詞的句意，到了元代虞集的《風入松》詞中，更被濃縮成了「杏花春雨江南」的名句。三個次第並列的意象，構成了一幅江南春景圖，杏花列於句首，格外顯得鮮豔明媚，楚楚動人。舉以上這些例子，無非想說明，一枝平常的杏花，一經詩人們慧眼觀照，寫入詩中，就變得不那麼平常。它蘊含了豐厚的審美內容，凝聚着詩人們對春天的熱愛、對美的嚮往，並烘托着他們對自然和生命的謳歌。這大概就是所謂高度詩化的意象。葉紹翁詩中的這枝紅杏，雖是詩人眼中所見的實景，但經剪裁入詩，所蘊含的內容就超越了它自身。從審美的角度看，對於美的發現，有時需要心理上有所期待，有時又衹是偶然觸着，得於意外。這首詩中，詩人本是特意來遊園，有所期待，但園門不開，令人失望，在失望之時，却有意外發現，這時詩人的高興自不必說。所以這枝本來很平常的杏花，作爲審美觀照的對象，對於滿足詩人此時的審美心理來說，它所起的作用也許遠遠超過了那園中的萬紫千紅。而作爲詩中的意象，對讀者，它不僅傳達出濃烈的春意，同時也以它所蘊含的豐厚的審美內容使人產生聯想，得到藝術欣賞的愉快。因此，這首詩獨特的藝術魅力，當然與「杏花」這一意象的成功運用有關。

但是，如前面所舉那些詩句，也都是寫「杏花」的名句，並不衹葉詩因「杏花」而成佳作，相反，如下面將要提到的一些與葉詩內容相似的詩作，雖也寫了「杏花」，却不因此著名。那麽，葉詩之所以獨特，就不衹是因爲「杏花」，當有別的原因。這就不能不追究到它特殊的結構方式。爲便於分析，先舉兩首相似的小詩。一首是早於葉紹翁的大詩人陸游的《馬上作》：

平橋小陌雨初收，淡日穿雲翠靄浮；楊柳不遮春色斷，一枝紅杏出牆頭。

一首是另一個江湖派詩人張良臣的《偶題》：

誰家池館靜蕭蕭，斜倚朱門不敢敲。一段好春藏不盡，粉牆斜露杏花梢。

這兩首詩均轉引自錢鍾書先生《宋詩選註》。兩詩最後一句的意境幾乎與葉詩一樣，而且陸詩早於葉詩，顯然葉詩是從陸詩脫化而來，何以陸、張二詩竟湮沒無聞而獨葉詩受人青睞？錢先生曾略加品評，認爲葉詩第三句比陸詩「新警」；張詩第三句不如葉詩「來得具體」。看來問題都出在第三句上。就絕句來講，往往第三句是詩意轉折最關鍵的地方，轉得不好，全詩便平平無味，頓失光彩。但從全詩結構來看，第三句的轉折又有待於前兩句的準備。所以問題雖出在第三句，原因却在全詩的總體結構上。陸詩題爲《馬上作》，是春日雨後騎馬緩行所見。一二句寫雨後景色；三四句寫楊柳青青，紅杏出牆。皆爲緩行所見，信筆寫來，詩句完全依時間順序前後排列，雖有警句壓尾，却無大的跌宕起伏，自然顯得平平。張詩與葉詩內容更爲接近，但也基本上依照事情發生的過程來寫。先寫看見了靜靜的池館，於是走上前去，想敲門進去遊賞，但又不敢冒失。然後寫他看見了園牆藏不盡的「一段好春」，那就是牆頭斜露出來的杏花。這個過程也缺乏大的起伏，依然顯得平平。相比之

遊園不值

下，葉詩的結構就顯得別致。如果按正常的時間順序，葉詩的四句應調整爲：二、一、四、三。因爲它的第一句是久敲柴門不開之後內心的猜想，應該發生在第二句之後；而第三句是看見出牆杏花之後對滿園春色的聯想，應該在第四句之後。但詩人並未按如此順序結構，而是第一句先說自己此時的內心活動，然後第二句再補充說明引起自己推測、猜想的原因是「柴扉久不開」。把後發生的事先說，就突出強調了此時自己的心情：本是有所期待而來，却因主人不開園門而失望、遺憾。這種有所期待的迫切心情和不能如願的失望爲下面三四句的轉折作好了準備，使得三四句的突然發現特別光彩照人，把詩人此時那種意外的驚喜表現得特別突出。而三四兩句，同樣也是先說內心的聯想，然後才把焦點聚集到引起聯想的那枝紅杏上。全詩這種一句一折、兩句一轉的結構方式，使詩意顯得有跌宕、有曲折、耐回味，最後杏花的意象也因這層層曲折和最後聚焦而格外引人注目。這大概可算葉詩比陸詩、張詩獨勝一籌而獨具魅力的原因之一吧。

葉紹翁，祖籍浦城（今屬福建），徙居處州龍泉（今屬浙江），字嗣宗，號靖逸，生卒年不詳，約活動於南宋寧宗、理宗時期，與著名學者眞德秀相友善，大概做過朝官。他有詩集名《靖逸小集》，被南宋書商陳起刻入《江湖集》，故後人把他算作江湖派詩人。江湖派作詩多學晚唐，不過寫得多了，又往往膚廓浮濫、油滑淺薄，而遭後人指摘。葉紹翁在江湖派中算不上特出的詩人，不過這首《游園不值》寫得清新俊爽，明白而不浮淺，流暢而不油滑，雖從陸游詩脫化，但能青出於藍，後來居上，在江湖派詩歌中是不可多得之作。葉紹翁也因這首詩而在文學史上留有名氣。

（張　鳴）

風入松

吳文英

聽風聽雨過清明。愁草瘞花銘。樓前綠暗分攜路，一絲柳、一寸柔情。料峭春寒中酒，交加曉夢啼鶯。

西園日日掃林亭。依舊賞新晴。黃蜂頻撲鞦韆索，有當時、纖手香凝。惆悵雙鴛不到，幽階一夜苔生。

《風入松》本古琴曲，唐詩僧皎然有《風入松歌》，遂演變爲詞調，又名《風入松慢》、《遠山横》。此調共有四體，吳文英所用的這一體雙調七十六字，前後段各六句，四平韻。

此詞題旨清晰，爲思去妾之作。陳洵《海綃說詞》云：「《渡江雲》題曰『西湖清明』，是邂逅之始，此則後第一個清明也。」這首詞在藝術表現上既慘淡經營，又出以自然淡雅；既奇思麗想，卓然不羣，又不流於玄虛晦澀，自是《夢窗詞》中的上品。

詞一起便情景交融。「清明」，點出時令，風雨聲中過此清明，已見惆悵；曰「聽風聽雨」，則暗含風雨葬花、惜紅傷春之意。「瘞」，埋葬。「銘」文體的一種，陸機《文賦》稱其體「博約而溫潤」，庾信有《瘞花銘》。「愁草」者，愁中無心爲文。《瘞花銘》承上風雨落花，曰「愁草」，則反面提筆，意自深進一層。蓋引以爲愁者，豈止暮春景色；觸景生情，最難排遣的是心中一段傷離懷遠之情。

風入松（聽風聽雨過清明）

風雨瘞花之日，正是當年與所戀之人離別之時，「樓前綠暗」的小徑，正是當年「分攜」之路，而今人去樓空，唯見柳絲弄碧，一片濃綠，豈不令人黯然傷神。「柳」字承「綠暗」，乃倒卷之筆，折柳送別，是回憶。李商隱《離亭賦得折楊柳》詩：「含煙惹霧每依依，萬縷千條拂落暉。爲報行人休盡折，半留相送半迎歸。」周邦彥《蘭陵王·柳》則云：「長亭路，年去歲來，應折柳條千尺。」吳詞亦能化陳腐爲新奇，極寫傷離惜別之心。「一絲柳、一寸柔情」，則千絲萬縷，亦萬寸千尺之柔情了。語渾樸而意極深厚。

「料峭春寒中酒，交加曉夢啼鶯。」「料峭」，寒冷貌，此二字爲叠韻。「中酒」，醉酒。「交加」，紛多雜亂貌，此二字爲雙聲。這兩句鈎轉現實，直承篇首清明風雨，再就眼前景象抒傷春懷人之愁。對仗工穩，語言凝煉，而意自曲折。飲酒之意本不全在抵禦春寒，更欲排遣心中鬱悶。酒醉入夢，正好尋覓往日歡娛情事，不想黃鶯無情，清晨驚夢，片刻的歡娛反倒換來無窮的追憶，使人悵恨不已。

詞的上片寫風雨愁思。過片時轉境移，由風雨愁思而新晴癡想。「西園」兩句，語平而意仍婉曲。「西園」，當是昔日與伊人共賞「新晴」之處。「掃林亭」者，盼其歸也，雲「日日」，言其癡情不斷。而曰「依舊」，則於遊賞如故中，暗含玉人不見卽「桃花人面」之意，但含而不露。正因其癡情不斷，才有以下絕妙的癡想聯翩。

「黃蜂」兩句是《夢窗詞》中的名句。陳洵《海綃說詞》云：「見鞦韆而思纖手，因蜂撲而思香凝，純是癡望神理。」譚獻則稱之曰「癡語」、「深語」（《詞綜偶評》）。雨過天晴，黃蜂自來，其於繞花之際，時觸鞦韆，亦尋常之事。但詞人却由此聯想到鞦韆上玉人餘香猶在，又由「香凝」不去，聯想到纖纖玉手。不言而喻，由「纖手香凝」，自可幻變出玉人打鞦韆時的美姿嬌影，進而舊日西園種種歡會情景，無不一一浮現眼前。凡此種種奇思麗想，從客觀上說，是由眼前「黃蜂頻撲鞦韆索」而起；從主觀上說，則全由內心一片癡情化出，頗有點想入非非的味道。然此類詩詞正需此種癡人癡望癡想，想得越癡妙，表現的感情也往往越深厚。此類手法，夢窗集中屢見。唐圭璋先生指出：「此與因黃柑而思及『柔香繫幽素』（按：指《祝英臺近·除夜立春》：『舊尊俎，玉纖曾擘黃柑，柔香繫幽素。』）相同，夢窗《鶯啼序》云：『記琅玕、新詩細掐，早陳蹟、香痕纖指。』《西子妝慢》云：『燕歸來，問彩繩纖手，如今何許？』或因竹而思及掐詩之纖指，或因燕而思及彩繩繫繩之纖手，皆同一思

路。」（《唐宋詞簡釋》）

「惆悵雙鴛不到，幽階一夜苔生。」「雙鴛」，喻美人之鞋，趙師俠《菩薩蠻》詞：「嬌花媚柳新妝靚，裙邊微露雙鴛並。」這裏代指玉人蹤跡。譚獻說「結處溫厚」，是指詞人依然借景抒情，並不直陳胸臆，且語淡情深，怨而不怒。不說一別不歸，而言「雙鴛未到」，似未來赴約，是終不絕望，猶可盼也，此呼應「日日掃林亭」句意。不說蹤跡全無，婉言「幽階苔生」，亦是譚氏所謂「溫厚」處。「幽階」，實即當年「分攜」花徑。苔生「一夜」者，極言時光飛速，彷彿「分攜」就在昨日，而一夜之間，竟苔侵幽階，玉人足跡全消。詞人無限「惆悵」，正源於此。

綜觀全詞，詞人並不因循宋詞先景後情的通例，而是將情景糅合一氣，既景中含情，景爲我用，又緣情造意，自闢新境。尤其是「黃蜂」兩句，覩物生情，神思飛越，其聯想之新奇，其意境之豐美，既出人意表，又入乎情理，最爲詞評家所稱道。就語言而言，也無夢窗詞中常見的那種藻飾太過、醉心勾勒之弊，而力求自然素雅，渾樸天成。（朱德才）

鶯啼序

吳文英

殘寒正欺病酒，掩沈香繡戶。燕來晚、飛入西城，似說春事遲暮。畫船載、清明過卻，晴煙冉冉吳宮樹。念羈情、遊蕩隨風，化爲輕絮。

十載西湖，傍柳繫馬，趁嬌塵軟霧。溯紅漸、招入仙溪，錦兒偷寄幽素。倚銀屏、春寬夢窄，斷紅濕、歌紈金縷。暝

鶯啼序（殘寒正欺病酒）

堤空，輕把斜陽，總還鷗鷺。幽蘭漸老，杜若還生，水鄉尚寄旅。別後訪、六橋無信，事往花委，瘞玉埋香，幾番風雨？長波妒盼，遙山羞黛，漁燈分影春江宿。記當時、短檝桃根渡。青樓彷彿，臨分敗壁題詩，淚墨慘澹塵土。危亭望極，草色天涯，嘆鬢侵半苧。暗點檢、離痕歡唾，尚染鮫綃，嚲鳳迷歸，破鸞慵舞。殷勤待寫，書中長恨，藍霞遼海沉過雁，漫相思、彈入哀箏柱。傷心千里江南，怨曲重招，斷魂在否？

《鶯啼序》是詞中最長的調子，夢窗有三首《鶯啼序》，此詞集中地表現了他的傷春傷別之情。夏承燾說：「集中懷人諸作，其時夏秋，其地蘇州者殆皆憶蘇州遣妾；其時春，其地杭州者，則悼杭州亡妾。」（《吳夢窗繫年》）此詞美不勝收，我們祇從其抒情結構入手，串講其大意。陳廷焯評《鶯啼序》說：「全章精粹，空絕千古。」（《白雨齋詞話》）陳洵評此詞說：「通篇離合變幻，一片淒迷，細繹之，正字字有脈絡，然得其門者寡矣。」從篇章結構來說，此詞實具典範性，而陳洵的分析，也頗有中肯處。全詞分爲四段。第一段閒閒序起，「傷春起，却藏過傷別。」（陳洵《海綃說詞》）這是對的。因爲把傷別放在傷春的情境中寫，也可說在典型環境中表現典型情緒吧！時值春暮，殘寒中酒，閉門不出，但燕子飛來，喚我出遊，好像說春天已快過去了。於是「駕言出游，以寫我憂。」在獨自遊湖時，看到岸上的一行行煙柳，不禁羈思飛揚。「念羈情、遊蕩隨風，化爲輕絮」二句是警句，不但爲了束上生下的需要，也爲了抒情造境的需要。試想傷春傷別，思緒萬端，如何寫出。現在把羈情融化在茫茫飛絮中，便覺對此蒼茫，百感交集，所謂煙水迷離之致，所謂筆墨盡化煙雲，就是指這樣一種境界。凡詞的承接處大都在前段之末或後段之前，多數用領字或虛字作轉換。周邦彥和吳文英的詞，常用實句作承轉，不大用領字，這就是所謂「潛氣內轉」，和其他詞人不同的地方。作者寫到這裏，便有一片羈情，像輕絮一樣隨風游蕩，隨風展開，而下面三段所寫內容，便都包含在此二句中了。西方美學理論對於形象創造有「在特殊中顯示一般」和「爲一般而尋找特殊」的區別，這也就是歌德和席勒或莎士比亞和席勒的區別。夢窗詞擅長於即物託興，於特殊景物中顯示一般的情意，能從有限中顯示無限，言有盡而意無窮。這是特別適合於詩詞的表達的。

鶯啼序（殘寒正欺病酒）

第二段便追溯別前情事，寫初遇時的歡情。時節在清明，地點在西湖，這在吳詞中屢次寫到的。如《渡江雲》「西湖清明」，「舊堤分燕尾，桂櫂輕鷗，寶勒倚殘雲。千絲怨碧，漸路入仙塢迷津。腸漫回，隔花時見，背面楚腰身。」地點是在西湖的蘇堤與白堤交叉之處，故云：「舊堤分燕尾」。當時詞人舍馬而舟，故云：「千絲怨碧」，「寶勒倚殘雲」，又云：「傍柳繫馬」，又云：「溯紅漸、招入仙溪」，也是舍馬而舟，招入「仙溪」的伊人居處。詞人其他詞中寫此事還有的是。「倚銀屏、春寬夢窄，斷紅濕、歌紈金縷」二句是寫初遇時悲喜交集之狀。「暝堤空，輕把斜陽，總還鷗鷺」三句，也是警句，是進一步寫歡情，但含蓄不露；柳七黄九的淫詞，不能犯其筆端，周邦彥寫愛情也是如此。同樣寫男女歡情，品格自有高下之別。這三句用寫景寓人事，意謂時間已近黄昏，暮色籠罩的湖堤上，遊人盡去，而我幸得在「仙溪」留宿：「斜陽衹與黄昏近」，它原是添愁惹恨之物，如今却與我無分；斜陽啊，你還是伴着湖中鷗鷺一同栖息吧！陳洵說：「融風景入人事，則空處皆實」，這三句既蘊藉而又空靈，意味無窮，足供尋繹。

第三段寫別後情事。「幽蘭漸老」三句突接、跳接，因和上片結處，從事實說，還有較大距離：如歡會之後，如何分手；分手之後，其人如何謝世；等等。但這些可放在第二段寫的，卻放在此段中寫。先寫暮春又至，自己依然客處水鄉。這既與二段「十載西湖」相應，又喚起了傷春傷別之情。於是從別後重尋舊地時展開一片想象，在頭腦中重現初遇、臨分等難以忘懷的種種情景。「別後訪」四句是逆溯之筆，卽一層層地倒敍上去。先是寫花謝春空，芳事已付流水，「瘞玉埋香」，是寫風雨葬花，實也暗示其人已經去世。這也是賦而比也，是寫風景而兼寫人事，所謂一筆而兩面俱到的。於是逆溯上去，追敍初遇。「長波妒盼」至「記當時、短檝桃根渡」，這裏有倒裝句，依文法次序應是：「記當時短檝桃根渡……長波妒盼，遙山羞黛，漁燈分影春江宿。」這幾句是寫當時豔遇，伊人顧盼生情，多麼豔麗，卽使瀲灩的春波，也要妒忌她；蒼翠的眉樣的春山，也要自愧不如，爲之含羞啊！因爲這是最難忘的事，所以在重訪時，思想中又會出現此景象。這幾句於第二段爲複筆，「短檝桃根渡」卽是「溯江漸、招入仙溪，錦兒偷寄幽素。」「漁燈分影春江宿」，卽是「暝堤空，輕把斜陽，總還鷗鷺。」複筆的妙處，在於事件複而意象不複。但那裏是實寫，（雖然也是追敍）而這裏是在生離死別的心情下的追寫。還有，

鶯啼序（殘寒正欺病酒）

這裏所寫，和第一段無一筆犯復，述事不殊，而形象各別。這是詞人在藝術技巧上的非常高明之處。此段結處寫臨分，承上幾句而是順敍。第二段末寫分手情況，此則爲補寫。着「青樓彷彿」四字，則「短檝桃根」、「春江留宿」，俱一掃而空，僅供今日的憑弔而已。

接着第四段淋漓盡致地寫對逝者的憑弔之情。此段感情更爲深沉，意境更爲開闊。因伊人逝去，已非一日；詞人對她的悼念，也已經歲經年。但綿綿長恨，不隨伊人的逝去和自己的逐漸衰老而有所遺忘。於是詞人便在更長的時間中，更爲廣闊的空間內，極目傷心，長歌當哭，繼續抒寫他胸中的無限悲痛之情。這裏主要是悵望：「危亭望極，草色天涯，嘆鬢侵半苧」；是寄恨：「殷勤待寫，書中長恨，藍霞遼海沉過雁」；是憑弔：「傷心千里江南，怨曲重招，斷魂在否？」但也有回憶：「暗點檢，離痕歡唾，尙染鮫綃」。陳洵說：「『歡唾』是第二段之歡會，『離痕』是第三段之臨分。」這樣論詞，可謂心細如髮。這詞體現了吳詞在結構上多方面的特點，如我們上面所說的時空安排、上下映帶、突接突轉等，無不具備。這是吳詞的特點之一，也是周邦彥及許多優秀詞人的詞的特點之一。如果了解、掌握了這些特點，那麽閱讀周、吳等人的詞時就不致如入山空手歸了。

最後談一下夢窗詞密麗幽邃的藝術特色問題。

一、朱祖謀說：「君特以雋上之才，舉博麗之典，審音拈韻，習與古諧，故其爲詞也，沉邃縝密，脈絡井井，縋幽抉潛，開徑自行，學者非造次所能陳其義趣。」（《夢窗詞跋》）這裏所謂「博麗」，是說夢窗詞詞采的濃麗，所謂「沉邃縝密」，是說夢窗詞意象組織的綿密、含義的深刻。「縋幽抉潛，開徑自行」，是說夢窗詞在結構方面，慘淡經營，獨闢蹊徑。（這在上面已經說了）現就夢窗詞的遣詞用語和形象塑造兩個方面談一談它的藝術特色。

詞爲豔科，本不以詞藻豔麗爲病。陳洵說：「飛卿嚴妝，夢窗亦嚴妝，惟其國色所以爲美。」（《海綃說詞》）夢窗能於豔麗的辭語裏面飽含着深摯激動的感情，達到情文並茂、情景交融的佳境。如本篇的「沉香繡戶」，「嬌塵輭霧」，「倚銀屏、春寬夢窄，斷紅濕、歌紈金縷」，「瘞玉埋香，幾番風雨」，「長波妒盼，遙山羞黛」，「嚲鳳迷歸，破鸞慵舞」等都是。況周頤說：「夢窗密處能令無數麗字一一生動飛舞，如萬花爲春。」（《蕙風詞話》）祇要能有深至的感情、生動的形象，那麽麗語也好，淡語也好，不是說「淡妝濃抹總相宜」嗎？

鶯啼序（殘寒正欺病酒）

二、夢窗形象組織的綿麗，也表現了他的塑象造境的深刻鍛煉工夫。夢窗詞中的形象、意境往往是豐富的、多側面的。如上面已分析過的「念羈情、游蕩隨風，化爲輕絮。」「羈情」和「輕絮」本是二物，互不相關。當「羈情」是羈情，「輕絮」是輕絮時，詞人的主觀的心靈和客觀的景物尚未契合，這時還沒有詩；但一經詞人靈妙的心手，把二者「化爲」一體時，便產生了極其鮮明、生動而豐富的形象，詩也就出來了。此二句寫詞人游湖時所見湖邊景物，一也；隨風游蕩，迷漫滿空的柳絮，是羈情化爲輕絮，還是輕絮化爲羈情呢？二者已莫之能辨了。此是賦兼比興，主客觀的融合，二也；下面二、三、四段所寫的情景，均是羈思的內容，均可納入此二句之中，它既是抒情塑象的警句，又是結構上的警句。一筆而三面俱到，是何等的鍛煉工夫，何等的筆力！

三、傷春傷別的比興手法，是詞中常見的一種藝術手法。吴文英的這首詞，是運用比興手法達到高度純熟，藝術效果特別顯著的一首詞。全詞以傷春傷別貫串到底。第一段「殘寒病酒」，燕子畫船，滿城飛絮，景是春已過半之景，情是傷春遲暮之情。但在這種傷春情景的描繪之中，藴藏着傷別，即和亡妾的生離死別。所以第三段的「幽蘭漸老，杜若還生，水鄉尚寄旅。別後訪、六橋無信，事往花委，瘞玉埋香，幾番風雨。」便傷春與傷別合寫了。花謝春去，傷春事的遲暮，是傷春；但「事往」即包含「花委」之中：自然界的風雨，摧殘春花；社會上的風雨，拆散美眷。如此風景和人事融合爲一，即傷春和傷別融合爲一，賦中有興，賦而興也，也就是「興」手法的妙用。用這種手法造成的形象，前人稱之爲「興象」、「意興」。自此以後直接寫和情人的離別，但「長波」、「遙山」「短檝桃根」，乃以風景融入人事之中，豐富了悲歡離合的形象的內涵。第四段已是春歸人逝，「草色天涯」，藍天沉雁，魂斷難招，傷心無極。結尾用《楚辭·招魂》：「湛湛江水兮上有楓，目極千里兮傷春心，魂歸來兮哀江南」，展開了廣闊的、迷離的傷心慘目的境界。詞人這裏明提「傷春心」三字，把全詞的傷春傷別情事都總括進去了，而且運用古辭，如水中着鹽，消融無跡，即使不知道這是用的《楚辭》，仍能體會其美妙。

此詞的善用比興，還表現在有篇有句，即既有佳句，又有佳篇。王國維《人間詞話》從篇與句的關係這個角度，把唐宋詞分爲有篇有句、有句無篇、有篇無句三個類別，這實際上是三種品第，是十分精確的審美判斷。有篇有句，是說既是整體好，又是局部好，指詞人能够以他的高度激情，灌注生氣於各個部分使它形成爲一個有機的統一體。這樣的作品眞像黑格爾所説的：「藝術可以説是把每一個形象的看得見的外表上一點都化成眼睛或靈魂的住所，使它把心靈顯現出來……人們從眼睛裏就可以認識到内在無限的自由的心靈。」所謂佳句就是詞中一系列形象中個别形象的「眼睛或靈魂的住所」。在這「一點」上顯現出了作者美好的心靈。而佳篇卽是指它能把生氣灌注於詞的各個部分。像這首《鶯啼序》就是如此。上面我們已經分析過或尚未分析過的，如「念羈情、游蕩隨風，化爲輕絮。」「暝堤空，輕把斜陽，總還鷗鷺」、「長波妒盼，遥山羞黛，漁燈分影春江宿」、「傷心千里江南，怨曲重招，斷魂在否」等都是聯繫全詞，而又自成佳句的閃耀着美好心靈的「眼睛」。劉勰《文心雕龍·比興》：「起情故興體爲主，附理故比例以生。」如果不從全篇的神光焕發的形象的眼睛來理解比興，而僅僅從寫景中有着那些比喻或寄託那些政治内容（對比，雖然有時是需要的，但古今人不免有穿鑿附會的情況）來理解它，那就淺之乎視比興了。「詞深於興」，它「比興多於賦」，我們讀夢窗詞，應細心體會到這一點。

近年來有人認爲吴文英的長調無一首可讀，這顯然是一種誤解，或者和不能深入理解詞的比興手法有關。

（萬雲駿）

八聲甘州

陪庾幕諸公遊靈巖

吴文英

渺空煙四遠，是何年，青天墜長星。幻蒼厓雲樹，名娃金屋，殘霸宫城。箭徑酸風

八聲甘州·陪庾幕諸公遊靈巖

射眼，膩水染花腥。時靸雙鴛響，廊葉秋聲。　宮裏吳王沉醉，倩五湖倦客，獨釣醒醒。問蒼波無語，華髮奈山青。水涵空，闌干高處，送亂鴉斜日落漁汀。連呼酒，上琴臺去，秋與雲平。

吳文英一生未第，依人遊幕數十年。他於紹定五年（一二三二）起，在蘇州當提舉常平司的僚屬（庾幕），留連吳門十二年。這首詞寫遊靈巖，疊合着懷古與秋興兩重內容。蘇州是春秋時吳的故都。靈巖位於蘇州市西，高三百六十丈。一山迴立，極目千里，有夫差與西施曾經遊處的館娃宮、琴臺、響屧廊、採香徑等故址。因此登覽推尋，憑弔勝跡，往往首先引起懷古的心情。首句極言山高，猶如天外，因而產生奇想，疑此四圍平野、一山突出的靈巖是天上的長星墜地而成。又以「是何年」發問，思緒已超脱現世，進入是耶非耶、疑似恍惚的狀態。接着以一個「幻」字爲領字，直貫而下，眼前實有的「蒼厓雲樹」，入幻便似實而虛；望中虛無的「殘霸宮城」，入幻則轉無爲有。兩者似眞似幻奇妙地組合在一起，推出一個從懷古的意念中喚起的想象和幻覺造成的境界。其中「名娃金屋」二句寫吳王夫差爲西施所造的館娃宮。揚雄《方言》謂吳人呼美女爲「娃」。「箭徑酸風射眼，膩水染花腥」二句寫採香徑。范成大《吳郡志·古蹟》云：「吳王種香於香山，使美人泛舟於溪以採香。今自靈巖望之，一水直如矢，故俗又名箭徑。」酸風射眼，流水漲膩，吳宮美人洗妝後的賸膏殘馥，污染了本來芳香的採香徑，發出刺鼻的腥味。風酸水腥，作者的視覺、嗅覺都已爲幻覺所佔據了。「時靸雙鴛響，廊葉秋聲」二句寫響屧廊。「雙鴛」是女子的鞋履。西施走在響屧廊上，步步生響。現在把深秋時分的落葉聲聲當作屧響空廊，一似西子猶在；作者的聽覺也進入了幻境。在靈巖憑弔吳宮殘蹟，「幻」字佔據了心頭，古與今的距離與界限已經不復存在。虛與實，無與有，在這裏竟混茫一氣，簡直無從分辨了。

張炎《詞源》說：「賀方回、吳夢窗皆善於煉字面，多於溫庭筠、李長吉詩中來。」其實，吳文英豈止多用溫、李字面。他作詞的意象和風格，也顯著地受到溫、李特別是李賀樂府的影響。這首《八聲甘州》，不但「酸風射眼」從李賀「東關酸風射眸子」來，「染花腥」從李賀「溪女洗花染白雲」化出，就連他用非現實乃至超現實的

八聲甘州・陪庾幕諸公遊靈巖

幻覺來詠懷古事，也是承自李賀《金銅仙人辭漢歌》這類詩的作法的。這種奇譎、誇誕、冷雋的風格，在詞中原甚少見，至吳文英則始暢此風，成爲夢窗詞的特點之一。

此詞上片從現實世界化入幻覺世界，下片則從幻覺世界退回到現實世界。換頭三句承上片而來，爲懷古一層作結。「吳王」指夫差，「五湖倦客」指范蠡。夫差以逸樂亡國，范蠡則全身遠去，泛舟五湖。他們二人，一醉一醒，代表了一度稱霸的吳國的最終結局。與上片墜入幻境不同，作者在憑弔之後也轉向「醒醒」，重新與歷史拉開距離，作出帶有史筆史評味道的評價。吳文英在這裏固然是在詠史，但「宮裏吳王沉醉」數句，在南宋溺於酒色的理宗、度宗兩朝，就很有現實感，不完全是無謂的感喟。「問蒼波」二句則就眼前的湖山生發千古興亡之感。「蒼波」謂太湖，在靈巖上眺望太湖，煙濤浩渺，天水相接。太湖閱歷了吳國的盛衰興亡，但湖水無言，不與人事，人們徒然贏得「華髮奈山青」了。「水涵空」以下着筆於深秋的湖山景色，而又以景寓情。「亂鴉斜日」的景象，就寓有滄桑興廢之嘆。結句「秋與雲平」，既說秋高，又表示自己置身於靈巖絕頂，遼闊秋空和無邊秋色盡於眼下，與首句「邈空煙四遠」前後呼應，境界極其開闊，向稱名句。

這首詞重在靈巖懷古，但又能入能出，不爲懷古所囿。能入是憑弔殘跡，不勝低徊，接古人聽聞於千載之上；能出是登高望遠，胸次超然，得湖山勝概於塵寰之外。入則情深，致生幻境；出則清曠，欲忘機心。在夢窗詞中兩者兼有的亦不多見，確是上乘之作。

（吳熊和）

唐多令

吳文英

何處合成愁？離人心上秋，縱芭蕉不雨也颼颼。都道晚涼天氣好，有明月，怕登樓。

年事夢中休，花空煙水流。燕辭歸、客尚淹留。垂楊不縈裙帶住，漫長是，繫行舟。

張炎曾說：「吳夢窗詞如七寶樓臺，眩人眼目，碎拆下來，不成片段。」（《詞源》）這話未必準確，但影響頗大，近人已有駁難之者，茲不具論。不過張炎卻說「此詞疎快，不質實。」（同上書）張氏以「詞要清空，不要質實。清空則古雅峭拔，質實相凝澀晦昧。」（同上書）以此爲標準，把「清空」與「質實」對立起來，是未免絕對化，又偏激了，失持平之旨。但他對這首詞卻是肯定的了。

詞一起兩句似爲遊戲筆墨，拆字入詞。但仔細想來，意實沉重。寫離人就是在愁裏翻滾。王士禛說這兩句是「滑稽之雋」、「《子夜》變體」（《花草蒙拾》），看出是從民歌中的幽默風趣得來的。「縱芭蕉不雨也颼颼」，字面上出現的是「不雨」，而暗寫的是「風」，這是從「颼颼」的芭蕉葉葉相碰擊的聲音而得出的。足見作者善於用進一層手法寫事物，明寫暗寫，妙語耐人尋繹。而「都道晚涼天氣好」，「晚涼」意當爲晚風送涼，可以補上句所寫的「颼颼」的風聲。「天氣好」又怎樣呢？自然是微風過後，明月當樓。天清月明，景色美麗，應當是賞心樂事，然而一「怕」字，陡頓一翻，心情突然一怔：「怕登樓」，更顯出良辰美景，人在何方？良辰美景，誰與共賞？「怕登樓」，是不願登樓，不能登樓——怕登樓而更傷心。傷心昔日同登之歡，今日獨來之悲，雖未明言，實有舊歡難再之隱。從景中見情，從行爲中更見其心理之活動。「怕」字既通俗，而又一字千鈞。下片，「年事」三句，則又爲上片末句「怕登樓」的註脚。往事如夢，花落水流燕歸，然而人獨不歸。奈何奈何，寫到此，似乎無以復加了。但却再從景寫來，「垂柳不縈裙帶住」，責怪起垂柳來了，你拖得長長的，却不把那裙帶佳人縈繞住下。「漫長是，繫行舟。」又有何用！詞戛然而止，但却餘韻無窮。

這首詞，和吳文英濃麗典雅的詞風迥然不同，但其用雋語、用暗語，詞中有主旨，在上下片間之接搭關係上，以下片加強、加深上片的離愁，顯得深厚而又轉折，頓挫生姿，則和他一些濃密詞篇仍有相通之處。吳文英作爲南宋末期的優秀詞人，他的詞的風格還是多樣化的。

吳文英少有文采，但在科場中未能得意，一生以布衣終老。他曾參加南宋重臣吳潛的幕府，和吳潛有深厚的友誼。他曾寫一些感慨時事的詞，如《賀新郎·陪履齋先生滄浪看梅》稱：「此心與、東君同意，後不如今今非昔，兩無言、相對滄浪水，懷此恨，寄殘醉。」對南宋末葉危機，憂心如焚。另外，他還有《齊天樂·與馮深居登禹陵》、《八聲甘州·陪庾幕諸公游靈巖》等，緬懷神禹之功及悲嘆夫差的亡國，均是借古喻今，感傷時事。而從他的一些懷人詞，寫離愁的詞來看（如我們賞析的），吳文英又是個多情種子。

（金啓華）

賀新郎

文及翁

一勺西湖水。渡江來、百年歌舞，百年酣醉。回首洛陽花石盡，煙渺黍離之地。更不復、新亭墮淚。簇樂紅妝搖畫舫，問中流、擊楫誰人是？千古恨，幾時洗？　余生自負澄清志。更有誰、磻溪未遇，傅巖未起。國事如今誰倚仗？衣帶一江而已！便都道江神堪恃。借問孤山林處士，但掉頭、笑指梅花蘂。天下事，可知矣！

文及翁，南宋末年人，生卒年不詳，字時學，號本心，綿州（今四川綿陽）人，移居浙江吳興。宋理宗寶祐元年（一二五三）進士，歷官至簽書樞密院事。理宗景定年間，因論公田事，有名於世。宋亡不仕，有文集二十卷，均已失傳。存詞僅《賀新郎》一首，但這首詞却成爲千古傳誦的名篇。

這首詞之所以千古傳誦，主要是因爲它有強烈的愛國思想、譏刺時弊的現實精神和獨特的藝術感受，千百年後讀之，仍使人感到詞中激盪着慷慨磊落之氣，跳動着時代脈搏。

上片，卽景生情，感時撫事。開篇就奇崛異常，不同凡響：「一勺西湖水。渡江來、百年歌舞，百年酣醉。」這三句，設譬新穎，寄慨遙深，可以說是對南宋小朝廷偏安一隅，祇圖眼前歡樂，不求恢復進取所造成的惡果的歷史性總結。西湖，本來是中華大地上的湖山勝景，歷來爲人們所嚮往、所喜愛。不少詩人、詞人用自己的

賀新郎（一勺西湖水）

作品來歌頌它。在這些詩人、詞人筆下，西湖是氣勢雄偉、優美如畫、令人神往的。然而，文及翁這首詞裏的西湖却有所不同了。「春波千頃」的西湖，却變成了小小的「一勺」。爲什麽同樣的「西湖」，在不同作者筆下，其美學感受却有如此巨大的差異呢？問題不難解釋。這是時代與作者審美意識產生變化的必然反映。當國家政治清明、統一富強的歷史時代，人們有一種強烈的信念與民族自豪感。那時，「雖也有邊患，但魄力究竟雄大，人民具有不至於爲異族奴隸的自信心。」（魯迅《墳・看鏡有感》）祖國雄奇美好的河山，也會喚起人們的民族意識並產生強烈的美的感受。西湖是鑲嵌在祖國沿海的一顆明珠，在詩人、詞人眼裏，自然會更加璀璨奪目。但是，當南宋王朝「國脈微如縷」的生死關頭，上層統治集團却醉生夢死，依然在西湖之上尋歡作樂。此時此刻的西湖，在詞人眼裏已變得渺小而又可憐；此刻此時的現實，又怎能不令人痛心！這樣的現實，僅僅是眼前之所見嗎？當然不是。從「渡江來」開始，這「歌舞」，這「酣醉」就延續到宋末。南宋王朝的生命正是在這「歌舞」與「酣醉」之中被葬送掉的。作品的批判與譏刺鋒芒是很鮮明的。這三句是全詞的第一層，也是全詞的最精彩部分；它爲全詞定下了基調，以下諸句，都是圍繞這三句，從不同角度、不同側面展開的。

「回首洛陽花石盡，煙渺黍離之地。更不復、新亭墮淚」三句是第二層。這三句，從更加廣闊的空間和更加長遠的歷史時間上，與眼前的「一勺」及「歌舞」、「酣醉」進行對比、鞭撻。洛陽，最早是東周的都城，這裏代指北宋的汴京。洛陽素以園林著稱，名花奇石，所在多有。李格非在《洛陽名園記》中對此有詳細記載。《宋史・朱勔傳》說，徽宗曾派人到江南大量收刮民間花石，「舳艫相衍於淮、汴，號花石綱」。「花石盡」，意謂北宋滅亡，洛陽花石已非宋室所有。「黍離」，本爲《詩經・王風》中的篇名，詩中痛傷故國化爲廢墟；這裏借指早已淪陷的中原大地。詞人遠望，煙靄蔽空，渺遠難尋，可惜可嘆。小小西湖與淪陷的中原相比，又怎能不產生「一勺」之感。然而，面對這一現實，却很少有人爲祖國的危亡而哀歎墜淚了。「更不復、新亭墮淚」，寫的就是這個意思。《世說新語・言語》載：東晉初南遷的上層人物，「每至美日，輒相邀新亭（一名勞勞亭，三國吳時所建，在今南京市南），藉卉（坐在草地上）飲宴。周侯（周顗）中坐而嘆曰：『風景不殊，舉目有河山之異。』皆相視流涕。唯王丞相（王導）愀然變色曰：『當共戮力王室，克服神州，何至作楚囚相對！』」這句說，南宋統治

賀新郎（一勺西湖水）

集團如今衹知「歌舞」、「酣醉」，連「新亭墮淚」這樣的事，也很少見了。

從「簇樂紅妝搖畫舫」到上片結尾，對以上諸句作形象化的補充。「簇樂」一句，指一隻隻「畫舫」裏簇擁着一羣羣樂伎歌女，蕩舟湖上，尋歡逐樂。再也不見像祖逖那樣「中流擊楫」，誓死收復失地的英雄人物了。《晉書·祖逖傳》載：祖逖率兵北伐，「渡江，中流擊楫而誓曰：『祖逖不能清中原而復濟者，有如大江！』」對此，詞人怎能不產生「千古恨，幾時洗」的慨嘆呢！

下片，筆墨略加收縮，通過一己之情，抒寫恢復中原、統一祖國的宏偉抱負：「余生自負澄清志，更有誰、磻溪未遇，傅巖未起。」《後漢書·范滂傳》：「滂登車攬轡，慨然有澄清天下之志。」但是，這樣的抱負是無法實現的。作者用呂尚不得遇周文王、傅說不得遇殷高宗這兩個典故，抨擊當時賢才不得朝廷重用這一現實。「磻溪」，在今陝西寶鷄市東南。相傳呂尚（姜子牙）在此垂釣，幸遇周文王，成爲他的輔佐良臣，完成滅商大業。「傅巖」，故址在今山西平陸。相傳傅說爲奴，在此築牆，遇殷高宗，用爲大臣，使國家大治。「未遇」、「未起」，對埋沒賢才表示極大憤慨。這三句是第四層。

人才埋沒，國事日危。那麽，朝廷用什麽來維護自己的生存呢？沒有別的，衹有依靠長江天險、乞靈於神佛保祐了。「國事如今誰倚仗？衣帶一江而已！便都道、江神堪恃。」這三句寫的便是這個意思。長江雖稱天險，但衹不過「衣帶」般狹窄，輕易可渡，根本不可「倚仗」。《南史·陳後主紀》載，隋文帝將南下攻陳，對高熲說：「爲百姓父母，豈可限一衣帶水，不拯之乎？」江水，不可倚仗；「江神」，更是虛妄之談，欺人自欺而已。

最後，「借問孤山林處士，但掉頭、笑指梅花蘂。天下事，可知矣！」作者把筆鋒轉向自命清高、獨善其身的隱士，他們面對南宋瀕臨滅亡的現實，置國家安危於不顧，却像宋初的林逋一樣，隱居孤山，種梅養鶴，自得其樂。「林處士」，指林逋，他終生不仕，隱居西湖孤山，二十年不入城市，人稱他「梅妻鶴子」。這樣的「處士」，雖未面對「歌舞」，但也是另一種「酣醉」。通過以上一系列的描繪、分析，國家的前途、民族的命運，早已一清二楚，作者禁不住在慨然長嘆中結束全篇：「天下事，可知矣！」

據李有《古杭雜記》載，文及翁登第後，參加新進士集會，同遊西湖。有人問他：「西蜀有此景否？」文及翁沒有正面回答，而是「即席賦《賀新郎》」。這首詞概括了當時的形勢，分析了國家的前途，抒發了自己的抱負，批評了腐朽的統治集團，憂國憂民的思想情感力透紙背。詞人從大處着眼，小處落墨，具有豐富的藝術聯想。詞人雖置身於「一勺西湖水」上，但他却能把小小湖水與淪陷的中原大地，與悠久的民族歷史聯繫起來，總結北宋滅亡的慘痛教訓；同時，從「簇樂紅妝搖畫舫」聯想到「中流擊楫」，從自身聯想到「磻溪」、「傅巖」，從湖上聯想到「孤山」的隱士，從而給人以「政腐不足以圖治」的結論。詞中把抒情、敍事、寫景、詠史四者緊密結合在一起，通過時間與空間的交錯，把歷史、現實、人物與山川等雜糅在一起，進行綜合對比，極大地增強了譏刺時弊的現實性。詞中用典較多（約有八九處），但這些典故都用得比較貼切。又因每個典故都有一定的歷史背景和某種故事情節，所以，反過來又增強了詞的形象性與思想容量，抵消了這首詞「筆無藏鋒」的缺欠。

（陶爾夫）

西江月

新秋寫興

劉辰翁

天上低昂似舊，人間兒女成狂。夜來處處試新妝，却是人間天上！　不覺新涼似水，相思兩鬢如霜。夢從海底跨枯桑，閱盡銀河風浪。

西江月・新秋寫興

劉辰翁，字會孟，號須溪，是宋末一位愛國詞人，生平著作很豐富，有《須溪詞》傳世。況周頤說，須溪詞「風格遒上，略與稼軒旗鼓相當」。他生當宋亡之時，詞中多是感懷時事、悼念故國的內容，即使是那些傷春悲秋之作，也或多或少、或濃或淡地流露出眷戀故土的思想感情。這首詞就是如此。題爲「新秋寫興」，是寫「七夕」牛郎織女相會之事，但詞中寫其所見所感，深深地蘊含着故國之思、黍離之感。

詞的開頭：「天上低昂似舊，人間兒女成狂。」先點出了「天上」和「人間」的不同景象，以「似舊」和「成狂」作鮮明的對照。意思是說，天上銀河的高低起伏，還是像往日一樣，可是人間兒女卻歡喜若狂。「低昂」，是高低起伏的意思，指星斗錯落。在作者看來，七夕是牛郎織女相會的日子，天上應該景象一新，不同往昔。秦觀《鵲橋仙》就曾說：「纖雲弄巧，飛星傳恨，銀漢迢迢暗度。」可是，今夕天上却和往常一樣，倒是人間兒女歡樂得發狂了。這，豈非怪事？「人間兒女成狂」，這一風俗習慣，由來已久，梁宗懔《荆楚歲時記》：「七月七日世謂織女牽牛聚會之日，是夕陳瓜果於庭中，以乞巧。」宋初楊璞《七夕》詩中也有「年年乞與人間巧，不道人間巧已多」之句，可見這風俗在宋代同樣存在。那麼，當時「兒女成狂」的具體表現何在？那就是：「夜來處處試新妝」。這天晚上，家家戶戶的兒童婦女都穿着新衣服，歡度這一節日。吳自牧《夢粱錄・七夕》：「其日晚晡時，傾城兒童女子，不論貧富，皆著新衣。」舊時風俗，是夕，婦女著新衣，陳設瓜果，或結彩樓，對月穿針，以期向織女乞討智巧。作者面對這樣一種現象，究竟持什麼態度或有何感受呢？他並沒有對乞巧一事發表意見，而是說：「却是人間天上！」對這一句話如何解釋，涉及到作者對當時現實的態度和作品所蘊含的思想感情的理解。胡雲翼先生說：「是說人間的生活也和天上一樣歡樂。」（《宋詞選》第四一五頁）從前後文的意思來看，恐怕不能這麼說。因爲既是天上似舊、人間成狂，顯然兩者境況是有區別的，怎能說「一樣歡樂」呢？這裏「却是」二字很值得注意，是個轉折詞。這一句話是說，人間的歡樂勝過了天上。它不同於李煜的「流水落花春去也，天上人間」（《浪淘沙》），却和蘇軾的「起舞弄清影，何似在人間」相近，都是說，天上不及人間快樂。不過蘇作和劉作所說的社會背景不同而已。其實，這裏作者並不是針對七夕來議論和評價，而是借此言彼，有「指桑罵槐」之意，是針對當時宋亡後，那些依附元朝統治者的人們早已忘懷家國，隨勢尋歡作樂的現實而抒發其感慨的，寄意深遠。唯其如此，所以，下片接着寫道：「不覺新涼似水，相思兩鬢如霜。」不知不覺已到了如水清涼的新秋，牽牛織女已相思得頭髮斑白了。在牛郎織女的傳說中，從來沒有說他們華首白髮，而這裏却說「相思兩鬢如霜」，就可見其非眞寫七夕牛郎織女相會之事，而是另有所感的。這，無非是說，時光流逝，而自己懷念故國已使之「兩鬢如霜」了。是作者對新秋而感嘆世事的變遷、人生的坎坷。

劉辰翁對宋王朝的懷念是相當深切的。南宋京都淪陷後，愛國志士張世傑、陸秀夫等先後擁立帝昰、帝昺，在福建廣東一帶繼續抗元。劉辰翁對於他們堅決衞國、勇敢抗元的鬥爭是極其嚮往的，曾在《柳梢青》一詞中發出「輦下風光，山中歲月，海上心情」的想念。可是，時不我與，他們節節敗退，復國無望，自己眼睜睜地等待着，而時光天天流逝，如今自己已兩鬢清霜，怎能不發出這感嘆呢？

如果說，這兩句含意還不很明顯，那麽，結尾兩句就說得更爲清楚了。它點明了詞的主題所在：「夢從海底跨枯桑，閱盡銀河風浪。」上句用《神仙傳》裏滄海桑田的典故。爲什麽作者會有這種感覺呢？所謂滄海變桑田，是指世事變遷而言，這不正是指宋爲元所取代的嗎？作者身處宋元交接之際，從他一生經歷來看，宋亡後，他隱居不仕，胸懷故國，就不能不發出這種滄桑之變的慨嘆了。下句用牛郎織女七夕渡河相會的故事，但並非實寫，而是虛寫，是作者借此寫他在人生道路上、世事變化中所經歷的千辛萬苦的旅程，像是歷盡了銀河風浪的顚簸一樣。不難看出，這兩句是作者對祖國淪亡、山河易主、抗元鬥爭的艱難現實的慨嘆，寫他興亡之感、故國之思。

全詞情調低沉，不是消沉之音，就是哀苦之言，缺乏鼓舞力量。這是時代及其作者本人的生活經歷所決定了的。南宋偏安後，統治者不圖振作，苟且偷安，致使國事日非，京都陷落，祖國淪亡，雖有仁人志士繼續抗元，也無法挽回殘局。而劉辰翁自己雖然保持民族氣節，但也祇能隱居不仕，沒有參加抗元鬥爭的行列。這樣，就決定了他不可能再發出慷慨之音、激昂之言，祇能出之以悲苦之詞了。這恰好表達了當時一般愛國遺民的心聲，具有一定的代表性和普遍性。

詞的藝術構思很奇巧。作者以七夕爲題材，而其所寫的既不是男女別離之苦、相思之情，又句句扣緊乞巧之夜的情景。但在這些描述中，却抒寫了他對現實的感受，隱寓着他懷念故國之情、時世變遷之嘆，使詞具有強烈的現實性和時代性，而又顯得含蓄委婉，不露聲色。袁枚《與韓紹眞書》說：「貴直者人，貴曲者文。」婉轉達意，正是這首詞的藝術特點之一。

詞的語言清新自然，涵義深沉雋永。全詞除了「夢從海底跨枯桑」句用典故外，其餘都像是隨口而出，明白易曉，但又寄意深遠，蘊藉有味，眞是平淡裏見功夫。讀者欣賞此詞，不獨愛其淺易自然的特點，作爲自己寫作時的借鑒，而且將受其含蘊的愛國精神所啓迪，增強自己對人生對國家的責任感。

（鄭孟彤）

柳梢青

劉辰翁

春感

鐵馬蒙氈，銀花灑淚，春入愁城。笛裏番腔，街頭戲鼓，不是歌聲。　那堪獨坐青燈。想故國，高臺月明。輦下風光，山中歲月，海上心情。

在劉辰翁《須溪詞》中，寫「送春」、「春感」的詞作爲數不少。本篇題爲「春感」，實際上是元宵節抒懷。在《須溪詞》中，寫元宵節的作品也同樣不少，其中有些是膾炙人口的名篇，如《永遇樂》（璧月初晴）、《寶鼎現》（紅妝春騎）等等。劉辰翁之所以反覆抒寫「送春」、「春感」，反覆抒寫元宵節的特殊感受，這是跟時代的巨大變化，跟國家的淪亡密切聯繫在一起的。宋恭帝德祐二年（一二七六）二月，元軍攻佔南宋都城臨安，時值仲春，距元宵節很近，所以，以後每當元宵節來臨之際，作者便很自然地聯想到臨安的陷落。臨安的淪陷，西湖的春天也隨之消失。所以，《須溪詞》中「送春」、「春感」之作，大都不是傷春傷別的陳辭濫調，而是寫發自內心的故國之思與亡國之痛。本篇寫的就是臨安淪陷後的一個元宵節的複雜感受。

上片渲染臨安城的悲涼與恐怖氣氛。起筆就描繪出「鐵馬蒙氈」這一具有時代特徵的形象，說明當時的臨安正處於元軍的統治之下。「鐵馬」，戰馬，代指元軍的騎兵。「蒙氈」，爲了御寒，給戰馬披上氈子。這句反映出，元宵節時，臨安城的天氣還是很冷的。然而重要的是，它反映出當時臨安人民的一種心境：寒冷的季節更增添了亡國後的淒苦與時代的悲涼之感。下面，「銀花灑淚，春入愁城」正是這種情感的具體抒發。「銀花」，指燭花，燈花。蘇味道《正月十五日夜》：「火樹銀花合，星橋鐵鎖開。」「灑淚」，指燭淚。杜牧《贈別》：「蠟燭有心還惜別，替人垂淚到天明。」詞人用「銀花」狀元宵佳節的特點，形象貼切，能引發人們的聯想；但此時的元宵節之夜，已完全不像蘇味道詩中所寫的那樣：「暗塵隨馬去，明月逐人來；游妓皆穠李，行歌盡落梅」，而是「銀花灑淚」，是「春入愁城」。這兩句很容易使人聯想起杜甫《春望》中的「感時花濺淚，恨別鳥驚心。」杜甫與劉辰翁都困居於淪陷的都城，故心情相同。但因他們所處時代不同，季節也略有差異，所以在寫法上和形象的捕捉上自然也有所不同。「春入愁城」一句，將時事感與季節特點打併在一起，具有強烈的愛國思想與濃厚的悲劇氣氛。以上是第一層。

「笛裏番腔，街頭戲鼓，不是歌聲」三句是第二層。這三句通過街頭場景與戲樂的變化，寄託故國之思。在這「愁城」之中，時逢元宵佳節，也還是有人在尋歡逐樂的，不過，那不是南宋的臣民，而是元軍的士兵。「笛裏番腔」，說笛子吹奏的不是南方人民喜聞樂見的曲調，而是「番腔」。「番」，古時對外族的稱呼。「戲鼓」，指蒙族的鼓吹雜戲。「不是歌聲」一句，明確表示詞人對「番腔」、「戲鼓」的強烈反感。這不是說「番腔」、「戲鼓」不成腔調，而是表示在淪陷區人民聽來，難以入耳。這淒涼的現實與強烈的反感，同淪陷前的元宵節相比較，眞是天壤之別了。作者在《永遇樂》中描述當年元宵佳節的盛況：「香塵暗陌，華燈明晝，長是懶攜手去。」在《寶鼎現》詞中，刻畫更加細膩：「還轉盼沙河多麗，滉漾明月連邸第。簾影凍，散紅光成綺。月浸葡萄十里。看往來神仙才子，肯把菱花撲碎。」那時是何等繁華歡樂，如今是這般淒苦哀傷！

下片寫故國之思與對抗元將士的思念嚮往。「那堪獨坐青燈。想故國，高臺月明。」這三句說明，作者有意逃避開臨安城的元宵節之夜，隱居山中，面對如豆的青燈，寄託自己的故國之思。「青燈」，指燈光青熒。「高臺」，賞月臺。這兩句用李煜《虞美人》詞意：「小樓昨夜又東風，故國不堪回首月明中。」這是第三層。

「輦下風光，山中歲月，海上心情」是第四層。「輦下」，卽輦轂之下，代指京師，這裏指臨安。「輦」，皇帝的車子。這句寫對都城和故國的眷戀，它概括了《永遇樂》和《寶鼎現》等詞中所寫到的都城風光。正因爲作者眷戀故國，宋亡後不肯出仕而隱居山林。「山中歲月」卽指此而言。但作者雖身在山中，而心存海上，無時無刻不在懷念着在南海繼續進行抗元鬥爭的英雄們。臨安失陷以後，陳宜中、張世傑、陸秀夫等先後擁立帝昰、帝昺，在福建、廣東一帶堅持抗擊元軍。作者對他們的抗元愛國行動是十分嚮往的。「海上心情」，卽指此而言。

本篇與《蘭陵王·丙子送春》等愛國詞作的思想相同，但因詞牌的長短不同，所以寫法上也各異其趣。這首詞以簡潔而又形象的語言描寫在元軍統治下臨安的元宵節，側重於渲染和烘托悲涼恐怖氣氛，直接抒寫故國之思和對抗元英雄們的懷念。詞的語句短小，節奏緊湊，給人以緊張急迫的感覺，反映出作者思潮起伏，難以平靜，似乎有一種急於奔赴「海上」同抗元將士們共同戰鬥的昂揚氣勢。

（陶爾夫）

永遇樂

劉辰翁

余自乙亥上元誦李易安《永遇樂》，爲之涕下。今三年矣，每聞此詞，輒不自堪。遂依其聲，又託之易安自喻。雖辭情不及，而悲苦過之。

壁月初晴，黛雲遠澹，春事誰主？禁苑嬌寒，湖堤倦暖，前度遽如許！香塵暗陌，華燈明晝，長是懶攜手去。誰知道，斷煙禁夜，滿城似愁風雨。宣和舊日，臨安南渡，芳景猶自如故。緗帙流離，風鬟三五，能賦詞最苦。江南無路，鄜州今夜，此苦又誰知否？空相對，殘釭無寐，滿村社鼓。

劉辰翁的詞以反映現實强烈、傷悼故國悲苦名於世。宋亡以前，他參加進士廷試，以直言觸犯賈似道，置於丙等。他因辭史館、太學博士職務，自請做濂溪書院山長。又寫詞《六州歌頭》揭露奸臣誤國。宋亡不仕，隱居山中，作送春苦調，寫亡國心情。

詞的小序指出，這是一首依李清照《永遇樂》聲韻填就的詞。雖說沒有嚴格地處處步韻，也可算是一種「追和」之作。一百年前的李清照，經北宋亡國，流落江南。晚年懷京洛舊事，作《永遇樂》詞，寓物是人非之悲、

永遇樂（璧月初晴）

國破家亡之恨。她在詞中把個人的兒女柔情納入國家興亡的悲感之中，把個人命運和祖國命運牽繫一起，這就是爲什麼使處在南宋危亡時刻的劉辰翁「每聞此聲，輒不自堪」的原因所在。小序裏提到兩個時間：他吟誦李詞，在「乙亥上元」，即南宋京都臨安（今杭州市）陷落的前一年（一二七五）；他追和李詞，在「三年」以後，那年又是南宋全面覆亡的前一年（一二七八）。其間的二三年，南宋雖還有幾個忠勇之臣文天祥、張世傑等奮力掙扎，但他們誰也挽救不了南宋王朝末世的頹敗。

詞的上片作渲染，分兩層：第一層照易安原詞作法，以三個短聯寫景，各以一句殿後抒情，文心波瀾，情辭跌宕。第二層正說題旨，情寓景中，悲咽淒苦，長歌當哭。先說第一層，第一聯描寫自然景象：「璧月初晴，黛雲遠澹」，暮雨初晴，璧玉似的圓月升起，青綠色的薄雲化去。接着第三句一聲長慟：「春事誰主？」春晴美景屬誰所有？爲誰而設？劉辰翁經常在詞中借上元、重陽節日，抒傷春、送春情懷，無非爲了傳達悼念故國的主題。像他的《寶鼎現》詞詠春月，就有「父老猶記宣和事，抱銅仙、清淚如水」，「便當日親見霓裳，天上人間夢裏」等哀辭。又如他的《蘭陵王》詞題爲「丙子送春」，丙子年三月就是元軍攻陷臨安之春。所謂「送春」，就是悼國。所以在上片首句唱道：「送春去，春在人間無路！」中片首句唱道：「春去，誰最苦？」下片首句唱道：「春去，尚來否？」這裏的一句「春事誰主」，自然含江山易主之悲。第二聯描寫京城勝地：「禁苑嬌寒，湖堤倦暖」。皇帝的花園、林苑一片寂靜，透出陣陣輕寒；遊人往來的西湖堤畔吹着暖風，使人倦怠。接着第三句令人悚動：「前度遽如許！」「前度」二字來自唐詩人劉禹錫《再游玄都觀》詩句「前度劉郎今又來」，暗示往事不堪回首，局勢竟有突然、迅速的變化。今後就連苟安也不能保了。第三聯描寫街市繁華：「香塵暗陌，華燈明晝」，大道上冠蓋往來，車馬揚塵。街巷裏花燈盛景，亮如白晝。接着第三句發出喟嘆：「長是懶攜手去」，人們早已失去攜手同遊的心情與興致了。第一層漸進，逼出第二層正說：「誰知道，斷煙禁夜，滿城似愁風雨」。哪裏料到，以前通宵盡歡，金吾不禁，如今斷了炊煙，加了夜禁，滿城絕少人行，一片愁風愁雨。幾句詞一面眞實地寫出陷落前夕的都城的氣氛，一面象徵地流露作者愁苦無奈的心情。情景交融，意筆俱化。

下片作傾訴，也分兩層。第一層托喻易安，第二層傷憐自己。這時，詞人一任感情奔放，不再稍加含蓄，

永遇樂（璧月初晴）

不肯從事雕琢，中鋒突進，節奏轉急。寫易安是這六句：「宣和舊日，臨安南渡，芳景猶自如故。」「宣和」是北宋末代皇帝宋徽宗年號，臨安是宋室南遷之後偏安的都城；李易安生值南北宋之交，親身經歷過宣和舊日的繁華與南渡以後的災難。「芳景」即風景。晉周顗南渡後嘆道：「風景不殊，舉目有山河之異。」詞裏的「芳景猶自如故」，就是「風景不殊」。意思的重點本在下一句：「舉目有山河之異」，詞人故意抹掉不說，乃因不想明說就是了。以上指易安的時代，下面借易安軼事訴說她的不幸遭遇：「緗帙流離，風鬟三五，能賦詞最苦。」「緗帙」是淺黃色書套，代指書卷。李易安南渡，夫死後輾轉流離，書物盡失。「風鬟三五」，「三五」即正月十五。「風鬟」，憔悴貌。易安《永遇樂》詞有句：「中州盛日，閨門多暇，記得偏重三五。……如今憔悴，風鬟霧鬢，怕見夜間出去。」可知劉詞的「風鬟三五」來自李詞中句。「能賦詞最苦」，最後說到易安，並落在《永遇樂》這首詞上，以「苦」字作結。寫自己也有六句：「江南無路，鄜州今夜，此苦又誰知否？」辰翁的時代，不僅北方已屬元人，江南也被佔領，「江南無路」，是宋代遺民最大的悲哀。「鄜州」（今陝西富縣），這裏是借用。唐大詩人杜甫曾在安史之亂中拋離家人，單獨被安祿山士卒俘至長安，他的妻子則遠在鄜州。他有《月夜》詩道：「今夜鄜州月，閨中衹獨看。」詞人的「鄜州今夜」，借用此典，表示自己也與妻子離散，衹剩隻身一人，守在危城之中，頗有杜甫的同感。「此苦又誰知否？」與前面說易安的「能賦詞最苦」呼應，表明自己的遭遇雖近似易安，「而悲苦過之」。結末三句寫自己，以人入景，不僅字字悲咽，而且韻味深長：「空相對，殘釭無寐，滿村社鼓。」村中之夜，正祭祀春社。社鼓喧天，更增寂寞。詞人與殘燈作伴，心潮澎湃，憂思難平，怎能入睡呢？詞的主人公形象刻畫出來了；他是一個衹有悲苦、沒有歡樂，衹有懷舊、不見前景的書生，在這裏他用樂章訴說着自己的苦情。

（楊敏如）

西塍秋日即事

周密

絡緯聲聲織夜愁，酸風吹雨水邊樓。堤楊脆盡黃金綫，城裏人家未覺秋。

「絡緯」，蟲名，即莎鷄，因其鳴聲如紡績，故稱絡緯，俗稱絡絲娘、紡織娘。秋深夜涼，絡緯聲急，古詩中常用以表現人們愁思悲苦的心境，我們試舉李賀的兩首詩看看：「誰能事貞素，臥聽莎鷄泣」（《房中思》）；「孀妾怨長夜，獨客夢歸家。傍簷蟲緝絲，向壁燈垂花」（《河南府試十二月樂詞・八月》）。李賀的這兩首詩都是先寫了具體情事，在讀者心理上有所準備的情況下，而後再用「莎鷄泣」、「蟲緝絲」來加以渲染。周密的這首詩則不同，它用在起句，而且前四字「絡緯聲聲」，應該說還是一般的描寫，人們讀着它心中也不會有多大的回響，可是當讀到「織夜愁」，便覺境界頓生，心亦爲之觸動。這固然與那個感情色彩很濃的「愁」字頗有關係，但是，那個「織」字也不能忽視：第一，有了「織」字，才使上面的「絡緯聲聲」和本無必然聯繫的「愁」字，黏合成了一個完整而生動的意象；第二，「織」在這裏作動詞，它的賓語是「愁」，這就使「愁」似乎變成了一個「實體」，增強了它的可感性，同時還具有了連續性，那就是絡緯聲聲織，「夜愁」寸寸長，織不停，愁不盡。前人說：「七言詩第五字要響。……所謂響者，致力外也」（見《詩人玉屑》）。「織」字本來尋常，這裏用得也很自然，但却可以說是「致力」之處。「酸風」，淒楚的風，用「酸」字來形容，就更增強了感染力，且與前一句的氣氛、情調

西塍秋日即事

合拍。「樓」字暗寫了人（且看作詩人自己）。這一二兩句在句意上是倒裝的，我們可以這樣理解：秋夜，陣陣酸風苦雨猛襲着一座水邊的小樓，樓中的詩人伴着無焰的殘燈，聽着風聲、聽着雨聲、聽着「絡緯聲聲織夜愁」。這是頭一天夜裏的情景。風雨之後怎樣呢，那就是「堤楊脆盡黃金綫」，而這該是第二天詩人於田野所見。一夜酸風苦雨使堤岸邊的柳樹上葉兒落了，綠色也消失了，光禿禿的柳枝無精打采地低垂着頭，呈現出一副憔悴蒼老的模樣，這就如鄭板橋在《念奴嬌・勞勞亭》中所寫的那樣：「勞勞亭畔，被西風一夜，逼成衰柳，如絲如綫無限恨，和雨和煙僝僽……」。詩的第三句雖然與上兩句所寫的時間不同，畫面各異，但是內在的精神是一脈相承的。這前三句從夜晚到白天，所見、所聞、所感無不是一派濃厚的深秋景色，下面似乎還應該按照這個調子、色彩再加點什麽；可是出人意料，詩人反跌一筆——「城裏人家未覺秋」，一筆掃却，戛然而止。這就將詩的轉和結並集於尾句，打破了絶詩慣用的格式，給人一種突兀難已之感；不過也正因爲如此，它纔更引人注目，留下了更明顯的懸念，使讀者的心縈回於此，久久不能離去。

我們暫且不談這個懸念包含着什麽，先回憶一首大家熟悉的詩：「昨日到城郭，歸來淚滿巾。遍身羅綺者，不是養蠶人」（張俞《蠶婦》）。周密詩中的「城裏人家」，當亦指的是「遍身羅綺者」一類的富貴人家，這些人「冬不凄寒，夏無炎燀」，不稼不穡，不慮冷暖；就這個意義而言，他們是無須關心什麽春夏秋冬的。與「城裏人家」相對的（詩中沒有正面寫到的），自然是「鄉裏人家」，也就是那些養蠶、種地的人家，他們則須要「候時勤稼穡」，季節的變化和他們的勞動、生活都有着密不可分的關係。比如秋天，像魯迅先生所說的：「但在老農，却衹知道每年的此際，就要割稻而已。」（《準風月談・喝茶》）不過，割稻有沒有適宜的天氣，稻子割了，自己又能得到幾粒，這又是另一些、但也是不可迴避的實際問題。這裏我們不妨再讀幾句鄭板橋的詞：「雲淡風高，送鴻雁一聲凄楚。最怕是打場天氣，秋陰秋雨。霜穗未儲終歲食，縣符已索逃租戶。更爪牙常例急於官，田家苦。」（《滿江紅・田家四時苦樂歌》）而于濆的《辛苦行》則寫得更加明白：「壠上扶犂兒，手種腹長飢。窗下擲梭女，手織身無衣。」說到這裏，詩的懸念、詩人的用心大概也就清楚了，那就是「未覺秋」者，不知「愁」；「覺秋」者，方知「愁」。「覺」與「未覺」，意在揭示兩種人、兩種生活、兩種思想境界，而作者對這個矛盾對立的社會現象的不滿、及其同情之所在，便自然地流露出來了，這也就暗暗地回應了詩的開頭。這首小詩之所以能具有如此豐富而深刻的內涵，顯然是由於前面的景語，與末句的理語巧相反襯，從而將大量的社會現象和思想內容隱於詩的背面，這就有可能收到言少意多、促人深思的藝術效果。它使我們再次看到，在宋詩中也不乏景中含情、情中有理、理中寓情，三者融合、相得益彰的好詩，而並不是一律「言理」、專主「議論」的。

（趙其鈞）

一萼紅

周密

登蓬萊閣有感

步深幽，正雲黄天淡，雪意未全休。鑒曲寒沙，茂林煙草，俯仰千古悠悠。歲華晚，漂零漸遠，誰念我、同載五湖舟？磴古松斜，崖陰苔老，一片清愁。　回首天涯歸夢，幾魂飛西浦，淚灑東州。故國山川，故園心眼，還似王粲登樓。最負他、秦鬟妝鏡，好江山、何事此時遊！爲喚狂吟老監，共賦銷憂。

這裏說的蓬萊閣，舊址在今浙江紹興市臥龍山下。唐代元稹的《以州宅誇於樂天》一詩中，有「我是玉皇香案吏，謫居猶得近蓬萊」兩句，蓬萊閣便由此得名。前來登覽的名公卿士多有題詠，比如秦觀就有「路隔西陵三兩水，門臨南鎭一千峯」的詩句（見《詞林紀事》）。周密的這首詞大約作於宋亡之後。

詞的開頭三句以「步」字領起，意思是說我獨自走在通向蓬萊閣的幽深的小路上，黃雲遮天，日色慘淡，看來老天爺降雪的心意並沒有完全罷休。這就登樓而言，是由題前入筆，也可以說是一個緩緩而起的序曲，它從敍事中帶出景物，景物却在人們的心中投下了清冷壓抑的陰影。「鑑曲」，指鑑湖邊；鑑湖，一名鏡湖，在紹興南面。賀知章、陸游都曾愛其湖山奇麗，而終老此鄉。「茂林」，茂密的森林。東晉穆帝永和九年（三五三）三月三日，王羲之和當時名士四十多人，「會於會稽山陰之蘭亭」，王羲之作《蘭亭集序》，序中有言：「此地有崇山峻嶺，茂林修竹……」。因此詞中的「茂林」，也可以指代蘭亭。蘭亭盛會，轉眼之間，已成爲千年之前的舊事了，誠所謂「向之所欣，俯仰之間，已爲陳跡」（《蘭亭集序》）。而今登上蓬萊閣，美麗的鑑湖送入我眼簾的，祇是一片帶着寒意的沙灘，蘭亭的周圍也祇見煙雲籠罩着漫山荒草。這三句寫登樓所見，由所見之景，引出歲月匆匆、人世之移、盛衰之易的感慨。從結構上看，也就是由寫景轉入抒情，爲過渡到下文作準備。「五湖」，即太湖。春秋時代，范蠡輔佐越王勾踐滅吳之後，「遂乘輕舟，以泛於五湖，莫知其所終極」（《國語・越語》）。據說隨他而去的還有西施。如果說「俯仰千古悠悠」，是對世事的感懷，那末接下來就是對個人身世的慨歎。自己不知不覺已步入晚年，却還要四處飄泊，遠離故鄉，孤身隻影，又有誰會同情我，理解我，願與我一起泛舟五湖？這幾句語促情急，層層遞進，暗用典故，字裏行間不僅抒發了寂寞傷懷之情，也吐露了自己對前途和歸宿的設想，曲折地表達了對現實的態度。爲什麼會產生這種心情、這種設想呢？請看下文：「磴古松斜，崖陰苔老，一片清愁」。蓬萊閣原也是登覽勝地，如今卻遊人稀少，繁華消歇，祇見那石階上傾斜的老松，和路邊崖畔長滿的厚厚的青苔，這一派荒蕪落寞的景象，不就是王朝沉淪、山河破敗的象徵嗎！所以詩人寫到這裏，再也抑制不住地發出了痛苦的呼喊——「一片清愁」，水到渠成，自然地收束了上片。同時，這也就揭示了詩人之所以要感慨世事，懷古傷今，泛舟五湖的現實的原因。

「一片清愁」知多少？「一片清愁」何時了？欲吐未吐，引逗下片。下片開端先倒敍一筆，西浦、東州，都是紹興地名，作者曾自註：「閣在紹興，西浦、東州皆其地也。」這兩句互文見意，意思是回想在那些天涯飄泊的日子裏，我多少次夢回東州、西浦，激動得熱淚滾滾，灑落在這日夜思念的土地上。這個倒敘不單是爲了抒發昔日的思情愁懷，更爲描寫今日作鋪墊、作反襯。按照昔日「魂飛西浦，淚灑東州」的情景，今天歸來，該是驚喜不已，淚如泉湧。可是，出人意料，如今登上蓬萊閣，眼前分明是故土故園（周密原籍濟南，南渡後久居江南，故卽視會稽爲故鄉），而心中的滋味，却頗似王粲所說的：「雖信美而非吾土兮，曾何足以少留」（《登樓賦》）。這種「很特別」的感覺，將那種江山易主、國破家亡的悲傷，表現得極其眞切、極其深沉，所以俞平伯先生說這是「用追進一層的寫法，意極悲哀」（《唐宋詞選釋》）。那麽詩人爲什麽會有這種「很特別」的感覺呢？歸根結底還是時也、境也，所以下文說：「最負他、秦鬟妝鏡，好江山、何事此時游！」紹興東南有秦望山，據說秦始皇曾登會稽山以望南海，立石刻，頌秦德，因此會稽山又名秦望山，山似婦女鬟髻，故稱「秦鬟」。「妝鏡」，指鑒湖，形容湖水清如妝鏡。詞人說辜負了，辜負了，「秦鬟妝鏡」，你這美好的江山，爲什麽偏偏在這樣的時刻來與你相見！這是正面的語意，反面還有一層，那就是這樣的時刻，我心中「一片清愁」，你亦無昔日的神采風韻，如此相見，更是悲酸難耐。雖有亡國失家之痛，却又有難以直言之苦，祇得以自悔自恨之言出之，曲筆傳情，更見悲慨。愈轉愈深，愈嘆愈悲，如何收煞得住呢？不過也祇有山重水複，方能更見其才情筆力。下面作者語鋒一轉，再由今而古，由實而虛，向空處寄情。「狂吟老監」，指唐代詩人賀知章，「自號四明狂客，又稱秘書外監，遨遊里巷，醉後屬詞，動成卷軸」（見：《舊唐書》）。「爲喚」與上片「誰念我」暗扣，旣然無人理解和同情，那祇有喚請「狂吟老監」同飲共賦，以銷深憂。然而賀監長眠，逝者已矣，何得「共賦銷憂」！空言自慰，出自悲傷，更增悲傷，情何以堪！全詞圍繞登樓，於敘事、寫景、抒情、議論之中，自然地融入身世之慨、世事之感、故國之戀，寫得縱橫往復，一意貫注，舒卷自如，盡而不盡。無怪陳廷焯曾盛讚此詞說：「蒼茫感慨，情見乎詞，雖使清眞、白石爲之，亦無以過，當爲草窗集中壓卷」（《詞則》）。

（趙其鈞）

正氣歌

文天祥

天地有正氣，雜然賦流形。下則爲河嶽，上則爲日星。於人曰浩然，沛乎塞蒼冥。皇路當清夷，含和吐明庭。時窮節乃見，一一垂丹青。

在齊太史簡，在晉董狐筆。在秦張良椎，在漢蘇武節。爲嚴將軍頭，爲嵇侍中血。爲張睢陽齒，為顔常山舌。或爲遼東帽，清操厲冰雪。或爲出師表，鬼神泣壯烈。或爲渡江楫，慷慨吞胡羯。或爲擊賊笏，逆豎頭破裂。

是氣所磅礴，凛烈萬古存。當其貫日月，生死安足論。地維賴以立，天柱賴以尊。三綱實繫命，道義爲之根。

嗟予遘陽九，隸也實不力。楚囚纓其冠，傳車送窮北。鼎鑊甘如飴，求之不可得。陰房闃鬼火，春院閟天黑。牛驥同一皁，鷄棲鳳凰食。一朝濛霧露，分作溝中瘠。如此再寒暑，百沴自辟易。哀哉沮洳場，爲我安樂國。豈有他繆巧，陰陽不能賊。顧此耿耿存，仰視浮雲白。悠悠我心悲，蒼天曷有極。

哲人日已遠，典刑在夙昔。風簷展書讀，古道照顔色。

文天祥是我國南宋末年的民族英雄，和南宋的另一位民族英雄、大破金兵的將領岳飛先後齊名。文天祥的詩、詞、文章都寫得很好，沉鬱悲壯，直抒胸懷，在我國文學史上有一定的地位。但是最能表現他的思想感情的，還是他的詩。他寫過不少充滿愛國激情的詩篇。最有名的要算《正氣歌》這首詩。這是一首五言古詩，是他被俘以後，關在元朝首都燕京的監獄裏寫成的。燕京就是現在的北京。這首詩的寫作時間是公元一二八一年，也就是詩人就義的前一年。文天祥被囚禁的地方，是一間很小的土室，潮濕陰暗，惡氣燻人。他把那裏的各種惡穢之氣總括成七種，就是：水氣、土氣、日氣、火氣、米氣、人氣、穢氣。在這些惡氣的侵襲下，很少有不得病的。但是文天祥竟能頑強地生活下來，一直到被害爲止。文天祥自己說，他所以能戰勝這些惡氣，是由於他有「浩然之氣」，也就是「正氣」的緣故。他說：「彼氣有七，吾氣有一，以一敵七，吾何患焉？」這種浩然正氣，就是文天祥偉大的愛國主義精神和崇高的民族氣節的體現。有了這種正氣，就可以「富貴不能淫，貧賤不能移，威武不能屈」；就可以把生死置之度外，抗擊一切邪惡的侵襲。這也就是《正氣歌》的主題思想。

《正氣歌》一共有六十句，三百個字，我們可以把它分爲五段來讀。

第一段十句，講什麼是「正氣」。從文天祥本人的行動來看，從他在《正氣歌》裏所列舉的歷史人物來看，「正氣」就是深厚的愛國主義感情，就是崇高的民族氣節，就是威武不屈、大義凛然的精神，就是正義、正直。當然，這裏也有強烈的忠君思想。由於時代限制，文天祥的「正氣」思想，不能不和封建的倫理道德觀念緊緊地結合在一起。這是我們不能苛求於七百年前的文天祥的。這首詩一開頭，文天祥就說：天地間存在着一種正氣，它呈現出各種不同的形態，在下形成了山嶽川河，在上形成了日月星辰。「下則爲河嶽，上則爲日星」這兩句，並不是詩人要突出的，它衹起開路先鋒的作用。古人把天、地、人叫做「三才」，人們讀到了「在地」、「在天」的句子以後，自然要問「在人」呢？所以詩人緊接着說，「於人曰浩然，沛乎塞蒼冥。」「浩然」這個詞，出自《孟子》，孟子曾說：「我善養吾浩然之氣。」文天祥認爲，這種「浩然之氣」，是這樣地充沛繁茂，充滿了整個天地之間。我們不要放過「沛乎塞蒼冥」這句詩，文天祥在這裏表達了他對「正氣」的信念。盡管他被關在牢房裏，朝不保夕，但是他堅信，正氣是無處不存的，正氣一定會戰勝邪惡。這種「於人曰浩然」的正氣，在不同的情況下，也有不同的表現。「皇路當清夷，含和吐明庭。」這兩句詩的意思是：當國家前進的道路清明平坦的時候，君明臣良，四海安靖，朝廷之上，無非中和之氣。環境順利，邪惡難以擡頭，相形之下，正氣凜然之士也就不容易顯露。但是，「時窮節乃見，一一垂丹青」，在時局艱危的時候，一個人的節操如何，就會看得明明白白了。歷史的圖卷不是一樁樁一件件描繪了那些臨危不懼、正氣凜然的英雄人物嗎？文天祥仰慕這些英雄人物，因爲他自己正是處在「國步艱難」的時候，這正是考驗他的「節乃見」的時刻。這十句詩押的是一個韻，一氣呵成。這一段表明了作者對「正氣」的理解，也突出了全篇的主題。

文天祥在第二段十六句裏，一口氣列舉了十二個歷史上正氣凜然的人物。讀者也許要問，用四分之一強的篇幅寫這些例子有沒有必要呢？完全有必要。第一，它讓讀者了解，詩人心目中的正氣凜然的歷史人物都是什麼樣子的，同時也爲上面「一一垂丹青」這句詩作了說明；第二，詩人對這些歷史人物有強烈的愛，他決心學習他們，希望自己也做一個名留史冊、正氣凜然的英雄人物。這一願望，早在文天祥被俘之初，已在《過零丁洋》一詩中表達出來。那首詩的最後兩句說：「人生自古誰無死，留取丹心照汗青！」

現在就讓我們來看看文天祥所列舉的正氣之士都是些什麼人物。「在齊太史簡」，說的是春秋時代齊國的大夫崔杼把國君殺了，史官立刻把這件事如實地記在竹簡上，說「崔杼殺了國君」。崔杼把這個正直的史官殺了，史官的弟弟繼續這樣寫，崔杼又把他殺了，可是史官的另外一個弟弟仍舊這樣寫，崔杼沒辦法，衹好由他去寫。「在晉董狐筆」，說的是春秋時代晉國的趙穿殺了晉國國君，趙穿的兄弟趙盾身爲晉國大夫，對趙穿放任不管，當時的史官董狐認爲這件事責任在趙盾，就寫下「趙盾弑其君」。孔夫子聽到這件事，讚嘆說：「董狐眞是一個好史官啊！」「在秦張良椎」，說的是漢代張良少年時候的故事。張良原是戰國時代的韓國人，秦始皇滅了韓國以後，張良要替韓國報讎，找到一個大力士，在博浪沙那個地方用大鐵椎暗殺秦始皇，但是沒有成功。「在漢蘇武節」，說的是蘇武的故事。這個大家都很熟悉了。蘇武出使匈奴，被匈奴扣留，十九年歷盡艱苦，但是他一直拿着漢朝給他的使節。「使節」就是出使外國時候所用的一種信物。「爲嚴將軍頭」，說的是三國時代巴郡守將嚴顏被張飛俘虜，張飛要他投降，他說：「我州但有斷頭將軍，沒有投降將軍。」張飛見他威武不屈，就把他釋放了。

「爲嵇侍中血」，嵇侍中就是晉朝的侍中官嵇紹，「侍中」是官名，是皇帝左右的近臣。奸臣要殺害晉惠帝，嵇紹用身子遮住了晉惠帝，因此自己被奸臣殺死，鮮血濺滿了晉惠帝的龍袍。「爲張睢陽齒」，「張」是唐朝張巡，「睢陽」在現在河南省商丘縣。安祿山叛亂的時候，張巡守衛睢陽，被賊兵捉住，張巡罵不絕口，被敵人打掉牙齒，最後被害而死。「爲顏常山舌」，這句說的是唐朝常山太守顏杲卿被安祿山的叛軍俘虜，罵不絕口，被割去舌頭，他仍然含糊不清地罵個不停。「或爲遼東帽，清操厲冰雪」，這兩句說的是後漢管寧的故事。管寧看不起同學華歆熱中權勢，後來華歆投靠曹操當了魏國的官，管寧却避居遼東，一直戴着漢朝的帽子，三十年不肯出來做官。文天祥在這裏讚揚他操守清白，像冰雪那樣純潔無瑕。「或爲出師表，鬼神泣壯烈」，這是指諸葛亮在前後出師表裏所表達的那種懇切忠貞、憂勤國事的精神，眞可以動天地而泣鬼神。「或爲渡江檝，慷慨吞胡羯」，這兩句詩是說東晉的祖逖，痛恨外族侵佔中原，自請統兵北伐。皇帝封他爲奮威將軍。當他領兵渡江的時候，擊着船槳，發誓一定要收復中原。文天祥在這裏形象地贊揚祖逖的英雄氣概，說他好像要把外族侵略者一口吞滅一樣。「或爲擊賊笏，逆豎頭破裂」，說的是唐朝德宗時候，朱泚作亂，先和義士段秀實商量，段秀實說：「逆賊，要我和你一起作亂嗎？」說完就用牙笏朝朱泚頭上打去。這一段舉了十二個歷史人物的故事。前四個都用「在」字開頭，說明在哪朝哪代有過什麽正氣之士。中間四個用「爲」字，開頭，明白地表示了詩人要向他們學習的意願。最後四個，每個都用了兩句詩，用「或爲」開頭，意思和中間那四個「爲」字一樣。這段詩在用詞上也很講究，比如「簡」、「筆」、「椎」、「節」，都是物的名稱；「頭」、「血」、「齒」、「舌」，都是人身上的東西；「帽」、「表」、「檝」、「笏」，又是物的名稱。四個「在」字、四個「爲」字，各引起四句詩，又自成爲一組；四個「或爲」，每個引起兩句詩，也成爲一組。在每組的句和句之間，像「清操厲冰雪」、「鬼神泣壯烈」、「慷慨吞胡羯」、「逆豎頭破裂」，都很對稱。

在第二段裏，文天祥滿懷熱情地歌頌了一些歷史人物。從這些歷史人物身上，他進一步得出了一個結論，這就是：「是氣所磅礴，凛烈萬古存。」他說這種磅礴於天地間的凛然正氣，原本是自古以來就存在着的，而且還要千秋萬世地存在下去。「凛烈萬古存」這一句詩和前面的「沛乎塞蒼冥」遙相呼應：「沛乎塞蒼冥」是從橫的方面來讚揚正氣，說天地之間、六合之內，無處不有正氣；「凛烈萬古存」則是從縱的方面來讚揚正氣，說古往今來、千秋萬世，無時不有正氣。就一個人來說，當他具有這種橫貫日月、直衝斗牛的正氣的時候，個人的生死安危還有什麼值得計較的呢？「當其貫日月，生死安足論。」這兩句詩爲前面那些歷史人物視死如歸的精神作了說明，也爲詩人自己視死如歸的精神留下了伏筆。詩寫到這裏，詩人已經把「正氣歌」贊到最高點了。但是他還不願意就此打住，還要從儒家的理論上來作進一步的歌贊。那就是詩裏說的：「地維賴以立，天柱賴以尊。三綱實繫命，道義爲之根。」「地維」是指地的四個角而言，古人認爲地有四根支柱，叫做「地維」；「天柱」是說天的砥柱。「地維」、「天柱」在這裏就是指地和天。「地維」、天柱、君臣、父子、夫妻的三綱，以及仁義道德，這一切都是儒家的根本學說；而這一切，在文天祥看來，都是靠正氣來支撑的，甚至它們的存在也是靠正氣來維繫的，正氣是它們的根本。我們知道，文天祥是以儒門弟子自許的。我們現在來體會這四句詩，不必深究儒家的仁義道德的具體內容，衹要把它看成是詩人對正氣的進一步的歌贊就行了。

文天祥在原則上對正氣作了各方面的說明和歌頌以後，自然要回到自己當前的處境中來，看看正氣在自己身上起了哪些作用。這就是《正氣歌》的第四段。這一段在全篇中最長，有二十二句。前面四句是慨嘆自己碰上了外族入侵、國家民族多災多難的時候，做臣子的沒有盡到挽救國家危亡的責任，反而作了俘虜，被送到元朝的首都燕京。據史書記載，文天祥是一二七八年年底因爲兵敗被俘虜的，他幾次想以身殉國，服過毒，絕過食，都沒有死成。元朝統治者問文天祥希望什麼，文天祥一再表示：「有死而已」，「願賜一死足矣」。所以「鼎鑊甘如飴，求之不可得」，實在是詩人的肺腑之言。在這種時候，死亡對於他確像糖一樣的甜，是他所求之不得的啊！但是元朝統治者一心想勸降文天祥，用以收買人心。他們不殺他，反而把他關在一間陰暗的土牢裏受折磨。「陰房闃鬼火，春院閟天黑。」這是詩人牢獄生活的寫實。在幽暗潮濕的牢房裏，死氣沉沉，磷火閃爍；春天的庭院本來應該是春光明媚的，但是牢門整天關着，一片昏暗。「牛驥同一皁，鷄棲鳳凰食。」駿馬和牛處在一個欄裏，鳳凰生活在鷄窩裏，詩人用這兩句詩來比喻自己高潔的身體，處在外族侵略者的魔掌之中，感到無比的憤慨！接着文天祥想到，「一朝濛霧露，分作溝中瘠」，在這樣的環境裏，可能有那麼一天會感染上疫病，那就要變成溝壑裏的殘骨了。但是，使他奇怪的是，「如此再寒暑，百沴自辟易」，在這裏關了兩年了，却是百病退避，什麽事也沒有。沒想到這樣一個潮濕陰暗不是人住的「沮洳場」，居然成了詩人的「安樂國」。人們也許要問：寒暑惡氣都不能侵害文天祥，難道他有什麽高明的巧計妙法嗎？文天祥緊接着就回答：「豈有他繆巧」，沒有什麽別的法門，衹因爲「顧此耿耿存」，所以一切瘟神疫鬼都要退避三舍。「耿耿」，就是光明磊落，也就是正氣所在。以上，文天祥敘述了自己被俘、囚禁的情況，說明他所以能頑强地生活在艱苦的環境中，就是因爲正氣在支撑着他。文天祥用親身的體會，再一次論證了正氣所在，百邪自退的道理。文理順暢，很有說服力。想到耿耿的正氣，看到牢獄裏一片昏暗，詩人仰望窗外，但見白雲悠悠。這時候，丹心白雲，交相輝映。「悠悠我心悲，蒼天曷有極。」看到白雲，看到蒼天，詩人不禁悲從中來，脫口而出：天啊！我的憂國憂民的悲愁，像茫茫的蒼穹一樣，哪裏有個盡頭！我們讀到這裏，不能不和詩人一起悲鳴，灑下同情之淚。

最後一段衹有四句：寫了歷史上的忠臣義士，寫了自己的不幸遭遇，抒發了堅貞不屈的耿耿丹心，盡情地歌贊了正氣；這時候，文天祥的心境反而平靜下來。他想到，古代的聖賢離開自己所處的時代已經一天天地遠了，那些可以作爲自己學習榜樣的英雄人物，也都過去了。在這民族危急、國步艱難的時候，就要看當代的忠臣義士了；而文天祥正是以這樣的忠臣義士自許的。「風簷展書讀，古道照顏色。」在風簷下邊，讀着孔子、孟子這些聖賢的言論，讀着記載古代正氣人物事跡的史書，想到那些英雄人物的光輝形象，文天祥憔悴的臉上，也顯得有點容光煥發了。這四句詩作爲全篇的結束很好。文天祥充滿凛然正氣的一言一行，是從哪裏來的呢？這是古代聖賢給他的教誨；古代忠臣義士爲他作出了榜樣，這一點在文天祥的《自贊》絕筆裏可以得到證明。文天祥在就義的那一年春天，曾經寫過一首《自贊》，放在衣帶裏邊，準備隨時就義。那上面寫着：「孔曰成仁，孟曰取義。惟其義盡，所以仁至。讀聖賢書，所學何事？而今而後，庶幾無愧！」

《正氣歌》所以能千古傳誦，激勵後人，主要是由於這首詩表現了偉大的愛國主義精神和崇高的民族氣節；但是我們也不能忽視這首詩寫作上的成就。這首詩寫得很有層次，說服力極强，讀起來琅琅上口。六百多年來，曾經激勵過多少愛國志士和民族英雄！

作爲愛國詩人，文天祥是以自己的生命來寫這首詩的。七百多年前，也就是公元一二八二年，元朝統治者終於下了毒手。據史書記載，文天祥被害的時候，面不改色，從容就義。他的行動爲他的詩篇作了有力的證明。《正氣歌》裏所表達的深厚的愛國主義感情和崇高的民族氣節，將和文天祥行動中所表現的深厚的愛國主義感情和崇高的民族氣節一樣，永垂千古。

（周應鵬）

念奴嬌

文天祥

驛中言別友人

水天空闊，恨東風、不借世間英物。蜀鳥吳花殘照裏，忍見荒城頹壁！銅雀春情，金人秋淚，此恨憑誰雪？堂堂劍氣，斗牛空認奇傑。那信江海餘生，南行萬里，屬扁舟齊發。正爲鷗盟留醉眼，細看濤生雲滅。睨柱吞嬴，回旗走懿，千古衝冠髮。伴人無寐，秦淮應是孤月。

元世祖至元十五年（一二七八），文天祥兵敗被俘。第二年被押送往元朝首都燕京（今北京市），路經金陵（今南京市）時，和他一同被押送的鄧剡，因有病留下治療。鄧剡是文天祥志同道合的戰友，今既同遭患難，又在患難中分手，未免懷感萬分，便寫下這首詞，抒發他失敗後的悲憤和至死不屈的民族氣節。

自從元兵南侵，文天祥便召集義軍，奮發抗敵，企圖復國。可是終難如願，兵敗被俘。詞一開始就寫他失敗後憤憤不平的感慨：「水天空闊，恨東風、不借世間英物。」意思是說，望着那空闊的江天，就憎恨那天意不來幫助世間的英雄。「東風」，指天意。《通鑑》卷六十五敍述赤壁之戰中吳將周瑜火攻曹操戰船事：「時東南風急，火烈風猛，船行如箭，燒盡北船，延及岸上營落。」後人便認爲這是天助周瑜成功。「不借」，作不助講。「英物」，英雄人物。這樣的開頭，有人說比不上岳飛的《滿江紅》，「『怒髮衝冠』的豪情勝慨，是一聲霹靂，破空而來，像一把憤怒的火焰，馬上在你心頭熊熊地燃燒起來。」而文天祥的《念奴嬌》開頭三句，是「個人身世的感慨，似乎低於『怒髮衝冠』的情緒。」這種類比品評是不恰當的。因爲當時岳飛是抗金戰場上的風雲人物，而文天祥却是元兵的階下囚。作家的生活處境不同，反映在作品裏的感情當然也就不能相提並論。祇有從文天祥當時的環境來評價他所表現的思想感情是否有積極意義，才是辯證的唯物主義觀點。當時文天祥已成爲階下囚，但他還認爲他所從事的事業是正義的、偉大的，在失敗而自己已被拘的情況下，他毫不後悔，反恨老天不從人願。如果不是具有爲國家民族而慷慨犧牲的英雄精神，能達到這地步嗎？唯其如此，所以，他的「恨東風」是具有積極意義的。它能激起讀者的憤慨，而不是引導讀者消沉。在它裏面充分表現出作者對國家民族是多麽的熱愛，不忍心爲元兵所蹂躪。可是南宋王朝畢竟亡給蒙元統治者了，怎使他不傷心呢？所以接下去寫道：「蜀鳥吳花殘照裏，忍見荒城頹壁！」前句「蜀鳥」，指鳴聲凄怨的子規鳥。相傳它是蜀國的望帝所化，故稱蜀鳥。「吳花」，出自李白《登金陵鳳凰臺》詩：「吳宮花草埋幽徑。」吳，指金陵，是三國時吳都，故稱吳。「蜀鳥」、「吳花」已够勾引人的凄涼之感了，而又偏偏在夕陽殘照中見聞，其情景就更爲凄惻愁苦了。這一句作者把「蜀鳥」、「吳花」、「殘照」三個景物特徵調配在一起，勾畫出一個凄涼的氣氛。後句，「忍見」，是怎忍見的意思。是說，怎能忍心看見那荒城的殘牆斷壁呢！這兩句乍看起來是寫金陵的殘破景象，其實是寫山河破碎的亡國之悲；是通過局部來反映整體，通過一點來體現全面的。我們再從底下三句就更可以看清作者的意圖：「銅雀春情，金人秋淚，此恨憑誰雪？」這是承上二句的意思而進一步說明亡國的悲痛。「銅雀春情」句，用曹操銅雀臺的故事和杜牧的詩句：「東風不與周郎便，銅雀春深鎖二喬。」意思是說：周瑜如果不得到東風的幫助，敗於曹操，二喬便會被擄去置之於銅雀臺了。銅雀臺，曹操所建。德祐二年（一二七六），蒙元軍攻陷臨安，宋恭帝趙㬎和太后等被擄北去。「銅雀」句卽指此事。「金人」，卽銅人。漢朝長安建章宮前面有高大的銅人，漢朝亡後，魏明帝曹睿派人把它搬運到洛陽去，傳說在拆卸時，銅人的眼眶裏流出淚來。後人便用這故事來代表亡國之痛。這裏作者就借「銅雀」和「金人」這兩個典故來抒寫南宋的亡國之恨。究竟這個「恨」要依靠誰來洗雪呢？「此恨憑誰雪」句，飽含着作者無限的悲痛。過去作者以抗元救國自許，沙場殺敵，縱使雄心萬丈，壯志凌雲，終於無濟於事，仍未能逃脫滅亡的命運；所謂「堂堂劍氣，斗牛空認奇傑」，就是這個意思。按照詞意，這兩句應標點爲，「堂堂劍氣斗牛，空認奇傑。」典出《晉書·張華傳》，說張華見斗牛之間常有紫氣，嘗邀雷煥仰視。煥曰：「寶劍之精，上徹於天耳。」「斗牛」，卽北斗、牽牛二星。上句讚美寶劍的光芒上衝雲霄；下句說自己辜負了寶劍。意思是說，亮堂堂的寶劍確是鋭利非凡，可是自己辜負了它。這既寓有作者昂揚激越的愛國精神，也流露出不幸戰敗的感慨。

由於作者一生戮力抗元，英勇衛國，而「不爲天助」，戰敗被俘，自度難免於一死，所以危難的往事也就自然地湧現心頭了。詞的過片處就是從此轉入的。「那信江海餘生，南行萬里，屬扁舟齊發。」據史載，當蒙元軍逼近南宋的都城臨安時，身爲右丞相兼樞密使的文天祥，曾被派去敵人軍營中議和。在談判中，他正義凜然，不肯屈服，被元丞相伯顔拘留。後來他乘機從元兵監視中逃出來，經歷許多危險，繞道海上，才得南歸，幸免於難。這三句正是指這回事。「那信」，作想不到講。「屬扁舟」，《指南錄》載，作者逃至通州（今江蘇省南通市）出海，有四條船一齊出發，在海上互相照顧。這裏是說以生命托付扁舟的意思。「屬」，作托付講。這三句意思是說：想不到把生命托付給幾條小船，能够在長江大海裏騰波逃出來，南行萬里。這是寫他的虎口餘生，暗襯這次被俘，生命危絕。同時，爲下文寫他不爲險惡勢力所屈服作鋪墊。

「正爲鷗盟留醉眼，細看濤生雲滅。」這是作者緊接「屬扁舟齊發」句，通過寫海上景色，表達他就是虎口餘生，也還要待看時局的變化。報國的英雄人物，絕不爲險惡、死亡所嚇倒。留得餘生，正是爲了和戰友們一道抗元，準備等待任何險惡局勢的到來。看，作者是多麼的英勇，愛國熱情溢於字裏行間。「鷗盟」，是與海鷗結盟爲友的意思，這裏借指抗元的戰友，如鄧剡等。「留醉眼」，是承接上文的「餘生」來說的。「細看」，含有嚴肅對待的意思。「濤生雲滅」，比喻局勢的變化。

如果說，這兩句祗是寫「留醉眼」來「看濤生雲滅」，是從側面來寫作者對時局的悲憤之情，那麽，下面三句就是正面表達作者對敵人的不可遏止的憤怒：「睨柱吞嬴，回旗走懿，千古衝冠髮。」「睨柱」句，事見《史記·廉頗藺相如列傳》，藺相如奉璧使秦，度秦王無意以城换璧，便「持其璧睨柱，欲以擊柱。秦王恐其破璧，乃辭謝。」「回旗」句，事見《三國志·諸葛亮傳》裴松之註。裴註引《漢晉春秋》載諸葛亮死後事曰：「楊儀等整軍而出。百姓奔告宣王。宣王追焉。姜維令儀反旗鳴鼓，若將向宣王者。宣王乃退，不敢逼。於是儀結陣而去，入谷，然後發喪。宣王之退也，百姓爲之諺曰：『死諸葛，走生仲達。』」司馬懿字仲達，晉初追稱爲宣王。作者借用這兩個典故，通過歌頌藺相如、諸葛亮抗敵的英勇行爲，表達自己堅決不妥協的態度。意思是說，秦王是够强暴的了吧，但是對於英雄的藺相如而言，又何足懼哉！司馬懿夠奸詐了吧，但儘管諸葛亮已死，也要嚇跑他；他們的行動激起千古以來人們對敵寇的無比憤怒。我文天祥之所以一生抗元，不怕犧牲，就是以他們爲榜樣的。不過，作者沒有這樣直接說出來，而是懷着欽佩的心情來敍述，這就更顯得含蓄有味了。事實上，歷史已作結論，文天祥的一生，是抗元戰鬥的一生，自從元兵南侵，文天祥招集義軍抗敵，轉戰江西、福建、廣東等省，給蒙元軍以極大的打擊，使蒙元軍一提起文天祥不能不幾分膽寒，因而百端勸降。但文天祥始終大義凛然，不屈不撓。這種生死不渝的民族氣節和頑强鬥志，非藺相如、諸葛亮所能比擬。因此，當我們讀到這三句時，文天祥的英雄形象已自躍然紙上。另一方面，作爲言別詞來說，這幾句顯然也是用來激勵朋友鄧剡的，肯定爲抗元而犧牲是氣貫長虹的。

然而，當時的文天祥畢竟已被俘虜，自度難再有「餘生」以償壯志，正如他在《金陵驛》詩中所說：「從今別却江南路，化作啼鵑帶血歸。」這就使他不能以昂揚壯烈之音結束，而祗能喊出：「伴人無寐，秦淮應是孤月。」結句含有惜別之意，意思是說：我走了後，伴你夜間失眠的，就祗有秦淮河上的孤月了。「秦淮」，即秦淮河，流經金陵城區。

《歷代詩餘·詞話》引陳子龍讚美這首詞的話說：「氣衝斗牛，無一毫委靡之色。」這種豪壯風格，在南宋

末年的詞人中，實不多見。但從整首詞來看，結句未免欠遒乏勁，有白玉微瑕之嫌。（鄭孟彤）

指南錄後叙

文天祥

德祐二年正月十九日，予除右丞相兼樞密使，都督諸路軍馬。時北兵已迫脩門外，戰、守、遷皆不及施。縉紳、大夫、士萃於左丞相府，莫知計所出。會使轍交馳，北邀當國者相見。衆謂予一行為可以紓禍。國事至此，予不得愛身，意北亦尚可以口舌動也。初奉使往來，無留北者，予更欲一覘北，歸而求救國之策。於是辭相印不拜，翌日，以資政殿學士行。

初至北營，抗辭慷慨，上下頗驚動，北亦未敢遽輕吾國。不幸呂師孟構惡於前，賈餘慶獻諂於後，予羈縻不得還，國事遂不可收拾。予自度不得脫，則直前詬虜帥失信，數呂師孟叔姪為逆。但欲求死，不復顧利害。北雖貌敬，實則憤怒。二貴酋名曰館伴，夜則以兵圍所寓舍，而予不得歸矣。

未幾，賈餘慶等以祈請使詣北。北驅予并住，而不在使者之目。予分當引決，然而隱忍以行。昔人云：「將以有為也。」至京口，得間奔眞州，即具以北虚實告東西二閫，約以連兵大擧。中興機會，庶幾在此。留二日，維揚帥下逐客之令。不得已，變姓名，

指南錄後叙

詭蹤跡，草行露宿，日與北騎相出沒於長淮間。窮餓無聊，追購又急，天高地迥，號呼靡及。已而得舟，避渚州，出北海，然後渡揚子江，入蘇州洋，展轉四明、天臺，以至於永嘉。

嗚呼！予之及於死者，不知其幾矣！詆大酋當死；罵逆賊當死；與貴酋處二十日，爭曲直，屢當死；去京口，挾匕首，以備不測，幾自剄死；經北艦十餘里，為巡船所物色，幾從魚腹死；真州逐之城門外，幾彷徨死；如揚州，過瓜州揚子橋，竟使遇哨，無不死；揚州城下，進退不由，殆例送死；坐桂公塘土圍中，騎數千過其門，幾落賊手死；賈家莊幾為巡徼所陵迫死；夜趨高郵，迷失道，幾陷死；質明，避哨竹林中，邏者數十騎，幾無所逃死；至高郵，制府檄下，幾以捕繫死；行城子河，出入亂屍中，舟與哨相後先，幾邂逅死；至海陵，如高沙，常恐無辜死；道海安、如皋，凡三百里，北與寇往來其間，無日而非可死；至通州，幾以不納死；以小舟涉鯨波，出無可奈何，而死固付之度外矣。嗚呼！死生，晝夜事也，死而死矣，而境界危惡，層見錯出，非人世所堪。痛定思痛，痛何如哉！

予在患難中，間以詩記所遭，今存其本不忍廢。道中手自抄錄：使北營，留北關外，為一卷；發北關外，歷吳門、毘陵，渡瓜州，復還京口，為一卷；脫京口，趨真州、揚州、高郵、泰州、通州，為一卷；自海道至永嘉，來三山為一卷。將藏之於家，使來者讀之，悲予志焉。

嗚呼！予之生也幸，而幸生也何所為？求乎為臣，主辱臣死，有餘僇；所求乎為子，以父母之遺體，行殆而死，有餘責。將請罪於君，君不許；請罪於母，母不許；請罪於先人之墓，生無以救國難，死猶為厲鬼以擊賊，義也。賴天之靈，宗廟之福，修我戈矛，從王於師，以為前驅，雪九廟之恥，復高祖之業。所謂誓不與賊俱生，所謂鞠躬盡力，

指南錄後叙

死而後已，亦義也。嗟夫！若予者，將無往而不得死所矣。向也，使予委骨於草莽，予雖浩然無所愧怍，然微以自文於君親，君親其謂予何？誠不自意，返吾衣冠，重見日月，使旦夕得正丘首，復何憾哉！復何憾哉！

是年夏五，改元景炎，廬陵文天祥自序其詩，名曰《指南錄》。

民族英雄文天祥的鬥爭事跡，是慷慨悲壯的史詩；他所留下的反映南宋末年抗元鬥爭的詩文，是他一生奮戰的實錄，也是愛國主義和民族氣節的頌歌。一篇《指南錄後敍》，記述了他奮鬥經歷中的一個片斷，更抒寫了他熱愛祖國的深厚感情，表現出爲恢復故土誓死而戰的不屈意志和浩然正氣。這是中國古典文學中愛國主義傳統的典範篇章。

文天祥（一二三六——一二八三），字履善，又字宋瑞，號文山，廬陵人。他生當南宋末年國勢危殆時期，政能文才不得發揮，愛國韜略不得施展，進士及第後，在湖南、江西等地做官。直到元軍大舉南下，首都臨安危急時，他才得以奉詔勤王，並被加以右丞相名號統帥諸路軍馬。當時朝廷中專權的謝太后已決意投降。文天祥被形勢所迫，不得不出使議和。他忍辱負重，在敵營中以強辯詆羣酋，嚴斥敵人背約失信，痛駡叛徒屈辱投敵，因而被羈留。這時候，朝廷在謝太后把持下，已遣散了「勤王」軍，另派使臣正式請降。文天祥被羈押，與請降使臣一起北上。途中經鎮江，他乘夜逃脱。他先到真州（今江蘇儀徵縣），圖謀聯合淮南東路制置使李庭芝和淮南西路制置使夏貴共同抗敵。但由於有他已投敵的謠傳，李庭芝下令真州守將苗再成殺掉他；苗不忍，放他出城。他處在敵人邏捕之中，走投無路，變易姓名，草行露宿，投奔南方。這時南宋都城已失陷，帝廷被擄，部分抗戰派將領，擁立九歲的廣王趙昰，在福州建立起一個小朝廷。文天祥歷盡艱辛，終於輾轉到了溫州。自使北到南歸，他一路寫詩紀行、述志、抒懷，成詩四卷，取「臣心一片磁針石，不指南方不肯休」之意，名之曰《指南錄》，並寫《自敍》一篇；言猶未盡，又寫了《後敍》。

古人的詩文集敍一體文章，一般是敍説寫作緣由、宗旨，或記述身世、議論文章的。但由於《指南錄》中的詩，本來不是一般述志緣情之作。這是九死一生中血淚寫成的實錄，是國破身危間忠肝義膽的剖白，是恢復故土的號召和堅持抗戰的吶喊；因此爲它們寫敍，必然是志憤言激、氣悲文壯，其內容不是一般詩文敍寫事由或較量文字短長所能包容的。

全文分三部分。

第一部分，記敍從受命使北到逃亡南歸的經過。

這個期間，作者身臨危難，歷盡艱辛，遭受了肉體上和精神上的極大痛苦和屈辱。但他歷歷敍寫奮鬥經歷，筆墨不在個人恩怨和一身悲苦，處處從國勢安危的大局着筆，一種剛毅不屈的精神和以天下爲己任的責任感流露在字裏行間。這種寫法，表現出作者處理材料的提煉剪裁之工；而他能如此剪裁，也由於他的胸襟博大、品格崇高。

文章開始，記敍臨危受命的經過。先提出「德祐」年號，這是《春秋》「正名」筆法，表示自己對朝廷的忠愛。寫到形勢，用「戰、守、遷皆不及施」七個字，精確廉悍地寫出了局面的危急。當時敵軍大兵壓境，而城中守軍僅三萬多人，謝太后以投降爲國策，曾請向元朝稱侄、稱孫，不許；請稱臣爲附庸，又不許。在這種情況下，文天祥說「國事至此，予不得愛身」，這裏又用九個字，把國家與一身的利害關係，判斷得明明白白，以身許國、爲國獻身的熱忱，躍然紙上。他出使議和，本是屈辱的違心之舉。他又寫到自己當時「欲一覘北，歸而求救國之策」，表白了他在危難中圖生存的深謀遠慮和志節。這樣，這段文字是記敍出使事實，却把自己的忠愛之意和抗戰決心表達得清清楚楚。

接着，作者以簡括明晰的筆法，依次記敍了自己的奮鬥史，寫了舌戰敵酋、怒斥叛徒、逃脫羈留、組織抗戰和最後逃歸溫州的經過。這段奮鬥史，是一次次挫折與失敗的歷史。但作者在文章中不僅表現出雖經失敗而前赴後繼、不屈不撓的堅定精神，更探尋了失敗的原因。初至北營，痛斥敵酋，本以口舌之辯取得了某些勝利，但敗壞於叛徒的「構惡」與「獻諂」；逃至眞州，有條件聯合兩淮軍隊重整抗戰局面，但又失敗於內部的猜忌與分裂。這樣，在記敍中，作者對造成國事垂危的原因進行了分析，對造成失敗的殘局深致感慨，記敍、議論、抒情是有機地統一的。而且，這裏雖然寫的是失敗、逃亡的悲劇，但突出了鬥爭，突出了氣節，突出了道義，沒有絲毫悲觀的情調。語氣文情，隨着一次次鬥爭的記述起伏變化，把不屈戰鬥的基調逐漸推向高潮。

第二部分，就前面的記敍抒寫感慨，歸結到《指南錄》的寫作和編輯。

「嗚呼！予之及於死者，不知其幾矣！」這裏用強烈的感嘆，承前啓後；其中的「及於死」三字，是全段的關紐。以下，歷述自己從使北到南歸十八次死裏逃生的經過。表面上看，這是對前一段內容的重複和鋪衍。但却不是冗贅的反覆。如果說前一段是記述奮鬥史，那麼這一段則着重突出境遇之艱危，表現自己在死亡考驗面前的堅定態度，說明自己歷盡挫折而不改初衷的決心。古代文論中有尙簡崇繁之爭。文天祥寫這段文字，盡量鋪揚，「幾乎死」的意思鋪寫了十八次，是一個用繁的例子。但正是這種重疊繁複的筆墨，把澎湃的熱情一次次傾洩出來，加強了內容的表達。

這一段文字在修辭上用了一大串排比句，句式長短錯落。分句中的短句急促有力，長句磊落跌宕，而整個長長的排比句，形成了勢如破竹的凌厲奮迅的氣勢。十八次寫死裏逃生，變換字面，表達不同的境況及所造成的不同的情緒。「詆大酋當死；罵逆賊當死；與貴酋處二十日，爭曲直，屢當死」，這裏用「當死」二字，突出自己的拚死與敵人鬥爭；「去京口，挾匕首，以備不測，幾自剄死」，所謂「自剄死」，一方面說自己的失望，另一方面也表白自己不生落敵手的決心；「經北艦十餘里，爲巡船所物色，幾從魚腹死」，寫出漂流長江的危險；以下，「幾徬徨死」、「幾陷死」、「幾無所逃死」等等，生動寫出了危惡境遇的錯見層出，突出了在整個過程中鬥爭、失敗、希望、失望、徬徨、困擾……的複雜變化的感情。這樣，十八個「死」字，使敍述增強了感情色彩，也就表白了自己生死置之度外、一心爲國獻身的決心。

由此，自然引發到患難中寫詩和後來編集成帙以期傳於後世的希望上來。這也是爲詩集作序的題中應有之義。

第三部分，進一步集中抒寫懷抱，表白自己的志節和決心。

承前所寫九死一生的經歷，這裏感慨地提出了生存意義的問題：「予之生也幸，而幸生也何所爲？」他從兩個方面說明了自己的餘生志在道義。一方面，他痛感自己爲人臣、爲人子，都由於國破家亡而身負罪責，所以要請罪於君，請罪於母，請罪於先人之墓，決心「生無以救國難，死猶爲厲鬼以擊賊」，這是「義也」。這就表明，救國復仇，是他生死以之的事業；完成這個事業，是自己爲人臣、爲人子的使命與天職。另一方面，當時以趙昰爲帝的小朝廷又揭起抗元的旗幟，這個朝廷實力薄弱，內部矛盾重重，但由於這是抗敵鬥爭的中心，恢復希望之所在，所以他以歌頌的筆墨寫到「賴天之靈，宗廟之福，修我戈矛，從王於師」；他自己則以諸葛亮爲榜樣，「誓不與賊俱生」，「鞠躬盡力，死而後已」，這又是「義也」。宋人講道學，多空談天理性命，鼓吹封建節義；但其時也頗有人重事功、重操守、重對國家的忠愛，從中求大義，這是積極的。文天祥兩次寫到「義也」，講的就是這種體現了愛國精神和民族氣節的凛然大義。最後他說自己已「無往而不得死所矣」，秖要能捐軀而促進國家中興，死無所憾，再一次表白了誓死戰鬥的悲壯決心。

《指南錄後敍》，記述的是亡國前的失敗的鬥爭，但從一定意義上說，却又是一種勝利的記錄。「不是謀歸全趙璧，東南哪個是男兒！」（《眞州雜賦》）浩然正氣，凛然大節，表現了中華兒女的亮節高風。這種文字，是不可與一般的美文麗辭較短長的。宋人論文，有「道勝言文」、「氣盛言宜」之說。這種理論有一定片面性，有輕視文采和文學本身特性的偏向。但如果從強調人的事業、品格對文章的決定性影響的角度講，還是有一定道理的。文天祥的品德、胸襟、志向、眼光等等，是崇高美好的；因而發爲文章，才能寫出這種字裏行間映射着愛國主義光彩的壯美篇章。

魯迅先生曾自豪地說：「我們自古以來，就有埋頭苦幹的人，有拚命硬幹的人，有爲民請命的人，有舍身求法的人」，他稱這些人是「中國的脊梁」（《且介亭雜文》）。文天祥就是這些人中傑出的一位；他的《指南錄後敍》正表現了作爲中國人民優秀傳統的可貴的「脊梁」精神。中華民族，生息在這片廣大國土上五千年，經歷過不知多少興衰變化，到了今天，又以堂堂之陣，正正之旗，自立於世界民族之林。愛國精神和民族氣節，正是它得以長存、發展的精神支柱之一。我們應當珍視它、繼承它、豐富它、發揚它。正因爲如此，雖然今天的時代與文天祥的時代截然不同了，但他的那種愛國熱忱、犧牲精神以及個人對於國家、對於民族的使命感、責任心，仍然是彌足珍貴、值得學習的。

（孫昌武）

齊天樂

王沂孫

蟬

一襟餘恨宮魂斷，年年翠陰庭樹。乍咽涼柯，還移暗葉，重把離愁深訴。西窗過雨。怪瑤佩流空，玉箏調柱。鏡暗妝殘，為誰嬌鬢尚如許？　銅仙鉛淚似洗，歎移盤去遠，難貯零露。病翼驚秋，枯形閱世，消得斜陽幾度！餘音更苦。甚獨抱清高，頓成淒楚？謾想薰風，柳絲千萬縷。

王沂孫這首詞反映了他在南宋亡國後的哀思。詞人自傷身世，自然心中寓有無限哀感，觸物生興，寫的雖是蟬，却有意無意中表現了自己，這實際上就是「有寄託入，無寄託出」（周濟語）；原不必處處考實，強加附會的。蟬又名齊女，崔豹《古今註》說是齊王后怨王而死，屍變爲蟬，在庭樹上哀鳴。所以詞第一句就擬蟬是齊宮怨女離魂，還留有一胸餘恨，通篇全是用擬人化手法來寫的。

李商隱《韓翃舍人即事》詩：「鳥應悲蜀帝，蟬是怨齊王。」詞的第一句分明就是用蟬訴說南宋亡國的深恨。這裏主要是寫自夏入秋的蟬，「年年翠陰庭樹」，庭樹就用《古今註》語。這句是和下面三句意思相連貫的，但分幾層寫。夏末，蟬深藏於樹陰，所以說「年年翠陰庭樹」。但不知不覺就到了秋天。隋王由禮《賦得高柳鳴蟬》詩：「園

齊天樂·蟬

柳吟涼久，嘶蟬應序驚。」蔡邕《蟬賦》：「白露淒其夜降，秋風肅以晨興。聲嘶咽以沮敗，體枯燥以水凝。」同樣詞的第三句就說「乍咽涼柯」，是寫靜態的變化。「咽」，是悲嘶。第四句也像王由禮詩所寫「葉疎飛更迴」和方干《旅次揚州寓居郝氏林旁》所寫「蟬曳殘聲過別枝」句一樣，寫「還移暗葉」，是動態的變化，指飛得更遠，藏得更深。然後追出後面一句：「重把離愁深訴。」李后主《相見歡》：「剪不斷，理還亂，是離愁。」這兩首詞的「離愁」，同是指亡國的深恨。「重把」承上照應「年年」，更顯得是歷經多年的一派黍離之感。下面更加強了擬人化的藝術構思，詞人把蟬完全當齊宮人寫：「西窗過雨。怪瑤佩流空，玉箏調柱。」這裏也有詞人自己在：當西窗飛過陣雨，却驚怪那空中流蕩起環佩的音響，又有玉箏移柱的韻調，分明是寫詞人想象中當年的宮中歡宴。最後寫「鏡暗妝殘，爲誰嬌鬢尙如許？」反過來以齊女代蟬，更進一步擬人化了。「嬌鬢」不正面犯蟬字。溫庭筠《菩薩蠻》：「春夢最關情，鏡中蟬鬢輕。」唐婦女裝飾講蟬鬢，讓雙鬢修飾得像薄薄的蟬翼。崔豹《古今註》說它是魏文帝宮人莫瓊樹所發明。寫蟬則是說蟬還未老，蟬翼還很美，這兩句也是承「怪」字而言。但就擬人化深一層講，鏡已暗，妝已殘，還爲了誰留這輕薄如紗的蟬鬢呢？這就比《詩·伯兮》：「豈無膏沐，誰適爲容」的感慨更深。上闋「怪瑤佩流空，玉箏調柱。鏡暗妝殘，爲誰嬌鬢尙如許？」也是詞的轉折頓挫處，一似詞人的問訊，借詞人一問，又向愁苦更深一層過渡。

下闋寫蟬老尙懷念炎夏，貼切於蟬的生態變化，但又全類齊宮人的怨訴。一開始便陡轉，空際下筆，用了李賀《金銅仙人辭漢歌》所寫魏明帝詔宮官西取漢武帝捧露盤仙人故事，既切蟬的吸風飲露，又寓亡國的悲感。李賀詩是寫銅人「空將漢月出宮門，憶君清淚如鉛水。……攜盤獨出月荒涼，渭城已遠波聲小。」本詞則寫「銅仙鉛淚似洗，歎移盤去遠，難貯零露」，表示露盤已移，無露可供蟬飲。兩件本不相干的事，由於蟬是齊宮人所化，由此便聯繫在一起，擬人化的程度更深了；一個「歎」字，已勾勒出無可奈何的情懷。下三句：「病翼驚秋，枯形閱世，消得斜陽幾度！」切蟬，更切遺民情緒。駱賓王《在獄詠蟬》中的「露重飛難進」，自有「病翼驚秋」形象。孫楚《蟬賦》言「形如枯槁」，也是「枯形」的根據。但「閱世」二字，却有着當時遺民難以言喻的滄桑感。「消得斜陽幾度」的沉痛，更應是「驚秋」、「閱世」的結果。讀到此處，幾乎難以分辨是寫蟬還是寫人。作者寫物像之準確，鋪敍之圓融，寫情之深刻，表意之透徹，不愧爲南宋大家。

結尾需要切蟬的特質，又要有頓挫，使餘音不絕，留下言外之意示人。所以詞以「餘音更苦」結上三句。「甚獨抱清高，頓成淒楚？」先寫蟬的本質，「甚」字冒下作問句，切蟬也是不言自明，切人也是不言自明。蟬，李商隱詩說：「本以高難飽，終能永夜清。」王沂孫也是南宋清高文人，但時運交移，就不能不頓成淒苦，這是弦外音。到此完全回答了上闋末尾提出的問題。上闋結尾作一跌宕之筆，這裏又作一跌宕之筆，都是以「道是無情却有情」的寫法構造的。最後二句：「謾想薰風，柳絲千萬縷」，雖然祇是回憶，祇是無憑據地想，但終竟不能忘的是薰風自南來、楊柳千萬條的盛時光景，結語也是人、蟬相關。雖然詞人已處於《哀江南賦》所說：「日暮途窮，人間何世」的境地，但如果他沒有這種故國之思，那麼無論在思想性上和藝術成就上就會皆不足取。

周濟說這首詞有「家國之恨」，這是對的，它表面的一個層次是寫蟬，却又全用擬人化手法，也就是在寫齊女了。然而更深的一個層次，實是寫王沂孫自己。這樣寫才是眞正寫物的詞家高手。詞寫齊女蟬，並不泥於齊王后，所以諸如說這是寫南宋亡後王昭儀的這類說法，都不足憑信。

（王達津）

賀新郎

蔣捷

吴江

浪湧孤亭起。是當年、蓬萊頂上，海風飄墜。帝遣江神長守護，八柱蛟龍纏尾。鬥吐出、寒煙寒雨。昨夜鯨翻坤軸動，捲雕翬、擲向虛空裏。但留得，絳虹住。五湖有

賀新郎・吳江

客扁舟艤。怕羣仙、重遊到此，翠旌難駐。手拍欄干呼白鷺，為我殷勤寄語。奈鷺也驚飛沙渚。星月一天雲萬壑，覽茫茫、宇宙知何處？鼓雙檝，浩歌去。

吳江現名吳淞江，是太湖支流中最大的一條河（又稱蘇州河），西起太湖，歷經吳江、吳縣、崑山、松江、嘉定、上海等重要城鎮，與黃浦江匯流入海。唐宋時期，吳中富庶，山光秀美，水色嬌妍；吳江兩岸，文物勝境極多，遷客騷人，多來此處遊賞或隱居。詩詞歌賦，競相歎詠，佳話趣聞，流傳不息。而筆墨集中渲染之處，莫過於吳江縣西的垂虹橋和垂虹亭。這兩個連爲一體的建築修造於北宋仁宗慶曆八年（一〇四八），建成不久便享有盛譽，著名詩人蘇舜欽被削職後來此遊覽，留下了「長橋跨空古未有」的詩句；傑出的書畫家米芾則以「垂虹秋色滿江南」一句把它推崇到江南甲秀的境地。至於年逾八十的老詞人張先攜帶鶯鶯燕燕，與正值中年的蘇東坡來此宴遊，更是宋代文人所盛傳的美事了。

世事滄桑，誰能預知！二百三十年後，元軍南下，宋室覆亡，兩番遭受戰火洗劫的文物名勝此時也和宋代江山一樣蒙難受辱，處於元代貴族統治集團的踐踏之下。剛中進士不久便經歷亡國之痛的詞人蔣捷，這時流浪到了吳中。「好江山，何事此時游？」同時人周密的辛酸詞句也許正能恰當地表達那些宋亡之後不願與元朝合作、四處浪遊的士子的心情吧。然而，適逢勝境，豈能無詩？國破家亡之痛、國土淪喪之悲，時時刻刻都會溢出胸懷。正基於此，蔣捷寫下了這首著名的《賀新郎》。

作者先從江邊橋頭的垂虹亭寫起。泊舟江中，遙望亭閣，猶如建立在洶湧的波濤之上。「浪湧孤亭起」五字劈空而來，直接展現出眼前壯觀景象，可謂發端不凡。亭子何處而來？作者馳騁想象，引導人們進入幻境：「是當年，蓬萊頂上，海風飄墜。」《史記・封禪書》說，渤海中有三座神山，那就是蓬萊、方丈、瀛洲。詞人把眼前情景寫成海風吹來了蓬萊山上的亭閣，從而把現實景象變成了神仙境界。這一筆寫得奇特、脫俗。緊接着說天帝派遣江神守護着亭閣，八根亭柱上雕刻的蛟龍也「活」了起來，彷彿煙波浩渺的太湖和吳江的秋雨濃霧都是因龍而起一樣。這樣便把仙界的虛幻和眼前的實景緊密地結合起來，虛實相生，撲朔迷離。繼而，涵渾蒼茫的畫面呈現出動態：巨鯨翻波吹浪，好像把地軸都攪動了一般，浪頭把亭子上的彩雕飛簷都捲起來了，擲向虛空，化作彩虹留在吳江上。這幾句由靜化動，動而又靜，宕得開，收得攏，並且巧妙地將垂虹橋用裏帶的方式推現出來，充分顯示出了作者高超的駕馭詩歌語言的能力。

詞的上半闋想象奇特，描寫生動，虛實相生，變化多端，總的說來是以幻寫實，抓住波濤的動態寫出垂虹亭的氣勢和橋的飛動形貌，以浪湧、海風、龍門、鯨翻等力的表現顯示出了垂虹勝境的內在精神（或氣魄）。下半闋由幻入眞，由遠及近，由外界景象的描繪轉向內心情愫的表達。這位來自太湖（五湖）的遊客，將一葉扁舟泊於岸邊，不禁神情黯然。他想到，過去那些曾在此勝遊俊賞、吟詩作賦的高人隱士、仙客騷人，現在到此，恐怕也會興味索然，驅車而去吧。「羣仙」一詞，表面與上半闋的蓬萊仙境相呼應，實際上作者暗指那些曾在此暢遊遺興的人。太湖一帶是著名的隱逸佳處，春秋之季的范蠡相傳在幫助勾踐滅吳之後，帶領西施遯跡於五湖之上；東晉張翰見秋風而思念故鄉的鱸魚蒓菜，結果棄官而返；唐末詩人陸龜蒙隱住甫里，與農夫爲友，都有佳話盛傳於世。宋人爲了紀念他們，還專門在垂虹橋南端修建了「三高祠」，稱他們爲「仙」。同樣，大名鼎鼎的蘇軾雖已故去，但宋人多稱之爲「坡仙」，可見這裏的「羣仙」並非專指蓬島仙人。況且，仙人們淡薄功名，閒視興亡，國恨家愁對他們來說是不存在的，「重遊」二字也分明是指那些往來不易的塵世凡人。作者借故人不忍目睹殘破山河來寫自己的悲慨、惆悵，寫得低迴哀轉，力透紙背。胸中積憤至此已經無法壓抑，於是詞人手拍欄干，尋找知音，以便傾訴衷腸。辛棄疾在《水龍吟・登建康賞心亭》裏寫到：「落日樓頭，斷鴻聲裏，江南遊子，把吳鈎看了，欄干拍遍，無人會，登臨意。」「吳鈎」指的是吳地生產的寶刀。這幾句意在慨歎壯志難酬，英雄無用武之地。蔣捷在此手拍欄干，分明是慨歎江山依舊，朝代已改，雖有用世之志而不能扭轉乾坤，於是衹好呼喚白鷺，與之傾訴衷腸了。白鷺在古人詩文中從來都被視作悠閒自在、不受約束的鳥類，韋莊在《題淩處士山莊》詩裏曾用「雨急春塘白鷺閒」之句描繪隱居之士所處的環境，一貫爲人們所稱道；與蔣捷同時的另一位詞人高觀國也在作品中寫道：「一堤風月，六橋煙水，鷺約鷗盟在」，表現的便是宋代遺民不願與元朝統治者合作，寧願與鷗鷺爲盟友，流連湖山的心情。蔣捷在此呼喚白鷺，想表達的也是這種心情，而作者把筆一扭，再次宕開，以「奈鷺也驚飛沙渚」

一句深化詞意；「驚飛」二字表面似寫白鷺孤高，實際上隱託出了作者浪遊奔波的勞頓，正因爲此才驚飛了白鷺，也正因爲此，白鷺才不願與他爲伍。到此境地，詞人不禁萬般惆悵，昂首望天，衹見一天星月和白雲，哪裏去尋白鷺的影子呢？「覽茫茫、宇宙知何處」一句寫得更爲開闊，更爲奇警，作者彷若站立在高山之巔，平視青雲，環顧四野，一種蒼茫、渾淪之感油然而生。宇宙茫茫，無邊無際，白鷺歸去何方，誰人知曉？這裏承上看去，似作者在尋覓白鷺；與下相連，便可悟出，作者於廣袤的宇宙、空間意識到了自我存在的渺小，這種渺小的感覺在特定的環境下不是引起恐懼感，恰恰相反，它導發了一種安全感。白鷺驚飛，瞬間消失於蒼茫之中，無從尋覓；而作爲漫遊湖海間的一葉扁舟，不也和一隻白鷺相去無幾，猶如滄海一粟，芥粒之地便可容身，遠遠避開人世間的惡勢力，不受其迫害、挾持、利用嗎？所以作者再沒有猶豫，鼓起雙槳，高歌而去，像白鷺一樣消失在水天一片的月夜之中了。

蔣捷的這首《賀新郎》立意甚高，他把一個有強烈民族氣節和正義感的詞人對故國的眷戀、對侵略者的不滿和不願趨炎附勢、求利謀祿的心情委婉曲折地表達了出來。南宋滅亡之後，士大夫們不外三類，一是堅持抗元復國的壯志，誓與侵略者爭戰到底（如謝翺）；另一類則屈節求榮，忍辱偷生，在元統治者的麾下忍氣吞聲地度過晚年時光（如王沂孫）；這兩類人都不是主流。爲數衆多的是第三類，他們沒有力量、也沒有膽識去和元代統治者公開對壘，同時他們又不願意喪失節操，助紂爲虐，衹好隱居草野，浪跡江湖，用疏曠蕭閒的方式來表示不忘故國，不入新朝。蔣捷、周密、高觀國等宋末詞人均屬此類。蔣捷衆多詞作中的一個中心主題也就是表達這種甘於寂寞，不羨慕富貴榮華、不與統治者合作的情緒。如《女冠子・元夕》中「況年來、心懶意怯，羞與蛾兒爭耍」等即是。

前人評價蔣捷詞，往往用「纖巧」、「妍倩」（毛晉《竹山詞跋》）、「刻入纖豔」（沈雄《古今詞話》）等詞語來概括他的風格，這些說法無疑是片面的，因爲他們衹看到了作者某些描寫私人生活的詞篇。《四庫全書總目提要》說他「鍊字精深，音詞諧暢，爲倚聲家之榘矱（法度）」，也僅從字面、音律上着眼，未能窺見蔣捷詞的深沉內蘊和變化多端的風采。僅就這首詞而論，作者那豐富的想象力和博大的情懷，渾浩的「宇宙」意識以及出神入幻的多變結構，都是南宋末期大多數詞人所沒有的，這一點使我們想到了蘇軾和辛棄疾詞中那種融浩翰的宇宙空間和久遠的歷史跨度於尺幅之間的高超藝術手段。僅此而論，把蔣捷歸入蘇、辛一派是無可非議的。而這首詞景象之險奇突兀、結構的跳宕開合、語勢的跌落起伏，似乎有李賀古詩那種奇譎精警的特質，這則是蔣捷所獨具的面目了。再者，語言的精心鍛煉、音律上的刻意求工也使此詞生色不少，像「浪湧孤亭起」、「鬥吐出、寒煙寒雨」、「鯨翩坤軸動，捲雕翬、擲向虛空裏」等語句，挺拔精致，超凡脫俗，這些經過反覆烹煉鑄就的語詞與作者奇特的想象所造就的神奇境界緊密地配合起來，從而避免了一般蘇、辛派詞人那種衹注意雄豪放曠而語言率意、落入俗套的缺憾，也許這是蔣捷生於姜夔、吳文英兩位「詞匠」以後所佔據的藝術優勢吧。（華 巖）

賀新郎

蔣 捷

兵後寓吳

深閣簾垂繡。記家人、軟語燈邊，笑渦紅透。萬疊城頭哀怨角，吹落霜花滿袖。影廝伴、東奔西走。望斷鄉關知何處？羨寒鴉、到著黃昏後。一點點，歸楊柳。

相看衹有山如舊。歎浮雲、本是無心，也成蒼狗。明日枯荷包冷飯，又過前頭小阜。趁未發且嘗村酒。醉探枵囊毛錐在，問鄰翁、要寫牛經否？翁不應，但搖手。

賀新郎·兵後寓吳

詞題是「兵後寓吳」。「兵後」，指元丞相伯彥率軍攻陷臨安以後。「寓吳」，指作者流亡到蘇州一帶。這首詞通過一個逃避戰亂的知識分子的不幸遭遇，反映了南宋的滅亡以及給人民帶來的災難和精神上的痛苦。

上片寫兵後，由兩部分組成。開篇三句是第一部分，作者用精練的筆墨刻畫南宋滅亡前幸福的家庭生活。從「萬疊城頭」到上片結尾，是第二部分，寫「兵後」的流浪。這一部分九句約可分三層。「萬疊城頭」兩句是一層，寫臨安的淪陷。「哀怨」的「角」聲，象徵元軍的殺戮與宋的滅亡。「霜花滿袖」是國破家亡之後的痛苦。「影廝伴」兩句是又一層，寫隻身逃亡，孤苦無告。「羨寒鴉」三句再一層，寫作者無家可歸的悲痛。上片前後兩部分形成對比。

下片寫寓吳，描繪的是一幅國破家亡的流民圖，仍可分兩部分。「相看祗有山如舊」三句是第一部分。作者通過流亡途中經常見到的白雲和青山，表示寧肯像青山那樣巍然屹立，而決不像白雲那樣，一會是潔白的雲裳在天空飄浮，一會兒突然變成面目猙獰的黑狗。這對那些高喊民族氣節而最終墮落成變節文人的知識分子來講，是一有力諷刺。從「明日枯荷」到篇終是第二部分，寫作者甘願過貧苦的流亡生活，與那些「浮雲」變「蒼狗」者形成對照。「枯荷包冷飯」是流亡者習以爲常的生活。「趁未發，且嘗村酒」，是借酒消愁。「問鄰翁、要寫牛經否」諸句，深刻揭示流亡知識分子的艱難，即使抄書混飯的機會也不可得。「翁不應，但搖手」反映農村的貧困、牲畜的被大量宰殺，以及人民敢怒而不敢言的悲憤心情。作者在另一首《賀新郎》中抨擊了元貴族統治階級的民族高壓政策：「臨別贈言朋友事，有殷勤六字君記取：節飲食，慎言語。」「翁不應，但搖手」不也正是「慎言語」的具體表現嗎？

本篇刻畫了一個堅持民族氣節的知識分子的形象，反映了南宋滅亡後的時代氣氛和心理情緒。這首詞不僅是一個逃亡知識分子的哀歌，也是那一時代的挽歌。

強烈的對比是這首詞的主要特點之一。作者把南宋滅亡前後兩種截然不同的生活情景形象地描畫出來，加以對照，從而突出了「兵後」給江南人民帶來的災難。「深閣簾垂繡，記家人、軟語燈邊，笑渦紅透」的幸福生活，並非作者一家，「影廝伴、東奔西走」也非作者一人。作者通過一家一人的變化，活畫出當時社會的巨大變動。

由於詞中充滿細節描寫，讀來親切感人。這些細節表現在許多方面。除南宋滅亡前幸福家庭的生活細節外，還有流亡者的艱辛：「明日枯荷包冷飯，又過前頭小阜」；「問鄰翁、要寫牛經否？」有流亡者內心的酸辛：「羨寒鴉、到著黃昏後。一點點，歸楊柳。」有時代的苦辛：「萬疊城頭哀怨角」，「翁不應，但搖手。」這一切結合起來，便眞實地烘托出那一特有的時代氣氛與心理情緒。

蔣捷與劉辰翁雖大體經歷同一時代，並同樣寫下許多愛國詞篇，但這兩位詞人的作品又有所不同。蔣捷詞不像劉辰翁那樣以情辭淒婉、悲苦動人取勝，而是以描繪動亂時代的生活畫面及反映心理情緒見長。蔣捷的詞筆細膩，帶有某種看破一切的曠達和嘲諷的意味。他的詞，內容與感情均極悲苦，但表現時却又有某些浪漫主義成分。於是，同樣是抛灑遺民血淚之作，在蔣捷寫來，就似乎面帶苦笑，這帶苦笑的淚水，似乎更令人心酸。這也許是竹山詞迥異於其他詞人的獨到之處。（陶爾夫）

一翦梅

舟過吴江

蔣　捷

一片春愁待酒澆。江上舟搖，樓上簾招。秋娘渡與泰娘橋，風又飄飄，雨又蕭蕭。

何日歸家洗客袍？銀字笙調，心字香燒。流光容易把人抛，紅了櫻桃，綠了芭蕉。

一翦梅・舟過吳江

蔣捷

這首《一翦梅・舟過吳江》是南宋末年著名詞人蔣捷的名篇。蔣捷（約一二四五——一三一〇）字勝欲，陽羨（今江蘇宜興）人，宋恭帝德祐年間（一二七五——一二七六）進士，宋亡（一二七六）後隱居竹山，元成宗大德年間（一二九七——一三〇七）有許多人舉薦他，但他始終不肯出仕元朝，是封建社會中一位頗有氣節的知識分子。有《竹山詞》一卷傳世。

蔣捷在南宋滅亡前後，一直過着「影廝伴，東奔西走」（《賀新郎・兵寓吳江》）的漂泊生活，《一翦梅・舟過吳江》正是他這一時期生活的寫照，詞中深切表達了詞人的亡國之恨、思鄉之愁。

「一片春愁待酒澆。江上舟搖，樓上簾招。」詞一起句就點出了「愁」字。這「愁」是「春愁」，作者用「一片」來形容春愁。春天風和氣朗，本是令人愉悅的季節，人們所見當是一片春色，然而懷着亡國之恨的蔣捷却別有一番滋味。「感時花濺淚」，春光越明媚，就越勾起心頭的悵惘。「一片」把春色和鄉愁有機地結合起來，一片春色，又是一片鄉愁。春水渙渙，酒簾招搖，面對着濃郁的春色，詞人愁緒萬千，他想用酒來麻醉自己，擺脫那黯然銷魂的鄉愁，然而「舉杯銷愁愁更愁」，酒果眞能澆滅詞人的滿腹鄉愁嗎？

「秋娘渡與泰娘橋，風又飄飄，雨又蕭蕭。」「秋娘渡與泰娘橋」句，一作「秋娘度與泰娘嬌。」作者的《行香子・舟宿蘭灣》詞中有「過窈娘堤，秋娘渡，泰娘橋。」之句，據此，作「渡」、「橋」爲是。這三句是說當詞人鄉愁滿懷、待酒澆愁的時候，小船已悄然行過了秋娘渡和泰娘橋。隨着詞人的視線，吳江兩岸那鱗次櫛比的樓臺，那隨風飄搖的酒簾都一晃而過了，唯有那飄飄不住的江風和瀟瀟難歇的春雨依然伴隨着詞人在這涵蘊着無限愁思的春水上隨波蕩漾，上下起伏。上片用了短短的三十個字就描繪出一幅悲涼的孤舟泛江圖。「情以物遷，辭以情發」（劉勰《文心雕龍・物色》），風雨飄瀟已不祇是詞人對自然景色的描摹，它既表現出詞人那種縈繞難解的羈旅愁思，也是對國破家亡、人民流離、時局動蕩的眞實寫照。

下片着重抒發詞人的思憶。

「何日歸家洗客袍？銀字笙調，心字香燒。」下片一起句就點明了開篇言愁的愁因。一杯醇酒澆不滅詞人的愁情，凄風苦雨更增添了詞人的國恨，此情無計可消除，終於迸發出「何日歸家洗客袍」的呼聲。這個反詰句強烈地表現了詞人盼望早日歸家，與親人歡聚的願望。「銀字笙調，心字香燒。」「銀字笙」是一種鑲嵌銀字以表示音調高低的笙。「調」，指調試。白居易有「高調管色吹銀字」（《南園試小樂》）的詩句可證。「心字香」是一種香名，明人李明華說，心字香乃用香末繞成，作心字形（《紫桃軒又綴》）。由於有家難歸，詞人祇能借助於想象，形之於夢幻。在幻想中，詞人遠道歸來，與家人相見，還來不及坐下，就急忙換下那件被春雨淋濕、被江風吹皺的客袍，洗去一身的征塵，然後和親人們團聚一堂，開懷暢飲。調銀字笙，燒心字香，共話離愁別恨，同享天倫之樂。詞人以「愁」字開篇，到此突然陡折，宕開一筆，使人從難堪的愁緒中得到暫時的解脫，去設想他日歸鄉的歡暢情景。用這樣的寫法更加襯托出詞人歸鄉的急切心情和眼前難以壓抑的無限鄉思。愈思他日之樂，愈增今朝之愁。收到了一波三折，跌宕起伏的藝術效果。

「流光容易把人拋，紅了櫻桃，綠了芭蕉。」「流光」指流逝的光陰。當詞人從幻想中驚悟時，望着渙渙東流的江水，發出了「流光容易把人拋」的人生慨嘆。時光對於羈旅思歸的游子來說是多麽的珍貴，然而日復一日、年復一年，詞人仍是有家難回，望着東去的流水，詞人對棄他而去的流光實在是無能爲力。「拋」字顯得那麽隨便，那麽輕易，甚至有些漫不經心地就把那些渴望早日歸鄉的遊子拋棄了，形象地表現出光陰的流逝和歲月的無情。光陰荏苒，歲月不待，何日歸鄉遙遙無期，而逝水華年也難以追回。面對破碎的河山，詞人眞是無可奈何了。「紅了櫻桃，綠了芭蕉。」詞人以驚人的筆力結束了全篇。這兩句似乎是平平常常的景語，其實也是深沉蘊藉的情語，緊緊扣住了「流光容易把人拋」的人生慨嘆。日月如梭，不解人意，它拋棄了客居他鄉的遊子，又催紅了櫻桃，染綠了芭蕉。望着櫻紅蕉綠的景色，想到季節的變換，詞人的鄉愁越發強烈了。這一「紅」一「綠」，對比強烈，色調鮮明，道出了詞人「新綠舊紅春又老，少玄老白人生幾」（《滿江紅》）的心聲。

明末大學者毛晉在爲《竹山詞》作跋時寫到：「昔人評詞，盛稱李氏、晏氏父子，及耆卿、子野、子游、子瞻、美成、堯章止矣，蔣勝欲泯焉無聞。今讀《竹山詞》一卷，語語纖巧，眞世說靡也；字字妍倩，眞六朝隃也。豈其稍劣於諸公耶。」讀完《一翦梅・舟過吳江》，可以看出毛晉的讚譽是不爲過分的。這首詞的藝術特色，大致可以歸納爲以下三點：

一、結構嚴謹，意脈順暢。全詞以「愁」字開篇，上片着重寫景，下片着重抒情，不論是寫景還是抒情都沒有離開春愁、鄉愁、國愁的主題。上片除「一片春愁待酒澆」外都是對自然景色的描摹，彷彿與愁無關，給人們留下愁因何起的懸念。下片起句「何日歸家洗客袍」緊緊扣住上片的「愁」字，這就透露了詞的命意，起到承上啓下的作用。如果把「愁」字看成是全詞的詞眼，那麽這一句便是對「愁」字的註解，使全詞意脈貫通，環環相扣。

二、融神入境，情景交融。詞一開始，作者就把滿腹的愁情融入到自然景色之中。詞人借孤舟、酒簾來渲染，用飄風、瀟雨來烘託，引導讀者進入一個淒風苦雨、羈旅思鄉的詞的境界，把抽象的愁懷具體形象地表現了出來。下片，我們從焚香、調笙的想象中體會到詞人「何日歸家洗客袍」的急切心情，又從「紅了櫻桃，綠了芭蕉」的景色中體會到詞人對時間如流、人事如煙的慨歎。「情句中有景字，景字中有情字」（劉熙載《藝概》），作者運用自己深厚的文學修養，用深婉的文詞和含蓄的命意吐露出家國之恨、思鄉之愁，實在是含蓄不盡，耐人尋味。

三、句琢字練，清新秀逸。與南宋後期婉約派的一般風格相比，蔣捷的詞可謂洗去鉛華，歸於自然了。這首詞一共六十個字，沒有一個是冷僻晦澀的，不用典，不雕琢，用明白如話的詞句生動而形象地表達了詞人的哀緒愁懷。上片的「搖」、「招」、「飄」、「蕭」都是對客觀景色的描繪，用白描的手法把靜止的畫面寫活了，眞有搖撼人心的力量。下片調笙、燒香都是常見的事物，在詞人筆下既親切又新鮮，讀來感同身受。詞的最後兩句更見作者練字練句的功力。「紅了櫻桃，綠了芭蕉」，「紅」、「綠」，形容詞作動詞用，讓人感到造化之功的奇異，與「春風又綠江南岸」有異曲同工之妙。劉熙載稱蔣捷是詞家之五言長城，是並不過分的。

（袁　堅）

一翦梅・舟過吳江

虞美人

聽　雨

蔣　捷

少年聽雨歌樓上，紅燭昏羅帳。壯年聽雨客舟中，江闊雲低斷雁叫西風。　而今聽雨僧廬下，鬢已星星也。悲歡離合總無情，一任階前點滴到天明。

這是宋代詞人蔣捷寫的一首《虞美人》。作者通過這首詞，把自己少年的浪漫生涯、中年的流離景況、以及宋亡之後晚年悲苦淒涼的境遇與心情，刻畫得逼眞逼肖，入木三分。其文字容量之大、表現手法之高，確實令人歎服！

記得有人說過，高明的攝影藝術家在拍攝人像的時候，總是善於捕捉最能代表人物精神狀態的那典型的瞬間。而這寶貴的瞬間，常常會是人物一生命運的濃縮。作者正是這樣，爲了高度概括和集中，從自己漫長的生活中提煉了「聽雨」這樣一個典型的情景。而同是聽雨，在三個不同時期，却又有三種迥乎不同的意境。

少年聽雨的地點是「歌樓」，景物是「紅燭」和「羅帳」，再用一個極工致的「昏」字把這些景物融合起來，使讀者的眼前很快出現了一個「燭明香暗畫樓深」的所在。一幅五陵年少的遊冶生活畫面，色彩鮮明，歷歷在目。

壯年聽雨的地點是「客舟」，景物是：在「江闊雲低」的肅殺氣氛中，淒厲的西風裏傳來聲聲「斷雁」的哀鳴。

一個懷才不遇的知識分子，在風塵僕僕地奔波。繪聲繪影，旅途沿溯之苦，溢於言表。

亡國以後的晚年，聽雨的地點是「僧廬」。這裏作者並沒有寫景。可是一提到「僧廬」，不言景物而景物自現：「衆響漸已寂，蟲於佛面飛。半窗關夜雨，四面掛僧衣。」在這樣一個十分淒絕的環境中，一個奔走一生的詞人，白髮蒼蒼，孤苦伶丁，生活無着，蜷縮在這裏奄奄待斃。這雖是絃外之音，神餘言外，可是有心的讀者並不難捉摸。

結尾兩句，作者概括地抒發了對自己一生難言的悲憤。說「悲歡離合總無情」者，其實是深有情也，「道是無情却有情」也。潦倒一生，撫今追昔，怎能不思緒萬千，長歌當哭呢？「一任階前點滴到天明」，更是無可奈何之語。階前雨滴，點點都敲痛作者的心。這裏有少年的憧憬，有壯年的哀愁，更有晚年難堪的孤淒現實。樁樁件件，襲上心來，眞是一江春水，言有盡而意無窮。這既是封建社會廣大正直的知識分子共同命運的眞實寫照，也是對這個制度扼殺人才的憤怒控訴。

讀着這寥寥五十六字的小詞，我們不僅恍如看了一部蔣捷的傳記，而且也看到了那個時代成千上萬的落魄文人的生活、思想概貌。恩格斯說過，從巴爾扎克的《人間喜劇》中學到的東西，要比從「當時所有的專門歷史學家、經濟學家和統計學家的全部著作合攏起來所學的還要多」。這樣的文學作品，就有這種以少勝多的魅力。

（林從龍）

湖州歌（其五）

汪元量

一掬吳山在眼中，樓臺疊疊間青紅。錦帆後夜煙江上，手抱琵琶憶故宮。

南宋末年，是血雨腥風的年代，衹有半壁江山的小朝廷，在風雨飄搖中苟延殘喘的局面難以繼續了。德祐二年（一二七六），元軍統帥伯顏從南宋的京城臨安（今杭州）東北的皋亭山進屯湖州（今吳興），派人到臨安向小朝廷索取投降的「手詔」，並封府庫、收圖書，解除宋的職官，取消宋的侍衛軍。當時，文天祥、張世傑等抗戰將領正在浴血奮戰，可全太后却派楊應奎奉傳國璽、降表向元軍投降、謝恩。於是宋母后、幼主、宮女、內侍、樂官等，俱爲元軍俘虜北上。汪元量是內廷琴師，也在被俘之列。他目擊了當時南宋亡國、六宮北遷這慘不忍睹的一幕，懷着十分酸楚的心情，以「湖州」爲題，用七絕聯章的形式寫了九十八首絕句，淋漓盡致地抒發了辛酸悲苦的亡國之痛。

這是第五首，寫登船北上、初離臨安時的景象與心情。首句「一掬吳山在眼中」，吳山，在杭州西湖東南面，春秋時爲吳國南界，故名吳山。又因吳國大夫伍子胥以忠諫死，吳人立祠山上，遂稱胥山。五代時因山上有城隍廟，亦稱城隍山。宋時吳山盛極，登臨勝覽，左帶大江，右瞰西湖，杭州全景，盡收眼底。山上有蘇軾《牡丹詩》、米芾「第一山」、朱熹「吳山第一峯」等墨跡。南宋初期，金主完顏亮南侵，曾作詩曰：「移兵百萬西湖上，立馬吳山第一峯」。汪元量《越州歌》也說：「昔夢吳山列御筵，三千宮女燭金蓮；而今莫說夢中夢，夢裏吳山衹自憐！」可見吳山在詩中是代指臨安的。「掬」，是捧的意思。「一掬吳山」，是吳山小巧玲瓏似可把玩的意思。蘇軾《法惠寺橫翠閣》詩對吳山有過這樣的描寫：「朝見吳山橫，暮見吳山縱；吳山故多態，轉側爲君容。」可見吳山之玲瓏。南宋朝廷常在吳山筵宴，作爲內廷琴師的汪元量自然要出陪助興，所以他對吳山十分熟悉。今日作爲元人俘虜要離它而去，回首吳山，心中自然不免傷悼。「一掬吳山在眼中」，極言吳山之小，既有愛憐之意，又有哀憐之情。

「樓臺疊疊間青紅」，詩人乘船遠去、回首吳山時，往日山上重重疊疊、青紅相間的樓臺亭榭，今日不但失去了它的秀色，而且正與詩人愁顏相對，令人目之心酸。

「錦帆後夜煙江上，手抱琵琶憶故宮。」「錦帆」，指南宋宮室人員被俘北運時乘坐的船。「煙江」，卽夜霧彌漫的江面。「煙」字，在古典詩詞中使用相當普遍，如煙水，煙波、煙草、煙花、煙樹、煙谷、煙雨、煙霏、煙月、煙霄等等，根據詩中的不同情致，煙字的色調、情緒、響沉並不一樣，但一般說來，常常含有詩人主觀的迷茫意緒。如孟浩然《送袁十嶺南尋弟》「蒼梧白雲遠，煙水洞庭深。」儲光羲《幽人居》「春朝煙雨散，猶帶浮雲陰。」薛瑩《秋日湖上》「落日五湖遊，煙波處處愁。」汪元量當時心情悽慘，其「煙江」二字，自然包含着他的凄迷之感。船在煙江上顛簸，時間又是「後夜」，其江風、霧氣之冷，可想而知。詩人正是在這凄神寒骨的環境中，懷着悲涼的情緒，手揮琵琶，思念故國，寄情煙波的。

詩人在這首詩中寫了自己告別臨安時一天的感受。白日遙看吳山沉思遐想，夜晚面對江流託情琴絃。全詩用紀實手法，不動聲色、不加批判地客觀寫來，而留給讀者想像的內容卻是十分豐富的。

（崔承運）

湖州歌（其六）

汪元量

北望燕雲不盡頭，大江東去水悠悠。夕陽一片寒鴉外，目斷東西四百州。

「燕雲」，泛指北方。北望燕雲，望不到盡頭，便更覺山長水遠，前途莫測，一種惶惶不安和無限哀思的神情，溢於言表。這不僅給全詩創造了氣氛，更巧妙地從事與情兩個方面爲下文蓄勢。第二句「大江東去水悠悠」急承上句，以悠悠不息的流水，烘托出心中不盡的哀愁。同時，江水東流，一去不返，亦如往事已矣，不可挽回。這種感慨和悲傷，汪元量在別的詩中也說得比較清楚，比如：「諸公雲北去，萬事水東流」（《杭州雜詩和林石田》）；「君臣難再得，天地不重來」（《黃金臺和吳實堂韻》）。正是情因景濃，愁心無限之際，又見西天一脈斜陽，幾隻寒鴉。「夕陽一片寒鴉外，目斷東西四百州。」詩的第三句設景無限淒涼，既有國家興亡之痛，又有身世飄零之苦，百感交集，難以爲懷。然而意猶未已，情亦未盡。詩人更透過夕陽寒鴉，極目四望。東西四百州的大好河山，已非吾土了。王朝傾覆的歷史，江山易主的悲哀，皆凝鑄於那引而不發的尾句之中。這一句不僅深化了詩的主題，也使全詩更具有特定的時代色彩和典型意義，是亦可謂「周覽而發幽情，融史入地」（錢鍾書《管錐編》）之一格吧。

全詩四句，皆寫「望」中之景，由燕雲而江水，而夕陽、寒鴉，而神州大地，由遠而近，由近而遠，俯仰上下，環顧四方，寥廓的空間，紛繁的景物，都能以情事暗中相綰，隱而不晦，包孕殊深，一氣渾成，毫無湊泊之跡。王夫之曾經說過：「於景得景易，於事得景難，於情得景尤難」（見《古詩評選》）。汪元量的這首小詩正是「於事得景」、「於情得景」，可謂「難」上加「難」，而這也正是它的不凡之處，值得人們欣賞和借鑒。

（趙其鈞）

高陽臺

張　炎

西湖春感

接葉巢鶯，平波卷絮，斷橋斜日歸船。能幾番遊，看花又是明年。東風且伴薔薇住，到薔薇、春已堪憐。更淒然，萬綠西泠，一抹荒煙。　當年燕子知何處，但苔深韋曲，草暗斜川。見說新愁，如今也到鷗邊。無心再續笙歌夢，掩重門、淺醉閒眠。莫開簾，怕見飛花，怕聽啼鵑。

這是南宋末年詞人張炎（一二四八——一三二二？）的一首名作，各種選本大都採錄。但是關於這首詞的撰寫年代，後世論者意見不向。晚近論者多認爲此詞是作於臨安被元兵攻陷之後，當宋帝昰、帝昺之時（一二七七——一二七九）；而清張惠言則認爲此詞是臨安淪陷前一年，卽是宋恭帝德祐元年（一二七五）張炎

高陽臺・西湖春感

二十八歲時所作（吳則虞校輯《山中白雲詞》所引）。我同意張氏的推斷。爲什麼這樣說呢？因爲詞中雖透露了國家危亡之感，但是張炎還能遊覽西湖，「斷橋斜日歸船」，還能很從容的「掩重門，淺醉閒眠」，不像是臨安陷落後的情況。據史載，宋恭帝德祐二年三月，元兵入臨安，「以獨松關守將張濡嘗殺奉使廉希賢，斬之，藉其家。」（《元史》卷九《世祖紀》）按張濡卽是張炎的祖父。張炎遭受了這種沉重的國難家禍之後，還能有心情從容遊西湖麽？當宋度宗咸淳十年（一二七四），元兵大舉侵宋，自襄陽分道東下。次年，恭帝德祐元年（一二七五）正月，元兵攻取宋黄、蘄以下沿江諸州；二月，又擊敗宋賈似道兵十餘萬於池州；三月，元兵攻取建康、平江、滁州、廣德。這就是德祐元年春天的形勢。元兵南下，勢如破竹，臨安岌岌可危。張炎這首《高陽臺》詞就是在這時所作。

此詞開頭兩句描寫暮春景物。「接葉巢鶯」，是運化杜甫詩句「接葉暗巢鶯」（《陪鄭廣文游何將軍山林》）。「斷橋」句點明遊湖。斷橋在西湖白沙堤東。張炎這時的心情是很淒楚的，所以接着說：「能幾番遊，看花又是明年。」哀歎今年春天將要過去。「東風且伴薔薇住」三句，借以託喻，希望殘春留住，卽是說臨安可以幸保；然而轉念一想，卽便如此，而這種局面就像花開到薔薇，也是「春已堪憐」了。意極沉痛，而語極深婉。下邊接着說：「更淒然，萬綠西泠，一抹荒煙。」春還是要去的，這就更可悲了。「西泠」，橋名，在西湖白沙堤西，這裏用「西泠」代表西湖，下片仍是借慨時事。首句中的「燕子」，有的論者認爲是用劉禹錫《金陵》詩「舊時王謝堂前燕」意，固然也可以講得通；而我却認爲這句詞更有實際託諷之事。據《續資治通鑑》卷一百八十《宋紀》記載，恭帝德祐元年三月，元兵旣迫，臨安戒嚴，同知樞密院事曾淵子、簽書樞密院事文及翁、左司諫潘文卿以及朝臣季可、許自、王霖龍、陳堅等數十人皆遁，朝廷爲之蕭然。張炎詞中「當年燕子知何處」句殆卽傷歎此事。因此，臨安西湖一片荒涼，衹有「苔深」、「草暗」而已。「韋曲」在唐長安城南，「斜川」在今江西星子縣，陶淵明有《遊斜川詩並序》。這裏用「韋曲」、「斜川」借指西湖。「見說」猶「聽說」。鷗本是閒適的水鳥，但是「見說新愁，如今也到鷗邊」。更何況於人呢？加倍寫法，彌見沉痛。「無心」以下數句敍寫自己無可奈何的淒涼情緒。

這首詞是內心眞情的流露，用筆也婉折多姿，確實是「清遠藴藉，悽愴纏綿。」（劉熙載《藝概》）這正是張炎詞的特長。但它仍有其不足之處。詞意銜接轉折，一句挨一句，無有騰天潛淵的跌宕之筆與沉着之力。王國維《人間詞話》曾指出：「『能幾番遊，看花又是明年。』此等語亦算警句耶？乃值如許筆力。」陳廷焯總評此詞云：「淒涼幽怨，鬱之至，厚之至，與碧山如出一手」。（《白雨齋詞話》）按陳氏評語有點過譽。此詞「淒涼幽怨」則有之，而「鬱」與「厚」尚嫌不足，較王碧山（沂孫）終遜一籌。

在南宋覆滅之後，張炎遊走於江浙一帶，流離窮困，他的一些寄託黍離之悲的詞作，較《高陽臺》詞更爲沉摯蒼涼，如《月下笛》（萬里孤雲）等。我撰寫《靈谿詞說》論張炎詞有絕句四首，其中一首云：「江湖流落舊王孫，卅載華堂一夢存。賸水殘山憑弔盡，萬花吹淚掩閒門。」即指出張炎詞中這一特點。

張炎一生對於詞用力精勤，他撰著《詞源》兩卷，《山中白雲詞》約三百首，在詞的理論與創作兩方面都有顯著貢獻，不愧爲兩宋三百年詞壇的殿軍。但是張炎終究不能算做宋代第一流的詞人，後世論者對他也褒貶懸殊。所以然者，一則因爲他不能開創拓新，如柳永、蘇軾、周邦彥、辛棄疾、姜夔所作的那樣；二則因爲他的詞中缺乏深厚高遠的意趣以啓發讀者對於人生哲理的聯想與遐思，如晏殊、歐陽修、蘇軾、辛棄疾所作的那樣。尤其是第二點，是與作者的襟懷、抱負、學養有關，這正是張炎所不足的。不過，張炎詞布局完密，辭句清疏，時出警句，且蘊藉有情韻，讀起來確如「幷剪哀梨，爽豁心目」（陳廷焯評語），所以還是可以引起歷代讀者的愛好，能在詞史中佔一席地位。

（繆　鉞）

解連環

孤雁

張炎

楚江空晚，悵離羣萬里，怳然驚散。自顧影、欲下寒塘，正沙淨草枯，水平天遠。寫不成書，衹寄得、相思一點。料因循誤了，殘氈擁雪，故人心眼。　誰憐旅愁荏苒？漫長門夜悄，錦箏彈怨。想伴侶、猶宿蘆花，也曾念春前，去程應轉。暮雨相呼，怕驀地、玉關重見。未羞他、雙燕歸來，畫簾半捲。

起句寫出一黯淡空闊之境界，以襯雁之孤單。「悵離羣」二句，點出孤雁及其離羣之恨，敍事兼抒情。「自顧影」一句，單棲自憐，栩栩欲活，於用筆則是頓挫處。「正沙淨」二句，謂空江離羣，寒塘欲下，本欲別謀棲止，而不知依然寥廓也。「寫不成」二句，刻畫孤雁，用雁飛成字及雁足傳書二事，融化爲一，不惟精巧絕倫，亦自情思婉轉。然玉田詞不徒以巧見長，世人多愛《清平樂》「衹有一枝梧葉，不知多少秋聲」及此二句，未爲知音也。「料因循」三句，蒼涼悲壯，用蘇武事，殆指文文山一輩人。此與上二句，同用一事，而詞意皆無重複，周濟所謂「以意貫串，渾化無跡」（《〈宋四家詞選〉序論》）者也。換頭三句，亦雁亦人，融成一片。杜牧《早雁》云：「長門燈暗數聲來。」李商隱《昨日》云：「十三絃柱雁行斜。」故得以錦箏雁柱與長門雁聲相綰合，將人、雁之怨，一齊寫出。「想伴侶」三句，作者代孤雁着想，孤雁又代伴侶着想。孤雁由自己想到對方，又由對方之棲止想到對方之心情；不自憐己身之漂泊寒塘，而獨念伴侶之「猶宿蘆花」；不言己之思歸求伴，而言伴侶之曾念「去程應轉」：思曲而情深，其有感於六宮北轅之事乎？「暮雨」二句，想之至深至切，翻成疑懼，卽李頻一説爲宋之問《渡漢江》「近鄉情更怯，不敢問來人」之意，謂亡國遺民，不堪重見也。末二句或指留夢炎一輩人。「道不同，不相爲謀」，故雖「重見」，亦「未羞」也。「寒塘」、「畫簾」，窮達自見。（沈祖棻）

登西臺慟哭記

謝翱

始，故人唐宰相魯公開府南服，余以布衣從戎。明年，別公漳水湄。後明年，公以事過張睢陽廟及顔杲卿所嘗往來處，悲歌慷慨，卒不負其言而從之遊。今其詩具在，可考也。

余恨死無以藉手見公，而獨記別時語，每一動念，即於夢中尋之。或山水池樹，雲嵐草木，與所別處，及其時適相類，則徘徊顧盼，悲不敢泣。又後三年，過姑蘇。姑蘇，公初開府舊治也，望夫差之臺，而始哭公焉。又後四年，而哭之於越臺。又後五年及今，而哭於子陵之臺。

先是一日，與友人甲、乙若丙約，越宿而集。午，雨未止，買榜江涘。登岸，謁子陵祠，憩祠旁僧舍。毀垣枯甃，如入墟墓。還，與榜人治祭具。須臾雨止，登西臺，設主於荒亭隅，再拜，跪伏，祝畢，號而慟者三，復再拜，起。又念余弱冠時，往來必謁拜祠下。其始至也，侍先君焉。今余且老，江山人物，睠焉若失。復東望，泣拜不已。有雲從西南來，渰浥浡鬱，氣薄林木，若相助以悲者。乃以竹如意擊石，作楚歌，招之曰：「魂朝往兮何極！莫歸來兮關塞黑。化為朱鳥兮有咮焉食？」歌闋，竹石俱碎，於是相向感唶。復登東臺，撫蒼石，還憩於榜中。榜人始驚余哭，云：「適有邏舟之過也，盍移諸？」遂移榜中流，舉酒相屬，各為詩以寄所思。薄暮，雪作風凜，不可留，登岸宿乙家。夜復賦詩懷古。明日，益風雪，別甲於江，余與丙獨歸。行三十里，又越宿乃至。其後，甲以書及別詩來，言：「是日風帆怒駛，逾久而後濟。既濟，疑有神陰相，以著茲遊之偉。」余曰：「嗚呼！阮步兵死，空山無哭聲且千年矣！若神之助，固不可知；然茲游亦良偉，其為文詞因以達意，亦誠可悲已！」余嘗欲倣太史公著《季漢月表》，如秦楚之際。今人不有知余心，後之人必有知余者。於此宜得書，故紀之，以附季漢事後。

時，先君登臺後二十六年也。先君諱某，字某。登臺之歲在乙丑云。

這是一曲用血淚譜寫的悲壯的悼歌。

元世祖至元十九年冬十二月九日（公元一二八三年一月九日），我國著名的抗元民族英雄文天祥英勇就義，在廣大南宋愛國人士和人民中間引起了巨大的悲憤和深沉的哀悼。謝翱曾是文天祥的部下，和他一起轉戰閩、粵、贛各地，對他的人格和氣節深爲景仰。在這篇記敘登臺哭祭的文章中，他盡情地抒發了追悼文天祥的悲痛欲絕之情，也融注着對故宋的堅貞和忠誠。

本文寫於至元二十七年冬，離文天祥之死已整整八年了。《禮記·檀弓上》有語：「朋友之墓有宿草而不哭焉」。然而，謝翱於至元十九年始哭於姑蘇（今江蘇吳縣），至元二十三年再哭於越臺（在今浙江紹興），至今三哭於釣臺（卽西臺，在今浙江桐廬）。「哭」，正是本文的主旨所在，也是貫串全文的「文眼」。

謝翺在《書文山卷後》云：「魂飛萬里程，天地隔幽明。死不從公死，生如無此生。丹心渾未化，碧血已先成。無處堪揮淚，吾今變姓名。」在元朝統治者的高壓下，他對文天祥和故宋的悼念之淚，竟然到了「無處堪揮」的地步。他在與本文同時所作的《西臺哭所思》中也說：「殘年哭知己，白日下荒臺。淚落吳江水，隨潮到海回。故衣猶染碧，後土（卽大地）不憐才。未老山中客，惟應賦八哀（《八哀詩》，杜甫爲悼念李光弼等八人所寫的八首詩）。」舊日戰袍上的斑斑血跡已變成深碧，他的淚水夾着滾滾的波濤奔向大海。這兩首詩可以幫助我們理解他對文天祥哀悼之情的深厚和強烈，不僅沒有隨着時間的推移而減弱、淡薄，而是越來越深沉了。

對這個文天祥的第八個忌日，他和愛國志士作了鄭重而周密的規劃，前去祭奠。在文中，他對「哭」的時間、地點、情景、場面和心理活動，一一作了細緻眞實的描繪。這裏有哭拜儀式的詳細記述：「再拜，跪伏，祝畢，號而慟者三，復再拜，起」。這種「瑣筆」並不令人覺得繁細可厭，反而顯得莊嚴肅穆以及感情的凝重眞摯。又有自然景色的烘托：一則說，「有雲從西南來，渰浥浡鬱，氣薄林木，若相助以悲者」；二則說，「是日風帆怒駛，逾久而後濟。既濟，疑有神陰相，以著茲遊之偉」。這種寫雲、寫風的「染筆」，迷離彷彿，却渲染出人神共悲、普天同悼的悲劇氣氛。尤其是竹如意擊石，作楚歌一段，「歌闋，竹石俱碎」，達到了感情的高潮。這是「特筆」。如意，原是搔癢的器物，後又用以指劃或賞玩，常用竹、玉、骨等製成，頭部作靈芝或雲葉形狀，柄部稍微彎曲。晉朝的王敦曾醉詠曹操詩歌，「以如意打唾壺爲節，壺邊盡缺」（《晉書·王敦傳》）。後來如意又演變爲唱歌時打節拍的用具，常借以表達激越悲壯之情。謝翺詩中也有這樣的描寫，如《短歌行》：「起招如意擊樹枝，爲君悲歌君淚垂」，就是一例。至於「楚歌」，是指採用《楚辭》的音調、形式的詩歌，《招魂》是《楚辭》的篇名，相傳是宋玉爲招屈原之魂而作。謝翺的詩歌也深受《楚辭》的影響，前人評爲「慷慨飛動，騷之裔也」。（清翁方綱《石洲詩話》）。他有一首題爲《鐵如意》的詩，其中寫到他與友人五六人，「其一起楚舞，一起作楚歌，雙執鐵如意，擊碎珊瑚柯」，這後兩句表面上是用晉朝石崇用鐵如意擊碎珊瑚樹以跟王愷鬥富的典故（見《世說新語》等），實際上仍含有依歌打節拍之意，所以結尾寫歌舞結束後的情景說：「夜長天籟絕，婉轉愁奈何」，把這批

登西臺慟哭記

愛國志士愁腸百結的衷曲和盤托出。內心的不平用不平常的方式來發洩，但到底也無法排遣不平，謝翱詩文中的「如意」、「楚歌」已蘊含這種特定的意義了。

作者寫作本文時，元朝統治已經逐漸趨於穩定，所以本文在不少地方不免隱約其辭。這在理解上固然增加了一些困難，然而在文情上反而憑添一種深沉含蓄的氣氛，跟當時的祭奠之情復又諧和。對這些隱語，舊有明代張丁的註釋（見《宋遺民錄》卷二）、清代黃宗羲的註釋（見《南雷文案》卷十），可以參酌。今擇要加以評介。

第一句「故人唐宰相魯公」，有兩種解釋：一是謝翱友人方鳳的說法：「其稱唐宰相者，託言前朝，稱魯公者，周文公封魯，故言文公爲魯公也。」（黃宗羲註引）二是張丁的說法：「稱唐魯公而不姓者，猶韓愈稱董晉爲隴西公之類」，他即認爲這是借唐宰相顏眞卿（曾封魯郡公）代指文天祥，因爲文、顏二人都位至宰相，文的抗元和顏的抗擊安史叛兵又很相似，因用以暗喻。兩種說法頗難軒輊，不妨並存。另外，明徐贊民說：他家所藏謝翱詩文集手抄本，此句作「丞相信公」（文天祥曾封文信公），則未予隱諱，大概是另一種流傳的本子。（見《跋張丁〈西臺慟哭記註〉》）總之，這句指文天祥是無疑的。

其次是一起祭奠的友人甲乙丙究爲何人？前引謝翱《書文山卷後》云：「無處堪揮淚，吾今變姓名。」謝翱在宋亡後，確實用臯父、臯羽、晞發子、晞發道人等別名，進行隱蔽的抗元活動。這就不難了解本文中用甲乙丙代稱友人的緣故了。但所指是誰，也有兩說。張丁認爲是吳思齊、馮桂芳、翁衡三人，但無確證；黃宗羲認爲是吳思齊、嚴侶、馮桂芳三人，有詳細考證，可以據信。這三位友人，都是忠於故宋的遺民，常與謝翱哭祭故宋和文天祥等志士。甲爲吳思齊，字子善，是陳亮的外曾孫。宋濂爲他所作的傳記說：「思齊與方鳳、謝翱，無月不遊，遊輒連日夜，或酒酣氣鬱時，每扶攜向天末慟哭，至失聲而後返。夫以氣節不羣之士，相遇於殘山剩水間，奈之何而弗悲？」（《宋遺民錄》卷九）他當時「流寓桐廬」，與文中所說「別甲於江」正相吻合。乙爲嚴侶，字君友。楊維楨《高節先生墓銘》云：「宋相文山氏客謝翱，奇士也，雪夜與之登西臺絕頂，祭酒慟哭，以鐵如意擊石，復作楚客歌，聲振林木，人莫能測其意也。」這裏明確提到他參加這次西臺的哭奠，文字襲用謝翱此文。他當時居家桐廬江岸，所以下文說「登岸宿乙家」。丙爲馮桂芳。鄧康莊《曾大父處士桂芳墓志》云：「閩人謝翱，奇士也，嘗與處士（即馮桂芳）雪夜放舟，登子陵西臺，擊石作楚歌，聲振林木，意悲憤，人莫識。」這裏也明確記載馮桂芳是這次哭奠的參加者。他當時居家睦州，所以文中說「與丙獨歸」。

最後，全文不稱元朝年號，唯書「甲子」，這自然表明了謝翱與元朝不共戴天的民族立場，是別有深意的。

（王水照）

大江東去

蔡松年

離騷痛飲，問人生佳處，能消何物。江左諸人成底事，空想巖巖青壁。五畝蒼煙，一丘寒碧，歲晚憂風雪。西州扶病，至今悲感前傑。　我夢卜築蕭閒，覺來巖桂，十里幽香發。塊磊胸中冰與炭，一酌春風都滅。勝日神交，悠然得意，離恨無毫髮。古今同致，永和徒記年月。

《大江東去》與《念奴嬌》同調而異名，這個詞牌名係取自蘇東坡那首鼎鼎有名的赤壁懷古之作，其詞開篇就是「大江東去，浪淘盡、千古風流人物。」蔡松年此詞，不僅用東坡名句爲詞牌，而且也取了假弔古以抒懷的格局，乃至步韻東坡而作；故寫法上自屬豪放一派。

詞以縱飲遣懷開篇，「離騷痛飲，問人生佳處，能消何物」。亦有鐵板銅琶氣象。語出《世說新語・任誕》：

大江東去（離騷痛飲）

「王孝伯言名士不必須奇才。但使常得無事，痛飲酒，熟讀《離騷》，便可稱名士。」原是清狂自飾、翫世不恭之語，作者這裏却用其語而更其意，說人生的樂趣，衹須讀騷飲酒。這是極達觀的話。但既標出「離騷」，又顯然是有感而發的話。以放言議論開篇，又與坡詞以江山起興的手法不同，顯得格外痛快，同時也引起一番傷今弔古之情。綜觀上片，詞人懷想到兩起古人。一是晉時空談誤國的王衍諸人，「江左諸人」一作「夷甫當年」，夷甫是王衍的字，其人曾位居宰輔，清談誤國，桓溫曾說：「使神州陸沉，百年丘墟，王夷甫諸人不得不任其責。」（《世說新語·輕詆》）又據載他徒有其表，顧愷之曾借識者之言讚爲「巖巖秀峙，壁立萬仞。」所以詞中說「空想巖巖青壁」。再就是晉時一代名相謝安，《江寧府志》載：「晉時謝安爲人愛重，及鎮新城，以病輿入西州（卽古揚州）門，薨後，所知羊曇，輟樂彌年，不由西州路。嘗遊石頭，大醉，扶路唱樂，不覺至州門，左右曰：『此西州門』，曇悲感，以馬策叩門，詠曹子建詩云：『生存華屋處，零落歸山丘。』因慟哭而去。」詞云：「西州扶病，至今悲感前傑」，本此。這裏的懷古，既顯有「浪淘盡、千古風流人物」之慨歎，又不無抑揚褒貶之意。蓋蔡松年乃隨父由宋仕金，處於宋金對峙的時代，當其懷想晉代風流之際，自會有許多現實的聯想和現實的感慨。詞的上片在議論抒感之中，夾入「五畝蒼煙，一丘寒碧，歲晚憂風雪」這樣的暗示自身處境的寫景之句，誠非偶然。這裏有以歲寒翠竹自比之意，也有因歲晚風雪自憂之思。《明秀集》註稱：「是時公方自憂，恐不爲時所容，故有此句」，正有見於此。

過片以「我夢」領起，進入了另一番境界。作者曾在鎮江別墅築有蕭閒堂，並自號蕭閒老人。可見「卜築蕭閒」非「夢」。「我夢卜築蕭閒」，意卽我卜居蕭閒堂酣飲醉夢，忘懷得失。其間有幾分逃避現實的意味。所以上片還有「歲晚憂風雪」之虞，而這裏却是春和景明，馨香宜人：「覺來巖桂，十里幽香發。」所謂「巖桂」，當屬春桂，取其「幽香」也。在這種境界裏，自使人「心曠神怡，寵辱皆忘，把酒臨風，其喜洋洋者矣」（范仲淹《岳陽樓記》）。所以下文便說：「塊磊胸中冰與炭，一酌春風都滅。」這裏「春風」指酒而言（蘇軾：「萬戶春風爲子壽」）。是說儘管胸中有不平之氣，但一醉之後全都消失了。值此青春佳日，神交古人，又使人感到悠然自得，毫無遺恨了。詞人根據自己的一番生活體驗，就很自然地想到王羲之《蘭亭集序》所抒發的人生感慨，起了共鳴。

王序云：「夫人之相與，俯仰一世。……雖取舍萬殊，靜躁不同，當其欣於所遇，暫得於己，快然自足，曾不知老之將至；及其所之既倦，情隨事遷，感慨繫之矣。」作者從「憂」、「悲」轉而「悠然得意」，不也正是一種暫得的欣遇麽？於是他又想到王序「每覽昔人興感之由，若合一契，……後之視今，亦猶今之視昔，……雖世殊事異，所以興懷，其致一也。」因而結句說：「古今同致，永和徒記年月。」其所以這樣說，是因爲王序首先寫明了年代時令（「永和九年，歲在癸丑，暮春之初」）的緣故；也有凑韻的考慮在内。在寫法上還是頗具别趣的。

表面看來，這首詞的内容仍未出「昔人興感」的範圍，但實際上却反映了宋金對峙時期文人中特有的一種複雜心理。由於他們身處憂患，故多悲咽之聲；此作是頗具代表性的。詞中多用晉人典故，亦非偶然，蓋時勢有相近之處，故精神風度亦與相通。元好問以此詞爲蔡氏「樂府中最得意者」，也不是偶然的。

（周嘯天）

蝶戀花

完顏璟

聚骨扇

幾股湘江龍骨瘦，巧樣翻騰，疊作湘波皺。金縷小鈿花草鬥，翠條更結同心扣。

金殿珠簾閒永晝，一握清風，暫喜懷中透。忽聽傳宣頒急奏，輕輕褪入香羅袖。

完顏璟（一一六八——一二〇八），即金國的金章宗。他是金世宗的嫡孫，金顯宗的兒子。於大定二十九年

蝶戀花·聚骨扇

（一一八九）繼承帝位。在位二十年卒，時年四十歲。他博學多才，擅長詩詞書畫，文風冠絕一時，爲世所稱。他的詩詞作品留下的很少，劉祁《歸潛志》中載有完顏璟詞《蝶戀花·聚骨扇》、《生查子·軟金懷》兩首及詩《宮詞》一首。餘皆失傳。

《蝶戀花·聚骨扇》是一首風格婉約的詠物詞。「聚骨扇」，卽聚頭扇，俗稱折疊扇。據郭若虛《圖畫見聞志·故事拾遺》載：「宋熙寧（神宗年號）丙辰冬，高麗遣使來至中國，用折疊扇爲私覿物，其扇用鴉青紙爲之。是折疊扇，宋時卽有之。」

詞的上闋，從描繪折扇的外形入手，着重寫它的靜態美。先寫扇骨，是用如龍骨般清瘦峻拔的湘竹做的。當扇子搖動時，那根根扇骨上下翻騰，就如同湘江的水波，層層疊皺。「湘江龍骨」，卽湘竹，又稱湘妃竹，有斑如淚痕，鮮美可愛，產湖湘洞庭間，可作折疊扇骨。接着寫飾金扇面上所繡的花草，它們爭奇鬥豔，神態各異。「金縷小鈿」，是嵌金的裝飾物。最後寫扇骨聚頭處，根根扇骨聚在一起，如同結一同心扣。「翠條」，卽扇骨。

詞的下闋，從表現折扇的功用着眼，主要寫它的動態美。先寫在閒逸的「永晝」中，扇搖風起，涼意透懷的舒適感受。「一握清風」，指扇子搖動時發出的涼風。再寫聽到皇帝的緊急宣召後，趕快將折扇收起藏入袖中的輕巧利索勁兒。「急奏」，送來了皇帝的緊急文書。「褪入」，藏進。

這首詞託美人之口，詠折扇之奇。窈窕淑女，輕盈折扇，相得益彰，情趣倍增。全詞雖然內容狹窄，感情閒適，有濃厚的宮庭氣息，但因寫得輕巧纖細，情趣盎然，呈現出一種玲瓏婉麗的風格，頗具感人的藝術魅力。

細細品味，這首詞的獨到之處在於：

一、**巧構思，妙成篇**。

詠物之詞，往往題材狹小，抒發的衹是作者獨特的幽情，因而在寫作上必須機敏，而不可滯澀。機敏則玲瓏別致，滯澀則呆板笨重。這首詞之所以能給人以纖巧輕快和委婉清麗的藝術感受，全在於構思巧妙、用字精當，可說是「機敏」有餘了。

上闋寫扇骨，因其外形的瘦削、挺直，聯想到龍骨的清瘦峻拔。不僅兩者之間在形象上有相似之處，而

蝶戀花・聚骨扇

且，以龍骨喻扇骨，賦予了扇骨昂藏的神韻，可謂「形神兼備」。又因用做扇骨的扇竹生長在湘江邊，自然地聯想到江水的翻波湘浪。這樣，就把死的扇骨寫成了活的水波，在扇骨中注入了活躍的生機。詩思妙想，一翻再翻，愈翻愈奇。寫扇面的圖案，則用一個「鬥」字來突出奇花異卉的蓬勃朝氣、活躍神態。於是，花草似沐春風，盎然的生意就被活靈活現地描摹出來。由花草再回過頭來所寫的，是扇骨的聚頭處。因爲是順着花草寫下來的，便自然而然地將它比之爲「翠條」。翠條不僅與紅花綠草相掩映，而且翠條又枝枝相交織，結成了「同心扣」。如果聯繫到下闋中的「忽聽傳宣頒急奏」一句，那麽，握着折扇的美人由扇骨聚頭之形聯想到象徵男女相愛的同心扣，並祈願永遠得到皇帝的寵幸，也就是自然而合理的事了。作者由扇骨到扇面，再由扇面到扇骨聚頭處，想得巧、接得巧，寫得也巧。奇思翻騰，却又自然順暢，如春雲浮空，舒卷自如。

下闋寫折扇生風。先以「金殿珠簾」和「永晝」來加以烘托。豪華的金殿，璀燦的玉簾，漫長的白晝，這一切，都使美人感到苦悶寂寞，閒極無聊。就在這一片死氣沉沉的氛圍之中，折扇輕搖，清風驟起，透懷涼心，令人喜不自禁。其中的「握」字與「透」字，奇崛而又明快。從表面上看，是寫人，寫美人纖手握扇，款款搖動，因涼風爽人而心懷愉悦；暗中却是在寫折扇，寫扇的玲瓏纖巧，祇在一握之中，却能倏然生風；也寫扇的妙用：風送清涼，爽心舒懷。此可謂「明設棧道，暗渡陳倉」了。詞因爲短小，最講究煉字。「握」字傳清風之神，「透」字表心喜之態。簡練恰切，如春風化雨，一掃「金殿珠簾閒永晝」的沉悶之氣，點活了全句，也爲整首詞增添了新鮮活潑的生機。而那個「暫」字又與上句的「永」字相呼應，更顯得含蓄而有風致。及至忽聞急奏，趕快折扇趨赴，則更轉得陡然，收得巧妙。正在却暑驅閒的快樂時刻，以一個「急」字突然打斷這暫得的快感，使意境至此頓然一跌，但待到將扇「輕輕褪入香羅袖」時，就又進入了一個新的美感境界。「輕輕」二字，透露出一種感到輕捷靈便的愉快之情，似乎連前面那「忽」字所掀起的感情上的波瀾也被它抵消平伏了。在這感情的驟起疊變中，持扇人喜上心頭的情態被生動地表現出來，而折扇的美澤妙用也就盡在不言中。作者構思奇巧，用活了每一個字，而且使每一個字都能傳達出持扇人的情態和折扇的神韻。

蝶戀花·聚骨扇

二、**善比喻，多變化**。

詠物的詞，要寫得若卽若離，不可寫得太眞太實。太眞太實則往往拘泥而不舒展。但也不可寫得太遠太虛，太遠太虛則晦暗而飄渺。這首詞的作者，善於以新巧的比喻去馳騁想象，將扇的「形」與「神」傳達出來；以多變化的鋪敘，將扇的韻致揭示出來。「比喻」與「變化」是作者將折扇寫得若卽若離、似眞非眞的極有效的藝術手段。將幾股聯結在一起的扇骨比作水波，將扇骨的聚頭處比作同心扣，不僅賦予扇骨以生動的形象，而且，伴隨着生動的形象，還會使人離開扇骨本身去作遐想冥思，從而更進一步去捕捉扇骨的「風神」。「巧樣翻騰，疊作湘波皺」，不是將折扇搖動時，扇骨相連，如水波一起一伏的神韻維妙維肖地傳達出來了嗎？這樣的比喻似乎離開折扇的實體太遠，但就顯示其精神氣韻來看，却又靠得很近。正是在這類既遠又近的比喻中，給人留下了無窮的吟味餘地。

如前所述，詞的上闋從描繪折扇的外形入手，並着重寫它的靜態美。卽以寫扇，寫「靜」爲主。但在靜中又有動——「巧樣翻騰，疊作湘波皺」。而搖動扇子的，自然是持扇的美人——由物而及人。下闋從表現折扇的功用着眼，主要寫它的動態美。又因寫扇子的功用，是從持扇人的主觀感受出發的，所以此闋以寫人（的感受）、寫「動」爲主。但在動中有靜——「金殿珠簾閒永晝」。而致人以「暫喜懷中透」的自然是扇了——又由人而及物。靜中有動，動中有靜。由物及人，由人及物。在對稱與對照中，又有變化。就在這對稱、對照與變化中，顯示了作者才思的機敏。尤得變化之妙的是詞的下闋。在困倦的「永晝」中，寫扇動風起，心曠神怡，是一變；在涼風透懷中，寫「急奏」，精神爲之一振，又是一變；在驚喜趨赴中，寫將扇輕輕入袖，輕捷靈便，又是一變。這一變再變三變，變得急遽敏捷，表面上看，給人以起伏跌宕的快感，而內中却是從人的感受（精神狀態）的不同角度，將折扇的妙用和神韻表現出來。這樣寫折扇，是一種虛而有實、實而有虛的表達手法，能給人以意會的廣闊天地。

全詞處處寫扇，又處處寫人。寫扇的神態韻致，也就是寫持扇人的神態韻致；寫人的神態韻致，也就是寫扇的神態韻致。既可覩物，又可見人。美人、折扇，兩相掩映，可謂含蓄蘊藉了。

（完顏戎　張以英）

論詩三十首（其四）

元好問

一語天然萬古新，豪華落盡見真淳。南窗白日羲皇上，未害淵明是晉人。

在姹紫嫣紅、萬花競豔的中國詩苑裏，有一個頗爲特殊的品類，這就是論詩詩。說它特殊，因爲顧名思義，這類作品首先是理論——詩論或者詩評；然而它們同時又是藝術——詩。不惟都用詩的形式寫成，而且其中的優秀篇章往往還具備好詩所應有的許多內在特點，因此它們也同其他名詩一樣膾炙人口、世代流傳。這裏介紹的元好問的一首絕句，就堪稱論詩詩中的上乘之作。

元好問（一一九〇——一二五七），字裕之，號遺山，是金代著名詩人。他早年（二十八歲）創作了一組很有影響的論詩絕句，共三十首，內容是縱論自漢魏以迄趙宋的許多代表性詩人、作品和流派，其中貫徹、體現着作者的詩學主張與鑒賞情趣。這是第四首，專論晉代詩人陶淵明。

陶詩，是一座博大精深的藝術寶庫。評論陶詩究竟從何處着墨落筆？這要看作者的立論宗旨、總體構想，也要受所用文體的制約。元好問寫這三十首詩的總目的，在第一首中已開宗明義作了交代：「漢謠魏什久紛紜，正體無人與細論。誰是詩中疏鑿手？暫教涇渭各清渾。」十分清楚，他是有感於自漢魏以來詩作多如山積，但孰爲「正體」即正確的創作思想、優秀的詩歌傳統？可惜尙無人進行詳細評說。而他自己則正要當仁不讓，廓清詩史上的迷霧，疏通出一條「正體」航道來，以指導當代創作。誠如清人查愼行所說，元氏「分明自任疏鑿手」。正是從這一主旨出發，同時又鑒於所用文體爲詩歌特別是絕句這一高度凝練的形式，因此作者在對歷代詩人進行評論時，都採取了鳥瞰的姿態，從大的方面把握其主要特徵，並依據自己的觀點和趣味予以粗線條的褒貶論列。

在上述這首評陶詩中，作者正是這樣，一起筆就從總體風貌上抓住了陶詩的特點：「一語天然萬古新」。認爲陶詩句句天然渾成，無斧鑿痕跡，直如天造地設一樣，歷久而彌新。這確是陶詩語言的主要特徵，可謂不易之論。雖然這不是元氏的新發現，前人曾有論到者，但他用詩的語言將其歸納得更加精練警策，並且於客觀的評論中蘊涵着褒揚讚美之情，因此給人留下了更深刻、更強烈的印象。

詩的語言是同其內容相表裏的。在內容上，陶詩表現的都是眞誠淳樸的情愫志意，所以它們衹需用簡淨自然的語言，而無需堆砌華美的辭藻，正像一位端莊淑美的姑娘不需要奢侈的粉黛衣着一樣。相反，雍容冶豔的塗飾衹能掩蓋甚至破壞天生的麗質。剝落豪奢的外飾，方能顯出純潔無瑕的內美本色。元詩第二句「豪華落盡見眞淳」的主要意蘊就在這裏。它既是對陶詩特點作進一步的概括，同時也體現着作者本人的詩學理想。元氏論詩，力倡「以誠爲本」說，即主張創作必須眞誠地抒發胸臆，「由心而誠，由誠而言，由言而詩」。他鄙薄那些「排比鋪張」、「鬥靡誇多」的翫弄文字技巧的作風，在他看來，語言對於創作當然必不可少，但它充其量衹是一種傳情達意的工具，「心聲衹要傳心了」，優秀詩人進行創作都是辭爲情設，「性情之外不知有文字」。而在這類優秀的詩人中，元氏最爲推崇的就是陶淵明，因此在這裏予以豪華落盡、眞淳自見的崇高評價。他在另一首詩中也曾激賞陶氏說：「此翁豈作詩？直寫胸中天」，可以看作是此句的註脚。

那麽，陶淵明「眞淳」的「胸中天」又復如何呢？詩的第三句「南窗白日羲皇上」，即化用陶氏自況之語，形象地進行了描繪。由於天性的「任眞自得」，以及對世俗的嫉惡厭棄，陶淵明常以上古人自居，例如在《與子儼等書》中說：「五六月中，北窗下卧，遇涼風暫至，自謂羲皇上人。」此話當爲元詩所本。但他何以竟將「北窗」改作「南窗」？很可能是爲使音調響亮清脆，避免低沉滯澀。不過也許是誤記陶語所致，那也衹是牝牡驪黄之差，

論詩三十首（其四）

無傷大雅。這句詩用典的妙處遠勝於此，試想全詩一二兩句都是評論陶詩本身，先從外在語言風貌寫起，進而深入到詩的內涵，底下當然要順理成章地談及詩人。但如何談去？假如抽象概括、直白說出詩人人品如何高尚，情操如何高潔，那麽以有限的文字既很難說得準確深刻，又會使詩味蕩然。作者很懂得這一點，於是順手引來現成典故，活脱勾畫出了一位曠達天眞、塵氛難染的隱士形象：白日當空，清風拂榻，或躬耕荷鋤乍歸，倚枕斜臥，閉目小憩；或手中隨便翻着一本什麽書，不求甚解，惟以心會。可見，詩中用典也不能一概否定，典故用得恰到好處，可以起事半功倍甚至無法取代的作用。

然而這七個字是否就能全面準確地概括陶淵明的情志性格呢？換言之，陶氏果眞純然是一位遺世而獨立的隱者嗎？作者又不以爲然，所以接下來筆鋒一轉，再添一句：「未害淵明是晉人」，以收束全詩。這一句補得很重要，也很漂亮。先從詩意上說，它補足了陶淵明形象的全貌——既嚮往上古，欲超脱現實，而又終不能完全忘懷世事的似乎矛盾的雙重性格。關於陶氏情志的這兩方面，古代論者往往有偏。唐以前，人們多注目他隱居棄世一面，如顔延之稱其爲「南嶽之幽居者也」；鍾嶸也尊之爲「隱逸詩人之宗」；白居易則說陶詩「篇篇勸我飲，此外無所云」。這種傾向到宋代還時有出現，如辛棄疾在一首論陶詞中說：「晚歲躬耕不厭貧，隻鷄斗酒聚比鄰。都無晉宋之間事，自是羲皇以上人。」但自宋代後，論者總的說多着眼於陶氏忠於晉室、憤世有爲一面。如眞德秀說他「眷眷王室」；朱熹謂之「欲有爲而不能者也」。即如辛棄疾，也更看重這後一方面，在另兩首詞中說：「問北窗高臥，東籬自醉，應別有歸來意」；「看淵明，風流酷似，臥龍諸葛。」後來到清代，此說愈演愈烈，如沈德潛認爲：「陶公以名臣之後，際易代之時，欲言難言，時時寄託」；龔自珍則更激烈地主張：「陶潛酷似臥龍豪，萬古潯陽松菊高。莫信詩人竟平淡，二分梁父一分騷。」在這個問題上，元好問的總態度是傾向於後者，細翫其「未害淵明是晉人」句語氣，我甚至懷疑他就是具體針對辛詞「都無晉宋之間事，自是羲皇以上人」二句而發。但他的觀點顯然不像上述人那樣偏激、絶對，他首先肯定了陶氏有上古人眞淳質樸的一面，同時又指出他畢竟還是晉代人，沒有、也不可能超脱現實。的確，陶氏雖常以上古人自許，但他確有關心現實、匡時濟世的志向，「並非渾身是靜穆」（魯迅語）；同時，他雖有這一面，但畢竟又有別於高臥隆中、擇主用世、鞠躬盡瘁的諸葛；

更不同於竭誠諫主、悲歌泣血、憤懟沉江的靈均。他的歸隱，不是守命待時，不是沽名釣譽，也不是精忠報晉，而實由其情志中確有喜愛「任性自活」的基因。比較起來，應該說元氏的看法是辯證、全面的。如果他確實含有批駁辛詞之意，那麽這批駁也恰到火候，在觀點上沒有矯枉過正之嫌；在態度上也溫婉和平，衹用了「未害」二字對辛詞之偏微加匡正，不傷厚敦高雅之旨。

從藝術上看，這最後一句的轉筆，也使全詩大爲增色。試讀前三句，一路寫來，層層深入，固然很有氣勢，但都是直線挺進，有如滾滾長河。添上最後一句，則如淮流一轉，立使全詩跌宕生姿，變化有致。最後的「是晉人」三字也下得含蓄，衹從大處落墨，至於是什麽樣的晉人，譬如究竟是竭忠晉室、「恥事二姓」的晉人？抑或是憤世疾俗、連晉王朝也不屑折腰以仕的晉人？是以詩反映晉代社會現實的晉人？抑或是詩風畢竟屬晉，「質而實綺，癯而實腴」的晉人？……言不盡意，詩無達詁，人們自可以發揮聯想能力，去塑造自己心中的陶淵明形象。假如寫得太實，反而限制了讀者再創造的審美情趣。

一段時間以來，社會上曾流行一種說法：理論自理論，文藝自文藝；一用邏輯思維，一用形象思維。二者形同涇渭，兩不搭界；甚至勢如冰炭，互不相容。但是，成功的論詩詩却證明此話不宜說絕，理論和藝術原也可以聯姻而孕育出一種優秀作品，既是很好的理論，又是地道的藝術。以上所析元好問這首絕句即是一個範例，它既能給讀者以理性的啓迪，又能給人們以審美的享受。因此，它寓於古代詩歌佳品之林，是當之無愧的。

（盧永璘）

岐陽三首（其二）

元好問

百二關河草不橫，十年戎馬暗秦京。岐陽西望無來信，隴水東流聞哭聲。野蔓有情縈戰骨，殘陽何意照空城。從誰細向蒼蒼問，爭遣蚩尤作五兵！

元好問生於金末亂亡的時候，宗社丘墟之悲使他在感情上和憂時憫亂的杜甫息息相通，發以爲詩，「沉摯悲涼，自成格調，直接少陵」（梁章鉅：《退庵隨筆》）。這首詩，就大有杜甫的風格。

金哀宗正大八年（一二三一）正月，蒙古兵包圍了岐陽（今陝西省鳳翔縣），這時，元好問正在南陽作令，驚聞岐陽失陷的消息，心情沉痛，連寫了《岐陽》三首，此其二。

開篇即以「百二關河」和「十年戎馬」對舉。「百二關河」用《史記·高祖本紀》典，指秦地關河險固，二萬人足以當百萬師。「草不橫」用漢終軍典，終軍說：「軍無橫草之功。」這裏指金兵有險不能守，致使秦地四塞之國十年戎馬，生民塗炭。「百二關河」和「十年戎馬」之間的矛盾，是對無策可平戎的金代統治集團的一個深刻、有力的諷刺。杜甫的「洛陽宮殿化爲烽，休道秦關百二重」（《諸將五首》）、「十年戎馬暗南國」（《愁》）等句，其立意、用典，與元好問的這兩句詩機杼如一。

第二聯緊承「十年戎馬」，寫岐陽淪陷。「西望」二字，描寫情態，流露出詩人對國事的無限關切、對人民

岐陽三首（其二）

的無比同情。在《岐陽三首》之一中，詩人曾說過「三秦形勝無今古，千里傳聞果是非」的話，這殷切的引領而望中，又包含着明知其淪陷，又不能相信，唯願是訛傳的複雜情緒。但現實是無情的，「分明蛇犬鐵山圍」，於是筆觸又由實而虛，望中似有所聞：「隴水東流聞哭聲」。隴水有二，都不東流。袁枚說：「詩人使事，不可太泥。」（《隨園詩話》）這裏不過率意造語，借《隴頭歌》中的「隴頭流水，鳴聲嗚咽」的意場來描寫秦地難民東奔的悲痛。《中州集・雷琯詩序》載：「客有自關輔來，言秦民之東徙者，餘數十萬口，攜持負載，絡繹山谷間，晝餐無糗糒，夕休無室廬，飢羸暴露，濱死無幾。」這段話正可作爲此句的參證。杜甫《喜達行在所》三首之一有「西憶岐陽信，無人遂却回」的句子，應是此詩所本。元好問雖然沒有從「望」到「去」岐陽，但殷切之情，不減杜甫，於是「望」中更若有所見：懸想岐陽戰後，骨暴沙礫，草蔓屍骸，殘陽如血，斜照在空城廢壘之上。

隴水嗚咽，野蔓多情，殘陽屬意，天地之間充斥着故土沉淪的巨痛深悲。元好問的喪亂詩中，常常用這種託情於物的手法來抒情達意，如「沙水有情留故雁，乾坤多事泣秋蟲」（《寄楊飛卿》）；「濟水有情添別淚，吳雲無夢寄歸魂」（《秋夜》）；「華表鶴來應有語，銅盤人去亦何心」（《癸巳四月二十九日出京》）等等，都是詩人在情臨極處時對物所作的一種猜擬，把人情輻射於物。這樣不但可以化虛爲實，還可得無理之趣。草木無情，詩人加上「有情」二字，將自己的感情貫注其中，使物像獲得靈魂。殘陽無意，詩人偏問「何意」，將詩的抒情氣氛推向高峯，於是逼出最後一聯：「從誰細向蒼蒼問，爭遣蚩尤作五兵！」這一問，卒章顯志，表現了詩人對掠奪戰爭的深深憎恨；這一問，也無理而情深：金源亡國，其原因必不在蚩尤造五兵；蒼蒼無語，却似有無言之大辨。詩人在情不能已的時候，常常用這種明知得不到答案的癡問作詩的結尾，如《洛陽》的末聯：「擬就天公問翻復，蒿萊丹碧果何心！」《衞州感事》末聯：「欲就長河問遺事，悠悠東注不還流。」這種手法，《楚辭・天問》已兆其端，杜甫也經常運用，如《承聞河北諸節度入朝歡喜口號》之一：「洶洶人寰猶不定，時時戰爭欲何須！」《洗兵行》：「安得壯士挽天河，淨洗甲兵常不用！」都是這一類情癡語。語淺意深，含蓄無盡。

這首詩紀實論事，不離形象思維。「草不橫」極寫金兵無所事事，「暗秦京」極寫戰爭頻仍，「西望」描寫詩人焦慮之狀，「隴水」寫亂離之聲，野蔓、殘陽，寫戰後荒涼、淒寂的情景如見。論事尤能以情語出之：「有情」、

「何意」，問蒼蒼、恨蚩尤，無不情深語摯，從肺腑中迸出。趙翼說：「此等感觸時事，聲淚俱下，千載後猶使讀者低徊不能置。」信然！

元好問反對徒事摹擬，他在《論詩絕句》中，曾批評過「窘步相仍死不前」的作法。他學杜，主要是學其意，得其神，雖命意造句不無雷同，但詩中有詩人眞情，有當時眞事，深情滂沛，一氣貫注，無摹擬雕鎪之跡。卽使用杜詩原句，也是信手拈來，用他人之筆，抒自己之情，言如己出，渾然天成。所以他的詩，尤其是喪亂詩，似杜非杜，自成一格。誠如趙翼所說：「唐以來律詩之可歌可泣者，少陵十數聯外，絕無嗣響。遺山則往往有之。」

（侯孝瓊　林從龍）

外家南寺

元好問

鬱鬱秋梧動晚煙，一庭風露覺秋偏。眼中高岸移深谷，愁裏殘陽更亂蟬。去國衣冠有今日，外家梨栗記當年。白頭來往人間遍，依舊僧窗借榻眠。

元太宗九年（一二三七），元好問四十八歲。八月，他從大名回太原，重訪兒時讀書處——外家南寺，寫了這首詩。據作者自註，外家南寺「在至孝社」。《舊唐書・張道源傳》載，並州祁縣張道源，「以孝聞，縣令改其居爲復禮鄉至孝里」。清人施國祁推測，元好問的繼母張夫人，可能就是張道源的後裔。清道光刊《陽曲縣志》

卷二說：「陽曲縣東北六十里有至孝都中社村」，當是其地。

元好問是金國的官員。金亡於蒙古太宗六年，他寫這首詩時，已經過了四年「家亡國破此身留」的遺民生活。境異情移，這裏雖然還能喚起他兒時的親切回憶，但亡國之悲、流離之痛，已浸染了南寺風光。因此，殘陽亂蟬的深秋景物，衹能勾起詩人「高岸爲谷，深谷爲陵」的滄桑之感。詩的前四句，就是這種遺民之「情」與殘秋之「景」相融合的產物。寓情於景，情景相生，構成了一幅聲色淒清的畫面：「鬱鬱秋梧動晚煙，一庭風露覺秋偏。眼中高岸移深谷，愁裏殘陽更亂蟬。」

後四句，從「今日」追溯到「當年」：外家梨栗是那樣親切有情，兒時生活是那樣無憂無慮。可是流光易逝，舊友難尋，這一切都一去不復返了。二十四年前，即金宣宗貞祐元年（一二一三）八月，蒙古軍的一支，循太行山南下，侵擾河東（今山西）全里，波及詩人的故里忻州；二年三月，屠忻縣城，死者十餘萬人，詩人的哥哥好古也在這時遇害，四年二月，圍太原；五月，詩人在風聲鶴唳的緊迫情況下，攜帶母親和一部分藏書，冒着炎暑，幾千里僕僕風塵，流亡到河南福昌（今宜陽）三鄉鎮，從此波瀾跌宕，憂患頻仍。而今家亡國破，功業無成，依舊白髮奔波，僧窗借榻，詩人怎能不感觸萬端呢？「四壁秋蟲夜語低，南窗孤客枕頻移」，「百年世事兼身事，樽酒何人與細論」，詩人傾吐不完的宗社邱墟之感，全部濃縮在「有今日」三字之中。美好的回憶與無情的現實，本來相距數十年；詩人却跳過這時間跨度，將二者毗鄰對比，便深深地牽動了讀者的心絃。在《羊腸坂》一詩中，詩人也有同樣手法的動人描述：「衣上風塵歎憔悴，夢中燈火憶團圞。」在與風塵憔悴的對比中，更覺燈火團圞之可貴。

「白頭來往人間遍，依舊僧窗借榻眠。」詩的尾聯，是詩人對遺民生活的眞實記述。明代儲巏在《元遺山全集後序》中說：「天興播亡，文獻淪喪，遺山奔走流寓，不能自存。乃以國史爲己任，網羅放失，輒訪耆舊，孜孜矻矻，幾三十年。」詩人立志以詩存史，經常往來四方，搜集史料，一直到六十八歲謝世，未曾稍停。經過二十年的辛勤勞動，他終於定成了《中州集》和《壬辰雜編》。因爲他是以「中原一布衣」的身分修「野史」，所以等待他的便是「僧窗借榻眠」的清苦生涯。很顯然，這兩句既是自嘲，也有憤懣。

元好問的詩歌，大都採取現實主義的創作方法，有較豐富的生活內容，感情眞摯，文辭淒切，「悲憤從血性中流出」，引起了歷代詩評家的注意。儲巏說：元好問「金亡以後之文辭，悲歌慷慨，有詩人傷周、騷人哀郢之遺意」。清人趙翼也說：元好問「以宗社邱墟之感，發爲慷慨悲歌，有不求而自工者」。至於他的七律，趙翼認爲「更誠摯悲涼，自成聲調。唐以來律詩之可歌可泣者，少陵十數聯外，絕無嗣響，遺山則往往有之。」《外家南寺》這首七律，雖然寫於金亡之後四年，那種「歷歷興亡敗局棋，登臨疑是復疑非」的亡國劇痛已成過去；但痛定思痛，詩中仍然充滿了長歌當哭的哀傷，不過顯得更加深沉了。

（林從龍）

雁門道中書所見

元好問

金城留旬浹，兀兀醉歌舞。出門覽民風，慘慘愁肺腑。去年夏秋旱，七月黍穗吐。一昔營幕來，天明但平土。調度急星火，逋負迫捶楚。網羅方高懸，樂國果何所？食禾有百螣，擇肉非一虎。呼天天不聞，感諷復何補？單衣者誰子，販糴就南府。傾身營一飽，豈樂遠服賈？盤盤雁門道，雪澗深以阻。半嶺逢驅車，人牛一何苦！

在十三世紀的中國大地上，繼南宋陸游、辛棄疾之後崛起而爲大詩人的，毫無疑義應推生活於金、元之際的元好問爲第一。

雁門道中書所見

元好問的詩，以金亡前後所作爲最佳。到了晚年，他漸趨於閒適、澹泊，所寫多模山範水之作；而這首詩則不然，他以深沉的感情，抒發了對元統治者的強烈憤懣，爲廣大人民喊出了痛苦心聲。

此詩寫於金亡之後的第七年，卽元太宗十三年（一二四一）。這年，元好問北遊應州（今山西應縣）、渾源等地。在返回家鄉忻州（今山西忻縣）的途中，他經過雁門關一帶，親眼看到廣大人民所遭受的壓迫和痛苦，心情鬱悶，不吐不快，便寫了這首詩。

元好問在詩中用敍述見聞和抒發感慨的方式，突出地反映了人民的多種疾苦，深刻地揭露了侵掠戰爭、徭役和租稅所加給百姓們的無窮災難。他把敍事、抒情和議論緊密地結合在一起，既高度概括而又生動具體地勾勒出社會生活的眞實圖景，並誠摯地表達了詩人內心對壓迫者的憎惡和對被壓迫者的同情。

全詩每四句爲一段，共分六段。

首段從追敍金城所見寫起。金城，卽今應縣，以有遼代建造的宏偉木塔而著名。「旬浹」，意爲十天；因爲我國古代用干支記年和記日，自甲日至癸日凡十天，稱做「浹日」。元好問在金城逗留了十天，曾目睹上層人物終日沉醉於歡歌笑舞之中。詩就由這樣的場景開頭。這樣，既揭穿了元統治者尋歌買舞的荒淫面目，又跟以下描繪的人民生活慘象形成了鮮明的對照，從而極大地加強了讀者的感受。「民風」，指人民的狀況；詩人出門後見到人民在苦難中生活，心裏更不勝凄慘和憂愁。僅此一筆就充分洩示出詩人的感情色彩和思想傾向。

次段回敍前一年（一二四〇）夏、秋之交的旱災。黍子好不容易到七月才吐穗，哪知一夕（卽「一昔」）之間，竟被行軍和宿營的部隊踐爲平地。在這短短的四行詩中，一波三折，便給讀者以「人禍勝過天災」的清晰印象。

三段從多側面揭露官府對人民的迫害。「調度」，指官府的調遣和徵派；「逋負」，指老百姓欠交的租稅。官府的調派急如星火，老百姓因交不起租稅而橫遭拷打。被壓迫者的頭上正高懸着網羅，他們能往哪裏逃呢？如果說《詩經・魏風・碩鼠》所詠的奴隸還嚮往着樂土、樂國的話，那麽這些連對樂土、樂國的嚮往也被破滅了的人們，豈不是更悲慘麽？

經過以上多層次的敍述和多角度的描寫，詩人已有充分理由概括地指出：「食禾有百螣，擇肉非一虎。」螣，是吃禾苗的害蟲；虎，是擇肉而食的野獸。詩人用此二物來比喻那些殘民以逞的官吏們，並極言其多；這已够尖銳和大膽了。接下去，他竟直指封建時代最高統治者的象徵——「天」，斥責它對老百姓的疾苦不聞不問。這更是何等樣的勇氣！白居易《與元九書》說：「有可以救濟人病，裨補時闕，而難於指言者，輒詠歌之，欲稍稍遞進聞於上。」元好問儼如針對此做反面文章，認爲寫感諷詩已無濟於事。這說明他對元統治者已不存幻想，也表明他甘當遺民以終老的政治態度。

寫到這裏，詩人把鏡頭轉向雁門道中，捕捉住一個個受凍忍飢、爲了活口而掙扎的勞苦人民的形象：他們在冰天雪地裏還穿着單衣，趕着笨重的牛車，跋涉於崎嶇、險峻的山嶺之上，遠從南方的州府販回糧食。他們也都是如陶淵明給兒子的信中所說：「此亦人子也」（見蕭統《陶淵明傳》），爲什麽非頂風冒雪地汲汲於雁門道上不可呢？詩人點明：「傾身營一飽，豈樂遠服賈？」他們不是樂意到遠方經商，而是爲了溫飽才拼命幹啊！

詩的結尾很別緻。它以雪深、澗阻、山巒縈回的雁門道作背景，像用特寫鏡頭似地凸現出一幅驅牛越嶺的苦役圖。多少辛酸，多少憤恨，全都蘊涵在這一畫面之中了。這種融情入景的寫法，當然比干癟地發一通議論，其藝術效果要大得多！《文鏡秘府論》引《詩格》曰：「每至落句，常須含思；不得令語盡思窮。或深意堪愁，不可具說；即上句爲意語，下句爲一景物堪愁，與深意相愜便道（好）。」此詩結尾（即「落句」）之所以餘味無窮，就由於它用景語「與深意相愜」的緣故。

綜觀全詩，正如趙翼在手批沈德潛的《宋金三家詩選》中所說：「於極工煉之中，別有肝腸迸裂之痛，此作者（指元好問）所獨絕也。」元好問家亡國破，鬱結的感情終於爆發爲悲憤的歌吟，因此能給讀者以強烈的藝術感染力。至於說到「工煉」，則此詩不使奇字，不用僻典，而能使讀者於質樸中見奇巧，於淺易中見深雋，眞「所謂極煉如不煉也」（劉熙載《藝概》）。紀昀評元好問說：「無宋南渡末江湖諸人之習，亦無江西流派生拗粗獷之失」（見《四庫全書總目》卷一六六）；正因爲這樣，元好問才得以超越宋季諸詩人而形成自己既清新、勁健又高古、沉鬱的風格。

（蔡厚示）

清平樂（離腸婉轉）

清平樂

元好問

離腸婉轉，瘦覺妝痕淺。飛去飛來雙乳燕，消息知郎近遠。　樓前小雨珊珊，海棠簾幕輕寒。杜宇一聲春去，樹頭無數青山。

元好問的詞繼承蘇、辛傳統，多爲金朝滅亡前後的感時傷世之作。一般說來情調比較蒼涼，意境深沉，表達了作者在動亂年代裏憂國憂民的思想感情。他和東坡、稼軒一樣，詞風雖以豪放爲主，却又不限於一格，而是剛柔相濟，多姿多彩，顯示出詞壇大家的風度和特質。在《遺山樂府》中，既有不少反映山河變異、抒發亡國之痛的慷慨悲歌；也有一些婉曲纏綿的小詞，寫得饒有情韻，耐人尋味。

這首《清平樂》，寫的是閨中少婦的離別相思之情。就題材而論，並無新意，但詞境含蓄深永，思緻綿邈，婉而不豔，與秦觀、李清照的作品風格相近。

詞的上片，刻畫女主人公的心理和情態。「離腸婉轉，瘦覺妝痕淺。」開頭兩句，敍述女子因思念遠方親人，愁苦難堪，日漸消瘦，心煩意亂，懶於梳妝打扮，深感孤獨寂寞的境況。「離腸」，即離別的心情。「妝痕淺」，形容臉上的脂粉已經褪色。詞人用簡潔的語言，從心靈到外表，將這位被相思縈繞無法解脫的思婦形象勾畫了出來。「飛去飛來雙乳燕，消息知郎近遠。」接着兩句，託物寄意，進一步揭示女子的內心活動。正當她爲離別所苦的時候，發現一對小燕子在樓前飛來飛去。它們比翼雙飛，呢喃細語，徘徊不定，好像有話要對人說似的。天眞而癡情的女主人公想入非非，暗暗猜度：遠方飛來的「雙乳燕」，一定知道親人的行蹤和消息，從而感到了精神上的慰藉。這兩句化用南宋詞人陳克《謁金門》詞意，陳詞原作爲：「花滿院，飛去飛來雙燕。紅雨入簾寒不卷，曉屏山六扇。　翠袖玉笙凄斷，脈脈兩蛾愁淺。消息不知郎近遠。一春長夢見。」作者在上句加了一個「乳」字，下句去掉一個「不」字，改否定語氣爲肯定語氣，使意境發生了變化，將思婦曲折複雜的心情描繪得十分細膩生動。

詞的下片，用寓情於景的藝術手法，深入一層刻畫思婦的心理活動。「樓前小雨珊珊，海棠簾幕輕寒。」換頭兩句，宕開一筆，寫女主人公隔簾倚欄凝望的所聞和所見：耳中傳來淅淅瀝瀝的雨聲，雙燕早已無影無蹤，衹有樓下的海棠在風雨中搖曳，一股寒氣輕輕襲來，使她更加感到凄苦。「杜宇一聲春去，樹頭無數青山。」結拍兩句，以客觀景物烘托傷春懷遠之情。「杜宇」，即杜鵑，又名子規，古人說它的叫聲好像「不如歸去」。杜鵑的叫聲，送走了大好的春光。高樓上的思婦凝神眺望，然而看到的衹是樹梢上露出的一片綿延不盡的青山。歐陽修《踏莎行》中有兩句說：「平蕪盡處是春山，行人更在春山外。」此詞結拍的意境與之相似，不過顯得更爲含蓄。下片畫面上沒有描繪人物，却處處暗示出主人公的心境，情與景渾然一體，藝術上很有特色。

元好問是金代詞壇成就最高的作家，前人多稱其詞逼近蘇、辛豪放之風，從總體上看是符合實際的。然而，這首小令却寫得柔婉清麗，與正宗的婉約派詞人相比也毫無愧色。這說明他作爲一位傑出的作家，在藝術風格上也具有多層次、多色調的特點。

（喻朝剛）

水調歌頭

元好問

賦三門津

黃河九天上，人鬼瞰重關。長風怒捲高浪，飛灑日光寒。峻似呂梁千仞，壯似錢塘八月，直下洗塵寰。萬象入橫潰，依舊一峯閒。　仰危巢，雙鵠過，杳難攀。人間此險何用，萬古秘神奸。不用燃犀下照，未必佽飛強射，有力障狂瀾。喚取騎鯨客，撾鼓過銀山。

這是一首賦寫黃河三門峽（卽三門津）的壯詞。三門峽爲黃河中游著名峽谷之一，在今河南省三門峽市和山西平陸縣間，舊時河牀中有巖島將水道分成三股急流：北爲「人門」、中爲「神門」、南爲「鬼門」，故名。詞的上片在描寫黃河雄壯氣勢之中着重渲染三門峽的險要。開篇就以誇張的手法，點出黃河源頭之高。「黃河九天上」，與李白「黃河之水天上來」的名句先聲奪人的效果彷彿。緊接筆鋒一掉直取峽形，堪稱駿快：「人鬼瞰重關」。言及「人」、「鬼」而不及「神」（門），及舉二以概三，這種省略，爲格律詩體所習用。不過這裏的省略還造成一種雙關，卽三門津這樣的險關，是人見人愁、鬼見鬼怕的。句中不曰「看」而曰「瞰」，則照應首句得居高臨下之勢。「長風怒捲高浪，飛灑日光寒」二句承「黃河九天上」，標出一個「高」字。三門峽風高浪快、日色長昏的自然現象，在詞人筆下被染上了神奇色彩：那長風怒捲着高浪，飛灑天宇，使得太陽的熱力也爲之消退。「峻似呂梁千仞，壯似錢塘八月」，承「人鬼瞰重關」，再寫峽形的險峻壯觀。據載，「孔子觀於呂梁（山名，在今山西離石縣東北），懸水三十仞，流沫三十里，黿鼉魚鱉之所不能游也。」（《列子・黃帝》）這裏即用以比三門峽之險峻；又用了錢塘江八月潮水，來比峽中急流的壯觀。以上結合河與峽寫來，筆勢奇橫，既而總挽一句：「直下洗塵寰」。似乎黃河落天處在此一峽，意尤奇險。於是這裏的急湍橫溢泛濫，可以吞沒萬象；而巍然屹立，不爲所動者，唯中流砥柱而已。這裏「萬象入橫潰」，形容黃河水勢之大；「依舊一峯閑」，以見砥柱山勢之穩，一動一靜，相映成趣。至此三門峽的形勢乃至聲威可謂盡收筆底了。

過片仍承「依舊一峯閑」寫起，但筆勢由跳蕩轉爲舒徐，寫景由概括轉爲具體：「仰危巢，雙鵠過，杳難攀。」似乎是一個舟中人的自言自語，給人以身歷其境的感覺。這就自然過渡到抒發感慨：「人間此險何用，萬古秘神奸。」這既是說三門峽險要如神鬼控御，奧秘莫測；又隱約暗示另一重意思，即天地設險，往往爲大奸巨蠹所憑依，成爲政治禍患。一旦勢力養成，則難於制約。以下詞人接連反用兩個典故，一見《晉書・溫嶠傳》：「至牛渚磯，水深不可測。世云其下多怪物，嶠遂燃犀角而照之」；一據傳說周代楚國勇士佽非，渡江遇兩蛟夾舟，非拔劍斬蛟以脫險（「佽飛」又爲漢武官名，掌弋射）。「不用燃犀下照，未必佽飛強射，有力障狂瀾」，承上意言中流砥柱亦未必能力挽狂瀾，然而接上政治借喻，又覺絃外有音。讀到這裏，不禁使人想起李白《橫江詞》中的興嘆：「白浪如山那可渡，如此風波不可行！」

詞情至此已極悲壯激憤，大有抑塞不舒之氣。不料末二句忽作積極振起之詞，足以立懦起頑：「喚起騎鯨客，撾鼓過銀山。」這裏「銀山」形容波濤的高大（張繼：「萬疊銀山寒浪起」），「騎鯨客」意指作者理想之中能駕馭時勢的風雲人物。既曰「喚取」，則現實當中還未出現。這二句的含義倒與異日龔定盦「我勸天公重抖擻，不拘一格降人材」的名句用意頗爲相近。這一筆對全詞至關緊要，它使讀者感受到一種奮發向上、積極樂觀的人生激情，從而精神上爲之振作。

綜上所述，此詞前十七句層層設險，唯結句作石破天驚之語，力足扛鼎，在結構上很奇特。雖以「賦」爲主，却又雜以抒情議論；明寫山川壯麗奇險，實寄寓着現實的政治感慨，乃至理想的召喚。筆墨縱橫恣肆，情感深

沉渾厚。慷慨悲歌，大聲鏜鞳，而不流於叫囂，故堪爲蘇、辛之匹亞。（周嘯天）

摸魚兒

元好問

乙丑歲赴試并州，道逢捕雁者云：「今旦獲一雁，殺之矣。其脫網者悲鳴不能去，竟自投於地而死。」予因買得之，葬之汾水之上，累石為識，號曰「雁丘」。時同行者多為賦詩，予亦有「雁丘詞」。舊所作無宮商，今改定之。

雁丘詞

恨人間，情是何物，直教生死相許！天南地北雙飛客，老翅幾回寒暑。歡樂趣，離別苦，是中更有癡兒女。君應有語：渺萬里層雲，千山暮景，隻影為誰去？　橫汾路，寂寞當年簫鼓，荒煙依舊平楚。招魂楚些何嗟及？山鬼自啼風雨。天也妒，未信與、鶯兒燕子俱黃土。千秋萬古，為留待騷人，狂歌痛飲，來訪雁丘處。

元好問詞的代表作《摸魚兒・雁丘詞》，初稿成於金章宗泰和五年（一二〇五），當時作者僅十六歲。多年之後，他又因少年之作，音律不諧，重新改定，可見他對這首詞的珍愛。

摸魚兒・雁丘詞

詞前小序敍述了寫詞的緣起：爲了哀悼一隻爲自己的伴侶殉情的雁。一時不少詞人如楊正卿、李仁卿受到元好問的感染，都有和章。

「情」是這首詞的主線，貫穿始終。

詞一開頭，就從宏觀着眼，帶着強烈的感情，脱口而呼：恨「情是何物」，竟値得生死相從！這是一個被愛情的力量所震撼的、涉世未深的多情少年，在對「愛情」這個主題的熱烈追求和探索中發出的心聲。下面立即轉寫「生死相許」的孤雁殉情的始末。先從一般落筆，從雙飛於天南地北、甘苦共嘗、素來多情的羣雁中，推出這一對特別癡情的雁來。於是以「君」直呼孤雁，相信它能思維，有要傾吐的情愫：「啊，在那渺遠的萬里層雲下，黯淡的千山暮景中，孤單單地，我又和誰雙宿雙飛？」言外已寓含殉情之志。詞人設身處地，由此及彼，在有意無意間，雁情與人情已經融合爲一了。

下闋寫葬雁，「横汾路」，指葬雁的地點——汾水之上。這裏是漢武帝曾經活動過的地方，漢武帝《秋風辭》中，有「汎樓船兮濟汾河，横中流兮揚素波」和「簫鼓鳴兮發棹歌」等句子。如今，汾水上繁華消歇，古臺荒野，依舊霧繞煙籠，平林如織。在這淒寂的氛圍中，詞人埋葬了雙雁，「累石爲識」，並爲它們招魂。「些」，讀suò。《楚辭・招魂》篇中，句尾用「些」作爲語氣詞。但殷勤召喚，雁魂杳杳，已不可及，祇喚得風呼雨嘯，山鬼悲啼。在這悲壯的旋律中，詞人得到了啓示：堅貞的愛情是不可戰勝的，它將跨越時間、空間而長存。殉情的雙雁也不會和一般的燕燕鶯鶯隨時間的消逝埋沒成泥，它們一定會以情癡播名天下，垂芳萬世，使天也忌妒。而「雁丘」也將成爲啓迪詩人創作靈感的源泉，被紀念，被謳歌。

清代詩評家許昂霄在《詞綜偶評》中說：《雁丘詞》「綿至之思，一往而深，讀之令人低徊欲絶。同時諸公和章，皆不能及」。「一往而深」的「綿至之思」，正是這首詞的動人心魄處。詞人或用強烈的感嘆、詰問直接抒情，如「恨人間，情是何物，直教生死相許」、「隻影爲誰去」、「未信與、鶯兒燕子俱黄土」，使熱情噴薄而出，聲勢奪人；或寓情於景中，鋪寫得大千世界，無非情場，如「萬里層雲，千山暮景」，以空間的廣漠狀悲痛的深遠；平楚荒煙，「山鬼自啼風雨」，又從聲、色的角度，創造了一個淒迷的情境，烘托了詞人哀悼雙雁的深情，大有

摸魚兒・雁丘詞

杜甫「悲風爲我從天來」（《同谷七歌》之一）之勢。

南宋詞評家張炎也稱道這篇詞說：「妙在模寫情態，立意高遠。」他既肯定了詞人表現「情」的技巧，又贊美了詞人同情眞情摯愛的主題。

這類相同主題的詞，在元好問早期的詞作中曾多次出現。如他十八歲那年回太原時，看見道旁有一個少年與紅袖泣別，有感於中，便寫了《江城子・觀別》：「爲問世間離別淚，何日是，滴休時？」隔了十幾年，又作《太常引》補寫此事。這類作品還有爲歎悼因情而死的士人女阿金而作的《江梅引》，爲讚美雙雙殉情的大名民家小兒女而作的《雙蕖怨》。《雙蕖怨》前也有小序，敍述寫作緣起：

> 泰和中，大名民家小兒女，有以私情不如意赴水者，官為蹤跡之，無見也。其後踏藕者得二屍水中，衣服仍可驗，其事乃白。是歲，此陂荷花開無不並蒂者。沁水梁國用時為錄事判官，為李用章內翰言如此。此曲以樂府《雙蕖怨》命篇。「咀五色之靈芝，香生九竅；咽三清之瑞露，春動七情」，韓偓《香奩集》中自敍語。

> 問蓮根，有絲多少？蓮心知為誰苦？雙花脈脈嬌相向，衹是舊家兒女。天已許，甚不教，白頭生死鴛鴦浦！夕陽無語。算謝客煙中，湘妃江上，未是斷腸處。 香奩夢，好在靈芝瑞露，人間俯仰今古。海枯石爛情緣在，幽恨不埋黃土。相思樹，流年度，無端又被西風誤。蘭舟少住，怕載酒重來，紅衣半落，狼藉臥風雨。

這首詞約寫於《雁丘詞》的十年之後，比較它們的異同，可以看出元好問同情受壓抑的堅貞愛情的一貫性及其思想的發展過程。《雁丘詞》開頭，問「情是何物」，《雙蕖怨》開頭，問「有絲（思）多少」、「心爲誰苦」，反覆探求，其情耿耿。「天已許，甚不教，白頭生死鴛鴦浦！」比「天也妒」更進了一層，發問有力，是對封建禮教的直接抨擊。「謝客」、「湘妃」，綰合古今有情人，從一般中推出個別，使詞具有了普遍意義。結末，《雁丘詞》灑脫自信：「千秋萬古，爲留待騷人，狂歌痛飲，來訪雁丘處。」《雙蕖怨》却委婉而傷感：「蘭舟少住，怕載酒重來，紅衣半落，狼藉臥風雨。」詞人對愛情、對世事的認識，更成熟了，但也更消沉了。

《雁丘詞》和《雙蕖怨》被視爲元好問詞的雙璧，它們從不同角度反映了詞人對於迫害天下有情人的封建禮教的憎恨，對於追求堅貞、純潔愛情的被損害者的深摯同情。這樣的主題，確實「立意高遠」，直到今天，還有其現實意義。

（侯孝瓊　林從龍）

雙調·折桂令

盧摯

金陵懷古

記當年六代豪誇，甚江左歸來，玉樹無花？商女歌聲，臺城暢望，淮水煙沙。問江左風流故家，但夕陽衰草寒鴉，隱映殘霞，寥落歸帆，嗚咽鳴笳。

盧摯，字處道，又字莘老，號疏齋，又號嵩翁，涿郡（今河北省涿縣）人。關於他的生卒年，過去多採用姜亮夫先生的《歷代人物年里碑傳綜表》中的說法，即生於一二三五年，卒於一三〇〇年。近年來不少研究者不同意這個說法。李修生先生的《元代文學家盧疏齋》（《北京師范大學學報》一九八二年第六期）和呂薇芬先生《關

盧摯

雙調・折桂令・金陵懷古

於元散曲家盧摯的生平》（見人民文學出版社出版《中國古典文學論叢》第一輯）等文，都作了一些考證。根據呂薇芬先生的考證，盧摯的生年應在一二四二年左右，卒年應在一三一五年之後。

盧摯是元初比較有影響的作家，詩文與姚燧、劉因齊名，也寫散曲，現存小令一百二十首，他的散曲，以「懷古」爲題的較多，〔金陵懷古〕一曲，是他懷古曲的代表作。

這首曲子是作者遊金陵（今南京市）時所作。金陵是歷史上的名城，東吳、東晉、宋、齊、梁、陳六代均建都於此。它不僅是個繁華的都會，而且是風景優美的遊覽勝地。齊代詩人謝朓讚美南京爲「江南佳麗地，金陵帝王州」（《入朝曲》）。自唐代開始，特別是中晚唐時代，文人因感於六朝的興亡，傷歎唐帝國逐漸走下坡路，以至日薄西山、氣息奄奄，懷古傷今，撫今追昔，曾寫下不少金陵懷古的佳作。這些作品大都揭露了六朝統治者的荒淫腐朽，實際上是警告當朝的統治者，不要再過那種紙醉金迷的生活，接受「憂勞興國，逸豫亡身」的經驗教訓，免蹈六朝亡國的覆轍。到了宋代，又出現許多金陵懷古的詞作。《古今詞話》說：「金陵懷古，諸公寄詞《桂枝香》者，三十餘家，惟王介甫（王安石）爲絕唱。」可見「金陵懷古」在唐宋詩詞中是個熱門題材。這些詩詞，對元散曲的「金陵懷古」是有影響的。

「記當年六代豪誇，甚江左歸來，玉樹無花？」這三句說：記得在六朝的時代，金陵是一座以豪華被誇耀的都會，爲什麽我這次回到金陵，玉樹已經凋殘無花，看不到昔日的繁華呢？「江左」指長江下游東部地區，今江蘇省一帶；古人論地理，以東爲左，江東稱江左，江西稱江右，金陵正位於江左的中心。「玉樹」即槐樹。劉賓客《嘉話錄》說：「雲陽縣界多漢離宮故地，有槐而葉細，土人謂之玉樹。」這裏的「玉樹」語含雙關，兼指陳後主所創的《玉樹後庭花》歌舞。陳後主荒淫奢華，不理國政，曾自製《玉樹曲》、《後庭花曲》，親自教給後宮美女演唱，一直唱到了亡國。後人便把《玉樹後庭花》看作亡國之音。唐代詩人許渾曾寫過一首《金陵懷古》，前兩句詩說：「玉樹歌殘王氣終，景陽（陳後主宮名）兵合戍樓空。」在《玉樹後庭花》的靡靡之音中，陳家王朝被斷送了。盧摯用這個典故，表明六代繁華的金陵，如今已衰敗不堪了。

「商女歌聲，臺城暢望，淮水煙沙」三句，化用杜牧和韋莊懷古詩的意境，抒寫了在元蒙統治下金陵的荒涼

雙調·折桂令·金陵懷古

景象。杜牧《泊秦淮》詩云：「煙籠寒水月籠沙，夜泊秦淮近酒家。商女不知亡國恨，隔江猶唱《後庭花》。」「商女」指賣唱的歌女，「歌聲」指《玉樹後庭花》的歌聲。「臺城」在南京市的玄武湖畔，亦稱苑城，韋莊《臺城》詩云：「江雨霏霏江草齊，六朝如夢鳥空啼。無情最是臺城柳，依舊煙籠十里堤。」臺城的宮苑，在六朝以後已蕩然無存了，站在臺城的廢墟上，盡力張望，能看到什麽呢？所能看到的不過是荒涼的秦淮河邊在煙霧籠罩下的一片荒沙而已。

下文，作者將筆鋒一轉，用一個設問的語氣，又換了一個場景。「問江左風流故家，但夕陽衰草寒鴉，隱映殘霞。」「風流故家」指六朝時居住在金陵的世家大族，如著名的王、謝家族。作者在這裏提出這樣一個問題：試問那些六朝時的豪門望族，他們的第宅如今又在哪裏呢？作者不直接回答這個問題，不說它們早已不存在了，而是通過寫荒涼之景，來回答這個問題，這樣就顯得含蓄而有餘味。他告訴讀者，現在所能看到的，衹是在夕陽的殘照之中，一片枯萎的花草和幾隻在寒風中抖動着翅膀的烏鴉，掩映在天際的晚霞之中。這幾句詩化用了劉禹錫金陵懷古詩的意境，《烏衣巷》詩云：「朱雀橋邊野草花，烏衣巷口夕陽斜。舊時王謝堂前燕，飛入尋常百姓家。」盧摯的散曲與劉禹錫的詩，都以六朝時的風流故家爲例，寫出金陵滄桑變化的事實，同用衰颯的景物來表示這種巨大的變化，用荒草、夕陽、飛鳥等景物，來暗寓王侯第宅已不復存在，創造了一種凄清冷落的氣氛，以景物來回答問題，用意象來表現哲理，說明富貴豪華終究要成爲過去，如同過眼雲煙一樣。

最後兩句「寥落歸帆，嗚咽鳴笳」，與上文若斷若續。我們可以這樣理解：「但夕陽衰草寒鴉」的「但」字，是一貫到底的，最後兩句，也是「但」見的景物，這是就「續」的方面聯繫上文來理解。若從「斷」的方面來理解，後兩句可看作獨立的一個意層，是作者借古抒懷的點睛之筆。「寥落歸帆」，說江上衹有寥寥無幾的幾隻歸舟，此句寫目中所見；「嗚咽鳴笳」，說在江邊衹聽到胡笳在嗚咽悲鳴，此句寫耳中所聞。「鳴笳」二字，我們且不可輕易放過。笳是胡人創製的樂器，故稱「胡笳」，一般多在邊塞詩中提到。如杜甫的《後出塞》有「悲笳數聲動，壯士慘不驕」之句，李益的《過五原胡兒飲馬泉》有「幾處吹笳明月夜，何人倚劍白雲天」之句，這都是寫邊塞聞笳的名句。在金陵的江邊能聽到胡笳，這就暗寓着大江南北，已爲元軍所佔領，表現了作者寫曲時的特定歷史環境，透露出在元蒙統治下中國蒙難的時代氣息。作者在曲子中所流露的時代感傷情緒，正寄託着對故國淪亡的哀思。在這一點上，盧摯的《金陵懷古》與唐宋的同題之作寫作宗旨是不同的。

這支曲子，在藝術上有幾個特點，首先是化景物爲情思，融情於景。曲子所描繪的景物帶有鮮明的感情色彩，作者的感愴，全化在景物中。「玉樹無花」的景物、「淮水煙沙」的景物、「夕陽衰草寒鴉」的景物，以及「殘霞」、「歸帆」、「鳴笳」的景物，都不是一般的賦景，都寓有時代的感傷情緒。

其次，這支小曲，化用了唐宋詩詞中同題之作的意境，借用了前代詩人詞人所創造的意象，顯得含蘊豐富，境界渾厚。他的用典，使人不覺得是在用典，靈活自然，「用人若己」。

另外，這支散曲語言清麗，作者能很好地掌握散曲這一新的詩歌形式的特點，以「當行」、「本色」的曲語來寫作散曲。他雖然化用前人詩中的意境，但不用詩語入曲，而是將詩語點化爲一種更爲通俗的合乎曲律的語言來譜寫新曲，意境的創造和景物氣氛的烘托都恰到好處，堪稱一支優秀的懷古曲。

（劉文忠）

宋元話本·碾玉觀音

上

山色晴嵐景物佳，暖烘回雁起平沙。東郊漸覺花供眼，南陌依稀草吐芽。

堤上柳，未藏鴉，尋芳趁步到山家。隴頭幾樹紅梅落，紅杏枝頭未着花。

這首《鷓鴣天》說孟春景致，原來又不如《仲春詞》做得好：

每日青樓醉夢中，不知城外又春濃。杏花初落疏疏雨，楊柳輕搖淡淡風。浮畫舫，躍青驄，小橋門外綠陰籠。行人不入神仙地，人在珠簾第幾重？

這首詞說仲春景致，原來又不如黄夫人做着《季春詞》又好：

先自春光似酒濃，時聽燕語透簾櫳。小橋楊柳飄香絮，山寺緋桃散落紅。鶯漸老，蝶西東，春歸難覓恨無窮。侵階草色迷朝雨，滿地梨花逐曉風。

這三首詞，都不如王荆公看見花瓣兒片片風吹下地來；原來這春歸去，是東風斷送的。有詩道：

春日春風有時好，春日春風有時惡。
不得春風花不開，花開又被風吹落。

蘇東坡道：「不是東風斷送春歸去，是春雨斷送春歸去。」有詩道：

雨前初見花間蕊，雨後全無葉底花。
蜂蝶紛紛過牆去，却疑春色在鄰家。

秦少游道：「也不干風事，也不干雨事，是柳絮飄將春色去。」有詩道：

三月柳花輕復散，飄颺澹蕩送春歸。
此花本是無情物，一向東飛一向西。

邵堯夫道：「也不干柳絮事，是蝴蝶采將春色去。」有詩道：

花正開時當三月，蝴蝶飛來忙劫劫。
采將春色向天涯，行人路上添凄切。

曾兩府道：「也不干蝴蝶事，是黄鶯啼得春歸去。」有詩道：

花正開時豔正濃，春宵何事老芳叢？

黃鶯啼得春歸去，無限園林轉首空。

朱希真道：「也不干黃鶯事，是杜鵑啼得春歸去。」有詩道：

杜鵑叫得春歸去，物（按，當作「吻」）邊啼血尚猶存。

庭院日長空悄悄，教人生怕到黃昏。

蘇小妹道：「都不干這幾件事，是燕子銜將春色去。」有《蝶戀花》詞為證：

妾本錢塘江上住，花開花落，不管流年度。燕子銜將春色去，紗窗幾陣黃梅雨。

斜插犀梳雲半吐，檀板輕敲，唱徹《黃金縷》。歌罷彩雲無覓處，夢回明月生南浦。

王巖叟道：「也不干風事，也不干雨事，也不干柳絮事，也不干蝴蝶事，也不干黃鶯事，也不干杜鵑事，也不干燕子事；是九十日春光已過，春歸去。」曾有詩道：

怨風怨雨兩俱非，風雨不來春亦歸。腮邊紅褪青梅小，口角黃消乳燕飛。蜀魄健啼花影去，吳蠶強食柘桑稀。直惱春歸無覓處，江湖辜負一蓑衣！

說話的因甚說這春歸詞？紹興年間，行在有個關西延州延安府人，本身是三鎮節度使、咸安郡王。當時怕春歸去，將帶着許多鈞眷游春。至晚回家，來到錢塘門裏，車橋前面。鈞眷轎子過了，後面是郡王轎子到來。衹聽得橋下裱褙鋪裏一個人叫道：「我兒出來看郡王！」當時郡王在轎裏看見，叫幫總虞候道：「我從前要尋這個人，今日却在這裏！衹在你身上，明日要這個人入府中來。」當時虞候聲諾，來尋這個看郡王的人，是甚色目人？正是：

塵隨車馬何年盡？情繫人心早晚休。

衹見車橋下一個人家，門前出着一面招牌，寫着「璩家裝裱古今書畫」。鋪裏一個老兒，引着一個女兒，生得如何？

雲鬢輕籠蟬翼，蛾眉淡拂春山。朱脣綴一顆櫻桃，皓齒排兩行碎玉。
蓮步半折小弓弓，鶯轉一聲嬌滴滴。

便是出來看郡王轎子的人。虞候即時來他家對門一個茶坊裏坐定，婆婆把茶點來。虞候道：「啓請婆婆，過對門裱褙鋪裏，請璩大夫來說話。」婆婆便去請到來。兩個相揖了就坐。璩待詔問：「府幹有何見諭？」虞候道：「無甚事，閒問則個。適來叫出來看郡王轎子的人，是令愛麽？」待詔道：「正是拙女，止有三口。」虞候又問：「小娘子貴庚？」待詔應道：「一十八歲。」再問：「小娘子如今要嫁人，却是趨奉官員？」待詔道：「老拙家寒，那討錢來嫁人？將來也祇是獻與官員府第。」虞候道：「小娘子有甚本事？」待詔說出女孩兒一件本事來，有詞寄《眼兒媚》為證：

深閨小院日初長，嬌女綺羅裳。不做東君造化，金針刺繡羣芳樣。
斜枝嫩葉包開蕊，唯祇欠馨香。曾向園林深處，引教蝶亂蜂狂。

原來這女兒會繡作。虞候道：「適來郡王在轎裏，看見令愛身上繫着一條繡裹肚。府中正要尋一個繡作的人，老丈何不獻與郡王？」璩公歸去與婆婆說了，到明日寫一紙獻狀，獻來府中。郡王給與身價，因此取名秀秀養娘。

不則一日，朝廷賜下一領團花繡戰袍，當時秀秀依樣繡出一件來。郡王看了歡喜道：「主上賜與我團花戰袍，却尋甚麽奇巧的物事獻與官家？」去府庫裏尋出一塊透明的羊脂美玉來，卽時叫將門下碾玉待詔道：「這塊玉堪做甚麽？」內中一個道：「好做一副勸杯。」郡王道：「可惜！恁般一塊玉，如何將來祇做得一副勸杯！」又一個道：「這塊玉上尖下圓，好做一個摩侯羅兒。」郡王道：「摩侯羅兒祇是七月七日乞巧使得，尋常間又無用處。」數中一個後生，年紀二十五歲，姓崔名寧，趨事郡王數年，是昇州建康府人；當時叉手向前，對着郡王道：「告恩王：這塊玉上尖下圓，甚是不好，祇好碾一個南海觀音。」郡王道：「好！正合我意！」就叫崔寧下手，不過兩個月，碾成了這個玉觀音。郡王卽時寫表進上御前，龍顏大喜。崔寧就本府增添請給，遭遇郡王。

不則一日，時遇春天，崔待詔游春回來，入得錢塘門，在一個酒肆，與三四個相知方才吃得數杯，則聽得街上鬧吵吵，連忙推開樓窗看時，見亂烘烘道：「井亭橋有遺漏！」吃不得這酒成，慌忙下酒樓看時，祇見：

初如螢火，次若燈火。千條蠟燭焰難當，萬座糁盆敵不住。六丁神推倒寶天爐，八力士放起焚山火。驪山會上，料應褒姒逞嬌容；赤壁磯頭，想是周郎施妙策。五通神牽住火葫蘆；宋無忌趕番赤騾子。又不曾瀉燭澆油，直恁的煙飛火猛！

崔待詔望見了，急忙道：「在我本府前不遠！」奔到府中看時，已搬挈得罄盡，靜悄悄地無一個人。崔待詔旣不見人，且循着左手廊下入去。火光照得如同白日，去那左廊下，一個婦女搖搖擺擺從府堂裏出來，自言自語，與崔寧打個胸廝撞。崔寧認得是秀秀養娘，倒退兩步，低聲唱個喏。原來郡王當日嘗對崔寧許道：「待秀秀滿日，把來嫁與你。」這些衆人都攛掇道：「好對夫妻！」崔寧拜謝了，不則一番。崔寧是個單身，却也癡心；秀秀見恁地個後生，却也指望。當日有這遺漏，秀秀手中提着一帕子金珠寶貝，從左廊下出來，撞見崔寧，便道：「崔大夫！我出來得遲了，府中養娘，各自四散，管顧不得。你如今没奈何，祇得將我去躲避則個。」

當下崔寧和秀秀出府門，沿着河走到石灰橋。秀秀道：「崔大夫！我脚疼了，走不得。」崔寧指着前面道：「更行幾步，那裏便是崔寧住處。小娘子到家中歇脚，却也不妨。」到得家中坐定，秀秀道：「我肚裏饑，崔大夫與我買些點心來吃。我受了些驚，得杯酒吃更好。」當時崔寧買將酒來，三杯兩盞，正是：

三杯竹葉穿心過，兩朵桃花上臉來。

道不得個「春為花博士，酒是色媒人」。秀秀道：「你記得當時在月臺上賞月，把我許你，你兀自拜謝。你記得也不記得？」崔寧叉着手，衹應得喏。秀秀道：「當日衆人都替你喝采：『好對夫妻！』你怎地倒忘了？」崔寧又則應得喏。秀秀道：「比似衹管等待，何不今夜我和你先做夫妻？不知你意下何如？」崔寧道：「豈敢！」秀秀道：「你知道不敢，我叫將起來，教壞了你。你却如何將我到家中？我明日府裏去說！」崔寧道：「告小娘子：要和崔寧做夫妻不妨；衹一件，這裏住不得了。要好趁這個遺漏，人亂時，今夜就走開去，方才使得。」秀秀道：「我既和你做夫妻，憑你行。」當夜做了夫妻。

四更已後，各帶着隨身金銀物件出門。離不得饑餐渴飲，夜住曉行，迤邐來到衢州。崔寧道：「這裏是五路總頭，是打那條路去好？不若取信州路上去。我是碾玉作，信州有幾個相識，怕那裏安得身。」即時取路到信州。住了幾日，崔寧道：「信州常有客人到行在往來，若說道我等在此，郡王必然使人來追捉，不當穩便。不若離了信州，再往別處去。」兩個又起身上路，徑取潭州。

不則一日，到了潭州，却是走得遠了。就潭州市裏，討間房屋，出面招牌，寫着「行在崔待詔碾玉生活」。崔寧便對秀秀道：「這裏離行在有二千餘里了，料得無事。你我安心，好做長久夫妻。」潭州也有幾個寄居官員，見崔寧是行在待詔，日逐也有生活得做。崔寧密使人打探行在本府中事，有曾到都下的，得知府中當夜失火，不見了一個養娘，出賞錢尋了幾日，不知下落。也不知道崔寧將他走了，見在潭州住。

時光似箭，日月如梭，也有一年之上。忽一日，方早開門，見兩個着皂衫的，一似虞候、府幹打扮，入來鋪裏坐地，問道：「本官聽得說有個行在崔待詔，教請過來做生活。」崔寧吩咐了家中，隨這兩個人到湘潭縣路上來。便將崔寧到宅裏，相見官人，承攬了玉作生活。回路歸家，正行間，衹見一個漢子，頭上帶個竹絲笠兒，穿着一領白緞子兩上領布衫，青白行纏扎着褲子口，着一雙多耳麻鞋，挑着一個高肩擔兒；正面來，把崔寧看了一看。崔寧却不見這漢面貌。這個人却見崔寧，從後大踏步尾着崔寧來。正是：

誰家稚子鳴榔板，驚起鴛鴦兩處飛。

下

竹引牽牛花滿街，疏籬茅舍月光篩。琉璃盞內茅柴酒，白玉盤中簇豆梅。休懊惱，且開懷，平生贏得笑顏開。三千里地無知己，十萬軍中掛印來。

這支《鷓鴣天》詞是關西秦州雄武軍劉兩府所作。從順昌入戰之後，閒在家中，寄居湖南潭州湘潭縣。他是個不愛財的名將，家道貧寒，時常到村店中吃酒。店中人不識劉兩府，歡呼囉唣。劉兩府道：「百萬番人，祇如等閒。如今却被他們誣罔！」做了這支《鷓鴣天》，流傳直到都下。當時殿前太尉是陽和王，見了這詞，好傷感：「原來劉兩府直憑孤寒！」教提轄官差人送一項錢與劉兩府。今日崔寧的東人郡王，聽得說劉兩府憑地孤寒，也差人送一項錢與他。却經由潭州路過，見崔寧從湘潭路上來，一路尾着崔寧到家，正見秀秀坐在櫃身子裏。便撞破他們道：「崔大夫！多時不見，你却在這裏！秀秀養娘他如何也在這裏？郡王教我下書來潭州，今遇着你們。原來秀秀養娘嫁了你？也好！」當時諕殺崔寧夫妻兩個，被他看破。

那人是誰？却是郡王府中一個排軍，從小伏侍郡王，見他樸實，差他送錢與劉兩府。這人姓郭名立，叫做郭排軍。當下夫妻請住郭排軍，安排酒來請他，吩咐道：「你到府中，千萬莫說與郡王知道。」郭排軍道：「郡王怎知得你兩個在這裏？我没事却說甚麼？」當下酬謝了出門。回到府中，參見郡王，納了回書，看看郡王道：「郭立前日下書回，打潭州過，却見兩個人在那裏住。」郡王問：「是誰？」郭立道：「見秀秀養娘并崔待詔兩個，請郭立吃了酒食，教休來府中說知。」郡王聽說，便道：「叵耐這兩個做出這事來！却如何直走到那裏？」郭立道：「也不知他仔細。祇見他在那裏住地，依舊掛招牌做生活。」郡王教幹辦去吩咐臨安府，卽時差一個緝捕使臣，帶着做公的，備了盤纏，徑來湖南潭州府，下了公文，同來尋崔寧和秀秀。却似：

皂雕追紫燕，猛虎啖羊羔。

不兩月，捉將兩個來，解到府中，報與郡王得知，卽時升廳。原來郡王殺番人時，左手使一口刀，叫做「小青」；右手使一口刀，叫做「大青」；這兩口刀不知剁了多少番人。那兩口刀，鞘內藏着，掛在壁上。郡王升廳，衆人聲喏，卽將這兩個人押來跪下。郡王好生焦躁，左手去壁牙上取下「小青」，右手一掣，掣刀在手，睜起殺番人的眼兒，咬得牙齒剝剝地響。當時唬殺夫人，在屏風背後道：「郡王！這裏是帝輦之下，不比邊庭上面。若有罪過，祇消解去臨安府施行，如何胡亂凱得人？」郡王聽說道：「叵耐這兩個畜生逃走，今日捉將來，我惱了，如何不凱？既然夫人來勸，且捉秀秀入府後花園去；把崔寧解去臨安府斷治。」

當下喝賜錢酒賞犒捉事人。解這崔寧到臨安府，一一從頭供說：「自從當夜遺漏，來到府中，都搬盡了。祇見秀秀養娘從廊下出來，揪住崔寧道：『你如何安手在我懷中？若不依我口，教壞了你！』要共逃走。崔寧不得已，與他同走。祇此是實。」臨安府把文案呈上郡王。郡王是個剛直的人，便道：「既然恁地，寬了崔寧，且與從輕斷治。崔寧不合在逃，罪杖，發遣建康府居住。」

當下差人押送，方出北關門，到鵝項頭，見一頂轎兒，兩個人擡着，從後面叫：「崔待詔，且不得去！」崔寧認得像是秀秀的聲音，趕將來又不知恁地，心下好生疑惑。傷弓之鳥，不敢攬事，且低着頭祇顧走。祇見後面趕將上來，歇了轎子，一個婦人走出來，不是別人，便是秀秀，道：「崔待詔，你如今去建康府，我却如何？」崔寧道：「却是怎地好？」秀秀道：「自從解你去臨安府斷罪，把我捉入後花園，打了三十竹篦，遂便趕我出來。我知道你建康府去，趕將來同你去。」崔寧道：「恁地却好。」討了船，直到建康府。押發人自回。若是押發人是個學舌的，就有一場是非出來。因曉得郡王性如烈火，惹着他不是輕放手的；他又不是王府中人，去管這閒事怎地？況且崔寧一路買酒買食，奉承得他好，回去時，就隱惡而揚善了。

再說崔寧兩口在建康居住，既是問斷了，如今也不怕有人撞見，依舊開個碾玉作鋪。渾家道：「我兩口却在這裏住得好。祇是我家爹媽，自從我和你逃去潭州，兩個老的吃了些苦；當日捉我入府時，兩個去尋死覓活。今日也好教人去行在取我爹媽來這裏同住。」崔寧道：「最好！」便教人來行在取他丈人丈母。寫了他地理脚色與來人，到臨安府尋見他住處，問他鄰舍，指道：「這一家便是。」來人去門首看時，祇見兩扇門關着，一把鎖鎖着，一條竹竿封着。問鄰舍：「他老夫妻那裏去了？」鄰舍道：「莫說！他有個花枝也似女兒，獻在一個奢遮去處，這個女兒不受福德，却跟一個碾玉的待詔逃走了。前日從湖南潭州捉將回來，送在臨安府吃官司；那女兒吃郡王捉進後花園裏去。老夫妻見女兒捉去，就當下尋死覓活；至今不知下落，祇恁地關着門在這裏。」來人見說，再回建康府來，兀自未到家。

且說崔寧正在家中坐，祇見外面有人道：「你尋崔待詔住處，這裏便是。」崔寧叫出渾家來看時，不是別人，認得是璩公、璩婆。都相見了，喜歡的做一處。

那去取老兒的人，隔一日才到，說如此這般，尋不見，却空走了這遭。兩個老的且自來到這裏了。兩個老人道：「却生受你！我不知你們在建康住，教我尋來尋去，直到這裏。」其時四口同住，不在話下。

且說朝廷官裏，一日到偏殿看玩寶器，拿起這玉觀音來看。這個觀音身上，當時有一個玉鈴兒失手脫下。即時問近侍官員：「却如何修理得？」官員將玉觀音反覆看了，道：「好個玉觀音！怎地脫落了鈴兒？」看到底下，下面碾着三字「崔寧造」。——「恁地容易。既是有人造，衹消得宣這個人來，教他修整。」敕下郡王府，宣取碾玉匠崔寧。郡王回奏：「崔寧有罪，在建康府居住。」

即時使人去建康，取得崔寧到行在歇泊了。當時宣崔寧見駕，將這玉觀音教他領去，用心整理。崔寧謝了恩，尋一塊一般的玉，碾一個鈴兒接住了，御前交納；破分請給養了崔寧，令衹在行在居住。崔寧道：「我今日遭際御前，爭得氣。再來清湖河下，尋間屋兒開個碾玉鋪，須不怕你們撞見！」可煞事有鬥巧，方才開得鋪三兩日，一個漢子從外面過來，就是那郭排軍，見了崔待詔，便道：「崔大夫恭喜了！你却在這裏住？」擡起頭來，看櫃身裏却立着崔待詔的渾家。郭排軍吃了一驚，拽開脚步就走。渾家說與丈夫道：「你與我叫住那排軍，我相問則個。」正是：

平生不作皺眉事，世上應無切齒人。

崔待詔即時趕上扯住。衹見郭排軍把頭衹管側來側去，口裏喃喃地道：「作怪！作怪！」沒奈何，衹得與崔寧回來，到家中坐地。渾家與他相見了，便問：「郭排軍，前者我好意留你吃酒，你却歸來說與郡王，壞了我兩個的好事。今日遭際御前，却不怕你去說。」郭排軍吃他相問得無言可答，衹道得一聲「得罪！」相別了，便來到府裏，對着郡王道：「有鬼！」郡王道：「這漢則甚？」郭立道：「告恩王，有鬼！」郡王問道：「有甚鬼？」郭立道：「方才打清湖河下過，見崔寧開個碾玉鋪，却見櫃身裏一個婦女，便是秀秀養娘。」郡王焦躁道：「又來胡說！秀秀被我打殺了，埋在後花園，你須也看見，如何又在那裏？却不是取笑我！」郭立道：「告恩王，怎敢取笑？方才叫住郭立，相問了一回。怕恩王不信，勒下軍令狀了去。」郡王道：「真個在時，你勒軍令狀來。」那漢也是合苦，真個寫一紙軍令狀來。郡王收了，叫兩個當值的轎番，擡一頂轎子，教：「取這妮子來。若真個在，把來凱取一刀；若不在，郭立你須替他凱取一刀！」郭立同兩個轎番，來取秀秀。正是：

麥穗兩岐，農人難辨。

郭立是關西人，樸直，却不知軍令狀如何胡亂勒得。三個一徑來到崔寧家裏，那秀秀兀自在櫃身裏坐地，見那郭排軍來得恁地慌忙，却不知他勒了軍令狀來取你。郭排軍道：「小娘子，郡王鈞旨，教命取你則個。」秀秀道：「既如此，你們少等，待我梳洗了同去。」卽時入去梳洗，換了衣服，出來上了轎，吩咐了丈夫。兩個轎番便擡着徑到府前。郭立先入去。

郡王正在廳上等待。郭立唱了喏，道：「已取到秀秀養娘。」郡王道：「着他入來。」郭立出來道：「小娘子，郡王教你進來。」掀起簾子看一看，便是一桶水傾在身上，開着口則合不得。就轎子裏不見了秀秀養娘。問那兩個轎番，道：「我不知。則見他上轎，擡到這裏，又不曾轉動。」那漢叫將入來道：「告恩王，恁地真個有鬼！」郡王道：「卻不叵耐！」教人：「捉這漢，等我取過軍令狀來，如今凱了一刀！先去取下『小青』來。」那漢從來伏侍郡王，身上也有十數次官了；蓋緣是粗人，祇教他做排軍。這漢慌了道：「見有兩個轎番見證，乞叫來問。」卽時叫將轎番來道：「見他上轎，擡到這裏，却不見了。」說得一般，想必真個有鬼，祇消得叫將崔寧來問。便使人叫崔寧來到府中。崔寧從頭至尾說了一遍。郡王道：「恁地，又不干崔寧事，且放他去。」崔寧拜辭去了。郡王焦躁，把郭立打了五十背花棒。

崔寧聽得說渾家是鬼，到家中問丈人丈母。兩個面面廝覷，走出門，看着清湖河裏，撲通地都跳下水去了。當下叫「救人」，打撈，便不見了屍首。原來當時打殺秀秀時，兩個老的聽得說，便跳在河裏，已自死了。這兩個也是鬼。

崔寧到家中，沒情沒緒，走進房中，祇見渾家坐在牀上。崔寧道：「告姐姐，饒我性命！」秀秀道：「我因為你，吃郡王打死了，埋在後花園裏。却恨郭排軍多口，今日已報了冤仇，郡王已將他打了五十背花棒。如今都知道我是鬼，容身不得了。」道罷起身，雙手揪住崔寧，叫得一聲，四肢倒地。鄰舍都來看時，祇見：

兩部脈盡總皆沉，一命已歸黃壤下。

崔寧也被扯去和父母四個一塊兒做鬼去了。後人評論得好：

咸安王捺不下烈火性，郭排軍禁不住閒磕牙。
璩秀娘舍不得生眷屬，崔待詔撇不脫鬼冤家。

宋平話在中國小說史上的地位，是與唐傳奇雙峯並峙的。它繼承了唐代講唱文學的韻散合糅的形式和傳奇小說的現實主義與浪漫主義相結合的創作方法，並在一定程度上受了六朝志怪的影響；而「取材多在近時」，着重反映當代的現實。它的這些內容和形式的特色顯示着小說體裁演進的痕跡。

「說話」本來並不始於宋代，唐朝市民文藝中已有由藝人說故事的「市人小說」；清末敦煌千佛洞出現的《唐太宗入冥記》、《孝子董永傳》、《秋胡小說》等五代人抄錄的俗文故事，已帶有很濃厚的白話成分。但是眞正「以俚語著書，敍述故事」的短篇白話小說，還是到宋代才產生。「平話」就是當時的知識分子替說話人記錄或編寫的說話底本，所以也叫作「話本」。

宋代的「說話」是隨着由農業、手工業的發展所造成的商業與都市的繁榮而成長的。當時由於市民階層的興起，市民文藝特別是「說話」就盛極一時。不僅說書的藝人很多，家數和門類也分得很細。宋人灌圃耐得翁

碾玉觀音

的《都城紀勝》提到「說話」共有四家，其中「小說」一家又分三類：一類是「銀字兒」，包括講愛情故事的「煙粉」、講神仙鬼怪故事的「靈怪」和講逸事奇聞的「傳奇」。「說話」人所說人物、故事和所表現的思想意識大多屬於市民階層，因此，反對封建制度封建思想，要求個性解放、人身和婚姻自由，就成爲「平話」的主要內容。《碾玉觀音》就可以看出這一點。

《碾玉觀音》是南宋時的作品。它是《京本通俗小說》的第十卷，明晁瑮的《寶文堂書目》寫作《玉觀音》；馮夢龍編的《警世通言》第八卷《崔待詔生死冤家》也就是這個故事。它寫的是愛情而有鬼魂出現，按前面的分類說，應該屬於「小說」中的「煙粉」而兼「靈怪」。

《碾玉觀音》寫秀秀和崔寧的愛情悲劇，反映當時的市民和封建統治階級的矛盾，暴露統治階級兇殘醜惡的面目，表現了市民階層女子追求婚姻自由的堅強意志和鬥爭精神。

南宋統治階級在江南偏安一隅，不思抵禦外侮、收復失地，却一方面厚顏無恥地向金人納貢稱臣，苟延殘喘；一方面加緊剝削和奴役勞動人民，營造宮室，蓄養百工，聚斂珍寶，過着窮奢極慾、荒淫放蕩的生活。當時勞動人民特別是一般處於奴婢地位的婦女不僅沒有人身自由，生命也毫無保障。像這篇平話中所寫的咸安郡王，就是統治階級的代表人物。他家裏養着崔寧這樣的碾玉待詔，爲他製造精巧的翫物；看見秀秀這樣年輕貌美的女子，立刻要她「入府中來」，而璩公就不得不趕緊「寫一紙獻狀」，把親生女兒送到王府。崔寧有碾玉的本領，他琢出的玉觀音能使「龍顏大喜」；秀秀擅刺繡的技巧，她繡出的花朵「引教蝶亂蜂狂」。這兩個人不僅都善於工藝，而且年貌相當，所以別人全說他倆是「好對夫妻」。咸安郡王雖曾對崔寧說過，將來要把秀秀嫁他，但衹是偶然高興的空話。當秀秀和崔寧逃走後，郡王「出賞錢尋了數日」，一知道秀秀的蹤跡，立即派人捉來，拿刀要殺，「咬得牙齒剝剝地響」。後來雖然聽夫人的話，把雇傭的崔寧送往臨安府「斷治」，用「身價」買來的秀秀却被拉入後花園活活打死了。他對秀秀可以憑一時的喜怒來驅使或殺害，這就深刻地揭露了封建制度與統治階級的罪惡；而璩公說的「老拙家寒，那討錢來嫁人？將來也衹是獻與官員府第」，更可表明在南宋「繁華」的大都市裏，靠手藝爲生的市民生活是怎樣的貧苦。

秀秀是裱畫匠的女兒，她聰明、能幹、熱情、大膽，渴望自由，富有反抗精神。她的性格鮮明地標誌着新興市民階層進步的思想意識。她見過崔寧，又聽到郡王許嫁的話，本來「指望」着這事。可是她知道郡王不可靠，所以遇到機會就要求崔寧帶她「去躲避」。接着，她見崔寧既肯讓她到住處「歇脚」，又肯爲她買酒壓驚，知道崔寧對她也是有情，就乘着薄醉責問崔寧怎麽忘了郡王許嫁的話和別人的「好對夫妻」的「喝采」。她不容崔寧躲閃，緊跟着就提出「何不今夜我和你先做夫妻？」這是何等熱情、大膽，蔑視禮教！她了解崔寧雖也愛她，但性格懦弱、膽小怕事，就脅迫崔寧：「你如不敢，我叫將起來，教壞了你……」這是多麽機智、爽快、口角犀利！當崔寧同意做夫妻，建議馬上逃走時，她毫不猶豫地說：「我既和你做夫妻，憑你行。」這又是何等的堅決！

郭排軍尾隨崔寧到家，秀秀曾「安排酒請他」，囑咐他「千萬莫說與郡王知道」。秀秀不顧生命危險，和崔寧逃跑，是爲了追求自由幸福，這時她希望郭排軍不來破壞他們的好事，是完全合乎情理的。被捉之後，崔寧把責任都推到秀秀身上。作者並沒寫秀秀在這生死關頭表現怎樣，但從她以前的言行和被打死的結果來看，她一定是大無畏地承擔了一切，不曾求饒。甚至可能斥罵過郡王。至於慘死之後，魂靈仍然追隨崔寧到建康，還關心父母，派人接來同住，正說明她是怎樣地熱愛生活，篤於伉儷，而且孝敬雙親。

二次見到郭排軍，她斥責他「壞了我兩個的好事」，並且告訴他「今日遭際御前，却不怕你去說！」這時她已深知這種狗奴才的卑鄙無恥、沒有人性，一定還會去向郡王獻媚告密，所以不再向他求情乞憐，也毫不驚慌失措，而是堅定地展開鬥爭。當郭排軍又來捉她時，她非常鎮靜地答話、梳洗、換衣服、上轎，還「吩咐了丈夫」，顯示出對對方的極端的蔑視。轎子到了王府，打開轎簾，不見人影，使得「郡王焦躁，把郭立打了五十背花棒」。這不僅是對郭排軍報了仇，也是對郡王的嘲諷，讓他尊嚴掃地，無所用其淫威。

秀秀和崔寧本來是「好對夫妻」，却活活被郡王拆散，崔寧發遣建康，秀秀慘遭打死，璩公璩婆也因此跳河身亡，可見郡王是怎樣的殘酷。而秀秀的鬼魂去和崔寧團聚時，依然不免於受迫害，以致「容身不得」，這就更加深刻地揭露了封建統治階級的滔天罪惡。但究竟還有個「地下」存在，所以秀秀就扯着崔寧「和父母四個一塊兒做鬼去了」。這樣，郡王也就無可奈何了。秀秀鬼魂的出現和故事的這樣結束，強烈地表現了人民的憤慨。這是對雙手沾滿人民鮮血的劊子手的有力抨擊，也是含着血淚的極沉痛的控訴。

我們可以說秀秀的反抗精神和堅貞愛情是統一的，她有追求自由幸福的決心，所以勇敢地衝破網羅而逃走；後來愛情生活受到破壞，就堅決地起來反抗、鬥爭，由人而鬼，始終不懈。她和《搜神記》中的吳王小女紫玉、《醒世恆言》中的周勝仙都是我國古代小說中可貴的婦女形象。紫玉、周勝仙都執著地愛一個人，因爲父親阻礙他們結合，悲愁而死，鬼魂却和情人成爲夫婦，還顯靈替丈夫解脱罪名，她們對愛情的生死不渝與秀秀是一致的。從這幾個故事裏可以看出我國人民在不同時代内一直進行着反封建、追求婚姻自由的鬥爭。而秀秀因爲破壞了封建秩序，被統治者打死，正是這種事件在那個社會中發展的必然結果。所以這篇平話充分顯出了現實主義精神。

這篇平話的情節、結構很能引人入勝。全篇以郭排軍和玉觀音這一人一物作爲故事發展的線索。郡王爲了答謝官家的戰袍之賜，讓崔寧碾了玉觀音，引出他和秀秀的遇合。由於郭排軍送錢到潭州碰見崔寧，造成秀秀的死亡。皇帝到偏殿賞翫寶物，弄掉玉觀音上的鈴兒，從建康找崔寧來修理，崔寧和秀秀又搬回「行在」居住，這就使郭排軍看到秀秀的鬼魂有了可能，展開了後面的情節。這種在現實基礎上的「巧合」，豐富了作品的故事性。至於秀秀和璩公璩婆的死亡，都不在前面交代，最後才分兩回點明三個人都是鬼，這不僅使讀者感到驚奇，而去回味前面的疑竇，也特別讓人覺得他們變成鬼的可哀，增強了悲劇的效果。

在形式方面，《碾玉觀音》也具備一般平話的特點。全篇分作上下兩回。開頭以十一首詠春的詩詞，導入郡王遊春的情節，由抒情轉爲敍事。這些詩詞是用敍述貫穿，一首一首地引出來。如說這首詞不如另一首好，蘇東坡、秦少游說如何如何，附帶交代出作者。這一部分叫作「入話」，起着吸引聽衆注意、增加興趣的作用。有的平話在詩詞後面還附一個小故事，與正文内容或正或反地配合映襯。下一回開端又按下前面的話頭，從劉兩府的詞說起，不僅可以看出故事是分作兩回說，也見出說話人在情節緊張時故作頓挫的慣技。最後用四句韻語歸納全篇的故事，提出了說話人和一般市民對書中四個人物的看法。而韻語的後兩句——「璩秀娘捨不得生眷屬，崔待詔撇不脱鬼冤家」，還說明了秀秀和崔寧對愛情的主動與被動的不同態度。

除開頭結尾之外，全篇中間還穿插了一些詩詞、對句或駢文，這又各有不同的作用。如上一回寫郡王看見秀秀，叫虞侯去找時，那裏有個對句是「塵隨車馬何年盡？情繫人心早晚休。」它暗示了郡王見色起意的心理和他後來殺秀秀的原因，也是故事的一個小停頓。下回又用三個對句形容秀秀的美麗，一首《眼兒媚》詞來誇張她刺繡的本領。而用「三杯竹葉穿心過，兩朵桃花上臉來」的對句寫秀秀的神態，等於預告讀者她將趁着酒意向崔寧提出結爲夫婦的話。「誰家稚子鳴榔板，驚起鴛鴦兩處飛」是上回書的收場語，用象徵的詩句點出崔寧夫婦將要遭遇的悲慘結局。還有開頭的「說話的因甚說這春歸詞？」明是說書的口吻，自問自答，引出下文。後面的「飢餐渴飲，夜住曉行」以及「時光似箭，日月如梭」等等，也是說書常用的套語，後世的舊小說裏一直沿用。

《碾玉觀音》的人物描寫有兩點值得一談：第一點是能够把故事情節的演進和人物性格的發展密切地結合。如秀秀的性格就是在不同的環境和與其他人物的不同矛盾中表現出來的。這就使得形象容易突出，遠勝靜止的描寫。第二點是着重通過動作和對話來刻畫人物。如寫秀秀的鬼魂坐轎趕到北關門喊崔寧時，他明明聽出是秀秀的聲音，却「不敢攬事，且低着頭衹顧走」，連夫妻情分都不顧，這就表現出他的怯懦、自私。秀秀向他要主意，問「我却如何？」他不敢回答而反問了一句「却是怎地好？」秀秀說明已被處分過了，要同他到建康去，他才鬆了一口氣說：「恁地却好」。這裏深刻地顯示他的心理狀態，表現由他的手工業者的卑微社會地位與和豪門貴族的依存關係所造成的性格。

這篇平話也存在着一些由作者的出身階級及時代影響而產生的缺點。如對統治階級的殘酷和他們的爪牙的醜惡，缺乏正面深刻的揭露，結語把郡王與郭排軍的罪行說成是「捺不住烈火性」、「禁不住閑牙」，這就大大削弱了作品的悲劇性和鬥爭性。對主要人物（像秀秀和崔寧）缺乏必要的細節與心理描寫，沒很好地在讀者面前展開他們的內心活動，這也是由創作方法所決定的。但盡管這樣，這篇平話還是有價值的。

最後我想簡單地談一下「鬼」的問題。除志怪小說中作怪害人的鬼而外，在古小說和戲劇中出現的鬼，基本上是人們幻想「復活」的人，像本篇的秀秀和他父母的鬼，都充滿人情味。而這種鬼的形象一般說來是有兩種意義的：一是作爲幸福的化身，擺脫束縛，實現理想，如前面提到的紫玉和周勝仙；一是作爲復仇的力量，伸張正義，如唐傳奇中懲罰李益的霍小玉、元雜劇裏活捉王魁的桂英。秀秀做了鬼都還堅決地追求自由幸福的生活，這個形象的光彩是不減於紫玉的。這兩種形象全具有鬥爭精神，寄託着人民的思想情感：希望自己敬愛的人精神不死，志願得償。可以說，文學作品中的鬼雖是幻想的產物，却有現實的基礎。（劉澄碧）

宋元話本・錯斬崔寧

聰明伶俐自天生，懵懂癡呆未必真。
嫉妒每因眉睫淺，戈矛時起笑談深。
九曲黄河心較險，十重鐵甲面堪憎。
時因酒色亡家國，幾見詩書誤好人？

這首詩單表為人難處。祇因世路窄狹，人心叵測，大道既遠，人情萬端。熙熙攘攘，都為利來；蚩蚩蠢蠢，皆納禍去。持身保家，萬千反復。所以古人云：「顰有為顰，笑有為笑。顰笑之間，最宜謹慎。」

這回書單說一個官人，祇因酒後一時戲笑之言，遂至殺身破家，陷了幾條性命。且先引下一個故事來，權做個「得勝頭回」。

我朝元豐年間，有一個少年舉子，姓魏名鵬舉，字沖霄，年方一十八歲，娶得一個如花似玉的渾家。未及一月，祇因春榜動、選場開，魏生別了妻子，收拾行囊，上京應取。臨別時，渾家吩咐丈夫：「得官不得官，早早回來，休拋閃了恩愛夫妻。」魏生答道：「功名二字，是俺本領前程，不索賢卿憂慮。」別後登程到京，果然一舉成名，榜上一甲第九名，除授京職，到差甚是華豔動人。少不得修了一封家書，差人接取家眷入京。書上先敘了寒温及得官的事，後却寫下一行道是：「我在京中早晚無人照管，已討了一個小老婆，專候夫人到京，同享榮華。」

家人收拾書程，一徑到家。見了夫人，稱說道喜，因取家書呈上。夫人拆開看了，見是如此如此，這般這般，便對家人道：「官人直恁負恩！甫能得官，便娶了二夫人！」家人便道：「小人在京，并沒見有此事，想是官人戲謔之言。夫人到京便知端的，休得憂慮。」夫人道：「恁地說，我也罷了。」却因人舟未便，一面收拾起身，一面尋覓便人，先寄封平安家信到京中去。那寄書人到了京中，尋問新科魏進士寓所，下了家書，管待酒飯，自回不題。

却說魏生接書，拆開來看了，并無一句閒言閒語，祇說道：「你在京中娶了一個小老婆，我在家中也嫁了一個小老公，早晚同赴京師也。」魏生見了，也祇道是夫人取笑的說話，全不在意。未及收好，外面報說有個同年相訪。京邸寓中，不比在家寬轉，那人又是相厚的同年，又曉得魏生并無家眷在內，直至裏面坐下。敘了些寒温，魏生起身去解手，那同年偶翻桌上書帖，看見了這封家書，寫得好笑，故意朗誦起來。魏生措手不及，通紅了臉，說道：「這是沒理的事。因是小弟戲謔了她，她便取笑寫來的。」那同年呵呵大笑道：「這節事却是取笑不得的。」別了就去。

那人也是一個少年，喜談樂道，把這封家書一節，頃刻問傳遍京邸。也有一班妒忌魏生少年登科的，將這樁事祇當作風聞言事的一個小小新聞，奏上一本，說這魏生年少不檢，不宜居清要之職，降處外任。魏生懊恨無及。後來畢竟做官蹭蹬不起，把錦片也似一段美前程，等閒放過去了。這便是一句戲言，撒漫了一個美官。

今日再說一個官人，也祇為酒後一時戲言，斷送了堂堂七尺之軀，連累兩三個人，枉屈害了性命。却是為着甚的？有詩為證：

世路崎嶇實可哀，旁人笑口等閒開。
白雲本是無心物，又被狂風引出來。

却說高宗時，建都臨安，繁華富貴，不減那汴京故國。去那城中箭橋左側，有個官人，姓劉名貴，字君薦。祖上原是有根基的人家，到得君薦手中，却是時乖運蹇，先前讀書，後來看看不濟，却去改業做生意。便是半路上出家的一般，買賣行中，一發不是本等伎倆，又把本錢消折去了。漸漸大房改換小房，賃得兩三間房子。與同渾家王氏，年少齊眉，後因没有子嗣，娶下一個小娘子，姓陳，是陳賣糕的女兒，家中都呼為二姐。這也是先前不十分窮薄的時做下的勾當。至親三口，并無閒雜人在家。那劉君薦極是為人和氣，鄉里見愛，都稱他：「劉官人，你是一時運限不好，如此落寞。再過幾時，定時有個亨通的日子。」說便是這般說，哪得有些些好處？祇是在家納悶，無可奈何。

却說一日閒坐家中，祇見丈人家裏的老王，年近七旬，走來對劉官人說道：「家間老員外生日，特令老漢接取官人、娘子去走一遭。」劉官人便道：「便是我日逐愁悶過日子，連那泰山的壽誕也都忘了！」便同渾家王氏，收拾隨身衣服，打疊個包兒，交與老王背了，吩咐二姐看守家中：「今日晚了，不能轉回，明晚須索來家。」說了就去。離城二十餘里，到了丈人王員外家，敘了寒溫。當日座間客衆，丈人、女婿不好十分敘述許多窮相。到得客散，留在客房裏歇宿。

直到天明，丈人却來與女婿攀話，說道：「姐夫，你須不是這等算計。『坐吃山空，立吃地陷』、『咽喉深似海，日月快如梭』。你須計較一個常便。我女兒嫁了你，一生也指望豐衣足食，不成祇是這等就罷了！」劉官人嘆了一口氣道：「是！泰山在上，道不得個『上山擒虎易，開口告人難』。如今的時勢，再有誰似泰山這般憐念我的？祇索守困。若去求人，便是勞而無功。」丈人便道：「這也難怪你說！老漢却是看你們不過，今日賫助你些少本錢，胡亂去開個柴米店，賺得些利息來過日子，却不好麼？」劉官人道：「感蒙泰山恩顧，可知是好。」當下吃了午飯，丈人取出十五貫錢來，付與劉官人道：「姐夫，且將這些錢去收拾起店面。開張有日，我便再應付你十貫。你妻子且留在此過幾日，待有了開店日子，老漢親送女兒到你家，就來與你作賀。意下如何？」

劉官人謝了又謝，馱了錢一徑出門。到得城中，天色却早晚了。却撞着一個相識，順路在他家門首經過。那人也要做經紀的人，就與他商量一會，可知是好。便去敲那人門時，裏面有人應諾，出來相揖，便問：「老兄下顧，有何見教？」劉官人一一說知就裏。那人便道：「小弟閒在家中，老兄用得着時，便來相幫。」劉官人道：「如此甚好。」當下說了些生意的勾當，那人便留劉官人在家，現成杯盤，吃了三杯兩盞。劉官人酒量不濟，便覺有些朦朧起來，抽身作別，便道：「今日相擾，明日就煩老兄過寒家計議生理。」那人又送劉官人至路口，作別回家，不在話下。若是說話的同年生，并肩長，攔腰抱住，把臂拖回，也不見得受這般災晦，却教劉官人死得不如：

《五代史》李存孝，《漢書》中彭越。

却說劉官人馱了錢，一步一步捱到家中敲門，已是點燈時分。小娘子二姐獨自在家，沒一些事做，守得天黑，閉了門，在燈下打瞌睡。劉官人打門，她哪裏便聽見？敲了半晌，方才知覺，答應一聲：「來了！」起身開了門。

劉官人進去，到了房中，二姐替官人接了錢，放在桌上，便問：「官人，何處挪移這項錢來？却是甚用？」那劉官人一來有了幾分酒，二來怪她開得門遲了，且戲言嚇她一嚇，便道：「說出來，又恐你見怪；不說時，又須通你得知。只是我一時無奈，沒計可施，祇得把你典與一個客人。又因舍不得你，祇典得十五貫錢。若是我有些好處，加利贖你回來；若是照前這般不順溜，祇索罷了！」那小娘子聽了，欲待不信，又見十五貫錢堆在面前；欲待信來，他平白與我沒半句言語，大娘子又過得好，怎麼便下得這等狠心辣手？疑狐不決，祇得再問道：「雖然如此，也須通知我爹娘一聲。」劉官人道：「若是通知你爹娘，此事斷然不成。你明日且到了人家，我慢慢央人與你爹娘說通，他也須怪我不得。」小娘子又問：「官人今日在何處吃酒來？」劉官人道：「便是把你典與人，寫了文書，吃他的酒才來的。」小娘子又問：「大姐姐如何不來？」劉官人道：「她因不忍見你分離，待得你明日出了門才來。這也是我沒計奈何，一言為定。」說罷，暗地忍不住笑。不脫衣裳，睡在牀上，不覺睡去了。

那小娘子好生擺脫不下：「不知他賣我與甚色樣人家？我須先去爹娘家裏說知。就是他明日有人來要我，尋到我家，也須有個下落。」沉吟了一會，却把這十五貫錢，一垛兒堆在劉官人脚後邊，趁他酒醉，輕輕的收拾了隨身衣服，款款的開了門出去，拽上了門，却去左邊一個相熟的鄰舍叫做朱三老兒家裏，與朱三媽借宿了一夜，說道：「丈夫今日無端賣我，我須先去與爹娘說知。煩你明日對他說一聲，既有了主顧，可同我丈夫到爹娘家中來討個分曉，也須有個下落。」那鄰舍道：「小娘子說得有理。你只顧自去，我便與劉官人說知就裏。」過了一宵，小娘子作別去了，不題。正是：

鰲魚脱却金鉤去，擺尾搖頭再不回。

放下一頭。却說這裏劉官人一覺直至三更方醒，見桌上燈猶未滅，小娘子不在身邊，只道她還在廚下收拾家伙，便喚二姐討茶吃。叫了一回，沒人答應，却待掙扎起來，酒尚未醒，不覺又睡了去。不料却有一個做不是的，日間賭輸了錢，沒處出豁，夜間出來掏摸些東西，却好到劉官人門首。因是小娘子出去了，門兒拽上不關，那賊略推一推，豁地開了。捏手捏脚，直到房中，并無一人知覺。到得牀前，燈火尚明，周圍看時，并無一物可取。摸到牀上，見一人朝着裏牀睡去，脚後却有一堆青錢，便去取了幾貫。不想驚覺了劉官人，起來喝道：「你須不盡道理！我從丈人家借辦得幾貫錢來養身活命，不爭你偷了我的去，却是怎的計結？」那人也不回話，照面一拳。劉官人側身躲過，便起身與這人相持。那人見劉官人手脚活動，便拔步出房。劉官人不舍，搶出門來，一徑趕到廚房裏。恰待聲張鄰舍，起來捉賊。那人急了，正好沒出豁，却見明晃晃一把劈柴斧頭，正在手邊。也是人急計生，被他綽起一斧，正中劉官人面門，撲地倒了。又復一斧，斫倒一邊。眼見得劉官人不活了，嗚呼哀哉，伏維尚饗！那人便道：「一不做，二不休。却是你來趕我，不是我來尋你索命。」翻身入房，取了十五貫錢，扯條單被包裹得停當，拽扎得爽俐，出門，拽上了門就走，不題。

次早鄰舍起來，見劉官人家門也不開，并無人聲息，叫道：「劉官人！失曉了！」裏面沒人答應。挨將進去，只見門也不關。直到裏面，見劉官人劈死在地。他家大娘子兩日前已自往娘家去了，小娘子如何不見？免不得聲張起來。却有昨夜小娘子借宿的鄰家朱三老兒說道：「小娘子昨夜黃昏時到我家歇宿，說道劉官人無端賣了她，她一徑先到爹娘家裏去了。教我對劉官人說，既有了主顧，可同到他爹娘家中，也討得個分曉。今一面着人去追她轉來，便有下落；一面着人去報他大娘子到來，再作區處。」衆人都道：「說得是。」

先着人去到王員外家報了凶信。老員外與女兒大哭起來，對那人道：「昨日好端端出門，老漢贈他十五貫錢，教他將來作本，如何便恁的被人殺了？」那去的人道：「好教老員外、大娘子得知：昨日劉官人歸時，已自昏黑，吃得半酣，我們都不曉得他有錢沒錢，歸遲歸早。祇是今早劉官人家門兒半開，衆人推將進去，祇見劉官人殺死在地，十五貫錢一文也不見，小娘子也不見蹤跡。聲張起來，却有左鄰朱三老兒出來，說道他家小娘子昨夜黄昏時分借宿他家。小娘子說道，劉官人無端把她典與人了，小娘子要對爹娘說一聲，住了一宵，今日徑自去了。如今衆人計議，一面來報大娘子與老員外，一面着人去追小娘子。若是半路裏追不着的時節，直到她爹娘家中，好歹追她轉來，問個明白。老員外與大娘子須索去走一遭，與劉官人執命。」老員外與大娘子急急收拾起身，管待來人酒飯，三步做一步，趕入城中。不題。

却說那小娘子清早出了鄰舍人家，挨上路去，行不上一二里，早是脚疼走不動，坐在路旁。却見一個後生，頭带萬字頭巾，身穿直縫寬衫，背上馱了一個搭膊，裏面却是銅錢；脚下絲鞋淨襪，一直走上前來。到了小娘子面前，看了一看，雖然没有十二分顏色，却也明眉皓齒，蓮臉生春，秋波送媚，好生動人！正是：

野花偏豔目，村酒醉人多。

那後生放下搭膊，向前深深作揖：「小娘子獨行無伴，却是往哪裏去的？」小娘子還了萬福道：「是奴家要往爹娘家去。因走不上，權歇在此。」因問：「哥哥是何處來？今要往何方去？」那後生叉手不離方寸：「小人是村裏人，因往城中賣了絲帳，討得些錢，要往褚家堂那邊去的。」小娘子道：「告哥哥則個，奴家爹娘也在褚家堂左側，若得哥哥带挈奴家同走一程，可知是好？」那後生道：「有何不可？既如此說，小人情願伏侍小娘子前去。」

兩個廝趕着，一路正行，行不到三二里田地，祇見後面兩個人脚不點地趕上前來，趕得汗流氣喘，衣服拽開，連叫：「前面小娘子慢走！我却有話說知！」小娘子與那後生看見趕得蹺蹊，都立住了脚。後邊兩個趕到跟前，見了小娘子與那後生，不容分說，一家扯了一個，說道：「你們幹得好事！却走往哪裏去？」小娘子吃了一驚，舉眼看時，却是兩家鄰舍，一個就是小娘子昨夜借宿的主人。小娘子便道：「昨夜也須告過公公得知，丈夫無端賣我，我自去對爹娘說知。今日趕來，却有何說？」朱三老道：「我不管閒賬。祇是你家裏有殺人公事，你須回去對理。」小娘子道：「丈夫賣我，昨日錢已馱在家中，有甚殺人公事？我祇是不去。」朱三老道：「好自在性兒！你若真個不去，叫起地方，有殺人賊在此，煩為一捉！不然，須要連累我們，你這裏地方也不得清淨！」

那個後生見不是話頭，便對小娘子道：「既如此說，小娘子祇索回去。小人自家去休。」那兩個趕來的鄰舍齊叫起來，說道：「若是沒有你在此便罷，既然你與小娘子同行同止，你須也去不得！」那後生道：「却又古怪！我自半路遇見小娘子，偶然伴她行一程，路途上有甚皂絲麻綫，要勒背我回去？」朱三老道：「他家有了殺人公事，不爭放你去了，却打没對頭官司？」當下怎容小娘子和那後生做主。看的人漸漸立滿，都道：「後生，你去不得！你『日間不作虧心事，半夜敲門不吃驚』，便去何妨？」那趕來的鄰舍道：「你若不去，便是心虛！我們却和你罷休不得！」四個人祇得廝挽着一路轉來。

到得劉官人門首，好一場熱鬧！小娘子入去看時，祇見劉官人斧劈倒在地上死了，牀上十五貫錢，分文也不見。開了口合不得，伸了舌縮不上去。那後生也慌了，便道：「我恁的晦氣！沒來由和那小娘子同走一程，却做了干連人。」衆人都和鬧着，正在那裏分豁不開，祇見王老員外和女兒一步一顛走回家來，見了女婿屍身，哭了一場，便對小娘子道：「你却如何殺了丈夫，刼了十五貫錢逃走出去？今日天理昭然，有何理說？」小娘子道：「十五貫錢委是有的。祇是丈夫昨晚回來，說是無計奈何，將奴家典與他人，典得十五貫身價在此，說過今日便要奴家到他家去。奴家因不知他典與甚色樣人家，先去與爹娘說知。故此趁夜深了，將這十五貫錢，一垛兒堆在他脚後邊，拽上門，到朱三老家住了一宵，今早自去爹娘家裏說知。我去之時，也曾央朱三老對我丈夫說，既然有了主兒，便同到我爹娘家裏來交割。却不知因甚殺死在此？」那大娘子道：「可又來！我的父親昨日明明把十五貫錢與他馱來作本，養贍妻小，他豈有哄你說是典來身價之理？這是你兩日因獨自在家，勾搭上了人；又見家中好生不濟，無心守耐；又見了十五貫錢，一時見財起意，殺死丈夫，劫了錢；又使見識往鄰家借宿一夜，却與漢子通同計較，一處逃走。現今你跟着一個男子同走，却有何理說，抵賴得過？」衆人齊聲道：「大娘子之言，甚是有理！」又對那後生道：「後生！你却如何與小娘子謀殺親夫，却暗暗約定在僻靜處等候，一同去逃奔他方，却是如何計結？」那人道：「小人自姓崔名寧，與那小娘子無半面之識。小人昨晚入城賣得幾貫絲錢在這裏，因路上遇見小娘子，小人偶然問起往哪裏去的，却獨自一個行走？小娘子說起是與小人同路，以此作伴同行。却不知前後因依。」

衆人哪裏肯聽他分說，搜索他搭膊中，恰好是十五貫錢，一文也不多，一文也不少。衆人齊發起喊來：「道是『天網恢恢，疏而不漏』，你却與小娘子殺了人，拐了錢財，盜了婦女，同往他鄉。却連累我地方鄰里打没頭官司！」當下大娘子結扭了小娘子，王老員外結扭了崔寧，四鄰舍都是證見，一哄都入臨安府中來。

那府尹聽得有殺人公事，卽便升堂，便叫一干人犯逐一從頭說來。

先是王老員外上去告說：「相公在上。小人是本府村莊人氏，年近六旬，衹生一女，先年嫁與本府城中劉貴為妻。後因無子，娶了陳氏為妾，呼為二姐。一向三口在家過活，并無片言。衹因前日是老漢生日，差人接取女兒、女婿到家住了一夜。次日，因見女婿家中全無活計，養贍不起，把十五貫錢與女婿作本，開店養身。却有二姐在家看守，到得昨夜，女婿到家時分，不知因甚緣故，將女婿斧劈死了。二姐却與一個後生，名喚崔寧，一同逃走，被人追捉到來。望相公可憐見老漢的女婿身死不明，姦夫淫婦，贓證見在，伏乞相公明斷！」府尹聽得如此如此，便叫：「陳氏上來！你却如何通同姦夫殺死了親夫，劫了錢，與人一同逃走？是何理說？」二姐告道：「小婦人嫁與劉貴，雖是個小老婆，却也得他看承得好，大娘子又賢慧，却如何肯起這片歹心？祇是昨晚丈夫回來，吃得半酣，馱了十五貫錢進門。小婦人問他來歷，丈夫說道，為因養贍不周，將小婦人典與他人，典得十五貫身價在此。又不通我爹娘得知，明日就要小婦人到他家去。小婦人慌了，連夜出門，走到鄰舍家裏借宿一宵，今早一徑先往爹娘家去，教他對丈夫說：『既然賣我，有了主顧，可到我爹媽家裏來交割。才走得到半路，却見昨夜借宿的鄰家趕來，捉住小婦人回來。却不知丈夫殺死的根由。」那府尹喝道：「胡說！這十五貫錢，分明是他丈人與女婿的，你却說是典你的身價，眼見得沒巴臂的說話了。況且婦人家如何黑夜行走？定是脫身之計！這樁事須不是你一個婦人家做的，一定有姦夫幫你謀財害命。你却從實說來！」

那小娘子正待分說，祇見幾家鄰舍一齊跪上去告道：「相公的言語，委是青天！他家小娘子昨夜果然借宿在左鄰第二家的，今早她自去了。小的們見她丈夫殺死，一面着人去趕，趕到半路，却見小娘子和那一個後生同走，苦死不肯回來。小的們勉强捉她轉來，却又一面着人去接他大娘子與他丈人。到時，說昨日有十五貫錢付與女婿做生理的。今者女婿已死，這些錢不知從何而去。再三問那小娘子時，說道她出門時，將這錢一垛兒堆在牀上。却去搜那後生身邊，十五貫錢分文不少。却不是小娘子與那後生通同謀殺！贓證分明，却如何賴得過？」

府尹聽他們言言有理，就喚那後生上來道：「帝輦之下，怎容你這等胡行！你却如何謀了他小老婆，劫了十五貫錢，殺死她親夫？今日同往何處？從實招來！」那後生道：「小人姓崔名寧，是鄉村人氏。昨日往城中賣了絲，賣得這十五貫錢，今早偶然路上撞着這小娘子，并不知她姓甚名誰，那裏曉得她家殺人公事？」府尹大怒，喝道：「胡說！世間不信有這等巧事！她家失去了十五貫錢，你却賣的絲恰好也是十五貫錢。這分明是支吾的說話了。況且『他妻莫愛，他馬莫騎』，你既與那婦人没甚首尾，却如何與她同行同宿？你這等頑皮賴骨，不打如何肯招？」

當下衆人將那崔寧與小娘子死去活來拷打一頓。那邊王老員外與女兒并一干鄰佑人等，口口聲聲咬他二人。府尹也巴不得了結這段公案。拷訊一回，可憐崔寧和小娘子受刑不過，衹得屈招了，說是一時見財起意，殺死親夫，劫了十五貫錢，同姦夫逃走是實。左鄰右舍都畫了十字。將兩人大枷枷了，送入死囚牢裏。將這十五貫錢給還原主——也衹好奉與衙門中人做使用，也還不夠哩！府尹疊成文案，奏過朝廷。部復申詳，倒下聖旨，說崔寧不合姦騙人妻，謀財害命，依律處斬；陳氏不合通同姦夫殺死親夫，大逆不道，凌遲示衆。當下讀了招狀，大牢内取出二人來，當廳判一個「斬」字，一個「剮」字，押赴市曹行刑示衆。兩人渾身是口，也難分說。正是：

啞子漫嘗黄蘗味，難將苦口對人言。

看官聽說：這段公事，果然是小娘子與那崔寧謀財害命的時節，他兩人須連夜逃走他方，怎的又去鄰舍人家借宿一宵，明早又走到爹娘家去，却被人捉住了？這段冤枉，仔細可以推詳出來。誰想問官糊塗，衹圖了事，不想捶楚之下，何求不得？冥冥之中，積了陰隲，遠在兒孫近在身，他兩個冤魂也須放你不過。所以做官的切不可率意斷獄，任情用刑，也要求個公平明允。道不得個死者不可復生，斷者不可復續。可勝嘆哉！

閒話休題。却說那劉大娘子到得家中，設個靈位，守孝過日。父親王老員外勸她轉身，大娘子說道：「不要說起三年之久，也須到小祥之後。」父親應允自去。

光陰迅速，大娘子在家巴巴結結，將近一年。父親見她守不過，便叫家裏老王去接她來，說：「叫大娘子收拾回家，與劉官人做了周年，轉了身去罷。」大娘子没計奈何，細思父言，亦是有理。收拾了包裹，與老王背了，與鄰舍家作別，暫去再來。一路出城，正值秋天，一陣烏風猛雨，衹得落路往一所林子去躲。不想走錯了路，正是：

猪羊走屠宰之家，一脚脚來尋死路。

走入林子裏去，衹聽他林子背後大喝一聲：「我乃靜山大王在此！行人住脚，須把買路錢與我！」大娘子和那老王吃那一驚不小，衹見跳出一個人來：

頭帶干紅凹面巾，身穿一領舊戰袍，腰間紅絹搭膊裹肚，脚下蹬一雙烏皮皂靴，手執一把朴刀。

舞刀前來。那老王該死，便道：「你這翦徑的毛團！我須是認得你。做這老性命着與你兊了罷！」一頭撞去，被他閃過空。老人家用力猛了，撲地便倒。那人大怒道：「這牛子好生無禮！」連搠一兩刀，血流在地，眼見得老王養不大了。那劉大娘子見他兇猛，料道脫身不得，心生一計，叫做脫空計，拍手叫道：「殺得好！」那人便住了手，睜圓怪眼，喝道：「這是你甚麽人？」那大娘子虛心假氣的答道：「奴家不幸，喪了丈夫，却被媒人哄誘，嫁了這個老兒，衹會吃飯。今日却得大王殺了，也替奴家除了一害。」那人見大娘子如此小心，又生得有幾分顏色，便問道：「你肯跟我做個壓寨夫人麽？」大娘子尋思，無計可施，便道：「情願伏侍大王。」那人回嗔作喜，收拾了刀杖，將老王屍首攛入澗中，領了劉大娘子到一所莊院前來，甚是委曲。衹見大王向那地上拾些土塊，抛向屋上去，裏面便有人出來開門。到得草堂之上，吩咐殺羊備酒，與劉大娘子成親。兩口人且是說得着。正是：

明知不是伴，事急且相隨。

不想那大王自得了劉大娘子之後，不上半年，連起了幾注大財，家間也豐富了。大娘子甚是有識見，早晚用好言語勸他：「自古道：『瓦罐不離井上破，將軍難免陣中亡。』你我兩人，下半世也夠吃用了，衹管做這没天理的勾當，終須不是個好結果。却不道是『梁園雖好，不是久戀之家』，不若改行從善，做個小小經紀，也得過養身活命。」那大王早晚被她勸轉，果然回心轉意，把這門道路撇了，却去城市間賃下一處房屋，開了一個雜貨店。遇閒暇的日子，也時常去寺院中念佛赴齋。

忽一日，在家閒坐，對那大娘子道：「我雖是個翦徑出身，却也曉得寃各有頭，債各有主。每日間衹是嚇騙人東西，將來過日子；後來得有了你。一向不大順溜，今已改行從善。閑來追思既往，正會枉殺了兩個人，又寃陷了兩個人，時常掛念，思欲做些功德超度他們，一向不曾對你說知。」大娘子道：「如何是枉殺了兩個人？」那大王道：「一個是你的丈夫，前日在林子裏的時節，他來撞我，我却殺了他。他須是個老人家，與我往日無仇，如今又謀了他老婆，他死也是不肯甘休的。」大娘子道：「不恁的時，我却那得與你廝守？這也是往事，休題了。」又問：「殺那一個又是甚人？」那大王道：「說起來這個人，一發天理上放不過去；且又带累了兩個人無辜償命。是一年前，也是賭輸了，身邊并無一文，夜間便去掏摸些東西。不想到一家門首，見他門也不閂，推進去時，裏面并無一人。摸到門裏，衹見一人醉倒在牀，脚後却有一堆銅錢。便去摸他幾貫，正待要走，却驚醒了那人，起來說道：『這是我丈人家與我做本錢的，不爭你偷去了，一家人口都是餓死！』起身搶出房門，正待聲張起來。是我一時見他不是話頭，却好一把劈柴斧頭在我脚邊，這叫做人急計生，綽起斧來，喝一聲道：『不是我，便是你！』兩斧劈倒。却去房中將十五貫錢盡數取了。後來打聽得他，卻連累了他家小老婆，與那一個後生，喚做崔寧，冤枉了他謀財害命，雙雙受了國家刑法。我雖是做了一世强人，祇有這兩樁人命，是天理人心打不過去的。早晚還要超度他，也是該的。」

那大娘子聽說，暗暗地叫苦：「原來我的丈夫也吃這廝殺了！又連累我家二姐與那個後生無辜受戮。思量起來，是我不合當初做弄他兩人償命。料他兩人陰司中也須放我不過！」當下權且歡天喜地，并無他說。明日捉個空，便一徑到臨安府前叫起屈來。

那時，換了一個新任府尹，才得半月，正值升廳，左右捉將那叫屈的婦人進來。劉大娘子到了階下，放聲大哭。哭罷，將那大王前後所為：怎的殺了我丈夫劉貴，問官不肯推詳，含糊了事，却將二姐與那崔寧朦朧償命；後來又怎的殺了老王，姦騙了奴家。「今日天理昭然，一一是他親口招承，伏乞相公高擡明鏡，昭雪前冤！」說罷又哭。

府尹見她情詞可憫，即着人去捉那靜山大王到來，用刑拷訊，與大娘子口詞一些不差。即時問成死罪，奏過官裏。待六十日限滿，倒下聖旨來：「勘得靜山大王謀財害命，連累無辜，準律殺一家非死罪三人者斬加等，決不待時；原問官斷獄失情，削職為民；崔寧與陳氏枉死可憐，有司訪其家，量行優恤；王氏既系强徒威逼成親，又能伸雪夫冤，着將賊人家產一半沒入官，一半給與王氏，養贍終身。」

劉大娘子當日往法場上看決了靜山大王，又取其頭去獻祭亡夫，并小娘子及崔寧，大哭一場。將這一半家私舍入尼姑庵中，自己朝夕看經念佛，追薦亡魂，盡老百年而終。有詩為證：

善惡無分總喪軀，只因戲語釀災危。
勸君出語須誠實，口舌從來是禍基。

沒有人不知道昆劇「十五貫」的故事，這個故事的最早藍本《錯斬崔寧》却未必盡人皆知。

錯斬崔寧

話本小說《錯斬崔寧》見於《京本通俗小說》第十五卷。據該書刊印者繆荃孫介紹，它和書中的其他六篇作品「的是影元人寫本」。錢曾《也是園書目》卷十，又把它列進「宋人詞話」。另外，作品「頭回」中自稱「我朝元豐年間」，把宋神宗趙頊元豐年間稱作「我朝」，自然是宋人寫宋事。所以《春在堂隨筆》等全都判斷《錯斬崔寧》的正文「事在南宋」。到了明代，通俗小說家馮夢龍把故事略作修改，易名爲《十五貫戲言成巧禍》（標題下自註云：「宋本作《錯斬崔寧》」），編入了他的《醒世恆言》第三十三卷。清代的朱素臣又把這個故事改編爲《十五貫》傳奇（又名《雙熊夢》）。解放後，膾炙人口的昆劇《十五貫》正是在上述作品的基礎上整理加工而成的。

跟多數宋元話本小說的結構相同，《錯斬崔寧》以一首詩歌和一段議論作爲開頭的「入話」，用一則與「正話」旨意相類的魏鵬舉因「戲言」而丟却「前程」的故事作爲「得勝頭回」。然後講述崔寧和陳二姐被冤殺的「正話」，最後演唱一首具有概括意義的七言絕句作爲「結尾」。

如果說，《錯斬崔寧》的「入話」和「頭回」故事着眼於「戲言」，旨在揭示被害者本人的過失的話；那麼，「正話」則强調了「錯斬」，重在譴責迫害者的種種罪惡。作爲冤獄故事，「正話」的情節並不複雜，案情的描述也純粹按照時間和事態發展的順序。但因故事素材比較典型，作者對黑暗現實又有深刻的體察，所以作品的主題思想十分深刻。通過故事的開端、發展、高潮和結局的介紹，層次分明地揭露了造成這一冤獄的各種社會原因，重點批判了封建司法制度，觸及到了南宋王朝的腐朽本質。

「錯斬崔寧」的故事是由「戲言」、「錯斬」和「昭雪」三個部分組成的。其中「戲言」部分屬於情節的開端。對於整個冤獄來說，劉貴戲言與魏鵬舉戲言的情況有所不同；它並不是致禍的直接依據，而是造成冤獄的間接原因；不僅屬於性格的驅使，而且植根於社會的土壤之中。劉貴跟陳二姐開玩笑的原因是什麼呢？爲了抓住本質，作者一開頭就對陳二姐作了概括介紹，並爲此設計了「拜壽」、「賫助」、「醉飲」等場面。原來，陳二姐出身低賤，別說她自己沒有名字，就連她父親也衹有個「陳賣糕」的「雅號」。作爲劉貴的小妾，陳二姐不過是個生兒育女的工具。此其一。當劉貴偕同王氏前往丈人家祝壽的時候，陳二姐衹有「看守家中」的權利；一旦「獨自在家」，反覺清閑，就「沒一些事做」；爲了等待丈夫，晚上不敢上牀，衹能「在燈下打瞌睡」，足見她形同僕役。此其二。第三，宋代社會上存在着典當與買賣婦女的野蠻制度。陳二姐與劉貴的結合，實際上衹是「買賣」關係，連「包辦婚姻」也稱不上。有此三點，所以一當陳二姐「開得門遲了」，意外得錢而且酒醉朦朧的劉貴，就在得意和嗔怪感情的支配下，由錢想到「賣」，順理成章地編了段「戲言」。也正因爲如此，所以儘管「至親三口」平時沒有矛盾，但面對「戲言」，陳二姐終究由「疑狐不決」到信以爲眞。綜合上述三點，要害分明是罪惡的封建買賣婚姻制度。

罪惡的封建買賣婚姻導致「戲言」，偶然的戲言又使故事橫生枝節，發展爲兩條線索：一方面，陳二姐乍離家門，行竊的賭棍乘虛而入，在搶錢過程中劈死了劉貴，造成了無頭案。鄉鄰們發現後，隨卽派人追趕陳二姐，並向王氏報告。另一方面，對「戲言」信以爲眞的陳二姐爲了稟告爹娘，連夜離開夫家。她不敢黑夜趕路，先在鄰居朱三老兒家借宿；清晨上路，又不慣行走，衹得央求邂逅相遇的男子崔寧同行一程。結果連同崔寧一起，被軟硬兼施地拖到了劉貴家。當王氏和陳二姐會面之後，故事情節加快了頻率，掀起了波瀾。按理說，劉貴被殺和陳二姐回娘家是風馬牛不相及的兩碼事，可王老員外、王氏和鄰居們全部咬住崔寧和陳二姐，說他們合謀殺死了劉貴。這是爲什麼呢？首先，包括朱三老兒在內的全部鄰居，都害怕「打沒頭的官司」會被連累，於是就不分青紅皂白地逮住了崔寧。這種似爲冷酷的世態，從一個側面表現出人民生機的脆弱，暴露了封建司法制度的罪惡。其次，王員外及其女兒，乃至「一干鄰佑」，都或多或少地受到了「男女授受不親」、「男女同行，非奸卽盜」等封建思想的影響。也就是說，封建禮教是混淆視聽和造成錯覺的重要原因。第三，崔寧「賣絲帳」的收入與劉貴得而復失的錢財數目恰恰相同，都是十五貫。這種巧合加上上述兩種因素，勢必因巧成拙，蒙蔽了眞相。正是由於這三個原因，劉貴與陳二姐受到了指控，被推上了審判臺。

陳二姐和崔寧被扭結着「一哄都入臨安府」的當兒，故事情節進入了高潮。如果說，封建的買賣婚姻制度、深怕諉禍的冷酷世態和男女大防的禮教規範，已經迷住了人們的心竅，變爲釀成寃獄的諸多因素的話，那麼，臨安府尹的錯斷和錯判則使寃獄披上了合法的外衣，鑄成了無可挽回的定局，從而集中暴露出封建司法制度的腐敗和反動。表面看來，殺人者理當償命，但該把誰推上斷頭臺呢？王氏父女和「幾家鄰舍」固然認定了崔寧和陳二姐，可這衹是動機不一的假想和懷疑；封建時代固然確有「男女同行，非奸即盜」的某些事實，但沒有任何眞憑實據可以判斷崔寧和陳二姐就是所謂姦夫淫婦。試想：「果然是小娘子與那崔寧謀財害命的時節，他兩人須連夜逃走他方，怎的又去鄰舍人家借宿一宵，明早又走到爹娘家去，却被人捉住了？」這樣明白的問題，實在不難弄清，但臨安府尹既不調查，又不研究，更不去尋找人證和物證，在「衹圖了事」的思想支配下，憑藉重刑得來的口供，頤指氣使地胡亂斷案，把無辜的陳二姐和崔寧「押赴市曹行刑示衆」。由此可見，「錯斬崔寧」錯在執法者手上，這就暴露出封建官吏草菅人命的兇殘，揭示了封建法律的虛僞。何況事情發生在「帝輦之下」，也就深一層地反映出封建司法制度的腐敗！

崔寧和陳二姐被殺以後，故事似乎已經結束，但勞動人民是仇恨「率意斷獄，任情用刑」的官吏的，很多描寫冤獄的作品也就構想清官折獄、豪俠行義抑或鬼魂復仇等形式來懲治貪官汚吏和犯罪分子。《錯斬崔寧》的結局同樣表現了人民的願望，但它並沒有運用上述三種形式，而是採取由犯罪分子自新而案發的路子。表面看，採取這種形式的着眼點是因果報應，也卽所謂「天網恢恢，疏而不漏」，自然不值得肯定。實際上，作品中的兇犯靜山大王，是由行爲不端的小偷逐步發展爲「剪徑的毛團」的。他始則小偷小摸，終至「嚇騙人東西」，衹是在深怕暴露目標的情況下殺了劉貴和老王。也就是說，作品的前半部分給靜山大王的「自新」埋下了伏筆，爲強盜的所謂「回心轉意」留下了餘地。另外，摒棄清官按察，讓罪犯自我暴露，客觀上給人以這樣的啓迪：要是罪犯不「自新」怎麽辦？天底下能有幾個「自新」的殺人犯？如此明顯的冤案尙且發現不了，普天下冤沉海底的案件何止千萬！從這個意義上講，《錯斬崔寧》的結局從一定程度上加重了抨擊腐敗吏治的砝碼，拓開和深化了造成冤獄的典型環境。正因爲如此，我們對《錯斬崔寧》的結局既不能評價過高，也不宜輕易作出否定。

在開展情節的過程中揭示造成冤獄的社會原因，使《錯斬崔寧》的主題思想表現得異常深刻；借助故事情節刻畫人物性格，又使《錯斬崔寧》在藝術上達到了前所未有的高度。

衆所周知，在宋元說書流派中，「講史」派以重大而又富於傳奇色彩的歷史故事作爲題材，「說經」派用浪漫主義的創作方法着力描述光怪陸離的宗教故事，「小說」派則重在反映「耳目之內」的現實生活。後者因缺乏興亡盛衰的歷史波瀾，又不能駕馭馳騁三界的「天馬」，因而需要形象而又細緻的描繪。《錯斬崔寧》正是如此。它對足以表現人物個性的特定環境和故事情節作了細緻描寫，又依據人物的性格，設計和構想了特定的環境和情節，從而使環境成爲人物性格產生的土壤，把情節變作表現性格的歷史。如前所述，作品的開頭對陳二姐作了概括介紹。這段介紹，緊緊抓住人物關係這個環境的主要因素，在交代陳二姐及劉貴、王氏等人物的同時，揭示了富與貧、妻與妾等關係，從而成功地展現了形成陳二姐善良而又懦弱性格的條件。劉貴命陳二姐「看守家中」，陳二姐晚上就不敢上牀，衹能在「燈下打瞌睡」。劉貴戲言「賣身」，陳二姐絲毫不敢反抗，充其量衹想「去與爹娘說知」。她離家前還把被「典身」的十五貫錢「一垜兒堆在劉官人脚後邊」；黑夜又不敢走路，行不上一二里，「早是脚疼走不動」。面對前後態度不一的朱三老兒、血口噴人的大老婆王氏和生殺予奪的臨安府尹，她四次嚅嚅地重複着「丈夫無端賣我，我自去對爹娘說知……」之類的話語。這些情節，成功地表現了陳二姐的善良和懦弱。當然，僅有主要人物是無法推開情節的；衹有把獨具個性的主要人物推進錯綜複雜的人與人關係的漩渦，才能掀起情節波瀾。反之，離開人與人的關係，也就談不上人物的個性特點。比方說，陳二姐縱然膽怯，要不是遇上崔寧，或者相遇而並不同行，就決不會被誣和被殺。在這裏，作者寫崔寧「看」、「品」陳二姐什麽「明眉皓齒，蓮臉生春，秋波送媚，好生動人」等等。面對「豔目」的「野花」，崔寧雖然未至「醉心」，更沒有輕薄行爲，但一種無可名狀的感情，使他「放下搭膊」，「深深作揖」，又是搭訕問話，又是虔誠回答。所以一當懦弱的陳二姐提出「帶挈」的要求，他旋卽表示「情願伏侍」，顧不上男女大防，便與她雙雙上路了。應該說，「男女同行」的情節來自男女雙方，導源於人與人的複雜關係。

需要指出的是，像《錯斬崔寧》這樣的話本小說，已經十分注意人物個性的設計，有意無意地注意到了「做什麽」和「怎樣做」。在「入話」故事中，魏鵬舉之妻同樣面對丈夫的「戲言」，但她敢於在家人面前埋怨「負恩」的丈夫，問明眞情以後，便「尋覓便人」，寄上了一封以牙還牙的「戲謔」書信。正話中的陳二姐則不然。再把陳二姐與《杜十娘怒沉百寶箱》中的杜十娘比較，二者的性格也迥然不同：同樣被丈夫典賣，杜十娘對「狠心辣手」的丈夫絲毫沒有「餘情」，又壓根兒不想連夜潛逃。她讓負心的李甲召來挑唆的孫富，面對稠人廣衆出示了璀璨的珍寶，然後抱匣沉江，用年輕的性命控訴了封建社會的罪惡。陳二姐則既不敢責怪丈夫，又弄不清眞相，最終被戲言蒙蔽了。再以「潛逃」爲例，《碾玉觀音》和《鬧樊樓多情周勝仙》中都有相類的情節。但陳二姐和璩秀秀、周勝仙的表現很不一樣。璩秀秀胸有成竹，黑夜裏「搖搖擺擺」地「提着一帕子金珠寶貝」走出了郡王府；周勝仙則因「不認得路」而慌張地走進了酒店。陳二姐既不敢黑夜回家，又並非路途陌生，而是不慣趕路。如果說，這三個形象，「做什麽」也即「潛逃」的情節大體相同的話，那麽，「怎樣做」也即「潛逃」的動機和表現形式就很不一樣。正是「做什麽」和「怎樣做」的明顯差異，使陳二姐成了文藝理論上所說的「這一個」。又正是「這一個」鮮明的個性，在其特殊的人物關係中產生了誣告和錯斬的情節。

適應「以事寫人」的需要，《錯斬崔寧》與其他話本小說一樣，結構和故事情節的設計也產生了深刻變化。它把故事情節放在結構的中心位置，又竭力簡化情節的線索。在減少情節分岔的同時，一變平鋪直敍的記述而爲細緻的場面描繪。爲了批判封建的司法制度，它詳細描寫了陳二姐和崔寧這兩個主人公被殺的經過。對於王氏、靜山大王等次要人物，却取其所需，不作完整的介紹。另外，在交代陳二姐和崔寧被冤殺的經過時，作者又能突出其要害部分，構成精彩的場面。例如，同是寫趕路，陳二姐回娘家一節寫得淋漓盡致、密不容針；被扭結着進臨安府一節却三言兩語、疏能過馬。因爲前者宜乎刻畫人物性格，揭露炎涼世態，後者却無關大局。這種圍繞人物塑造、主題表達的構思和剪裁技巧，以及借助生動細節把關鍵安置在特定背景、時間、地點和人物關係中加以描寫的情況，明顯表現了話本小說的新特點。

爲了聯結場面，並使情節橫生波瀾，《錯斬崔寧》充分利用了「巧合」：諸如陳二姐遇崔寧，劉貴與崔寧同有十五貫錢財，殺死劉貴和霸佔王氏的同是靜山大王等等。以陳二姐巧遇崔寧爲例，它出乎意料之外，入乎情理之中。經商賣絲，清晨趕路，這是封建社會中司空見慣的現象。愛好異性，主動跟陌路女子搭訕，也符合某些商人的特點。因爲他們出身低微，受禮教影響較小，所以結伴同行是可以理解的。至於同是「十五貫」的問題，也有着很大的可能性，因爲「十五」是人們愛用的約數，諸如「十五橋」、「十五城」、「十五邑」、「十五國」等等。另外，一貫銅錢相當一兩白銀，按封建的貨幣形態計算，約當一丈布、十二束絲、一隻綿羊或八十斤小麥。正在販賣絲帳的崔寧和打算經營柴米的劉貴，各自取得一百八十束絲和一千二百斤小麥的代價，可謂恰如其分，十分眞實。借助巧合來表現這種眞實，就像山重水復處的路標，爲人們展現了新的境界；又像是藏而不露的綿帶，把無數珍珠似的場面成功地聯結了起來。

在「與詩律可稱一代之奇」的傳奇小說日益衰微的宋元時代，文藝的百花園裏綻開了「話本」的馥郁繁花。這其間，開放得最爲端莊、姸麗的一朵，正是《錯斬崔寧》。

（談鳳樑）

竇娥冤第二折

關漢卿

（賽盧醫上，詩云）小子太醫出身，也不知道醫死多人，何嘗怕人告發，關了一日店門？在城有個蔡家婆子，剛少的他二十兩花銀，屢屢親來索取，爭些捻斷脊筋。也是我一時智短，將他賺到荒村，撞見兩個不識姓名男子，一聲嚷道：「浪蕩乾坤，怎敢行兇撒潑，擅自勒死平民！」嚇得我丟了繩索，放開脚步飛奔。雖然一夜無事，終覺失精落魂；方知人命關天關地，如何看做壁上灰塵。從今改過行業，要得滅罪修因，將以前醫死的性命，一個個都與他一卷超度的經文。小子賽盧醫的便是。祇為要賴蔡婆婆二十兩銀子，賺他到荒僻去處，正待勒死他，誰想遇見兩個漢子，救了他去。若是再來討債時節，教我怎生見他？常言道的好：「三十六計，走為上計」。喜得我是孤身，又無家小連累，不若收拾了細軟行李，打個包兒，悄悄的躲到別處，另做營生，豈不乾淨？（張驢兒上，云）自家張驢兒，可奈那竇娥百般的不肯隨順我；如今那老婆子害病，我討服毒藥與他吃了，藥死那老婆子，這小妮子好歹做我的老婆。（做行科，云）且住，城裏人耳目廣，口舌多，倘見我討毒藥，可不嚷出事來？我前日看見南門外有個藥鋪，此處冷靜，正好討藥。（做到科，叫云）太醫哥哥，我來討藥的。（賽盧醫云）你討甚麼藥？（張驢兒云）我討服毒藥。（賽盧醫云）誰敢合毒藥與你？這廝好大膽也。（張驢兒云）你真個不肯與我藥麽？（賽盧醫云）我不與你，你就怎地我？（張驢兒做拖盧云）好呀，前日謀死蔡婆婆的，不是你來？你說我不認的你哩？我拖你見官去。（賽盧醫做慌科，云）大哥，你放我，有藥有藥。（做與藥科。張驢兒云）既然有了藥，且饒你罷。正是：得放手時須放手，得饒人處且饒人。（下）（賽盧醫云）可不晦氣！剛剛討藥的這人，就是救那婆子的。我今日與了他這服毒藥去了，以後事發，越越要連累我；趁早兒關上藥鋪，到涿州賣老鼠藥去也。（下）（卜兒上，做病伏几科）（孛老同張驢兒上，云）老漢自到蔡婆婆家來，本望做個接脚，却被他媳婦堅執不從。那婆婆一向收留俺爺兒兩個在家同住，祇說好事不在忙，等慢慢裏勸轉他媳婦，誰想那婆婆又害起病來。孩兒，你可曾算我兩個的八字，紅鸞天喜幾時到命哩？（張驢兒云）要看什麽天喜到命！祇賭本事，做得去，自去做。（孛老云）孩兒也，蔡婆婆害病好幾日了，我與你去問病波。（做見卜兒問科，云）婆婆，你今日病體如何？（卜兒云）我身子十分不快哩。（孛老云）你可想些甚麽吃？（卜兒云）我思量些羊肚兒湯吃。（孛老云）孩兒，你對竇娥說，做些羊肚兒湯與婆婆吃。（張驢兒向古門云）竇娥，婆婆想羊肚兒湯吃，快安排將來。（正旦持湯上，云）妾身竇娥是也。有俺婆婆不快，想羊肚湯吃，我親自安排了與婆婆吃去。婆婆也，我這寡婦人家，凡事也要避些嫌疑，怎好收留那張驢兒父子兩個？非親非眷的，一家兒同住，豈不惹外人談議？婆婆也，你莫要背地裏許了他親事，連我也累做不清不潔的。我想這婦人心好難保也呵！（唱）

【南呂·一枝花】他則待一生鴛帳眠，那裏肯半夜空房睡；他本是張郎婦，又做了李郎妻。有一等婦女每相隨，并不說家克計，則打聽些閒是非；說一會不明白打鳳的機關，使了些調虛囂撈龍的見識。

【梁州第七】這一個似卓氏般當罏滌器，這一個似孟光般舉案齊眉；說的來藏頭蓋脚多伶俐。道着難曉，做出才知。舊恩忘却，新愛偏宜；墳頭上土脈猶濕，架兒上又換新衣。那裏有奔喪處哭倒長城？那裏有浣紗時甘投大水？那裏有上山來便化頑石？可悲可恥，婦人家直恁的無仁義；多淫奔，少志氣，虧殺前人在那裏，更休說本性難移。

（云）婆婆，羊肚兒湯做成了，你吃些兒波。（張驢兒云）等我拿去。（做接嘗科，云）這裏面少些鹽醋，你去取來。（正旦下）（張驢兒放藥科）（正旦上，云）這不是鹽醋？（張驢兒云）你傾下些。（正旦唱）

【隔尾】你說道少鹽欠醋無滋味，加料添椒才脆美。但願娘親早痊濟，飲羹湯一杯，勝甘露灌體，得一個身子平安倒大來喜。

（孛老云）孩兒，羊肚湯有了不曾？（張驢兒云）湯有了，你拿過去。（孛老將湯云）婆婆，你吃些湯兒。（卜兒云）有累你。（做嘔科，云）我如今打嘔，不要這湯吃了，你老人家吃罷。（孛老云）這湯特做來與你吃的，便不要吃，也吃一口兒。（卜兒云）我不吃了，你老人家請吃。（孛老吃科）（正旦唱）

【賀新郎】一個道你請吃，一個道婆先吃，這言語聽也難聽，我可是氣也不氣！想他家與咱家有甚的親和戚？怎不記舊日夫妻情意，也曾有百縱千隨？婆婆也，你莫不爲黃金浮世寶，白髮故人稀，因此上把舊恩情全不比新知契。則待要百年同墓穴，那裏肯千里送寒衣。

（孛老云）我吃下這湯去，怎覺昏昏沉沉的起來？（做倒科）（卜兒慌科，云）你老人家放精神着，你扎掙着些兒。（做哭科，云）兀的不是死了也！（正旦唱）

【鬥蝦蟆】空悲感，沒理會，人生死，是輪回。感着這般病疾，值着這般時勢，可是風寒暑濕，或是飢飽勞役，各人證候自知。人命關天關地，別人怎生替得？壽數非干今世，相守三朝五夕，說甚一家一計。又無羊酒段匹，又無花紅財禮；把手爲活過日，撒手如同休棄。不是竇娥忤逆，生怕傍人論議。不如聽咱勸你，認個自家晦氣。割捨的一具棺材停置，幾件布帛收拾，出了咱家門裏，送入他家墳地。這不是你那從小兒年紀指脚的夫妻；我其實不關親，無半點恓惶淚。休得要心如醉，意似癡，便這等嗟嗟怨怨，哭哭啼啼。

（張驢兒云）好也羅！你把我老子藥死了，更待乾罷！（卜兒云）孩兒，這事怎了也？（正旦云）我有什麼藥在那裏？都是他要鹽醋時，自家傾在湯兒裏的。（唱）

【隔尾】這廝搬調咱老母收留你，自藥死親爺待要唬嚇誰？（張驢兒云）我家的老子，倒說是我做兒子的藥死了，人也不信。（做叫科，云）四鄰八舍聽着：竇娥藥殺我家老子哩！（卜兒云）罷麽，你不要大驚小怪的，嚇殺我也。（張驢兒云）你可怕麽？（卜兒云）可知怕哩。（張驢兒云）你要饒麽？（卜兒云）可知要饒哩。（張驢兒云）你教竇娥隨順了我，叫我三聲嫡嫡親親的丈夫，我便饒了他。（卜兒云）孩兒也，你隨順了他罷。（正旦云）婆婆，你怎說這般言語！（唱）我一馬難將兩鞍鞴。想男兒在日，曾兩年匹配，却教我改嫁別人，其實做不得。

（張驢兒云）竇娥，你藥殺了俺老子，你要官休？要私休？（正旦云）怎生是官休？怎生是私休？（張驢兒云）你要官休呵，拖你到官司，把你三推六問，你這等瘦弱身子，當不過拷打，怕你不招認藥死我老子的罪犯！你要私休呵，你早些與我做了老婆，倒也便宜了你。（正旦云）我又不曾藥死你老子，情願和你見官去來。（張驢兒拖正旦、卜兒下）（淨扮孤引祇候上，詩云）我做官人勝別人，告狀來的要金銀；若是上司當刷卷，在家推病不出門。下官楚州太守桃杌是也。今早升廳坐衙，左右，喝攛廂。（祇候吆喝科）（張驢兒拖正旦、卜兒上，云）告狀告狀。（祇候云）拿過來。（做跪見，孤亦跪科，云）請起。（祇候云）相公，他是告狀的，怎生跪着他？（孤云）你不知道，但來告狀的，就是我衣食父母。（祇候吆喝科，孤云）那個是原告？那個是被告？從實說來。（張驢兒云）小人是原告張驢兒，告這媳婦兒，喚做竇娥，合毒藥下在羊肚湯兒裏，藥死了俺的老子。這個喚做蔡婆婆，就是俺的後母。望大人與小人做主咱。（孤云）是那一個下的毒藥？（正旦云）不干小婦人事。（卜兒云）也不干老婦人事。（張驢兒云）也不干我事。（孤云）都不是，敢是我下的毒藥來！（正旦云）我婆婆也不是他後母，他自姓張，我家姓蔡。我婆婆因為與賽盧醫索錢，被他賺到郊外勒死；我婆婆却得他爺兒兩個救了性命，因此我婆婆收留他爺兒兩個在家，養膳終身，報他的恩德。誰知他兩個倒起不良之心，冒認婆婆做了接脚，要逼勒小婦人做他媳婦。小婦人原是有丈夫的，服孝未滿，堅執不從。適值我婆婆患病，着小婦人安排羊肚湯兒吃。不知張驢兒那裏討得毒藥在身，接過湯來，衹說少些鹽醋，支轉小婦人，暗地傾下毒藥。也是天幸，我婆婆忽然嘔吐，不要湯吃，讓與他老子吃，才吃的幾口，便死了。與小婦人並無干涉，衹望大人高擡明鏡，替小婦人做主咱。（唱　）

【牧羊關】大人你明如鏡，清似水，照妾身肝膽虛實。那羹本五味俱全，除了外百事不知。他推道嘗滋味，吃下去便昏迷。不是妾訟庭上胡支對，大人也，却教我平白地說甚的？

（張驢兒云）大人詳情：他自姓蔡，我自姓張，他婆婆不招俺父親接脚，他養我父子兩個在家做甚麼？這媳婦年紀兒雖小，極是個賴骨頑皮，不怕打的。（孤云）人是賤蟲，不打不招。左右，與我選大棍子打着。（衹候打正旦，三次噴水科）（正旦唱）

【罵玉郎】這無情棍棒教我捱不的。婆婆也，須是你自做下，怨他誰？勸普天下前婚後嫁婆娘每，都看取我這般傍州例。

【感皇恩】呀！是誰人唱叫揚疾，不由我不魄散魂飛。恰消停，才蘇醒，又昏迷。捱千般打拷，萬種凌逼，一杖下，一道血，一層皮。

【採茶歌】打的我肉都飛，血淋漓，腹中寃枉有誰知！則我這小婦人毒藥來從何處也？天那！怎麼的覆盆不照太陽暉！

（孤云）你招也不招？（正旦云）委的不是小婦人下毒藥來。（孤云）既然不是你，與我打那婆子。（正旦忙云）住住住，休打我婆婆，情願我招了罷。是我藥死公公來。（孤云）既然招了，着他畫了伏狀，將枷來枷上，下在死囚牢裏去。到來日判個斬字，押付市曹典刑。（卜兒哭科，云）竇娥孩兒，這都是我送了你性命，兀的不痛殺我也！（正旦唱）

【黃鍾尾】我做了個銜冤負屈沒頭鬼，怎肯便放了你好色荒淫漏面賊！想人心不可欺，冤枉事天地知，爭到頭，競到底，到如今待怎的？情願認藥殺公公，與了招罪。婆婆也，我若是不死呵，如何救得你！（隨祗候押下）

（張驢兒做叩頭科，云）謝青天老爺做主！明日殺了竇娥，才與小人的老子報的冤。（卜兒哭科，云）明日市曹中殺竇娥孩兒也，兀的不痛殺我也！（孤云）張驢兒，蔡婆婆，都取保狀，着隨衙聽候。左右，打散堂鼓，將馬來，回私宅去也。（同下）

王國維在《宋元戲曲考》中說：「元劇關目之拙固不待言，此由當日未嘗重視此事，故往往互相蹈襲，或草草爲之。」他認爲元雜劇的成就主要表現在曲詞上面，而情節並不見佳。這一概括，大體上說不無道理，但也有例外。比如，關漢卿的《竇娥冤》，在情節和人物性格的刻畫方面，就都有許多可觀之處。

《竇娥冤》被認爲是關漢卿的代表作，也是元雜劇中最負盛名的劇目之一。它留給我們印象最鮮明的部分是第三折竇娥臨刑前悲壯、慷慨的感情傾瀉：這個含冤負屈的女子所發出的超出個人命運範圍的抗議、對「主宰」人間的天地鬼神不公的強烈譴責，以及這個善良的婦女發下三樁誓願的激情；這些蕩氣迴腸的曲文，把《竇娥冤》的思想境界升華到了一個新的高度。不過，如果從另一角度着眼，劇的第二折同樣不容忽視，它是全劇情節發展中最爲重要的部分。這一折完成了情節上主要矛盾的演進，也基本上完成了主人公思想性格的發展。

《竇娥冤》的戲劇矛盾曾有多次的轉換和變化，使情節波瀾疊起。楔子表現了竇娥幼年的經歷，卽她的一生悲劇的開端。七歲時，父親竇天章因無力償還高利貸，將女兒作童養媳抵給了蔡婆。這楔子類似一個序幕，爲正式展開矛盾提供了一個背景。第一折開始時，已經是十三年後，竇娥已經經歷了喪夫的變故，矛盾立卽進入到「危機」的階段——由蔡婆討債與賽盧醫的企圖行兇，引出張驢兒父子；矛盾由蔡婆與賽盧醫，迅速轉換到蔡婆與張家父子之間。蔡婆的妥協苟且和竇娥的堅拒反抗，又使矛盾過渡到竇娥與張驢兒之間。這一矛盾發展到張驢兒誣竇娥毒死張父而趨於激化，竇娥不肯「私休」又使矛盾變爲竇娥與官府的衝突。當然，在這環環相扣的情節波瀾中，作家着力表現的，是竇娥與張驢兒及官府的矛盾，這雙重的矛盾內容和轉換的過程，都是在第二折中形成的。

第二折的一開始，是張驢兒向賽盧醫討毒藥，企圖害死正在害病的蔡婆，以達到強迫竇娥「隨順」的目的。然而，出人意料的是，毒藥被張父吃了。這一事變，成爲矛盾轉換的契機。設若張驢兒並不是個如此恃強欺弱的無賴，這種「自藥死親爺」的現世報，也許會使他有所收斂。然而，張驢兒無恥、狠毒，反而誣賴竇娥藥死他老子，並以「官休」、「私休」再一次對竇娥進行要挾。設若竇娥如蔡婆那樣軟弱膽小，被關天關地的人命案嚇得沒了主張，或者竇娥對官府已有深刻的認識，並不存在幻想，那麽，她也許不會那麽堅決地選擇「官休」。設若竇娥遇到的並不是桃杌這樣貪酷殘忍、良心喪盡的昏官，那麽，公堂以後的情景，當有另一番發展。然而，張驢兒是如此的無賴，竇娥又是如此地天眞、善良和剛毅，而桃杌又是這樣一個貪贓枉法的狗官，於是，矛盾朝着更尖銳的方向發展就成爲必然。這種發展既自然（符合人物的思想性格），又緊凑（轉換得分明、乾淨，不拖沓），人物性格和主題思想都逐漸上升到另一高度。

第二折也是展示竇娥性格的豐富性及其發展的主要場次。當竇娥在第一折中出現時，她守寡已有三個年頭，自言「我從三歲母親身亡後，到七歲與父分離久，嫁的個同住人，他可又拔着短籌」，命運多舛的少婦，內心雖然有無限的煩憂，但她對生活並沒什麽奢望，她接受了命運的安排，準備「我將這婆侍養，我將這孝服守」，「不修今生修來世」了。然而，張驢兒逼婚的事件，發掘了竇娥性格中的另一更爲重要的因素，這就是柔順中的執著和剛強。這種執著和剛強，隨着矛盾的推進而發展，越來越閃射出燦然的光輝。她拒絕張驢兒逼婚，固然包含着「我一馬難將兩鞍鞴」的封建貞節觀念，另一方面，更重要的還是出於維護自己人格的決心，出於對野蠻的仇視、對暴力不妥協的性格和意志。

在第二折中，竇娥思想性格的變化發展，存在着幾個層次。蔡婆害病，張老在旁邊殷勤問候，張驢兒因爲要伺機下藥，也在那裏假意張羅，竇娥似乎反而成了一個多餘的人，她冷冷地看着婆婆與張父「一個道你請吃，一個道婆先吃」親熱得像老夫妻一樣，腹非着婆婆「婦人家直恁的無仁義，多淫奔，少志氣」。她對張家父子的憎惡自不待言，對婆婆苟且屈從的不滿，也使本來相依爲命的婆媳關係疏遠隔膜了。接着，張老頃刻斃命，婆婆悲切哀哭，竇娥對張家父子從冷峻和憎惡，發展到簡直有些「幸災樂禍」了，「空悲戚，沒理會，人生死，是輪迴」，顯然，她認爲張驢兒父子作惡太甚遭到了報應。對婆婆從反感隔膜中，又透露出關切，她勸婆婆「休得要心如醉，意似癡，便這等嗟嗟怨怨，哭哭啼啼。」讓婆婆「割捨的一具棺材停置，幾件布帛收拾，出了咱家門裏，送入他家墳地。」

心地善良的竇娥，無論如何也想不到張驢兒會反咬一口，而且無恥地對她說，她若允婚，就萬事皆休，不允婚，就要告她藥死了張父。她一口回絕張驢兒的無賴要求，是基於兩個原因：一是出於不能忍受侮辱的天性；二是由於她認爲事實能說明、決定一切，「我又不曾藥死你老子，情願和你見官去來」，她並不理睬蔡婆要她「隨順」了張驢兒以息事寧人的主張，覺得自己沒作什麽虧心事，並不懼怕「官休」。她天眞地認爲太守「明如鏡，清似水」，可以明善惡，辨是非，照見她的「肝膽虛實」，於是她剛烈地拋頭露面走上公堂。

桃杌的無情棍棒，打得竇娥幾次昏迷，「恰消停，才蘇醒，又昏迷，捱千般打拷，萬種凌逼，一杖下，一道血，一層皮」，這個涉世未深的少婦，終於清醒了。她始而埋怨婆婆「須是你自做下，怨他誰」，繼而對於官府的幻想開始崩潰：「打的我肉都飛，血淋漓，腹中寃枉有誰知，則我這小婦人毒藥來從何處也，天哪！怎麽的覆盆不照太陽暉。」爲了免使婆婆受刑，她屈招了「藥死公公」。

在這一折中，竇娥的善良、剛烈、不肯苟且的性格得到了展示，她在與命運抗爭的過程中逐漸覺醒。這一折是爲第三折對天地鬼神、社會現實提出抗議，做了性格完成上的準備。

這一折中的〔感皇恩〕、〔採茶歌〕等委婉而催人淚下的曲文，非常富於感染力，人們不能不同情這個年輕的少婦；在短短的生命途程中，她經受的苦難太多：失母、被賣、喪夫，最後還要身首異處，背負着罪名。如果竇娥死在公堂上桃杌的棍子下，這可能還是一個一般的悲劇；然而竇娥是爲了免使婆婆受苦，才情願一個人領受開刀問斬的極刑，這就使竇娥的性格以善良、剛烈和犧牲精神昭示於人，這却不是什麽「貞」和「孝」所能概括的。這就是在七百年後的今天，儘管這個劇作仍然引起毀譽和爭議，儘管它存在着無可彌補的缺憾，但仍然是引起讀者的共鳴、使觀衆傾倒的原因。

（幺書儀）

單刀會第四折

關漢卿

（魯肅上，云）歡來不似今朝，喜來那逢今日。小官魯子敬是也。我使黄文持書去請關公，欣喜許今日赴會，荆襄地合歸還俺江東。英雄甲士已暗藏壁衣之後，令人江上相候，見船到便來報我知道。（正末關公引周倉上，云）周倉，將到那裏也？（周云）來到大江中流也。（正云）看了這大江，是一派好水也呵！（唱）

【雙調·新水令】大江東去浪千疊，引着這數十人，駕着這小舟一葉。又不比九重龍鳳闕，可正是千丈虎狼穴。大丈夫心別，我覷這單刀會似賽村社。

（云）好一派江景也呵！（唱）

【駐馬聽】水湧山疊，年少周郎何處也？不覺的灰飛煙滅，可憐黄蓋轉傷嗟。破曹的檣櫓一時絕，鏖兵的江水猶然熱，好教我情慘切！（云）這也不是江水。（唱）二十年流不盡的英雄血！

〔云〕却早來到也，報復去。〔卒報科〕〔做相見科〕〔魯云〕江下小會，酒非洞裏之長春，樂乃塵中之菲藝，猥勞君侯屈高就下，降尊臨卑，實乃魯肅之萬幸也！〔正云〕量某有何德能，着大夫置酒張筵？既請必至。〔魯云〕黄文，將酒來。二公子滿飲一杯。〔正云〕大夫飲此杯。〔把盞科〕〔正云〕想古今咱這人過日月好疾也呵！〔魯云〕過日月是好疾也。光陰似駿馬加鞭，浮世似落花流水。〔正唱〕

【胡十八】想古今立勛業，那裏也舜五人、漢三傑？兩朝相隔數年别，不甫能見者，却又早老也。開懷的飲數杯，〔云〕將酒來。〔唱〕盡心兒待醉一夜。

〔把盞科〕〔正云〕你知「以德報德，以直報怨」麽？〔魯云〕既然將軍言「以德報德，以直報怨」，借物不還者為之怨。想君侯文武全才，通練兵書，習《春秋》、《左傳》，濟拔顛危，匡扶社稷，可不謂之仁乎？待玄德如骨肉，覷曹操若仇讎，可不謂之義乎？辭曹歸漢，棄印封金，可不謂之禮乎？坐服於禁，水淹七軍，可不謂之智乎？且將軍仁義禮智俱足，惜乎止少個「信」字，欠缺未完。再若得全個「信」字，無出君侯之右也。〔正云〕我怎生失信？〔魯云〕非將軍失信，皆因令兄玄德公失信。〔正云〕我哥哥怎生失信來？〔魯云〕想昔日玄德公敗於當陽之上，身無所歸，因魯肅之故，屯軍三江夏口。魯肅又與孔明同見我主公，即日興師拜將，破曹兵於赤壁之間。江東所費巨萬，又折了首將黄蓋。因將軍賢昆玉無尺寸地，暫借荆州以為養軍之資；數年不還。今日魯肅低情曲意，暫取荆州，以為救民之急；待倉廩豐盈，然後再獻與將軍掌領。魯肅不敢自專，君侯臺鑒不錯。〔正云〕你請我吃筵席來，那是索荆州來？〔魯云〕沒、沒、沒，我則這般道。孫、劉結親，以為唇齒，兩國正好和諧。〔正唱〕

【慶東原】你把我眞心兒待，將筵宴設，你這般攀今攬古，分甚枝葉？我根前使不着你「之乎者也」、「詩云子曰」，早該豁口截舌！有意說孫、劉，你休目下翻成吳、越！

〔魯云〕將軍原來傲物輕信！〔正云〕我怎麽傲物輕信？〔魯云〕當日孔明親言：「破曹之後，荆州即還江東。」魯肅親為代保。不思舊日之恩，今日恩變為讎，猶自說「以德報德，以直報怨」。聖人道：「信近於義，言可復也。」去食去兵，不可去信。「大車無輗，小車無軏，其何以行之哉？」今將軍全無仁義之心，枉作英雄之輩。

荊州久借不還，却不道「人無信不立」！〔正云〕魯子敬，你聽的這劍戒麼？〔魯云：〕劍戒怎麼？〔正云〕我這劍戒，頭一遭誅了文醜，第二遭斬了蔡陽，魯肅呵，莫不第三遭到你也？〔魯云〕沒、沒，我則這般道來。〔正云〕這荊州是誰的？〔魯云〕這荊州是俺的。〔正云〕你不知，聽我說。〔唱〕

【沉醉東風】想着俺漢高皇圖王霸業，漢光武秉正除邪，漢獻帝將董卓誅，漢皇叔把温侯滅，俺哥哥合情受漢家基業。則你這東吳國的孫權，和俺劉家却是甚枝葉？請你個不克己先生自說！

〔魯云〕那裏甚麼響？〔正云〕這劍戒二次也。〔魯云〕却怎麼說？〔正云〕這劍按天地之靈，金火之精，陰陽之氣，日月之形；藏之則鬼神遯跡，出之則魑魅潛蹤；喜則戀鞘沉沉而不動，怒則躍匣錚錚而有聲。今朝席上，倘有爭鋒，恐君不信，拔劍施呈。吾當攝劍，魯肅休驚。這劍果有神威不可當，廟堂之器豈尋常；今朝索取荊州事，一劍先交魯肅亡。〔唱〕

【雁兒落】則為你三寸不爛舌，惱犯我三尺無情鐵。這劍饑餐上將頭，渴飲讎人血。

【得勝令】這是條龍向鞘中蟄，虎在坐間趓。今日故友每才相見，休着俺弟兄每相間別。魯子敬聽者，你心內休喬怯，暢好是隨邪，吾當酒醉也。

〔魯云〕臧宮動樂。〔臧宮上，云〕天有五星，地攢五嶽；人有五德，樂按五音。五星者：金、木、水、火、土。五嶽者：衡、恆、泰、華、嵩。五德者：溫、良、恭、儉、讓。五音者：宮、商、角、徵、羽。〔甲士擁上科〕〔魯云〕埋伏了者。〔正擊案，怒云〕有埋伏也無埋伏？〔魯云〕並無埋伏。〔正云〕若有埋伏，一劍揮之兩斷！〔做擊案科〕〔魯云〕你擊碎菱花。〔正云〕我特來破鏡！〔唱〕

【攪箏琶】却怎生鬧炒炒軍兵列，休把我當攔者！〔云〕當着我的，呵呵！〔唱〕我着他劍下身亡，目前流血。便有那張儀口、蒯通舌，休那裏躲閃藏遮。好生的送我到船上者，我和你慢慢的相別。

單刀會第四折

〔魯云〕你去了，倒是一場伶俐。〔黄文云〕將軍，有埋伏哩。〔魯云〕遲了我的也。〔關平領衆將上，云〕請父親上船，孩兒每來迎接哩。〔正云〕魯肅，休惜殿後。〔唱〕

【離亭宴帶歇拍煞】我則見紫袍銀帶公人列，晚天涼風冷蘆花謝，我心中喜悦。昏慘慘晚霞收，冷颼颼江風起，急颭颭帆招惹。承管待、承管待，多承謝、多承謝。喚梢公慢者，纜解開岸邊龍，船分開波中浪，棹攪碎江心月。正歡娱有甚進退，且談笑不分明夜。説與你兩件事先生記者：百忙裏稱不了老兄心，急切裏倒不了俺漢家節。

題目　孫仲謀獨佔江東地　請喬公言定三條計

正名　魯子敬設宴索荆州　關大王獨赴單刀會

古代戲曲代代相沿，流傳至今的不少，但像關漢卿的《單刀會》第四折這樣，直至今天還居然在昆曲中保存了幾乎原作唱詞的，却不多見。《單刀會》故事極其簡單：魯肅爲索取荆州，約請關羽過江赴會，並設下三條計策，有意加害關羽。屆時，關羽帶了周倉等幾個隨從，駕一葉小舟前來赴會，以他的過人智謀和英雄氣概震懾征服了魯肅，安然返回。

在藝術處理上，《單刀會》是獨具匠心的。第一、二折中，關羽並未出場，全以側面烘托來反覆鋪墊，刻意渲染，由喬玄和司馬徽向魯肅介紹關羽的外貌、爲人、性格，講述他在赤壁之戰的英雄業績和所向披靡的聲威。喬玄這樣勸魯肅：「你若和他廝殺呵，你則索多披上幾副甲，賸穿上幾層袍。便有百萬軍，擋不住他不剌剌千里追風騎，你便有千員將，閃不過明明偃月三停刀。」司馬徽又如此警告魯肅：「他若是雲山低趄，你安排着走，他若是寶劍離匣，準備着頭，枉送了你那八十一座軍州。」

從事理上看，這二折實在有許多漏洞：其一，魯肅是東吴重臣、赤壁之戰的參加者，理當深知關羽其人，何勞喬

單刀會第四折

玄和司馬徽饒舌？其二，魯肅請喬玄、司馬徽議事原無必要，何況他們的回答又處處是長他人志氣、滅自家威風。實際上，這兩個呼之卽來、揮之卽去的人物却是不可或缺的，他們的重要之處在於爲關羽出場預施筆墨，使關羽的英雄形象深入人心。作者爲了突出、美化這個人物，借以展現作家的英雄理想，對事理和邏輯的尊重就降到了次要的地位。

關羽正式出場在第三折，而直到第四折，才正面表現他與魯肅的衝突。

第四折一開始，關羽就已經駕輕舟、帶侍從，行進在長江中流。脚下是波濤萬頃、吞吐日月的長江，身後是周倉提刀侍立；這開闊壯偉的景色，構成了壯志凌雲英雄形象的背景，而「大江東去浪千疊」的豪邁曲文，又展示了關羽開闊落拓的胸襟和英勇無畏的精神。

〔駐馬聽〕一曲，並非普通的懷古撫昔，化用蘇東坡《念奴嬌》詞，不僅用得貼切，而且平添了幾分豪壯和蒼涼：「水湧山疊」，江景依舊，雄姿英發的周郎和老英雄黃蓋都已不在。想到古往今來成功地創立勳業的豪傑，都不免要消聲匿跡，日月迅疾，逝者如斯，悲涼的心境也就油然而生了。這種悲涼，可能包含有對人生短暫的感嘆，對英雄事業不能永存的遺憾，但是，「這也不是江水，二十年流不盡的英雄血」的主要內涵，却宣示了一種進取精神。這兩支詩意濃厚的抒情曲詞，奇跡般地創造出一種令人心馳神往的境界，同時也勾畫出了關羽內在的神韻。大江東去的江景，英武無畏的英雄，以及作者對英雄的高度崇敬，於此已融爲一體。

關羽與魯肅的正面交鋒，表現了一種臨危不懼、足智多謀和難以抵禦的氣勢。這種氣勢，既產生於他磊落精神、博大胸襟的情感力量，也來源於他堅執自己的信念所產生的邏輯力量。本來，久借荆州不還，失信於人，原是蜀漢一方理虧。魯肅也以關羽「仁義禮智俱足，借乎衹少個信字」相激，關羽却不睬魯肅「當日孔明親言：破曹之後，荆州卽還江東，魯肅親爲代保，不思舊日之恩，今日恩變爲讎」的質問，攀今攬古、細分枝葉，道是：「想着俺漢高皇圖王霸業，漢光武秉正除邪，漢獻帝將董卓誅，漢皇叔把溫侯滅，俺哥哥合情受漢家基業，則你這東吳國的孫權，和俺劉家却是甚枝葉？請你個不克己先生自說。」這段答非所問然而辭鋒雄辯、銳利的回答，竟然使一直認爲自己理直氣壯的魯肅目瞪舌結。漢家基業既然當屬劉備，那麽荆州的歸屬還有什麽必要討論呢？關羽以「漢家」正統作爲無可辯駁的原則，表現了一種「眞理在手」的確信。他不僅具有辯士的才能，而且使自己的行動，包括拒還荊州和維護漢家事業，都具有了一種理論和道義上的基礎。

關羽憑着他手中的無情劍和懾人的神威，挫敗了魯肅精心設計的三條計策，在「晚天涼風冷蘆花謝，……昏慘慘晚霞收，冷颼颼江風起，急颭颭雲帆扯」的肅殺景色中，吩咐解纜開船，魯肅和他的兵將，眼睜睜地看着關羽飄然而去。臨了，關羽留下了兩句擲地有聲的言語：「說與你兩件事先生記者：百忙裏稱不了老兄心，急切裏倒不了俺漢家節。」如果認爲這是劇作者通過對歷史上的英雄關羽維護漢家事業的歌頌，流露了自己追慕前朝舊事、懷念故國江山的民族感情，是並不過分的。

元雜劇中不乏善辯之才和勇武之士。關羽的辯才不及蘇秦、蒯通，勇武不過尉遲恭、薛仁貴。然而，關羽却是一個蓋世英雄的形象。何以唯獨關羽的睿智和勇力具有獨特的藝術魅力呢？除了關羽形象非常傳神、《單刀會》具有詩化的意境等原因之外，古往今來崇拜英雄的普遍民族心理（特别是在異族統治下，對英雄更加殷切地渴念）和「裔不謀夏，夷不亂華」（《左傳》）的正統觀念，以及由此而生發的民族感情，大概也對作者和讀者起了一種潛在的作用罷。

（幺書儀）

雙調・大德歌

關漢卿

雪粉華，舞梨花，再不見煙村四五家，密灑堪圖畫。看疏林噪晚鴉，黃蘆掩映清江下，斜攬着釣魚艖。

關漢卿的《雙調·大德歌》共存十首，全部見於元後期楊朝英所輯《樂府新編陽春白雪》前集卷四中。從內容看，這十首《大德歌》似乎無甚聯繫，可能是隨時作就，楊朝英輯錄時按牌調歸在一起的。這裏選析的這支小令是其中的第九首。

這是一首寫景的作品。冬天景致，是我國古代文人喜愛的一個題材，千百年來，爲表現它而不惜筆墨的詩人騷客代代有之，留下的作品更是多不勝舉。優秀的作家，往往不僅能精確地揭示冬天的季節特徵，同時還能把它在不同地域的特殊風貌恰到好處地再現出來。唐代著名邊塞詩人岑參就是一個善寫冬天的作家。他筆下的冬天，北風呼嘯、筆硯凝冰，令人展卷略讀，頓生冷瑟戰慄之感，彷彿置身於塞外的冰天雪地之中。宋代文豪歐陽修在他的《醉翁亭記》中提到冬天時寫有「水落而石出」一語，就把南方冬天水位下降、少雪無冰的冷寂清幽的特色寫了出來。關漢卿所寫的冬景又與上述兩種境界不同。前四句，他緊緊扣住皚皚的白雪落筆，濃彩重抹地渲染它紛揚飄灑、蔽日遮天的迷離景象，似乎在昭示讀者，曲中的冬景是與少雪的江南無緣的。後三句，則以輕靈疏淡的筆調勾勒出晚鴉鳴噪的一帶疏林，掩映於清江之上的黃蘆茅舍以及江邊停靠的垂釣小船，這裏，沒有刺骨的寒風，不見遍野的冰霜，傳輸給讀者的是一種寒而不烈的感受，與置身冰天雪地的塞外實在大不相同。恐怕任何一個讀者都會看出，這裏所描繪的，乃是北方塞內的冬天，絕不至產生絲毫的誤會。這表明關漢卿觀察生活是何等的細緻，表現生活又是何等精確啊！

中國古代有個習慣，常常愛把詩與畫對照着加以評論。一首好的寫景詩，要求「詩中有畫」；相反，一幅好的山水畫，則需「畫中有詩」。關漢卿的這首散曲是詩，然而通過讀者的想象，也是可以當作一幅精美的風景畫來看。

中國的山水畫在構圖方面歷來非常講究，善於運用色彩和比例的變化創造出強烈的空間效果；在這一點上，關漢卿的小令頗有同工異曲之妙。這支短短的小令雖然祇有七句三十八字，勾勒的實體物象亦不過「煙村」、「疏林」、「黃蘆」、「清江」、「釣魚艖」等數處，但是經過關漢卿巧妙的藝術處理，却顯示出相當分明的空間層次。前四句中的「煙村四五家」有如繪畫中的遠方襯景，在漫天飛舞的雪花籠罩下，早已撲朔迷離、依稀難辨了；可是後三句中的「疏林」、「黃蘆」、「清江」、「釣魚艖」却依舊清晰鮮明，使人一望而知這是作者攝取的近景，或者謂之正景；這裏沒有出現任何標示距離的字眼，却令人信服地實現了繪畫刻意追求的立體感；空間感；所不同者，衹是繪畫利用色調的明暗、比例的大小作爲創造空間層次的手段，而此曲則是完全依賴於大雪紛飛下景物能見度的差異。正是由於作者巧妙地處理了物象間的空間關係，因而，他描繪的景物就更富於生活實感，具有一種深邃的、立體的、豐富的繪畫美、藝術美，這較之那些衹會平面地描山摹水的作品無疑是要高明多了。

任何一種詩體都有各自的特點。散曲向來是崇尚通俗的，關漢卿的這支小令正符合這個要求。這不僅表現爲語言的明白如話，而且還體現在塑造形象的具體性上。這裏，我們不妨把它與柳宗元的《江雪》詩對照着看：「千山鳥飛絕，萬徑人蹤滅。孤舟蓑笠翁，獨釣寒江雪。」同是描寫江邊冬景，柳詩凝煉、概括，如「千山鳥飛絕，萬徑人踪滅」兩句，山非一山，徑非一徑，而是泛指所有的山和徑。這種構造形象的不具體性，可以任憑讀者根據自己的生活體驗和審美能力，馳騁想象，進行欣賞時的再創造。相比之下，關曲的寫景就具體得多了。它不僅通過對「煙村」等各種物象位置關係的描繪，賦予所寫之景以一個確定的、不容更易的空間結構，而且對各種物象本身的刻畫也頗爲細緻入微。如寫村落，並不滿足於粗線條地稱爲「煙村」，而是細膩到「四五家」；寫樹林，也同樣要精確到「疏林」，絕不給讀者以籠統、空泛、不易把捉的印象。這種塑造形象的確定性、具體性，固然不如柳詩那樣更能充分調動讀者的審美想象，但是，它細膩、準確、可感性強，審美意識強的讀者可以領略它那如畫的境界，想象力遲鈍的讀者也足以把它看懂，足以在心中複製出它所展示的美好景象。如果說柳詩是以它的意境開闊、內蘊廣遠來取勝，那麼，關曲則另有一種通俗淺顯、雅俗共賞的藝術魅力，兩篇傑作是各具特色、各有千秋的。

（侯光復）

南呂·一枝花·杭州景

南呂·一枝花

關漢卿

杭州景

〔一枝花〕普天下錦繡鄉，環海内風流地。大元朝新附國，亡宋家舊華夷。水秀山奇，一到處堪游戲，這答兒忒富貴。滿城中繡幕風簾，一哄地人煙湊集。

〔梁州第七〕百十里街衢整齊，萬餘家樓閣參差，并無半答兒閒田地。松軒竹徑，藥圃花蹊，茶園稻陌。竹塢梅溪。一陀兒一句題詩，一步兒一扇屏幃。西鹽場便似一帶瓊瑶，吳山色千疊翡翠。兀良，望錢塘江萬頃玻璃。更有清溪、綠水，畫船兒來往閒游戲。浙江亭緊相對，相對着險嶺高峯長怪石，堪羨堪題。

〔尾〕家家掩映渠流水，樓閣崢嶸出翠微，遥望西湖暮山勢。看了這壁，覷了那壁，縱有丹青下不得筆。

杭州乃形勝之地、繁華之都、錦繡之鄉，自古以來便是游人嚮往之處、詩人詞客吟詠對象。讚美杭州風光的佳作連篇累牘，其中以白居易、蘇軾的詩作，柳永的《望海潮·東南形勝》詞和關漢卿的這支套曲最負盛名。關漢卿的套曲由三支曲子組成，構成一軸軸優美動人的風景畫，也如一曲曲激情洋溢的樂章。《杭州景》體現了

南呂・一枝花・杭州景

關漢卿的美學情趣和藝術功力。

視野廣闊，從寬大的背景上突顯杭州美景。作者立足很高，眼界廣遠，先從大處落墨，顯示杭州美景的地位。「普天下錦繡鄉，環海內風流地」，從空間上表明杭州確爲「東南第一州」。普天之下，環海之內，杭州稱得上花簇錦團、風光綺麗之區。「大元朝新附國，亡宋家舊華夷」，從時間上表明杭州特殊地位。杭州是南宋都城，有着繁華富麗的基礎，入元後經濟上又得到恢復和發展。作者由此出筆，首先給人以杭州美冠天下，奇絕古今的印象。如果說這還流於概念式的敍說，那麼下面便實之以具體的方面。就自然景物上說，是「水秀山奇」；就經濟上說，這兒「忒富貴」；就繁榮上說，「滿城中繡幕風簾，一哄地人煙湊集」。湖光山色，物阜財豐，市井繁華，人口衆多，勾勒出了美杭州的輪廓。作者先從總體出發，以粗線條予以描畫，和柳永《望海潮》的發端「東南形勝，三吳都會，錢塘自古繁華。煙柳畫橋，風簾翠幕，參差十萬人家」同一筆路，都是由總到分，由粗到細，由抽象到具體，既給人以概貌，又激人懸念。

目光敏銳，從衆多的景物上顯示杭州美景。作者的藝術眼光纖至毫末，極盡繪景狀物之能事。先以長鏡頭攝下杭州市容：「百十里街衢整齊，萬餘家樓閣參差」。百十里間街巷整齊，整個城市便井然有序；萬餘家的樓閣參差不齊，全部市區便變化多端。街道的整齊和房舍的高低相配，就嚴整而不呆板，錯綜而不雜亂。橫向的齊和豎向的亂，構就相互映照的美。這裏「並無半答兒閑田地」，一步一景，一景一詩。松林掩映着小屋，竹叢夾就了小路，藥草綴滿園圃，奇花開遍路旁，茶園裏青翠欲滴，稻田中嫩綠泛鮮，塢塘邊竹影扶疏，溪流旁梅枝橫斜，移步換形，面面煥彩。松與竹相配，藥與花相映，茶與稻相間，竹與梅相襯，景物相宜。清淨的房舍，幽雅的小徑，寧靜的田園，澄明的溪流，與繡幕風簾的市廛形成鮮明的對比，別開生面，另闢境界。接着作者又展開另一種畫面：「吳山色千疊翡翠」，「錢塘江萬頃玻璃」。吳山景色，如層層堆砌的翡翠碧玉；「千疊」，既合於縱的方向，又表明衆多層次，顯出了山的豐姿。錢塘江面，似一片萬頃玻璃；「萬頃」，既合於橫的平面，又表明廣闊無邊。「翡翠」，示人以碧色；「玻璃」，喻人以平滑。「千疊」，使人有動感；「万頃」，完全是靜態。將巍然屹立的山寫動，常動不息的江寫靜，反常合道，奇趣橫生。在高山大江之旁，「更有清溪、綠水，畫船兒來往閑游戲」，張而後又弛，現出了清景、小船、游人。作者間以閑筆淡墨，是爲了突出更奇崛之景：「浙江亭緊相對，相對着險嶺高峯長怪石」。巉崖高聳，怪石嶙峋，和江畔風亭相對，形成高低相對、大小相映的奇局。結尾一曲，又回復到舒徐平緩的境地：「家家掩映渠流水」，戶戶「樓閣崢嶸出翠微」。作者寫西湖美景，將山的雄奇和水的秀麗相結合，都市繁華和田園清幽相結合，整齊劃一和錯落有致相結合，悠然之動和穆然之靜相結合，濃麗之彩和清雅之色相結合，而且寫景的大與小、疏與密、動與靜相間相續，有着強烈的節奏感，使人如徜徉於西子湖畔，飽領氣象萬千的湖光山色。

含蓄藴藉，寓情於景。初讀此篇，好像作者衹在描繪西湖美景，歌頌大好河山，而細味此曲，則暗含着無限感慨。「大元朝新附國，亡宋家舊華夷」，對元朝新統治者的譏刺、對南宋王朝的痛惜，欲抑還露，欲咽還吐。關漢卿生活於宋末元初，經歷了宋元王朝的轉換時期，並對元初的社會現實有切身的體驗，他在這首套曲中情不自禁地流露出直抒己見的詞句，是極自然的。「千古興亡多少事」，一個正直的知識分子，又是面對着如此多嬌的湖山，加之這裏還是舊朝都城，能衹停留在觀光賞景上嗎！衹是由於寫作這曲子時，大元朝還剛建立不久，元代知識分子又處於重壓之下，不容許作者過明、過烈、過多地發抒興亡之感，因而輕輕一筆提過，便轉入單純寫景。其實大量的寫景筆墨和這表明觀點的兩句相對照，也正給人以大好河山盡付敵手之感。作者用意深曲，運筆高妙，於此亦可見出。

由於作者所處的時代環境的關係，套曲《杭州景》和唐代白居易的《錢塘湖春行》、《杭州春望》、《憶江南》等詩詞的綺麗明媚不同，和北宋蘇軾的《望海樓晚景》、《法惠寺横翠閣》、《次韻仲殊游西湖》以及《飲湖上初晴後雨》等詩的奇逸奔放相異，和南宋柳永《望海潮》詞的濃豔繁富也迥然不同。除了詩、詞、曲的體式不同之外，作者的個人氣質，尤其是境遇的不同關係極大。西湖景雖因季節有變化，因陰晴有差異，因觀者的角度不同有區別，而景物基本上差不了多少。由此，我們正可以見到這個關漢卿心目中的「西湖景」，也從這「西湖景」看到關漢卿的心胸。

（徐應佩　周溶泉）

西廂記第三本第二折・鬧簡

王實甫

（旦上，云）紅娘伏侍老夫人不得空便，偌早晚敢待來也。起得早了些兒，困思上來，我再睡些兒咱。（睡科）（紅上，云）奉小姐言語去看張生，因伏侍老夫人，未曾回小姐話去。不聽得聲音，敢又睡哩，我入去看一遭。

【中呂・粉蝶兒】風靜簾閒，透紗窗麝蘭香散，啓朱扉搖響雙環。絳臺高，金荷小，銀釭猶燦。比及將暖帳輕彈，先揭起這梅紅羅軟簾偷看。

【醉春風】祇見他釵軃玉斜橫，髻偏雲亂挽。日高猶自不明眸，暢好是懶、懶。（旦做起身長嘆科）（紅唱）半晌擡身，幾回搔耳，一聲長嘆。

我待便將簡帖兒與他，恐俺小姐有許多假處哩。我祇將這簡帖兒放在妝盒兒上，看他見了說甚麼。（旦做照鏡科，見帖看科）（紅唱）

【普天樂】晚妝殘，烏雲軃，輕勻了粉臉，亂挽起雲鬟。將簡帖兒拈，把妝盒兒按，開拆封皮孜孜看，顛來倒去不害心煩。（旦怒叫）紅娘！（紅做意云）呀，決撒了也！厭的早扢皺了黛眉。（旦云）小賤人，不來怎麼！（紅唱）忽的波低垂了粉頸，氲的呵改變了朱顏。

〔旦云〕小賤人，這東西那裏將來的？我是相國的小姐，誰敢將這簡帖來戲弄我，我幾曾慣看這等東西？告過夫人，打下你個小賤人下截來。〔紅云〕小姐使將我去，他着我將來。我不識字，知他寫着甚麼？

【快活三】分明是你過犯，沒來由把我摧殘；使別人顛倒惡心煩，你不慣，誰曾慣？

姐姐休鬧，比及你對夫人說呵，我將這簡帖兒去夫人行出首去來。〔旦做揪住科〕我逗你要來。〔紅云〕放手，看打下下截來。〔旦云〕張生近日如何？〔紅云〕我祇不說。〔旦云〕好姐姐，你說與我聽咱！〔紅唱〕

【朝天子】張生近間、面顏，瘦得來實難看。不思量茶飯，怕待動彈；曉夜將佳期盼，廢寢忘餐。黃昏清旦，望東牆淹淚眼。〔旦云〕請個好太醫看他證候咱。〔紅云〕他證候吃藥不濟。病患、要安，祇除是出幾點風流汗。

〔旦云〕紅娘，不看你面時，我將與老夫人看，看他有何面目見夫人？雖然我家虧他，祇是兄妹之情，焉有外事。紅娘，早是你口穩哩；若別人知呵，甚麼模樣。〔紅云〕你哄着誰哩，你把這個餓鬼弄得七死八活，却要怎麼？

【四邊靜】怕人家調犯，「早共晚夫人見些破綻，你我何安。」問甚麼他遭危難？攛斷得上竿，掇了梯兒看。

〔旦云〕將描筆兒過來，我寫將去回他，着他下次休是這般。〔旦做寫科〕〔起身科，云〕紅娘，你將去說：小姐看望先生，相待兄妹之禮如此，非有他意。再一遭兒是這般呵，必告夫人知道。和你個小賤人都有話說。〔旦擲書下〕〔紅唱〕

【脫布衫】小孩兒家口沒遮攔，一味的將言語摧殘。把似你使性子，休思量秀才，做多少好人家風範。（紅做拾書科）

【小梁州】他為你夢裏成雙覺後單，廢寢忘餐。羅衣不奈五更寒，愁無限，寂寞淚闌干。

【幺篇】似這等辰勾空把佳期盼，我將這角門兒世不曾牢拴，祇願你做夫妻無危難。我向這筵席頭上整扮，做一個縫了口的撮合山。

（紅云）我若不去來，道我違拗他，那生又等我回報，我須索走一遭。（下）（末上，云）那書請紅娘將去，未見回話。我這封書去，必定成事，這早晚敢待來也。（紅上，云）須索回張生話去。小姐，你性兒忒慣得嬌了；有前日的心，那得今日的心來？

【石榴花】當日個晚妝樓上杏花殘，猶自怯衣單，那一片聽琴心清露月明間。昨日個向晚，不怕春寒，幾乎險被先生饌，那其間豈不胡顏。為一個不酸不醋風魔漢，隔牆兒險化做了望夫山。

【鬥鵪鶉】你用心兒撥雨撩雲，我好意兒傳書寄簡。不肯搜自己狂為，祇待要覓別人破綻。受艾焙權時忍這番，暢好是奸。「張生是兄妹之禮，焉敢如此」！對人前巧語花言；——沒人處便想張生，——背地裏愁眉淚眼。

（紅見末科）（末云）小娘子來了。擎天柱，大事如何了也？（紅云）不濟事了，先生休傻。（末云）小生簡帖兒是一道會親的符籙，則是小娘子不用心，故意如此。（紅云）我不用心？有天理，你那簡帖兒好聽！

【上小樓】這的是先生命慳，須不是紅娘違慢。那簡帖兒倒做了你的招狀，他的勾頭，我的公案。若不是覷面顔，廝顧盼，擔饒輕慢，先生受罪，禮之當然。賤妾何辜？爭些兒把你娘拖犯。

【幺篇】從今後相會少，見面難。月暗西廂，鳳去秦樓，雲斂巫山。你也赸，我也赸，請先生休訕，早尋個酒闌人散。

〔紅云〕祇此再不必申訴足下脚腑，怕夫人尋，我回去也。〔末云〕小娘子此一遭去，再着誰與小生分剖；必索做一個道理，方可救得小生一命。〔末跪下揪住紅科〕〔紅云〕張先生是讀書人，豈不知此意，其事可知矣。

【滿庭芳】你休要呆裏撒奸；你待要恩情美滿，却教我骨肉摧殘。老夫人手執着棍兒摩娑看，粗麻綫怎透得針關。直待我拄着拐幫閒鑽懶，縫合唇送暖偷寒。待去呵，小姐性兒撮鹽入火。消息兒踏着泛；待不去呵，〔末跪哭云〕小生這一個性命，都在小娘子身上。〔紅唱〕禁不得你甜話兒熱趲：好着我兩下裏做人難。

我沒來由分說；小姐回與你的書，你自看者。〔末接科，開讀科〕呀，有這場喜事，撮土焚香，三拜禮畢。早知小姐簡至，理合遠接，接待不及，勿令見罪！小娘子，和你也歡喜。〔紅云〕怎麼？〔末云〕小姐罵我都是假，書中之意，着我今夜花園裏來，和他「哩也波哩也囉」哩。〔紅云〕你讀書我聽。〔末云〕「待月西廂下，迎風戶半開，隔牆花影動，疑是玉人來。」〔紅云〕怎見得他着你來？你解與我聽咱。〔末云〕「待月西廂下」，着我月上來；「迎風戶半開」，他開門待我；「隔牆花影動，疑是玉人來」，着我跳過牆來。〔紅笑云〕他着你跳過牆來，你做下來，端的有此說麼？〔末云〕俺是個猜詩謎的社家，風流隋何，浪子陸賈，我那裏有差的勾當。〔紅云〕你看我姐姐，在我行也使這般道兒。

【耍孩兒】幾曾見寄書的顛倒瞞着魚雁，小則小心腸兒轉關。寫着道西廂待月等得更闌，着你跳東牆「女」字邊「干」。原來那詩句兒裏包籠着三更棗，簡帖兒裏埋伏着九里山。他着緊處將人慢，您會雲雨鬧中取靜，我寄音書忙裏偷閒。

【四煞】紙光明玉板，字香噴麝蘭，行兒邊湮透非春汗？一緘情淚紅猶濕，滿紙春愁墨未乾。從今後休疑難，放心波玉堂學士，穩情取金雀鵶鬟。

【三煞】他人行別樣的親，俺根前取次看，更做道孟光接了梁鴻案。別人行甜言美語三冬暖，我根前惡語傷人六月寒。我為頭兒看：看你個離魂倩女，怎發付擲果潘安。

〔末云〕小生讀書人，怎跳得那花園過也？〔紅唱〕

【二煞】隔牆花又低，迎風户半拴，偷香手段今番按。怕牆高怎把龍門跳，嫌花密難將仙桂攀。放心去，休辭憚；你若不去呵，望穿他盈盈秋水，蹙損他淡淡春山。

〔末云〕小生曾到那花園裏，已經兩遭，不見那好處；這一遭知他又怎麼？〔紅云〕如今不比往常。

【煞尾】你雖是去了兩遭，我敢道不如這番。你那隔牆酬和都胡侃，證果的是今番這一簡。〔紅下〕

〔末云〕萬事自有分定，誰想小姐有此一場好處。小生是猜詩謎的社家，風流隋何，浪子陸賈，到那裏扢扎幫便倒地。今日顛天百般的難得晚。天，你有萬物於人，何故爭此一日。疾下去波！「讀書繼晷怕黃昏，不覺西沉強掩門，欲赴海棠花下約，太陽何苦又生根？」〔看天云〕呀，才晌午也，再等一等。〔又看科〕今日萬般的難得下去也呵。「碧天萬里無雲。空勞倦客身心，恨殺魯陽貪戰，不教紅日西沉！」呀，却早倒西也，再等一等咱。「無端三足烏，團團光爍爍；安得後羿弓，射此一輪落？」謝天地！却

早日下去也！呀，却早發擂也！呀，却早撞鐘也！拽上書房門，到得那裏，手挽着垂楊滴流撲跳過牆去。〔下〕

西廂記第三本第二折·鬧簡

《鬧簡》這一折的規定情景是：寺警之圍解，老夫人當卽悔婚，崔、張墜入了無窮無盡的相思之中；這時紅娘建議張生月下彈琴以試鶯鶯之心。《聽琴》後，鶯鶯通過紅娘向張生說：「好共歹不着你落空」，但祇有言語，不見行動，張生於是相思成病，他趁紅娘前來問病的時候，托她帶一個簡帖兒給鶯鶯。《鬧簡》的情節，就是圍繞着這個簡帖兒來展開的。

圍繞劇情規定中的某一道具來編織戲劇情節，這是我國戲曲劇本一種傳統的編劇手法。有全本皆用一道具來貫串的，如《荆釵記》中王十朋聘下錢玉蓮之荆釵，現代戲曲《紅燈記》中之紅燈；至於某一場子用道具引發以編織故事則更常見，如《珍珠記·書館悲逢》一場中掃窗用的小掃帚，《白兔記·井邊會》中的白兔，《琵琶記·描容上路》中的琵琶等皆是。

由一件道具引發故事，編織情節，使戲劇衝突緊湊集中，這是《鬧簡》編劇上最引人注目的成就之一。一個簡帖兒，看似微不足道，實則干係重大，因爲它交通了崔、張兩人的情愫；愛情的成功與否，很大程度上將取決於紅娘手中的簡帖兒。因此張生說「簡帖兒是一道會親的符籙」，這雖是可笑的，却並不虛妄。

《鬧簡》的戲，就全出在這簡帖兒上面，無簡則無戲。紅娘把張生的簡帖兒帶給鶯鶯，不，說得更確切一些，紅娘是把張生對鶯鶯的愛情帶來了。簡帖兒裏，張生掏盡肺腑，訴盡衷曲，「莫負月華明，且憐花影重」，要鶯鶯珍惜幸福，迅速裁奪。鶯鶯原來正在心急地等待紅娘的回話，見簡帖兒後，反而掀翻了臉，怒氣衝衝寫了回書，「着他下次休是這般」，然後擲書而下。紅娘祇好拾了書信來見張生，說「不濟事了，先生休傻」。張生洩了氣，埋怨紅娘不肯用心，紅娘爲自己辯白後，把鶯鶯書信遞與張生。誰知張生接讀來書，大喜過望，頓時手舞足蹈起來，原來是鶯鶯約他今夜到花園裏去。就這樣，圍繞着簡帖兒，寫出了在通往愛情的道路上由於身分、性格、教養不同而產生的重重矛盾。我們在崔、張、紅的矛盾中，看到了一隻無形的禮教的黑手，正橫攔在年輕人通往愛情幸福的路上；這時舞臺上雖然沒有老夫人出現，但她卻無時無刻不在左右着場上的矛盾。在這一個小小的簡帖兒上面，我們既看到了愛情的力量，也感受到禮教的壓力。道具雖小而包含絕大文章，這就是簡帖兒在編劇上的無窮妙用，也是《鬧簡》一折編劇上突出的成就之一。這一「鬧」，着實把戲劇矛盾和主題思想「鬧」出來了。

圍繞着簡帖兒，三個主要人物的性格表現得栩栩如生。作者描摹人物心理狀態之細緻生動入微，實在叫人擊節嘆賞。這一折是這樣開場的：

（旦上，云）紅娘伏侍老夫人不得空便，偌早晚敢待來也。起得早了些兒，困思上來，我再睡些兒咱。（睡科）（紅上，云）奉小姐言語去看張生，因伏侍老夫人，未曾回小姐話去。不聽得聲音，敢又睡哩，我入去看一遭。

一開場，鶯鶯卽在等待紅娘回來以打聽張生的訊息。張生病情如何，一直叫她牽腸掛肚，因此夜間不會睡好，這才導致「日高猶自不明眸」，還想「再睡些兒」。寥寥幾句對白就交代了規定情景和人物心情。緊接着寫鶯鶯見紅娘回房。鶯鶯本是在盼紅娘回來，但當對方眞的回來後，她卻「半晌擡身，幾回搔耳，一聲長嘆」，自個兒照鏡理鬢去。這幾個動作揭示了鶯鶯深沉的內心世界：她雖然想張生想得厲害，但她不想在紅娘跟前流露出來，她裝得若無其事的樣子在那兒照鏡梳妝。紅娘也是一個機靈鬼，她知道「小姐有許多假處」，因此把張生的簡帖放在「妝盒兒上」之後，就一聲不響地站到一旁去觀察動靜。這一段戲妙就妙在沒有對話，通過動作與旁白，寫出兩人都在試探對方，都想掩蓋眞實的內心活動；劇本把主人公這種複雜微妙的內心世界表現得十分深刻而又耐人尋味。

鶯鶯發現簡帖兒後發起怒來，聲稱要「告過夫人，打下你個小賤人下截來」，表面上氣壯如牛；紅娘毫不示弱，說「姐姐休鬧，比及你對夫人說呵，我將這簡帖兒去夫人行出首去來」，鶯鶯立時嚇得膽小如鼠，馬上陪笑臉說：「我逗你耍來。」表面上看鶯鶯好像「輸」了，她「鬥」不過紅娘，但實際上勝利的却是鶯鶯，因爲她的試探成功了，紅娘並沒有在老夫人處說什麼，看樣子也不會到老夫人處去出首，此其一；紅娘對張生簡帖兒的內容毫無所知，此其二。經過這一番試探，鶯鶯看出紅娘是個不錯的「信使」，還可以借她之手去送信。爲了繼續瞞住紅娘，她又假裝發怒，寫好書後「擲書」而下，這才徹底瞞過紅娘。這些描寫，把相國小姐崔鶯鶯胸如城府、心計極多的深沉性格刻畫得多麼生動而細緻。而紅娘潑辣的性格也纖毫畢現：「你哄着誰哩，你把這個餓鬼弄得七死八活，却要怎麼？」這幾句劈頭打下來，厲害至極，可見這個丫頭是不好對付的。因而我們說，《鬧簡》這一「鬧」，把人物性格和人物心理活脫脫地鬧了出來。

《鬧簡》富有戲劇性，場面波詭雲譎，一波未平，一波又起，轉折極多且極妙。未「鬧」之前，鶯鶯閨房裏，「風靜簾閑」，女主人正在睡覺，場上一片靜謐氣氛。見簡帖兒後，鶯鶯發怒，氣氛陡變，場面爲之一轉。等紅娘不甘示弱，假意說要到夫人處出首的時候，鶯鶯「軟」下來了，忙着賠笑，要紅娘說說「張生兩日如何」，氣氛又一變，變得舒徐輕鬆點了。但鶯鶯假意兒多，寫回書時突然又翻臉，要張生信守「兄妹之禮」云云，使紅娘感到事情無望了，氣氛又有變化。紅娘埋怨小姐「使性子」，「不肯搜自己狂爲，則待要覓別人破綻」，因而更加同情張生。見張生後，紅娘便好心勸慰他說「不濟事了，先生休傻」。誰知張生却埋怨起紅娘「不肯用心」，使紅娘十分委屈。這個書呆子不够體貼的話語叫她生氣，她一口氣唱出了〔上小樓〕、〔幺篇〕、〔滿庭芳〕的曲子，要張生「早尋個酒闌人散」，把事情收歇算了。可是，張生如今衹有紅娘這個貼心人了，好事是否成就也僅有此一線希望，他又跪又哭又鬧，熱心腸的紅娘於是記起鶯鶯小姐還有一封回書，把它遞給張生——這才爆出下面那段十分精彩的「接簡」的戲來。紅娘和張生關於是否「用心」的這一段戲，從場面和情節中自然地引發開來，既表現紅娘對張生的同情關懷，又寫她被張生「不肯用心」的話所刺痛，寫來入情入理，而這些描寫，却是爲下面「接簡」作鋪墊的，讓張生在失望以至絕望中突然大喜臨頭，劇情這才大開大合，起落跌宕，多姿多彩。如果紅娘一見張生就掏出鶯鶯的書信，沒有上面那一段欲揚先抑的描寫，則戲味索然矣。

「接簡」一段，張生讀到鶯鶯約會的簡帖兒，欣喜欲狂，他不禁對紅娘說：「小娘子，和你也歡喜！」讓紅娘這位知心人也分享一下眼前的快樂吧！紅娘於是如夢初醒，不過她還是將信將疑，「他着你跳過牆來，你做下來，端的有此說麼？」這才引起張生口若懸河說自己是「猜詩謎的社家，風流隋何，浪子陸賈」的話來。張生高興得太早了，他太純潔率眞了，沒有料到事情還會起變化。因此在下面《賴簡》一折，他這些所謂「猜詩謎的社家」的說話，很快就成爲紅娘打趣他的笑柄。就這樣，一個小小簡帖兒掀起了一場軒然大波，矛盾交叉重疊，戲情千姿百態，場面變化無窮，人物活靈活現，觀衆的心就顛簸起伏在劇情的波浪尖上，忽高忽低，進入一個奇幻無窮的藝術世界。

王國維在《人間詞話》中說：「『紅杏枝頭春意鬧』，着一『鬧』字而境界全出。」《西廂記》各折的題目，雖然都是明代人安上去的，但《鬧簡》的這一「鬧」字，中肯熨貼，由簡帖兒而引出的這一場「鬧」，確實把人物、矛盾、情節、場面中動人的地方統統鬧出來了。

（吳國欽）

西廂記第三本第三折·跳牆

王實甫

〔紅上，云〕今日小姐着我寄書與張生，當面偌多般假意兒，原來詩內暗約着他來。小姐也不對我說，我也不瞧破他，祇請他燒香。今夜晚妝處，比每日較別，我看他到其間怎的瞞我？〔紅喚科〕姐姐，咱燒香去來。

〔旦上，云〕花陰重疊香風細，庭院深沉淡月明。〔紅云〕今夜月明風清，好一派景致也呵！

【雙調·新水令】晚風寒峭透窗紗，控金鉤繡簾不掛。門闌凝暮靄，樓角斂殘霞。恰對菱花，樓上晚妝罷。

【駐馬聽】不近喧嘩，嫩綠池塘藏睡鴨；自然幽雅，淡黃楊柳帶棲鴉。金蓮蹴損牡丹芽，玉簪抓住荼蘼架。夜涼苔徑滑，露珠兒濕透了凌波襪。我看那生和俺小姐巴不得到晚。

【喬牌兒】自從那日初時想月華，捱一刻似一夏；見柳梢斜日遲遲下，早道「好教賢聖打」。

【攪箏琶】打扮的身子兒詐，準備着雲雨會巫峽。祇為這燕侶鶯儔，鎖不住心猿意馬。不祇俺那姐姐害，那生呵！二三日來水米不黏牙。因姐姐閉月羞花，眞假、這其間性兒難按納，一地裏胡拿。

姐姐，這湖山下立地，我開了寺裏角門兒。怕有人聽俺說話，我且看一看。（做意了）偌早晚傻角却不來，赫赫赤赤，來。（末云）這其間正好去也，赫赫赤赤。（紅云）那鳥來了。

【沈醉東風】我祇道槐影風搖暮鴉，原來是玉人帽側烏紗。一個潛身在曲檻邊，一個背立在湖山下；那裏敘寒温，并不曾打話。（紅云）赫赫赤赤，那鳥來了。（末云）小姐，你來也。（摟住紅科）（紅云）禽獸，是我，你看得好仔細着，若是夫人怎了。（末云）小生害得眼花，摟得慌了些兒，不知是誰，望乞恕罪！（紅唱）便做道摟得慌呵，你也索覷咱，多管是餓得你個窮神眼花。

（末云）小姐在那裏？（紅云）在湖山下，我問你咱，真個着你來哩？（末云）小生猜詩謎社家，風流隋何，浪子陸賈，準定扢扎幫便倒地。（紅云）你休從門裏去，祇道我使你來。你跳過這牆去，今夜這一弄兒助你兩個成親。我說與你，依着我者。

【喬牌兒】你看那淡雲籠月華，似紅紙護銀蠟；柳絲花朵垂簾下，綠莎茵鋪着繡榻。

【甜水令】良夜迢迢，閒庭寂靜，花枝低椏。他是個女孩兒家，你索將性兒温存，話兒摩弄，意兒謙洽；休猜做敗柳殘花。

【折桂令】他是個嬌滴滴美玉無瑕，粉臉生春，雲鬢堆鴉。恁的般受怕擔驚，又不圖甚浪酒閒茶。祇你那夾被兒時當奮發，指頭兒告了消乏；打疊起嗟呀，畢罷了牽掛，收拾了憂愁、準備着撑達。

（末作跳牆摟旦科）（旦云）是誰？（末云）是小生。（旦怒云）張生，你是何等之人！我在這裏燒香，你無故至此；若夫人聞知，有何理說！（末云）呀，變了卦也！（紅唱）

【錦上花】為甚媒人，心無驚怕；赤緊的夫妻們，意不爭差。我這裏躡足潛蹤，悄地聽咱。一個羞慚，一個怒發。

【么篇】張生無一言，呀！鶯鶯變了卦。一個悄悄冥冥，一個絮絮答答。却早禁住隋何，迸住陸賈，叉手躬身，裝聾做啞。

張生背地裏嘴那裏去了？向前摟住丟番，告到官司，怕羞了你！

【清江引】沒人處祇會閒嗑牙，就裏空奸詐。怎想湖山邊，不記「西廂下」？香美娘處分破花木瓜。

〔旦〕紅娘，有賊。〔紅云〕是誰？〔末云〕是小生。〔紅云〕張生，你來這裏有甚麼勾當？〔旦云〕扯到夫人那裏去！

〔紅云〕到夫人那裏，怕壞了他行止。我與姐姐處分他一場。張生，你過來跪着！你既讀孔聖之書，必達周公之禮，夤夜來此何幹？

【雁兒落】不是俺一家兒喬作衙，說幾句衷腸話。我祇道你文學海樣深，誰知你色膽有天來大？

〔紅云〕你知罪麼？〔末云〕小生不知罪。〔紅唱〕

【得勝令】誰着你夤夜入人家，非奸做賊拿。你本是個折桂客，做了偷花漢。不想去跳龍門，學騙馬。姐姐，且看紅娘面饒過這生者！〔旦云〕若不看紅娘面，扯你到夫人那裏去，看你有何面目見江東父老？起來！〔紅唱〕謝小姐賢達，看我面遂情罷。若到官司詳察，「你既是秀才，祇合苦志於寒窗之下，誰教你夤夜輒入人家花園，做得個非奸卽盜。」先生呵，整備着精皮膚吃頓打。

〔旦云〕先生雖有活人之恩，恩則當報。既為兄妹，何生此心？萬一夫人知之，先生何以自安？今後再勿如此，若更為之，與足下決無干休。〔下〕〔末朝鬼門道云〕你着我來，却怎麼有偌多說話！〔紅扳過末云〕羞也，羞也，却不「風流隋何，浪子陸賈」？〔末云〕得罪波「社家」，今日便早則死心塌地。〔紅唱〕

【離亭宴帶歇指煞】再休題「春宵一刻千金價」，準備着「寒窗更守十年寡」。

猜詩謎的社家，𠆙拍了「迎風戶半開」，山障了「隔牆花影動」，綠慘了「待月西廂下」。你將何郎粉面搽，他自把張敞眉兒畫。強風情措大，晴乾了尤雲殢雨心，悔過了竊玉偷香膽，删抹了倚翠偎紅話。（末云）小生再寫一簡，煩小娘子將去，以盡衷情如何？（紅唱）淫詞兒早則休，簡帖兒從今罷。猶古自參不透風流調法。從今後悔罪也卓文君，你與我游學去波漢司馬。〔下〕

（末云）你這小姐送了人也！此一念小生再不敢舉，奈有病體日篤，將如之奈何？夜來得簡方喜，今日強扶至此，又值這一場怨氣，眼見得休也。祇索回書房中納悶去。桂子閑中落，槐花病裏看。〔下〕

看了《西廂記》的第三本第三折，人們都會粲然，特别看到張生跳牆，鶯鶯變卦，人們更會相顧絕倒。

張生跳牆，是這折戲的主要關目，是人物性格發展和衝突的轉捩點。抓住這一關目，便可窺見該折的藝術特色。

在張生跳過矮牆前，王實甫寫紅娘已經看破鶯鶯的心事，知道小姐想瞞着「寄書的魚雁」，與張生幽會，她準備偷偷瞧一番熱鬧，「我爲頭兒看，看你個離魂倩女，怎發付擲果潘安。」而張生，接到了鶯鶯的信，迫不及待，花園裏角門兒一開，他誤以爲小姐出來，上前把開門的紅娘一把摟住，出了一番洋相。觀衆笑聲甫歇，跟着就鬧出跳牆的一幕。

張生跳牆，是閭巷皆知的有趣關目。然而有人認爲寫得不合理；早在明末，就有槃邁碩人認爲是個漏洞。（見王季思《西廂記定本後記》的介紹，《光明日報》一九六三年四月十七日）石凌鶴先生也說：「《西廂記》的『賴簡』，詩中明明寫道：待月西廂下，迎風戶半開，隔牆花影動，疑是玉人來。鶯鶯分明開門等候，爲何要跳牆過去呢？這是幾百年一直未解決的問題。承某先生指出：清代某一版本寫着由於紅娘氣憤小姐對她不信任，她到時候將小姐打開的門悄悄關上了。逼得張生不得不跳牆過去。」（見《光明日報》一九六二年五月九日）

上述說法，大可商榷。驟然看來，寫紅娘關門，逼使張生無奈跳牆，似乎彌合了原作的漏洞。但人們會問：紅娘的惡作劇不是太過分了嗎？本來，她一直熱心幫助崔、張的；即使受了委屈，但誠心助人的精神，正是紅娘的美德。當然，她埋怨小姐不信任自己，存心取鬧一番，也會有的。但在最緊要的關頭把角門「牢拴」了，就未免過分；

假若張生是個「銀樣鑞槍頭」，不敢跳牆，豈不損害了熱心助人的紅娘的形象？

照我看，王實甫對張生跳牆的處理，表面上頗不合理，仔細分析，則可領略作者在藝術上的用心。古代優秀的劇作家，往往會運用具有典型性的情節，或顯或隱，或曲或直地表現人物的性格。這些地方，有時貌似平凡，甚至若有疏漏，其實正是作者精警之筆。

關於張生跳牆的寫法，在元稹的《會眞記》原是不成問題的，它分明寫道：「崔之東墻，有杏花一樹，攀援可逾，既望之夕，張因梯其樹而逾焉，達於西廂，則戶果半開矣。」那麽，它寫張生跳牆是合理的，因爲他必須過了牆，才能達於小姐閨中那「半開」的「戶」。《董西廂》的處理也沒有問題，它寫張生跳牆後，才喊紅娘：「快疾忙報與你姐姐，道門外玉人來也。」看來鶯鶯是約張生在房裏相會，迎風戶半開的「戶」，當是指房門而言。

但是，王實甫不同於元稹和董解元的寫法，他把崔、張會面的地點，改在後花園裏，園裏有牆，牆上有「角門兒」，兩邊可通。在這裏，王實甫把規定情景略略改變，便使這個細節增加了新的情趣。

《王西廂》寫張生接到詩簡，是紅娘受了鶯鶯的氣，拒絕再替她效勞的時候，是張生感到愛情已經無望的時候。可是，當他打開詩簡一看，原來是小姐約他幽會。這時，他大喜過望了。紅娘便問：「怎見得她著你來？你解與我聽咱。」他解釋：「『待月西廂下』，著我月上來；『迎風戶半開』，她開門待我；『隔牆花影動，疑是玉人來』，著我跳過牆來！」這段話很重要，晚上，他便據此跳牆赴約。

請注意，王實甫在這裏寫張生把詩解錯了！

張生對第一句詩的解釋是沒有錯的。至於第二句，「迎風戶半開」，這裏的「戶」，他也明白知道就是指花園的「角門」而言。在《王西廂》裏，這道角門有很多的戲，《驚豔》時張生追着鶯鶯，鶯鶯秋波一轉，進入角門；在《酬和》時，張生從門外撞過來要會鶯鶯，紅娘忽地把角門兒關了，張生衹好在門外惆悵徘徊。由於這角門和張生有不少因緣，小姐詩中所指，他斷不致於會有誤解。從當晚鶯鶯果然懷着鬼胎到後園燒香的情況看，也可反證張生對詩簡第一、二句的解釋不差。

錯誤出在第三、四句：「隔牆花影動，疑是玉人來」十個字，無論如何不能解釋作小姐叫他「跳牆」；這兩句衹是鶯鶯一種盼念之辭，她想象着當看到隔牆花影搖動，意中人便會翩然而至。如果聯繫上兩句解釋，這明明是小姐著他從角門裏過去，怎能憑空生出一個「跳」字呢？這眞是一個可笑的疏忽。

本來，張生是個才子，當不至於不會解詩，他之所以會聰明一世、糊塗一時，是因爲絕望之餘，突然受寵若驚，於是連詩也解錯了。作者這樣的處理，正是要點出張生「情癡」、「至誠」的性格。

值得一提的是：《會眞記》、《董西廂》鶯鶯的第三句詩均作「拂牆花影動」，但《王西廂》則改「拂」作「隔」。我翻閱了手邊幾種明代《王西廂》的版本，包括最早的「弘治本」和流傳最廣的「暖紅室本」，都是如此。我以爲，這一字之改，其中頗有文章。在《會眞記》和《董西廂》中，鶯鶯確是暗示張生跳牆，詩中用「拂」字是恰當的。但王實甫改變了這個細節的構思和場景，他筆下的鶯鶯，並不叫張生跳牆，改「拂」爲「隔」，詩意十分明確，誰也不會和「跳」聯繫起來。然而，偏偏是這樣平易的詩句，多才的張生却誤解了。

祇要細心檢查一下，不難發現，關於張生解錯了詩這一點，王實甫是處處關照着的。當紅娘問張生對詩簡的解法有沒有把握時，他回答：「俺是個猜詩謎的社家，風流隋何，浪子陸賈，我那裏有差的勾當？」晚上，紅娘在後園碰見張生，問他：「眞個着你來哩？」張生答：「小生猜詩謎社家，風流隋何，浪子陸賈。」後來鶯鶯翻臉，紅娘在旁邊唱道：「却早禁住隋何，迸住陸賈。」鶯鶯走了，紅娘就嘲笑張生：「羞也！羞也！却不風流隋何，浪子陸賈？」最後還唱：「猜詩謎的社家，仌拍了『迎風戶半開』……」。一句同樣意思的話，在《鬧簡》、《賴簡》中竟反覆出現六次之多，這絕不是行文累贅，而是作者有意的安排，他緊緊抓住「猜詩謎的社家」猜錯了詩這一環，處處提醒觀衆注意。由此可見，《王西廂》處理張生爲什麼跳牆而不進角門，用意原很清楚，沒有什麼不合理的地方。

那天晚上，紅娘由於恨小姐不信任自己，立心要瞧破她，故意跟她到後園燒香。到了那兒，便把角門打開，却剛巧遇見張生。紅娘想：如果我一開門張生便進來，豈不太湊巧了，「則道我使你來。」同時，她也認爲小姐是着張生跳牆的，便叫他：「你跳過這牆去。」而一向熱戀鶯鶯的張生，這時正頭腦發熱，如饑似渴，既受紅娘慫恿，哪分青紅皂白；而且又有解錯詩簡在先，當然自以爲遵小姐之命，於是攀垣一跳……

至於鶯鶯赴約，作爲一個初次偷情悖禮的少女，心中是慌亂的。況且她原想瞞着紅娘，如今紅娘竟跟着去「燒香」，便更加慌亂了。「金蓮蹴損牡丹芽，玉簪抓住荼蘼架」。到了後園，紅娘逕自開了角門，借故走開。這不能不使黠慧的鶯鶯感到可疑。就在這一方面忐忑惶悚，一方面注意着半開的角門之際，——她的詩簡原是叫張生從門裏過來的呀！——突然有人「撲」的跳過牆頭，一手把她摟住，這完全是出乎她意料之外。她下意識地驚呼：「是誰」？對方回答：「是小生」。這一剎那，鶯鶯驟然感到一切都被紅娘瞧破了，也許自己的驚呼和張生的跳牆驚動了紅娘，也許紅娘正躲在什麼地方偷看。於是，少女的羞怯、封建的思想、身分的優越感、對紅娘的疑忌情緒，霎時間一齊湧上心頭，當然便翻臉喊賊。再說，鶯鶯追求愛情雖然大膽，但身分和教養又使她的行動表現得比較矜持。她約張生相會，而張生却誤認爲叫他跳牆，跳牆過來以後的態度又那樣輕狂冒失，從鶯鶯的性格出發，如果她不發作，倒是奇怪的事。

《王西廂》是一部抒情喜劇，我認爲王實甫對於「跳牆」的處理，有助於加強喜劇色彩，使這一情節更富於戲劇性。在這裏，崔、張喜劇性的誤會，是以人物的性格衝突爲基礎的。王實甫高明之處，就在於把《董西廂》所寫的場景輕輕改動，便錦上添花、使之興味盎然；既保留了董詞所要交代的一切，又把人物的性格表現得更加細緻深刻。

（黃天驥）

西廂記第四本第二折・拷紅

王實甫

（夫人引俫上，云）這幾日竊見鶯鶯語言恍惚，神思加倍，腰肢體態，比向日不同；莫不做下來了麼？

（俫云）前日晚夕，奶奶睡了，我見姐姐和紅娘燒香，半晌不回來，我家去睡了。（夫人云）這樁事都

西廂記第四本第二折·拷紅

在紅娘身上，喚紅娘來！〔倈喚紅科〕〔紅云〕哥哥喚我怎麼？〔倈云〕奶奶知道你和姐姐去花園裏去，如今要打你哩。〔紅云〕呀！小姐，你帶累我也！小哥哥，你先去，我便來也。〔紅喚旦科〕〔紅云〕姐姐，事發了也，老夫人喚我哩，却怎了？〔旦云〕好姐姐，遮蓋咱！〔紅云〕娘呵，你做的隱秀者，我道你做下來也。〔旦念〕月圓便有陰雲蔽，花發須教急雨催。〔紅唱〕

【越調·鬥鵪鶉】祇着你夜去明來，倒有個天長地久；不爭你握雨攜雲，常使我提心在口。你祇合戴月披星，誰着你停眠整宿？老夫人心數多，情性㑳；使不着我巧語花言，將沒做有。

【紫花兒序】老夫人猜那窮酸做了新婿，小姐做了嬌妻，這小賤人做了牽頭。俺小姐這些時春山低翠，秋水凝眸。別樣的都休，試把你裙帶兒拴，紐門兒扣，比着你舊時肥瘦，出落得精神，別樣的風流。

〔旦云〕紅娘，你到那裏小心回話者！〔紅云〕我到夫人處，必問：「這小賤人，〔唱〕

【金蕉葉】我着你但去處行監坐守，誰着你迤逗的胡行亂走？」若問着此一節呵如何訴休？你便索與他個知情的犯由。

姐姐，你受責理當，我圖甚麼來？

【調笑令】你繡幃裏效綢繆，倒鳳顛鸞百事有。我在窗兒外幾曾輕咳嗽，立蒼苔將繡鞋兒冰透。今日個嫩皮膚倒將粗棍抽，姐姐呵，俺這通殷勤的着甚來由？

姐姐在這裏等着，我過去。說過呵，休歡喜；說不過，休煩惱。〔紅見夫人科〕〔夫人云〕小賤人，為甚麼不跪下！你知罪麼？〔紅跪云〕紅娘不知罪。〔夫人云〕你故自口強哩。若實說呵，饒你；若不實說呵，我直打死你這個賤人！誰着你和小姐花園裏去來？〔紅云〕不曾去，誰見來？〔夫人云〕歡郎見你去來，尚故自推哩。〔打科〕〔紅云〕夫人休閃了手，且息怒停嗔，聽紅娘說。

【鬼三臺】夜坐時停了針繡，共姐姐閒窮究，說張生哥哥病久。咱兩個背着夫人，向書房問候。（夫人云）問候呵，他說甚麼？（紅云）他說來，道「老夫人事已休，將恩變為仇，着小生半途喜變做憂」。他道：「紅娘你且先行，教小姐權時落後。」

（夫人云）他是個女孩兒家，着他落後怎麼！（紅唱）

【禿廝兒】我衹道神針法灸，誰承望燕侶鶯儔。他兩個經今月餘衹是一處宿，何須你一一問緣由？

【聖藥王】他每不識憂，不識愁，一雙心意兩相投。夫人得好休，便好休，這其間何必苦追求？常言道「女大不中留」。

（夫人云）這端事都是你個賤人。（紅云）非是張生、小姐、紅娘之罪，乃夫人之過也。（夫人云）這賤人倒指下我來，怎麼是我之過？（紅云）信者人之根本，「人而無信，不知其可也。大車無輗，小車無軏，其何以行之哉？」當日軍圍普救，夫人所許退軍者，以女妻之。張生非慕小姐顏色，豈肯區區建退軍之策？兵退身安，夫人悔却前言，豈得不為失信乎？既然不肯成其事，衹合酬之以金帛，令張生捨此而去。却不當留請張生於書院，使怨女曠夫，各相早晚窺視，所以夫人有此一端。目下老夫人若不息其事，一來辱沒相國家譜；二來張生日後名重天下，施恩於人，忍令反受其辱哉？使至官司，夫人亦得治家不嚴之罪。官司若推其詳，亦知老夫人背義而忘恩，豈得為賢哉？紅娘不敢自專，乞望夫人臺鑒：莫若恕其小過，成就大事，撋之以去其汚，豈不為長便乎？

【麻郎兒】秀才是文章魁首，姐姐是仕女班頭；一個通徹三教九流，一個曉盡描鸞刺繡。

【幺篇】世有、便休、罷手，大恩人怎做敵頭？起白馬將軍故友，斬飛虎叛賊草寇。

【絡絲娘】不爭和張解元參辰卯酉，便是與崔相國出乖弄醜。到底干連着自己骨肉，夫人索窮究。

（夫人云）這小賤人也道得是。我不合養了這個不肖之女。待經官呵，玷辱家門。罷罷！俺家無犯法之男，再婚之女，與了這廝罷。紅娘喚那賤人來！（紅見旦云）且喜姐姐，那棍子衹是滴溜溜在我身上，吃我直說過了。我也怕不得許多，夫人如今喚你來，待成合親事。（旦云）羞人答答的，怎麼見夫人？（紅云）娘跟前有甚麼羞？

【小桃紅】當日個月明才上柳梢頭，却早人約黄昏後。羞得我腦背後將牙兒襯着衫兒袖。猛凝眸，看時節衹見鞋底尖兒瘦。一個恣情的不休，一個啞聲兒廝耨。呸！那其間可怎生不害半星兒羞？

（旦見夫人科）（夫人云）鶯鶯，我怎生擡舉你來，今日做這等的勾當；衹是我的孽障，待怨誰的是！我待經官來，辱沒了你父親，這等事不是俺相國人家的勾當。罷罷罷！誰似俺養女的不長進！紅娘，書房裏喚將那禽獸來！（紅喚末科）（末云）小娘子喚小生做甚麼？（紅云）你的事發了也，如今夫人喚你來，將小姐配與你哩。小姐先招了也，你過去。（末云）小生惶恐，如何見老夫人？當初誰在老夫人行說來？（紅云）休佯小心，過去便了。

【小桃紅】既然泄漏怎干休？是我相投首。俺家裏陪酒陪茶倒撋就。你休愁，何須約定通媒媾？我棄了部署不收，你元來「苗而不秀」。呸！你是個銀樣鑞槍頭。

（末見夫人科）（夫人云）好秀才呵，豈不聞「非先王之德行不敢行」。我待送你去官司裏去來，恐辱沒了俺家譜。我如今將鶯鶯與你為妻，衹是俺三輩兒不招白衣女婿，你明日便上朝取應去。我與你養着媳婦，得官呵，來見我；駮落呵，休來見我。（紅云）張生早則喜也。

西廂記第四本第二折·拷紅

【東原樂】相思事，一筆勾，早則展放從前眉兒皺。美愛幽歡恰動頭。既能彀，張生，你覷兀的般可喜娘龐兒也要人消受。

〔夫人云〕明日收拾行裝，安排果酒，請長老一同送張生到十里長亭去。〔旦念〕寄語西河堤畔柳，安排青眼送行人。〔同夫人下〕〔紅唱〕

【收尾】來時節畫堂簫鼓鳴春晝，列着一對兒鸞交鳳友。那其間才受你說媒紅，方吃你謝親酒。〔並下〕

《西廂記》裏的紅娘究竟是怎樣一個人？爲什麼在羣衆中影響如此深遠？值得我們深思。

紅娘的影子早在西漢司馬相如與卓文君的故事裏就已出現，她是卓文君的侍婢，是爲卓文君私通司馬相如穿針引線的。到中唐元稹的《鶯鶯傳》才出現她的名字，但記載很簡略。到元代王實甫的《西廂記》才綜合宋、金以來民間說唱和演出崔、張故事的成就，把她塑造成活靈活現的舞臺人物形象。

紅娘在《西廂記》裏起的作用，一是在崔鶯鶯和張生之間傳書寄簡，幫助這兩個有情人的自願結合；二是挺身而出，回擊老夫人和鄭恆對崔、張美滿婚姻的破壞。前者從《賴婚》到《佳期》共七場戲；後者集中表現在《拷紅》、《爭婚》兩場戲。《拷紅》一場寫得尤其成功。因此就原著略加說明，與讀者共同欣賞。

《拷紅》這場戲分三大段演進。第一大段演崔、張私自結合被老夫人識破，要找紅娘來拷問時，紅娘、鶯鶯之間有如下一段對白和曲子：

紅白：姐姐，事發了也，老夫人喚我哩，却怎了？

鶯白：好姐姐，遮蓋咱！

紅白：娘呵，你做的隱秀（隱秘）者，我道你做下來也。

鶯念詩：「月圓便有陰雲蔽，花發須教急雨催！」

紅唱：祇着你夜去明來，倒有個天長地久；不爭你握雨攜雲，常使我提心在口。你祇合帶月披星，誰着你停眠整宿？老夫人心數多，情性㑇（利害）；使不着我巧語花言，將沒作有。

這戲一開場就表現了鶯鶯、紅娘對事件的不同態度：一個要遮蓋，一個要直說。同時表現她們不同的性格特徵：一個是顧慮重重，一個是快人快口。這就以鮮明的人物形象，步步引人入勝。

再看下面一段曲白：

鶯白：紅娘，你到那裏小心回話者！

紅白：我到夫人處，必問：「這小賤人，（唱）我着你但去處行監坐守，誰着你拖逗的胡行亂走？」若問着此一節呵如何訴休？你便索（須要）與他個知情的犯由。

這段曲白以紅娘估計老夫人怎樣拷問，自己怎樣回答，爲後面她對老夫人的大段辯白作引子。在演出時，紅娘還模倣老夫人的嘴臉和聲口，引起觀衆的哄堂大笑，收到很好的舞臺效果。

再看下面紅娘的一段曲白：

紅唱：你繡幃裏效綢繆，倒鳳顛鸞百事有。我在窗兒外幾曾輕咳嗽，立蒼苔將繡鞋兒冰透。今日個嫩皮膚倒將粗棍抽，姐姐呵，俺這通殷勤的着甚來由？（白）姐姐在這裏等着，我過去。說過呵，休歡喜；說不過，休煩惱。

這最後兩句話也見於關漢卿的《救風塵》雜劇，估計是民間成語，它概括了人民在面臨重大鬥爭時的兩種思想準備：「說過呵，休歡喜」，是說勝利後還可能有反覆，不能讓勝利沖昏頭腦；「說不過，休煩惱」，是說卽使失敗了，還要繼續鬥爭，不能因暫時的挫折而喪失信心。這就把紅娘在這場鬥爭前的思想準備表現得更充分。

值得注意的，還有紅娘唱的那支曲子，寫鶯鶯、紅娘在同一事件中兩種截然不同的處境，反映了封建社會帶有普遍意義的主奴關係。正像俗話說的：「老和尚偷饅頭，小和尚打屁股。」紅娘實際成了鶯鶯的替罪羊。這眞是帶淚的喜劇。有的讀者，以爲紅娘在這裏是吃鶯鶯的醋，那是多麼庸俗的想法呵。

現在來看看第二大段，它寫紅娘跟老夫人的正面衝突。紅娘採取的是擺事實、說道理，先讓一步、後發制人的策略。在老夫人氣勢洶洶、大興問罪之師時，她以認罪的口氣唱了下面這支曲子：

夜坐時停了針繡，共姐姐閑窮究，說張生哥哥病久。咱兩個背着夫人，向書房問候。老夫人信以爲眞，追問她張生當時說些什麽？紅娘接下唱：

他說來，道「老夫人事已休，將恩變爲仇，着小生半途喜變做憂。」他道：「紅娘你且先行，教小姐權時落後。」紅娘模倣張生的聲口，指責老夫人恩將仇報，這是她對老夫人擺的第一個事實；從這個事實看，崔、張的私自會合，都由老夫人賴婚引起，跟紅娘無關。老夫人跟着又問：

她（指鶯鶯）是個女孩兒家，着他落後怎麽！

紅娘又作了如下的回答：

我衹道神針法灸，誰承望燕侶鶯儔。他兩個經今月餘衹是一處宿，何須你一一問緣由？他每不識憂，不識愁，一雙心意兩相投。夫人得好休，便好休，這其間何必苦追求？常言道：「女大不中留。」

紅娘的意思是說：我陪小姐去看張生的病，是想叫他針灸服藥，想不到他們私自成親已一個多月。這是擺的第二個事實。根據這個事實，鶯張的結合，出於雙方自願，即「一雙心意兩相投」，不是由於紅娘的拉攏。

以上三支曲子寫紅娘巧妙地把老夫人責問她的話頭一步步引到鶯鶯、張生方面來，擺脫了自己的被動處境，又進一步奚落了老夫人。鶯鶯、張生私自結合已一個多月，她還被蒙在鼓裏，使這個一向自以爲治家嚴謹、大權在握的人物，反而處於十分尷尬的境地，鬥爭形勢就向有利於紅娘的方向轉化。紅娘先讓一步，後發制人，語調痛快淋漓，又帶三分幽默，是《西廂記》中寫得十分精彩的片段。當然，紅娘是不會把自己怎樣替鶯鶯、張生傳書送簡也擺出來的，否則就太愚蠢了。

上面是擺事實，再看紅娘是怎樣跟老夫人說道理的：

夫人白：這端事都是你個賤人。

紅白：非是張生、小姐、紅娘之罪，乃夫人之過也。

夫人白：這賤人倒指下我來，怎麽是我之過？

紅白：信者人之根本，「人而無信，不知其可也。大車無輗，小車無軏，其何以行之哉？」（這幾句引自

西廂記第四本第二折・拷紅

《論語》）當日軍圍普救，夫人所許退軍者，以女妻之。張生非慕小姐顏色，豈肯區區建退軍之策？兵退身安，夫人悔却前言，豈得不爲失信乎？既然不肯成其事，衹合酬之以金帛，令張生捨此而去。却不當留請張生於書院，使怨女曠夫，各相早晚窺視，所以夫人有此一端。目下老夫人若不息其事，一來辱没相國家譜；二來張生日後名重天下，施恩於人，忍令反受其辱哉？使至官司，夫人亦得治家不嚴之罪。官司若推其詳，亦知老夫人背義而忘恩，豈得爲賢哉？紅娘不敢自專，乞望夫人臺鑒：莫若恕其小過，成就大事，擱（遷就）之以去其汚，豈不爲長便乎？……（唱）不爭和張解元參辰卯酉（意指作對頭），便是與崔相國出乖弄醜。到底干連着自己骨肉，夫人索（須）窮究。

紅娘一面指出夫人的失信失策，一面又向她指明利害，尤其是指出事情張揚之後將敗壞相國家譜，擊中她的要害，使她不得不認輸。有人認爲紅娘的這段長白太文了，未免和她的身分不合。但宋元時大家閨秀大都有伴讀丫鬟，從這方面看，還是可以理解的。

後面大段曲白是高潮過後的兩個餘波：先是老夫人叫紅娘去叫鶯鶯來，準備把她許配張生，鶯鶯羞愧得擡不起頭來，說「羞人答答的怎麼見母親」，紅娘嘲笑她「娘跟前有什麼羞」，催她去見夫人。後來老夫人叫紅娘去叫張生來，張生也說「小生惶恐，如何去見老夫人」，紅娘嘲笑他是「銀樣鑞槍頭」。通過紅娘對崔、張的善意嘲弄，引起觀衆會心的微笑，也把紅娘的舞臺形象樹立得更高。把一個婢女的形象塑造得如此光輝，不僅是前此文學史中所未見，也爲《董解元西廂記》所不及。在鶯鶯見到老夫人時，老夫人唉聲嘆氣地說：「鶯鶯，我怎生擡舉你來，今日做這等的勾當；衹是我的孽障！……罷罷罷！誰似俺養女的不長進！紅娘，書房裏喚將那禽獸來！」老夫人一面駡女兒，一面怨自己，一面駡張生禽獸，一面還得把女兒嫁給他，充分表現老夫人的矛盾心理，聲口畢肖，是高度的現實主義描繪。

最後，以紅娘的高唱凱歌結束：「來時節畫堂簫鼓鳴春晝，列着一對兒鸞交鳳友。那其間才受你說媒紅，方吃你謝親酒。」直貫《西廂記》全本的最後大團圓，也說明關漢卿續第五本之說的不可信。而老夫人叫張生第二天就去上朝應考，「得官啊，來見我；駁落啊，休來見我」，跟開頭紅娘說的「說過呵，休歡喜；說不過，休煩惱」，遙遙相應。看來雖是餘波，却關聯着全場、全局。

喜劇以卑賤者的勝利，贏得觀衆的喜愛；同時以高貴者的失敗，博得觀衆的笑聲。《拷紅》正是這樣的喜劇典型，從上面三大段的劇情看，紅娘的勝利可以概括爲：一、事先作了充分的思想準備，表現爲她的深沉、老練；二、後發制人，攻其要害，表現她的機智、勇敢；三、笑到最後，笑得最美，表現她的勝利信心和樂觀態度。這樣的戲曲場子，千百年來，歷演不衰，是由於它的藝術魅力征服了觀衆，特別是下層的人民大衆。到了今天，它在元代演出的舞臺形象，雖已難以想象，但依然可以作爲古典文學裏一個精彩片段來欣賞。（王季思）

西廂記第四本第三折・送別

王實甫

（夫人、長老上，云）今日送張生赴京，十里長亭，安排下筵席。我和長老先行，不見張生、小姐來到。

（旦、末、紅同上）（旦云）今日送張生上朝取應，早是離人傷感，況值那暮秋天氣，好煩惱人也呵！悲歡聚散一杯酒，南北東西萬里程。

【正宮・端正好】碧云天，黄花地，西風緊，北雁南飛。曉來誰染霜林醉？總是離人淚。

【滾繡球】恨相見得遲，怨歸去得疾。柳絲長玉驄難繫，恨不倩疏林掛住斜暉。馬兒迍迍的行，車兒快快的隨，却告了相思迴避，破題兒又早別離。聽得道一聲去也，鬆了金釧；遙望見十里長亭，減了玉肌：此恨誰知？

（紅云）姐姐今日怎麽不打扮？（旦云）你那知我的心裏呵？

【叨叨令】見安排着車兒、馬兒，不由人熬熬煎煎的氣；有甚麽心情花兒、靨兒，打扮得嬌嬌滴滴的媚；準備着被兒、枕兒，祇索昏昏沈沈的睡；從今後衫兒、袖兒，都搵做重重疊疊的淚。兀的不悶殺人也麽哥？兀的不悶殺人也麽哥？久已後書兒、信兒，索與我恓恓惶惶的寄。

（做到了科）（見夫人科）（夫人云）張生和長老坐，小姐這壁坐，紅娘將酒來。張生，你向前來，是自家親眷，不要迴避。俺今日將鶯鶯與你，到京師休辱沒了俺孩兒，掙揣一個狀元回來者。（末云）小生托夫人餘蔭，憑着胸中之才，視官如拾芥耳。（潔云）夫人主見不差，張生不是落後的人。（把酒了，坐）（旦長吁科）

【脫布衫】下西風黃葉紛飛，染寒煙衰草萋迷。酒席上斜簽着坐的，蹙愁眉死臨侵地。

【小梁州】我見他閣淚汪汪不敢垂，恐怕人知；猛然見了把頭低，長吁氣，推整素羅衣。

【幺篇】雖然久後成佳配，奈時間怎不悲啼。意似癡，心如醉，昨宵今日，清減了小腰圍。

（夫人云）小姐把盞者！（紅遞酒，旦把盞長吁科云）請吃酒！

【上小樓】合歡未已，離愁相繼。想着俺前暮私情，昨夜成親，今日別離。我諗知這幾日相思滋味，却原來比別離情更增十倍。

【幺篇】年少呵輕遠別，情薄呵易棄擲。全不想腿兒相挨，臉兒相偎，手兒相攜。你與俺崔相國做女婿，妻榮夫貴，但得一個併頭蓮，煞強如狀元及第。

（夫人云）紅娘把盞者！（紅把酒科）（旦唱）

【滿庭芳】供食太急，須臾對面，頃刻別離。若不是酒席間子母每當迴避，有心待與他舉案齊眉。雖然是廝守得一時半刻，也合着俺夫妻每共桌而食。眼底空留意，尋思起就裏，險化做望夫石。

（紅云）姐姐不曾吃早飯，飲一口兒湯水。（旦云）紅娘，甚麼湯水咽得下！

【快活三】將來的酒共食，嘗着似土和泥。假若便是土和泥，也有些土氣息，泥滋味。

【朝天子】暖溶溶玉醅，白泠泠似水，多半是相思淚。眼面前茶飯怕不待要吃，恨塞滿愁腸胃。「蝸角虛名，蠅頭微利」，拆鴛鴦在兩下裏。一個這壁，一個那壁，一遞一聲長吁氣。

（夫人云）輛起車兒，俺先回去，小姐隨後和紅娘來。（下）（末辭潔科）（潔云）此一行別無話兒，貧僧準備買登科錄看，做親的茶飯少不得貧僧的。先生在意，鞍馬上保重者！從今經懺無心禮，專聽春雷第一聲。（下）（旦唱）

【四邊靜】霎時間杯盤狼籍，車兒投東，馬兒向西。兩意徘徊，落日山橫翠。知他今宵宿在那裏？有夢也難尋覓。

張生，此一行得官不得官，疾便回來。（末云）小生這一去白奪一個狀元，正是「青霄有路終須到，金榜無名誓不歸」。（旦云）君行別無所贈，口占一絕，為君送行：「棄擲今何在，當時且自親。還將舊來意，憐取眼前人。」（末云）小姐之意差矣，張珙更敢憐誰？謹賡一絕，以剖寸心。「人生長遠別，孰與最關親？不遇知音者，誰憐長嘆人？」（旦唱）

【耍孩兒】淋漓襟袖啼紅淚，比司馬青衫更濕。伯勞東去燕西飛，未登程先問歸期。雖然眼底人千里，且盡生前酒一杯。未飲心先醉，眼中流血，心內成灰。

【五煞】到京師服水土，趁程途節飲食，順時自保揣身體。荒村雨露宜眠早，野店風霜要起遲！鞍馬秋風裏，最難調護，最要扶持。

【四煞】這憂愁訴與誰？相思祇自知，老天不管人憔悴。淚添九曲黄河溢，恨壓三峯華嶽低。到晚來悶把西樓倚，見了些夕陽古道，衰柳長堤。

【三煞】笑吟吟一處來，哭啼啼獨自歸。歸家若到羅幃裏，昨宵個繡衾香暖留春住，今夜個翠被生寒有夢知。留戀你別無意，見據鞍上馬，閣不住淚眼愁眉。

（末云）有甚言語囑付小生咱？（旦唱）

【二煞】你休憂「文齊福不齊」，我祇怕你「停妻再娶妻」。休要「一春魚雁無消息」！我這裏青鸞有信頻須寄，你卻休「金榜無名誓不歸」。此一節君須記，若見了那異鄉花草，再休似此處棲遲。

（末云）再誰似小姐？小生又生此念。（旦唱）

【一煞】青山隔送行，疏林不做美，淡煙暮靄相遮蔽。夕陽古道無人語，禾黍秋風聽馬嘶。我為甚麼懶上車兒內，來時甚急，去後何遲？

（紅云）夫人去好一會，姐姐，咱家去！（旦唱）

【收尾】四圍山色中，一鞭殘照裏。遍人間煩惱填胸臆，量這些大小車兒如何載得起？

（旦、紅下）（末云）僕童趕早行一程兒，早尋個宿處。淚隨流水急，愁逐野雲飛。（下）

王實甫的《西廂記》是元代雜劇中的名作。最早給它以高度評價的是元末明初的賈仲明，他在爲王實甫寫的弔詞中說：「新雜劇，舊傳奇，西廂記天下奪魁。」自明至清，稱讚《西廂記》的文字更是盈篇累牘，不勝枚舉，其中還夾雜着一些創作本劇的傳說。有一個傳說是說王實甫寫到第四本第三折「碧雲天，黃花地」時，傷心過甚，嘔血而亡。這一折卽明人題爲「長亭送別」的一折。這個傳說當然不可信，但却可把它視作是前人激賞它的藝術成就的一個佐證。確實，這一折成功的原因，除了其中所宣示的「但得個併頭蓮，煞強如狀元及第」，表現了對功名利祿的否定，使這一折的思想內容升華到否定傳統的世俗偏見的高度之外，主要還是因爲這一折有優美臻妙的曲文、詩意濃烈的意境和楚楚動人的形象。

在這一折之前，鶯鶯衝破了封建阻力，克服了她自身的封建意識負擔，已與張生私下結爲夫婦，迫使老夫人承認了既成事實。但同時，老夫人又以相國之門三代不招白衣女婿爲由，促張生進京赴考。張生原是打算上朝取應的舉子，他對求取功名並不反感，還滿有把握地說過「憑着胸中之才，視官如拾芥耳」。唯獨鶯鶯，心情與老夫人和張生全不相同。首先，她珍視經歷了那麽多的波折才得來的愛情，方才新婚，又要久別，內心十分痛苦。其次，她並不在乎張生有沒有功名，她托身於張生這個白衣秀才，是因爲他對自己有深厚的感情，因而她不願張生去求官。第三，她內心的隱秘之處，還在於害怕自己會遭到始亂終棄的命運。張生得中與否，她都覺得有可能發生意外：如果得中，她怕張生「停妻再娶妻」；如果不中，又怕他羞歸故里。總之，傷別和憂懼在她的內心交織在一起，「長亭送別」一折就表現了鶯鶯這種複雜而細膩的心情。

送別之時，正逢秋令。鶯鶯上場時的道白「早是離人傷感，況值那暮秋天氣」和第一支曲〔正宮・端正好〕就寫出了一種離人傷感的氛圍。「碧雲天，黃花地，西風緊，北雁南飛」，以景物點出節令。「曉來誰染霜林醉，總是離人淚」，寫了女主人公對於周圍環境和景物的感受。短短一曲，遣詞構意酷似一首精美的小詞，精練的詞句描寫了悲涼的意境，渲染出長亭送別的凄切氣氛。

〔滾繡球〕具體寫女主人公依戀的深情和別離的苦味。本已相見恨晚，離別又來得太快。柳絲雖長，繫不住張生的坐騎；林木扶疏，無法請它掛住斜暉。願張生的馬兒慢慢地走，自己的車子快快地跟。前人曾有評論說「馬在前，故行慢，車在後，故隨快。不欲離也」，也就是生怕離別之意。但客觀事實與主觀心情總處處相忤：相思才了，別離又起。昨天乍聽得要離別，就覺得自己好像消瘦了一些，今天見到長亭，更加形容憔悴。這一切又既不能向母親訴說，又不能傾訴給張生，滿腹「怨」與「恨」都衹能埋藏在心裏。

下面的〔叨叨令〕是鶯鶯回答紅娘問，想到自己別後的孤寂景況。古人詩詞中以無心梳妝、日高春睡、以淚洗面來繪寫相思之苦本很平常，但王實甫將車馬、花靨、被枕、衫袖這些日常物件，運用句法倒裝和與重疊

西廂記第四本第三折・送別

詞的特殊結合，竟奇蹟般地組成了迴環往復、流轉如珠的嫵媚曲文。從眼前的車馬，說到日後的相思；從柔腸百結的情思，又想到今後衹能靠魚雁傳達信息，悽惶之意，溢於言表。情思一縷，低徊宛轉，看似樸素而白俗的曲文，却有無限雋永的韻致。

以上可以算作是這一折的第一層，從概述到具體描寫，終未離傷別二字。

包括以下八支曲的第二層，是從女主人公感受的角度來寫飲離別酒時的情景。一個「斜簽坐」、「蹙愁眉」；一個「意似癡，心如醉」，淚眼相向，無語凝咽。黃葉、西風、衰草、寒煙，秋景更助人傷感。忽又想到自己和張生雖已成爲夫妻，却還沒有過「共桌而食」的家庭生活。把盞時，忽又想到，這酒食，此時此刻味道還不如泥土，思想飄忽，思緒繁亂。這一層的寫法是敘事中兼有抒情，在敍寫餞行的過程中，刻畫了崔鶯鶯纏綿宛轉、難捨難分的感情。有從鶯鶯的眼裏寫張生的情狀；又有鶯鶯的自嘆、自怨和自憐；還有對今後命運的擔心、對「蝸角虛名，蠅頭微利，拆鴛鴦在兩下裏」的埋怨，更有執著於愛情和憐惜青春的自白。描繪出一個多情女子在離別之際豐富的內心活動。

〔朝天子〕曲以下爲第三層，寫老夫人和長老離去之後，恩愛夫妻話別時的眞切情景。〔耍孩兒〕曲中「未登程先問歸期」，尚未分別，已盼回歸，把難捨難分的心情寫得多麽逼眞！〔五煞〕中，全是一個溫柔而賢慧的妻子對丈夫的細心體貼：從飲食起居到鞍馬勞頓，從早眠遲起，到雨露風霜，使人感到鶯鶯對張生的牽腸掛肚，直要魂魄相隨。〔四煞〕、〔三煞〕又反回來設想自己在別離的日子裏，「應是良辰好景虛設」，衹能悶倚西樓，以淚洗面，凝望夕陽古道，衰柳長堤，在愁思中度日如年了。在臨分手的一刻，她才傾吐出滿腹的擔心和憂慮：希望張生不要薄情相棄，不要羞歸故裏，尤其不要見異思遷、另結新歡。這一層把新婚少婦羞澀而嫵媚，細膩而委婉，既對張生有繾綣深情，又在內心深處若有所失的複雜情緒傳達得眞切動人。

第四層包括最後二支曲。寫張生去後，鶯鶯黯然神傷的情景：行人漸行漸遠，直到望不見身影了，她還久久地在那裏無言佇立，心裏却埋怨青山、疏林和淡煙暮靄，隔斷了她的視線。眼前衹有夕陽古道、禾黍秋風，偶有馬嘶聲傳來，牽動人的心緒。到這裏爲止，作者對鶯鶯的離別愁緒、相思苦況，都已作了比較充分的描寫。最後，又讓鶯鶯唱出「遍人間煩惱填胸臆」，作爲總結和收煞。這使人想起了李後主的名句「問君能有幾多愁，恰似一江春水向東流」，以流不盡的江水比喻愁之多；也使人想起李清照的詞句「祇恐雙溪舴艋舟，載不動、許多愁」，把愁緒具體化，用船載不動，極言其沉重，都可以算得上是藝術上的創新。董解元《西廂記諸宮調》中「休問離愁輕重，向個馬兒上駝也駝不動」和王實甫「量這些大小車兒如何載得起」，當是對前人藝術的繼承和依傍，而且好在「卽景生情」，正當紅娘催促鶯鶯上車「家去」時，唱出這兩句曲文，就無生硬套襲之嫌，卻有異曲同工之妙。這種從人物的感受來揭示人物心理活動的寫法，也使抒情主人公的形象逐漸具有了一種鮮明的立體感。

元代雜劇作品中，固然常有着意於通過尖銳的戲劇衝突來描寫人物，但也有主要依靠對人物的內心描寫來刻畫人物的精神面貌、揭示人物的性格特徵的，「長亭送別」這一折就是用的後一種手法。論者有《西廂記》是詩劇之說。它不僅有抒情詩的格調，而且有詩一樣凝煉、優美的語言和情景交融的意境。「長亭送別」這一折是全劇詩意最濃的部分。這一折在情節上沒有多少進展，也沒有矛盾上的激烈轉化，祇是以抒情詩的筆法，敍寫女主人公的離愁別恨，以寫詩塡詞的手法借景抒情，使全折彌漫着一種淡淡的，然而又是悠長和無法解脫的哀愁。

明代的著名學者胡應麟把王實甫比作「詞曲中思王太白」，這比喻曾經招致後人的各種議論，如果我們把它理解成是對王實甫的才氣和他以寫詩的筆法寫曲的讚譽，那麼，胡氏確是有識見和有眼力的。

（鄧紹基）

梧桐雨第四折

白樸

（高力士上云）自家高力士是也。自幼供奉內宮，蒙主上擡舉，加為六宮提督太監。往年主上悅楊氏容貌，命某取入宮中，寵愛無比，封為貴妃，賜號太真。後來逆胡稱兵，僞誅楊國忠為名，逼的主上幸蜀。行至中途，六軍不進，右龍武將軍陳玄禮奏過，殺了國忠，禍連貴妃。主上無可奈何，祇得從之，縊死馬嵬驛中。今日賊平無事，主上還國，太子做了皇帝。主上養老，退居西宮，晝夜祇是想貴妃娘娘。今日教某掛起眞容，朝夕哭奠，不免收拾停當，在此伺候咱。（正末上，云）寡人自幸蜀還京，太子破了逆賊，即了帝位。寡人退居西宮養老，每日祇是思量妃子。教畫工畫了一軸眞容供養着，每日相對，越增煩惱也呵。

（做哭科）（唱）

【正宮·端正好】自從幸西川，還京兆，甚的是月夜花朝。這半年來白髮添多少？怎打疊愁容貌！

【幺篇】瘦巖巖不避羣臣笑，玉叉兒將畫軸高挑，荔枝花果香檀桌，目覷了傷懷抱。

（做看眞容科）（唱）

【滾繡球】險些把我氣衝倒，身謾靠，把太眞妃放聲高叫。叫不應雨淚嚎咱。這待詔手段高，畫的來沒半星兒差錯。雖然是快染能描，畫不出沉香亭畔迴鸞舞，花萼樓前上馬嬌，一段兒妖嬈。

【倘秀才】妃子呵，常記得千秋節，華清宮宴樂；七夕會，長生殿乞巧。誓願學連理枝比翼鳥，誰想你乘綵鳳，返丹霄，命夭。

（帶云）寡人越看越添傷感，怎生是好？（唱）

【呆骨朵】寡人有心待蓋一座楊妃廟，爭奈無權柄，謝位辭朝。則俺這孤辰限難熬，更打着離恨天最高。在生時同衾枕，不能夠死後也同棺槨。誰承望馬嵬坡塵土中，可惜把一朵海棠花零落了！

（帶云）一會兒身子困乏，且下這亭子去閒行一會咱。（唱）

【白鶴子】那身離殿宇，信步下亭皐，見楊柳裊翠藍絲，芙蓉拆胭脂萼。

【幺】見芙蓉懷媚臉，遇楊柳憶纖腰。依舊的兩般兒點綴上陽宮，他管一靈兒瀟灑長安道。

【幺】常記得碧梧桐陰下立，紅牙筯手中敲。他笑整縷金衣，舞按霓裳樂。

【幺】到如今翠盤中荒草滿，芳樹下暗香消。空對井梧陰，不見傾城貌。

（做嘆科，云）寡人也怕閑行，不如回去來。（唱）

【倘秀才】本待閑散心，追歡取樂，倒惹的感舊恨，天荒地老。快快歸來鳳幃悄，甚法兒、捱今宵？懊惱！

（帶云）回到這寢殿中，一弄兒助人愁也。（唱）

【芙蓉花】淡氤氳篆煙裊，昏慘剌銀燈照；玉漏迢迢，纔是初更報。暗覷清霄，盼夢裏他來到。却不道口是心苗，不住的頻頻叫。

（帶云）不覺一陣昏迷上來，寡人試睡些兒。（唱）

【伴讀書】一會家心焦躁，四壁廂秋蟲鬧，忽見掀簾西風惡，遙觀滿地陰雲罩。俺這裏披衣悶把幃屏靠，業眼難交。

【笑和尚】原來是滴溜溜遶閒堦敗葉飄，疏剌剌刷落葉被西風掃，忽魯魯風閃得銀燈爆。廝琅琅鳴殿鐸，撲簌簌動朱箔，吉丁當玉馬兒向簷間鬧。〔做睡科，唱〕

【倘秀才】悶打頦和衣臥倒，軟兀剌方纔睡着。〔旦上云〕妾身貴妃是也。今日殿中設宴，宮娥，請主上赴席咱。〔正末唱：〕忽見青衣走來報，道太眞妃將寡人邀，宴樂。〔正末見旦科，云〕妃子，你在那裏來？〔旦云〕今日長生殿排宴，請主上赴席。〔正末云〕吩咐梨園子弟齊備着。〔旦下〕〔正末做驚醒科，云〕呀，原來是一夢。分明夢見妃子，却又不見了。〔唱〕

【雙鴛鴦】斜軃翠鸞翹，渾一似出浴的舊風標，暎着雲屏一半兒嬌。好夢將成還驚覺，半襟情淚濕鮫綃。

【蠻姑兒】懊惱，窨約。驚我來的又不是樓頭過鴈、砌下寒蛩、簷前玉馬、架上金鷄，是兀那窗兒外梧桐上雨瀟瀟。一聲聲灑殘葉，一點點滴寒梢，會把愁人定虐。

【滾繡球】這雨呵，又不是救旱苗，潤枯草，灑開花萼；誰望道秋雨如膏。向青翠條，碧玉梢，碎聲兒畢剝，增百十倍歇和芭蕉。子管裏珠連玉散飄千顆，平白地瀽甕番盆下一宵。惹的人心焦！

【叨叨令】一會價緊呵，似玉盤中萬顆珎珠落；一會價響呵，似玳筵前幾簇笙歌鬧；一會價清呵，似翠巖頭一派寒泉瀑；一會價猛呵，似繡旗下數面征鼙操。兀的不惱殺人也麼哥！兀的不惱殺人也麼哥！則被他諸般兒雨聲相聒噪。

【倘秀才】這雨一陣陣打梧桐葉凋，一點點滴人心碎了。枉着金井銀牀緊圍遶，只好把潑枝葉做柴燒，鋸倒。

（帶云）當初妃子舞翠盤時，在此樹下；寡人與妃子盟誓時，亦對此樹。今日夢境相尋，又被他驚覺了。（唱）

【滚繡球】長生殿那一宵，轉迴廊，說誓約，不合對梧桐並肩斜靠，儘言詞絮絮叨叨。沉香亭那一朝，按霓裳舞六幺，紅牙筯擊成腔調，亂宮商鬧鬧炒炒。是兀那當時歡會栽排下，今日凄涼廝凑着，暗地量度。

（高力士云）主上，這諸樣草木，皆有雨聲，豈獨梧桐？（正末云）你那裏知道，我說與你聽者。（唱）

【三煞】潤濛濛楊柳雨，凄凄院宇侵簾幕；細絲絲梅子雨，粧點江干滿樓閣；杏花雨紅濕闌干，梨花雨玉容寂寞；荷花雨翠蓋翩翻，豆花雨綠葉蕭條。都不似你驚魂破夢，助恨添愁，徹夜連宵。莫不是水仙弄嬌，蘸楊柳灑風飄。

【二煞】咮咮似噴泉瑞獸臨雙沼，刷刷似食葉春蠶散滿箔；亂灑瓊堦，水傳宮漏；飛上雕簷，酒滴新槽。直下的更殘漏斷，枕冷衾寒，燭滅香消。可知道夏天不覺，把高鳳麥來漂。

【黄鍾煞】順西風低把紗窗哨，送寒氣頻將繡戶敲，莫不是天故將人愁悶攪！前度鈴聲響棧道，似花奴羯鼓調，如伯牙水仙操。洗黄花，潤籬落，漬蒼苔，倒牆角，渲湖山，漱石竅，浸枯荷，溢池沼；沾殘蝶粉漸消，灑流螢焰不着，綠窗前促織叫，聲相近鴈影高；催鄰砧處處擣，助新涼分外早。斟量來這一宵雨和人緊廝熬，伴銅壺點點敲，雨更多，淚不少。雨濕寒梢，淚染龍袍，不肯相饒，共隔着一樹梧桐直滴到曉。

梧桐雨第四折

題目　安祿山反叛兵戈舉
　　　陳玄禮拆散鴛鳳侶
正名　楊貴妃曉日荔枝香
　　　唐明皇秋夜梧桐雨

若想準確地把握《梧桐雨》的第四折，首先需要對這一折在全劇中的地位有所了解。

按照元人雜劇一本四折分別敷演故事的發生、發展、高潮、收束的一般規律，《梧桐雨》的高潮是第三折。如果說楔子和一、二折寫李隆基對失律邊將安祿山的處理、寫他和楊玉環長生殿乞巧和舞霓裳的歡歌盛宴場面，目的是在表現李隆基昏眊的同時，竭力渲染這個貴爲至尊的君主在權力上、在耳目聲色的享受上達到頂點。那麼，到了第三折，戲劇矛盾就發生了重大轉折：這位風流天子咎由自取，受到懲罰：楊國忠誤國，安祿山叛亂，李隆基不得不逃難蜀中，進發中途軍士嘩變，迫使他同意處死楊玉環。雖然他一再想要保護自己心愛的妃子，但在自己的安全和楊玉環的生命之間，他終於選擇了前者，演出了馬嵬坡生離死別的慘劇。不過，讀過全劇之後，又不得不承認，《梧桐雨》眞正的情感高潮，是第四折。

這一看法，基於對《梧桐雨》的藝術特徵和主題思想的認識。關於本劇的主旨，多年來研究者曾有不同的歸納，其中，以「歌頌愛情」說和「政治諷喻」說最爲重要。這些看法，自然都能在具體描述中找到依據，但也會遇到闡釋上的一些困難：認爲《梧桐雨》意在歌頌李、楊眞摯愛情者，對作品並不隱諱楊玉環與安祿山的「穢事」感到困惑；而認爲此劇爲譏評政治得失而作者，則又爲劇中表現李隆基失政部分不够充分而遺憾。其實，如果從作品的藝術特徵出發，對它的整體傾向進行考察，《梧桐雨》更主要的，是在表現一種情緒：一種滄桑之嘆，一種在美好的東西失去以後無法復得的哀傷和追憶，一種極盛之後的零落和盛衰無法逆料的幻滅感。這些集中表現在第四折。

從情節發展的角度來看，第四折並沒有矛盾的進展，最多衹能說是馬嵬坡悲劇的餘波，是第三折末尾已經開始點出的「黃埃散漫悲風颯，碧雲暗淡斜陽下，一程程水綠山青，一步步劍嶺巴峽」悲涼情緒的進一步延伸，然而，它卻無可爭議地構成了一種意境和情緒上的高潮。

這樣，在分析《梧桐雨》時，或許可以運用「感情結構」來代替「情節結構」的概念。以第三折作爲轉折，全劇的前後兩大部分的色調處於對比之中，出現了強烈的反差：從九五之尊到謝位辭朝、從「日日醉霞觥，夜夜宿銀屏」到夜深人不寐，「孤辰限難熬」；富有四海的帝王作了亡命之君，傾城傾國的貴妃成了兵亂的祭品；富貴煙消，愛情雲散……這一切劇變所激起來的感情波瀾，就是第四折所要表現的內容。

第四折的開頭，通過高力士的說白，交代了李隆基退居西宮養老的失意背景。之後，接連用二十三支曲子，分四個層次來繪寫李隆基的心理活動。

前五支曲子，寫李隆基面對貴妃的畫像產生的傷感：從回憶避兵幸蜀的坎坷，到對楊玉環無法忘懷的憶念。其中透露出他愁悶、痛苦的根由——他過去鍾愛的妃子永無相見之日；往日視爲尋常的筵宴、管絃均成舊夢；他在神明鑒察之下的「長如一雙鈿盒盛，休似兩股金釵另」的誓約沒有履行；他已謝位辭朝，不再有支配一切的權力，連修一座廟宇以紀念楊妃這樣的事也無法辦到……這其中有憶舊、有傷逝、有思念、有愧悔，而中心則是對包括楊玉環在內的已經失去而不可復得的一切美好事物的懷念。鬢添白髮、愁如病沈的描寫，表現了李隆基愁悶的長久和不可解脫，而「放聲高叫」、「雨淚嚎咷」又極言其痛苦之深。配合這部分曲詞的表演應當是激烈而誇張的，把觀衆一下子就帶入了李隆基痛苦的世界。

第六至第十支曲子，進一步寫李隆基對楊玉環的思念，寫法與上一層不同。上面寫李隆基在西宮內面對楊玉環的畫像，傾瀉他的愁悶與悲痛。這裏是寫他從殿宇走出來，觸景傷情，如泣如訴。因爲他的良辰美景都是與楊玉環一起度過的，所以，亭園中處處都留有對貴妃的記憶，景物依舊，人事全非。看到芙蓉花，他想起楊玉環的美麗容顏；遇到楊柳，又使他憶起楊妃優美的身姿。眼前幻化出昔日「追歡取樂」的情景：新愁天氣，夏景初殘，賢王玉笛，花奴羯鼓，花容玉貌的楊貴妃舞姿翩翩……然而，曾幾何時，「翠盤中荒草滿，芳樹下暗香消」，衹留下惆悵和令人心碎的回憶。在殿中，貴妃的畫像教他「越看越添傷感」；在花園，又處處有觸目傷懷的景物。他既不堪獨對楊玉環的畫像，又懼怕閑行時尋愁覓恨，於是怏怏歸來，誰知道「回到這寢殿中，一弄兒助人愁也」，更加無法擺脫愁煩的心境。

從第十一支曲子開始，是描寫李隆基回寢殿後夜不能寐的凄涼景況。篆煙朦朧、銀燈昏暗、玉漏迢迢、秋蟲鳴叫，凄涼而靜寂。因爲李隆基是在「滴溜溜遶閑堦敗葉飄，疏剌剌刷落葉被西風掃，忽魯魯風閃得銀燈爆。廝琅琅鳴殿鐸，撲簌簌動朱箔，吉丁當玉馬兒向簷間鬧」的氣氛中，懷念他曾經愛戀過的死者，因此，這些景物都染上了一種幽清、飄忽、迷離的夢幻色彩。當李隆基昏昏睡去時，楊玉環翩然入夢，並請他到長生殿赴宴，往日的柔情蜜意和榮華繁盛剛剛浮現在他的眼前，立刻又消失於瞬間。夢醒之後，更覺塵世幽冥永爲異路。失望之餘，孤獨之感就更加強烈了。於是，李隆基的一腔怨氣都撒向攪人好夢的梧桐夜雨。

從第十六支曲子開始，唱詞幾乎脫離了具體的人和事，進入對自然界的描繪。全從人的聽覺出發，描寫時大時小、時緊時慢、引人煩惱的秋雨聲，創造了陰冷悲凄的環境，以表現人物特定的心理內容和感情狀態。以夜雨梧桐寫愁思，當然並非白樸首創，如唐人溫庭筠《更漏子》就有「梧桐樹，三更雨，不道離情正苦，一葉葉，一聲聲，空階滴到明」。溫詞寫離情別緒，雨夜不能入睡。白樸用以寫一夢初醒的人失望和煩惱的心情，就更顯得凄愴、纏綿和曲折。「這雨一陣陣打梧桐葉凋，一點點滴人心碎了」，愁人因雨聲而心碎，人的心緒借雨聲得以傳達，情和景的交融達到一種和諧的結合。

《梧桐雨》的主人公在這二十三支曲文中所傳達、抒發的悲痛是長久而不可解脫的，既深入骨髓，又難以抑制，這種過分強烈的傷感，產生於主人公對於人世的盛衰升沉、激烈更替的無法接受。他企望着繁華盛世的永駐、美好往昔的無限延伸，他不願承認社會和生命歷程中這種無法逃避的更迭和轉化，他因此衹好生活在夢幻追憶和痛苦之中。於是，《梧桐雨》的第四折所揭示的情感，就表現了人物的雙重悲劇：命運的轉折和由於對這種轉折不能認識和把握而陷入感情困境的悲劇。從這個角度來說，這些纏綿的曲詞，不僅能給我們以情緒上的感染，而且還能使我們多少獲得一點對社會和人生的啓示。

（么書儀）

漢宮秋第三折

馬致遠

（番使擁旦上，奏胡樂科，旦云）妾身王昭君，自從選入宮中，被毛延壽將美人圖點破，送入冷宮。甫能得蒙恩幸，又被他獻與番王形像。今擁兵來索，待不去，又怕江山有失；沒奈何將妾身出塞和番。這一去，胡地風霜，怎生消受也！自古道：「紅顏勝人多薄命，莫怨春風當自嗟。」（駕引文武內官上，云）今日灞橋餞送明妃，却早來到也。（唱）

【雙調·新水令】錦貂裘生改盡漢宮妝，我則索看昭君畫圖模樣。舊恩金勒短，新恨玉鞭長。本是對金殿鴛鴦，分飛翼，怎承望！

（云）您文武百官計議，怎生退了番兵，免明妃和番者。（唱）

【駐馬聽】宰相每商量，大國使還朝多賜賞。早是俺夫妻悒怏，小家兒出外也搖裝。尚兀自渭城衰柳助凄涼，共那灞橋流水添惆悵。偏您不斷腸，想娘娘那一天愁都撮在琵琶上。

（做下馬科）（與旦打悲科）（駕云）左右慢慢唱者，我與明妃餞一杯酒。（唱）

【步步嬌】您將那一曲陽關休輕放，俺咫尺如天樣，慢慢的捧玉觴。朕本意待尊前捱些時光，且休問劣了宮商，您則與我半句兒俄延着唱。

（番使云）請娘娘早行，天色晚了也。（駕唱）

【落梅風】可憐俺別離重，你好是歸去的忙。寡人心先到他李陵臺上，回頭兒却才魂夢里想，便休題貴人多忘。

（旦云）妾這一去，再何時得見陛下？把我漢家衣服都留下者。（詩云）正是：今日漢宮人，明朝胡地妾；忍着主衣裳，為人作春色！（留衣服科）（駕唱）

【殿前歡】則甚麽留下舞衣裳，被西風吹散舊時香。我委實怕宮車再過青苔巷，猛到椒房，那一會想菱花鏡裏妝，風流相，兜的又横心上。看今日昭君出塞，幾時似蘇武還鄉？

（番使云）請娘娘行罷，臣等來多時了也。（駕云）罷罷罷！明妃，你這一去，休怨朕躬也。（做別科，駕云）我那裏是大漢皇帝！（唱）

【鴈兒落】我做了別虞姬楚霸王，全不見守玉關征西將。那裏取保親的李左車，送女客的蕭丞相？

（尚書云）陛下不必掛念。（駕唱）

【得勝令】他去也不沙架海紫金梁，枉養着那邊庭上鐵衣郎。您也要左右人扶侍，俺可甚糟糠妻下堂！您但提起刀槍，却早小鹿兒心頭撞。今日央及煞娘娘，怎做的男兒當自強！

（尚書云）陛下，咱回朝去罷。（駕唱）

【川撥棹】怕不待放絲韁，咱可甚鞭敲金鐙響。你管燮理陰陽，掌握朝綱，治國安邦，展土開疆；假若俺高皇，差你個梅香，背井離鄉，臥雪眠霜，若是他不戀恁春風畫堂，我便官封你一字王。

（尚書云）陛下，不必苦死留他，着他去了罷。（駕唱）

【七弟兄】說甚麼大王、不當、戀王嬙，兀良！怎禁他臨去也回頭望！那
堪這散風雪旌節影悠揚，動關山鼓角聲悲壯。
【梅花酒】呀！俺向着這迥野悲涼。草已添黃，兔早迎霜。犬褪得毛蒼，
人搠起纓鎗，馬負着行裝，車運着餱糧，打獵起圍場。他、他、他，傷心
辭漢主；我、我、我，攜手上河梁。他部從入窮荒，我鑾輿返咸陽。返咸
陽，過宮牆；過宮牆，繞回廊；繞回廊，近椒房；近椒房，月昏黃；月昏
黃，夜生涼；夜生涼，泣寒螿；泣寒螿，綠紗窗；綠紗窗，不思量！
【收江南】呀！不思量，除是鐵心腸；鐵心腸，也愁淚滴千行。美人圖今
夜掛昭陽，我那裏供養，便是我高燒銀燭照紅妝。
（尚書云）陛下，回鑾罷，娘娘去遠了也。（駕唱）
【鴛鴦煞】我煞大臣行說一個推辭謊，又則怕筆尖兒那伙編修講。不見他
花朵兒精神，怎趁那草地裏風光？唱道佇立多時，徘徊半晌，猛聽的塞
鴈南翔，呀呀的聲嘹亮，却原來滿目牛羊，是兀那載離恨的氈車半坡里
響。（下）

（番王引部落擁昭君上，云）今日漢朝不棄舊盟，將王昭君與俺番家和親。我將昭君封為寧胡閼氏，坐我正
宮。兩國息兵，多少是好。衆將士，傳下號令，大衆起行，望北而去。（做行科）（旦問云）這裏甚地面了？
（番使云）這是黑龍江，番漢交界去處。南邊屬漢家，北邊屬我番國。（旦云）大王，借一杯酒，望南澆奠，
辭了漢家，長行去罷。（做奠酒科，云）漢朝皇帝，妾身今生已矣，尚待來生也。（做跳江科）（番王驚救不及，
嘆科，云）嗨！可惜，可惜！昭君不肯入番，投江而死。罷罷罷！就葬在此江邊，號為青塚者。我想來，人
也死了，枉與漢朝結下這般仇隙，都是毛延壽那廝搬弄出來的。把都兒，將毛延壽拿下，解送漢朝處治。我
依舊與漢朝結和，永為甥舅，却不是好？（詩云）則為他丹青畫誤了昭君，背漢主暗地私奔；將美人圖又來

哄我，要索取出塞和親。豈知道投江而死，空落的一見消魂。似這等奸邪逆賊，留着他終是禍根。不如送他去漢朝哈喇，依還的甥舅禮，兩國長存。〔下〕

王昭君是一個婦孺皆知的人物，歷來爲詩人墨客所詠唱。晉石崇作《王明君辭》，唐大詩人李白有《王昭君》，杜甫有《詠懷古跡》（之二），北宋歐陽修、王安石等也各有詩作。在所有這些詩歌中，都對王昭君和親入匈奴寄予深刻的同情，儘管識見有高低之别，主題有寬狹的不同，或直抒紅顔薄命的慨嘆，或以昭君置入冷宮的遭遇寄託自己的不平，但在民族矛盾還未達到異常激烈的時代裏，以昭君爲題材的作品尚未將她的悲劇命運置於民族鬥爭的背景下；有的雖流露出大漢族主義的民族情緒（如石崇所作），却没有曲折表現出反抗民族壓迫的精神。到南宋末年，蒙古貴族南侵，金政權和南宋政權相繼傾覆，漢族人民遭受了極大的苦難，詩人們漸將傳統中詠唱的王昭君題材賦予新的内容，將她的悲劇命運同國家的命運相聯繫。但是，直到馬致遠的《漢宮秋》雜劇問世，才以歷史悲劇的形式突破了悲遠嫁、憫紅顔的窠臼，藝術地展現了導致昭君悲劇命運的政治原因，並歌頌了王昭君的民族氣節。雖然作者假漢元帝以抒主觀之情，將皇帝才子化，而帶有美化皇帝感情的思想缺陷，但《漢宮秋》的思想價值和藝術價值非僅遠過於作者的神仙道化劇，且不失爲元雜劇中的傑作，數百年來熠熠生輝。

讀《漢宮秋》雜劇，我們首先應注意到馬致遠對歷史眞實的改動，從而正確認識劇本的愛國主義思想。關於王昭君的最早記載，見於《漢書》的《元帝紀》和《匈奴傳》。《元帝紀》載：

竟寧元年（引者按，公元前三三年）春正月，匈奴呼韓邪單于來朝。詔曰：「匈奴郅支單于背叛禮義，既伏其辜；呼韓邪單于不忘恩德，鄉慕禮義，復修朝賀之禮，愿保塞傳之無窮，邊垂長無兵革之事。其改元爲竟寧，賜單于待詔掖庭王嬙爲閼氏。」

《匈奴傳》載：

竟寧元年，（呼韓邪）單于復入朝，禮賜如初……單于自言願婿漢氏以自親。元帝以後宮良家子王嬙字昭君賜單于。單于歡喜，上書願保塞上谷以西至敦煌，傳之無窮，請罷邊備塞吏，以休天子人民。

該傳對王昭君入匈奴後的遭遇有較詳細的記載：

王昭君號寧胡閼氏，生一男伊屠智牙師，為右日逐王。……呼韓邪死，雕陶莫皋立，為復株累若鞮單于。……復株累單于復妻王昭君，生二女。

從正史記載中可見，王昭君的身分是「待詔」，她在呼韓邪單于主動入朝、與漢朝修好的情況下，被漢元帝賜給單于，爲民族和睦起過作用。

《漢宮秋》改變了這一基本史實，並從晉代《西京雜記》卷二中汲取畫工索賄而昭君不與的情節，寫出了一部歷史悲劇。在這一劇中，漢朝中大夫毛延壽爲取得漢元帝寵幸，慫恿元帝廣選天下美女，以充後宮，將選中的女子畫成圖像，以供皇帝按圖臨幸。王昭君是農家女，雖被選中，却無錢賄賂毛延壽，被點破畫像，發入冷宮，一住十年。元帝夜間巡宮時聽到了昭君寄託幽怨的琵琶聲，發現了這一後宮最後長巷中的女子的美麗容顏，昭君受到寵幸，被封爲明妃。在得知原委後，元帝下令捉殺毛延壽。毛延壽攜帶昭君圖像逃到匈奴，將像獻給匈奴王呼韓邪單于，單于正求漢朝公主未得，見像則索要王昭君。面對着匈奴大軍壓境的形勢，滿朝文武噤若寒蟬，勸說元帝獻出昭君和親。王昭君雖難與元帝割捨，但毅然請赴匈奴，以息刀兵。元帝內心深爲痛苦，他深恨臣下無能，又怕呼韓邪南侵，不得已而祇能同意昭君和親。昭君出塞之日，漢元帝親到灞橋餞別。昭君留下漢家衣服，北向而行。當來到漢番交界的黑龍江邊時，她望南奠酒，隨後投江自盡。呼韓邪將昭君安葬江邊，

漢宮秋第三折

號其墓爲「青冢」，將毛延壽綁送漢朝治罪，重新結和。自昭君別後，漢元帝日夜思念，聞雁聲而傷感不已。毛延壽被解回漢朝後，元帝將其斬首，祭奠昭君。

《漢宮秋》的愛國主義精神主要就體現在第三折，此折可謂全劇的核心。

據《漢書・元帝紀》可知，此時漢朝戰敗了郅支單于，呼韓單于「不忘恩德，鄉慕禮義，復修朝賀之禮」，實際上已成漢朝藩屬。在解除邊患之後，爲進一步籠絡匈奴，漢元帝將宮女（而非皇妃）王昭君賜嫁呼韓單于。而王昭君出塞後並未沉江而死，却在匈奴生兒育女。馬致遠將歷史作了大膽改動：漢朝國力不及匈奴，是在強敵壓境的情況下，不得已以妃子王昭君和親，直到第三折灞橋餞別的開頭，元帝還以哀求的口吻求其下屬：「恁文武百官計議，怎生退了番兵，免明妃和番者。」然而文臣武將全無表示，他衹能感嘆自己「我那裏是大漢皇帝！」「我做了別虞姬的楚霸王」！至於王昭君，非僅難與元帝割捨，而且留下漢家衣服，不忍爲人作春色，當來到黑龍江畔時，終於沉江而死，不肯入番，完成了以身殉國的壯舉。

歷史上漢強胡弱情況下的主動以宮女賜嫁，變成了匈奴大兵壓境下的被動以妃子和親；嫁呼韓單于的王昭君再嫁其子，變成了不肯入番的跳江殉國、殉情。這樣的重要改動正表現了馬致遠強烈的民族意識，在漢民族遭受殘酷壓迫的時代，這正是一種曲折表現出來的愛國主義精神。固然，元人雜劇多與史實相謬，曲論家凌廷堪曾寫過這樣的論曲絕句：「仲宣忽作中郎婿，裴度曾爲白相翁。若使磑磑徵史傳，元人格律逐飛蓬。」（按，第一句指《王粲登樓》中王粲與蔡邕之女結婚，第二句指《㑳梅香》中白敏中與裴度女結婚）但似馬致遠這樣變更重大歷史事件，並非僅由於「元人家法」所致。

據研究，馬致遠約生於公元一二五〇年，至治時（一三二一——一三二三）還健在，他雖是大都人，却做過浙江行省務官。他的青年時期，正值元兵南下，攻破臨安；他在浙江爲官時，對臨安城破、帝妃宮室被押北行的情況當有耳聞。當時，元右丞相伯顔入臨安城後，「元人索宮女、內侍及諸樂官，宮女赴水死者以百數。」（陳邦瞻《宋史紀事本末》卷一百七）被擄至元都的宋帝、后，分別被忽必烈命爲僧、尼，因病獨留臨安的太皇太后謝氏，亦被元兵從宮中連牀擡出，留燕七年而死（同見上）。馬致遠年輕時雖有功名之求，但在「九儒十丐」的社會，深感「困煞中原一布衣」，「恨無上天梯」（散曲《金字經》），從心中的不平，到受南方人民仇恨蒙古政權的情緒感染，他在《漢宮秋》中表現強烈的民族意識就不足爲奇了。作者以昭君被迫出塞來影射宋室后妃、宮女的被擄北行，在對她們寄予深切同情的同時，也抒發了對漢族政權覆亡的慨嘆。愛國主義的具體內容，看在什麼樣的歷史條件之下來決定。在漢民族遭受殘酷壓迫的元朝，馬致遠通過《漢宮秋》，以民族意識來表現愛國主義思想，無疑是值得肯定的。而且，還應該指出的是：《漢宮秋》雖然流露出強烈的民族意識，但對民族和睦、團結的理解却表現得很正確，並無偏頗之處。作者將憎恨主要投向叛徒、內奸，指出呼韓邪單于以武力威迫、索要昭君，是由於毛延壽的挑唆所造成，單于始終承認自己同漢朝的甥舅關係，在王昭君跳江後，他給予禮葬，並將毛延壽解送漢朝治罪，希望依舊保持兩國和好。固然這樣寫可能與作者生活的時代是由於蒙古族居於統治地位有關，但從客觀效果說，作者對忠奸、內外關係的理解却是正確的。

其次，我們應當看到劇中表達的愛國主義思想同人物塑造的關係。

《漢宮秋》的題目是「沉黑江明妃青塚恨」，正名是「破幽夢孤雁漢宮秋」，全劇雖以漢元帝爲主角，但唯一的正面人物却是王昭君，體現作者民族意識和作品愛國主義精神的也是王昭君。第三折「灞橋餞別」非僅是應題的中心情節，也使王昭君的思想性格得以充分展現，且最終完成人物的塑造，將愛國主義精神推至頂點。王昭君在入宮前祇是一個普通農家女，在拒賄以求寵的交鋒中已顯現了她的性格光輝，在經受十年冷宮生活而得寵幸之後，她當然慶幸和珍惜這種恩寵。可是，一旦國難當頭，羣臣怯懦，而元帝又猶豫不定之時，她却置個人幸福於不顧，想到的是國家安危和百姓生死，懷殉國之志而決意出塞和番。在第二折中，她表示：「妾既蒙陛下厚恩，當效一死，以報陛下。妾情願和番，得息刀兵，亦可留名青史。」在第三折中則進一步說道：「待不去又怕江山有失」，從報恩皇帝到關注江山，在第三折一開始已可見到王昭君思想的發展，報效國家之念更強於報答君恩。在動身北行之時，更留下漢家衣服，「忍着主人裳，爲人作春色」，這種不願取悅敵人的決絕舉動，表現出可貴的民族自尊心，並預伏下殉國之機。最後，當卽將告別父母之邦時，她借澆奠而遙祝祖國，然後跳江而死，使這一愛國主義的毅然之舉閃現出悲壯奪目的光輝，也實現了性格的升華。通過這層層發展，不僅完成了昭君形象的塑造，也使漢朝羣臣在這一位青年女子的思想光輝下，反襯出可憎的面目。

非僅是奸臣、賣國賊毛延壽應成爲唾罵的對象。像尚書令五鹿充宗、內常侍石顯等人，在敵人以武力相逼的情況下，全然不顧皇妃和親的大損民族尊嚴，却以遠女色、振朝綱、救生靈的堂皇藉口，掩蓋自己的怯懦、自私、苟安，同樣可見出靈魂的污濁。甚至連漢元帝這樣一個作者深寄同情的人物，儘管他自擬「別虞姬楚霸王」，感慨「全不見守玉關征西將，那裏取保親的李左車，送女客的蕭丞相」，但以他此時「怎做的男兒當自強」來反觀第二折所唱的「忠臣皆有用，高枕已無憂」，「一半兒爲國憂民，一半兒愁花病酒」，則可知正是自己的荒政和無知人之明造成今日局勢，這樣一來，在同情之時作者對元帝亦實有批判。

當然，王昭君的愛國主義思想是與篤情、忠君緊密結合在一起的，王昭君身上的這種封建道德的表現，其實也是劇作家思想局限的表現，我們不能超越階級與時代的原因來強求作家。

由於《漢宮秋》的主題不是單一的，元帝、昭君的愛情與昭君的愛國主義復合在一起，因而，在第三折的事件與人物關係上，也構成了愛情爲表、愛國爲裏；元帝明爲主而暗爲次，昭君明爲次而暗爲主的藝術表現法。誠然，此劇是寫元帝對昭君的眞摯愛情，但這種愛情與主人公的生離死別，都是置於民族矛盾與鬥爭的背景下；而造成昭君悲劇命運及二人愛情悲劇結局的，正是這一民族的矛盾和鬥爭，因而，這種表裏關係並不難理解。與這種關係相應的，則是主次人物的明暗不同。作者之將元帝作爲主角，非僅以之寄託理想的愛情，而且借這一人物在昭君和親前後的表現、認識，表明作者對造就悲劇原因的理解，並以皇帝的身分對忠奸、曲直、是非作出評判，借其口痛斥奸佞之輩和誤國的朝臣，同情和讚美昭君的獻身精神和自我犧牲之舉，從而表達愛國主義的感情。應該說，元帝的唱詞是對昭君行動的必要而有力的補充，而劇中處於次要地位的王昭君才是眞正的主人公。《漢宮秋》之所以寫成以皇帝爲主角的「駕頭雜劇」，是爲了使元帝帶上更多的作者主觀色彩，以更好抒發自己的感情。

還值得稱道的是此折唱辭的抒情性和意境美。王國維《宋元戲曲史》將《漢宮秋》推爲元代三大悲劇之一，非僅因爲此劇破除了平庸的大團圓俗套，而且正符合他所稱道的元雜劇「其文章之妙，亦一言以蔽之，曰：有意境而已矣。」第三折的意境美和抒情性，是使歷代曲論家爲之服膺的。

狄德羅曾指出：戲劇的布局「就是按照戲劇體裁的規則而分布在劇中的一段令人驚奇的歷史」，並認爲小説與戲劇的不同在於「描繪一個效果」和「產生一個效果」之别（見《論戲劇藝術》）。但《漢宮秋》並不以情節誘人、衝突激烈、富於懸念爲特徵，它的膾炙人口，是由於典型地體現出中國戲曲與詩詞血緣近而重抒情性、重意境美的特點，它是借「描繪效果」而非直接在舞臺上「產生效果」來打動觀衆的。當昭君起行之後，元帝所唱〔七弟兄〕中「那堪這散風雪旌節影悠揚，動關山鼓角聲悲壯」二句，從所見與所聞作了環境的總體描繪，定下了離别的基調，並籠罩全局。接着的〔梅花酒〕一曲，更是以主觀之情移注客觀之物，又以客觀之物反襯主觀之情，景色的悲涼與心緒的悲涼達到高度相契相融的地步；在這一曲中，作者還以空間的轉換寫出了時間的流逝，並從時間流逝之中，表達了思念難忘的深情；三字句的短促句式、上下鈎連的詞話，構成了一種悲傷至深而急促似噎的聲調，準確地傳遞了纏綿往復的深情。馬致遠擅長於頂真連環的句式，如散曲〔撥不斷〕就有「嘆寒儒，謾讀書，讀書須索題橋柱。題柱雖乘駟馬車，乘車誰買《長門賦》」等句，此曲〔梅花酒〕的三字句則更以節奏鮮明且體現出音樂感的連環句式，達到抒情的極佳效果。〔鴛鴦煞〕的後半段，當元帝從「佇立多時，徘徊半晌」的遐思狀態中回到眼前時，塞雁、牛羊、氈車，這三者更映襯出昭君去後的空虛落寞。儘管滿目牛羊不是塞上景物，作者也未寫塞雁難傳書信、氈車難載離愁，但不言之中更留下了想象的餘地，更留下了空虛和惆悵，寥廓蕭瑟的景色與深長綿遠的感情統一成懾人靈魂的意境。這些極度烹煉的曲子却似渾然天成，不能不使人對作者駕馭文字的能力爲之讚嘆。

正由於馬致遠的曲辭有這樣高度的意境美和抒情性，朱權評爲「典雅清麗」，「宜列羣英之上」（《太和正音譜》），凌廷堪論曲絶句稱道「文到元和詩到杜，月明孤鴈《漢宮秋》」，也確非溢美之辭了。

（鄧喬彬）

漢宮秋第四折

馬致遠

（駕引內官上，云）自家漢元帝，自從明妃和番，寡人一百日不曾設朝。今當此夜景蕭索，好生煩惱。且將這美人圖掛起，少解悶懷也呵。（唱）

【中呂·粉蝶兒】寶殿涼生，夜迢迢六宮人靜。對銀臺一點寒燈，枕席間，臨寢處，越顯的吾當薄倖。萬里龍廷，知他宿誰家一靈眞性。

（云）小黃門，你看爐香盡了，再添上些香。（唱）

【醉春風】燒盡御爐香，再添黃串餅。想娘娘似竹林寺，不見半分形，則留下這個影影。未死之時，在生之日，我可也一般恭敬。

（云）一時困倦，我且睡些兒。（唱）

【叫聲】高唐夢，苦難成。那裏也愛卿、愛卿，却怎生無些靈聖？偏不許楚襄王枕上雨雲情。

（做睡科）（旦上，云）妾身王嬙，和番到北地，私自逃回。兀的不是我主人！陛下，妾身來了也。（番兵上，云）恰纔我打了個盹，王昭君就偷走回去了。我急急趕來，進的漢宮，兀的不是昭君！（做拿旦下）（駕醒科，云）恰纔見明妃回來，這些兒如何就不見了？（唱）

【剔銀燈】恰纔這搭兒單于王使命，呼喚俺那昭君名姓；偏寡人喚娘娘不肯燈前應，　却原來是畫上的丹青。猛聽得仙音院鳳管鳴，更說甚簫韶九成。

（雁叫科）（唱）

【蔓青菜】白日裏無承應，教寡人不曾一覺到天明，做的個團圓夢境。〔雁叫科，唱〕却原來雁叫長門兩三聲，怎知道更有箇人孤另！

【白鶴子】多管是春秋高，筋力短；莫不是食水少，骨毛輕？待去後，愁江南羅網寬；待向前，怕塞北雕弓硬。

【幺篇】傷感似替昭君思漢主，哀怨似作薤露哭田橫，淒愴似和半夜楚歌聲，悲切似唱三疊陽關令。

（雁叫科）（云）則被那潑毛團叫的悽楚人也。（唱）

【上小樓】早是我神思不寧，又添個寃家纏定。他叫得慢一會兒，緊一聲兒，和盡寒更。不爭你打盤旋，這搭裏同聲相應，可不差訛了四時節令？

【幺篇】你却待尋子卿、覓李陵，對着銀臺，叫醒咱家，對影生情。則俺那遠鄉的漢明妃雖然得命，不見你個潑毛團，也耳根清淨。

（雁叫科）（云）這雁兒呵。（唱）

【滿庭芳】又不是心中愛聽，大古似林鶯嚦嚦，山溜冷冷。我祇見山長水遠天如鏡，又生怕誤了你途程。見被你冷落了瀟湘暮景，更打動我邊塞離情。還說甚過留聲，那堪更瑤堦夜永，嫌殺月兒明！

（黃門云）陛下省煩惱，龍體為重。（駕云）不由我不煩惱也。（唱）

漢宮秋第四折

【十二月】休道是咱家動情，你宰相每也生憎。不比那雕梁燕語，不比那錦樹鶯鳴。漢昭君離鄉背井，知他在何處愁聽？

（雁叫科）（唱）

【堯民歌】呀呀的飛過蓼花汀，孤鴈兒不離了鳳凰城。畫簷間鐵馬響丁丁，寶殿中御榻冷清清，寒也波更，蕭蕭落葉聲，燭暗長門靜。

【隨煞】一聲兒遶漢宮，一聲兒寄渭城，暗添人白髮成衰病，直恁的吾當可也勸不省。

（尚書上，云）今日早朝散後，有番國差使命綁送毛延壽來，說因毛延壽叛國敗盟，致此禍釁。今昭君已死，情願兩國講和。伏候聖旨。（駕云）既如此，便將毛延壽斬首，祭獻明妃。着光祿寺大排筵席，犒賞來使回去。

（詩云）葉落深宮雁叫時，夢回孤枕夜相思，雖然青塚人何在，還為蛾眉斬畫師。（並下）

題目　沉黑江明妃青塚恨

正名　破幽夢孤雁漢宮秋

《漢宮秋》的重點在第四折。如果單獨看第四折，既沒有引人入勝的矛盾衝突，又沒有曲折複雜的戲劇情節。它的登場人物也少得可憐：除了臨近結尾的地方尚書五鹿充宗出來講幾句話以外，基本上是漢元帝一個角色獨唱；另外還有個小太監，像個影子似地跟在他後面。然而這一折並不顯得單調和沉悶，相反却具有震撼人心的巨大力量。爲什麼會產生如此強烈的效果？重要原因之一，是前三折已經爲第四折精彩場面的出現作了充分的準備。因此，我們必須把第四折與前面的戲聯繫起來進行分析。

一

《漢宮秋》第一折，主要是寫王昭君因爲不肯向毛延壽行賄，曾經被點破圖像，發入冷宮，可是漢元帝在一次巡宮的時候，聽到王昭君彈琵琶的聲音，發現她是一個容貌出衆多才多藝的女子，對她產生了強烈的愛情。這一折的氣氛非常歡快，漢元帝與王昭君都沉浸在幸福之中。試看漢元帝唱的〔金盞兒〕曲：

你便晨挑菜，夜看瓜，春種穀，夏澆麻，情取棘針門粉壁上除了差法。你向正陽門改嫁的倒榮華。俺官職頗高如村社長，這宅院剛大似縣官衙。謝天地，可憐窮女婿，再誰敢欺負俺丈人家！

語言很詼諧，流露出一種按捺不住的洋洋得意的情緒。作者在第一折盡力渲染漢元帝高興的心情，顯然是爲了與末尾第四折形成鮮明的對照，也就是先替劇本主人公設置一個順境，以便於反襯後面的逆境。這是一種先揚後抑、欲擒故縱的表現手法。漢元帝在第一折得到王昭君時越是欣喜欲狂，到第四折失掉王昭君後悲哀的心情也會越重。

第二折和第三折寫毛延壽把美人圖獻給了匈奴的呼韓邪單于，於是呼韓邪以武力威脅漢王朝，強迫漢王朝交出王昭君。漢元帝本來堅決不肯讓王昭君出塞，無奈五鹿充宗、石顯等文武大臣都怯懦無能，畏刀避箭，沒有人敢帶兵前去抵抗匈奴。漢元帝費盡唇舌反反覆覆地責備他們，他們仍然提不出任何使匈奴退兵的計策。最後漢元帝衹好到灞陵橋爲王昭君餞行，眼巴巴地看着她被匈奴使者帶走了。王昭君到邊界上卽投江自盡。在這兩折中，漢元帝面臨着意想不到的災禍，他雖竭盡全力進行掙扎，終於沒能逃脫不幸的命運。他由歡樂的頂峯一步一步地跌入了痛苦的深淵。尤其是漢元帝與王昭君的離別，乃是整個故事最大的轉折點，也就是邏輯上的高潮。在《漢宮秋》這個劇本中，邏輯上的高潮與感情上的高潮並沒有重疊在一起，因爲漢元帝滿腹的辛酸悲苦，在送別時還沒來得及盡情傾吐。但第三折邏輯上高潮的出現，已經造成了骨鯁在喉不吐不快的形勢，從而爲後面再掀起一個抒發感情的高潮，創造了必要的條件。

以上說明，前三折的戲，全部指向一個明確的目標——全是爲第四折積蓄力量。由於前三折鋪墊得好，第四折才能百尺竿頭更進一步，形成了一個特別激動人心的場面。

漢宮秋第四折

二

《漢宮秋》不僅描寫了一場愛情悲劇，而且描寫了一場政治悲劇。漢元帝與王昭君既是一對情侶，又是兩個政治人物。他們的愛情關係的發展，始終與政治鬥爭交織在一起，始終與國家的命運密不可分。

歷史上的漢元帝並沒有寵幸過王昭君，他在位的時候漢王朝還比較強盛，而匈奴則趨於衰落。他派遣王昭君和親也不是由於受到匈奴的逼迫，而是爲了鞏固漢王朝與匈奴之間業已存在的友好關係。王昭君去匈奴是自動請行的，她出嫁後曾經生兒育女，根本沒有投江自盡。然而馬致遠創作《漢宮秋》的目的，並不是如實地反映西漢時代的狀況，而是利用歷史題材曲折地表現自己生活的那個時代，寄託自己對於當代生活的一些看法。作爲一個失意的漢族知識分子，馬致遠親身經歷了元朝滅宋的社會大變動，目睹了元朝政治的黑暗，很自然地會產生追懷故國的情緒。他在創作《漢宮秋》的時候，對《西京雜記》中有關王昭君的傳說進行了大膽的改造，虛構了漢元帝與王昭君的愛情悲劇，並且以此爲線索，把宋末元初的時代特徵熔鑄進歷史題材中去。雜劇中漢朝與匈奴的關係，不符合公元前一世紀的眞實狀況，但很像軟弱無力的南宋王朝與咄咄逼人的元王朝之間的關係。毛延壽、五鹿充宗和石顯的藝術形象，都與歷史上的眞人對不上號，而是反映了南宋末年大批賣國求榮或貪生怕死的文臣武將的醜惡面貌。王昭君已經不同於歷史上那個擔負着促進民族友好的光榮使命的姑娘，而是一個在強敵壓境時勇於自我犧牲的愛國主義者。漢元帝也不像歷史上那個太平天子，相反却很像一個亡國之君。作者往往通過漢元帝的嘴，講一些自己想說的話，在某種程度上把他當成了自己的化身。從表面上看，《漢宮秋》第四折是寫一個古代帝王懷念他所鍾愛的妃子。從實質上看，這一折乃是作者馬致遠借古人之酒杯，澆自己之塊壘，以隱晦和間接的方式，懷念一個消失了的時代，哀悼一個滅亡了的國家。因此，這一折當中以漢元帝的名義抒發的思想感情，與南宋滅亡以後大批遺民的思想感情非常接近。我們不妨看一下第四折中詠唱孤雁的一支〔白鶴子〕曲：

多管是春秋高，筋力短；莫不是食水少，骨毛輕？待去後，愁江南網羅寬；待向前，怕塞北雕弓硬。

再把這支曲子與南宋遺民梁吉士的《四禽言》（《宋遺民錄·卷一》）詩比較一下：

行不得也哥哥，湖南湖北春水多。九嶷山前叫虞舜，奈此乾坤無路何。行不得也哥哥！

曲子和詩創作於同一個時代，都運用了託物寓意的表現手法，都是國破家亡之後流落無依的人們的生動寫照。由此可見，第四折的情節雖然極其簡單，但內容却異常深廣，它概括了作者對於整整一個歷史時代的深切感受。當然，其中濃厚的絕望和感傷的情緒，也反映了馬致遠世界觀的消極方面，是遠離羣衆鬥爭的封建知識分子找不到正確出路的一種表現。

三

第四折的構思非常巧妙。作者先讓漢元帝做了一個夢，夢見王昭君從匈奴逃回漢宮，但他還沒有來得及與王昭君細訴衷腸，卽被長空大雁的叫聲所驚醒。於是他徘徊於殿前，對着大雁，淋漓盡致地傾訴了自己極度苦悶憂傷的感情。這種寫法的優點，首先是爲漢元帝思念王昭君提供了一個典型環境。作者選擇的時間是秋天的夜晚，地點是蕭條冷落的深宮。就在這個地方，當初百花盛開春意正濃的時候，漢元帝曾經踏着皎潔的月光，遇見了仙女一般的王昭君。現在人事已非，衹剩下一張美人圖懸掛在殿前，怎能不使漢元帝倍覺傷感？然而宮殿和美人圖畢竟是無聲無息和靜止不動的，作者別具匠心地引來一隻失羣的大雁，就借助於樂隊模倣雁叫的音響效果，給靜的環境增加了動的因素，從而渲染出更加濃烈的秋天的氣氛。深宮的荒涼，雁叫聲的淒厲，與人物的精神狀態完全融會在一起，環境對人物起到了很好的襯托作用。白樸的《梧桐雨》寫唐玄宗在雨打梧桐的滴滴嗒嗒的聲音中哀嘆，莎士比亞的《李爾王》寫李爾王在風雨交加的大森林裏行走，郭沫若的《屈原》寫屈原在東皇太一廟中向着雷電呼喊，曹禺的《膽劍篇》寫勾踐在會稽山中對着膽和劍宣誓，與《漢宮秋》第四折都有異曲同工之妙。

其次，由於一隻大雁突然驚破漢元帝的幽夢，使這一折極其簡單的故事情節有了發展變化，鬱積在漢元帝胸中的潮水般洶湧澎湃的感情，也有了一個具體的發泄對象。例如漢元帝先是對大雁滿懷怨恨，埋怨大鴈使他無法在夢中與王昭君團聚，繼而又產生了種種揣測和聯想：他想到這隻失羣的雁像自己一樣孤獨和可憐，又想到大雁也許因年紀太大而無力高飛，也許因缺乏食物而饑腸轆轆，也許正感到進退兩難，找不到一塊安身之地。大雁的叫聲像錐子一樣刺痛了他的心，給他帶來了無窮的煩惱，他希望大雁快些飛走，使自己獲得片刻的安寧，可是大雁偏偏不肯離去……就這樣，作者讓人物的歌唱與大雁的叫聲互相穿插、互相應和，用鋪陳的手法，層層深入地揭示了人物的內心世界，並且替人物設計了大幅度的形體動作，於是本來沒有什麼戲劇衝突的單純抒情的場面，憑空增添了不少戲劇性。

第三，大雁不衹是構成典型環境的一個重要因素，而且同時起到了象徵的作用。由於作者選擇和安排得非常恰當，這隻大雁已經由一隻普通的鳥，變成了一個具有高度概括性的藝術形象，變成了現實生活中某種類型的不幸的人的象徵。劇中寫大雁的徘徊、大雁的哀鳴，都不僅僅是對於實景的描繪，而是兼有象徵的意味。《漢宮秋》在敘事和抒情的基礎上，適當地糅合進了一些象徵的成分，這樣就以含蓄委婉的方式，表現了異常豐富的內容，並且發人深省，耐人尋味，給讀者留下了廣闊的想象餘地。

總之，《漢宮秋》第四折在藝術表現方面有許多獨到之處，值得我們很好地研究和借鑒。

（周兆新）

雙調·壽陽曲·遠浦歸帆

雙調·壽陽曲

馬致遠

遠浦歸帆

夕陽下，酒旆閒，兩三航未曾着岸。落花水香茅舍晚，斷橋頭賣魚人散。

這是馬致遠〔雙調·壽陽曲〕「八景」中的一首。「八景」是宋迪著名的平遠山水畫。據沈括《夢溪筆談》記載：「度支員外郎宋迪工畫，尤善爲平遠山水。其得意者有：《平沙落雁》、《遠浦歸帆》、《山市晴嵐》、《江天暮雪》、《洞庭秋月》、《瀟湘夜雨》、《煙寺晚鐘》、《漁村夕照》，謂之『八景』，好事者多傳之。」這八幅畫在宋、元兩代皆負盛名，元散曲家常以此命意。除馬致遠有此〔雙調·壽陽曲〕八首外，還有鮮于必仁〔中呂·普天樂〕《瀟湘八景》小令八首、沈和〔仙呂·賞花時〕南北合套《瀟湘八景》套曲一首，但以馬致遠的作品爲佳。受此賦「八景」作品的影響，還有一些散曲作家曾作《臨川八景》、《燕市八景》、《吳江八景》等，一時成風。

從立意方面來說，鮮于必仁與沈和的作品都以鋪敍漁村的自然景色抒發高蹈出世之想，牢落之氣溢於言表。馬致遠何嘗不是這樣的用意，然而他的筆鋒却在於描寫自然美，筆墨不多却勾畫出一幅清越幽遠的畫面，使人油然起東山之志而思蒓鱸之美。因此，如果說鮮于必仁、沈和的作品是以情景交融見長，馬致遠的小令則景中含情，其情雖不顯明，却在隱約之中見其幽深。

雙調·壽陽曲·遠浦歸帆

馬致遠最善設境，如膾炙人口的〔天淨沙·秋思〕小令，卽設九景而充分寫出蕭瑟的秋色中一個天涯游子的鄉思。這首小令也以設景見長。〔壽陽曲〕依律僅五句，還有兩句是三字句，要在寥寥數言中寫出一個漁村的風光，不能不對眼前景色精心選擇和概括。第一句「夕陽下」，決定了小令的敍述時間，又爲整首小令的意境蒙上一層落日餘暉的淡淡金色。第二句「酒旆閒」，是從近處寫起；然後第三句寫極目遠望：衹見遠處粼粼波光中，尙有數隻小船張着帆正向岸邊渡口靠攏。這第二、三兩句使人聯想起宋代文同的詩句：「揭揭酒旗當岸立，翩翩漁艇隔灣歸。」文同是宋代著名畫家，詩中自有畫意，他以酒旗接歸舟，以近景接遠景，勾勒出一幅寥廓的畫面。馬致遠很可能受到此詩的影響，以疏朗的筆墨，僅三句就將漁村、渡口勾出一個大概的輪廓。然後再把眼光收回，第四句寫岸邊人家：茅舍旁盛種花樹，落花隨水漂去，帶着芳香，送着芳香。最後，作者又將目光移向古老的斷橋邊：魚市正散，漁夫們正收拾擔筐回去。我們跟着作者的視線，一收一放，隨着視角的轉換，將漁村的景象收入眼底。

然而，如果我們衹看到作者爲我們描繪的一幅優美的山水畫，那麼我們的欣賞衹完成一半，我們的藝術感受還停留在膚淺的層次。因爲馬致遠在小令中還同時展現了這個漁村的忙碌而又饒有風致的生活。從全詩看來，這不是一個小漁村，而是一個大村落。它有一個渡口，還有魚市、酒店。平時的生活既閒適又忙碌：既遠離市廛囂塵，却又接待着過往客人；旣有落花流水的淡泊，又有斷橋魚市的喧鬧。直至夕陽西下時，生活的波浪才趨於寧靜。小令所以能在閒靜的圖像中同時反映出豐富的生活內容，關鍵之點在於作者所選定的時間——黄昏。這是個晝與夜交替的時刻，也是忙碌被寧靜逐漸取代的時刻，忙碌的白天在此刻尙留痕跡，但漁村本身的和諧與閒適的氣氛漸漸上升而且蔓延。這一時刻具有含蘊性與啓示性，使作品內容能具有一定的容量，而作者在遣字造句中也牢牢地把握了這一關鍵。「酒旆閒」句，一個「閒」字，既渲染了氣氛，又令人聯想到白天賓客如雲的情形。「兩三航未曾着岸」句，寫的雖是「兩三航」，却令人想到可能還有艤舟岸邊的其它船隻。寫得最直的是最後一句：「斷橋頭賣魚人散」，雖然「人散」，却可想見人未散的情景。這樣的寫法，就使短小有限的篇幅中包容了較爲豐富的生活內容。

這首小令善於設境，表現了作者的藝術概括力；但在設境時的取捨鋪排以及自然含蓄的用字遣詞，也表現了作者的創作個性。作家面對眼前景物，其卽目會心、情景交融時，他的品質、素養、志趣起着潛在的作用。馬致遠有較高的文化修養，並受全眞教的影響較深，在當時空懷壯志，有出世之想，這些都決定了他的作品崇尙自然而較少雕飾，風格淸宕而瀟灑，這在此首小令中也有比較充分的表現。

（呂薇芬）

雙調・壽陽曲

馬致遠

漁村夕照

鳴榔罷，閃暮光，綠楊堤數聲漁唱。掛柴門幾家閒曬網，都撮在捕魚圖上。

與〈壽陽曲・遠浦歸帆〉一樣，這是馬致遠《八景》中的另一首，寫的是夕照下閒靜的漁村風光。垂釣的漁父、煙波浩渺中的一葉漁舟、綠楊掩映的漁村，這是元代散曲中經常吟詠的主題。在這類題材的作品中，漁父不僅是指以捕魚爲業、養家活口的人，而是被當作隱士的形象；江濱垂釣、泛舟江湖被作爲隱居生活的理想而謳歌。這一「漁隱」的題材有深厚的傳統作爲根據，我國歷史上的隱士，常常以漁翁的形象遯跡江湖。如屈原在江濱遇見的漁父，渭水垂釣的姜子牙，隱於七里灘的嚴子陵、煙波釣徒張志和等人的事跡一向深入人心。這對生活在政治混亂的元代的士人來說，確實很容易引起共鳴。這是元代散曲中寫漁父題材的作品十分豐富的緣故，也是我們讀這首小令時應該了解的背景。

雙調·壽陽曲·漁村夕照

這一小令以意境取勝，作者沒有對漁村作具體細緻的描述——在這樣小的篇製中也不可能這樣做；整首小令中也無很值得摘取的警句，但是却造成一種氣氛，一種令人心曠神怡的閒雅從容的氣氛。造成這種氣氛的藝術手法大體有二：實中有虛的寫法，簡練含蓄的語言。

一般說來，散曲的藝術特色是坦直眞率，其於寫景常是鋪敍，於寫情則常是直抒胸懷。然而馬致遠的這首小令却不同，乍一讀，寫的是實境——夕陽、綠堤、柴門、魚網，這是一個漁村的最平常的景物。何以這些平常的景物能打動人呢？那是因爲作者不僅是「實寫」，還有「虛寫」的手法。小令是寫黄昏漁船歸來、漁父滿載而歸的情景，從詩句中可以看到這一過程：「鳴榔罷，閃暮光」寫夕照下漁舟歸來；「綠楊堤數聲漁唱」寫漁父登岸，從綠楊堤哼着漁歌回家；「掛柴門幾家閒曬網」則漁父已到家，把網晾在柴門上。然而，小令自始至終沒有正面描寫漁父，雖然他一直在行動着：鳴榔、漁唱、曬網；雖然他閒適的心情大家都能感覺到，然而他的面貌、身影並不清楚，他的活動也沒有連貫的描寫。詩句衹是他行動的線索，是一種啓示，這就給讀者留下了想象空間。一種明白如畫的情景給予人的藝術感受是清楚的、清新的，但往往是有限的；而那些富有啓示性的詩句，雖然境界有些朦朧，但正因爲如此，却給人以無窮的意味，因此能使最平常的景物呈現出不平常的神韻。

其次，這一小令的語言樸素自然，不事雕飾，衹是白描。作者用的是敍述語言，沒有比、興，也不用典故。有時，敍述語言容易散漫，容易平直；但這一小令並沒有這樣的毛病，雖然語言澹泊，却相當精練而含蘊。如「鳴榔罷」句，既寫了捕魚的動作，又讓人聯想起水面上飄來的悠遠的榔木擊船舷的聲音；一個「罷」字說明捕魚動作的結束。又如「閃暮光」，一個「閃」字就點出了粼粼水波閃現的夕陽的光輝，天、水相輝，境況是耐人咀嚼的。又如「數聲漁唱」的「數聲」、「幾家閒曬網」的「幾家」，寫出漁村的「小」和簡樸，點出它遠離紅塵的閒靜。一般說來，近指遠譬能開闊境界，使用典實能豐富意蘊；但馬致遠追求的不是這樣的藝術效果，因而他不作比喻、不用典故。他衹是要在有限的字數中寫出一個小小漁村的風貌，他給我們的是一幅有聲（鳴榔、漁唱）有色（暮光、綠楊）的畫面，造成一種閒適蕭散的氣氛，並在其中寄託了自己澹泊的心境。

能在有限的字數中達到這樣的藝術效果是不容易的，實際上他衹用四句（其中還有兩句三字句）就寫出一個漁村的風貌，第五句衹是一個總結。應該說第五句不很高明，作者的意圖是想說明漁村景色如圖畫一樣優美；然而其藝術表現手法却與前四句不協調。前四句富有意味，給人留下了想象空間，第五句却要把人們的想象力收回來，「攝」在一張圖畫中。當然，一張好畫也會豐富和啓發人的想象，但這與把詩句描寫的景物比作圖畫是完全不同的美學範疇，而且這種比喻也未免陳舊。因而這一句不能不被認爲是這首小令的不足之處——結尾不够有味。

（呂薇芬）

越調・天淨沙

馬致遠

秋思

枯藤老樹昏鴉，小橋流水人家，古道西風瘦馬。夕陽西下，斷腸人在天涯。

關於這首小令的作者，王國維在《宋元戲曲史·元劇之文章》中歸於無名氏，並加了這樣的補語：「《堯山堂外紀》以爲馬致遠撰，朱竹垞《詞綜》仍之，不知何據。」態度是謹慎的。但人們仍習慣視之爲馬致遠之作。近讀《文學遺產》一九八三年第一期朱勤楚的文章《〈天淨沙·秋思〉作者新探》，推斷其作者爲金元間的馬寅，寅字致遠，名同而人異，致有此誤植，是有道理的。本文系對該篇的賞析文字，僅就其審美價値、藝術成就，試作探討，並不涉及作者的歸屬。提供如上情況，供讀者參考罷了。作品的客觀存在，常常是不因作者的歸屬未定而影響它的藝術價值，這是已爲歷代無名氏作品所證實了的。這首《天淨沙》小令亦復如此。王國維儘管把它歸於無名氏，却依舊給它以極高的評價：「純是天籟，彷彿唐人絕句。」也是明證。

這首著名的小令衹有短短五句，二十八個字。題名爲「秋思」，但全篇却無一語道及所「思」的內容，而衹是排列一些孤零零的景物，並點明這些景物正是小令的主人公所「思」的寄寓所在。它需要的是借助讀者的理解和想象把景物與主人公之間的內在聯繫一一挖掘出來，然後才能最終認識作者「秋思」的具體內容。

在作者鋪染的一系列景物中，首先出現的形象是枯萎的蔓藤、僵老的古樹，顯示出毫無生機的蕭瑟氣象。這時，一隻昏鴉——無精打彩的烏鴉飛入畫面，呀呀地叫噪着，撲打着翅膀，跌落在光秃的樹枝上。這就在已經十分敗落的背景上又塗抹了一筆凄厲的色調。

但是，隨着畫面的延伸，却又出現了「小橋流水人家」這樣極爲明淨的景色。潺潺的流水，纖巧的小橋，溫暖的茅屋，一切都是那樣的安謐，就連那戶人家的歡聲笑語也如聞似見。猶如「柳暗花明又一村」，於歷經昏敗之後，展示了一派勃勃生機。

按照我國傳統的藝術表現手法，「以樂景寫哀，以哀景寫樂，一倍增其哀樂」（《李笠翁曲話》）。現在，「枯藤老樹昏鴉」點染出來的「哀景」，正與「小橋流水人家」展示出來的「樂景」，形成極爲鮮明的對照。不過，因爲二者平列，僅此二句尚難以判斷作者這種對照的用心：究竟是欲一倍增其哀，抑或一倍增其樂？這衹有在下文推出聞見此景的主人公之後，才能得到正確的答案。

「古道西風瘦馬」，冒着凛冽的西風，一匹精疲力盡的瘦馬在荒郊古道上踟躕而行。雖然讀者尚不能正面認清主人公的面孔，但透過瘦馬的蹣跚形影，馬上遊子的凄苦之情却已畢現無遺。於是乎，以上所列的貌似對立的兩組景物，在這位異鄉羈旅的遊子的眼底，便全然重疊了起來。「枯藤老樹昏鴉」，豈不正是自身心境的寫照？昏鴉棲落於枯枝與自己的尋覓歸宿，處境何其相似！愈見其情緒之悲涼。而出現在另一角落的「小橋流水人家」，之所以給他以更有力的吸引，或許因爲他的家鄉就是這樣的溫暖、安適、生意盎然，或許因爲他正嚮往着這樣的歸宿，不過，不論是哪種情況，都是可望而不可卽。以這種悲涼的心情來體味這一「樂景」，勢必會更添一重悲傷。「古道西風瘦馬」，衹見他頂風策馬而行，一心要盡快離開這一「樂景」，以免沉浸於更深沉的痛苦之中。

值得注意的是，詩人特意點明了驛道年代之「古」，這不僅表明其今日之荒廢，更意味着此情此景爲古往今來的羈旅中人所共同體驗。一個「古」字，把遊子的個人淒苦推及古今，更足以引起讀者的豐富聯想與共鳴。而作者本人肯定是聯想得最深遠、共鳴得最強烈的一個。「夕陽西下」，處在日暮途窮、尚未覓得歸宿的時刻，作者不由發出悲哀的嘆喟：「斷腸人在天涯！」人生的旅途在於尋求理想的歸宿，可是對於這位遊子來說，海角天涯，一切竟是這樣的渺茫；當思及此，怎不令主人公愁腸寸斷呢？

最後一句，一反前文單純鋪敘景物的格局，變成了直抒胸臆。而讀者在洞悉其胸襟之後，再來回顧前面鋪陳的景物，才能豁然明了和深切感受每一景物都塗有這位天涯淪落人的濃重的感情色彩。

要在這短短的二十八個字裏凝聚如此豐富而跌宕的感情，並不是容易的事。爲此，作者在語言設計上進行了一番慘澹經營。他把精心選擇出來的景物衹用特定的名詞來標誌，而不用半字謂語作説明，正所謂點到而已。進而，他又把九個景物——也就是九個名詞平分成三組，每組景物裏都安插一個活生生的主角，並用它來決定一組景物的情調和氣氛。枯藤、老樹，衹有在昏鴉飛落下來的時候，才更顯出其敗落；小橋、流水，衹有與人家連在一起的時候，才更顯出其生氣；古道、西風，也衹有在出現了瘦馬之後，才更添其淒涼，這樣就構成了一幅幅特色獨具的畫面。這些畫面，表面看起來是孤立的、靜止的，彼此之間又似乎毫無聯繫。衹是通過篇末點題，「斷腸人在天涯」，才告訴讀者：如上畫面乃是遊子眼中捕捉到的，它們無一不牽動遊子的心絃。於是，孤立、靜止、互不聯繫的景物，一變而爲提供給讀者馳騁想象羈旅之情的典型環境和廣闊空間。對立的景色協調起來了，靜止的物體浮動起來了，簡單的名詞也顯示了極爲豐富的內涵。景景相連，物物含情，情景交融，達於化境，終而脫落出這樣一幅遊子「秋思」斷腸的完整畫卷。

縱觀這首小令，字字句句皆出自匠心設計、巧意安排，然而全篇却又自然有致、情趣天成，絲毫不落雕琢的痕跡。王國維説它「純是天籟」，元人周德清在《中原音韻》中稱之爲「秋思之祖」，得到這樣的評語，確實是當之無愧的。

（黃　克）

瀟湘夜雨第四折

楊顯之

（淨扮驛丞上，詩云）往來迎送不曾停，廩給行糧出驛丞。管待欽差猶自可，倒是親隨伴當沒人情。小可是臨江驛的驛丞，昨日打將前路關子來，道廉訪使大人在此經過，不免打掃館驛乾淨，大人敢待來也。（孛老上，云）老漢崔文遠的便是。自從着我女兒翠鸞尋我那姪兒崔甸士去了，音信皆無。我親到秦川縣，看我那女兒去。天色晚了也，又下着這般大雨，我且在這館驛裏寄宿一夜，明日早行。（驛丞見科，云）兀那老頭兒，你做甚麼？（孛老云）雨大的緊，前路又沒去處，這館驛中不問那裏，胡亂借我宿一夜，明日絕早便去。（驛丞云）老頭兒你不知道，如今接待廉訪大人，休要大驚小怪的！你去那廚房簷下歇宿去。（孛老云）多謝了。（下）（張天覺引興兒祗從上，云）老夫張天覺，來到這臨江驛也。興兒，你莫不身上着雨來麼？（興兒云）老爺，這般大雨，身上衣服都濕透了也。（張天覺云）既然是這等，我且在館驛裏避雨咱。（驛丞接科，云）小的是臨江驛驛丞，在此迎接。請大人公館中安歇。（張天覺云）興兒，我一路上鞍馬勞頓，我權且歇息，休要着人大驚小怪的。若驚覺老夫睡呵，我祗打你便與我分付去。（興兒云）理會的。兀那驛丞，我吩咐你，大人歇息，不許着人大驚小怪。若打醒了睡，要打我哩。吩咐你去。（驛丞云）這個我知道。（解子同正旦上）（正旦云）解子哥哥，這一天雨都下在俺兩個身上也。（解子云）這大雨若淋殺你呵，我也倒省些氣力。這沙門島好少路兒哩。（正旦云）

哥哥，這風雨越大了也。〔唱〕

【正宮・端正好】雨如傾，敢則是風如扇，半空裏風雨相纏。兩般兒不顧行人怨，偏打着我頭和面。

【滾繡球】當日個近水邊，到岸前，怎當那風高浪捲。則俺這兩般兒景物淒然。風刮的似箭穿，雨下的似甕瀽。看了這風雨呵委實的不善。也是我命兒裏惹罪招愆。我祇見雨淋淋寫出瀟湘景，更和這雲淡淡粧成水墨天，祇落的兩淚漣漣。

〔解子云〕你休煩惱，我和你到臨江驛寄宿去來。〔做叫門科，云〕館驛子開門來！〔驛丞云〕又是那一個？我開開這門。這弟子孩兒好大膽也！廉訪使大人在這裏歇息，你祇在門外。你若大驚小怪的，我就打折你那腿。我關上這門。〔解子云〕可不是悔氣，原來有廉訪使大人在這裏。俺休要大驚小怪的。我脫了這衣服，我自家扭扭乾。〔做脫衣科，云〕呀！袖兒裏還有個燒餅。待我吃了罷。〔正旦云〕哥哥，你吃什麼哩？〔解子云〕我吃燒餅哩。〔正旦云〕哥哥，你與我些兒吃波？〔解子云〕我但是吃東西，你便討吃。也罷，我與你些兒吃。〔正旦云〕哥哥，你多與我些兒吃波？〔解子云〕一箇燒餅，我與你些兒吃，你嫌少，沒的，我都與你吃了罷。〔正旦唱〕

【伴讀書】我這裏告解子且消遣，我肚裏饑難分辯。祇他這風風雨雨強將程途來踐，走的我筋舒力盡渾身戰，一身疼痛十分倦。我我我立睡行眠。

【笑和尚】我我我捱一夜似一年，我我我埋怨天。我我我敢前生罰盡了淒涼願，我我我哭乾了淚眼，我我我叫破了喉咽。來來來哥哥我怎把這燒餅來噉。

〔做哭科，云〕哎呀，天也！我便在這裏，不知我那爹爹在那裏也！〔張天覺云〕翠鸞孩兒，兀的不痛殺我也！我恰纔合眼，見我那孩兒在我面前一般。正說當年之事，不知是甚麼人驚覺着我這夢來。皆因我日暮年高，夢斷魂勞，精神慘慘，客館寥寥。又值深秋天道，景物蕭條，江城夜永，刁斗聲焦。感人淒切，數種煎熬。寒蛩唧唧，塞雁叨叨。金風淅淅，疎雨瀟瀟。多被那無情風雨，着老夫不能合眼。我正是悶似湘江水，涓涓不斷流；

又如秋夜雨，一點一聲愁。我恰纔吩咐興兒，休要大驚小怪的。這廝不小心，驚覺老夫睡，該打這廝也！（興兒云）我吩咐他那驛丞了，他不小心，我打這廝去。（做打驛丞科，云）兀那廝，我吩咐來，休要大驚小怪的，驚覺老爺睡，倒要打我。我衹打你。（驛丞云）大叔休打，你自睡去，都是這門外的解子來。我開開這門，我打這廝去。（做打解子科，云）兀那解子，我着你休大驚小怪的，你怎生啼啼哭哭，驚覺廉訪大人？恰纔那伴當，他便打我，我衹打你。（解子云）都是這死囚。（詞云）你大古裏是那孟姜女千里寒衣，是那趙貞女羅裙包土，便哭殺帝女娥皇也。誰許你灑淚去滴成斑竹？（正旦詞云）告哥哥且停嗔息怒，我冤枉事誰行訴與？從今後忍氣吞聲，再不敢嚎咷痛哭。爹爹也，兀的不想殺我也。（張天覺云）翠鸞孩兒，衹被你痛殺我也！恰纔與我那孩兒數說當年淮河渡相别之事，不知是甚麼人驚覺我這夢來？（詞云）一者是心中不足，二者是神思恍惚。恰合眼父子相逢，正數說當年間阻。忽然的好夢驚廻，是何處淒涼如許？響玎璫鐵馬鳴金，衹疑是冷颼颼寒砧搗杵。錯猜做空堦下蛩絮西窗，遙想道長天外雁歸南浦。我沉吟罷仔細聽來，原來是喚醒人狂風驟雨。我對此景無箇情親，怎不教痛心酸轉添淒楚。孩兒也，你如今在世為人，還是他身歸地府？也不知富貴榮華，也不知遭驅被擄。白頭爺孤館裏思量，天那！我那青春女在何方受苦？我吩咐興兒來，你休要大驚小怪的，可怎生又驚覺老夫！（做打興兒科）（興兒云）老爺休打我，都是那驛丞可惡。（出見驛丞科，云）兀那驛丞，我着你休大驚小怪的，你怎生又驚覺老爺的睡來？（詞云）我將你千叮萬囑，你偏放人長號短哭。如今老爺要打的我在這壁廂叫道阿呀，我也打的你在那壁廂叫道老叔！（驛丞云）都是這門外邊的解子，我開開這門打那廝。兀那解子，我再三的吩咐你休要大驚小怪的，你又驚覺廉訪大人的睡來，你這弟子孩兒！（詞云）雖然是被風雨淋淋淥淥，也不合故意的喃喃篤篤。他伴當若打了我一鞭，我也就拷斷你娘的脊骨！（解子詞云）衹聽的高聲大語，開門看如狼似虎，想必你不經出外，早難道慣曾為旅。你也去訪個因由，要打我好生冤屈。不爭那帶長枷橫鐵鎖愁心淚眼的臭婆娘，驚醒了他這馳驛馬掛金牌先斬後聞的老宰輔。比及俺忍着饑擔着冷，討憎嫌受打拷，衹管裏棍棒臨身，倒不如湯着風，冒着雨，離門樓，趕店道，別尋個人家宵宿。（正旦詞云）隔門兒苦告哥哥，聽妾身獨言肺腑：但肯發慈悲肚腸，就是我生身父母。且休提一路上萬苦千辛，衹脚底水泡兒不知其數。懸麻般驟雨淋漓，急箭似狂風亂鼓。定道是館驛裏好借安存，誰想你惡哏哏將咱趕出；便要去另覓個野店村莊，黑洞洞知他何方甚所？若不是逢豺虎送我殘生，必然的埋葬在江魚之腹。頃刻間便撞起響璫璫山寺曉鐘，且容咱權避這淅零零瀟湘夜雨。（張天覺云）天色明了也。興兒，你去門首看是甚麼人，鬧這一夜，與我拏將過來。（做拏解子正旦見旦認科，云）兀的不是我爹爹！（張天覺云）兀的不是翠鸞孩兒！這三年你在那裏來？你為什麼披枷帶鎖的？（正旦做哭科，云）爹爹不知，自從孩兒離了爹爹，有個崔老的救了我。他認我做義女，他有個姪兒是崔通，就着他與你孩兒做了女婿。他進取功名去，做了秦川縣令，因他不來取我，有崔老的言語，着我尋他去。不想他別娶了妻房，說我是逃奴，將我迭配沙門島去。一路上祇要死的，不要活的，幸得今日遇着爹爹！爹爹也，怎生與你孩兒做主咱！（張天覺云）快開了枷鎖者。那廝這等無禮！左右那裏，速去秦川縣與我拿將崔通來！（正旦云）爹爹，他在秦川為理，若差人拿他，也出不的孩兒這口氣。須是我領着祗從人，親自拿他走一遭去！正是常將冷眼看螃蟹，看你橫行得幾時！（同祗從下）（崔甸士上，云）小官崔通是也。前日那一個女人，本等是我伯父與我配下的妻子，被我生各支拷做逃奴，解他沙門島去。已曾吩咐解子，着他一路上祗要死的，不要活的。怎麼去了好幾日，也還不見來回話？我那夫人祗管將這樁事和我炒鬧不了。（做驚科，云）怎麼我這眼連跳又跳的，想是夫人又來合氣了？（正旦領祗從上，云）可早來到秦川縣也，左右，打開門進去！（做見科，云）兀的不是崔通！左右，與我拏住者！（崔甸士云）奇怪，你每是那裏來的？（祗從云）廉訪使大人勾你哩。（正旦云）崔通，今日我也有見你的時節麼！左右，與我剝去了冠帶，好生鎖着！（崔甸士云）小娘子，可憐見，可不道夫乃婦之天也。（正旦唱）

【快活三】我揪將來似死狗牽，兀的不夫乃婦之天。任憑你心能機變口能言，（帶云）去來！（唱）到俺老相公行同分辨。

（崔甸士云）我早知道是廉訪使大人的小姐，認他做夫人可不好也？（正旦云）左右，還有一個潑婦，也與我去拿出來！（祗從拿搽旦上科）（搽旦云）我也是官宦人家小姐，怎把我做燒火的一般這等扯扯拽拽？你豈不曉得婦人有事，罪坐夫男，這都是崔通做出來的，干我甚事！（正旦怒云）左右，與我一併鎖了！（搽旦云）且不要囉唣，俺父親做官，專好唱醉太平的小曲兒，我也學的會唱。小姐，待我唱與你聽。（唱）

【醉太平】我道你是聰明的卓氏，我道你是俊俏西施。怎肯便手零脚碎竊金貲，這都是崔通來妄指。〔正旦云〕左右，與我快鎖了者。〔搽旦云〕阿喲！我戴鳳冠霞帔的夫人，是好鎖的？待我來。〔除鳳冠科，唱〕解下了這金花八寶鳳冠兒，〔脱霞帔科，唱〕解下這雲霞五彩帔肩兒，都迭與張家小姐粧臺次，我甘心倒做了梅香聽使。

〔正旦云〕左右，都鎖押了，帶他見俺爹爹去來。〔下〕〔張天覺上云〕自從孩兒親拏崔通去了，怎生許久還不見到？〔正旦押崔甸士、搽旦上科，云〕爹爹，我拏將那兩個賊醜生來了也！〔張天覺云〕那廝敢這等無禮，待老夫寫表申朝，問他一個交結貢宮，停妻再娶，縱容潑婦，枉法成招，大大的罪名。一面竟將他兩個押赴通衢，殺壞了者！〔孛老慌上，云〕不知什麼人大驚小怪的，我試看咱。〔做認科，云〕兀的不是翠鸞孩兒，你在那裏來？〔正旦云〕呀！父親，我認崔通去，他别娶了一個，倒説我是逃奴，將我迭配沙門島去。肯分的遇着我爹爹，如今要將他殺壞了也。〔孛老勸科，云〕小姐，怎生看老漢的面上，饒了他這性命，小姐意下如何？〔正旦唱〕

【鮑老兒】他是我今世讐家宿世裏寃，恨不的生把頭來獻。〔崔甸士云〕伯父，你與我勸一勸波，我如今情願休了那媳婦，和小姐重做夫妻也。〔孛老云〕小姐，你衹饒了他者。〔正旦唱〕我和他有甚恩情相顧戀，待不沙又怕背了這恩人面。衹落的嗔嗔忿忿，傷心切齒，怒氣衝天！

〔正旦引孛老見張科，云〕爹爹，這個便是救我的崔文遠。看恩人面上，連崔通也饒了他罷？〔張天覺云〕那崔通怎好饒的！〔孛老云〕老相公，你小姐原是我崔文遠明婚正配，許與姪兒崔通的。如今情願休了那媳婦，與小姐重做夫妻，可不好也？〔張天覺云〕孩兒，你意下如何？〔正旦云〕這是孩兒終身之事，也曾想來。若殺了崔通，難道好教孩兒又招一個？衹是把他那婦人臉上，也刺「潑婦」兩字，打做梅香，伏侍我便了。〔張天覺云〕這也説的有理。左右，將那廝拏過來！看崔文遠面上，饒免死罪。將恩人請至老夫家中，養贍到老。小姐還與崔通為妻。那婦人也看他父親趙禮部面上，饒了刺字，衹打做梅香，伏侍小姐。〔搽旦哭云〕一般的父親，一般的做官，偏他這等威勢，俺父親一些兒救我不得？我老實説，梅香便做梅香，也須是個通房。要獨佔老公，這個不許你的！〔張天覺云〕左右，將冠帶來還了崔通。待他與小姐成親之後，仍到秦川做官去者。〔正旦、崔甸士俱冠帶，搽旦扮梅香伏侍拜見科〕〔張天覺云〕我兒，昔日在淮河渡分散之時，誰想有今日也！〔正旦唱〕

【貨郎兒】想着淮河渡翻船的這災變，也是俺那時乖運蹇。定道是一家大小喪黄泉。排岸司救了咱性命，崔老的與我配了姻緣，今日呵誰承望父子和夫妻兩事兒全。

〔崔甸士云〕天下喜事，無過父子完聚，夫婦團圓。容小官殺羊造酒，做個慶賀的筵席，與岳父大人把一杯者。〔做奉酒科〕〔正旦唱〕

【醉太平】不爭你虧心的解元，又打着我薄命的嬋娟；險些兒做樂昌鏡破不重圓，乾受了這場罪譴。爹爹呵，另巍巍穩掌着森羅殿，崔通呵，喜孜孜還歸去秦川縣，我翠鸞呵，生刺刺硬踹入武陵源，也都是蒼天可憐。

【尾煞】從今後鳴琴鼓瑟開歡宴，再休題冒雨湯風苦萬千。抵多少待得鸞膠續斷絃，把背飛鳥紐回成交頸鴛，隔牆花攀將做並蒂蓮。你若肯不負文君頭白篇，我情願舉案齊眉共百年。也非俺祇記歡娱不記冤，到底是女孩兒的心腸十分様軟。

〔張天覺云〕當初失却渡淮船，父子飄流限各天。消息經年終杳杳，肝腸無日不懸懸。已知衰老應難會，猶喜神明暗自憐。漁父偶收為義女，崔生乍見結良緣。從來好事多磨折，偏遇姦謀惹罪愆。苦誓一心同蜀郡，遠尋千里到秦川。劍沉龍浦遠重合，鏡剖鸞臺復再圓。秉燭今宵更相照，相逢或恐夢魂前。

題目　淮河渡波浪石尤風

正名　臨江驛瀟湘秋夜雨

元雜劇的體制多是每本四折。而第四折結局的處理，往往落入公式，問題很多。所以臧晉叔說：「至第四折往往強弩之末矣」（《元曲選序》）。當然也有第四折寫得極精彩者，如關漢卿的《單刀會》、白仁甫的《梧桐雨》、馬致遠的《漢宮秋》等。還有一類作品的第四折，雖不似《單刀會》第四折「如強弩發機者」，也不如《梧桐雨》和《漢宮秋》兩本戲收場的「神韻縹緲」，但也不能簡單地說它是一個藝術上的瑕疵。它有很多成功之處值得後人學習，又留下一些問題值得進行理論研究。楊顯之《瀟湘夜雨》的第四折便是這樣一個例子。

《瀟湘夜雨》是寫男子科舉成名後，負心不認髮妻的故事。這是宋元戲曲中常見的題材，藝術家們也已經創造了多種不同藝術處理的劇本。然而傑出的雜劇作家楊顯之却又獨闢蹊徑，使《瀟湘夜雨》成爲一個獨具特色的劇目。

作品的楔子寫女主人公張翠鸞隨父親張商英上任，經淮河遇風翻船，被漁父崔文遠救起，認爲義女。這是一個簡短的序幕，衹是對戲劇衝突展開前的情境所做的簡單而必要的交代。第一折寫翠鸞與崔文遠的侄子崔甸士結婚。崔甸士成婚後，便上朝求官應舉了。翠鸞怕他負心，崔甸士對天盟誓。這是戲劇的開端。第二折寫崔甸士考中後，娶試官的女兒爲妻，至秦川縣爲令。翠鸞尋夫至任所，崔甸士不肯相認，反誣作逃奴，把她發配沙門島。矛盾迅速激化。接着作者用整整一折的篇幅抒寫翠鸞被押解途中帶枷走雨的悲苦情境，使觀衆與女主人公共同流淌着淚水。翠鸞的悲劇命運，在第三折之後也更成爲觀衆關注的中心。然而此時觀衆仍猜不到事情將如何發展，他們熱切地期望着故事的結局。這個劇目，無論從戲劇衝突的集中、動作的統一性，還是從人物心理的展現方面看，都是很成功的。

在這種情況下，第四折絕不是簡單的筆墨所能收煞住的。作者選擇了一條艱難的藝術創作道路，精心地安排戲劇結構。在第四折中，把衝突推向高潮並完成結局。第四折本身又有兩個場次：首先是張商英、張翠鸞父女臨江驛相會，這是全劇的高潮；接着是翠鸞親拏崔甸士，最後由於義父崔文遠出面講情，翠鸞與崔甸士團圓，背飛鳥紐回成交頸鴛，全劇收場。

在「父女相會」一場戲中，翠鸞的命運有了轉機。和《竇娥冤》相仿，翠鸞失散的父親做了天下肅政廉訪使，使她的冤仇有了伸張的可能性。但是這兩個劇本都沒有簡單地利用敕賜勢劍金牌處理問題：《竇娥冤》突出刻畫了竇娥的復仇性格；《瀟湘夜雨》則着力摹寫了翠鸞與父親的思念之情，同時也表現出作者在關目處理上的才能，構成了全劇的高潮。第四折張翠鸞上場時，接續上一折戲，仍寫她在秋夜的密雨中趕路。開始的兩支曲子，既描繪出風雨相摧的秋景，又概括了她悲苦的命運：

〔正宮·端正好〕雨如傾，敢則是風如扇，半空裏風雨相纏。兩般兒不顧行人怨，偏打着我頭和面。

〔滾繡球〕當日個近水邊，到岸前，怎當那風高浪捲。則俺這兩般兒景物淒然。風刮的似箭穿，雨下的似甕瀽。看了這風雨呵委實的不善。也是我命兒裏惹罪招愆。我祇見雨淋淋寫出瀟湘景，更和這雲淡淡粧成水墨天，祇落的兩淚漣漣。

前面的第三折，整折戲都寫的是風雨。這折戲的頭兩支曲子又再寫風雨，它是第三折的延續，而不是簡單的復述。〔端正好〕曲是前一折曲詞的總括，又是這折戲的開端。一方面是用本色的語言寫實景，另一方面又形象地概括出了她的不幸遭遇；是寫景也是抒情，是寫自然的風雨，也是寫人生的風雨。〔滾繡球〕曲點明她走到江邊，說明場景的轉換，又由「近水邊」、「到岸前」，聯想到三年前父女失散的災難。通過兩次不幸的遭遇，寫出了她的怨憤，深刻地揭示了她的悲劇命運。「雨淋淋寫出瀟湘景」，「雲淡淡粧成水墨天」，這一對句更增強了曲詞的意境，體現出我國古典戲曲作爲詩劇的語言特色。

這場戲在時空的處理上也十分巧妙。崔文遠因爲翠鸞去尋找崔甸士音信全無，於是親往秦川縣，途中遇雨，到臨江驛借宿，在廚房簷下歇息。張商英被任命爲天下提刑廉訪使，在臨江驛公館中安歇。解子押解張翠鸞去沙門島，路過臨江驛，也想在館驛中寄宿，被驛丞安置在門外。崔文遠暫時下場。館驛內外，舞臺的前後場區分爲兩個表演區，分別以張商英和張翠鸞爲中心進行活動。張翠鸞經受了押解途中的種種折磨，「哭乾了眼淚」，「叫破了喉咽」，在極度痛苦的深淵中，必然思念離散的爹爹。這時日暮年高的張商英，精神慘慘，也是恰纔合眼，就見翠鸞如在面前一般。又好像聽到翠鸞在數說當年的遭遇。兩個表演區互相呼應，似眞非眞，似幻非幻。父女間的相互思念之情把內場和外場聯繫在一起，使整個表演成爲一個整體。正如普希金所說：「在假定情境中的熱情的眞實和情感的逼眞——這便是我們的智慧所要求於戲劇家的東西」。從時間上說，一夜的時間，在舞臺上祇通過三次哭叫便渡過了。而在這中間又穿插了張商英責怪侍者興兒、興兒打驛丞、驛丞打解子、解子打翠鸞等一系列喜劇表演片斷，既繼承了雜劇的滑稽傳統，活躍了劇場氣氛，又絲毫不影響悲劇的抒情性，且將兩個表演區密切結合在一起，從而更增強了動作的統一性。

張翠鸞遇到做了高官的父親，由於社會地位的變化，她自然地擺脫了屈辱的地位。但是，如何處置負心郎崔甸士，全劇如何收場？還存在着多種可能性。楊顯之在戲劇快結束時又使它多了一層波瀾。作者先讓翠鸞領着祇從人親自去捉拿崔甸士。崔甸士被剝去冠帶，試官女除去鳳冠霞帔，二人都被鎖押了去見天下提刑廉訪使張商英，並立即被判斬殺。事情進展迅速，張翠鸞詞語堅決：「他是我今世讐家宿世裏寃，恨不的生把頭來獻。」儘管崔甸士搬出「夫乃婦之天」的理論，張翠鸞的回答却是，「我揪將來似死狗牽，兀的不夫乃婦之天」。眞是風雲一變，使人長出一口惡氣，滿足了觀衆的期望。戲演到這裏好像是就要收場了，崔文遠却聞聲而出，經過他的勸說，劇情再度來了一個大的轉折——翠鸞饒恕了崔甸士，重新團圓。這樣一個結局的出現，一方面是由於對義父恩德的報答，正如張翠鸞所說，「我和他有甚恩情相顧戀，待不沙又怕背了這恩人面。祇落的嗔嗔忿忿，傷心切齒，怒氣沖天！」另一方面，也考慮到殺了崔甸士，自己也不好再招一個。結果是：「我翠鸞呵生剌剌硬踹入武陵源」，「背飛鳥紐回成交頸鴛，隔牆花攀將做並蒂蓮」，從而使這類悲劇又多了一種結尾形式。在它以後的戲曲創作中，也有不少作品採取了這樣一種模式。

這樣的結尾自然不屬於浪漫主義，而是以當時社會的實際可能性爲出發點來解決問題，在劇終聯綴上一個歡樂的尾巴。但由於作者注意描寫造成這一轉變的條件，所以我們還不能簡單地否定這一收場形式。作品充分展示了女主人公悲忿、矛盾的心理，喜慶的歡宴不能掩蓋崔甸士的罪過，「再休題冒雨湯風苦萬千」，「也非俺衹記歡娛不記冤」。從整個劇本來說，它仍然是一個悲劇。當然，這種模式的本質和影響，都是不應該稱讚的。事實上它是一種掩蓋矛盾的解決方法，正如魯迅所說，「從他們的作品上看來，有些人確也早已感到不滿，可是一到快要顯露缺陷的危機的一髮之際，他們總要即刻連說『並無其事』，同時便閉上了眼睛。」「因爲凡事總要『團圓』，正無需我們焦躁。」（《論睜了眼睛》）但是作家都是屬於一定時代的，有些社會矛盾是他們無力解決的。楊顯之能够在困難的條件下，變化出這樣的藝術手法，仍是值得注意的。

（李修生）

李逵負荊第一折

康進之

（沖末扮宋江，同外扮吴學究，淨扮魯智深，領卒子上。宋江詩云）澗水潺潺繞寨門，野花斜插滲青巾。杏黄旗上七個字，替天行道救生民。某，姓宋名江，字公明，綽號順天呼保義者是也。曾為鄆州鄆城縣把筆司吏，因帶酒殺了閻婆惜，迭配江州牢城。路經這梁山過，遇見晁蓋哥哥，救某上山。後來哥哥三打祝家莊身亡，衆兄弟推某為頭領。某聚三十六大伙，七十二小伙，半垓來的小僂儸，威鎮山東，令行河北。某喜的是兩個節令：清明三月三，重陽九月九。如今遇這清明三月三，放衆弟兄下山，上墳祭掃。三日已了，都要上山，若違令者，必當斬首。（詩云）俺威令誰人不怕，衹放你三日嚴假；若違了半個時辰，上山來決無干罷。（下）（老王林上云）曲律竿頭懸草稕，綠楊影裏撥琵琶。高陽公子休空過，不比尋常賣酒家。老漢姓王名林，在這杏花莊居住，開着一個小酒務兒，做些生意。嫡親的三口兒家屬，婆婆早年亡化過了，止有一個女孩兒，年長十八歲，喚做滿堂嬌，未曾許聘他人。俺這裏靠着這梁山較近，但是山上頭領，都在俺家買酒吃。今日燒的旋鍋兒熱着，看有甚麼人來。（淨扮宋剛，丑扮魯智恩上）（宋剛云）柴又不貴，米又不貴。兩個油嘴，正是一對。某乃宋剛，這個兄弟叫做魯智恩。俺與這梁山泊較近，俺兩個則是假名托姓，我便認做宋江，兄弟便認做魯智深。來到這杏花莊老王林家，買一鍾酒吃。（見王林科，云）老王林，有酒麼？（王林云）哥哥，有酒有酒，家裏請坐。（宋剛云）打五百長錢酒來。老王林，你認得我兩人麼？（王林云）我老漢眼花，不認的哥哥們。（宋剛云）俺便是宋江，這個兄弟便是魯智深。俺那山上頭領，多有來你這裏打攪，若有欺負你的，你上梁山來告我，我與你做主。（王林云）你山上頭領，都是替天行道的好漢，並沒有這事。祇是老漢不認的太僕，休怪休怪。早知太僕來到，祇合遠接，接待不及，勿令見罪。老漢在這裏，多虧了頭領哥哥照顧老漢。（做遞酒科，云）太僕，請滿飲此杯。（宋剛飲科）（王林云）再將酒來。（魯智恩飲酒科，云）哥哥，好酒。（宋剛云）老王，你家裏還有甚麼人？（王林云）老漢家中並無甚麼人，有個女孩兒，喚做滿堂嬌，年長一十八歲，未曾許聘他人。老漢別無甚麼孝順，着孩兒出來，與太僕遞鍾酒兒，也表老漢一點心。（宋剛云）既是閨女，不要他出來罷。（魯智恩云）哥哥怕甚麼？着他出來。（王林云）滿堂嬌孩兒，你出來。（旦兒扮滿堂嬌云）父親，喚我做甚麼？（王林云）孩兒，你不知道，如今有梁山上宋公明，親身在此，你出來遞他一鍾兒酒。（旦兒云）父親，則怕不中麼？（王林云）不妨事。（旦兒做見科）（宋剛云）我一生怕聞脂粉氣，靠後些。（王林云）孩兒，與二位太僕遞一鍾兒酒。（旦做遞酒科）（宋剛云）我也遞老王一鍾酒。（做與王林酒科）（宋剛云）你這老人家，這衣服怎麼破了？把我這紅絹褡膊與你，補這破處。（老王林接衣科）（魯智恩云）你還不知道，才此這杯酒是肯酒，這褡膊是紅定，把你這女孩兒與俺宋公明哥哥做壓寨夫人。祇借你女孩兒去三日，第四日便送來還你。俺回山去也。（領旦下）（王林云）老漢眼睛一對，臂膊一雙，祇看着這個女孩兒，似這般可怎麼了也？（做哭科）（正末扮李逵帶醉上，云）吃酒不醉，不如醒也。俺，梁山泊上山兒李逵的便是。人見我生得黑，起個綽號，叫俺做黑旋風。奉宋公明哥哥將令，放俺三日假限，踏青賞玩。不免下山，去老王林家，再買幾壺酒，吃個爛醉也呵。（唱）

【仙呂・點絳唇】飲興難酬，醉魂依舊。尋村酒，恰問罷王留。（云）俺問王留道：「那裏有酒？」那廝不說便走。俺喝道：「走那裏去？」被俺趕上，一把揪住張口毛，恰待要打，那王留道：「休打休打，爹爹，有。」（唱）王留道兀那裏人家有。

【混江龍】可正是清明時候，却言「風雨替花愁」。和風漸起，暮雨初收。俺則見楊柳半藏沽酒市，桃花深映釣魚舟，更和這碧粼粼春水波紋縐。有往來社燕，遠近沙鷗。

（云）人道我梁山泊無有景致，俺打那廝的嘴！（唱）

【醉中天】俺這裏霧鎖着青山秀，煙罩定綠楊洲。（云）那桃樹上一個黃鶯兒，將那桃花瓣兒啗阿啗阿，啗的下來，落在水中，是好看也。我曾聽的誰說來，我試想咱：哦！想起來了也，俺學究哥哥道來。（唱）他道是「輕薄桃花逐水流。」（云）俺綽起這桃花瓣兒來，我試看咱，好紅紅的桃花瓣兒。（做笑科，云）你看我好黑指頭也！（唱）恰便是粉襯的這胭脂透。（云）可惜了你這瓣兒，俺放你趁那一般的瓣兒去。我與你趕，與你趕，貪趕桃花瓣兒，（唱）早來到這草橋店垂楊的渡口。（云）不中，則怕誤了俺哥哥的將令，我索回去也。（唱）待不吃呵，又被這酒旗兒將我來相迤逗。他、他、他舞東風在曲律桿頭。

（云）兀那王林，有酒麼？不則這般白吃你的，與你一抄碎金子，與你做酒錢。（王林做揣科，云）要他那碎金子做甚麼？（正末笑科，云）他口裏說不要，可揣在懷裏。老王，將酒來。（王林云）有酒，有酒。（做篩酒科）

（正末云）我吃這酒在肚裏，則是翻也翻的；不吃，更待乾罷。（唱）

【油葫蘆】往常時「酒債尋常行處有」，十欠着九。（帶云）老王也，（唱）則你這杏花莊壓盡他謝家樓。你與我便熟油般造下春醅酒，你與我花羔般煮下肥羊肉。一壁廂肉又熟，一壁廂酒正篘，抵多少錦封未拆香先透，我則待乘興飲兩三甌。

【天下樂】可正是一盞能消萬種愁。（云）老王也，咱吃了這酒呵，（唱）把煩惱都也波丟，都丟在腦背後。這些時吃一個沒了休。（帶云）我醉了呵，（唱）遮莫我倒在路邊，遮莫我臥在瓮頭。（做吐科，云）老王唻，（唱）直醉的來在這搭里嘔。

（云）老王，這酒寒，快旋熱酒來。（王林云）老漢知道。（做換酒科，哭云）我那滿堂嬌兒也！（正末云）快篩熱酒來。

（王林又哭云）我那滿堂嬌兒也！（正末云）老王，我不曾與你酒錢來？你怎麼這般煩惱？（王林云）哥哥，不干你事，我自有撇不下的煩惱哩，你則吃酒。（正末唱）

【賞花時】咱兩個每日尊前語話投，今日呵為甚將咱佯不瞅？（王林云）你不知道，我自嫁我的女孩兒，為此着惱。（正末唱）哎，你個呆老子，暢好是忒搊搜。（云）比似你這般煩惱，休嫁他不的？（王林哭科，云）哎喲，我那滿堂嬌兒也！（正末唱）你何不養着他到蒼顏皓首？（云）你曉的世上有三不留麼？（王林云）哥，是那三不留？（正末云）蠶老不中留，人老不中留，（唱）呆老子，常言道：女大不中留。

（云）我問你，那女孩兒嫁了個甚麼人？（王林云）哥，我那女孩兒嫁人，我怎麼煩惱？則是晦氣，被一個賊漢奪將去了。（正末做打科，云）你道是賊漢，是我奪了你女孩兒來？（唱）

【金盞兒】我這裏猛睜眸，他那裏巧舌頭，是非只為多開口。但半星兒虛謬，惱翻我，怎干休！一把火將你那草團瓢燒成為腐炭，盛酒瓮摔做碎瓷甌。（帶云）綽起俺兩把板斧來，（唱）砍折你那蟠根桑棗樹，活殺你那闊角水黃牛。

（云）兀那老王，你說的是，萬事皆休；說的不是，我不道的饒你哩。（王林云）太僕停嗔息怒，聽老漢慢慢的說與你聽。有兩個人來吃酒，他說我一個是宋江，一個是魯智深。老漢便道：正是梁山泊上太僕，我無甚孝順，我祇一個十八歲女孩兒，叫做滿堂嬌，着他出來拜見，與太僕遞一杯兒酒，也表老漢的一點心。我叫出我那女孩兒來，與那宋江、魯智深遞了三杯酒，那宋江也回遞了我三鍾酒，他又把紅褡膊揣在我懷裏。那魯智深說：這三鍾酒是肯酒、這紅褡膊是紅定，俺宋江哥哥有一百八個頭領，單祇少一個人哩。你將這十八歲的滿堂嬌，與俺哥哥做個壓寨夫人，則今日好日辰，俺兩個便上梁山泊去也。許我三日之後，便送女孩兒來家。他兩個說罷，就將女孩兒領去了。老漢偌大年紀，眼睛一對，臂膊一雙，則覷着我那女孩兒。他平白地把我女孩兒強搶將去，哥，教我怎麼不煩惱？（正末云）有甚麼見證？（王林云）有紅絹褡膊，便是見證。（正末云）我待不信來，那個士大夫有這東西？老王，你做下一瓮好酒，宰下一個好牛犢兒，祇等三日之後，我輕輕的把着手兒，送將你那滿堂嬌孩兒來家，你意下如何？（王林云）哥，你若送將我那女孩兒來家，老漢莫要說一瓮酒，一個牛犢兒，便殺身也報答大恩不盡。（正末唱）

【賺煞】管着你目下見仇人，則不要口似無梁斗，一句句言如劈竹。（帶云）宋江唻，（唱）不爭你這一度風流，倒出了一度醜，誓今番潑水難收。到那裏問緣由，怎敢便信口胡謅？則要你肚囊裏揣着狀本熟，不要你將無來作有，則要你依前來依後。（云）我如今回去，見俺宋公明，數說他這罪過，就着他辭了三十六大伙，七十二小伙，半垓來小僂儸，同着魯智深，一徑離了山寨，到你莊上。那時節，我若叫你出來，你可休似烏龜一般，縮了頭再也不肯出來。（王林云）老漢若不見他，萬事休論；我若見了他，我認的他兩個，恨不的咬掉他一塊肉來，我怎麼肯不出見他？（正末云）老王，兀的不是俺宋江哥哥？（王林慌顧科）（正末云）沒也。老兒，俺逗你耍哩。（唱）你可也休翻做了鑞槍頭。（下）

（王林云）李逵哥哥去了，我也收拾過鋪面，專等三日之後，送滿堂嬌孩兒來家。滿堂嬌孩兒，則被你痛殺我也。（下）

在元雜劇中，水滸故事劇雖以梁山好漢的羣體作爲歌頌對象而自成審美系列，梁山赤子黑旋風却以他特殊的個性化形象獨佔高枝。《李逵負荊》這齣文情並茂、神彩飛揚的喜劇，就是雜劇作家康進之傾注了滿腔熱情爲他譜下的一曲喜氣洋洋的贊歌。

清明時節，在梁山泊附近的杏花莊一家小酒店裏，兩個名叫宋剛和魯智恩的歹徒冒充宋江和魯智深，搶走了店主王林的獨生女滿堂嬌。隨後興致勃勃踏青賞玩的李逵來到酒店喝酒。他從王林口中得知宋江和魯智深幹了壞事，暴怒如雷，當卽返回梁山，大鬧聚義堂，怒斥宋公明，還掄着板斧要砍倒「替天行道救生民」的杏黃旗。宋江和魯智深說絕無此事，李逵祇是不信。於是，雙方以頭相許，當衆立下軍令狀，一同下山到王林酒店對質。結果，李逵輸了。他又氣又惱，羞愧難當，祇好效倣古人「負荊請罪」。宋江說，我們是賭頭而不是賭打。無論李逵如何敍舊賠情，宋江祇是不睬。正當李逵無計可施、窘迫不堪之際，王林上山來報，說那兩個歹徒來到酒店，已被灌醉。李逵帶罪領命，同魯智深一起下山捉拿了兩個強徒。一場軒然大波，在賞功宴席的熱烈氣氛中得到平息。

梁山好漢以替天行道、拯救生民爲聚義宗旨，贏得了良好的社會聲譽，伴隨而來的是，聞風喪膽的統治者肆意誹謗，市井惡徒也往往利用百姓對梁山好漢的信賴伺機幹壞事。因此，在捍衛梁山事業、維護梁山聲譽的鬥爭中，英雄們都會以自己的方式作出反應。事情正巧落到魯莽、急躁的黑旋風李逵身上，饒有風趣的故事便在似眞似假、寓莊於諧的誤會中發生、發展。這部劇作，在眞眞假假的誤會型外層結構中，包容着一個深刻的主題，卽梁山義軍的宗旨和純潔性不容任何人損害和玷污！全劇正是圍繞這一崇高目的，以沽酒、鬧山、對質、負荊等一系列戲劇行動，展開了李逵與宋江之間生動有致、諧趣盎然的喜劇性衝突，把梁山好漢拯救生民的社會意志、鮮明的善惡觀念、浩蕩的英雄情懷熔鑄成一個高度個性化的「旋風」式藝術典型。

作爲戲劇的開端，第一折黑旋風李逵下山沽酒的情節，既是形成誤會、展開衝突的初階，也是其性格借以發展的基石——儘管是初階和基石，劇作家却以他的生輝妙筆，先聲奪人地爲我們展示了三種境界的藝術美。

一、水甜人義氣象美

這種境界美隨主人公上場卽現。

康進之

李逵負荊第一折

梁山泊旣是英雄聚義的根據地，這裏的一草一木無疑同英雄們具有天然的聯繫。當醉意朦朧、興致勃勃踏青賞玩的李逵一登場，一幅美妙的畫卷隨卽展開：清明時節，春風拂煦，楊柳裊娜，桃花掩映；酒市送香，魚舟蕩漾，往來穿梭的社燕、遠近展翅的沙鷗，戲掠着碧粼粼的春水；雀躍啗花的黃鶯，逐水飄流的落花，點綴着暮雨初收的梁山泊。這霧鎖的青山，煙罩的綠州，春的色澤，春的旋律，那樣自然、和諧，那麼明淨、清新而又富於生機。這是多麼旖旎秀麗的一派風光，多麼令人心馳神往的繁盛之地！山兒李逵怎能不爲此引以自豪！「人道我梁山泊無有景致，俺打那廝的嘴！」梁山赤子之心，祇此一語已坦露無餘。

李逵在自然美的欣賞中爲之陶醉，也在自我美的沉思中爲之癡迷。他看着黃鶯兒啗落的桃花，想起學究哥哥曾講過的詩句，情不自禁地拾起地上落花。忽而他發現花紅手黑，甚爲殊異，不覺又惜花自嘲。他生怕烏黑的指頭玷汚了粉紅的桃花，也不忍心花瓣被冷落、踐踏。於是，小心翼翼地把花放入流水，讓它和別的花一塊作伴流去，自己則痛痛快快地沿岸追趕着，喃喃自語，讚美不迭。這是妙絕古今的一幅賞春圖！在這裏，人入畫，畫生情。明麗幽雅、豐豔清秀、春意盎然的自然美，同李逵善良天眞、粗豪憨厚、爽朗詼諧的心靈美交融如水乳，使梁山泊拯救生民的理義之美化作了錦繡般的風景之美，而且最終都溶解在一個有血有肉的個性中，化作了李逵晶瑩般的性格之美。

作品所呈現的是如此景秀、水甜、人義的氣象美，其深厚豐盈之處，正在於它宣示出這樣的意蘊：梁山泊是「水甜人義」的勝地，它的神聖不容褻瀆，它的聲譽不容玷汚。這不僅擒控了全劇戲旨，也充分奠定了作爲梁山衛士的李逵的性格發展的基礎。

二、內柔外剛性格美

這折戲在鮮明的個性和多層次的豐富性、外在形式與內在精神辯證統一的立體美中，展露了李逵內柔外剛的性格美。

魯莽，是李逵性格的主導。他帶醉問酒店，王留來不及回答，就「一把揪住張口毛，恰便要打」；他一再追問，王林一氣之下說出女兒「被一個賊漢奪將去」。他感到「賊漢」二字十分刺耳，頓時火冒三丈，不問青紅皀白，揪住王林就打，還揚言要摔酒瓮、燒草房、砍折桑棗樹、活殺水黃牛；當王林道出名姓、拿出物證之後，他不加思索，要立即趕回梁山，拿宋江和魯智深是問。李逵就是這樣的主觀冒失、魯莽急躁。他急匆匆地包攬案件，冒冒失失地返回梁山，沒頭沒腦地大罵「梁山泊有天無日」，又毫無顧忌地以頭打賭當衆立下軍令狀。這一次又一次的魯莽行動，既使他與宋江的誤會步步加深，又把他自己推上了極爲難堪的矛盾尖端；同時，也把整個劇情推向了高潮。可以說，不魯莽就不是李逵，沒有李逵接二連三的魯莽之舉，就沒有《李逵負荊》這出戲。

但是，對於這位面黑心善的草莽英雄來說，魯莽衹是李逵性格的表面形式，而並非他的內在本質。本於此，劇作家不但沒有單一地寫李逵性格魯莽的一面，而且用了更多的筆墨，多側面、多層次地刻畫了他性格整體中的其它方面。劇作以「賞景」的場面，既寫出了李逵觀賞梁山水泊優美景致的天眞與自豪；又刻畫了他思索回味古人詩句的嫵媚與憨態，自嘲黑手指的粗獷與諧趣；既寫了他憐花惜景而把落花放入流水的純樸善良，還表現了他貪戀桃花、追逐流水的閒情逸致。李逵對梁山愛得這麼深，以致把個人的命運同這裏一草一木的枯榮聯繫在一起，既不允許別人有非議，也不忍心落花被踐踏，這就預示着一旦有人敗壞梁山泊的名譽，他定然與他勢不兩立。這樣，「替天行道救生民」的社會意志，被溶解到這個性格化、個性化的雄魄中，使「善」的義理躍升爲崇高的「美」，從而一開頭就揭示了李逵性格的本質方面，既奠定了他性格發展的基調，也規定了劇情發展的方向。

李逵沽酒的情節，同樣也體現了他性格的多面性。他興沖沖來到酒店，一心要痛痛快快「飲個爛醉」，對王林忍氣吞聲、沒精打彩的異情表現毫無覺察，這表現了他的粗心；他以酒買醉，痛飲不休，顯示出他的英雄豪氣；他發現王林唉聲嘆氣而連連逼問，王林吞吞吐吐說「自嫁女兒」煩惱，他又開導勸慰，說明他對人的關切至爲誠懇；王林說出女兒爲宋江所搶，李逵雖已火性暴發，但他沒有忘記要王林拿出證據，這又是他性格中的粗中有細；當王林出示紅絹褡膊時，他便深信不疑，即刻包攬案件，要回梁山捉拿宋江，正義感的驅使卷起了他一團烈火，感情的衝動使他失去了自我控制。李逵是這樣的善良、純樸、天眞、粗獷、豪爽、俠義，而這些又無不同他的魯莽相聯繫。

火暴性子，善良心腸，對立統一於李逵身上。他的魯莽以崇高的「善」爲基礎，而他的「善」又以魯莽爲表現特徵；魯莽因「善」始覺可愛；「善」因魯莽而益顯深厚，內在精神與外在表現，互爲因果，相得益彰，這便構成了李逵個性化雄魄內柔外剛的性格之美。

三、傳神入畫曲文美

作爲泛美藝術的戲曲，《李逵負荊》第一折所展示的氣象美和性格美，都是以詩的形式表現的。從而構成了劇本特殊的寫意傳神、造境抒情之美。

王實甫爲創造「曉來誰染霜林醉，總是離人淚」的意境嘔心瀝血；湯顯祖也曾爲創造「却原來姹紫嫣紅開遍，似這般都付與斷井頹垣」的意境傾注了深情。他們奉獻給人類的既是性格化的詩劇，又是詩化的個性，因而成了兩個絕代佳人審美象徵的絕唱。康進之的《李逵負荊》也有異曲同工之妙。

〔混江龍〕可正是清明時候，却言「風雨替花愁」。和風漸起，暮雨初收。俺則見楊柳半藏沽酒市，桃花深映釣魚舟，更和這碧粼粼春水波紋縐。有往來社燕，遠近沙鷗。

這既是畫，又是詩。從繪畫的角度看，它色澤鮮亮，碧波生光，爽氣襲人，還有酒市、漁舟、社燕、沙鷗，歷歷如前。柔條曼舞之姿，鮮花競放之態，春水浩蕩之狀，可感可觸。從語言的角度看，它又讀來文如珠玉流轉，語語雋美俊秀，節奏響亮，韻味醇厚；這優美絢麗的景致，和平寧靜的氣象，無不付諸酣暢流利、琅琅上口的曲辭。它是一幅充滿詩情的畫，又是一首飽含畫意的詩。它融化的是李逵對梁山水泊無比自豪的讚美和深厚的愛。饒有情趣的「黑旋風賞春惜花」的系列喜劇動作，正是此曲意境的闊展和升華。「人道我梁山泊無有景致，俺打那廝的嘴！」好一抒懷詠志的傳神之筆！李逵面對錦繡梁山、如畫水泊，憧憬着聚義的未來，陶醉於義軍的榮譽，一種護衛梁山、立地頂天的英雄情懷浩蕩勃發、奪口直抒。人們開始進入了他的精神世界，見到了這位綠林好漢佔山聚義的自豪和喜悅。下面一段戲尤爲精彩：

〔醉中天〕俺這裏霧鎖着青山秀，煙罩定綠楊洲。（云）那桃樹上一個黃鶯兒，將那桃花瓣兒啗阿啗阿，啗的下來，落在水中，是好看也。我曾聽的誰說來，我試想咱：哦！想起來了也，俺學究哥哥道來。（唱）他道是「輕薄桃花逐水流。」（云）俺綽起這桃花瓣兒來，我試看咱，好紅紅的桃花瓣兒。（做笑科，云）你看我好黑的指頭也！（唱）恰便是粉襯的這胭脂透。（云）可惜了你這瓣兒，俺放你趁那一般的瓣兒去。我與你趕，與你趕，貪趕桃花瓣兒。（唱）早來到這草橋店垂楊的渡口。

凝視黃鶯啗花、花落流水，苦思學究哥哥曾講過的詩句，一看一想，其粗豪嫵媚，神情畢現；綽起桃花瓣，看了紅花，偶然發現指頭好黑，情不自禁地笑出聲來，一言一笑，那副天眞憨厚之態，雕塑般的突現如前；把落花放入流水，追一程，趕一陣，盡情地享受踏青賞翫的逍遙快樂，其善良之舉，浪漫之狀，童心可照。這一連串動態性的人物描寫，充分展現了李逵的性情、氣質、形狀和聲口，在戲曲唱辭的韻味美、賓白的吟誦美、造型的雕塑美和動作的流動美中顯示出他的個性美，使形、神、眞、美並具，諧趣盎然的畫面意境和義膽俠骨的草莽英雄的抒情形象融爲一體。在這裏，個性的美借助韻文的審美方式得以實現，韻文的美又因個性美而別著風采。這是可與任何文學描寫的大手筆相媲美的具有高度審美價值的曲文。

《李逵負荊》第一折就是以這樣的氣象美、性格美和韻文美的藝術境界爲「鳳頭」，奠定了全劇的基礎。聯繫袁世海「李逵下山」的精湛表演吧，那寬闊的藝術天地實在令人陶醉。

（李日星）

秋胡戲妻第三折

石君寶

〔秋胡冠帶上，云〕小官秋胡是也。自當軍去，見了元帥，道我通文達武，甚是見喜，在他麾下，累立奇功，官加中大夫之職。小官訴說，離家十年，有老母在堂，久缺侍養，乞賜給假還家。謝得魯昭公可憐，賜小官黃金一餅，以充膳母之資。如今衣錦榮歸，見母親走一遭去。〔詩云〕想當日哭啼啼遠去從軍，今日個笑吟吟榮轉家門。捧着這赤資資黃金奉母，安慰了我那嬌滴滴年少夫人。〔下〕〔卜兒上，云〕老身秋胡的母親。自從孩兒去了，音信皆無。前日又吃我親家氣了一場，多虧我媳婦兒有那貞烈的心，不肯嫁人。若是他肯了呵，老身可着誰人侍養？媳婦兒今日早桑園裏採桑去了。想他這等勤勞，也則為我老人家來。祇願的我死後，依舊做他媳婦，也似這般侍養他，方纔報的他也。天氣困人，我且去歇息咱。〔下〕〔正旦提桑籃上，云〕採桑去波。〔唱〕

【中呂·粉蝶兒】自從我嫁的秋胡，入門來不成一個活路。莫不我五行中合見這鰥寡孤獨？受饑寒，捱凍餒，又被我爺娘家欺負。早則是生計蕭疎，更值着沒收成，歉年時序。

【醉春風】俺祇見野樹一天雲，錯認做江村三月雨。也不知是誰人激惱那天公，着俺莊家每受的來苦，苦。說甚麼萬種恩情，剛祇是一宵繾綣，早分開了百年夫婦。

（云）可來到桑園裏也。（唱）

【普天樂】放下我這採桑籃，我揀着這鮮桑樹。祇見那濃陰冉冉，翠錦哎糢糊。衝開他這葉底煙，蕩散了些稍頭露。（做採桑科，唱）我本是摘繭繅絲莊家婦，倒做了個拈花弄柳的人物。我祇怕淹的蠶饑，那裏管採的葉敗，攀的枝枯。

（云）我這一會兒熱了也，脫下我這衣服來，我試晾一晾咱。（做曬衣服科）（秋胡換便衣上，云）小官秋胡。來到這裏，離着我家不遠，我更改了這衣服。兀的不是我家桑園！這桑樹都長成了也。我近前去，這桑園門怎麼開着？我試看咱。（做見正旦科，云）一個好女人也！背身兒立着，不見他那面皮，則見他那後影兒。白的是那脖頸，黑的是那頭髮；可怎生得他回頭，我看他一看，可也好那。哦！待我着四句詩嘲撥他，他必然回頭也。（做吟科，詩云）二八誰家女，提籃去採桑。羅衣掛枝上，風動滿園香。可怎麼不聽的？待我再吟。（又吟科）（正旦回身取衣服，做見科，云）我在這裏採葉，他是何人，却走到園子裏面來，着我穿衣服不迭。（秋胡做揖科，云）小娘子，支揖。（正旦驚還禮科，唱）

【滿庭芳】我慌還一個莊家萬福。（秋胡云）不敢！小娘子。（正旦唱）他不是閒遊的浪子，多敢是一個取應的名儒。我見他便躬着身，插着手，陪言語。你既讀那孔聖之書，（秋胡云）小娘子，有涼漿兒，覓些與小生吃波。（正旦唱）我是個採桑養蠶婦女，休猜做鋤田送飯村姑。（秋胡云）這裏也無人，小娘子，你近前來，我與你做個女婿，怕做甚麼？（正旦怒科，唱）他酩子裏丟抹娘一句，怎人模人樣，做出這等不君子，待何如？

（秋胡云）小娘子，左右這裏無人，我央及你咱。力田不如見少年，採桑不如嫁貴郎，你隨順了我罷。（正旦

云）這廝好無禮也！（唱）

【上小樓】你待要諧比翼，你也曾聽杜宇，他那裏口口聲聲，攛掇先生，不如歸去。（秋胡云）你須是養蠶的女人，怎麼比那杜宇？（正旦唱）你道是不比俺那養蠶處，好將伊留住；則俺那蠶老了，到那裏怎生發付？

（秋胡背云）不動一動手也不中。（做扯正旦科，云）小娘子，你隨順了我罷。（正旦做推科，云）靠後！（唱）

【十二月】兀的是誰家一個匹夫？暢好是膽大心粗！眼腦兒涎涎鄧鄧，手脚兒扯扯也那捽捽。（秋胡云）你飛也飛不出這桑園門去。（正旦唱）是他便攔住我還家去路，我則索大叫波高呼。

（做叫科，云）沙三，王留，伴哥兒，都來也波！（秋胡云）小娘子休要叫！（正旦唱）

【堯民歌】桑園裏秖待強逼做歡娛，諕的我手兒脚兒滴羞蝶躞戰篤速。他便相偎相抱扯衣服，一來一往常攔住。當也波初，則道是峨冠士大夫，原來是個不曉事的喬男女。

（秋胡背云）且慢者，這女子不肯，怎生是了？我隨身有一餅黃金，是魯君賜與我侍養老母的，母親可也不知。常言道，財動人心，我把這一餅黃金與了這女子，他好歹隨順了我。（做取砌末見正旦科，云）兀那小娘子，你肯隨順了我，我與你這一餅黃金。（正旦背云）這弟子孩兒無禮也！他如今將出一餅黃金來，我則除是恁般。兀那廝，你早說有黃金不的？你過這壁兒來，我過那壁兒看人去。（秋胡云）他肯了也。你看人去。（正旦做出門科，云）兀那禽獸，你聽者！可不道「男子見其金易其過，女子見其金不敢壞其志」。那禽獸見人不肯，將出黃金來，你道黃金這般好用的！（唱）

【耍孩兒】可不道「書中有女顏如玉」。（秋胡云）呀！倒吃了他一個醬瓜兒！（正旦唱）你將着金，要買人殑雲殢雨，却不道「黃金散盡為收書」。哎！你個富家郎，慣使珎珠，倚仗着囊中有鈔多聲勢，豈不聞財上分明大丈夫？不由咱生嗔怒，我罵你個沐猴冠冕，牛馬襟裾！

（秋胡云）小娘子，你不肯，我跟你家裏去，成就這門親事，可不好也？（正旦唱）

【二煞】俺那牛屋裏怎成得美眷姻，鴉窠裏怎生着鸞鳳雛。蠶繭紙難寫姻緣簿，短桑科長不出連枝樹。漚麻坑養不活比目魚，轆軸上也打不出那連環玉。似你這傷風敗俗，怕不的地滅天誅。

（秋胡云）小娘子休這等說，你若還不肯呵，我如今一不做二不休，揀的打死你也。（正旦云）你要打誰？

（秋胡云）我打你。（正旦唱）

【三煞】你瞅我一瞅，黥了你那額顱；扯我一扯，削了你那手足；你蕩我一蕩，拷了你那腰截骨；掐我一掐，我着你三千里外該流遞；摟我一摟，我着你十字階頭便上木驢。哎！吃萬剮的遭刑律！我又不曾掀了你家墳墓，我又不曾殺了你家眷屬。

（秋胡云）這婆娘好無禮也！你不肯便罷了，怎麼這般罵我？（正旦提桑籃科，唱）

【尾煞】這廝睜着眼，覷我罵那死屍；腆着臉，看我咒他上祖。誰着你桑園裏，戲弄人家良人婦！便跳出你那七代先靈，也做不的主。（下）

（秋胡云）我吃他罵了這一頓，我將着這餅黃金，回家侍養老母去也。（詩云）一見了美貌娉婷，不由的我便動情。用言語將他調戲，倒被他罵我七代先靈。（下）

《魯大夫秋胡戲妻》是一齣絕妙而又荒唐的諷刺喜劇。衣錦還鄉的秋胡在自家桑園百般調戲的採桑女，竟是他闊別十年的妻子——這是它荒唐所在，也是它精湛構思的妙處。多少年來，人們把這一本是民間傳說的題材，入詩著文，說唱寫戲，以多樣性的審美方式欣賞它、傳播它，在那忍俊不禁的笑聲中，審視古老傳統的道德風尙，在心靈的美與醜的瓊漿和酸酒中，品味着人生的哲理。

發迹變泰而蛻化墮落，這是封建社會的惡習。秋胡本是寒門子弟，新婚三日便被勾去從軍。這不能不說是愛情的悲劇、人生的不幸。然而，抱着「軍中若把文章用，管取崢嶸衣錦歸」僥倖心理前往當兵的秋胡，却因禍得福，在元帥麾下備受器重；十年後，竟官加中大夫，御賜黄金一餅而告假還鄉了。「想當日哭啼啼遠去從軍，今日個笑吟吟榮轉家門。」得意洋洋的秋胡，正要「捧着這赤資資黄金奉母，安慰了我那嬌滴滴年少夫人」，可就在路過他家桑園的時候，靈魂齷齪的魯大夫却上演了一齣叫人啼笑皆非的醜戲，把自己的妻子當作人家的良人婦調戲。

秋胡的荒誕行徑，使這齣戲帶有強烈的喜劇色彩，然而劇中的女主角羅梅英却完全是一個悲劇人物。她不嫌秋胡家境貧寒，相信秋胡是有志青年而對他一往情深：「自從他那問親時，一見了我心先順。咱人這貧無本、富無根」，儘管秋胡家「釜有蛛絲甑有塵」，「受着齏鹽困」，也要和他「廝相愛，相和順」。不料「剛祇是一宵繾綣，早分開了百年夫婦」。秋胡一去十年杳無音信；她忍受着孤寂凄涼的精神折磨，艱難地挑起了奉養婆婆的生活重擔，勇敢地頂住了來自貪財求利的父母和有錢有勢的李大戶的轉賣與逼婚。殘酷的現實摧毁了她青春的美夢，而她對秋胡却愛之彌深，「我如今嫁的鷄一處飛」，懷着一顆純潔的「和淚待黄昏」的赤心，守貞行孝，盼望着秋胡的歸來。這是一個爲社會各種邪惡勢力摧殘的女性，也是一個維護平民尊嚴，追求正常、合理生活，具有崇高心靈美的勞動婦女的典型。

一個是在饑寒交迫的煎熬中鍛煉出來的剛強女性，一個是在高官厚祿的污染中蛻化變質的僞君子。美與醜的兩種靈魂，在這一對結髮夫妻中形成如此強烈的反襯與對比。作爲《秋胡戲妻》的關鍵，第三折「戲妻」的情節，就是在這兩種靈魂的衝突中，展示了勞動人民同統治者之間美與醜的兩種道德境界，在一正一反的讚美和鞭撻中，深入刻畫了梅英的性格，而對「沐猴冠冕」的醜類進行了辛辣的嘲諷和挖苦。

「沐猴冠冕」，這是對秋胡最爲形象的描繪。他衣錦還鄉而微服潛行，在他家的桑園，看見一個採桑的「好女人」，頓生邪念。他一面吟詩「嘲撥」，一面走進園子。先裝出一副斯斯文文討茶水喝的可憐樣，既而耍出了市井流氓的下流腔；在遭到義正辭嚴的斥責之後，色迷心竅的秋胡竟以爲「不動一動手也不中」，因而「涎涎鄧鄧」、「扯扯捽捽」地動起手來，把梅英阻攔在園子裏；做賊的必定心虛，他一聽對方大叫高呼，立卽又換了另一副嘴臉，掏出隨身攜帶的金餅進行引誘。在他看來，「財動人心，我把這一餅黃金與了這女子，她好歹隨順了我。」不料這反倒給梅英一個將計就計、擺脫糾纏的機會。秋胡仍賊心不死，在遭到痛罵以後，還是死皮賴臉地要跟小娘子家裏去，「成就這門親事」，更招來採桑女辛辣的嘲諷和挖苦。最後，黔驢技窮、惱羞成怒的秋胡兇相畢露，「我如今一不做二不休，揀的打死你也。」當然，還報他的仍是以牙還牙的一頓臭罵。秋胡見色生淫，爲了達得他的可恥目的，威逼利誘，百計千方，費盡心機，充分暴露了他卑劣下流的性格、骯髒醜惡的靈魂。

作爲秋胡對立形象的梅英，面對這峨冠博帶的無恥之徒，又是什麽態度呢？在那麗日炎炎、濃陰冉冉的桑園，她攀枝採葉、緊張地勞動，對突如其來的不速之客，雖也曾懷疑是「閒游的浪子」，但從外表又更像個「取應的名儒」，因而她還之以禮，婉然回絕了覓瓊漿兒的請求。當對方「酩子裏丟抹娘一句」，露骨地提出無恥要求時，她立卽洞察出來者的卑劣心計，指責他「怎人模人樣，做出這等不君子待如何」。秋胡奪美心切，動手動脚，使她更認清了這人的流氓嘴臉，「當也波初，則道是峨冠士大夫，原來是個不曉事的喬男女」。她情急計生，大叫高呼，使秋胡不得不斂手。當秋胡拿出金餅以爲誘餌時，她卽刻隨機應變，想出了擺脫糾纏、制勝對方的良策。「你早說有黃金不的？你過這壁兒來，我過那壁兒看人去。」就在秋胡信以爲眞、得意忘形之時，梅英搶出了園門，隨卽反過頭來怒斥「禽獸」，使秋胡「倒吃了她一個醬瓜兒。」

> 你將着金，要買人殢雲殢雨，却不道「黃金散盡為收書」。哎！你個富家郎，慣使㳽珠，倚仗着囊中有鈔多聲勢，豈不聞財上分明大丈夫？不由咱生嗔怒，我罵你個沐猴冠冕，牛馬襟裾！

「沐猴冠冕、牛馬襟裾」，把秋胡之類將金買人、倚勢奪美、淫欲泛濫的峨冠士大夫描繪得窮形盡相，挖苦得痛快淋漓，表現了梅英對金銀富貴、峨冠權臣的極度輕蔑、鄙夷之情。當惱羞成怒的秋胡以武力威脅，揚言要「揲的打死你」時，她更無所畏懼、針鋒相對地予以回擊：

> 你瞅我一瞅，黥了你那額顱；扯我一扯，削了你那手足；你蕩我一蕩，拷了你那腰截骨；掐我一掐，我着你三千里外該流遞；摟我一摟，我着你十字階頭便上木驢。哎！吃萬剮的遭刑律！我又不曾掀了你家墳墓，我又不曾殺了你家眷屬。

這一段犀利潑辣的言辭，顯露出逼人的鋒芒，大有「魔高一尺、道高一丈」的氣概，表現了梅英凜不可犯的剛強意志，終於挫敗了秋胡的淫威和流氓神氣。這一系列的戲劇動作，表現了梅英堅貞不屈、沉着機智、勇敢潑辣的性格特徵和巧妙的鬥爭藝術，深刻揭示了她蔑視權貴、鄙棄錢財、自尊自愛、高尚貞潔的思想情操，使梅英的形象華光四射、耀眼生輝。

對比，是塑造形象、刻畫性格的重要藝術手段。對比越是強烈，人物的性格就越加鮮明。這折戲的人物塑造處處充滿了對比美的藝術魅力。「怎人模人樣，做出這等不君子」、「則道是峨冠士大夫，原來是個不曉事的喬男女」，這種堂皇的外表同卑劣心計的對比美，正在於恰到好處地揭示了秋胡「沐猴冠冕」的形象特徵。梅英對突然進到園子裏來的秋胡，先是「躬着身，插着手，陪言語」、「慌還一個莊家萬福」，而面對秋胡得寸進尺的調戲，她也步步升級地予以回擊，以至喝令無恥之徒「睜着眼，覷我罵那厮；腆着臉，看我咒他上祖」。這種先禮後罵的對比美，也在於真實地突出了梅英這個農家婦女純樸而又剛直、機敏而又潑辣，剛柔並濟、文野相兼的氣質和性情。作品精彩之處，更在於秋胡和梅英兩個人物形象的整體對比。秋胡束冠帶、衣錦繡，見了個「好女人」便厚顏無恥地調戲糾纏；梅英「受饑寒，捱凍餒」，面對峨冠士大夫的威逼利誘，敢於抗爭，毫無怯弱之意，其「富貴不能淫、威武不能屈」的清風亮節，使下流卑鄙、「愚濫荒唐」的秋胡自慚形穢。秋胡炫耀黃金、引誘美女，以爲有財必靈；梅英說：「可不道『男子見其金易其過，女子見其金不敢壞其志。』……你道黃金這般好用的！」前者的灰暗心理、骯髒靈魂與後者的磊落胸懷、高尚美德相形之下，更爲鮮明。秋胡說：「小娘子，你不肯，我跟你家裏去，成就這門親事，可不好也？」梅英說：「俺那牛屋裏怎成得美眷姻，鴉窠裏怎生着鸞鳳雛。蠶繭紙難寫姻緣簿，短桑科長不出連枝樹。漚麻坑養不活比目魚，轆軸上也打不出那連環玉。似你這傷風敗俗，怕不的地滅天誅。」這一連串的形象比喻，道盡了貧與富、貴與賤不共戴天的仇隙，預示了第四折《認夫》中梅英絕情的必然行動，展示了她不慕虛榮、甘願清貧守志的精神與道德，使堂堂魯大夫在這位採桑女面前黯然失色。貌似堂皇而靈魂卑污的秋胡形象與地位平凡而心志堅貞的梅英形象，在互爲反襯的對比中益顯其甚。秋胡的醜，因有梅英的美作對照而更見其醜；梅英的美，也在醜的糾纏中更顯其美。這種美與醜的對比存在，反映了當時平民與統治者之間美與醜截然相反的兩種人格、兩種道德境界，賦予了這齣戲深刻的社會意義。

《秋胡戲妻》很明顯地受到了古樂府詩《陌上桑》的影響，因而京劇《桑園會》乾脆就把兩者合編爲一，羅梅英也便同羅敷成了同一人物。至於後來的戲曲改編本，把秋胡戲妻寫成故意試探妻子忠貞與否，以補原作失眞之憾，其思想鋒芒、藝術趣味與《秋胡戲妻》和《陌上桑》相比，則大相逕庭了。

（李日星）

趙氏孤兒第三折

紀君祥

〔屠岸賈領卒子上，云〕兀的不走了趙氏孤兒也！某已曾張掛榜文，限三日之內，不將孤兒出首，即將普國內小兒，但是半歲以下、一月以上，都拘刷到我帥府中，盡行誅戮。令人，門首覷者，若有首告之人，報復某家知道。〔程嬰上，云〕自家程嬰是也。昨日將我的孩兒送與公孫杵臼去了，我今日到屠岸賈跟前首告去來。令人，報復去，道有了趙氏孤兒也！〔卒子云〕你則在這裏，等我報復去。〔報科，云〕報的元帥得知，有人來報趙氏孤兒有了也。〔屠岸賈云〕在那裏？〔卒子云〕現在門首哩。〔屠岸賈云〕着他過來。〔卒子云〕着過來。〔做見科，屠岸賈云〕兀那廝，你是何人？〔程嬰云〕小人是個莫澤醫士程嬰。〔屠岸賈云〕趙氏孤兒今在何處？〔程嬰云〕在呂呂太平莊上，公孫杵臼家藏着哩。〔屠岸賈云〕你怎生知道來？〔程嬰云〕小人與公孫杵臼曾有一面之交。我去探望他，誰想臥房中錦綳繡褥上，躺着一個小孩兒。我想公孫杵臼年紀七十，從來沒兒沒女，這個是那裏來的？我說道：「這小的莫非是趙氏孤兒麼？」祗見他登時變色，不能答應。以此知孤兒在公孫杵臼家裏。〔屠岸賈云〕咄！你這匹夫，你怎瞞的過我？你和公孫杵臼往日無仇，近日無冤，你因何告他藏着趙氏孤兒？你敢是知情麼！說的是，萬事全休；說的不是，令人，磨的劍快，先殺了這個匹夫者。〔程嬰云〕告元帥，暫息雷霆之怒，略罷虎狼之威，聽小人訴說一遍咱。我小人與公孫杵臼原無仇隙，祗因元帥傳下榜文，要將普國內小兒拘刷到帥府，盡行殺壞。我一來爲救普國內小兒之命；二來小人四旬有五，近生一子，尚未滿月，元帥軍令，不敢不獻出來，可不小人也絕後了？我想有了趙氏孤兒，便不損壞一國生靈，連小人的孩兒也得無事，所以出首。（詩云）告大人暫停嗔怒，這便是首告緣故。雖然救普國生靈，其實怕程家絕戶。（屠岸賈笑科，云）哦，是了。公孫杵臼元與趙盾一殿之臣，可知有這事來。令人，則今日點就本部下人馬，同程嬰到太平莊上，拿公孫杵臼走一遭去。（同下）（正末公孫杵臼上，云）老夫公孫杵臼是也。想昨日與程嬰商議救趙氏孤兒一事，今日他到屠岸賈府中首告去了。這早晚屠岸賈這廝必然來也呵。（唱）

【雙調·新水令】我則見蕩征塵飛過小溪橋，多管是損忠良賊徒來到。齊臻臻擺着士卒，明晃晃列着槍刀。眼見的我死在今朝，更避甚痛笞掠。

（屠岸賈同程嬰領卒子上，云）來到這呂呂太平莊上也。令人，與我圍了太平莊者！程嬰，那裏是公孫杵臼宅院？（程嬰云）則這個便是。（屠岸賈云）拿過那老匹夫來。公孫杵臼，你知罪麼？（正末云）我不知罪。（屠岸賈云）我知你個老匹夫和趙盾是一殿之臣。你怎敢掩藏着趙氏孤兒？（正末云）老元帥，我有熊心豹膽？怎敢掩藏着趙氏孤兒！（屠岸賈云）不打不招。令人，與我揀大棒子着實打者！（卒子做打科）（正末唱）

【駐馬聽】想着我罷職辭朝，曾與趙盾名爲刎頸交。（云）這事是誰見來？（屠岸賈云）現有程嬰首告着你哩。（正末唱）是那個埋情出告？原來這程嬰舌是斬身刀！（云）你殺了趙家滿門良賤三百餘口，則剩下這孩兒，你又要傷他性命！（唱）你正是狂風偏縱撲天雕，嚴霜故打枯根草。不爭把孤兒又殺壞了。可着他三百口冤仇甚人來報？

（屠岸賈云）老匹夫，你把孤兒藏在那裏？快招出來，免受刑法。（正末云）我有甚麼孤兒藏在那裏，誰見來？（屠岸賈云）你不招？令人，與我采下去着實打者！（做打科）（屠岸賈云）這老匹夫賴肉頑皮，不肯招承，可惱，可惱！程嬰，這原是你出首的，就着你替我行杖者！（程嬰云）元帥，小人是個草澤醫士，撮藥尚然腕弱，怎生行的杖？（屠岸賈云）程嬰，你不行杖，敢怕指攀出你麼？（程嬰云）元帥，小人行杖便了。（做拿杖子科，屠岸賈云）程嬰，我見你把棍子揀了又揀，衹揀着那細棍子，敢怕打的他疼了，要指攀下你來？（程嬰云）我就拿大棍子打者。（屠岸賈云）住者。你頭裏衹揀着那細棍子打，如今你却拿起大棍子來，三兩下打死了呵，你就做的個死無招對。〔程嬰云〕着我拿細棍子又不是，拿大棍子又不是，好着我兩下做人難也。〔屠岸賈云〕程嬰，你秖拿着那中等棍子打。公孫杵臼老匹夫，你可知道行杖的就是程嬰麽？〔程嬰行杖科，云〕快招了者！〔三科了〕〔正末云〕哎喲，打了這一日，不似這幾棍子打的我疼。是誰打我來？〔屠岸賈云〕是程嬰打你來。〔正末云〕程嬰，你剗的打我那！〔程嬰云〕元帥，打的這老頭兒兀的不胡說哩。〔正末唱〕

【雁兒落】是那一個實丕丕將着粗棍敲，打的來痛殺殺精皮掉。我和你狠程嬰有甚的仇？却教我老公孫受這般虐！

〔程嬰云〕快招了者。〔正末云〕我招，我招！〔唱〕

【得勝令】打的我無縫可能逃，有口屈成招。莫不是那孤兒他知道，故意的把咱家指定了？〔程嬰做慌科〕〔正末唱〕我委實的難熬，尚兀自強着牙根兒鬧；暗地里偷瞧，祇見他早唬的腿脡兒摇。

〔程嬰云〕你快招罷，省得打殺你。〔正末云〕有，有，有。〔唱〕

【水仙子】俺二人商議要救這小兒曹。〔屠岸賈云〕可知道指攀下來也。你說二人，一個是你了，那一個是誰？你實說將出來，我饒你的性命。〔正末云〕你要我說那一個？我說，我說。〔唱〕哎，一句話來到我舌尖上却咽了。〔屠岸賈云〕程嬰，這樁事敢有你麽？〔程嬰云〕兀那老頭兒，你休妄指平人！〔正末云〕程嬰，你慌怎麽？〔唱〕我怎生把你程嬰道，似這般有上梢無下梢。〔屠岸賈云〕你頭裏說兩個，你怎生這一會兒可說無了？〔正末唱〕祇被你打的來不知一個顛倒。〔屠岸賈云〕你還不說，我就打死你個老匹夫！〔正末唱〕遮莫便打的我皮都綻，肉盡銷，休想我有半字兒攀着。

〔卒子抱倈兒上科，云〕元帥爺賀喜，土洞中搜出個趙氏孤兒來了也。〔屠岸賈笑科，云〕將那小的拿近前來，我親自下手，剁做三段！兀那老匹夫，你道無有趙氏孤兒，這個是誰？〔正末唱〕

【川撥棹】你當日演神獒，把忠臣來撲咬。逼的他走死荒郊，刎死鋼刀，縊死裙腰，將三百口全家老小盡行誅剿，并沒那半個兒剩落，還不厭你心苗？

（屠岸賈云）我見了這孤兒，就不由我不惱也！（正末唱）

【七弟兄】我祇見他左瞧、右瞧、怒咆哮，火不騰改變了猙獰貌，按獅蠻拽札起錦征袍，把龍泉扯離出沙魚鞘。

（屠岸賈怒云）我拔出這劍來，一劍、兩劍、三劍。（程嬰做驚疼科）（屠岸賈云）把這一個小業種剁了三劍，兀的不稱了我平生所願也。（正末唱）

【梅花酒】呀，見孩兒臥血泊。那一個哭哭號號，這一個怨怨焦焦，連我也戰戰搖搖。直恁般歹做作，祇除是沒天道！呀！想孩兒離褥草，到今日恰十朝，刀下處怎耽饒，空生長枉劬勞，還說甚要防老。

【收江南】呀！兀的不是家富小兒驕。（程嬰掩淚科）（正末唱）見程嬰心似熱油澆，淚珠兒不敢對人拋。背地里揾了，沒來由割舍的親生骨肉吃三刀。

（云）屠岸賈那賊，你試覷者，上有天哩，怎肯饒過的你？我死打甚麼不緊！（唱）

【鴛鴦煞】我七旬死後偏何老，這孩兒一歲死後偏何小。俺兩個一處身亡，落的個萬代名標。我囑付你個後死的程嬰，休別了橫亡的趙朔。暢道是光陰過去的疾，冤仇報復的早。將那廝萬剮千刀，切莫要輕輕的素放了。

（正末撞科，云）我撞階基，覓個死處。（下）（卒子報科，云）公孫杵臼撞階基身死了也。（屠岸賈笑科）那老匹夫既然撞死，可也罷了。（做笑科，云）程嬰，這一樁裏多虧了你。若不是你呵，如何殺的趙氏孤兒？（程嬰云）元帥，小人原與趙氏無仇。一來救普國內衆生，二來小人跟前也有個孩兒，未曾滿月，若不搜的那趙氏孤兒出來，我這孩兒也無活的人也。（屠岸賈云）程嬰，你是我心腹的人，不如祇在我家中做個門客，擡舉你那孩兒成人長大，在你跟前習文，送在我跟前演武。我也年近五旬，尚無子嗣，就將你的孩兒與我做

趙氏孤兒第三折

個義兒。我偌大年紀了，後來我的官位，也等你的孩兒討個應襲。你意下如何？（程嬰云）多謝元帥擡舉。（屠岸賈詩云）則爲朝綱中獨顯趙盾，不由我心中生忿；如今削除了這點萌芽，方才是永無後釁。（同下）

十八世紀英國劇作家赫察特（William Hatchett），把紀君祥的《趙氏孤兒》改編爲《中國孤兒》，並在獻辭中寫了以下一段話：

> 這裏有些合情合理的東西，就是歐洲最有名的戲劇還是趕不上的。

赫察特是有經驗的作家，他對《趙氏孤兒》的讚揚，並非過譽。這一部以歷史爲題材的閃耀着現實主義光輝的悲劇，就其對戲劇衝突的安排而言，確實反映出我國十四世紀劇作家高超的藝術水平。

喬夢符有句名言：「作樂府亦有法，鳳頭、猪肚、豹尾。」從戲劇創作來說，所謂「猪肚」，相當於戲劇衝突的開展部分，也有人把這部分稱之爲「戲肉」。劇作者能否巧妙處理戲劇衝突，讓它像「猪肚」那樣豐富充實、滾圓妥貼、合情合理，這是至關重要的問題。在這方面，《趙氏孤兒》的成就相當突出。特別是矛盾衝突到達高潮的第三折，更是名副其實的「猪肚」。

一

《趙氏孤兒》的戲劇衝突，是圍繞着對待趙氏遺孤的態度展開的。

在第三折以前，作者讓我們看到，屠岸賈爲了搜捕趙氏孤兒，使出了渾身解數；而程嬰等人爲了救護趙氏孤兒，也不惜犧牲一切。搜孤與救孤，這兩種無法調和的貫串動作，碰在一起，便激發出耀眼的火花。

不過，在第一折和第二折裏，作者還沒有讓劇中的主要人物直接交手；直至第三折，屠岸賈才與程嬰、公孫杵臼正面交鋒。這場戲，衝突一陣緊似一陣，像驚濤駭浪那樣使人驚心怵目。

第三折一開始，作者先讓屠岸賈宣稱：三日之內，如果沒有人把走漏了的趙氏孤兒交出，他便將晉國內半歲以下一月以上的小孩盡行誅戮。這一交代，十分重要，因爲它不僅使觀衆在這場戲的開始時便感到鬥爭形勢的急迫，而且也表明了程嬰和公孫杵臼等人行動的性質。公孫杵臼說：「見義不爲非爲勇」。這裏所說的「義」，不是「士爲知己者死」的封建思想的表現，而是具有反抗黑暗統治的內容。我以爲，作者加上這一筆，便點明了程嬰、公孫杵臼行爲的正義性，揭示出《趙氏孤兒》戲劇衝突的意義，使這一歷史故事脱離一般忠奸鬥爭恩怨怨的窠臼，獲得了新的生命。

接着，作者寫程嬰到屠岸賈衙前告發，說公孫杵臼私藏趙氏孤兒。人們早就明白，程嬰出首，是他和公孫杵臼商定的「救孤」辦法。人們也都知道，這委實是一着險棋。不過，情勢緊急，程嬰和公孫杵臼沒有别的出路，衹好鋌而走險。事情將會怎樣發展？屠岸賈會不會中計？趙氏孤兒能不能得救？這一連串問題急待分曉。由於紀君祥設置了强烈的懸念，使觀衆從這折戲的開端，就帶着緊張期待的心情，注視着舞臺。

按理，屠岸賈煞費苦心地搜捕孤兒，一聽到有人告密，自然大喜過望。如果作者寫他立卽相信程嬰的告發，搜出孤兒，處決公孫杵臼，那也未嘗不可。然而，紀君祥却沒有讓矛盾立卽解決；相反，倒是盤馬彎弓，寫屠岸賈不肯輕信，對程嬰反覆詰問。這一來，觀衆的心弦，便被綳得更緊。

屠岸賈向程嬰提出了兩個問題：

你說公孫杵臼藏着趙氏孤兒，你怎生知道來？

你和公孫杵臼往日無仇，近日無寃；你因何告他藏着趙氏孤兒？

第一個問題容易回答；第二個問題便不好對付了。從屠岸賈的詰問中，作者告訴人們，程嬰和公孫杵臼雖然早有準備，但他們遇到的是個高明的對手。此人詭計多端，老謀深算，他能「演神獒把忠臣來撲咬」，可見不是一般的跋扈愚魯的惡棍。他對程嬰的盤詰，表明了他不僅要消滅趙氏孤兒，而且要消滅趙氏餘黨。看到這裏，人們不能不爲程嬰捏一把汗。但是，作者又不是故意賣關子，製造緊張空氣，而是根據屠岸賈性格發展作出的合情合理的安排。

程嬰機智得很，告訴屠岸賈，告發公孫杵臼是爲了使自己的孩子能免於難。這個解釋滴水不漏，無懈可擊，屠岸賈也一時抓不住把柄，他菀然一笑，自言自語道：「哦！是了，公孫杵臼與趙盾一殿之臣，可知有這事來。」請注意，屠岸賈在審問中忽然想起了公孫杵臼私藏趙氏孤兒的可能性，這並不等於就相信了程嬰，所以他的反應是對程嬰的辯解不置可否，衹是在一旁權衡斟酌。這一段，作者讓屠岸賈表現出半信半疑、不陰不陽的神氣，使舞臺籠罩着一片不可捉摸的氣氛。

不過，屠岸賈既然咧嘴一笑，這畢竟使人覺得緊張的形勢有所緩和。在這裏，情節稍作跌宕，是很有必要的。有經驗的劇作者，不會讓戲劇衝突從頭到尾繃得緊緊的，總是有鬆有緊、時鬆時緊。有時候，在情節進入高潮前筆勢稍稍舒緩，倒可以爲矛盾的進一步展開作蓄勢。

當然，第一次交手，程嬰算是對付過去了。屠岸賈派人到太平莊捉拿公孫杵臼，舞臺的注意重心，也轉移到公孫杵臼身上。

二

紀君祥把屠岸賈捉拿公孫杵臼的場面，處理得如火如荼。那時，屠岸賈點齊兵馬，直奔太平莊，「齊臻臻擺着士卒，明晃晃列着槍刀」。他們如臨大敵，殺氣騰騰。公孫杵臼就在這樣的氣氛中，鎮定地出場。

公孫杵臼早料到屠岸賈是要來拿人的，他上場時就說：「這早晚屠岸賈這廝必然來也呵。」因此，他對屠岸賈的盤問也早有準備。首先，他裝着什麼也不知道，後來賴不下去，便咬緊牙關，絕不招認。這一來，屠岸賈自然喝打。打，公孫杵臼並不懼怕，「眼見的我死在今朝，更避甚笞掠。」他已把生死置於度外，早就預料到要受鞭笞之苦。於是，舞臺上便出現了如狼似虎的皂隸，把鬚髮斑白的老翁按倒在地棍棒交加的場景。看到這裏，人們無不憤恨屠岸賈的殘暴，也無不敬佩公孫杵臼的英勇。

公孫杵臼的態度，屠岸賈倒沒有料到，他以爲這老頭兒一壓卽服，誰知道大棒打不出口供。當時，屠岸賈連呼「可惱」，大叫：「令人，與我采下去着實打者！」他越是暴跳如雷，就越說明頑強的公孫杵臼確使他大傷腦筋。

然而，屠岸賈畢竟是狡獪的，他眉頭一皺，計上心頭，忽然下令讓程嬰行杖。這一着，十分厲害，它既可觀察公孫杵臼的反應，又可考驗程嬰的態度，達到一箭雙雕的目的。

根據史料記載，程嬰「出首」是事實，但却沒有行杖拷打公孫杵臼。《史記》的《趙世家》記公孫杵臼被捕後，「搶兒呼曰：『天乎！天乎！趙氏孤兒何罪，請活之，獨殺杵臼可也！』諸將不許，遂殺杵臼及孤兒。」可見，公孫杵臼呼天搶地之後，便爲諸將所殺。劇本寫屠岸賈命程嬰拷打的細節，是藝術的虛構。然而，這虛構合乎人物性格的眞實。上面說過，屠岸賈對程嬰出首本來就疑團滿腹，進一步考察程嬰，是勢在必行的事。以他詭詐的個性，也自然會採取異乎尋常的舉動打破僵局。因此，作者創造的這一精彩的細節，既出人意料之外，也在情理之中。它既突出地顯現出屠岸賈的陰險狡猾，同時激化了戲劇衝突，有利於表現程嬰和公孫杵臼的性格。

屠岸賈突如其來的一手，程嬰完全沒有料到。他始而推搪不打，繼而選用小棍，最後却專選大棍，這種態度，說明程嬰內心極度矛盾。他和公孫杵臼心貼着心，怎能打得下手；但屠岸賈在旁邊虎視眈眈，又怎能不打下去。「好着我兩下做人難也！」然而，程嬰也還是按照屠岸賈的要求打去，一邊打，一邊煞有介事地高喊：「快招了者！」在這裏，作者讓觀衆們看到，程嬰不得不違心地做着他最不願意做的事情，而表面上必須毫不動容，必須裝出和公孫杵臼毫無干系的姿態，必須把痛苦深深地埋在心裏。

屠岸賈這突如其來的一手，公孫杵臼也完全沒有料到。在公堂上，挨打自然是少不了的，但想不到打他的竟是程嬰，而且打得却那樣兇，那樣毒，使得他「痛殺殺精皮掉」。所以，當屠岸賈故意告訴他：「是程嬰打你來」時，他便禁不住問：「程嬰，你劖的打我那？」當他神智昏迷時，他甚至恨起程嬰來，差一點洩露了機密。

公孫杵臼受刑時心理的變化，又一次使矛盾衝突複雜化和尖銳化。在程嬰，棍子下得不毒，則不足以取信於屠岸賈；而當他看到公孫杵臼把持不住時，不禁越來越慌，棍子也就越下越毒。他那「快招了者」的吆喝，既是做樣子給屠岸賈看，也是用以掩蓋內心的極度緊張。在公孫杵臼，越是捱不住程嬰的棍棒，迷惑憤懣的感情就越強烈，也就越有可能和盤托出事情的眞相。再加上屠岸賈在旁邊觀顏色，推波助瀾。他有時鼓其如簧之舌，惺惺作態；有時張牙舞爪，妄圖壓服；有時抓住把柄，乘隙追問。這時候，緊張的形勢使人提心弔膽。在劇作者的精心安排下，激烈的戲劇衝突逐步把情節引向高潮。

然而，公孫杵臼畢竟識破了屠岸賈的陰謀。毒刑雖然是「委實的難熬」，他還是咬牙挺住，「一句話來到我舌尖却咽了」。當屠岸賈怒不可遏地呼叫「你還不說，我就打死你個老匹夫」時，就等於宣告了公孫杵臼的勝利。觀衆們懸着的心，才感到有了着落。

這段戲，紀君祥寫得十分精彩，人物之間複雜的糾葛，以及人物高度緊張的心理狀態，使舞臺氣氛趨於白熱化。當然，這段戲是相當難演的，按照劇本所安排的戲劇衝突，屠岸賈是一隻眼盯着程嬰，一隻眼盯住公孫杵臼；而程嬰，既提防着屠岸賈的明槍暗箭，又頗擔心公孫杵臼洩露眞情；同樣，公孫杵臼一面對付着屠岸賈，一面在觀察着程嬰。其間角色感情的交流，要能適當地表達出人物微妙的關係，這確實不易措手。但是，精彩的戲劇衝突，在給演員出難題的同時，又給他們提供了發揮才智的機會。因此，元代以後，歷代各個劇種改編《趙氏孤兒》，總是保留着紀君祥這一精警之筆，讓人物性格通過具有高度藝術魅力的戲劇情節表現出來，讓演員有廣闊的創作天地。

毫無疑問，在這場戲裏，戲劇懸念的成因，很重要的是公孫杵臼在受刑時一度心旌動搖；作者寫公孫杵臼在能否挺得住的問題上，震幅越大，戲劇懸念的強度也越大。有人覺得，作者讓公孫杵臼險些兒露出馬脚，這豈非對英雄形象會有所損害麽？我的看法與此相反。誠然，公孫杵臼不是「泰山崩於前而色不變」的人物，在酷刑面前，他變色，他喊疼，在昏迷中幾乎忘乎所以。但是，這並不影響他作爲一個堅定的英雄形象出現在觀衆面前。判別人物意志是否堅定，重要的是看他在關鍵時刻的決斷。文學作品，應該充分表現人物在嚴酷的鬥爭環境中的心理狀態。判別作品成就的高下，就要看它所寫的人物心理活動，是否合情合理，是否有客觀依據，是否符合性格發展邏輯。在《趙氏孤兒》裏，公孫杵臼是年過七十的衰翁，在未識破屠岸賈陰謀的情況下，精神、肉體一時抵受不住強烈的刺激，「衹被你打的來不知一個顛倒」，險些兒吐露眞情，這完全是可能的，是作者在戲劇的規定情景中對人物內心世界合情合理的刻畫。實際上，如果紀君祥不寫老公孫差一點挺熬不住，便無法表現棍杖的毒酷，也無法表現正義人物奪取勝利的艱辛。當經歷了千磨萬劫的公孫杵臼斬釘截鐵地宣告：「遮莫便打的我皮都綻，肉盡銷，休想我有半字兒攀着。」這一來，他的形象，就像經受冶煉的黃金，在烈火中灼灼生輝。

公孫杵臼頂住了毒刑，屠岸賈的陰謀落空了。彼此正在僵持的時候，卒子報告說：「在土洞中搜出了趙氏孤兒。」

三

屠岸賈拷打公孫杵臼最直接的目的，是要知道「孤兒」藏在哪裏；「孤兒」既然搜出，戲劇衝突的焦點便轉移爲各個人物對待這一事件的反應。

屠岸賈看見搜出了「孤兒」，大喜過望，不禁笑了起來，覺得終於戰勝了公孫杵臼，終於達到斬草除根的目的。於是當着公孫杵臼的面，親手把「孤兒」揮爲三段。「衹見他左瞧、右瞧，怒咆哮，火不騰改變了猙獰貌」。他那揮劍如狂，把一腔怒氣發洩在無罪嬰孩身上的舉動，充分表現出兇狠殘暴的性格。

公孫杵臼看見搜出了「孤兒」，心情倒鎭定，他知道屠岸賈絕不會放過自己，於是挺起腰來，戟指屠賊，義正辭嚴，歷數其罪，力斥其奸。緊接着撩衣邁步，奮身向階基撞去。這一撞，是公孫杵臼「救孤」的連貫動作的最後一環，也是他對屠岸賈專横統治的悲憤的抗議。通過這極其壯烈的行動，作者使戲劇衝突到達沸點，從而完成了對公孫杵臼英雄形象的描寫。

程嬰看見搜出了「孤兒」，心情却極端複雜。不錯，有了「孤兒」，就消除了屠岸賈對自己的懷疑。趙氏孤兒得救了，晉國全國的嬰孩也得救了，但是，這被搜出的孩子，正是程嬰的骨肉。眼看着親生兒子慘遭殺戮，他不能不心驚肉跳，悲痛萬分。當屠岸賈拔劍剁向「孤兒」時，作者給人物的舞臺提示是：「程嬰做驚疼科」、「程嬰掩淚科」。這一切，公孫杵臼看在眼裏，他唱道：「見程嬰心似熱油澆，淚珠兒不敢對人拋。背地裏搵了。」這段戲，作者沒有讓程嬰說一句話，但通過「打背躬」的表演便細緻地揭示出人物在戲劇衝突中的精神面貌。

按照《史記》中《趙世家》的記載，歷史上的程嬰是以別的嬰孩代替孤兒的。他和公孫杵臼「二人謀取他人嬰兒負之，衣以文葆，匿山中」。在《趙氏孤兒》裏，作者改變了人物的關係，把「他人嬰兒」寫成是程嬰的兒子，這樣做，便更強烈地表現出程嬰捨己爲人、見義勇爲的品質。也正因爲把「他人嬰兒」改爲自家骨肉，才有可能通過「割捨的親生骨肉吃三刀」的細節，透徹地刻畫出程嬰在和屠岸賈面對面鬥爭時的心情。我以爲，作者的高明之處，就在於絶不廻避表現人物在遭受極大的困難時複雜的思想感情，但是寫這些，是爲了説明他最終壓住了精神上的巨大創痛。如果説，這場戲寫公孫杵臼在肉體上遭受慘酷的刑罰，那麼，程嬰則在精神上不斷遭受到難以忍受的抽打。當觀衆看到程嬰和公孫一樣，把痛苦硬是咽在肚子裏時，都會深深感到，這一個感情上經歷過强烈震動的人，具有最健全最堅定的理智。

從上面分析可以看出，紀君祥以三個人物的强烈動作，來表現孤兒被搜後戲劇衝突的激烈尖鋭。公孫杵臼一死，屠岸賈相信了程嬰，「搜孤」和「救孤」的衝突宣告結束。在第四折以後，劇本主要寫趙氏孤兒成長和復仇的過程，這裏略而不談了。

在戲劇創作中，怎樣處理衝突，是值得注意的問題。如果單純追求緊張曲折，這並不困難；困難在於使戲劇衝突波瀾跌宕地開展的同時，又顯出合情合理。所謂合情合理，是指符合客觀情勢，符合人物思想感情和性格的發展。一個戲，如果戲劇衝突處理得平淡無奇，便不能引人入勝；但如果戲劇衝突不以人物性格爲依據，衹熱衷於情節性，同樣會使人索然無味。成功的戲劇衝突，應該是性格矛盾所激起的浪花，同時，又是使性格激發亮光的燧石。我認爲，《趙氏孤兒》的戲劇衝突，安排得波瀾跌宕，合情合理，體現出作者對舞臺藝術具有深刻的理解和掌握能力。

朱權在《太和正音譜》中，用「雪裏梅花」四個字來形容紀君祥的創作。當然，朱權更多是從語言、風格的角度着眼，不過，就處理戲劇衝突的技巧而言，説紀君祥在元代劇壇中是分外妖嬈、一枝獨秀的雪裏紅梅，也是恰當的。他在這方面的成功經驗，值得我們學習和借鑒。

（黄天驥）

山家

劉因

馬蹄踏水亂明霞，醉袖迎風受落花。怪見溪童出門望，鵲聲先我到山家。

作者劉因（一二四九——一二九三），字夢吉，號靜修，雄州容城（今河北省容城）人。至元十九年（一二八二）召爲承德郎、右贊善大夫，不久卽辭歸。後以集賢學士徵召，不就。他精研理學，又負詩名。著有《靜修集》。

這首絕句寫山行我見，語言清新，筆意流暢。讀來確有人在畫中遊，畫趣入心底的感受。

前兩句寫近景。以馬蹄切入、展開畫面，起筆可謂突兀。馬蹄入詩，多寫其聲。這裏却寫其動——「踏」。本無美可言的馬蹄，却給我們「踏」出了一個美的境界。蹄下是山間潺湲的溪水，這是作者直接感知的實景。明霞在天，但不是詩人仰視所得，而是在清清溪水倒映中間接所見。雖說投影清晰，這繽紛的霞光已是實景化虛。一經馬蹄踏水，水波激蕩，明霞散亂，天光水色，閃爍迷離，在虛實變幻中，自然生發出了光的萬千景象。這俯攝的特寫鏡頭，旣包含了由靜而動的時間過程，更把天上地下的空間距離、遙遠的兩種事物聚攏於馬蹄之下，造成了鏡頭中含有鏡頭的意趣。

接着，以「醉袖」打開了畫面。上句以馬蹄代馬，馬蹄下的一番景象，是來自人的主觀感受。這句則寫醉袖，以袖代人。兩句合成，一個醺醺然信馬而行的詩人形象，自在讀者的意會之中。林花因風而落，落而沾袖、花樹葱蘢的美景，可以使人想見。這風和落花，具有化靜爲動的妙用，使花樹具有動感。

這幅山行圖上，林木蓊鬱，繁花點點，明霞一抹在天，清溪一派脚下，在習習風動、淡淡花香中，客子乘馬而來。詩人沒有正面表現自我，但這筆下的一切都塗染着詩人的主觀色彩，從中透露出詩人恬適的心境。

這幅畫面，情景相生，動靜相宜，有聲有色，包孕豐富，雖說盡在十四個字裏，却也不失完整。可是，詩人在第三句裏，突然搖出了山路前頭溪童張望的鏡頭，開拓出了新的意境，「令觀者不能預擬其局面」（孔尚任語）。

這遠處山家景色是横取攝入的，增加了畫面景深，造成了層次感，畫境因此而更深邃。童子出門望來者，包含着順接的兩個動作：「出門」和「望」，一快一慢，節奏不一。前者偏於形態，後者偏於神態。「出門望」這白描的一筆，雖是瞬間的行動，却活潑潑地表現了久居山間、少見外人的孩童特有的好奇、好客的心理。

「怪見」是詩人自寫，却折光般地映照出了溪童的神情。這「怪」在詩人心裏，是「奇怪」。這「怪」在溪童的目光裏，是「驚怪」。這「怪」也布進欣賞者的懷抱中：踽踽山行，少有聲息，怎麼會驚動了遠處山家呢？這近於懸念手法的運用，使詩意出現了曲折，更能引人入勝。

張而後弛，第四句作了釋疑，原來是「鵲聲先我到山家」。前三句裏，對山鵲沒有任何交代和暗示，鵲聲多麼近於畫外音。鵲聲給幽靜的畫面平添了許多生氣。山裏少不了百鳥鳴囀，而鵲聲最使人敏感。山村人家因鵲聲而作出的反應，盡在情理之中。這鵲聲是溪童行爲的直接動因，也是詩人由「怪」而「悟」這一心理過程變化的根據。鵲聲使得詩中人物一思一動有了合理性。

詩人山行驚鵲，鵲聲遠聞山家，在「怪見溪童出門望」之前，似乎聽而不聞。這表明詩人以全副精神入於山中秀色之中，視覺感受的專一性、豐富性，已使聽覺感受近於遲鈍了。目之所接，使詩人如此心馳神往，連鵲聲都已充耳不聞，足見景色多麼動人。最後這一筆，使畫面更充實、更生動；並且調動了讀者的想象力，用自己從生活獲得美的意象，補充着這令人心醉的山景。

這首絕句，筆墨清淡，風韻雋逸。幾個鏡頭的突轉突接，構成了一幅清麗喜人的畫面。作者在描摹景物的同時，還着意於景物內在情韻的探求，從而在畫面中流動着詩人感情的波濤，在美景中蘊含着盎然的生活情趣，

表達了詩人對祖國山河的熱愛深情，達到了唐代詩僧皎然所說「狀飛動之趣，寫真奧之思」的境地。（李佩倫）

觀梅有感

劉　因

東風吹落戰塵沙，夢想西湖處士家。祇恐江南春意減，此心元不爲梅花。

從詩題可知這首詩寫於春天。至元十一年（一二七四），元世祖忽必烈命伯顏丞相率二十萬大軍南下，一路所向披靡。一二七六年二月，攻入南宋首都臨安（今浙江杭州），盡俘南宋恭帝趙顯，謝、全兩太后及宮室、官吏多人北歸。南宋遂亡。劉因這首詠梅詩當是一二七六年春天，或稍後一兩年的作品。

詩的首句，不寫題目中的梅花，而寫東風。可是，這東風並沒有送來春的信息，而是帶來遍野戰塵。詩一開頭，就創造了與尋常的詠梅詩頗不相同的氣氛，爲梅渲染出了一幅極爲開闊而又躁動不安的背景。「東風」是天事，「戰塵」是人事，本不相關；因「吹落」的巧妙運用，使二者融爲一體，並在其中注入了詩人隱含不露的怨情。劉因是元代名儒之一，他的詩多合於儒家詩教的中和之旨。對於這一句，有人理解爲：東風吹下梅花上的戰塵。這是拘泥於字面所致。倘作這樣解釋，不僅使本來縱橫闊大的畫面，變得纖巧局促，更與寫作背景不合。詩人身處北地，因觀梅而生感觸。他並沒有描繪眼前寒梅的清姿麗質，祇是以望中梅花爲媒介，目透關山，直視本應遍野繁梅，如今却是戰火紛飛的江南。詩中種種，決非實景的描繪，而是藉物興感；立足於一個「感」

觀梅有感

字，筆墨盡出於揣摩遐想之中。

在這幅戰塵籠罩、一片迷茫的圖景之中，漸漸淡出了一幅小景：西湖處士家；一放一收，靈動自如。西湖處士，就是北宋詩人林逋，他一生絕意仕途，隱居於杭州西湖的孤山。他癡愛梅花，有「梅妻鶴子」的雅號。他的詠梅詩最爲人稱道。其《山園小梅》詩中的兩句：「疏影橫斜水清淺，暗香浮動月黃昏」膾炙人口。林逋因愛梅、詠梅而聲名大振，孤山梅花也因林逋及其詩更爲天下所聞。江南戰塵，匯於臨安，這臨安城郊的西湖處士廬舍，自難幸免。「東風吹落戰塵沙，夢想西湖處士家」，兩句蟬聯而下，思路貫通。這「夢想」是迢迢萬里、道路阻隔的空間上的暗示，也是內心情緒的再現。一二兩句寫景，景生發於想象之中，是虛中之實。三四兩句則沉入自我情懷裏，表現出因觀梅而難以掩飾、阻遏的心情：「祇恐江南春意減」，直接抒寫自己的擔心。「祇恐」，並非無端自憂經過前兩句的一番舖墊，江南春意如何？已在意料之中。戰塵使梅花黯然失色，整個江南也因兵燹而春意蕭條。至此，三句詩無一不在寫梅，無一不在憐梅，情之所鍾，意之所向，俱在江南梅樹邊。第四句忽然生出變化，出人意表：「此心元不爲梅花」。原來，詩人觀梅產生的聯想、發出的感歎，並非爲了梅花。全詩就這樣由詠梅轉爲詠歎人生。梅花、處士家和萬里江南，都虛化起來，引導讀者探索詩人的內心意向，和他一起進入對現實的思考之中。此心不爲梅花，而又爲什麼呢？沉重的隱憂又從何而起？劉因沒有回答，不過讀者可以聯想。劉因曾幾次拒絕元世祖徵召，被忽必烈稱爲「不召之臣」。對於元朝用兵江南，恐怕難有好感。心憂如焚，自然是爲了江南百姓，其中是否蘊涵有某種民族情緒也未可知。

（李佩倫）

念奴嬌

憶仲良

劉因

中原形勢，東南壯、夢裏譙城秋色。萬水千山收拾就，一片空梁落月。煙雨松楸，風塵淚眼，滴盡青青血。平生不信，人間更有離別。　舊約把臂燕南，乘槎天上，曾對河山說。前日後期今日近，悵望轉添愁絕。雙闕紅雲，三江白浪，應負肝腸鐵。舊遊新恨，一時都付長鋏。

元朝是曲的時代。王國維以之與唐詩、宋詞並稱。吳梅更爲之論道：「洎胡元入主中華，所用胡樂，嘈雜緩急之間，舊詞至不能按，乃更造新聲，而北曲大備。天意若憫文明禹甸，拘文牽義者之無所措其手足，別闢一新文界以處之，至不惜破華夏之防，放此異彩。以吹笳鳴角之雄風，汰金粉靡麗之習，此亦文學上至奇之局也。」（《曲學通論》第一章）然而，詞並未消亡，不少作者都繼作不息，而在風格上也一變南宋面貌，多是「以吹笳鳴角之雄風，汰金粉靡麗之習」，劉因就是其中之一。

文學有時代之分，又有地域之別，金朝盛行蘇學，「程學盛南蘇學北」（翁方綱《書遺山集後》），因而詩文多以蘇軾爲宗，趙秉文、王若虛、元好問均是其中代表。元朝消滅金、宋後，對這種「北」風繼承頗多，晚清詞

念奴嬌・憶仲良

論家兼「四大詞人」之一的況周頤認爲，元人詞中以劉因所作最近蘇軾，他說：「余遍閲元人詞，最服膺劉文靖，以謂元之蘇文忠可也。」（《蕙風詞話》卷三）在劉因的《樵庵詞》中，《念奴嬌・憶仲良》尤近於蘇、辛一派。

仲良是作者的摯友，如今不能攜手同行，天各一方，詞的上片就寫了深刻的別情。

「中原形勢，東南壯，夢裏譙城秋色。」作者身在北方，遠望東南的譙城（在今安徽亳縣），這裏是曹操的故鄉，東晉時領衆歸晉的羌人領袖姚襄曾屯兵於此，以「壯」字稱之，十分恰當。位於中原的譙城，使人神旺氣壯，但友人仲良居於此，與自己相隔很遠；當此秋色連天之時，遠望彼地，思念彼人，竟至憶想成夢，在夢中得見譙城秋色。「萬水千山收拾就，一片空梁落月。」這兩句寫夢醒：一夢醒來，仍然隻身在此，譙城秋色不可見，萬水千山也被「收拾」了，唯有落月照着空梁而已。這裏，化用杜甫《夢李白》「落月滿屋梁，猶疑照顔色」的詩意，在杜詩中，「顔色」指夢中所見的李白的面容。兩句連看，寫了詩人夢中初醒時迷離恍惚的情狀。詞意與詩意同，表現了對仲良的深切懷念。「煙雨松楸，雪塵淚眼，滴盡青青血。」遙望南天，關山阻隔，松樹與楸樹煙雨迷離，大風揚塵，淚眼難見遠方，思念之深，眞使人滴盡碧血（《莊子・外物》篇：「萇弘死於蜀，藏其血，三年而化爲碧」）。「平生不信，人間更有離別。」這兩句進一步以點明離別來加重別情。

下片憶想舊約，爲不能踐約晤面而深感惆悵。

「舊約把臂燕南，乘槎天上，曾對河山說。」昔時曾與仲良約定，在燕南（這裏指大都，即今北京）再見面（「把臂」原意爲握住對方手臂，以表示親熱，後引申爲會晤。如張九徵《與陳伯璣書》：「過京口時，弟適入鄉，未及把臂」），入朝爲官，似「乘槎天上」，評說人間河山一樣（槎，木排。《博物志》卷三：「天河與海通，近世有人居海渚者，年年八月有浮槎去來不失期。人有奇志，立飛閣於槎上，多賫粮乘槎而去。至一處，有城郭狀，居舍甚嚴，遙望宮中，多織婦。見一丈夫牽牛渚次飲之，此人問：『此是何處？』答曰：『君還至蜀郡，訪嚴君平則知之。』後至蜀，問君平，曰：『某年月日有客星犯牽牛宿。』計年月，正是此人到天河時也。」此則神話故事的上半即「乘槎天上」，下半即「曾對河山說」。後有人也將乘槎上天喻作入朝爲官，從此詞最後所用馮諼彈鋏事看，亦有此意）。「前日後期今日近，悵望轉添愁絶。」以前相約的後會之期，今日已經臨近，終不能把臂燕南，眞使人悵惘愁生。「雙闕紅雲，三江白浪，應負肝腸鐵。」北眺大都（「雙闕」，指宮殿前左右各一的高大建築物，在高臺上起有樓觀，此處借指大都。「紅雲」，即「紅塵」，以闤市的飛塵形容首都的繁華），南望譙城（「三江」解釋衆多，因譙城處黃淮之間，水道衆多，故以「三江」代之，並以「白浪」對舉「紅雲」），既不能北上，又不能南下，眞應有鐵石心腸之名了。「舊遊新恨，一時都付長鋏。」舊日的遊蹤，今日的新恨，都是歸於共同的悵然：那就是旅食依人之苦，這一生恐怕都要像馮諼一樣彈劍長歌了（《戰國策·齊策》載：齊人馮諼寄食孟嘗君門下，先後三次以「食無魚」、「出無車」、「無以爲家」爲由，彈長劍而歌。孟嘗君滿足了他的願望，後馮諼助之營「三窟」，保住相位）。

南宋詞自辛棄疾之後，黃鍾大呂之聲歸於沉寂，湖山清賞、社中題詠，又成詞之大宗。言志抒懷之作，或因時之所忌，寄興深微而索解至難；或因國勢已去，低黯哀慟而掩抑難明。劉因與南宋遺民王沂孫、張炎是同齡人，但他是北方人（容城，今河北省容成縣），亡元日久，自不同於南方人的創巨痛深，因而風格與王、張等人迥異。由金入元，蘇軾流風餘烈尚在，劉因的詞之有蘇、辛遺風是不足怪的。當然，劉詞雖具蘇風，但又有不同，「文忠詞以才情博大勝。文靖（筆者按，劉因卒後，追封容城郡公，謚文靖）以性情樸厚勝。」（《蕙風詞話》卷三）這首《念奴嬌》正體現出「性情樸厚」的特點。作者與摯友仲良曾有「把臂燕南，乘槎天上」之約，但如今分飛二地，既不能踐約於燕南，又不能南晤於譙城，在思極成夢之後，北瞻「雙闕紅雲」，南望「三江白浪」，傾訴刻心銘肺的離別之思，和壯志難伸的共同之意，在擊碎唾壺、回腸蕩氣之中，確實是「樸厚深醇中有眞趣洋溢，是性情語，無道學氣」（王鵬運語，出處同上）。況周頤以「重、拙、大」論詞，其於元人中「最服膺劉文靖」，實以劉因的詞合此三項標準。當然，南宋遺民詞以血淚交流吟出亡國之音，劉因此作以傾訴友情並隱言求官之意，從這一意義言，他的「性情語」的「眞趣」、「樸厚」未必高於「哀以思」的亡國之音。祇是，對於南人，趙宋新亡，對於北人，元蒙早立，感受不同，出語自異，個人以爲，對二者都不必苛求。從風格言，以「北調」「深裘大馬」之「剛」一洗「南腔」「雕文刻鏤」之「柔」，則使人有耳目一新之感，這點足可肯定。

劉因以至元十九年（一二八二）徵授承德郎、右贊善大夫，這首《念奴嬌》當是得官前之作。「窮」而能「工」，在藝術上頗有可稱道處。

一是情景相兼，虛實並到。詞以「東南形勢」破空而來，復以「夢裏」點明，「萬水千山」應接「東南壯」，又歸於「空梁落月」，以夢將景物化實爲虛。而「煙雨」二句則有空中蕩漾之妙，給上語明言的「離別」以景色拓展，參實以虛，在剛方之中增添幾分綿渺。下片的以「乘槎天上」寫「把臂燕南」，可謂以虛濟實，而「雙闕」、「三江」則又是實中見虛。全詞的抒情寫景正是以虛實並到而見騰挪跌宕、轉換靈活，在渾涵一氣中，既精力彌滿，又靈氣往來。

二是骨肉停勻，不冗不復。彭孫遹《金粟詞話》說：「長調之難於小調者，難於語氣貫串，不冗不復，徘徊婉轉，自然成文。」此詞既無演奏之跡，也無捏合之嫌，而是意辭相濟，布置停勻，語言眞摯而不粗率，排宕中見錯綜，情緻洋溢中又不乏綿婉，全篇結構可謂骨肉停勻，不冗不復。因而，確堪稱元詞中的上品。（鄧喬彬）

漁父詞

趙孟頫

渺渺煙波一葉舟，西風木落五湖秋。盟鷗鷺，傲王侯。管甚鱸魚不上鉤。

趙孟頫（一二五四——一三二二），字子昂，號松雪道人，湖州人。他是宋太祖之子秦王趙德芳的後裔，元朝統治者以少數民族入主中原，迫切需要文臣輔佐，元世祖忽必烈派人到江南網羅一批知識分子，遂被召至大都任職。至元二十三年（一二八六），趙孟頫應召北上，以文才相貌，博得世祖的賞識。忽必烈幾次欲重用孟頫，皆爲蒙古大臣所諫阻；趙孟頫提出的一些有益建議，也因觸及蒙古貴族的利益，未果施行。他擔心受到蒙古貴

漁父詞（渺渺煙波一葉舟）

族的猜忌中傷，請求外放。後復被召至京師，任翰林學士，以「操履純正，博學多聞，書畫絕倫」而深得元仁宗的寵愛。英宗至治二年，孟頫卒，年六十九。有《松雪齋集》。

趙孟頫才氣過人，通經濟，擅文章，工詩善詞，書畫爲一代宗匠。他的妻子管道昇，亦能詩善畫。據說管夫人曾爲一幅《漁父圖》題詩，孟頫卽以此詞和之。

《漁父詞》簡短而緊湊。前兩句寫景。「渺渺煙波一葉舟，西風木落五湖秋。」「五湖」，卽太湖。西風勁急，木葉紛落，雲煙浩渺的太湖之上，衹有一葉小舟在隨波起伏。大筆一揮，平塗淡抹，已經交代出時間、地點，渲染出《漁父圖》的遼闊蒼莽的底色。後三句寫人。「盟鷗鷺，傲王侯。管甚鱸魚不上鈎。」並未精心描摹這位「漁父」的動態、表情，而更像是用簡簡單單的幾筆，就勾勒出了一個「背影」，作者就由這「背影」而生發出了無盡的慨歎。人們可以想見這位漁翁獨坐於小舟之中，有意無意地垂着釣竿，終日與鷗鷺爲友，不把王公貴族放在眼裏。這就足够了，能不能釣到鱸魚，又有什麽關係呢！

鱸魚是吳中的美味。《世說新語·識鑒篇》載，張翰在洛陽爲官，「見秋風起，因思吳中菰菜羹、鱸魚膾，曰：『人生貴得適意耳，何能羈宦數十里以要名爵！』遂命駕便歸。」此後，人們便常常把「鱸魚」和「歸隱」聯繫在一起。而「管甚鱸魚不上鈎」，更進一步說明，衹要閒在適意，有沒有鱸魚也都是無所謂的。正像唐代詩人張志和那樣，貶官之後，隱居江湖，「每垂釣，不設餌，志不在魚也。」（《新唐書》卷一九六）張志和也有一首膾炙人口的《漁父詞》：「西塞山前白鷺飛，桃花流水鱖魚肥。青箬笠，綠簑衣。斜風細雨不須歸。」論者以爲趙孟頫的《漁父詞》，寫漁家逍遙自在的樂趣，頗似張志和的原作。然而，細細體味，二詞實有細微的差異。張詞似流麗生動的工筆敷彩；趙詞似淡雅疏遠的水墨畫圖。張詞的背景是山，給人以寧靜安定的感覺；趙詞的主體是水，呈現出動蕩不安的氣氛。張詞以明媚的春景寫出悠閒自得的風味，處處顯示着歸隱之後的愉悅；趙詞以蒼涼的秋色烘托一種無可奈何的神情，隱隱透露出思歸不得的歎息。趙孟頫仕元，頗遭當時有民族情緒的知識分子，甚至至親好友的非議；又多受蒙古官員的猜忌排擠。他曾說：「在山爲遠志，出山爲小草。古語已云然，見事苦不早。……誰令墮塵網，婉轉受纏繞；昔爲水上鷗。今如籠中鳥。」

（《罪出》，見《松雪齋集》）「盟鷗鷺，傲王侯」，實際上是盟不得鷗鷺也傲不得王侯的人的願望，也僅僅祇是個願望而已。

趙孟頫的《漁父詞》，篇幅短小，但境界廣遠，淡雅空濛，寫景抒情，渾溶一氣。作者從對《漁父圖》的描寫入手，點染升華，含蓄地寄託了自己的身世之感，也豐富與深化了畫的主題。（吴　鷗）

念奴嬌

鮮于樞

八詠樓

長溪西注，似延平雙劍，千年初合。溪上千峯明紫翠，放出羣龍頭角。瀟灑雲林，微茫煙草，極目春洲闊。城高樓迥，恍然身在寥廓。

我來陰雨兼旬，灘聲怒起，日日東風惡。須待青天明月夜，一試嚴維佳作。風景不殊，溪山信美，處處堪行樂。休文何事？年年多病如削。

鮮于樞（一二五九——一三〇一），字伯機，號困學民，又號直寄老人，漁陽（今河北薊縣）人。官太常寺典簿。善詞賦，工書畫，書法與趙孟頫齊名。與他同時的戴表元作《困學齋記》，說他「意氣雄豪」，「與其長廷爭是非，一語不合，輒飄飄然欲置章綬去，漁獵山澤間而後爲快。」（《剡源文集》卷二）趙孟頫則形容他「氣豪

鮮于樞

念奴嬌·八詠樓

聲若鐘，意憤髯屢戟，詼諧雜叫嘯，議論造精覈。」（《松雪齋集》卷三《哀鮮于伯機》）從這首《念奴嬌·八詠樓》中，也可以見出他的這種雄豪瀟灑的性格。

八詠樓在今浙江省金華市南隅，婺江北岸，相傳爲南朝梁沈約任東陽太守時所建。原名玄暢樓。沈約有八首登此樓而吟詠風月、懷古傷今的詩，一時廣爲傳誦，故更樓名爲「八詠」，以志其事。此後，歷代詩人多有題詠，八詠樓遂爲婺州名勝。

上闋寫景。「長溪」，指婺江，又名婺港、金華江。婺江有兩源，東源稱東港，南源稱南港，相匯於今金華市（隋至元代爲婺州，明清兩代改爲金華府）南郊後，繼續西流，與衢江匯合，稱爲蘭溪，最後注入浙江。婺州一帶，山水峻絕。《讀史方輿紀要》云，金華縣城「南臨大溪，三面環壕，倚山帶水」。又云，金華府南三十里，「山中諸溪匯流，其下兩巖對峙，高數百仞。」「長溪西注」，下一「注」字，正見江水奔湧而來，又奔騰而去，由遠及近，自上而下的迅猛氣勢。詞人一開篇就把讀者帶入了一個登高望遠、視野開闊的境界。

「似延平雙劍，千年初合。」用晉張華故事，描寫兩條江水匯合一處的情景。《晉書·張華傳》載，雷煥爲豐城宰，掘得寶劍一雙，一送張華，留一自佩。張華歎道：「天生神物，終當合耳。」華被誅，劍失所在。煥卒，煥子華佩劍過延平津，劍忽躍出入水。使人沒水求之，「不見劍，但見兩龍各長數丈，蟠縈有文章」，「光彩照水，波浪驚沸」。此處用雙劍初合，喻兩江相匯，寫其合流時的壯觀景象。構思絕妙貼切，用典似信手拈來，全不費力，而雄健的氣勢已隱隱透出。

「溪上千峯明紫翠，放出羣龍頭角。」在險峻的地勢中，兩條江水遠遠奔來，陽光在羣峯間或隱或現，深暗的紫色與明朗的翠色互相交織變幻，溪上無數山峯就如同羣龍擡起了丫叉的頭角一般。「羣龍」，應上「延平雙劍」。傳說中的神龍，常常是「不見首尾」，而這裏却不僅描寫了羣龍的「頭角」，而且寫龍正在「放出」頭角。「放出」二字，下得靈活飛動，頓時把靜態點化爲動態，但覺畫面沿着長溪，陡然向縱深延伸開去，把山與水融成了一個整體。而陽光的明暗變化，更使此山、此水像活了一樣動蕩起來，極寫羣山起舞、長溪奔騰，如神龍翻捲的天矯之狀。「明紫翠」三字，給雄健的氣勢中，又平添了幾分婀娜、幾分嫵媚，恰使人覺得，這裏描寫的正是江浙一帶的青山麗水，而非北國的蒼崖絕壁。

「瀟灑雲林，微茫煙草，極目春洲闊。」語氣一緩，轉而描寫山下水邊的景色。林而蒙雲，草而含煙，是歷代詩人常用的筆法，却正寫出了春日登高目中所見，令人想起南朝詩人謝朓「喧鳥覆春洲，雜英滿芳甸」的名句；但此處的景象，顯然更爲闊大。曰「瀟灑」，曰「微茫」，曰「極目」，使人胸襟爲之一寬，正是「城高樓迥，恍然身在寥廓」。上闋寫到此處，方點出「城」，點出「樓」，引入詞人自身，彷彿詞人上得樓來，就被眼前的美景完全吸引住了，直到此刻，才覺察到還有自身的存在似的。以「恍然身在寥廓」表達自己的驚喜陶醉之情，眞有飄飄欲仙之慨了。

下闋，寫詞人自己的內心感受。「我來陰雨兼旬，灘聲怒起，日日東風惡。」原來詞人到婺江已有二十天之久，天天都是陰雨連綿，東風勁猛，灘聲大作，直到今日才風住雨收，陽光明媚。登樓一望，恍非人間，怎不令久居北方的詞人興奮欲狂呢？然而，詞人仍不滿足，更想到「青天明月夜」時八詠樓上的種種妙處。唐代詩人嚴維《送人入金華》詩有「明月雙溪水，清風八詠樓」的佳對妙句；這佳對妙句，須得有一個皓月當空的晴朗夜晚來印證一下方好；想到此處，詞人禁不住要心旌搖蕩了。

面對勝景，緬懷前人，詞人又聯想到世事的興亡變化。「風景不殊」，語出《世說新語・言語篇》：「過江諸人每至美日，輒相邀新亭，籍卉飲宴。周侯（周顗）中坐而嘆曰：『風景不殊，正自有山河之異。』皆相視流淚。惟王丞相（王導）愀然變色曰：『當共戮力王室，克復神州，何至作楚囚相對！』」「信美」，確實美好。王粲《登樓賦》：「雖信美而非吾土兮，曾何足以少留。」這裏說「風景不殊，溪山信美」，又接上一句「處處堪行樂」，是反用這兩個典故，說雖然風景不異，朝代已改，山河誠美，亦非吾鄉，却處處可以逍遙娛樂。下文便以沈約作結：「休文何事？年年多病如削。」休文是沈約的字。《梁書・沈約傳》載，沈約願爲宰相，而梁武帝終不肯用他。沈約致徐勉書，求代爲陳情，要告老還鄉。書云：「……開年以來，病增慮切。……解衣一臥，支體不復相關。上熱下冷，日增月篤；取煖則煩，求寒必利。後差不如前差，後劇必甚前劇。百日數旬，革帶常應移孔；以手握臂，率計月小半分。」詞人用「如削」二字，簡潔生動地畫出了「革帶常應移孔」、「率計月小半分」的沈約的精神面貌。沈約是一代詞臣，文章詞翰，垂於後世，而在仕途上却仍不免汲汲有所追求，甚或頹喪；詞人對此是表示不滿的。歌詠因沈約「八詠」而得名的八詠樓，最後歸結爲對沈約的人生態度的批評，戛然而止；作者自己不屑於追求功名利祿，却醉心於丹青翰墨、流連於山水之間的志向，也就盡在不言之中了。

這首《念奴嬌》，通篇看來，結構比較簡單。作者平鋪直敍，由景及人，由今及古，一瀉而下，略無滯礙。豪爽明快，是其佳處，但也因此而少跌宕頓挫、大開大闔的意趣。詞中遣字、用典，處處妥貼，顯示了作者深厚的學力和活躍生動的想象力。詞人久居北方，不像南宋入元的知識分子那樣有國破家亡的慘傷，又生性豁達，不拘小節，澹於名利，故詞中雖也觸及了身世之思、興亡之感，却用「處處堪行樂」一筆輕輕帶過，置之不論。因此，他的詞接近了蘇東坡的開朗曠達、隨遇而安，却不及辛稼軒的沉雄恣肆，深摯熱烈。詞中雖着力寫了山河勝景與沉醉於其中的歡樂，但山水仍然衹是供詞人觀賞的對象，還沒有與觀賞的人融合爲一。儘管如此，這首詞仍然表現了一種高遠開闊的情懷，反映了積極樂觀的生活態度，寫出了對祖國大好江山的由衷讚美，神彩飛動，歷歷如繪，仍然不失爲元人詩詞中的佳作。

（吳　鷗）

鷓鴣天・贈歌兒珠簾秀

鷓鴣天

贈歌兒珠簾秀

馮子振

憑倚東風遠映樓，流鶯窺面燕低頭。蝦鬚瘦影纖纖織，龜背香紋細細浮。紅霧斂，彩雲收，海霞爲帶月爲鈎。夜來卷盡西山雨，不着人間半點愁。

元代是我國古典戲曲發展的黃金時代，雜劇名家輩出，佳作如林。這個黃金時代，是由當時浪跡瓦肆的書會才人和淪落勾欄的歌妓女伶共同譜寫的。在元代衆多的女伶中，珠簾秀名聲卓著，獨步劇壇。據元代作家夏庭芝記載當時青樓藝妓事蹟的《青樓集》所載，藝名珠簾秀的演員，「姓朱氏，行第四。雜劇爲當今獨步；駕頭（按：卽皇帽戲）、花旦、軟末泥（按：卽生行）等，悉造其妙。」是當時一位色藝佳絕的女演員，「至今後輩以『朱娘娘』稱之者」。元代著名作家關漢卿、胡紫山、馮子振等均和她有交往，他們題贈珠簾秀的詞曲作品至今都留傳下來，馮子振這首《鷓鴣天》就是其中廣爲傳誦的名篇。

起首「憑倚東風遠映樓，流鶯窺面燕低頭」：稱頌珠簾秀之美貌。鶯燕爲之低頭窺臉，足見珠簾秀具有沉魚落雁之容、閉月羞花之貌；但詞中進一步透露：這種美貌，並非庸碌的凡夫俗子或浮浪的膏粱子弟能够輕易一見的，這就在讚美珠簾秀美貌的同時，把她清標高潔的品格托出。你看，她遺世獨立，憑倚東風，遠映樓頭，衹有高飛的鶯燕才有幸一睹芳采。這種寫法，和關漢卿在〈南呂一枝花・贈珠簾秀〉套曲中所寫的是一樣的：「似霧非煙，妝點就深閨院，不許那等閒人取次展。」在這兩位作家筆下，珠簾秀既端莊美麗，又不同流俗。「憑倚」兩句，語帶雙關，既寫珠簾秀其人，又暗寓「珠簾」其物；由人及物，以物寓人，珠簾掩映樓頭，好比「美人如花隔雲端」。這種亦物亦人之寫法，眞可謂含不盡之韻味於字裏行間。

「蝦鬚瘦影纖纖織，龜背香紋細細浮」兩句中的「蝦鬚」，即竹簾，從陸暢詩「勞將素手捲蝦鬚」而來。此句依然採用亦物亦人之雙關寫法，極似關漢卿贈珠簾秀套曲開頭寫的：「輕裁蝦万鬚，巧織珠千串。」「蝦鬚」一句，旣寫珠簾蝦鬚之纖細精巧，又映託出珠簾秀身材之苗條靚雅。「龜背」，指烹茶時所生的細紋泡，借用劉兼《從弟舍人惠茶》詩「龜背起紋輕炙處，雲頭翻液乍烹時」之辭語。元代勾欄盛行茶道，關漢卿〈南呂一枝花・不伏老〉套曲就寫到他自己善於「分茶擷竹，打馬藏鬮」。「龜背」句寫珠簾秀熟諳勾欄伎藝，精通茶道。這三四兩句寫樓內景物，寫得傳神阿堵，主人公豐姿綽約，若隱若現；廳堂內分茶待客，龜背香浮，一切都顯得纖巧而幽雅。

過片「紅霧斂，彩雲收，海霞爲帶月爲鈎」，這幾句故意蕩開一筆，寫簾前樓頭景色：當早上晨霧收盡、傍晚太陽偏西的時候，海上紅霞飄映宛如彩帶，青天弦月淡淡形似銀鈎，兩相映照，構成了一幅美麗迷人的黃昏暮靄的景色。《青樓集》談到這首詞同時說：「珠（簾秀）背微僂，馮（子振）故以簾鈎寓意。」這樣詼諧打趣，非但無損珠簾秀美麗之形象，且把她與書會才人親密無間的友情和盤托出。過片這三句，依然扣住「簾」字，語涉雙關，極富咀嚼的餘味。

末尾「夜來卷盡西山雨，不着人間半點愁」，化用王勃著名的《滕王閣詩》「畫棟朝飛南浦雲，珠簾漫卷西山雨」的詩句，自然而然，不見一絲斧鑿痕跡。這兩句表面上寫「珠簾」夜來卷盡西山風雨，不沾惹人間之是非，因此也絕却人間的憂愁煩惱；實際上暗寓主人公之生活及秉性，寫得含蓄深蘊，耐人尋味。「夜來卷盡西山雨」，是和心愛的人魚水和諧，因而忘却了人間的煩惱呢？還是才人倡優，高朋滿座，分茶酬唱，良宵苦短，把滿胸臆的憂愁拋到了海裏去？抑或是夜來演出一本關漢卿精彩紛呈的雜劇，渾身上下痛快淋漓，整個兒沉醉在

鷓鴣天·贈歌兒珠簾秀

藝術創造的喜悅中，「不着人間半點愁」呢？凝練的詩句使我們猜不着其中實際的人事，但正因爲如此，它給予我們更多的想象迴旋的餘地，使讀者可以「仁者見仁，智者見智」，結合自己的境遇志趣，對詩句作出自己的解釋，這也許就是言簡意賅的古典詩詞魅力之所在吧！

這首《鷓鴣天》詞，從「珠簾」落筆，字字扣住「珠簾」，處處寄寓女主人公之美貌品性，語涉雙關，顯得奇巧詭麗，富有韻味。其中特別值得稱道的是，除了描繪珠簾秀之豐神麗質之外，詞中還隱約透露出她那高標絕世的品格秉賦，這是很難得的。通篇既寫物（珠簾），又寫人（珠簾秀）；以人爲主，以物巧輔。寫物則眞切肖似，曲盡其妙；寫人則形神兼備，品貌俱存。關漢卿贈珠簾秀套曲之尾聲云：「恰便似一池秋水通宵展，一片朝雲盡日懸。你個守戶的先生肯相戀，煞是可憐，則要你手掌兒裏奇擎着耐心兒卷。」和馮子振這首詞可謂異曲同工。他們用不同的形式，塡詞譜曲，爲我們畫了一幅形神佳絕的元代最耀眼的明星珠簾秀的肖像圖。

全詞文字通俗清麗，可誦性強。「蝦鬚」、「龜背」諸語，新穎工整，令人醒豁。特別是末尾兩句「夜來」云云，翻空作結，跌宕多姿，含不盡之意見於言外，而脫盡無聊文人偎紅倚翠時那種淺薄文字習氣，這也是這首詞之所以爲人稱賞不已的重要原因。

（吳國欽）

中呂・山坡羊・潼關懷古

中呂・山坡羊

張養浩

潼關懷古

峯巒如聚，波濤如怒，山河表裏潼關路。望西都，意踟躕，傷心秦漢經行處，宮闕萬間都做了土。興，百姓苦；亡，百姓苦！

張養浩是有元一代的名臣，「山坡羊・潼關懷古」又是元人散曲的名篇，其中最為動人心弦之處又顯然在最後兩句：「興，百姓苦；亡，百姓苦！」意即改朝換代，或興或衰，或成或敗，平民百姓都一樣是受苦者。這一深刻的命題，在距張養浩六百年後的魯迅先生筆下有了更爲精湛的概括：過去的歷史，對百姓來說，衹是「想做奴隸而不得的時代」和「暫時做穩了奴隸的時代」的顛來倒去而已（《燈下漫筆・一》）。不過，在張養浩之前，封建士大夫雖也不乏悲天憫人之作，却似乎還不曾有如張養浩那樣直樸明快地表述過這一命題。一個封建官僚如此關心民生疾苦，是眞是假，確實是耐人尋味的。

張養浩（一二六九——一三二九），字希孟，號雲莊，濟南人。起於學正小吏，歷任堂邑縣（今山東聊城西北）尹，監察御史，直至禮部尙書、參議中書省事。爲縣令時曾著《牧民忠告》，爲御史時曾著《風憲忠告》，爲中書時又著《廟堂忠告》，合成一書，是爲《三事忠告》，今存。《四庫全書總目》評該書曰：「其言皆切實盡

中呂・山坡羊・潼關懷古

理而不涉於迂闊，蓋養浩留心實政，舉所閱歷者著之，非講學家務爲高論，可坐而言而不可起而行者也。」足見，在那個時代，養浩堪稱勤於政事的循吏。當然，因其直言敢諫，數忤人君，也爲當國者所不容。因此他決計退隱，避身遠禍，終於五十二歲那年，借口父親年邁而棄官歸養。「辭却鳳凰池，跳出醯鷄瓮」（小令〔慶東原〕），他是心存餘悸地離開那虎狼窩的。故爾，儘管後來朝廷屢次徵召，皆堅辭不赴，就如他在小令〔西番經〕中所述：「屈指歸來後，山中八九年，七見徵書下日邊。」衹是到了六十歲那年，一場空前的天災人禍強烈地震撼了他，才使他一反初衷。據《元史》本傳記載，文宗天歷二年（一三二九），「關中大旱，饑民相食，特拜（養浩）陝西行臺中丞。既聞命，即散其家之所有與鄉里貧乏者，登車就道，遇餓者則賑之，死者則葬之。……到官四月，未嘗家居，止宿公署，夜則禱於天，晝則出賑饑民，終日無少怠。每一念至，即撫膺痛哭，遂得疾不起，卒年六十。關中之人，哀之如失父母。」一個封建官吏，一隱八九年，朝廷多次召爲吏部尚書、太子詹事丞兼經筵說書，皆力辭不受，其絕意仕途、罷却名利之志是何等的堅決！然而，一聞賑濟災民，不顧年事已高，毅然應命，散其家財，盡其心力，「愛民如子」之情又是何等的眞誠呵！

這樣一種彌足珍貴的情愫，還可以通過下面這件小事得到佐證。史載，張養浩此次命駕西秦，「道經華山，禱雨於嶽祠，泣拜不能起，天忽陰翳，一雨二日」。這件事在他的散曲集《雲莊休居自適小樂府》中恰有記述：「親登華嶽悲哀雨，自舍資財拯救民。」（〔喜春來〕）另有一首〔得勝令・四月一日喜雨〕，也可以肯定是爲此事而發：「萬象欲焦枯，一雨足沾濡。天地迴生意，風雲起壯圖。農夫，舞破簑衣綠；和余，歡喜的無是處。」這種在久旱逢甘霖時產生的發自內心的歡笑，絕不是什麼粉飾升平的「與民同樂」，適以表明他對災情的感同身受、他與災民的情感相通。試看他在另一篇題名〔一枝花・詠喜雨〕散套的〔尾聲〕中，竟至笑逐顏開，抒發起奇麗的想象來：「青天多謝相扶助，赤子從今罷嘆吁。衹願的三日霖霪不停住，便下〔得〕當街上似五湖，都滲了九衢，猶自洗不盡從前受過的苦！」由此可見，百萬饑民離鄉背井的苦難生活給他留下了多麼深刻的印象。〔山坡羊・潼關懷古〕一曲所發出的「百姓苦」的哀嘆，無疑正是這種同情百姓遭際的情感的凝練與昇華。

在《雲莊樂府》中，以〔山坡羊〕曲牌寫下的懷古之作共七題九首，它們是《驪山懷古》(二首)、《沔池懷古》(二首)、《北邙山懷古》、《洛陽懷古》、《未央懷古》以及《咸陽懷古》。鑒於張養浩歸隱前爲官祇局限在山東和大都（北京）兩地，從未西行過，所以完全可以斷定：這九首懷古小令乃是他應召從隱居的濟南出發，經河南而至任所的紀程實感錄。在這一組曲中，固不乏對壯麗山河的讚美，但更多的還是弔古傷今。面對前代宮殿的荒廢，他感嘆着爭名奪利的虛妄——這和他決計歸隱的政治態度是相一致的；面對流民的深重苦難，他憤憤於歷代君主的競相豪奢、不顧百姓的死活——這又是和他出自社會基層因而同情人民的思想傾向相一致的。如此兩方面的內容，經緯交織在一起，構成了這七題九首懷古組曲——自然也包括《潼關懷古》在內——的主色調。

「峯巒如聚」，潼關地處秦嶺高地，西近華山，南接商嶺，猶如叢山環抱；《太平寰宇記》便這樣描述它：「自函谷（關在今河南靈寶縣東北）至於潼關，高出雲表，幽谷秘邃，深林茂木，白日成昏。」（卷二十九《關西道・華州・華陽縣》）不過，因爲潼關築城於山腰，所以作者對羣山的感受不是什麼高聳入雲，而是「平起平坐」似的從四面八方來聚湊。「波濤如怒」，「波濤」，指黃河，潼關的北面當黃河之曲，流勢湍急。據說，「潼關本名沖關，河水自龍門（卽今山西河津縣西北的禹門口）衝擊至華山，故以名之。」（引文同前）所以，作者居高臨下以當之，其濁浪翻滾、如怒如吼之狀，固足以驚心動魄。值得注意的是「聚」、「怒」這兩個擬人化詞語的選用，使自然界的山河都呈現了一種特定的聚集力量和憤怒情緒。而這種力量和情緒又充斥於「山河表裏潼關路」上，從而鋪染了潼關內外一派天怒人怨的氛圍。當然，所謂的「天怒人怨」，並非說作者在做什麼暴力的鼓吹，或預見到什麼「天下大亂」的氣候。但是，作者身爲奉命賑濟災民的行政長官，面對通往潼關的一路上饑民相食、流民千里的慘狀，既然不能無動於衷，那末，目之所見，心之所感，一旦訴諸筆端，那足令山河變色的受災情況和足使鬼神生憂的災民情緒，就不能不影響到他的運思，以至於對詞語的斟酌、對比喻的擇選。自然界的山河都變成了在這種特定情緒支配下的審美對象。同樣，在這特定情緒支配下，自然界的山河也與人間的氛圍和諧統一了起來。這種難民羣中所反映出來的天怒人怨的氛圍所引起的情緒的共鳴、心靈的震撼，已化作作者的潛意識，因而在喻事狀物時自然而然地附着以「天怒人怨」的色彩。這種藝術表現的潛意識，甚至不妨說，是並不完全聽命於作者的主觀意識的。

如果不是飽含了悲天憫人的思慮，如果不是感受了天怒人怨的民情，那末，作者也就不會在對山河做了如此擬人化的描畫之後，筆鋒一轉，去「望西都」，去「意踟躕」，並進而推出「宮闕萬間都做了土」的藝術形象來的。換句話說，是在望了「西都」，看到昔日的萬間宮闕「都做了土」之後，他「踟躕」了，陷入了深沉的思考，隨之而感受到山之「聚」、河之「怒」的。潼關乃長安（卽西都）的門戶，從潼關到長安歷來是兵家必爭之地。在這條浸透了將士和百姓鮮血的路上，歷代的勝利者們又大興土木，競相修築起自己的安樂窩；從阿房宮到華清宮，揮霍了多少民脂民膏！同樣在這條路上，如今，殘酷的征戰行列不見了（那是因爲元朝實現了版圖的統一），大興土木的行列不見了（那是因爲京城的轉移），衹剩下那光禿禿的變做了廢墟的宮殿遺址，以及那連綿不斷的向關內逃荒的流民的行列。或戰時或平時，或天災或人禍，百姓幾曾有過片時的安寧？因而作者情動乎內，發乎外，呼出不平之聲：「興，百姓苦；亡，百姓苦！」

明明是在潼關懷古，却把視野擴展到潼關通往西都的路上，這固然是因爲受了難民走向的吸引——他們從關中地區逃荒，經長安，向潼關方向滾滾而來。由關上看着絡繹不絕的難民羣，因一眼望不到頭而「望西都」，是很自然的視點轉移。不過，作者並沒有正面去寫難民，而是寫所見的「都做了土」的「宮闕萬間」；意卽不去寫在死亡線上掙扎的百姓，而是寫建築在百姓苦難的基礎上的統治者的奢侈。這其中是飽含了作者對現實的針砭的。

元代皇室的濫施賞賜，揮霍無度，置國庫空虛而不顧，這在歷代王朝中是出了名的。對此，張養浩心懷不滿。《元史》本傳就記載了這樣一段公案。英宗卽位時（一三二一年），曾想於上元節在宮內張燈製鰲山。養浩此時已受命參議中書省事，遂上疏左丞相，請其代爲廷諫，而左丞相也就照奏了：「……今燈山之構，臣以爲所翫者少，所繫者大；所樂者淺，所患者深。伏願以重儉慮遠爲法，以喜奢樂近爲戒。」這就是一代名文《諫燈山疏》。後來因爲蘇天爵所輯《元文類》未收此文，葉盛在《水東日記》中還曾大加諷刺。但在當時，這篇奏疏却招來英宗的勃然大怒，衹是爲了表示他的大度才轉怒爲喜，並悻悻地說：「非張希孟不敢言！」從中不難看出，張養浩在疏中對皇室豪奢危害的揭露是有着遠見卓識的，而以此直言進諫在羣臣中也是名聞於上的。不過，經此一事，張養浩也深知「伴君如伴虎」之危，因而不再唯喏稱臣。如今，當八年後重理政事時，面對的依然是這一情況，他的老認識、新感觸也就油然而生了。據《元史・文宗本紀》載，「陝西自泰定二年（一三二五）至是歲（卽天歷二年，一三二九）不雨，大饑，民相食。」干旱竟長達五年之久，這是多麽嚴重的災情！《元史》隨卽便記載了「陝西告饑，賑以鈔五萬錠」的「龍恩」。但是，與此同時，皇室的揮霍又是多少呢？請看同一月中本紀所記：「賜魯國大長公主鈔二萬錠營第宅」（這是一月的事，五月，「復賜魯國大長公主鈔二萬錠以構居第」）。據中書省臣報告，僅皇室豢養的鷹、鶻，獅、豹之食卽一萬三千八百錠。又據中政院臣報告：僅皇后一人日用所需卽鈔十萬錠。統治者的揮霍無度，由此可見一斑；置黎民百姓死活於不顧，由此亦可見一斑。這些，曾「身居要路津」的張養浩是不會不知道的。値得注意的是史中隨後這樣一條記載：「陝西大饑，行省乞糧三十萬石，鈔三十萬錠。」可以認定，這個告急的奏折卽出自身任賑濟災民的陝西行臺中丞要職的養浩之手。然而得到的答覆又是什麽呢？「詔賜鈔十四萬錠」而已，對於更爲急需的糧食一項則理也不理。朝廷如此不體恤災情的嚴重、災民的死活，張養浩的憤懣該是意料之中的。可是作爲封建官吏又無可奈何。於是憤懣化作對百姓遭際的更深厚的同情，克盡職守，全身心地投入賑濟災民的公務中，以致憂勞成疾，瘁然而逝。他的去世，是由於朝廷的苛刻，使他無力完成賑災的使命。從這一意義上說來，他受到了朝廷的迫壓，從而反映了朝廷的腐敗。他的去世，也是由於災情的嚴重，由於朝廷的不體恤民情，使他衹能獨力支撑救黎民於水火的局面。從這一意義上說來，他又是爲百姓鞠躬盡瘁，反映了他愛民如子的情懷。「文如其人」，《山坡羊・潼關懷古》一曲所包含的豐富內涵，正是張養浩作爲一代名臣的心跡的藝術再現。

（黃　克）

黃鐘・人月圓

張可久

春日湖上

東風西子湖邊路，白髮强尋春。盡教年少，金鞭俊影，羅帕香塵。蹇驢破帽，荒池廢苑，流水閒雲。惱余歸思，花前燕子，牆裏佳人。

《黃鐘・人月圓》的句式是七、五、四、四、四、四、四、四、四、四、四。《太和正音譜》將第六、第七兩句合爲一個八字句。全曲不要求對仗，但《中原音韻・作詞十法》中說：「逢雙必對，自然之理。」所以作者往往對曲中的三組四字句作「鼎足對」，或於後兩句作「合璧對」，使之更加華麗典重，「聳觀」、「聳聽」。張可久這支散曲就是如此。

這支散曲是詩人在明媚的春天，於西子湖畔，即事興感，抒發自己嘆老嗟卑、懷鄉思歸的情思的。曲一開頭，詩人就用「東風」點破題目中的「春日」，用「西子湖邊路」扣緊題目中的「湖上」；並用「白髮強尋春」來說明自己已無「勝日尋芳」的興致，衹是爲了抒發心頭的抑鬱，「老夫聊發少年狂」而已。這兩句雖非「俊語」，但却籠罩全篇，成爲抒情線索的起點。而且用「東風」映帶「西子」，「白髮」隱藏「青春」，便覺言儉於意，情勝乎辭，有着很好的韻味、情調和文彩，給人以充分的藝術享受。接着就眼前所見，自身所歷，進行了強

黄鐘・人月圓・春日湖上

烈的對比。一邊是貴遊公子、妙齡女郎在西子湖畔打情賣俏、尋歡作樂：男的揮着飾有黃金的馬鞭，在柳浪鶯歌中，不時賣弄美好的身影；女的攜着絲製的手絹，一路上散發着迷人的香味。這是用濃筆重彩，描繪出一副熱鬧的場面。這「金鞭俊影，羅帕香塵」，正是以「合璧對」的形式，高度概括了西子湖畔士女遊春的盛況，使人在極其經濟的筆墨中，領略到濃郁的詩情畫意。接着詩人又以淡雅的筆意，描繪出一幅冷落的圖畫，把自己的身世之感，傾注在這樣的畫面之中；與前幅的熱鬧場面形成鮮明的對比，造成「冷」與「熱」、「歡」與「愁」、抑鬱潦倒與富貴纏綿的尖銳對立，因而具有更大的藝術感染力。「蹇驢破帽」三句，是一個「鼎足對」，它以「文而不文，俗而不俗」的語言，勾勒出自己落魄的形象與閒適的心情。他騎着「蹇驢」，戴着「破帽」，躑躅在「荒池廢苑」之間，看着一去不返的流水、無心出岫的閒雲，一種似水流年、浮雲身世的感慨，不禁油然而生。這「蹇驢破帽」在畫面上與「金鞭俊影」相映成趣，那「荒池廢苑」則在畫面外與「舞臺歌榭」對照生輝。這裏既有畫面上的自然景物，又有畫面外的人物活動；既有「伊其相謔」的青年士女，又有「落魄江湖」的白髮寒儒，畫面是豐富多彩的，沁人心脾的藝術力量也是很大的。正是這樣的強烈對比，使詩人在即景生情中，產生「兩字功名頻看鏡，不饒人白髮星星」（《中呂・普天樂・秋懷》）的感慨，從而決定「急疏利鎖，頓解名繮」（《中呂・滿庭芳・山中雜興》），像陶淵明一樣棄官歸隱，過着竹籬茅舍、閒雲野鶴的生活。然而這對於一個不甘寂寞、欲有所爲的知識分子來說，是會在思想感情上激起一些微波的。西子湖畔的往事，值得留戀；西子湖畔的景色，更是難以忘懷的。這使他在歸思正濃的時候，產生了矛盾，產生了苦悶，他以對美人的眷戀，寄託了自己建功立業的政治理想。什麼東西「惱余歸思」呢？一是「花前燕子」，一是「牆裏佳人」。在這裏詩人巧妙地運用了蘇東坡兩首詞的詞意，來抒發自己「此時心轉迷」的思想矛盾。一首是《永遇樂》的「燕子樓空，佳人何在？空鎖樓中燕。」說的是張建封死後，他的愛妾盼盼眷念舊情，不肯改嫁，獨居燕子樓中十餘年，事見白居易《燕子樓詩序》。一首是《蝶戀花》的「牆裏鞦韆牆外道，牆外行人，牆裏佳人笑。」相傳東坡謫貶在惠州時，使其愛妾朝雲唱這首詞，朝雲淚滿衣襟說：「奴所不能歌，是『枝上柳綿吹又少，天涯何處無芳草』也。」（見《詞林紀事》卷五引《林下詞談》）詩人以張建封的愛妾盼盼眷戀舊情而不肯改嫁、蘇東坡的愛妾朝雲感於詞意而不肯歌唱，來寄寓自己恪守素志，不願放棄自己的追求：這是我國詩歌的傳統寄興手法。正像韋莊在《菩薩蠻》一詞中，用「綠窗人似花」、「壚邊人似月」來寄託自己的倦倦故國之思一樣。雖然他們寄寓的內涵不同，但是，寄寓的手法則是沒有二致的。《太和正音譜》說張可久的散曲，「清而且麗，華而不豔」，堪稱「詞林之宗匠」。正是因爲他在運用語言方面，「造語必俊，用字必熟」；在運用典故方面，善於「明事隱使，隱事明使」；在寓意寄興方面，有「題中之精蘊，題外之遠致」。這支小令，就是很好的例證。

（羊春秋）

中呂·紅綉鞋

張可久

天臺瀑布寺

絕頂峯攢雪劍，懸崖水掛冰簾，倚樹哀猿弄雲尖。血華啼杜宇，陰洞吼飛廉。比人心山未險。

張可久一生屈在簿吏。據孫楷第先生考證，他於至正初七十餘歲時尚爲幕僚；並以爲小山（張可久）「以懸車之年而沉淪下僚，猶不忍決然舍去，似有不得已者。」（《元曲家考略》）羅忼烈先生根據元代詩人張雨《次韻倪元鎮贈小山張掾史》詩，以爲小山晚年因愛子尚幼，爲了生活不得不強顏事人（《兩小山齋論文集》）。張可久

中呂・紅綉鞋・天臺瀑布寺

確實是一個仕途坎坷、生活艱難的詩人。長期屈居下僚的生活經歷不免決定了他那怨而不怒、與時推移的性格。表現在他的作品中，則多愀愴之詞而少憤懣之氣。但這首小令却一反他往常的風格，在寫天臺山山勢險惡時，表現了對世道黑暗的痛惡。

這首小令共六句，前兩句按律爲偶句，寫山勢峭拔、瀑布飛瀉。「絶頂峯攢雪劍」句中，「攢」寫出羣峯疊障，用了這樣一個動詞，賦予羣峯以活力；「雪」描寫「劍」的鋒利，以「雪劍」比喻山峯，既見山峯之險，又造成冷森森的幽深氣氛。「懸崖水掛冰簾」句寫瀑布從峭壁掛下，像一幅冰絲織成的簾子。前人寫瀑布有不少名句。有的詩人把瀑布比作白練，如唐代徐凝《廬山瀑布詩》：「千古長如白練飛，一條界破青山色。」有的詩人把瀑布比作玉龍，如金元好問《雜詩六首道中作》：「懸崖飛瀑駭初經，白玉雙龍擊迅霆。」又，《黃華峪十絶句》：「誰著天瓢灑飛雨，半空翻轉玉龍腰。」又有人比作閃電、白虹，如沈約詩：「掣曳瀉流電，奔飛似白虹」；李白《望廬山瀑布》：「欻如飛電來，隱若白虹起。」還有人比作銀河，如李白著名詩句：「飛流直下三千尺，疑是銀河落九天」、「初驚河漢落，半灑雲天裏」。這些比喻中，有的着重形容瀑布的水勢和色彩（白練、白虹）；有的強調瀑布順着山勢曲折翻騰而下的情景（玉龍）；有的則突出瀑布飛流的速度（飛電）；而李白把瀑布形容爲落自半空的銀河，氣象最爲闊大。但張可久並沒有沿用前人成句；爲了寫出天臺山幽深冷峭的氣象，他用「冰簾」來比喻天臺山的瀑布，其藝術效果與「雪劍」是相同的。如果說前兩句是着力於用比喻來造境，那麼第三句却是用「賦」的表現形式來寫山勢高峻險要：峯巔流雲飄浮，猿猴攀倚樹木，時時發出哀鳴。這是對前兩句的補充：「弄雲尖」寫山勢之高，「哀猿」則爲之增加了凄涼的氣氛，從感受來說，又比前兩句更進一步。

第四、五句與前三句不同，不是從形態、從空間的高度作爲描寫角度，給讀者以視覺印象；而是從描寫天臺山中的鳥鳴、風吼給人以聽覺聯想：讀者似乎能聽到杜宇凄涼的鳴叫和山洞中呼嘯的悲風，通過這一聯想造成一種悲涼的意境。（當然前三句寫瀑布傾瀉、哀猿啼叫也是聲音，但主要是爲了寫山勢。）「杜宇啼血」在我國詩歌中已是一種傳統的意象，代表着悲涼。這不但因爲關於「杜宇」有一個古老而令人感傷的故事，還因爲它啼聲甚哀，尤其能引起羈客思歸的深怨。而在這幽深的山中聽到它的叫聲，更能激發人們的悲思。「陰洞吼飛廉（按：

古代傳說中風神）」句所引起的則不僅是悲涼的感覺，而且頗有些空寂感，甚至有些不寒而慄的憂懼感。可見，從作者的感情來看，是在一步步的深入：從寫山勢的冷峻幽深氣氛到哀猿、杜宇的啼聲造成的悲涼淒清的感受，直到「陰洞吼飛廉」的憂懼感，這一切都爲最後一句：「比人心山未險」作充分的鋪墊。

如果沒有最後一句，這一小令可以看做單純的寫景作品；然而有了第六句，作品的內涵就不那麽單純了，其重點則在於作者的感慨。王國維曾把詩的境界分成「有我之境」與「無我之境」，這一小令的前五句正是「無我之境」。作者似乎在作一種寧靜的觀照，在冷靜地描寫客觀事物。他的主觀色彩衹是在描寫過程中流露出來，或者說是把主觀感情融化在客觀事物之中。如把山峯比作「雪劍」，的確表現了主觀的感情色彩——不然，何以不用「翠疊」、「晴巒」之類比較開朗明媚的比喻呢？但是，畢竟主觀色彩並沒有明確的表示，不像王國維所舉的「有我之境」的詩句：「淚眼問花花不語」、「可堪孤館閉春寒」那樣，作者作爲主體在詩中與客體並存，直接發表感想，乃至與客體交流。然而第六句却不同，不僅進入「有我之境」，而且是直接發表議論——人心比山險——這是作者坎坷生活中歸納出來的哲理，也是他在天臺山受到種種景物的觸動而產生的聯想，其感慨不可謂不深。從寫法來看，這是一種境界的轉換，要使這一轉換不顯得突兀，就需要在前面作種種鋪排；具體來說，要說明「人心險」，就首先要寫出「山勢險」，並且要充分渲染那種冷峭而又悲涼的氣氛；然後結句一個逆轉——人心比山險，才顯得自然而有力。從這首小令來看，其藝術處理是成功的，使最後一句直抒胸臆的詩句繫有千鈞之力。

（呂薇芬）

中呂・紅綉鞋・天臺瀑布寺

越調・天淨沙

張可久

魯卿庵中

青苔古木蕭蕭，蒼雲秋水迢迢，紅葉山齋小小。有誰會到？探梅人過溪橋。

〔天淨沙〕又名〔塞上秋〕，句式爲六、六、六、四、六。要求前兩句爲「合璧對」，卽兩句互爲對偶；或前三句爲「鼎足對」，卽三句互對。第三句的最後兩個字，據周德清《中原音韻》說：「去上極妙。」但元人在這裏用平韻的亦復不少。如白樸的「楊柳鞦韆月中」（《春》）、「旋趁庭槐綠陰」（《夏》）；喬吉的「花擔安排酒樽」、「薄倖雖來夢中」（《卽事》）等。張可久用平聲韻的就更多了，如「相對良宵幾何」（《書懷》）、「雲掩山房幾家」（《赤松道宮》）、「隔水疎林幾家」（《江上》）等，說明這裏不必拘泥於《中原音韻》的所謂定格。

這支散曲，開頭便以「鼎足對」的形式，將一個幽深靜穆的古庵，形象地展現在讀者的面前。它掩映在蕭蕭的古木之中，門前横着一道迢迢的秋水，四周紅葉如醉，青苔如茵，林寒澗肅，天清雲閒，是穆王的馬跡所不曾到、謝公的屐齒所不曾登的一個所在。這幅深山古寺圖，有色彩，有動靜，有遠近，有高低，給人一種自然寧靜的審美享受。那苔痕青青，雲影蒼蒼，霜葉火紅，簡直像一幅色彩斑爛的圖畫。古木上綴着青苔，自然是一片引人入勝的原始森林了；古木下用「蕭蕭」加以修飾，則風搖樹鳴，動態可見了。「秋水」

越調·天淨沙·魯卿庵中

上浮着「蒼雲」，則波光雲影，水天一色，盡收眼底；「秋水」下綴以「迢迢」，則溪之悠長，水之潺湲，全在心中。再加上霜林紅葉，遮蔽着小小的山齋，藏中有露，靜中有鬧，使人自然產生一種「鬱然如陰，燦然而榮」的藝術遐想。平視則古木蕭蕭，青苔斑斑；仰視則天光雲影，倒映水中；遙看則蕭寺一角，掩映於滿林紅葉之間：大有移步換形、目不暇接之感。眞是「路近蓬萊，地遠塵埃」〔越調·寨兒令·鑒湖上尋梅〕、「李願盤谷序，青山一片范寬圖」〔中呂·朝天子·山中雜書〕。這裏自然浸透了詩人的主觀感情：那「虎狼叢」的官場裏，「是非海」的人世間，充滿了骯髒、污濁的空氣，使詩人窒息得透不過氣來，因而把那個幽深的山齋，塗上了一層寧靜、純潔的色彩，以與那「密匝匝蟻排兵，亂紛紛蜂釀蜜，鬧攘攘蠅爭血」〔馬致遠〔雙調·夜行船·秋思〕〕的「虎狼叢」相對照，與那「取富貴青蠅競血，進功名白蟻爭穴」〔馬謙齋〔雙調·沉醉東風·自悟〕〕的「是非海」相映襯，反映了詩人對幽居生活的嚮往，對官場生活的厭倦。這裏看不到輕裘肥馬的貴遊公子、遺釵墮鈿的輕薄女郎，徵歌買笑的靡爛生活、鬻官賣爵的黑暗社會，而是一塊遠離塵俗的乾淨土地。詩人以極其欣慰、喜悅的心情描繪了那裏的自然景物，又以優美的自然景物來反映自己恬靜、安適的心境。這跟他年逾古稀尙爲昆山幕僚所產生的那種「逐名利長安日下，望鄉關倦客天涯」〔中呂·紅繡鞋·洞庭道中〕的思想感情是非常合拍的。所以他最後以發問的語氣，提出「有誰曾到」的問題。自然，在這幽靜的地方，沒有「高軒過」，也沒有「香車來」，祇有像孟浩然那樣的田園詩人，才會騎着蹇驢，踏着冰雪，步過溪橋，探聽梅花的消息。這「探梅人過溪橋」一句，不但照應了上文所說的「秋水迢迢」，而且深化了詩人所要抒發的思想感情，使讀者跟着詩人欣賞着「溪橋上，東風暗香，浮動月昏黃」〔中呂·滿庭芳·山中雜興〕的景色，陶醉在「蹇驢，和壺酒，風雪梅花路」〔中呂·朝天子·山中雜書〕的閒情逸致中。梅花有着傲雪的品質，它不肯在春風中爭妍鬥豔，這跟詩人的思想感情有着相通、相似之處，所以在他的散曲中有不少「尋梅」、「訪梅」、「探梅」、「梅邊」、「梅邊卽事」的作品，而且一提到「梅」，作者就懷着眞摯的感情、崇高的敬意，來歌頌它的高潔，渲染它的清麗。說它「不奢華自然風韻」〔雙調·落梅風·禹寺見梅〕、「倚東風一枝斜更好」〔雙調·落梅風·玉果山先上尋梅〕，說是「小橋流水，殘梅剩雪，清似西湖」（〈黃鐘·人月圓·三衢道中有懷會稽〉），「曉來如畫，殘枝綴粉，老樹生春」（〈黃鐘·人月圓·開吳松遇雪〉），說它不入侯門，不慕榮利，甚至認爲「調羹和梅」的典故，是把梅花庸俗化了。「花自老青山路邊，夢不到白玉堂前」（〈中呂·滿庭芳·野梅〉）、「自休官清煞陶家，爲調羹俗了梅花」（〈越調·寨兒令·次韻〉），就是對梅花的最高評價，也是作者自身性格的投影。正因爲如此，所以他把梅花當作知音、當作故人：「梅花渾似眞眞臉，留我倚闌干」（〈黃鐘·人月圓·雪中游虎丘〉）、「小窗見梅如故人，亞冰梢月斜人褪」（〈雙調·落梅風·禹寺見梅〉），而且一見到梅花，就會產生美妙的詩思，「竹籬邊沽酒去，驢背上載詩來。猜，昨夜一枝開」（〈越調·寨兒令·鑒湖上尋梅〉）、「探梅人至，灞橋詩等多時」（〈越調·天淨沙·雪中酬王一山〉）。這種感情和意境，正好是〈魯卿庵中〉結句的註脚。眞是義蘊言中，韻流弦外，像有一種感情的微波在流動、在激蕩，故能產生沁人心脾的藝術感染力。

（羊春秋）

般涉調·哨遍

高祖還鄉

睢景臣

【哨遍】社長排門告示：但有的差使無推故。這差使不尋俗，一壁廂納草也根，一邊又要差夫，索應付。又言是車駕，都說是鑾輿，今日還鄉故。王鄉老執定瓦臺盤，趙忙

般涉調·哨遍·高祖還鄉

郎抱着酒葫蘆。新刷來的頭巾，恰糨來的綢衫，暢好是粧么大戶。

【耍孩兒】瞎王留引定火喬男女，胡踢蹬吹笛擂鼓。見一颩人馬到莊門，匹頭裏幾面旗舒。一面旗白胡闌套住個迎霜兔，一面旗紅曲連打着個畢月烏。一面旗鷄學舞，一面旗狗生雙翅，一面旗蛇纏葫蘆。

【五煞】紅漆了叉，銀錚了斧，甜瓜苦瓜黃金鍍。明晃晃馬鐙槍尖上挑，白雪雪鵝毛扇上鋪。這幾個喬人物，拿着些不曾見的器仗，穿着些大作怪衣服。

【四煞】轅條上都是馬，套頂上不見驢。黃羅傘柄天生曲。車前八個天曹判，車後若干遞送夫。更幾個多嬌女，一般穿着，一樣妝梳。

【三煞】那大漢下的車，衆人施禮數。那大漢覷得人如無物。衆鄉老展脚舒腰拜，那大漢挪身着手扶。猛可裏擡頭覷，覷多時認得，險氣破我胸脯！

【二煞】你須身姓劉，你妻須姓呂！把你兩家兒根脚從頭數：你本身做亭長，耽幾盞酒；你丈人教村學，讀幾卷書。曾在俺莊東住，也曾與我喂牛切草，拽埧扶鋤。

【一煞】春採了桑，冬借了俺粟，零支了米麥無重數。換田契强秤了麻三秤，還酒債偷量了豆幾斛。有甚胡突處？明標着冊歷，見放着文書。

【尾】少我的錢，差發內旋撥還；欠我的粟，稅糧中私準除。祇道劉三，誰肯把你揪捽住？白甚麼改了姓、更了名，喚做「漢高祖」！

〔高祖還鄉〕套曲是元曲家睢景臣所作的著名套曲之一。套曲的體製是用同一宫調中的若干隻曲子聯綴成一套來敘事抒情的，是沒有說白的純粹歌曲；如果加上說白就成了雜劇的形式了。套曲通常又稱爲套數。

睢景臣的生平事跡，我們知道得不多。據鍾嗣成《錄鬼簿》說，景臣在元大德七年從揚州來到杭州，鍾才

般涉調・哨遍・高祖還鄉

和他相識，知道他很愛讀書，心性聰明，精通音律。當時揚州的曲家都用高祖還鄉的題材作套曲，以景臣所作最爲新奇，壓倒其餘各人的作品。

我們知道漢高祖劉邦是歷史上由平民而做皇帝的第一人，也是奪取農民起義果實的第一人。他本是豐邑人（江蘇豐縣），當過秦朝的一名小小亭長。秦漢時，十里有一亭，亭有一長，長有兩名卒，一管開閉掃除，一管逐捕盜賊。他的父親和兩個哥哥都是自己耕田。他却好酒貪色，不愛勞動，考得了亭長的職位。當陳勝吳廣被迫起義的時候，他也響應義軍。後來他的勢力強大，戰勝了強敵，統一了全國，做了漢朝第一任的皇帝，歷史上稱爲太祖高皇帝。

司馬遷《史記・高祖本紀》上有記載他還歸沛縣的一段文字，說他在沛宮，把故人父老子弟都喚來飲酒作樂，召集了一百二十名兒童教他們唱歌。他自己擊筑（古代有絃索的樂器），唱他自己作的《大風歌》，高興得手舞足蹈。他在沛縣逗留了十多日，臨走時，父老還想挽留他，他說：「我的人多，父兄供給不起。」於是沛中的人空縣來送他。他又留下，樂了三日，這才走了。這段記載寫得非常熱鬧，好象沛縣父老子弟對這位皇帝十分親愛的樣子。但是睢景臣的〈高祖還鄉〉套曲却大大的不同，他是從沛縣鄉民的立場和皇帝並不神聖的觀點來描畫的。我且先把這套數的曲詞略加解說，再分析它所表現的思想性和藝術性。

這個套曲是用般涉調中八支曲子組成的。第一支爲「哨遍」，第二支爲「耍孩兒」，第三至第七支爲「煞曲」，其中五煞四煞等是同一曲子的連續用，第八隻是「尾聲」。

第一支曲從高祖未到時鄉民準備迎接寫起。把鄉中得到消息的情況寫得忙忙碌碌地騷擾不堪。社長是傳布消息的。王鄉老和趙忙郎是執行迎接典禮恭獻酒食的。社長布置下的差使，既要清除道路，又要徵發夫役，不能推託，也不能當作尋常的差使看待。「又言是車駕，都說是鑾輿」是寫一般天眞的民衆聽了這消息，心中不明白要迎接的是一種什麼人物。「車駕」、「鑾輿」都是指皇帝乘坐的車子，也是用來代稱皇帝的，但是一般民衆却不知道，所以大家不免紛紛議論，有一種莫名其妙的感想。「暢好是粧么大戶」是很好裝飾成闊佬的意思。這王鄉老和趙忙郎兩位大約是鄉中比較出色的人罷。他們戴着新刷淨的頭巾，穿着剛糨好的綢衫，居然顯得闊綽了，也就够執行迎接「車駕」的任務了。

第二支曲寫的是皇帝的先頭隊伍——樂隊和旗隊。王留是領樂隊的，「一伙喬男女」是奏樂的人們。因爲他們的動作鄉民們不曾見慣，覺得稀奇，所以用「瞎」和「胡」來形容。「一火喬男女」用現在的話說，就是「一伙怪家伙」的意思。旗隊中共有畫着五種圖案的旗子。也就是古書上所謂「日月爲常」、「鳥隼爲旗」、「龜蛇爲旐」之類，但是鄉民們不知這些名目，他們衹見了些白兎呀、烏鴉呀、學舞的鷄呀、生翅的狗呀、纏在胡蘆上的蛇呀——作者在這裏，意在寫出鄉民們從未見過的這些排場，心中覺得可怪，另一方面，却含着輕視的意味。

第三支曲是寫儀仗隊。這些叉呀、斧呀、像甜瓜苦瓜的金鎚呀，都是用來嚇唬人民的東西。這些槍尖上挑着的馬鐙呀、鋪了鵝毛的扇子呀，都是用來壯觀瞻的東西。但是從天眞的鄉民們看來，都是些「不曾見的器杖」；拿着這些東西的人們都穿上花花綠綠的制服，也是他們從沒見過的「大作怪衣服」：所以說是「喬人物」。這個「喬」字含有假扮的和奇異的意思。

第四支曲是寫車駕前的侍衛、車駕後的扈從宦官等和宮女們。曲柄黄羅傘下就是這位高祖皇帝的御駕了。

第五支曲正寫鄉老們向皇帝行禮，和皇帝大模大樣地接受的態度。曲中連用「那大漢」三字，已經很够做皇帝的架子了。以他那種「覷得人如無物」的態度，却還「挪身着手扶」，已經够客氣的了。這裏最奇的是這個「大漢子」皇帝原來是位相識的人；而且認清了以後，險些兒連胸脯也氣破了。

第六支曲卽從覷破這大漢的人口中把這位大模大樣的皇帝的「根脚」「從頭數」出，使得前面那些樂隊、旗隊、儀仗隊，那些駕前侍衛、駕後扈從和宮女們，都顯得是擺的臭架子、空排場了。前面那樣熱鬧烘天，到這裏全化爲烏有了。這時大模大樣的皇帝已毫無神秘的意味，也不是什麽「奉天承運」的天子了。作者本意是要把皇帝並不是什麽天生聖人的意思十分突出地表示出來，這一點是成功了的，但同時却又把一個好酒貪色、不愛勞動的劉邦說成「曾與我餵牛切草，拽埧扶鋤」的人，似乎有輕視勞動的意思。其實皇帝出身平凡，並非可氣；而是做了皇帝，回到故鄉，擺出這些臭排場，却是令人生氣。《史記》上說高祖看了秦始皇出巡的行列，羨慕得很，當時就說：「嗟乎！大丈夫當如此也！」可見他榮歸故鄉，一定是要誇耀鄉里的。作者想是根據這些記載來加以描寫的。

第七支曲子作者想更有力地把這位皇帝的無賴行爲，索性揭發出來，嘲弄他一番。於是把「采桑」、「借粟」、「強秤了麻」、「偷量了豆」的事實說得有憑有據。我們從《史記》上看，高祖曾向王媼賒酒吃，欠她的酒錢很多。說是王媼見他醉臥時，其上常有龍，怪之，不要他還。又說有一次沛縣長官有貴客，沛中豪傑吏皆往賀。蕭何管收賀禮，吩咐賀錢不滿千的，坐在堂下。高祖本來不持一錢，却誑說我的賀錢萬貫，這樣就被他混了進去，見着了貴客。可見這位皇帝原來是個無賴子弟。作者從這些記載中編撰出上面那些事實原是可以的。但是認識皇帝這個人的身分，我們看來却有問題。他說劉邦採了他的桑，借了他的粟，零支了他的米麥，強秤了他的麻，又偷量了他的豆，然則他必定是一個家私富裕的人了；是富豪或是地主，都有可能。照作者的說法，劉邦固然有些無賴，而借粟、支米麥，却不過是因爲貧窮罷了。作者本意在強調劉邦的無賴，却無意之中，把封建社會知識分子看不起貧苦民衆的意識暴露出來了。當然，這是我們今日的觀點，在作者那時是不會這樣看的。

尾曲全用滑稽筆調來結束全套，是曲家最本色當行的手法。這位鄉友居然向皇帝討債，已經够滑稽了，還說「差發內旋撥還」、「稅糧中私準除」都可以，並且說出「誰肯把你揪捽住」，你又何必「改了姓、更了名，喚做『漢高祖』」！便是出奇了。總之，全曲把皇帝的排場逐步增強，到了三煞曲，是達到最高度，忽然，奇峯突起，這位尊嚴的皇帝却原來是連他的「根脚」都熟悉的人，於是傾筐倒篋般把他的無賴行徑都說出來。於是所謂皇帝也者，就毫不足奇了。這種寫法是作者藝術性的高度表現。他是把外表尊嚴的神聖的一面和內在平凡的醜陋的一面兩兩相形，加以突出地顯示，使讀者自然感到驚奇。他之能壓倒同時的作家也就在此。不過我們要批判他的却有兩點：一點是他那知識分子的落後性，一點是封建社會的意識形態。他那輕視勞動和貧苦人民的缺點是無法替他回護的；盡管他在嘲弄封建統治者這一點上寫得有聲有色，很透徹，很成功，筆調也很輕快犀利，却仍然是「瑜不掩瑕」這是爲歷史所局限了的。

我想通過這一套曲，順便談談元代曲家的共同思想，就是把帝王卿相，富貴功名，看成一錢不值；或用嘲弄的口吻，或用輕蔑的語調，或用嘆惜的神情，使得那些封建統治階級的權力地位，都成爲可憐可厭的東西。這些曲家雖沒有去參加革命事業，也沒有明目張膽地拿文學作爲宣傳鼓動的武器來提倡反抗，却用他們的歌曲，表達了對統治者用來籠絡人才的工具——富貴的極端輕視。他們的歌曲既能通俗，又唱來悅耳，因此流行民間很是廣泛，也因此得到宣傳鼓動的功效於不知不覺之中，使得一般人心目中對於封建統治者已不再認爲神聖不可侵犯了。所以，一旦統治者的權力發生動搖，或壓力得到反抗，就隨處有人起而推翻他。元末農民起義的事件，大大小小，不知多少，元朝皇帝的統治地位終於很快就土崩瓦解了。當然，那時農民起義的最大原因，是由於蒙古人和中國人在政治上、經濟上的不平等，是由於絕大多數窮人被壓迫被危害到無以爲生的地步所造成。但元曲家能影響人心，也就是此種不平等和迫害的反映，所以容易鼓動一般民衆的心理使之反抗。從這其中我們可以看出，文學的潛在力量非同小可。至於爲什麽元代曲家不約而同都有這種思想，這是不難理解的。因爲自南宋偏安以來，遼金元三朝都以武力蹂躪漢人；元人的威力更大，壓迫也更重，一般知識分子的出路，全都壅塞，民族的憤怒和個人的怨恨，結成一氣，自然會產生這種結果。知識分子如此，一般民衆的痛苦更不必說了。我們翻一翻元史，也就不以爲奇了。從文學發展上看，產生這種作品也很自然。文學是必然要以內容來決定和改變形式的。元曲家的思想內容變了，元曲的形式必然也隨之而變。古典文學中，元曲是生面別開的。在它以前的各體文學都是所謂「哀而不傷，樂而不淫，怨而不怒」的；在元曲便哀而傷，樂而淫，怨而怒了。以前的文學要含蓄，元曲却貴於痛快。雖然以前的文學非絕無與元曲相同之點，元曲也非絕無與以前各體文學類似之處，但從全面去看，從實質去看，它是被賦予了一種新的精神的。雖然有時因過於傷，過於淫，過於怒，使得許多作品被淹沒了，甚至被人詬詈，但它自有它的不朽的價值。這是所有讀元曲的人的同感，不能不認爲是祖國文學中的異彩。

（劉永濟）

扇上竹

楊　載

種竹何須種萬竿，一枝分影亦檀欒。秋宵更受風披拂，聽取清聲入夢寒。

楊載（一二七一——一三二三），字仲弘，浦城（今屬福建）人。與虞集、范梈、揭傒斯齊名，稱「元詩四大家」。有《楊仲弘集》。

這是一首題畫詩。雖是詠竹，却有別於一般詠竹之作。它的意象經營、情思抒發必須以畫面提供的藝術形象爲根據，詩中之竹衹能是畫中之竹的再創造。由於這幅畫是畫在扇面上的，所以這首題畫詩更有其特點。

竹，挺拔、有節，歷風霜終不改色。與松、梅並稱「歲寒三友」，作爲一種崇高人格的象徵，一直爲人們所鍾愛。畫家、詩人筆下的竹多不勝數。在美的創造中，往往藉竹言志，表現出作者對於某種人格美的追求。然而楊載這首詠竹詩，並沒有從這個角度去寫。他旨在寫竹影之秀美、竹聲之清幽、竹風之寒爽，補畫意之不足。使靜態的畫面，更有生機，更爲靈動。

「種竹何須種萬竿，一枝分影亦檀欒」是針對扇面上衹是寥寥幾竿青竹而發。「萬竿」自有葱蘢的氣勢，「一枝」則更具疏朗之美。詩人沒有正面去寫竹，在這明白如話的陳述中，却孕含着他對於「扇上竹」的喜愛。竹的清姿倩影，一枝已足以使人賞心悅目，確也無須萬竿了。一二句直接就畫面提供的形象，來表現他賞畫之後所獲得的美感；筆墨疏淡，却能在人的視覺感受上，留有清晰而生動的印象。第三句，詩人展開想象，把畫上竹化爲眞實的存在，並放在「秋宵」的特定環境中。秋夜多風，本無形跡可求的秋風，在竹影搖曳中似可尋見。這秋風吹拂，更使「檀欒」秀美的竹枝有了動態。詩人因想象而生情，因情而推動想象，在繪影之外，進而繪聲。第四句「聽取清聲入夢寒」，通過聲音形象的合理補充，使畫面具有了可視可聽的立體感、眞切感。是誰能於無聲的畫中聽取竹聲？自然是與竹神交的詩人。至此，詩人在詩境中凸現了自我，使他成了抒情主人公。這「清聲」雖是被心靈聽到的，却決非虛無。它不衹給人以陣陣寒意，更能撩人心境，並匯入夢境之中。詩人從詠扇上畫竹始，收束在個人詠懷上。情景相生，幾番變化，從不游離竹的形象之外。由畫境到人的心境，馳騁自如。至於這幅「扇上竹」給予人的寒意何在？衹能由讀者自己去體會了。

（李佩倫）

離揚州

范　椁

孤蓬如磨繞汀沙，葉滿平湖藕未花。回首竹西亭漸遠，一江煙雨酒旗斜。

這首詩是詩人離開揚州時寫的，從對揚州的依戀入筆。「孤蓬」即孤單的飛蓬，喻隻身飄零，行止無定。「孤蓬」二字，質樸而眞切地道出了自己切身的感受。隻身飄零的詩人像磨石圍繞着磨盤一樣在揚州久久徘徊。「如磨」，這個比喻極通俗，但用在此處又很別致。它形象地刻畫出詩人對揚州夢魂牽繞、依依惜別的感情。

輓文山丞相

第二句：「葉滿平湖藕未花」，是說整個湖面，蓋滿了一層碧綠的荷葉，但藕花還沒有開放。這幅畫面意境淡遠：詩人筆下寫的是藕未開花，實則已想象出藕花開放時滿湖的芬芳。看不見藕花開放，詩人就要離去了，這裏隱含着一絲遺憾、一絲悵惘，但「葉滿平湖」的美麗景象撫平了詩人的淡淡婉惜——能觀賞到亭亭玉立的藕葉，詩人已經心滿意足了。表面看來，作者的思緒似乎打住了，其實在畫面的背後，隱藏着情感的潛流。作者對揚州的依戀顯得更深沉了，更含蓄了。古代評論家司空圖談含蓄時打過一個比喻，叫做「如漉滿酒」，意思是含蓄的程度好像醇酒傾注滿杯，將溢而未溢出來。此詩正是如此。

「回首竹西亭漸遠，一江煙雨酒旗斜。」三四兩句是一個整體。詩人採用移步換景的方法，推出了另一幅畫面：詩人頻頻回首，望見竹西亭漸漸遠去了、消失了，這時他才注意到「一江煙雨」。在那濛濛細雨中，還有一面酒旗迎着細雨飄飄揚揚呢！詩人像一個高明的攝影師，攝下了最富表現力的鏡頭，在對江南景物的神馳目注中傾注着深厚的惜別之情。作者的離愁別緒也像那一江煙雨纏纏綿綿，接連不斷。有限的景，含蘊着無限的情。「咫尺應須論萬里」，在尺幅的畫面之中，詩人真摯的、深厚的離別之情得到集中的體現。無疑，它是古代離別詩中的佳作。

（邢　莉）

輓文山丞相

虞　集

徒把金戈挽落暉，南冠無奈北風吹。子房本爲韓仇出，諸葛寧知漢祚移。雲暗鼎湖

輓文山丞相

龍去遠，月明華表鶴歸遲。不須更上新亭望，大不如前灑淚時。

這是一首哀悼南宋末年民族英雄文天祥的詩。作者虞集（一二七二——一三四八），是元仁宗時最負盛名的詩人，與楊載、范梈、揭傒斯並稱「四大家」，爲當時詩壇領袖。作者生平作品甚豐，但多爲寄贈題詠之作，成就不高，少數作品具有現實意義。《輓文山丞相》就是其中較好的一篇。詩風典雅精切，感情沉痛。文山丞相，即文天祥。文天祥號文山，宋端宗在福州即位後封他爲丞相，起兵抗元，於景炎三年（一二七八）在五坡嶺（廣東海豐北）兵敗被俘，次年被送至大都（今北京），雖歷經威逼利誘，終堅貞不屈，至元十九年（一二八二）英勇就義。此詩是作者對文天祥的追輓，頌揚了文天祥力挽狂瀾、圖謀恢復宋室的至死不移的高尚節操，同時也流露出一種無可奈何的悲觀情緒。總觀全詩，仍不失爲一首佳作。

「徒把金戈挽落暉，南冠無奈北風吹。」「金戈挽落暉」，事見《淮南子·覽冥訓》，講的是魯陽公援戈揮日的故事。魯陽公是戰國時楚國縣令，傳說他與韓作戰，正當戰鬥激烈之時，日將落，他以戈揮日，使之返三舍。「落暉」，比喻南宋即將垂亡的頹勢。「南冠」，囚犯的代稱。這裏指文天祥被囚於大都。「北風吹」，指元軍長驅南下滅宋。這兩句的意思是說，南宋政權猶如西山落暉，無可挽回，文天祥即使有魯陽公那種揮戈返日的本領，也是徒然；況且他已身遭囚繫，祇能無可奈何地看着元軍長驅南下滅宋。這裏作者用了一個典故，深刻而直截了當地點明了文天祥當時所處的嚴峻艱難的時勢，以及他身陷囹圄壯志難酬無可奈何的困難處境；肯定了他忠心報國、矢志不二的英雄氣概。作者在「金戈挽落暉」之前加上「徒把」兩字，就把魯陽公以戈揮日的壯舉與文山丞相圖謀挽救南宋的壯志很自然地聯繫起來。魯陽公以戈揮日，欲使日返；日本不可返，但爲其精神所動，爲之返三舍，何其壯哉！文天祥圖謀恢復猶如「落暉」的宋室，其壯志可與魯陽公媲美，而宋室已不可恢復，其結果祇能「徒」有魯陽公「金戈挽落暉」的壯志。雖然如此，其精神却與魯陽公是相通的；魯陽公之所爲給人的印象是「壯」，文天祥之所爲給人的印象則於「壯」之外又添一層「悲」，具有強烈的悲壯美。這正是作者要傳達給讀者的感情。通過這個典故，詩歌曲折地傳達出文天祥當時的心境，也展示出作者對文天祥既讚頌又惋惜的複雜感情。

「子房本爲韓仇出，諸葛寧知漢祚移。」張良字子房，其祖與父相繼爲韓昭侯等五世之相，韓爲秦所滅，張良圖謀恢復韓國，爲韓報仇，使刺客擊秦始皇於博浪沙（今河南原陽縣南），誤中副車，逃亡至下邳（今江蘇睢寧北），後輔佐劉邦滅秦興漢。「爲韓仇出」卽指此。諸葛，卽諸葛亮。「寧」，難道。「祚」，君主的位置。「漢祚移」，是說蜀漢的氣運已盡，君主的位置不保。這兩句用張良和諸葛亮比喻文天祥，充分肯定其歷史功績。張良爲韓報仇，佐劉邦興漢，建不朽功業；諸葛亮雄才大略，輔劉備建立蜀漢，雖然知道漢室難於恢復，却始終奮鬥不息，「鞠躬盡瘁，死而後已」，爲後世所敬仰。現在文天祥正做着張良和諸葛亮當年曾做過的同樣事業，所不同的是他比他們當時的處境更加困難。雖然如此，他仍矢志不移，忠貞不屈，始終不忘恢復宋室，這就更突出了他的英雄氣概。張良輔漢，諸葛亮佐蜀，其功績歷史早有定論，作者在此引用他們的典故，以他們比喻文天祥，旣恰當，又容易理解，言簡意深。

「雲暗鼎湖龍去遠，月明華表鶴歸遲。」「鼎湖龍去」，相傳黃帝鑄鼎於荆山，鼎成有龍垂髯下迎黃帝，遂乘龍歸天，後人因稱其地爲「鼎湖」，（見《史記·封禪書》）後世遂以「鼎湖龍去」言皇帝之死。這裏是指宋帝趙昺已死。「華表鶴歸」，相傳漢代遼東人丁令威學道於靈虛山，後化鶴歸遼，集於城門華表柱。一少年舉弓欲射之，鶴飛，徘徊空中說：「有鳥有鳥丁令威，去家千年今始歸，城郭如故人民非。」（見《搜神後記》）這裏借丁令威化鶴歸里的故事，比喻文天祥被害身亡，其魂如返江南，將會有江山如故、人事全非之感。這兩句詩以沉痛的感情對文天祥之死表示深切哀悼，對南宋之亡感到切膚之痛。

「不須更上新亭望，大不如前灑淚時。」據《世說新語》記載：東晉初，過江諸士，每於天氣晴和之日，輒相邀新亭飲宴，因感風景如舊，江山有異，故而相視流淚。新亭，三國吳所築，故址在今南京市南。這裏引用東晉諸士「新亭對泣」的典故，把南宋當時的形勢與東晉作對比：南渡後的東晉，半壁江山猶存，諸士尚能於「美日」相邀新亭飲宴，發一通感慨，流幾滴傷心淚；而南宋較之於衰微的東晉亦大大趕不上了。國亡帝死，力圖恢復的文丞相也不在人世，全國已處於蒙古貴族的統治之下。「不須更上」、「大不如前」旣明白曉暢，又通俗易懂，似無深意，但與「新亭對泣」的典故相搭配，陡增新意，且能使讀者自然而然地把南宋亡國後的形勢與東晉的情況相比較，得出一個具體的概念。南宋亡國後的形勢如何呢？那就是比東晉當時的危難局勢更加悲慘。「不須更上新亭望，大不如前灑淚時」是說南宋亡國後的形勢與東晉不能相比，而實際上却又在比。通過「不能比」却「又在比」的處理，深刻體現了作者對南宋亡國的感慨。

通觀全詩，結構嚴謹，層次分明，意境渾然一體。從頭至尾，句句用典，深化了主題，却無艱澀之感。全詩主旨在於歌頌文天祥的高尚貞操，深切緬懷故宋，無一字明言，却字字不離主旨，實爲難得。

（劉俊田）

風入松

虞　集

寄柯敬仲

畫堂紅袖倚清酣。華髮不勝簪。幾回晚直金鑾殿，東風軟、花裏停驂。書詔許傳宮燭，香羅初試朝衫。

御溝冰泮水挼藍。飛燕又呢喃。重重簾幕寒猶在，憑誰寄、銀字泥緘。爲報先生歸也，杏花春雨江南。

友誼爲古人所重。虞集的這首《風入松・寄柯敬仲》詞，爲古典文學中傳統悠久的友誼之作增添了異彩。

虞集是元代著名文學家，泰定帝時拜翰林學士兼國子祭酒，文宗時又兼任奎章閣侍書學士。柯九思字敬仲，

風入松·寄柯敬仲

是元代著名書畫家，並精於文物鑒別，文宗時授奎章閣參書，遷鑒書博士。虞集比柯九思大十八歲，二人以藝術相知，結爲忘年交，九思作畫，虞必題之。文宗圖帖睦爾尊崇漢文化，二人同被文宗知遇。當時世家子孫用者日衆，忌恨二人。二人曾多次請求調外地任職，都未被允許。至順三年（一三三二）夏，當文宗至上都（今內蒙古正藍旗東閃電河北岸）避暑之際，九思被解職，流寓吳（今江蘇蘇州市）東之胭脂橋。八月，文宗卒於上都。十月，寧宗立，十二月卒。至順四年即元統元年（一三三三）六月，順帝妥歡貼睦爾即位。不久之後，虞集就謝病歸臨川（今江西撫州市，其地屬古代所稱之江南）。當年春天虞集還在大都（今北京市）朝中時，爲了慰藉九思，遂寫下此詞以寄之。（以上據《元史》帝本紀、虞集傳、元陶宗儀《南村輟耕錄》及近人宗典《柯九思年譜》。）詞中，友人去國之悲、自己思歸之情，渾然融成一片。

每當人生即將步入新的途程，總不免要回顧一下過去，這是人之常情。上片所寫即作者對這些年來朝廷生涯的回顧。詞這樣寫起，便有人情娓娓之妙。「畫堂紅袖倚清酣」，朝官生涯，居畫堂，偎紅袖，流連歌酒，時常有一份清新酣暢的得意感。可是：「華髮不勝簪」，畢竟自己已是白髮毿毿，「渾欲不勝簪」了。此句寫實。虞集這年六十二歲，詞筆作這一頓挫，暗逗出白頭當歸之意，爲結尾遙設下伏筆。下邊接着寫朝官生涯：「幾回晚直金鑾殿，東風軟、花裏停驂。」自己任翰林學士多年，曾有多少個寧靜的夜晚，在金鑾殿旁的學士院當值，爲皇帝起草詔書；多少個風和日麗的春天，在百花叢中停車駐馬，沉醉於明媚的韶光呵！尤其難以忘懷的是：「書詔許傳宮燭，香羅初試朝衫。」翰林學士常深夜在內殿起草，事畢，皇帝優許以宮女秉燭送歸學士院。這是從唐代以來相沿的成例。《南唐近事》記韓偓珍藏龍鳳宮燭事可證。如果說宮燭相送還祇是自己身居清要顯美之官的殊榮，那麽，賜給羅衣便是自己與友人九思都曾享受過的恩遇了。下句暗用九思《退直贈月》詩：「西華門外玉驄驕，新賜羅衣退晚朝。」（見《元詩別裁集》卷八）這不僅是用今典，而且就是用此詞所寄之人的詩句，化用不可謂不妙，用心不可謂不苦。從回顧自己的往事轉到緬懷共同的際遇，眞是渾然無跡，而緬懷人我雙方所曾共同經歷過的一段美好生活，慰藉之情自然易入友人之心。

過片收回現境。「御溝冰泮水挼藍」，御溝冰溶，流水湛藍，春天又回到了大都。「泮」，即冰溶。「挼」，本義是揉搓，「水挼藍」，是讚嘆春水藍得那樣可愛，眞像是給誰揉染出來的。「飛燕又呢喃」，雙飛燕子，軟語相親。觸物怎不動情！春回大都，可是往日互相作畫題詩的友人何在？友人去國之悲，隱然見於興象之外。「重重簾幕寒猶在」，儘管春回大都，然而寒意料峭，猶直透重重簾幕，砭人肌骨。玩味句意，顯有寄託。所以接着說：「憑誰寄、銀字泥緘。」我想把所觸所感種種情懷傾訴給遠方的友人，可是，請誰捎去我的書信呢？「銀字」是書字之美稱，「泥緘」是用泥封上書涵，這裏指書信。書信之難寄，正喻說苦衷之難言。虞集與九思均受文宗信用，而遭世家子孫忌恨。當此順帝將立、朝政將變之際，虞集身感孤危的苦衷是可想而知的。詞情至此，已將自己與友人命運相同之意款款寫出。「爲報先生歸也」，作者以自己的歸訊告訴給友人，此時此地，自己也要歸去了。歸去何處？「杏花春雨江南」。九思已歸江南，告以自己同歸江南，正是用以相慰九思。當然，相慰亦是自慰。全詞主意，終於曲曲寫出。歇拍以景結情，從隱憂之情轉出美好之境，全詞意境煥然一新。不僅如此，「杏花春雨江南」一句，更具有其獨特的審美價值。詞句準確地抓住了江南春色的特徵，以極簡練、傳神的語言，描寫出極優美、空靈的意境，實爲古典文學描寫江南風光之絕唱。讀來眞彷彿杏花之色綽約在眼，煙雨之氣氤氳襲人。試比較同爲描寫江南春色的名句，如丘遲《與陳伯之書》：「暮春三月，江南草長，雜花生樹，羣鶯亂飛」，則虞集此句更饒韻致。較之陸游《臨安春雨初霽》詩：「小樓一夜聽春雨，深巷明朝賣杏花」，則虞集此句也更天然，更具全幅感。總起來比較，虞集此句更簡練也更寫意傳神，寥寥六字，而逸韻秀絕，可謂深得元代文人畫之神理，實是對詞體藝術的一個貢獻。作者寫出此句，已應意遠神往，魂銷其境。對於作爲藝術家的友人與自己來說，在如此美麗的江南安身立命，無疑是莫大的心靈慰藉了。這是結尾的韻外之致。

虞集此詞是爲慰藉落職歸去的友人而作。其藝術之高妙，在雅人深致，擺落陳套，全無勸勉之空言，而是從共同的際遇寫至共同的歸宿，自然就心心相慰、心心相印。同時人張翥《摸魚兒》詞序云：次年元夕，吳門（今蘇州）姚子章席上，「敬仲以虞學士書《風入松》於羅帕作軸」。張詞寫道：「但留意江南，杏花春雨，和淚在羅帕。」（《全金元詞》一〇〇一頁）足見虞詞感動柯九思之深。

此詞也感動了當時及後世的許多讀者。元陶宗儀《南村輟耕錄》卷十四在敍述了此詞的背景之後說：「詞翰兼美，一時爭相傳刻，而此曲遂遍滿海內矣。」明瞿宗吉《歸田詩話》卷下云：「曾見機坊以詞織成帕，爲時所貴重如此。」並說：「虞邵庵（集之號）在翰林，有詩云：『屏風圍坐鬢毵毵，銀燭燒殘照暮酣。京國多年情盡改，忽聽春雨憶江南。』……蓋卽詞意也，但繁簡不同爾。」翫詩意，已逼近「杏花春雨江南」的構思，當作於詞之前。可見此詞藝術造詣之高（尤其寫出結句之絶唱）實非偶然，在構思上是經過積蓄而終於產生飛躍的。

此詞既是一位優秀的藝術家爲另一位優秀的藝術家而作，所表現的友情就格外具有一種風流文采。它實際上啓示着元代藝術文化長足發展的背景。名句「杏花春雨江南」，筆墨簡練而逸韻秀絶，實在是體現了元代文人畫「逸筆草草」、「以寫胸中逸氣」（元倪瓚《論畫》）之神理。生活在文人畫崛興的時代，友人柯九思又是優秀畫家，虞集之深解此中三昧，那是很自然的事。

（鄧小軍）

夏五月武昌舟中觸目

揭傒斯

兩髯背立鳴雙櫓，短簑開合滄江雨。青山如龍入雲去，白髮何人并沙語。

船頭放歌船尾和，篷上雨鳴篷下坐。推篷不省是何鄉，但見雙飛白鷗過。

開頭二句：「兩髯背立鳴雙櫓，短簑開合滄江雨」，勾勒出雨中行船時船夫的形象。兩位富有經驗的船工站立在船上，有節奏地搖起了雙櫓，水面激起嘩嘩的浪花。船夫披着的簑衣在細雨中一開一合，一張一收，這種

夏五月武昌舟中觸目

景象是多麽富有詩意啊。詩人泛舟遊長江，不是在波光灩灩的晴空之下，也不是在皓月當空的春夜，而是在夏日的急雨中，別有一番情趣。詩貴含蓄，詩人並沒有直接描繪船夫的神態，但是詩人準確地抓住了客觀事物在特定環境下所顯現出的特殊形態，通過那抖動的簑衣、那和諧的櫓聲，我們可以想象船工那嫻熟的、優美的劃船動作和悠然自得的神態。再者，詩人也並未直接寫舟行之速。直接說，當然也無不可，但未免顯露。從連續不斷的櫓聲、簑衣開合的動作中，可以得知輕舟疾行，兩岸景物目不暇接，快船快意，舟中人充滿新鮮感和喜悅感。詩人描繪的畫面是有限的，但拓開的意境是無限的，詩人把有限的人與物包容在煙雨之中，突出了諸多景物在雨中顯現出來的朦朦朧朧、悠悠不盡的美。

前面寫了雨色，寫了水光，緊接着該寫山嵐了：「青山如龍入雲去，白髮何人並沙語。」「青」，是寫山的碧綠、潔淨。這不是陽光照耀下的山，而是經過雨水洗滌的山，這樣的山，分外清秀。「青山如龍」，寫山的姿態：蜿蜒、挺拔、氣概不凡。兀立的青山原本是巋然不動的，但由於船行水急，詩人感到青山如巨龍騰飛，直插雲霄。這是人在特定環境下觀察事物所產生的某種錯覺。但這種物我交融的情態，不僅把層巒疊嶂刻畫得極富氣勢，而且也洋溢着詩人內心的歡欣喜悅之情，不正是旖旎的山色，使詩人迷戀不已嗎？前句寫遠望，後句寫近觀。看啊，那頭髮斑白的老翁，也陶然心醉了，他們心馳神往，禁不住沙沙細語呢！這二句詩，一寫景，一寫人；一寫遠，一寫近，但潛氣內轉，脈絡貫通，迴環錯綜，渾成自然，造成了一種澹泊恬遠的意境。清代的評論家王夫之曾經說過：「情景名爲二，而實不可離，神於詩者，妙合無垠，巧者則有情中景，景中情。」情寓景中，景因情出，這就是意境的開拓吧？

白髮老人都爲這迷人的山光水色所陶醉了，那麽，同舟共濟的其他人的心境如何呢？「船頭放歌船尾和，篷上雨鳴篷下坐。」這兩句對仗工整、音調優美。船篷外的雨聲與船篷下傳出的歌聲連成一片，天籟人籟，諧合成章，組成了一組使人心醉神醉的交響樂。可以想象，作者的詩情也就隨之海闊天空、縱情馳騁了。這兩句詩造語極其平常，但却使人感到有神韻、有力量，給人以明朗開闊、奔放豁達的感受。

在這情感與理趣的高潮中，詩歌煞尾了：「推篷不省是何鄉，但見雙飛白鷗過。」一葉扁舟，在歌聲和雨聲組成的音響中前行，這足以使詩人陶然忘機了。「推篷不省是何鄉」，作者並不是沒有意識到是在他鄉，但又感到出乎意外，對異鄉充滿新奇感；作者也不是對自己的故鄉沒有繾綣之情，但在這裏表達得更多的却是對異鄉的流連忘返——祖國的山川景物，在他心目中是無處不美的。詩的結尾爲我們推出一幅色彩清晰、格調清新的圖畫：江水湧起，水天相接，雨過天晴，天空澄碧，一雙沙鷗振翅奮飛，給人以恬靜淡遠之感；詩人雖然在羈旅之中，但盡情歡醉的情緒完全支配了他，詩人歡愉興奮的心情從字裏行間流露出來。李白有詩曰：「但使主人能醉客，不知何處是他鄉。」（《客中作》）這與「推篷不省是何鄉」，具有同工異曲之妙。

在我國古典詩歌的寶庫中，泛舟游歷長江之作數目極多。但詩人不因襲舊套，銳意脫俗，寫泛舟於夏雨中，頗有新意。全詩形象逼真，意象飛動，意境如畫，充分揭示出自然界所含蘊的美。它的語言明白如話，活潑自然。這就構成詩歌特有的風格：清淡而不豔麗，婉轉而不造作。《四庫全書總目提要》說其詩「清麗婉轉，別饒風韻」，於此可見一斑。

（邢　莉）

雙調・水仙子

喬　吉

尋　梅

冬前冬後幾村莊，溪北溪南兩履霜。樹頭樹底孤山上，冷風來，何處香？忽相逢縞袂綃裳。酒醒寒驚夢，笛淒春斷腸，淡月昏黃。

讀罷此曲，掩卷思之，你會情不自禁地爲它那獨特的節奏所吸引。「冬前冬後」、「溪北溪南」、「樹頭樹底」，在這接二連三、反反覆覆而又搖搖擺擺的旋律中，首先就會產生一種十分鮮明輕快的動感。踩着這俏皮的小過門兒，詩人登場了。那是早春天氣，乍暖還寒，酒後微醺的詩人，飄飄然倘佯在鄉間小路上，心情澹泊，信步閒行。逐漸的，詩人加快了脚步，一會溪南一會溪北，似有所感；或往樹上或往樹下，似有所尋，終於，他在孤山之下停了下來。這時，陣陣冷風從山上輕輕而下，夾帶着淡淡清香，沁人肺腑。循香而望，梅樹一株，突現眼前，詩人的眸子頓時放射出異樣的光彩。在一片枯木秃枝中，獨有它顯示出勃勃生機：那怒放的白花，猶如披在樹冠上的一層薄紗，素雅清淡；那簇滿花朵的樹枝，又如伸出潔白的長袖，迎風搖曳。春天的信息，全然是從這裏發散出來。詩人興奮不已，如遇朝思暮想的故人，健步上山，直奔梅花樹下，佇立端詳，如呆如癡，陶醉在對梅花、對春意的迷戀之中。這樣過了不知多少時光，遠處隱隱傳來淒涼的笛聲，才打破了孤山上的寂靜，也驚醒了詩人出世般的夢幻，重又回到現實的氛圍中來：夜幕降臨，周圍的一切——包括梅花在內，都籠罩在昏黃的月光之下，失去了光彩，初萌的生氣被逼人的寒氣窒息了，美好的事物被無情的黑暗扼殺了。仔細揣摸這「酒醒寒驚夢，笛淒春斷腸，淡月昏黃」的意象，非物，非我，亦物，亦我，物我融匯一起，復臻於化境。而從中我們却分明聽到了詩人筆底的歎息。是呵，春天來了，大地復甦，這在嚴冬之後本當給人以新的活力，但是詩人反省自己，處境依然蕭索，前途依舊渺茫，竟沒有一絲希望——即或是剛剛萌生的一絲希望，也被這淡月昏黃的沉沉寒夜又一次地吞噬。這絕非筆者的主觀臆測，肯定是詩人的內心獨白，不然，他也就不會在感受到大地回春的欣喜之後，筆鋒一轉，反而要哀歎「春斷腸」了。

全曲突出在一個「尋」字。梅，是春天的使者，所以「尋梅」即是尋春。寒冬經久了，亟盼春天的到來，本是人情之常。詩人興致極濃地尋，即緣於此。問題在於詩人在準確地捕捉到春天的信息、而且在經歷了一番狂喜之後，却又黯然神傷起來。這樣就一變尋春而爲傷春。一般傷春，多傷在春之歸去；而詩人傷春，却傷在

喬　吉

雙調·水仙子·尋梅

春之末來。看那感傷的情思，不絕如縷，與尋梅時的急切、得梅時的喜悅，恰成鮮明的對照。這種對照，反映了暫時的喜悅與長久的憂愁的之间矛盾，而憂愁的長久性又是無法以喜悅的暫時性替代的，故爾，作者才由希冀擺脱憂愁而去尋春，又由於憂愁的無法擺脱而又傷春起來——而且，因爲在尋到春之後更感知憂愁的無法擺脱，所以對春的感傷情緒也就更加濃重。

此曲作者喬吉（一名吉甫）是元代後期的著名曲家，除著雜劇十一種（今存三種）外，尤以散曲名世。散曲之作，至今存世二百餘篇，數量之豐僅次於同時代的另一著名曲家張可久，故後世亦以張、喬並提，比之爲「唐之李、杜」（明李開先《喬夢符小令·序》）。可是，這樣一位多產而優秀的曲家，却生不逢時，落魄一生。鍾嗣成《錄鬼簿》將他編入「方今已亡名公才人余相知者」之列，並這樣記下了他的生平：

> 吉甫字夢符，太原人。號笙鶴翁，又號惺惺道人。美容儀，能詞章。以威嚴自飭，人敬畏之。居杭州太乙宫前。有《題西湖》〔梧葉兒〕百篇，名公爲之序；江湖間四十年，欲刊所作，竟無成事者。至正五年（一三四五）二月，病卒於家。

不難看出，詩人做客異鄉，浪跡江湖，過的是窮困潦倒的生活。這方面，在他的散曲創作中也多有反映：「世情別，故交絶，牀頭金盡誰行借？今日又逢冬至節，酒，何處賒？梅，何處折？」（〔中呂·山坡羊〕《冬日寫懷》）不過，詩人似乎並不甘心爲貧苦所困，他十分達觀，這種達觀也多半來自他那憤世嫉俗的傲骨。試看他的一首〔正宫·幺綠遍〕《自述》：「不佔龍頭選，不入名賢傳。時時酒聖，處處詩禪。煙霞狀元，江湖醉仙。笑談便是編修院。留連，批風抹月四十年。」這就是説，四十年，他都是在這樣翫世不恭、傲岸不俗，而又孤芳自賞中度過的。他在另外一首《自述》曲中，竟至這樣勾勒着自己的肖像：「華陽巾鶴氅蹁躚，鐵笛吹雲，竹杖撑天。伴柳怪花妖，麟祥鳳瑞，酒聖詩禪。不應舉（的）江湖狀元，不思凡（的）風月神仙。斷簡殘編，翰墨雲烟，香滿山川。」（〔雙調·折桂令〕）在另外一首〔雙調·殿前歡〕中他將自己的心跡表述得更爲坦蕩：「懶神仙，懶窩中打坐幾多年。夢魂不到青雲殿，酒興詩顛。輕便如宰相權，冷淡如名賢傳，自在如彭澤縣。蒼天負我，我負蒼天！」這種出世脫俗的情態，祇能來自那不平社會的迫壓。理所當然的是，詩人那敢於「我負蒼天」的筋骨，也正是在「蒼天負我」的備受摧殘的經歷中逐漸錘煉出來的。《太和正音譜》評「喬夢符之詞，如神鰲鼓浪。若天吳跨神鰲，噀沫於大洋，波濤洶湧，截斷衆流之勢。」語意雖近朦朧，不易捉摸，但大致是指其出世脫俗，乃至驚世駭俗，該是無誤的。

但是，這種風格絕不是夢符散曲的全部。它也還擁有另外的一面，即在「出世」無成、「脫俗」不能的時候，勢必會出現的陰影纏繞，無法擺脫，更無能傲然處之的深沉的苦悶，有如此〔水仙子〕曲者。這是受寒風凌逼的春天的苦悶，這是被黑夜吞噬的梅花的苦悶，這是橫遭惡勢力扼殺的一切富有生機的美好事物的苦悶，當然，也是在那世情澆薄、世道昏暗的壓迫下的詩人的苦悶。這種苦悶無所不在，即使在興致勃勃地尋春所引起的喜悅之後，也最終被不由自主的傷春搞得興致索然了。此曲以歡快的節奏起頭，以沉悶的調子結束，先揚之，後抑之，造成情緒的起伏跌宕，巧妙而又深沉地借諭自身的處境。如此傲世之大才，也祇能在黑暗中掙扎，向黑暗中走去，直至生命的盡頭。

（黃　克）

雙調・雁兒落帶得勝令

喬　吉

憶　別

殷勤紅葉詩，冷淡黃花市，清江天水箋，白雁雲煙字。遊子去何之，無處寄新詞。酒

雙調·雁兒落帶得勝令·憶別

醒燈昏夜，窗寒夢覺時。尋思，談笑十年事；嗟咨，風流兩鬢絲。

帶過曲是散曲中小令的一種形式，它可以將音律相近的兩支或三支小令連結起來成爲一個整體，以抒發某種感情和思想。開始祇有北曲的小令中有，後來南曲也加以倣傚，於是有北帶北、南帶南、南北兼帶三種情況。喬吉的散曲雅俗兼備，生動活潑，出奇而不失之怪，婉麗而不失之弱，與張可久齊名，世稱「喬張」，後人把他們的散曲合編爲《喬張樂府》。明人王驥德把他們比之於唐代的著名詩人李賀和李商隱，說：「喬（吉）張（可久）蓋長吉、義山之流」（《曲律·雜論》），李開先甚至說：「樂府之有喬、張，猶詩家之有李、杜」（《閒居集·喬夢符小令序》）。這樣的評價，雖不免有些偏頗，但却說明他們在散曲中的地位是很高的。

這支散曲是寫一個少婦思念她的情人之詞。全曲沒有出現一個「憶」字，而字裏行間却洋溢着相思之情、別離之苦，使讀者深深地感到那個少婦的一腔哀怨、萬種愁思，都在「如怨如慕」的「相憶」中傾訴出來，感情又是那樣的細膩、眞摯、熾熱、奔放，從而在心底深處產生共鳴。而這種共鳴，幾乎和曲中主人公感情的發展是同步的，所以具有極大的藝術感染力。曲的開頭四句，用了兩個「合璧對」的句式，把過去的情思和眼前的孤寂，少婦的離愁和遊子的薄幸含蓄地表達了出來，用典用事，恰到好處。自然而不堆垛，典重而不板滯，是質樸與典麗的統一，故能使讀者沉浸在美妙的藝術意境中。「殷勤紅葉詩」，是運用劉斧《青瑣高議·流紅記》的故事。說是唐僖宗時，于祐偶於御溝中得一紅葉，其上題有詩云：「流水何太急，深宮盡日閒。殷勤謝紅葉，好去到人間。」後來于祐在河中娶得一被遣散的宮女韓氏，原來就是那個題詩的美人。元代著名的戲曲家白樸把它敷衍成爲《韓翠苹御水流紅葉》的雜劇，李文蔚也用這個題材，寫了《金水流紅怨》的劇本，從此「紅葉題詩」就成了男女定情和合歡的典故。詩人在這裏正是要把曲中女主人公的離情別意、閒愁幽怨，通過這個動人的故事，充分地表現出來。「冷淡黃花市」，是說他們在勞燕分飛之後，連龍山登高、東籬把酒的興致也消失了。史正志《菊譜》云：「菊，草屬也，以黃爲正，所以概稱黃花。」宗懔《荊楚歲時記》云：「九月九日，佩茱萸，食餌，飲菊花酒。」所以，重陽佳節，飲菊酒、會親友、對黃花、佩茱萸，是當時的風俗人情。每逢這個佳節，飄泊在外的遊子、獨處閨中的少婦，就要感慨萬端，悲從中來。李白不是有「九日龍山飲，黃花哭逐臣」（《九日龍山歌》）的詩麽？李清照不是有「莫道不銷魂，簾捲西風，人比黃花瘦」（《醉花陰》）的詞麽？熱鬧的佳節，而偏說是「冷淡」，不正是因爲秋已深，人未還，曲中的女主人公的主觀感情的流露麽？「清江天水箋」，是在女主人公孤獨寂寞的情景中，情不自禁地要拈起彩筆，鋪開花箋，把自己的滿腔哀怨、萬縷愁思向對方傾訴出來。清江，是古代產紙的地方，所以貫雲石有「不是不修書，不是無才思，繞清江買不得天樣紙」（《雙調·清江引》）。「白雁雲煙字」，是活用「雁足傳書」的故事；當她看到雲煙中一行行的歸雁，排成「人」字或「一」字的隊形，却沒有見到意中人的一個字，於是由希望變成失望，正像傳爲李白所寫的《菩薩蠻》詞云：「舉頭忽見衡陽雁，千聲萬字情何限？叵耐薄情夫，一行書也無」。白樸在《慶東原》中說：「寒雁兒呀呀的叫天外，怎生不捎帶個字兒來？」這裏的絃外之音，也寄託了曲中女主人公的這種癡情。她自己想修書，沒有情思；她整日望雁書，沒有消息，這就進一步增加了她的懷人思遠的惆悵之情。下文轉入〔得勝令〕，繼續緣着這根抒情的線索，淋漓盡致地抒發她無窮的幽恨。「遊子」的蹤跡，既不得而知；思念他的「新詞」，也無法投遞。「郎心」是否似「妾心」，「誓言」是否成「戲言」，這是一個無法解開的「愁結」。於是祇好以酒澆愁，想借此來忘記過去，忘記現在，誰知「酒未到，先成淚」，「夢方醒，情更切」，對着那一燈如豆，萬籟無聲，半窗寒月，孤枕獨眠，更加難以爲懷。於是那如煙的往事，褪色的歡情，一幕一幕地浮現在自己腦海裏，諸如花下談心，柳邊繫馬，剪燭共話，對月結盟，都是那樣的值得留戀和回味，眞是「剪不斷，理還亂」啊。可是現在呢？「人不見，水空流」（秦觀《江城子》），「攜手處，今誰在」（秦觀《千秋歲》），於是情不自禁地「嗟咨」起來。這「嗟咨」是別有滋味的，它包含着對薄情郎的希望和失望，也包含着對自己的自怨和自艾。過去是綠鬢如雲，秋水橫黛，而今是徐娘已老，兩鬢如絲，怎麽不產生虛度韶華的愧悔之情呢？這「風流兩鬢絲」，正好概括了這個少婦的此時此地的複雜感情。這句話是從白居易的「還有愁同處，風流滿鬢絲」（《久不見韓侍郎戲題四韻以寄之》）中脫胎出來的，但移植到這裏，却有更加豐富的藝術容量，更加耐人尋味的審美情趣，因而更能引起讀者感情上的共鳴。

（羊春秋）

雙調·雁兒落帶得勝令·憶別

菩薩蠻

丹陽道中

宋 褧

西風落日丹陽道，竹岡松阪相環抱。何處最多情，練湖秋水明。　驛城那憚遠，佳句初開卷。寒雁任相呼，羈愁一點無。

宋褧（一二九二——一三四四），字顯夫，宛平（今北京大興）人。泰定元年（一三二四）進士，歷任翰林直學士兼經筵講官，監察御史等職。與兄本齊名，時稱「大宋小宋」。著有《燕石集》十五卷，其中詩十卷，文五卷。唐圭璋先生編《全金元詞》，據《彊村叢書》用兩般秋雨庵藏《燕石集》本並舊抄本輯得其詞凡四十首。四庫全書所收《燕石集》十五卷，乃浙江巡撫採進本，卷首載歐陽元、蘇天爵、許有壬、呂思誠、危素五序。歐陽元稱其詩清新秀偉；蘇天爵稱其詩清新飄逸，間出奇古，若盧仝、李賀；危素稱其詩精深幽麗，而長於諷諭。至其詞，前人評騭，則甚爲少見。

這首《菩薩蠻》寫於丹陽（今江蘇省鎮江縣南）道中，是一首羈旅行役詞。首二句點明時間與地點——那是秋天的一個黄昏，作者行進在丹陽道上。西風落日，松竹環抱，對這一時間與地點作了渲染，表明這漫長的丹陽道，乃是一條峯巒重疊、松竹茂盛的山路。接着寫練湖，可能就是這次旅行的目的地。據載：「練湖在丹

宋褧

菩薩蠻·丹陽道中

陽縣，一名練塘」（《京口記》）。又載：「練湖幅員四十里，京兆韋公損爲潤州，增理故塘，繚而合之，廣湖爲八十里。象月之規，儔金之固」（李華《練塘頌序》）。崎嶇山路，長途跋涉，固然勞累，但想到即將到達目的地，可以領略練湖風光，這位旅行者却是很興奮的。「練湖秋水明」，那是多麽富有詩意的景象啊！正是那練湖的秋水，「最多情」，具有無窮的吸引力，使得這位旅行者對於自己的前程充滿着信心與希望。這是上片，寫途中景象及旅行者對目的地的嚮往。下片進一步將旅行者到達目的地之前的情感活動具體化。旅行者知道，距離目的地還有很長的一段山路，但是，路途遙遠，他並不畏懼，他感到，這次旅行是很愉快的，就像是打開一本充滿「佳句」的書一樣，他非常樂意一頁一頁看下去，直到將這本書看完。作者將旅行比作看書，以爲「行萬里路，讀萬卷書」，二者竟是一回事。最後以「寒雁」結束全詞。寒空的雁，也在旅行，它們排成長長的隊列，相互呼叫，向天邊飛去。寒雁自然是不懂得羈旅愁思的，南來北往，完全沒有意識。「任相呼」，「一點無」，極寫這種順乎自然的現象。而人呢？這時候的旅行者，可能是單獨出行，不像空中雁羣那樣，前呼後應。在這一情況下，孤獨的旅行者究竟愁不愁，苦不苦呢？作者未曾道出。但是，望着天邊的飛雁，讀者當產生各種各樣的聯想。詞作就此煞尾，給讀者留下無窮餘味。

這首詞篇幅短窄，但內容十分豐富，旅行者的內心情感表現得非常充分。除了因爲作者善於提煉生活題材以外，還因爲作者具有高超的駕馭詞調的能力及高超的藝術表現手法。第一，聲情與辭情配搭得當。這首詞凡四用韻，隨着聲情的變化，辭情也跟着變化，既爲情感的發展增添姿態，又使詞境進一步加深加厚。全詞依韻分爲四組：上片前二句爲一組，用去聲韻，激厲勁遠，正與崎嶇山路及旅行者長途跋涉的情景相應合；後二句爲一組，轉平聲韻，寬廣平展，也正與明淨如鏡的湖水及旅行者的喜悅心情合拍。下片前二句爲一組，換上聲韻，舒徐和軟，適合於體現旅行者不怕山高路遙，邊行走邊觀賞風光的那種悠然自得的情態；而最後二句，歸平聲韻，開闊遠大，同樣與詞作所展現的歸雁圖顯得非常和諧。第二，虛寫與實寫交叉運用，從多種角度加以展現，具有一定的立體感。這首詞分四組，實際上是四幅畫，四幅畫方位不同，虛實相生，共同構成一幅「落日漫遊圖」。在這幅圖景中，「西風」二句爲實寫，是眼前實景，「何處」二句爲虛寫，是想象中的圖景。一實一虛，互爲補充。以下仍舊有虛有實，但與上面的實景與虛景略有不同。「驛城」二句爲虛寫，但寫的是心中的一種感覺，讀者必須通過聯想，才能體會旅行者當時的心境，不像上面所寫練湖水那麽明朗；而「寒雁」二句，爲實寫，正與這種心境相映襯，使之更加明朗化。總之，這是一首容量比較大的小令，所謂以少許勝多許，宋以後有如此佳製，甚是難得。

況周頤說：「宋顯夫《菩薩蠻·丹陽道中》云：『何處最多情，練湖秋水明。』視楊升庵『塘水初澄似玉容』句，微妙略同，而超逸過之。非慧心絶世，曷克領會到此？」（《蕙風詞話》卷三）況氏評此詞，着眼於旅行者心中的練湖秋水，我看是很有道理的。這首詞寫羈旅行役，無有愁苦之言，無有蹙眉酸鼻之態，慧心絶世，風度「超逸」，就因爲旅行者時時刻刻想着目的地的美好風光，不斷地爲自己增添美的感受（或領會）；也因爲有了這種感受（或領會），這首詞所創造的詞境才不同於一般的羈旅行役詞。我們讀這首詞，同樣應當從這裏入手。

（施議對）

海鄉竹枝歌（其一）

楊維楨

潮來潮退白洋沙，白洋女兒把鋤耙。苦海熬乾是何日？免得儂來爬雪沙。

人類生存離不開鹽，這是古今中外家諭戶曉的常識。我國俗語說：「開門七件事，柴米油鹽醬醋茶。」（語見元雜劇《百花亭》）西方諺語稱高尚的人爲「世上的鹽」（語出《新約全書·馬太福音》），可證。但是，鹽之

海鄉竹枝歌（其一）

來之不易，鹽工的艱難生活，古代人知道的恐怕就沒那麽普遍。在我國文學史上有一些富於同情心的詩人，留下了描寫古代鹽工的優秀作品。宋代柳永的《煮海歌》，元代楊維楨的《海鄉竹枝歌》，便是其中的代表作。《海鄉竹枝歌》主要寫女鹽工，是一組抒情短章，比起以敍事爲主的《煮海歌》，在表現鹽工的內心世界方面尤爲深刻。

楊維楨是元泰定年間（一三二四——一三二八）進士，做過錢清場（今屬浙江蕭山縣）鹽場司令。據《元史》卷四十一百官志七：「兩浙都轉運鹽使司，鹽場三十四所，每所司令一員」，列錢清場爲其中之一。《海鄉竹枝歌》四首即維楨在錢清時所作。這裏選其中的第一首。

「潮來潮退白洋沙」，起句抓住鹽場自然環境特徵下筆，描繪出大海潮鋪天蓋地而來。白洋，是當地的小地名。「沙」，即指海灘鹽場。此句之精神，凝聚在前四字上。潮來潮退的境象，不僅意味着鹽工隨着潮來潮退永無休止地忙碌勞作，而且強烈地暗示着鹽工心潮之難平。製海鹽，工序很繁復，勞動強度也很重。元代元統年間（一三三三——一三三五），兩浙都轉運鹽使司所屬的下沙鹽場司令陳椿，曾根據前人所繪舊圖，撰寫《熬波圖》一書，以詩文記製海鹽之工序，有四十七道之多。最簡單地說，其過程是：引海潮入鹽場，海水乾後，把帶鹽分的泥沙聚起，再灌海水，把鹽分過溜成鹽鹵，最後用火在大灶中熬製出鹽。

「白洋女兒把鋤耙」，次句從鹽場勞作情景下筆，描寫出白洋當地青年女鹽工的主角形象：白洋女兒手持鋤耙，把鹽泥聚集成堆。組詩第四首有「顏面似墨雙脚赬」之句，可爲此句下一註脚。白洋女兒年年月月勞作在鹽場，烈風暴日交加，鹽泥鹵水浸咬，怎能不面如墨黑、雙脚充血甚至流血啊。此句之重點仍在前四字，這樣艱辛沉重的勞作，即使是男子漢也够嗆，何況是女兒家！點明白洋女兒爲歌中主人公，尤具典型意味。

「苦海熬乾是何日？」上二句描寫白洋女兒勞作的情景，下二句便進一步唱出了白洋女兒之心聲，純然爲白洋女兒的口吻。此句是全詩靈魂之所在。歌句一語雙關，意蘊可分兩層。苦海無邊，引海熬鹽，何日才能熬到底？這是第一層明意。女兒生涯，正似苦海之無邊，何日才能熬到盡頭？這是第二層喻意。而海水味苦，又正似女兒生涯之苦，這是喻中之喻。取眼前景，道心上事，這正是民歌基本特徵之一。詩人可謂深得民歌之神髓。鹽戶尤其女鹽工生涯之苦難深重，那是說不盡的，決不僅是勞作之艱辛而已。凡鹽戶，皆被迫以製鹽爲生，不得務農，極爲貧困。柳永《煮海歌》：「煮海之民何所營？婦無蠶織夫無耕。衣食之源太寥落，牢盆煮就汝輸徵。」可證。鹽戶納稅極重，有的致家破人亡。元代王冕《傷亭戶》詩可證（「亭戶」卽鹽戶）。詩中記述了一家鹽戶在課稅催逼下全家喪亡的悲劇。而女鹽工還常遭到官吏的殘酷鞭笞和人身侮辱。維楨此組歌詞的第四首：「當官脫褲受黃荊」可證。「苦海熬乾是何日？」這是白洋女兒在無邊苦海中發自肺腑的渴望解放的心聲。透過數百年的時間帷幕，這不甘作牛馬的呼聲至今還能震撼我們的心靈。它使我們聯想起《詩經・碩鼠》中周代勞動者同樣震撼人心的吶喊：「誓將去汝，適彼樂土，樂土樂土，爰得我所！」可是，正如歷史所昭告我們的，白洋女兒的迫切願望，終歸斷送在黑暗的封建統治下！卽使在當時，白洋女兒也自知苦海熬乾之無日，歌句中的這一個比喻，本身就充滿了深刻的悲劇意味。

「免得儂來爬雪沙」，白洋女兒畢竟心不甘、意難平啊！內心雖明知無望，却仍然執著不捨地盼望苦海熬到頭，免得我年年月月掙扎在這鹽泥裏。「儂」，是吳語的第一人稱，用「儂」，歌詞便聲口畢肖。原來，全歌的口吻或者說抒情主人公，就是白洋女兒自己。詩人代白洋女兒立言，這是深得民歌神髓的再次體現。「雪」，指鹽（鹽花白如雪花），「雪沙」，卽帶鹽的泥沙。執著於無望的希望，這正是人性美好的證明。不過，細體味歌詞，如果說上句更具悲憤情感的話，那麼，下句還含有一種幽幽哀告的意味。因爲這畢竟已是無望之望。當歌聲結束時，餘下的是無限的悲涼。

這首《海鄉竹枝歌》，標誌着自劉禹錫以來詩人創作《竹枝詞》傳統的新發展。唐代，長江流域特別是三峽一帶，民間流傳竹枝歌極盛。唐時竹枝民歌不傳，從劉禹錫倣作及其記敘中可知其基本特徵有二：一是內容多表現愛情與風土，主角多爲少女；二是形式多爲七言四句，不拘平仄，純爲天籟。禹錫任夔州刺史（今四川奉節縣，地在三峽西口）時，曾倣作多首，付民間歌唱。後來許多詩人因爲歆羡竹枝詞聲情優美，紛紛倣作，但民歌之風神終嫌未得。楊維楨此歌唱出了元代女鹽工受苦難、求解放的心聲，由單純的表現愛情一變而爲表現被壓迫者的內心世界；在內容上，無疑是對竹枝詞傳統的可貴發展。此歌爲拗體，不講平仄黏對，形成拗怒的聲情，以適於表現悲憤的情感；藝術手法採用了口語、雙關語，尤其是白洋女兒第一人稱，不僅增強了歌詞的藝術感染力，而且完全可付白洋女兒歌唱。在形式上，則是對劉禹錫傳統的優秀繼承。我們讀起這首歌詞，猶彷彿看見白洋女兒在艱難苦楚中唱出此歌的情景，彷彿聽見那悲傷激越的歌聲。（鄧小軍）

廬山瀑布謠

楊維楨

甲申秋，八月十六夜，予夢與酸齋仙客遊廬山，各賦詩。酸齋賦《彭郎詞》，予賦《瀑布謠》。

銀河忽如瓠子決，瀉諸五老之峯前。我疑天仙織素練，素練脱軸垂青天。便欲手把并州剪，剪取一幅玻璃煙。相逢雲石子，有似捉月仙。酒喉無耐夜渴甚，騎鯨吸海枯桑田。居然化作千萬丈，玉虹倒掛清泠淵。

楊維楨以奇特的想象、雄偉的氣勢、俊逸的筆致、瑰麗的辭句，於至正四年（一三四四）中秋後一日，寫下了這首富有浪漫主義色彩的歌謠。號稱「仙才」的李白，那種「掀雷挾電」的氣勢；號稱「鬼才」的李賀，那種「鯨呿鰲擲」的譎怪，都可以在這裏找到他們的影子。詩一開頭，便以突兀挺拔之勢，極其誇張地描繪廬山瀑布的雄偉壯麗。它像銀河落自九天，瓠子決於一旦，奔騰咆哮，飛流直下。那種「掛流三百丈，噴壑數十里」（李白《望廬山瀑布》）的壯觀；那種「河湯湯兮激潺湲，北渡回兮迅流難」（漢武帝《瓠子歌》）的險象，一下

楊維楨

盧山瀑布謠

就展現在讀者的面前。使人自然聯想到漢元光三年，瓠子河決，蕩蕩懷山襄陵，人民的生命財產損失慘重，武帝下令伐淇園之竹，自將軍以下皆負薪塡河的情況（見《史記·河渠書》）。一句話，不僅把廬山瀑布壯麗、險峻、奔騰、湍急的動態，形象地表現了出來；而且用事用典，純乎自然，如着鹽水中，不見鹽形，而有鹹味。接着點明了瀑布的所在地——五老峯前。五老峯在廬山的東南，是廬山的最高峯。有人說它「懸巖突出，如五人相逐羅列之狀」（《太平寰宇記》），因而得名；有人說它「其形如河中虞鄉縣前五老之形，故名」（《潯陽記》）；也有人說它「突兀凌霄，如五人並肩」，故名（《江西通志》）。說法雖然不同，但那「懸流飛瀑」的壯觀，「橫隱蒼穹」的奇險，「秀色可餐」的美景，則是世人所公認的。詩人衹用了一個「瀉」字，而瀑布在懸巖危石中奔馳而出的飛動之態，就宛然在目。所以李白有「廬山東南五老峯，青天削出金芙蓉」（《望廬山五老峯》）和「銀河倒掛三石梁，香爐瀑布遙相望」（《廬山寄盧侍御虛舟》）等美妙壯麗的詩句。「金芙蓉」，就是黃色的蓮花，如從青天碧落琢削出來似的。「三石梁」，是說九疊屏之左的三疊泉，水勢三折而下，如銀河之掛石梁。這些景象，都可以通過讀者的聯想，從前人有關的記載和詩歌中，得到充分的補充，從而沉浸在雄偉壯麗的美的享受中。於是詩人又馳騁着想象的翅膀，把這個瀑布看作「天仙」織成的「素練」，而這匹「素練」又倒掛在「青天」之上，使人自然聯想到它「掛流三四百丈，飛湍於林峯之表，望之若懸素」（《太平御覽》引《廬山記》）的景象。也不禁想起徐凝在《瀑布》詩中所描繪的「千古猶疑白練飛，一條界破青山色」的詩句來。這句詩蘇東坡雖然認爲是「惡詩」（見葛立方《韻語陽秋》），但我却認爲它還是把那「初驚河漢落，半灑雲天裏」，「飛流直下三千尺，疑是銀河落九天」（李白《望廬山瀑布》）的壯麗景色，比較藝術地表現了出來，不愧是傳世的名句。「天仙」一本作「天孫」，也就是織女星。語出《史記·天官書》：「織女，天女孫也。」指的是一回事。詩人既然把瀑布喻爲織女織成的絲織品，於是又想入非非，要拿起鋒利的剪刀，剪取那迷人的煙雨圖來。並州古代出產鋒利的剪刀，所以杜甫有「焉得並州快剪刀，剪取吳松半江水」（《戲題王宰畫山水圖歌》）的詩句。這裏既是詩人即景生情，引起一種美麗的幻想；又是工於用典，把杜甫的巧妙構思，攝取到自己的詩句中來，使人在吟詠中，產生一種既奇特又典雅的藝術感受。「手把」一本作「手借」，前者說明「並州剪」爲詩人所有，後者說明是向他人所借，對於詩的本身沒有什麽質的影響。以上六句，都是通過奇特的想象，把廬山瀑布雄偉壯麗的景色，有聲有色地描繪出來。「瀉」和「決」是寫瀑布的奔騰咆哮之聲，而其「飛流濺沫」的聲響，如縈耳際。「素練」和「玻璃煙」，是寫瀑布潔白透明的顔色，而其「煙籠霧鎖」的景象，如在目前。既繪其形，又狀其聲；既寫其勢，又傳其神，極具的藝術魅力。「相逢」以下四句，由寫景轉到寫人。「雲石子」，即貫雲石，也就是序中所提到的酸齋。他的詩歌和散曲，慷慨激烈，滑稽詼浪，自成一家，著有《酸齋集》。相傳他曾於臨安（今杭州）市中立一碑額，大書出賣「第一人間快活丸」，人有買者，展兩手大笑示之。其脱略形骸，不拘流俗，頗有點像李太白。下句的「捉月仙」，正是詩人拿李太白來比他的。相傳李白在當塗采石，乘醉泛舟，俯身去捉江中的明月，溺水而死，故稱爲「捉月仙」。這個「雲石子」也像「捉月仙」一樣的醉飲狂歌，似乎一下要把海水喝乾，使滄海變爲桑田。眞是結想極其奇妙，下語極其誇張。李白不是自署爲「騎鯨客」麽？杜甫不是有「飲如長鯨吸百川」（《飲中八仙歌》）的詩句麽？麻姑不是有自「接待以來，已見東海三爲桑田」（《太平廣記·麻姑》）的故事麽？詩人以千鈞的筆力，把三者關合起來，成爲一個完整的形象，使人從這個形象中，看到一個不拘流俗、脱略名教的豪放詩人。我們可以從他的《彭郎詞》看到他是如何風流倜儻、才調絶倫的。詞云：「相逢漁廬問二姑，大姑不如小姑好。小姑昨夜巧裝束，新月半痕玉梳小。彭郎欲娶無良媒，飛向廬山尋五老。五老頽然不肯起，彭郎怒踢香爐倒。」原來彭郎、大姑、小姑和五老，都是廬山附近的地名，詩人都把它擬人化了。歐陽修《歸田録》云：「有大、小孤山，在江水中，嶷然獨立，而世轉『孤』爲『姑』。江側有一石磯，謂之澎浪磯，遂轉爲彭郎磯，云彭郎者，小姑婿也。」詩人正是據此構思出來的，可謂匪夷所思、出人意表。所以吳見心評曰：「酸齋之詞，滑稽詼浪，眞風流才仙也。而先生之謠，雄偉俊逸，眞天仙也。各以其才相勝。」（見《鐵崖樂府》評語）我認爲這個評語是抓了楊維楨、貫雲石詩歌風格的特點的。特别是《廬山瀑布謠》的最後兩句，將瀑布和人物關合起來，雙承雙收，既是寫瀑布，又是寫人物；既是寫瀑布的「欻如飛電來，隱若白虹起」的氣勢，又是寫人物的「而我樂名山，對之心益閒」（均見李白《望廬山瀑布》）的逸興豪情。「居然」，這裏作「竟然」講。「化作千萬丈」，是寫雲石子喝了那麽多的酒，化作飛流直下的瀑布，像一道白色的長虹高高地掛在清涼的深淵之上。「玉虹」就是指的瀑布。陸游的「落澗泉奔舞玉虹，護丹松老臥蒼龍」（《故山》），正是以「玉虹」比擬瀑布的。「清泠淵」是寓言中的水名，見於《莊子·讓王》和《山海經·中山經》。這樣的結尾，言有盡而意無窮，造成「水窮雲起」的藝術境界，耐人尋味，令人嚮往。宋濂說他的詩，「驟閱之，神出鬼沒，不可察其端倪。」（《已故奉酬大夫江西處儒學提舉楊君墓志銘》）吳復說他的詩，「雄偉奇麗，逸氣飄飄然，在萬物之表，眞天仙之語也。」（《五湖遊》評語）讀了這首《廬山瀑布謠》，我認爲無論從詩的風貌，還是從詩的神韻來看詩人的審美情趣，宋濂和吳復的評論，都是深得詩人的藝術三昧的。

（羊春秋）

白梅

王冕

冰雪林中著此身，不與桃李混芳塵。忽然一夜清香發，散作乾坤萬里春。

此詩通篇明白如話，既無華麗的詞藻，也沒有用典。然而，其詩情畫意，却洋溢於字裏行間。其優美深邃的意境，則啓人襟懷，發人遐想。

好詩能於明快中見深意、平淡處見意境，既平易又深沉。王冕的這首《白梅》就是這樣。

詩一開頭便點出梅花寄身的環境和季節：大地凝白，雪壓枝幹，梅花却傲然挺立，無所畏懼——這便是「冰雪林中著此身」的白梅姿態。接着便寫白梅不與桃李爭豔的高尚品格。作者曾稱桃李爲「凡桃俗李爭芬芳」（《題

白梅

墨梅圖》）。白梅「不與桃李混芳塵」，也不屑與那些「搖蕩春風媚春日」（鮑照《梅花落》）的「凡桃俗李」爭一時之長。如此說來，是不是白梅就忍心辜負大自然的賜予？而「竹籬茅舍自甘心」（王淇《梅》）呢？或與隱士爲伍，欣賞自己的「疏影」、「暗香」（林逋《山園小梅》）呢？當然不是。詩人在前兩句裏，概括了白梅的生態特性，交代了它不同於桃李，自有高格幽香。緊接着就是對白梅的讚頌：「忽然一夜清香發，散作乾坤萬里春。」既是「忽然」，又在「夜間」，可見白梅的放蕊散香，決不是爲了趨時媚俗。由白梅的「清香」所喚來的春天，該是何等美好啊！更何況又是萬里的春色呢？這裏，詩人沒有對春天作描寫，僅僅點出一個「春」字。但在讀者的心裏，怎能不引起「梅破知春近」（黃庭堅《虞美人》）的喜悅？又怎能不帶來「梅心驚破，多少春情意」（李清照《孤雁兒》）的憧憬？

詩言志。詩人把自己的思想情操、理想抱負賦予了白梅。白梅的特性，又恰切地體現了詩人的思想情操、理想和人生態度。二者互爲表裏，相得益彰。當我們讀着「忽然一夜清香發，散作乾坤萬里春」時，幾乎有些分不清作者是在詠梅，還是在抒懷。是的，詩人在這裏把白梅人格化了。而人呢，似乎也帶着白梅的清芬、幽香；他渴望着、呼喚着春的到來。

王冕是元末明初人，幼年家貧，靠刻苦自學成才。本想爲社會作一番事業，但舉進士不第，遂放棄仕途，隱居於會稽九里山，躬耕自資。他愛梅、種梅，又善畫梅、寫梅，並以之寄託情懷，且自號梅花屋主。這首小詩，就是他五十八首《白梅》詩中的一首。詠梅所以寫志。從他留在《竹齋詩集》裏的詠梅詩，尚可依稀辨識詩人的心跡。

（曲令啓）

墨梅

王冕

我家洗研池頭樹，朵朵花開淡墨痕。不要人誇好顏色，祇留清氣滿乾坤。

這是元明之際的畫家、詩人王冕所寫的題畫詩。詩人善畫，尤善畫梅。畫上題詩，詩畫相得益彰。

愛梅、寫梅，當然不自王冕始。梅花是我國古代文學作品中別具情趣的題材之一。人們不約而同地認爲梅花是高潔的象徵。歷代文人墨客，吟詠梅花的詩文、畫卷，在陶冶人們的性情、淨化人們的心靈、培育人們的情操等方面，都起了積極的作用。誰曾看到過黑色的梅花呢？但詩人偏偏在諸色中，選取不爲常人所矚目的黑色，來點染梅花。墨色樸素淡雅，恰與梅花的品格一致。

詩人劈頭便說：「我家洗研池頭樹，朵朵花開淡墨痕。」一下子就把讀者帶進了一個墨香的世界。這裏，我們會很自然地聯想起晉代大書法家王羲之的故事。他在練字的過程中，爲洗筆硯，把家宅旁池塘中的水洗成了墨色。後人遂稱之爲「洗硯池」。（詩中的「研」字，與「硯」通）由此，可以想見王羲之當年練字之勤、功力之深。詩人用此典，隱諭自己在畫梅過程中，也像王羲之練字那樣，把池水都洗成墨色了。正是由於畫家的這般工夫，所以池邊的樹，也因汲取了池水，而「朵朵（一作「個個」）花開淡墨痕」。一語雙關，眞得天趣之妙，也極合情理。同時，暗示了「池頭樹」的「樹」非梅莫屬了。既是梅樹，其花自然是梅花。花開「淡墨痕」，非「墨梅」而何？

詩人若非酷愛梅花，是很難出此妙筆的。兩句十四個字，既描摹了墨梅，又勾勒出一幅畫面，使我們想見了依山傍水的宅旁，墨池岸邊，盛開着梅花（墨梅）。仰觀則藍天嵌着羣峯，亦或飄着幾片絮雲；俯視則池水墨香宜人。宅院的主人呢？不難想象是有學識有理想的文人。

緊接着，詩人用「不要人誇好顏色」（一作：顏色好）來讚美它。這也是詩人自身的寫照。末尾「祇留清氣滿乾坤」，從形式上看，是詩的結束；從內容上看，是詩意延伸的開始。它既補足了上句的意思，又開拓出新的意境；頗與姊妹篇《白梅》的結尾相類，同屬詩人抒懷寫志，以見其以天下爲己任的襟懷。不以「好顏色」去趨時媚俗的墨梅，實則是詩人潔身自好的獨白，隱含着一種「澹泊明志」的思想情緒，認定自己能以高潔的品德、堅貞的節操影響別人，乃至天下。是的，「墨梅」的清氣，歷史證明它確實留在了天地之間！

（曲令啓）

鬻女謡

薩都剌

揚州嫋嫋紅樓女，玉笥銀箏響風雨。繡衣貂帽白面郎，七寶雕籠呼翠羽。
冷官傲兀蘇與黃，提筆鼓吻趨文場。平生睥睨紈袴習，不入歌舞春風鄉。
道逢鬻女棄如土，慘淡悲風起天宇。荒村白日逢野狐，破屋黃昏聞嘯鬼。
閉門愛惜冰雪膚，春風繡出花六株。人誇顏色重金璧，今日饑餓啼長途。
悲啼淚盡黃河乾，縣官縣官何爾顏！金帶紫衣郡太守，醉飽不問民食艱。

鬻女謠

傳聞關陝尤可憂，旱荒不獨東南州。枯魚吐沫澤雁叫，嗷嗷待食何時休！
漢宮有女出天然，青鳥飛下神書傳。芙蓉帳暖春雲曉，玉樓梳洗銀魚懸。
承恩又上紫雲車，那知鬻女長欷歔。願逢昭代民富腴，兒童拍手歌康衢。

薩都剌，著有《雁門集》。關於他的族籍，一說爲蒙古族（見《四庫全書總目提要·雁門集》條），一說爲回族（據陳垣《元代西域人華化考》）。總之，他是少數民族的詩人，也是整個中華民族的詩人。《鬻女謠》是其代表作之一。

元代是蒙古貴族建立的封建王朝。這一時期階級矛盾和民族矛盾交相錯雜，而且戰爭連綿不斷，官府徵斂無度，不僅給廣大中原地區的人民帶來了沉重的災難，也給各少數民族人民帶來了不幸。

據《元史·五行志》載：「天曆二年（按：一三二九）夏，眞定、河間、大名、廣平等四州四十一縣旱，陝州二縣旱。八月，浙西湖州、江東池州、饒州旱。十二月，冀寧路旱。」又《文宗本紀》載：「天曆二年，陝西飢民百二十三萬四千餘口，河南餓死者二千餘人，山東飢民六十七萬六千戶。」災害如此嚴重，元代統治者却置之不顧，元文宗就在當年於建康（今南京）興建龍翔集慶寺，於蔣山建崇禧萬壽寺，陷廣大勞動人民於水深火熱之中。這首詩便藝術地再現了這一社會現實。

詩題爲《鬻女謠》，詩歌却不從鬻女寫起，而是爲我們勾勒出一幅元代上層統治者生活的圖畫：揚州城內，裊裊婷婷的歌女正揚起纖細的手指彈奏着優美的樂曲，那些年輕的紈袴子弟，穿着繡滿華美圖案的衣服，戴着貂皮的帽子，佩戴着裝有各種寶貝的器物，正在呼叫着美女：這是多麼大的氣派呀。開頭四句看似平常，實則包含着巨大的容量，它既揭示了故事產生的背景，又挖掘了悲劇產生的根源。

面對這種奢侈淫逸、傷風敗俗、世風日下的景象，詩人的態度如何呢？下面四句表現了詩人的態度。「冷官」卽地位卑下的官職。致和元年（一三二八）五月至至順二年（一三三一）七月，薩都剌曾任京口（今鎮江）錄事司達魯花赤（卽長官）。這四句的意思是：詩人雖然官位卑微，但却高傲不屈，以不趨炎附勢的蘇軾與黃庭堅爲楷模，因而提筆嚴肅地來到文場上，他平生睥睨那些翫世不恭的紈袴子弟，決不做歌舞春風、及時行樂的事。

從這裏，我們可以窺見詩人的氣質：他桀驁不馴，不隨波逐流；他操守貞潔，不同流合污；他睥睨黑暗的現實，敏銳而有鋒芒；他厭惡荒淫無恥的生活，坦蕩而懷抱理想。詩人的形象是一個憂心忡忡爲民焦慮的形象。這四句是對統治階級醉生夢死的生活的否定，同時也鮮明地表現出詩人的處世態度和他寫作此詩的起因。

以上爲第一層。

緊接上文，詩人筆鋒陡轉，描寫了一個驚心動魄的場面：災民們流離失所，賣兒救窮，拋棄自己的女兒就像拋掉一塊黃土一樣。對此殘酷的景象，詩人目不忍覩，感覺猶如天地間刮起了慘烈悲戚的狂風。上句「道逢」爲親眼所見，下句爲眞情所感。一見一感，使文章有了蓄勢。作者開始把讀者的視線轉到廣闊的災區：在那裏田園荒蕪，經濟凋敝，野狐出沒，不見人跡。在沉寂暗淡的黃昏，傳來的是一聲聲鬼的哭號。詩人馳騁想象，從眼前棄兒賣女聯想到災情嚴重的農村，既增加了詩的容量，又增加了詩的表現深度。

文筆宕開後，繼續寫鬻女的命運。這些被出賣、被拋棄的女子雖然生在平民小戶人家，但她們個個天生姿麗、美好可愛，出落得像春風繡出的花朵一樣，從不拋頭露面。可今天她們却在道路上蓬頭垢面，因飢餓而號哭着。「悲啼淚盡黃河乾」這句，既寫出被出賣的女子悲苦無着、困窘哀怨的境地，也透露出詩人憂心如焚的感情。因此作者直言不諱地譴責當世的統治者：面對被賣女子泣血泣淚的控訴，你們有什麼面目去見普天下的百姓呢？那些金帶紫衣、飽食終日的昏庸官吏，誰去體恤百姓的悲辛呢？詩人直視現實、面對人生，對統治階級提出了強烈的抗議，詩人的情感已經達到了怒不可遏的地步了。這是作品思想的凝聚點，也是詩人情感的噴射點，詩人對災民的同情得到充分的體現，元代統治階級不顧人民疾苦的罪惡得到淋漓盡致的揭露。

詩歌蟬聯而下，詩人由東南的災情寫到西北的災情。這裏用了兩個典故。「枯魚」即乾魚，源於《莊子·外物》：「吾得斗升之水然活耳，君乃言此，曾不如早索我於枯魚之肆。」「澤雁」出自《詩經·小雅·鴻雁》：「鴻雁于飛，哀鳴嗷嗷。」這裏均指處於困境、急需救援的災民。從東南到西北，到處有災情，到處是餓殍，白骨露野，鬼哭淒淒。活着的人的命運也如哀叫的澤雁和離開水的枯魚一樣，奄奄一息，這樣的景況何時才能終止呢?!如果說上面開拓了作品的深度的話，這裏便鋪開了作品的廣度。「何時休」，寥寥三字，簡練凝重，一方面，表現了詩人在爲災民疾呼吶喊；另一方面，又體現了詩人對冷酷現實的絕望。

以上爲第二層。

詩歌至此，可以煞尾了，但波瀾疊起又推出第三層，把「鬻女」的遭遇與元代上層婦女的腐化生活相對照，更襯托出鬻女命運的悲涼與悽慘。據《元史·後妃傳》載：「文宗卜答失裏皇后，宏吉剌氏，天曆元年（按：一三二八）爲皇后，二年授冊寶」。「青鳥」的典故出自《藝文類聚·漢武故事》，青鳥爲傳信使者。「銀魚」爲銀製之魚形佩飾。作者文思敏捷，借想象的彩翼，構思了另一個境界，把鏡頭對準了宮中生活：那些上層的貴族婦女，她們新承恩澤，佩帶着閃亮的魚符，坐着華貴的車子，在富麗堂皇的宮殿內過着逍遙快樂的生活。這就與鬻女的命運形成了強烈的對照，這不僅僅是人物命運的對照，而且也包括兩個畫面的色彩、音響、氛圍的強烈對照。鬻女的命運就更加淒苦感人，令人悲哀哽咽，甚至潸然下淚。詩作很自然地結尾了：作者期待着一個政治清明、人民富足的朝代的到來。這樣切中時弊的詩作，出自一位少數民族詩人的手筆，眞是難能可貴的。

這首詩藝術上也很有特色。詩人以「道逢鬻女棄如土，慘淡悲風起天宇」兩句爲詩眼，勾勒出在嚴重的旱災面前，勞動人民的生活瀕於絕境的悲慘圖畫。從選材、剪材到構思立意，詩人都立足於生活。他剖精析微，探驪得珠，準確而傳神地把握了那個時代生活的眞實，具有強烈的時代感，顯示出現實主義的特色。全詩爲敍事體，詩人通過對比和映襯的方法控訴了元代的黑暗社會。這種方法不僅突出了中心思想，而且在結構上造成了波瀾，於謹嚴整飭之中，具有跌宕起伏、委曲婉轉之妙，使人感到張弛有度，井然有序。詩歌以敍事爲主，但又不囿於敍事，在敍事中兼抒情，使人體會到詩人自己濃郁深沉的情感。語言通俗，明白如話，承接自然。前人評杜甫的《兵車行》說：「語雜歌謠，最易感人，愈淡愈親。」這話也可以概括此詩的風格。在黑暗的元代社會，薩都剌寫出了這樣在思想上、藝術上都趨於成熟、完美的詩作，標誌着少數民族詩人對中國文學的貢獻。

（邢　莉）

過嘉興

薩都剌

三山雲海幾千里，十幅蒲帆掛煙水。吳中過客莫思家，江南畫船如屋裏。
蘆芽短短穿碧沙，船頭鯉魚吹浪花。吳姬蕩槳入城去，細雨小寒生綠紗。
我歌水調無人續，江上月涼吹紫竹。春風一曲鷓鴣詞，花落鶯啼滿城綠。

元代回族詩人薩都剌，字天錫，元至正九年（一二七二）生於當時的河東山西道代州雁門，所以稱他爲雁門人。卒年不詳。薩都剌的一生幾乎與元王朝的統治相始終。他出生於勳門世家，在當時的社會狀況下，他的仕途應該是一帆風順、青雲直上，但他所走過的道路，却是坎坷不平，屢遭挫折。他因彈劾權貴，左遷閩海廉訪知事。嚴酷的現實使他的思想不能不產生深刻的變化。從他的詩詞中，我們可以看出他抱着「滿江風浪晚來急，誰似中流砥柱人」、「詞人多膽氣，未許百夫雄」的雄心壯志，想要改革黑暗的現實。但是，他所遇到的是「忽然今日風打頭，寸波寸水逆上流」的困境，於是他衹好寓情於祖國的湖光山色之中，借以抒發憂國憂民之情，寄託鬱鬱失意之心。薩都剌從大西北走遍大東南，飽賞了祖國的名山大川，對錦繡河山寄予了無限的深情。他常在難以抑制的激情中，描繪令他陶醉的自然風光和異鄉情趣。其寫景詩，詞氣雄渾清麗，興寄高遠，無怪乎歷代都給予他的寫景詩「最長於情」的評價。從七言古詩《過嘉興》一首中，可以看出這一特點。

過嘉興

《過嘉興》寫於元至元二年（一三三六），這年四月，作者由北方到福建，途中夜過嘉興而作此詩。嘉興爲今浙江嘉興縣，元時爲嘉興路。詩一開頭，作者就站得高、想得遠，視野開闊，想象豐富，給人以尺幅千里之感。「三山」在福建省中，曾鞏《道山亭記》：「城中凡有三山，東曰九仙，西曰閩山，北曰越王。」這裏指福建。「雲海」泛指高遠空闊之境。沈佺期《答魑魅代書寄家人詩》：「何堪萬里外，雲海亦溟茫。」「蒲帆」，以蒲編織之帆。《國史補》：「揚子錢塘二江者，則乘兩潮發擢，舟船之盛，盡於江西，編蒲爲帆，大者或數十幅。」作者從北方到福建，行程數千里，一路雲海溟茫，行進在大江大河之中，掛着十幅蒲帆的坐船，又輕又快，詩人也心曠神怡；此聯景中含情，正透露出作者對江南宜人風光的喜悅之情。三四句寫征途中的行人，實際上是，包括自己在內的「吳中過客」。作者用「吳中過客」，意味着「江南好」並不僅是詩人獨特的感受，而是人所共知的。因而，「莫思家」三字，就不完全是作者自慰，而帶有客觀勸勉之意。如畫的水鄉，使人忘記長途跋涉的疲勞辛苦，坐在畫船裏就像在家裏一樣舒適自在。這樣情景交融的描寫，給讀者留下輕鬆愉快的感覺，同時表明作者對異鄉熱愛的情趣和坦蕩的襟懷。下面四句就江南特點來寫景。作者畫幅布局是由岸邊到水中、由近景到遠景，祇淡淡點染，不加修飾，却收到江山如畫的效果。「碧沙」；河邊淺水中的沙，透水而視，呈青綠色，故曰「碧沙」。沿河兩岸，蘆葦的嫩芽從碧沙中「穿」出，一個「穿」字，見出蓬勃的生機。船頭的鯉魚，唼喋水藻，翻起浪花，畫面具有無限的活力。「吳姬」泛指吳地之女。水鄉澤國連婦女都是搖船的能手，她從遠處搖來，又向嘉興城裏搖去。在濛濛細雨的月夜之中，雖微感寒意，但碧波蕩漾，却像織成的綠色細紗一樣，畫面上又增添了濃厚的鄉土氣息和眞切感。情緣景生。最後四句，作者由細雨感到微寒，引發出對現實的涼意。「水調」即「水調歌」，據《樂苑》說，「隋煬帝幸江都時所製，……聲韻怨切。」又據《明皇雜錄》云「祿山犯闕，……有進水調歌者，曰『山川滿目淚沾衣，富貴榮華能幾時，不見祇今汾水上，惟有年年秋雁飛』。」此時的元王朝也和安史之亂之後的唐王朝相似，詩人憂世傷時的心事是無人知道的，所以他慨歎無人接唱「水調」歌。此時在冰涼的月光之下隱隱約約聽到遠處傳來怨切的簫聲。由愛江山進而憂國，這是眼前景色所觸發的感情，所以作者表現得很隱微含蓄。最後兩句點出嘉興城。「鷓鴣詞」，指用詞牌《鷓鴣天》填的詞。「詞」又作「吟」。李白《越中懷古》：「越王勾踐破吳歸，義士還鄉盡錦衣，宮女如花滿宮殿，祇今惟有鷓鴣飛。」李嘉祐《題前溪館》詩：「今日始知風土異，潯陽南去鷓鴣啼。」均有蕭索惆悵之感。這兩句作者以「一曲鷓鴣詞」和「花落鶯啼」，點明時令，極寫嘉興城春色正濃、環境幽靜，以襯託詩人此時作爲一個「過客」的惆悵寂寞的心情。

嘉興是我國南方水鄉。《過嘉興》一詩，句句抓住南方水鄉的自然特色，加以描寫。全詩有八句點到水、寫到綠，這是我國南方具有的自然特色。在寫景中抒發作者複雜的感情。詩裏寫一個「過客」在這詩情畫意的特有環境中的歡樂，以及在歡樂中的一絲惆悵與寂寞。作者對眼前的自然景色和自身的思想情緒，作了有機的描寫和抒發。祖國的山河絢麗多姿，但在即將土崩瓦解的元王朝的統治下，社會黑暗，民不聊生，危機四伏，作爲一個懷才不遇的知識分子來說，這是他們的心聲。因此，《過嘉興》是一首較好的情景交融的山水詩。

（許懷然　廖士傑）

百字令

薩都剌

登石頭城

石頭城上，望天低吳楚，眼空無物。指點六朝形勝地，惟有青山如壁。蔽日旌旗，連雲檣櫓，白骨紛如雪。一江南北，消磨多少豪傑。　寂寞避暑離宮，東風輦路，芳草年年發。落日無人松徑裏，鬼火高低明滅。歌舞尊前，繁華鏡裏，暗換青青髮。傷心千古，秦淮一片明月。

百字令・登石頭城

薩都剌，字天錫，號直齋，本回族人，祖父因功留鎮代郡，遂定居雁門（今山西代縣）。泰定四年進士。有《雁門集》、《天錫詞》。

《百字令》就是《念奴嬌》。這首詞步蘇軾《念奴嬌・赤壁懷古》原韻，寫石頭城。石頭城，故址在今南京市清涼山，過去是六朝的都城。

「石頭城上，望天低吳楚，眼空無物。」詞人登上石頭城，舉目四望，感到吳楚這一帶天都低了。眼前空虛渺茫，什麼也沒有。有「天低」的感覺，是因爲詞人站在山上；站得高，視野開闊，就會覺得天低。詞人登石頭城原以爲能看到不少的古蹟，但是看不到了，所以說「眼空無物」。這三句從大處着眼，寫得雄渾有力。

「指點六朝形勝地，惟有青山如壁。」「六朝」，指吳、東晉、宋、齊、梁、陳這六個朝代。它們的京城都在現在的南京。「六朝形勝地」就是指六朝的都城。指點着過去繁華過的地方，一處一處地觀看，現在還剩下些什麼呢？衹有青山壁立，一點繁華的痕跡也沒留下來。薩都剌在《滿江紅・金陵懷古》中說：「六代豪華，春去也，更無消息。」「但荒煙衰草，亂鴉斜日。」意境近似。

「蔽日旌旗，連雲檣櫓，白骨紛如雪。一江南北，消磨多少豪傑。」這幾句回憶當初在這裏發生的戰爭；戰旗很多，連太陽都遮住了；戰船很多也很大，上與雲連；犧牲的人很多，白骨紛紛像一堆堆白雪——在這條江的兩岸，多少英雄豪傑把他們的智慧、勇氣乃至生命都消磨掉了。

下闋專從南朝繁華的消亡來寫。「寂寞避暑離宮，東風輦路，芳草年年發。」在金陵，帝王們避暑離宮的舊地，如今已荒涼寂寞、衰敗不堪了。離宮裏的御路，春風吹來，年年生出新的芳草，再也沒有皇帝的車輦走過。這幾句用芳草年年發芽，襯托離宮的荒涼寂寞。

「落日無人松徑裏，鬼火高低明滅。」「松徑裏」一作「松徑冷」。這幾句還是寫離宮。落日以後，在無人的松徑裏，鬼火忽高忽低、忽明忽滅。這裏用鬼火來襯托離宮的荒涼寂寞。

「歌舞尊前，繁華鏡裏，暗換青青髮。」這幾句寫自己。「尊」，酒杯。「繁華」，繁花。古代用銅鏡，鏡的背面刻有花紋；「繁花鏡」指花紋繁細的銅鏡。這三句說，自己在歌舞酒宴的生活中，不知不覺地變老了，鏡裏的青鬢已經悄悄地變白。蘇軾《念奴嬌·赤壁懷古》從懷古轉到感歎自己：「故國神遊，多情應笑我，早生華髮。」薩都剌也是這樣，由石頭城古今的變化，轉而寫自己的衰老。

最後兩句就上面的意思作一總結：「傷心千古，秦淮一片明月。」秦淮河在南京，唐代詩人劉禹錫《石頭城》：「淮水東邊舊時月，夜深還過女牆來。」薩都剌化用這兩句的意思，說千古以來人事皆非，祇有秦淮的一片明月沒有變化。想到這裏傷心不已。

薩天錫性喜山水，一生中踏遍「荆楚燕趙閩越吳」（《溪行中秋翫月》），熱情歌頌了祖國河山之美。這首詞將山水描寫、登臨弔古、傷時感世和自嘆身世結合在一起，感慨深沉，筆調流暢，是難得的佳作。劉子鍾在《薩天錫詩集序》中說：「其所以神化而超出於衆表者，殆猶天馬行空而未驟不凡，神蛟混海而隱現莫測，威鳳儀庭而光彩蹁躚，莫不聳觀而快覩也。」這幾句話借用來評論他的《百字令·登石頭城》，也是十分恰切的。（辛　欣）

武侯廟

無名氏

劍江春水綠沄沄，五丈原頭日又曛。舊業未能歸後主，大星先已落前軍。

南陽祠宇空秋草，西蜀關山隔暮雲。正統不慚傳萬古，莫將成敗論三分。

這首詩，清代乾隆年間的沈德潛在他所選的《明詩別裁集》裏，載爲楊慎的作品，並加批註說：「古來《武

無名氏

武侯廟

侯廟》詩，以此章爲最，情韻聲律，無一不合也。或云：此升庵錄元人作。」

沈氏是著名的選家，但他却往往疏於考證。詩的來歷，楊慎自己講得很清楚：「正德戊寅，予訪余方池編修於武侯祠，見壁間有詩云云。後有題云：『此詩始終皆武侯事，子美或未過之。』方池不以爲然。予曰：『此亦微顯闡幽，不隨人觀場者也，惜不知其名氏。』」（《升庵外集》卷七十八「武侯祠詩」條）這說明，此詩乃是他從武侯廟的壁間抄下來的。而且，其從子楊有仁編輯的《楊升庵文集》裏，也並未收入此詩。看來，它確非楊慎所作。

到底是誰的作品？明人有不同的記載：一是張邦伸說他在沔陽（今陝西勉縣）武侯祠壁間，看到這首詩，乃元人貢師泰所題（見《雲棧紀程》卷四）。一是郎瑛，在他所舉戴天錫的「集句」中，有「莫將成敗論三分」一句，註云：「元吳漳」。（見《七修類稿》）貢和吳，都是元代的詩人，不論屬誰，說它是「升庵錄元人作」，可能是不會錯的。

沈德潛選詩，頗有眼光，他選的這首詩，的確很好，當得上是古來《武侯廟》詩中的一篇名作。

詩是在沔陽武侯廟寫的。諸葛亮死後，最先立廟就在這裏。（見《三國志·諸葛亮傳》）人們至此，感慨自然會更爲深切。

開頭二句，「劍江春水綠澐澐，五丈原頭日又曛。」描寫眼前景物，却緊緊扣住自己前來憑弔諸葛的主題。「劍江」，指小劍水，是漢水上游的一條支流。《水經·漾水註》：「小劍水西南出劍谷，東北流徑其戍下，入清水，清水又東南注白水。」即此。「澐澐」，水流浩蕩的樣子。劍江流域一帶，是當年武侯北伐中原行軍用兵的場所。如今英雄長逝，而綠波浩蕩，依舊東流，這就不知不覺地會使人產生出「大江東去，浪淘盡、千古風流人物」那樣的感歎了。而五丈原更是直接聯繫到諸葛亮的本身。《三國志·諸葛亮傳》：「（蜀後主建興）十二年春，亮悉大衆由斜谷出，以流馬運，據武功五丈原（按：在今陝西眉縣境），與司馬宣王（按：懿）對於渭南。……相持百餘日，其年八月，亮疾病，卒於軍。」「曛」，是日薄西山，接近黃昏的時刻。諸葛亮屯兵五丈原，「運移漢祚終難復，志決身殲軍務勞」（杜甫《詠懷古蹟》），這是千古以來的恨事。作者身臨此地，回想當年，用一「又」字，語意雙關，既創造了一派令人黯然神傷的悲愴氣氛，又爲下文展示了活動的場景。一開始就給全詩奠定了「沈鬱

武侯廟

蒼涼」的基調。

三四兩句，「舊業未能歸後主，大星先已落前軍。」「舊業」，指漢室的基業，就蜀漢來說，它是應當屬於他們劉家的，可是，這時已爲曹丕所篡奪了。諸葛亮在《出師表》中說：「當獎率三軍，北定中原，庶竭駑鈍，攘除姦兇，興復漢室，還於舊都」，就是要收回舊業，歸還給後主。也卽是所謂「存復祖業」（諸葛亮《爲後主伐魏詔》）。可惜的是，這一計劃未能實現，而諸葛亮却過早的賫志以歿了。據《三國志》註引孫盛《晉陽秋》載：「有星赤而芒角，自東北西南流，投於亮營，三投再還，往大還小，俄而亮卒。」這一傳說，反映了當時人們都把諸葛亮看成是一個不同尋常的人物。而作者引以入詩，則更能把他的死亡，說得形象生動、沉重有力，借以着力渲染他的一身關係於蜀漢存亡的重大作用。

五六兩句，「南陽祠宇空秋草，西蜀關山隔暮雲。」提到了「南陽」和「西蜀」。前者概括了諸葛亮的早期高臥隆中、自比管樂，以至劉備的三顧茅廬，縱論時事。據記載：南陽有諸葛亮故宅，「舊爲祠以奉之」（《南陽府志》）。這又是由沔陽的武侯廟，聯繫到南陽的武侯廟。「空秋草」三字，是從劉長卿《長沙過賈誼宅》詩中「秋草獨尋人去後」一句脫化而來。南陽祠宇，秋草獨尋，可歎諸葛亮已經不存在了。後者概括了諸葛亮佐劉備入成都、立蜀漢，以至受遺詔、輔後主和他在蜀中的種種治績；同時也聯繫到了成都的武侯祠。「隔暮雲」三字，也寓有緬懷諸葛而邈不可見的意思。自從江淹《雜體詩》中有「日暮碧雲合，佳人殊未來」之句，後來的詩人便常常喜歡把「暮雲」與「懷遠」結合在一起；杜甫的「江東日暮雲」（《春日憶李白》），卽是如此。這兩句看來似乎很抽象，却能引起人們的種種聯想，既包括有豐富的史事，又容納了廣闊的空間。在「秋草」和「暮雲」的蕭寥景色中，似乎處處都有諸葛亮終古不泯的精神存在。由此，充分表達了作者長吟遠慕的思古幽情。

最後兩句，「正統不慚傳萬古，莫將成敗論三分。」是作者對諸葛亮一生志業所下的歷史結論。實際上也是對他「忠」、「義」精神的頌揚。曹丕既篡漢爲帝，諸葛亮死後，蜀又亡於魏。因此，寫《三國志》的陳壽，便以魏爲正統。後來，司馬光撰《通鑒》，亦復如此。這個正統問題，從東晉時的習鑿齒撰《漢晉陽秋》起，就有了異議；而到南宋、金、元時代，則爭論最烈。南宋時，朱熹撰《通鑒綱目》便以蜀爲正統。蕭常甚至改修《三

無名氏

武侯廟

國志》爲《續後漢書》十卷，以帝蜀黜魏。在元代，趙居信以紀事本末體撰《蜀漢本末》三卷，郝經撰《後漢書》九十卷，謝陛撰《季漢書》五十六卷，也都是帝蜀黜魏，或者爲蜀立「本紀」，而以魏、吳列爲「世家」。《武侯廟》詩的作者，正是在這個時代爲諸葛亮作出他的歷史結論的。他認爲：諸葛亮興復漢室的事業是正義的。蜀漢應當承繼帝王的正統，傳之萬古而無愧，決不能因一時的成敗而有所轉移。也就是說，諸葛亮的出師北伐，雖然失敗，其忠義精神，仍將永垂不朽。

從前面所舉各家對於這首詩的評論中可以看出，他們多數都是予以高度肯定的。他們各有所見，雖着眼點不盡相同但對我們都能有所啓發。綜合起來看，大致可注意以下幾個方面：

第一，是它篇章結構的精練、完整。全詩僅八句，各以二句寫景、敍事、抒情、發論。一切從懷念諸葛的主題出發，字字句句，都充分顯示了它的作用，又能前後呼應，左右映帶，有虛有實，不蔓不枝，一氣貫通，凝結爲一個整體。前人說它「始終皆武侯事」，卽是看到了這一點。

第二，正如沈德潛所說，它是「情韻聲律，無一不合」。沈是所謂「格調說」的代表，他僅從此點着眼，肯定這首詩是「古來《武侯廟》詩」之「最」，當然不對，但他指出了它在這個方面所取得的成功，却值得注意。所謂「情韻」，從沈德潛來說，自然包含有他所主張的「溫柔敦厚」在內。至於我們，則可以看到，詩中的確表現出了一種「沉鬱悲壯」而又含蓄深厚的感情；正是由於這種感情與諧暢的聲律、抑揚的韻調互相結合，融爲一體，因而才充分發揚了七律這一體裁要求「句引字睬」、神完氣健、適於唱歎的特點。用此以歌詠諸葛亮這樣的一個歷史人物，眞可謂聲情並茂，相得益彰。

第三，就是所謂「正統」問題。這關涉到如何評價這首詩的思想內容。楊愼所謂「微顯闡幽，不隨人觀場」，也就是指的這個方面。在楊愼看來，作者沒有像歷來歌詠諸葛亮的詩人那樣，衹是一味地去讚頌他和劉備的君臣遇合，及其奇才異略、文治武功，以至治蜀遺愛等等，卻從他的志業未成而精神不朽立論，可謂能够「發潛德、顯幽光」，見識高出人上。楊愼的這種看法也是有道理的。但我們還應該進一步思考：這個所謂蜀漢的「正統」問題，爲什麼一直鬧了一千多年，而且還有其廣泛的羣衆基礎？應該說，它實際與當時的民族矛盾有關。因爲在陳壽和司馬光的時代，問題並不突出，以魏爲正統，本來是尊重歷史事實，也爲了繫年的方便。可在習鑿齒生活的東晉時代，異族入侵，問題就提出來了。至於南宋以後，這一問題，尤爲突出，所以朱熹以下，像我們所舉的那些歷史家，爲什麼他們都不憚其煩地改寫這段歷史，斤斤於帝蜀還是帝魏？其原因即在於此。北伐中原、恢復舊業的鬥爭可以失敗，而中華正統，終屬漢家，在異族的侵凌當中，不是可以鼓舞人們的信心和志氣麼？而這首《武侯廟》詩的作者，正是與他們有着同樣的思想感情。前人每愛拿這首詩和杜甫的《蜀相》相比，有的還說它在杜詩之上。我們並不這樣看，但有一點可以肯定，它所抒發的思想感情，是與杜甫息息相通的。儘管其中包含有封建觀念在內，應加批判。這在那個時代，就以杜甫而言，又豈能盡免呢？

（王仲鏞）

倩女離魂第二折

鄭光祖

（夫人慌上，云）歡喜未盡，煩惱又來。自從倩女孩兒在折柳亭與王秀才送路，辭別回家，得其疾病，一臥不起。請的醫人看治，不得痊可，十分沉重，如之奈何？則怕孩兒思想湯水吃，老身親自去繡房中探望一遭去來。（下）（正末上，云）小生王文舉，自與小姐在折柳亭相別，使小生切切於懷，放心不下。今艤舟江岸，小生横琴於膝，操一曲以適悶咱。（做撫琴科）（正旦別扮離魂上，云）妾身倩女，自與王生相別，思想的無奈；不如跟他同去，背着母親，一逕的趕來。王生也，你祇管去了，爭知我如何過遣也呵！（唱）

【越調·鬭鵪鶉】人去陽臺，雲歸楚峽。不爭他江渚停舟，幾時得門庭過馬？悄悄冥冥，瀟瀟灑灑。我這裏踏岸沙，步月華；我覷這萬水千山，都祗在一時半霎。

【紫花兒序】想倩女心間離恨，趕王生柳外蘭舟，似盼張騫天上浮槎。汗溶溶瓊珠瑩臉，亂鬆鬆雲鬢堆鴉，走的我筋力疲乏。你莫不夜泊秦淮賣酒家，向斷橋西下，疎剌剌秋水菰蒲，冷清清明月蘆花。

（云）走了半日，來到江邊，聽的人語喧鬧，我試覷咱。（唱）

【小桃紅】驀聽得馬嘶人語鬧喧譁，掩映在垂楊下。諕的我心頭丕丕那驚怕，原來是響璫璫鳴榔板捕魚蝦。我這裏順西風悄悄聽沉罷，趁着這厭厭露華，對着這澄澄月下，驚的那呀呀呀寒雁起平沙。

【調笑令】向沙堤款踏，莎草帶霜滑。掠濕湘裙翡翠紗，抵多少蒼苔露冷凌波襪。看江上晚來堪畫，翫冰壺瀲灩天上下，似一片碧玉無瑕。

【禿廝兒】你覷遠浦孤鶩落霞，枯藤老樹昏鴉。聽長笛一聲何處發，歌欸乃，櫓咿啞。

（云）兀那船頭上琴聲響，敢是王生？我試聽咱。（唱）

【聖藥王】近蓼窪，纜釣槎，有折蒲衰柳老蒹葭。傍水凹，折藕芽，見煙籠寒水月籠沙，茅舍兩三家。

（正末云）這等夜深，祗聽得岸上女人音聲，好似我倩女小姐，我試問一聲波。（做問科，云）那壁不是倩女小姐麼？這早晚來此怎的？（魂旦相見科，云）王生也，我背着母親，一逕的趕將你來，咱同上京去罷。（正末云）小姐，你怎生直趕到這裏來？（魂旦唱）

【麻郎兒】你好是舒心的伯牙，我做了沒路的渾家。你道我為甚麼私離繡榻？待和伊同走天涯。

（正末云）小姐是車兒來？是馬兒來？（魂旦唱）

【幺】㜁把咱家走乏。比及你遠赴京華，薄命妾為伊牽掛，思量心幾時撇下。

【絡絲娘】你抛閃咱，比及見咱，我不瘦殺，多應害殺。（正末云）若老夫人知道，怎了也？（魂旦唱）他若是趕上咱，待怎麼？常言道：做着不怕！

（正末做怒科，云）古人云：聘則為妻，奔則為妾。老夫人許了親事，待小生得官回來，諧兩姓之好，却不名正言順！你今私自趕來，有玷風化，是何道理？（魂旦云）王生！（唱）

【雪裏梅】你振色怒增加，我凝睇不歸家。我本真情，非為相謔，已主定心猿意馬。

（正末云）小姐，你快回去罷！（魂旦唱）

【紫花兒序】祇道你急煎煎趲登程路，元來是悶沉沉困倚琴書，怎不教我痛煞煞淚濕琵琶。有甚心着霧鬟輕籠蟬翅，雙眉淡掃宮鴉。似落絮飛花，誰待問出外爭如祇在家。更無多話，願秋風駕百尺高帆，儘春光付一樹鉛華。

（云）王秀才，趕你不為別，我祇防你一件。（正末云）小姐，防我那一件來？（魂旦唱）

【東原樂】你若是赴御宴瓊林罷，媒人每攔住馬，高挑起染渲佳人丹青畫，賣弄他生長在王侯宰相家。你戀着那奢華，你敢新婚燕爾在他門下？

（正末云）小生此行，一舉及第，怎敢忘了小姐！（魂旦云）你若得登第呵，（唱）

【綿搭絮】你做了貴門嬌客，一樣矜誇。那相府榮華，錦繡堆壓，你還想飛入尋常百姓家？那時節似魚躍龍門播海涯，飲御酒，插宮花，那其間占鰲頭、占鰲頭登上甲。

（正末云）小生倘不中呵，却是怎生？（魂旦云）你若不中呵，妾身荊釵裙布，願同甘苦。（唱）

倩女離魂第二折

【拙魯速】你若是似賈誼困在長沙，我敢似孟光般顯賢達。休想我半星兒意差，一分兒抹搭。我情願舉案齊眉傍書榻，任粗糲淡薄生涯；遮莫戴荆釵，穿布麻。

（正末云）小姐既如此眞誠志意，就與小生同上京去，如何？（魂旦云）秀才肯帶妾身去呵，（唱）

【幺篇】把稍公快喚咱，恐家中廝捉拿。祇見遠樹寒鴉，岸草汀沙，滿目黃花，幾縷殘霞。快先把雲帆高掛，月明直下，便東風刮，莫消停，疾進發。

（正末云）小姐，則今日同我上京應舉去來。我若得了官，你便是夫人縣君也。（魂旦唱）

【收尾】各刺刺向長安道上把車兒駕，但願得文苑客當時奮發。則我這臨邛市沽酒卓文君，甘伏侍你濯錦江題橋漢司馬。（同下）

元雜劇後期作家鄭光祖的《迷青瑣倩女離魂》（簡稱《倩女離魂》），是元代愛情劇的傑作之一，是一首悽麗動人的浪漫主義的愛情頌歌。

鄭光祖，字德輝，平陽（今山西臨汾）人。他「以儒補杭州路吏」，在江浙一帶做過小官。他「爲人方直，不妄與人交，名聞天下，聲徹閨閣」，是元代後期最著名的雜劇作家。他死後在杭州火化，有很多人爲他送葬。在他現存的八個劇本中，《倩女離魂》可稱是代表作。

倩女離魂的故事，最早見於唐代陳玄祐的傳奇小說《離魂記》。鄭光祖的劇本以此爲基礎，進行了精心的藝術創造。劇本寫張倩女自小與王文舉訂爲婚姻，但張母嫌王生沒有功名，以「俺家三代不招白衣女婿」爲理由，叫倩女和王生以兄妹相稱，等王生科舉得中，才允許他們結婚。王生啓程以後，倩女相思成疾，一病不起，她的靈魂却飛出軀殼，直至江邊追趕王生。王生以爲倩女是私奔，不敢收留，後來被她的深摯愛情所感動，於是一同赴京。而倩女在家的軀體却一直纏綿牀褥，思念王生。王生考中得官，和倩女的靈魂雙雙歸來，倩女的靈魂和軀體又合而爲一。這裏我們所談的第二折，寫的就是倩女的靈魂月夜追趕王生的情景。

倩女是一位多情的少女。她眞心實意地愛着王生，並不因他父母雙亡、家境清寒而有絲毫動搖。對於自己的母親逼王生進京趕考的做法，她內心是極端不滿的。她說這分明是「俺娘向陽臺路上，高築起一堵雨雲牆」，「隔斷巫山窈窕娘，怨女鰥男各自傷」。同時，倩女又是一位有着反抗性格的少女，她並不在母親的壓力面前屈服，而是針鋒相對地進行抗爭：「你不拘箝我可倒不想，你把我越間阻越思量。」（以上見楔子〔仙呂賞花時〕及〔幺篇〕）正是由於倩女性格上的這兩種因素，使得她的心始終跟隨王生，「我這一點眞情魂縹緲，他去後，不離了前後周遭。」（第一折〔賺煞〕）這些都使得第二折戲劇情節的展開有了充分的根據。

這折戲裏的倩女，一開始就是帶着對王生的強烈思念上場的。「人去陽臺，雲歸楚峽。不爭他江渚停舟，幾時得門庭過馬？悄悄冥冥，瀟瀟灑灑。我這裏踏岸沙，步月華；我覷這萬水千山，都祇在一時半霎。」隨着這深情優美的曲詞，我們彷彿看見在朦朧的月色之下，倩女的倩影飄忽而至，迤邐而來；萬水千山，重重險阻，都被她拋在後面。這固然是由於愛情的火焰在她內心熊熊燃燒；也暗示出現在舞臺上的不過是離體的「生魂」，這才能超越常人所不能超越的空間的界限。但倩女畢竟是一位嬌弱的閨中少女，所以即使是她的靈魂，在經歷這樣的長途跋涉之後，也已經疲憊不堪：「汗溶溶珠瓊瑩臉，亂鬆鬆雲髻堆鴉，走的我筋力疲乏。」在本折戲中，劇作家就是這樣巧妙地把人與魂、形與神結合起來、交融起來，加以描寫和刻畫，而又處處不忘突出魂、神的特點。

經過半夜的跋涉，倩女終於來到「疏剌剌秋水菰蒲，冷清清明月蘆花」的江邊。以下作者用〔小桃紅〕、〔調笑令〕、〔禿廝兒〕三支曲子描繪秋江夜月景色，饒有詩情畫意。其中有畫面——「遠浦孤鶩落霞，枯藤老樹昏鴉」，「厭厭露華」，「澄澄月下」，「翫冰壺瀲灩天上下，似一片碧玉無瑕」；有聲響——「響璫璫鳴榔板捕魚蝦」，「呀呀呀寒雁起平沙」，「長笛一聲何處發，歌欸乃，櫓咿啞」。這些景物描寫，不僅寫出了特定的戲劇情境，把觀衆帶進幽雅迷茫的戲劇氛圍之中，而且是與人物的行動、人物的心情緊密契合的。當倩女「驀聽得馬嘶人語鬧喧嘩」時，她趕緊「掩映在垂楊下」，禁不住「心頭丕丕那驚怕」，結果却是一場虛驚，因爲那不過是漁人「鳴榔板捕魚蝦」的聲音。這富有戲劇性的描寫，與倩女這一嬌怯少女單魂薄魄在夜裏戰戰兢兢趕路尋人的特殊心理是完全吻合的。而「向沙堤款踏，莎草帶霜滑。掠濕湘裙翡翠紗，抵多少蒼苔露冷凌波襪」幾句唱詞，更富有很強的動作性，活畫出倩女手提裙擺，在沾露帶霜的草徑上一步一滑、艱難前行的場景。就這樣，倩女終於接近了水邊，并從那豐富的音響中一下子辨出了王生哀怨的彈琴之聲。這時，眼前的景物彷彿也變得更美了：

〔聖藥王〕近蓼窪，纜釣槎，有折蒲衰柳老蒹葭。傍水凹，折藕芽，見煙籠寒水月籠沙，茅舍兩三家。

如果說這一折的前半部分是通過倩女的月夜追舟，反映她對愛情的執著追求的話，那麼後半部分就是通過倩女與王生的矛盾衝突，反映她對封建禮教的反抗和高尚的愛情理想。

倩女與王生的思想交鋒共有四個回合。當倩女對王生提出「同上京去」的要求時，王生却擔心：「若老夫人知道怎了也？」對此，倩女的回答是明確而堅定的：

〔絡絲娘〕……他若是趕上咱，待怎麼？常言道：做着不怕！

但王生的思想所受封建禮教的束縛是比較深的，他又提出倩女是「私自趕來，有玷風化」。對於大得嚇人的「私奔」這一罪名，倩女也是毫不畏懼的：

〔雪裏梅〕你振色怒增加，我凝睇不歸家。我本眞情，非為相謊，已主定心猿意馬。

不管你怎麼說，我的主意是拿定了的。其動力來自我的一片癡情、一片「眞情」，就是對王生的愛。但倩女對王生能不能始終如一地忠於愛情，是抱有懷疑的。她擔心王生及第以後，「戀着那奢華」，「做了貴門嬌客」。這也是她月夜追趕王生的原因之一。

在倩女看來，王生能不能考中，這是無關緊要的。「你若不中啊，妾身荆釵裙布，願同甘苦。」「我情願舉案齊眉傍書榻，任粗糲淡薄生涯。」這同《西廂記》裏崔鶯鶯「若得一個並蒂蓮，煞強如狀元及第」的愛情觀是一致的。

在倩女這種像金石一樣堅誠的愛情面前，王生不由不深受感動。這折戲的結尾，東風勁吹，雲帆高掛，載着一對情侶的小船向着京都急速進發。

在這一折戲裏，劇作家反覆渲染、突出強調了「眞情」的巨大力量。這是本折的靈魂，也是全劇的靈魂。正是因爲這點「眞情」，使倩女不屈從母親的壓力，不畏懼「私奔」的罪名，視崎嶇爲坦途，棄功名如糞土，經過執著追求，終於如願以償。在這一點上，《倩女離魂》繼承了《西廂記》的優良傳統，同時也對後來的《牡丹亭》產生了有益的影響。明人孟稱舜《柳枝集》評《倩女離魂》「酸楚哀怨，令人腸斷。昔時《西廂記》，近日《牡丹亭》，皆爲傳情絕調，兼之者其此劇乎。《牡丹亭》格調原祖此，讀者當自見也。」他的話是頗有見地的。有的論者批評《倩女離魂》「是對一代名作《西廂記》的反動」，是不符合實際的。

本篇的人物心理刻畫非常細緻，恰如其分、逐步深入地展示了倩女這位熱戀中的少女的心理變化過程。在追趕王生的過程中，她的心情主要是急切盼望——恨不能一下子就飛到王生身邊：「想倩女心間離恨，趕王生柳外蘭舟，似盼張騫天上浮槎」；當她循着琴聲，找到王生時，心裏又是歡欣，又是酸楚，又是埋怨，又是期待，千言萬語一齊向着親人傾訴：

〔麻郎兒〕你好是舒心的伯牙，我做了沒路的渾家。你道我為什麼私離繡榻？待和伊同走天涯。

既有閨中千金的溫柔旖旎，又有私奔少女的潑辣熱烈，這些都使得倩女這個人物形象獨具特色，血肉豐滿，給人留下了難忘的印象。

鄭光祖是王實甫之後又一位以文彩著稱的雜劇作家。本折的曲詞，融匯唐詩、宋詞、元曲與民間俗語，而又有作者自己的獨運匠心，既清麗優美、音韻悠揚，又有很強的動作性，是詩情洋溢、聲色俱佳，既富文彩、又合本色的戲劇語言。鍾嗣成所寫鄭光祖弔詞，說他「乾坤膏馥潤肌膚，錦繡文章滿肺腑，筆端寫出驚人句」(《錄鬼簿》)，由這一折戲看來，這些評價是當之無愧的。

（萬雲駿）

琵琶記第二十齣·糟糠自厭

高　明

【山坡羊】(旦上)亂荒荒不豐稔的年歲，遠迢迢不回來的夫婿。急煎煎不耐煩的二親，軟怯怯不濟事的孤身己。衣盡典，寸絲不掛體。幾番要賣了奴身己，爭奈沒主公婆教誰管取？(合)思之，虛飄飄命怎期？難捱，實丕丕災共危。

【前腔】滴溜溜難窮盡的珠淚，亂紛紛難寬解的愁緒。骨崖崖難扶持的病

體；戰欽欽難捱過的時和歲。这糠呵，我待不喫你呵，教奴怎忍饑？我待喫呵，怎喫得？（介）苦！思量起來不如奴先死，圖得不知他親死時。（合前）

（白）奴家早上安排些飯與公婆，非不欲買些鮭菜，爭奈無錢可買。不想婆婆抵死埋冤，只道奴家背地喫了甚麽。不知奴家喫的卻是細米皮糠，喫時不敢教他知道，只得迴避。便埋冤殺了，也不敢分說。苦！眞實這糠怎的喫得。（喫介）（唱）

【孝順歌】嘔得我肝腸痛，珠淚垂，喉嚨尚兀自牢嗄住。糠！遭礱被舂杵，篩你簸揚你，喫盡控持。悄似奴家身狼狽，千辛萬苦皆經歷。苦人喫着苦味，兩苦相逢，可知道欲吞不去。（喫吐介）（唱）

【前腔】糠和米，本是兩倚依，誰人簸揚你作兩處飛？一賤與一貴，好似奴家共夫婿，終無見期。（白）丈夫，你便是米麽，（唱）米在他方沒尋處。（白）奴便是糠麽，（唱）怎的把糠救得人饑餒？好似兒夫出去，怎的教奴，供給得公婆甘旨？（不喫放碗介）（唱）

【前腔】思量我生無益，死又值甚的！不如忍饑為怨鬼。公婆老年紀，靠着奴家相依倚，只得茍活片時。片時茍活雖容易，到底日久也難相聚。謾把糠來相比，（白）這糠尚兀自有人喫，（唱）奴家骨頭，知他埋在何處？

（外、淨上探白）媳婦，你在這裏說甚麽？（旦遮糠介）（淨搜出打旦介）（白）公公，你看麽，眞個背後自逼邐東西喫，這賤人好打！（外白）你把他喫了，看是什麼物事？（淨慌喫介）（吐介）（外白）媳婦，你逼邐的是甚麽東西？（旦介）（唱）

【前腔】這是穀中膜，米上皮，將來逼邏堪療饑。（外、淨白）這是糠，你卻怎的喫得？（旦唱）嘗聞古賢書，狗彘食人食。（白）公公，婆婆，（唱）須強如草根樹皮。（外、

琵琶記第二十齣・糟糠自厭

淨白）這的不嗄殺了你？（旦唱）嚼雪餐氈蘇卿猶健，餐松食柏倒做得神仙侶，縱然喫些何慮？（白）公公，婆婆，別人喫不得，奴家須是喫得。（外、淨白）胡說！偏你如何喫得？（旦唱）爹媽休疑，奴須是你孩兒的糟糠妻室！

（外、淨哭介，白）原來錯埋冤了人，兀的不痛殺了我！（倒介）（旦叫介，唱）

【雁過沙】他沉沉向迷途，空教我耳邊呼。公公，婆婆，我不能盡心相奉事，番教你為我歸黃土。公公，婆婆，教人道你死緣何故？公公，婆婆，你怎生割捨拋棄了奴？

（白）公公，婆婆。（外醒介，唱）

【前腔】媳婦，你耽饑事公姑。媳婦，你耽饑怎生度？錯埋冤你也不肯辭，我如今始信有糟糠婦。媳婦，我料應不久歸陰府。媳婦，你休便為我死的把生的受苦。（旦叫婆婆介，唱）

【前腔】婆婆，你還死教奴家怎支吾？你若死教我怎生度？我千辛萬苦回護丈夫，如今到此難回護。我只愁母死難留父，況衣衫盡解，囊篋又無。（外叫淨介，唱）

【前腔】婆婆，我當初不尋思，教孩兒往皇都。把媳婦閃得苦又孤，把婆婆送入黃泉路，只怨是我相耽悞。我骨頭未知埋在何處所？

（旦白）婆婆都不省人事了，且扶入裏面去。正是青龍共白虎同行，吉凶事全然未保。（並下）（末上白）福無雙至猶難信，禍不單行卻是眞。自家為甚說這兩句？為鄰家蔡伯喈妻房，名喚做趙氏五娘子，嫁得伯喈秀才，方纔兩月，丈夫便出去赴選。自去之後，連年饑荒，家裏只有公婆兩口，年紀八十之上，甘旨之奉，虧殺這趙五娘子，把些衣服首飾之類，盡皆典賣，糴些糧米做飯與公婆喫，他卻背地裏把些細米皮糠逼邏充饑。唧唧，這般荒年饑歲，少甚麼有三五個孩兒的人家，供膳不得爹娘。這個小娘子，眞個今人中少有，古人中難得。那公婆不知道，顛倒把他埋冤，今來聽得他公婆知道，卻又痛心，都害了病。俺如今去他家裏探取消息則個。（看介）這個來的卻是蔡小娘子，怎生恁地走得慌？（旦慌走上介，白）天有不測風雲，人有旦夕禍福。（見末介）公公，我的婆婆死了。（末介）我恰要來。（旦白）公公，我衣衫首飾，盡行典賣，今日婆婆又死，教我如何區處？公公可憐見，相濟則個。（末白）不妨，婆婆衣衾棺椁之費，皆出於我，你但盡心承值公公便了。（旦哭介，唱）

【玉包肚】千般生受，教奴家如何措手？終不然把他骸骨，沒棺椁送在荒丘？（合）相看到此，不由人不珠淚流，正是不是冤家不聚頭。（末唱）

【前腔】不須多憂，送婆婆是我身上有。你但小心承直公公，莫教又成不救。（合前）

（旦白）如此，謝得公公！只為無錢送老娘，（末白）娘子放心，須知此事有商量。（合）正是。歸家不敢高聲哭，只恐人聞也斷腸。（並下）

《琵琶記》的作者高明在副末開場中說：「今來古往，其間故事幾多般。少甚佳人才子，也有神仙幽怪，瑣碎不堪觀。正是：不關風化體，縱好也徒然。……休論插科打諢，也不尋宮數調，衹看子孝與妻賢。」看來，他創作《琵琶記》的目的，是要塑造出孝子賢妻的形象來施行教化、感動世道人心的。由於這樣的創作動機，一方面使他的作品有着明顯的宣揚忠孝節義的內容；但同時也確實成功地塑造了蔡伯喈、趙五娘孝子賢妻的形象。劇作家用「三不從」（即辭試不從、辭官不從、辭婚不從）爲蔡伯喈的種種行爲進行辯護，使他由民間傳說中「背親棄婦」的負心人形象變成了孝子。這固然是喪失了批判熱中功名富貴的封建知識分子的思想意義，然而，却把批判的矛頭指向了迫使他「背親棄婦」的最高封建統治者——皇帝和牛丞相。比起民間傳說來，有着更爲積極的意義。尤其是趙五娘的形象，更是感動着從古至今無數的觀衆和讀者。的確，《琵琶記》裏所描寫的趙五娘侍奉公婆的種種事件，體現了勞動人民家庭關係中的傳統美德，是十分感人的。而通常被人們稱爲「糟糠自厭」的第

琵琶記第二十齣・糟糠自厭

二十齣，又是其中最精彩、最感人的片段。

這齣戲，從始至終是在表現趙五娘那種堅韌不拔的生活意志和勇於自我犧牲的高貴品質，但在具體內容上，分爲前後兩場。以趙五娘的上下場爲界，前一場戲主要寫五娘吃糠引起的風波。

戲要感動人，就必須傳達出人物的心聲，表現出人物最眞實的思想感情。而要表現這樣的思想感情，又離不開典型環境的創造。戲曲不同於小說，它不能由作家直接出面敍述和描寫環境，劇中環境的創造，完全是由劇中人的唱詞和道白來完成的。因此，優秀的戲曲作家，總是巧妙地把寫心與寫境結合起來，使代言體的戲曲，同時具備敍事體文學的功能。戲一開始的兩支〔山坡羊〕曲子，體現戲曲的這種特點最爲明顯。

南戲一般是以先唱後白爲通例。劇作家首先利用這樣兩支曲子來刻畫趙五娘當時的艱難處境和她的悲慘遭遇。

第一支〔山坡羊〕側重寫趙五娘艱難困苦的生活環境。戲曲是舞臺藝術，是演給人看的，轉瞬卽逝，它不像案頭文學那樣，可以反覆展翫，講究含蓄、精練。戲曲首要的一條是要清晰明白，使人看得懂、記得住。因此，一些重要關目就需要反覆提及，特爲強調，以給觀衆一個深刻的印象。趙五娘一出場的四句唱詞，從大的方面，概括地介紹她所處的環境：「亂荒荒不豐稔的年歲，遠迢迢不回來的夫婿。急煎煎不耐煩的二親，軟怯怯不濟事的孤身己。」從災荒的歲月、遠離的夫婿，一直說到家中的公婆，最後說到自己。由遠及近。這四句唱詞，每一句各表現一個方面的內容，好像是並列在一起，實際却是共同構成一個典型環境——這就是趙五娘生活於其間的環境。各種條件擺得明明白白，一目了然。這些內容，本來在前面已經詳細交代過了。比如，亂歲荒年，第十六齣就有詳細的描寫；伯喈赴試不歸，從第四齣開始，已經有好多齣戲重複這種內容；公婆雙親的不耐煩，第十九齣也有具體敍述。因此，這裏衹是順便一提。這一提，不僅是爲本齣戲交代環境，也可以使沒有看到前面戲的觀衆，了解已經發生的情況。可見，劇作家是處處從舞臺演出的角度着想的。

前四句唱詞是寫大的環境，寫得概括，下面寫到自己貧苦的生活狀況，文筆就細膩多了：「衣盡典，寸絲不掛體。幾番要賣了奴身己，爭奈沒主公婆，教誰管取？」這齣戲本是要寫沒東西吃才吃糠的，但作者很巧妙，他先寫趙五娘沒有衣服穿，把衣服都典賣光了，爲的是渲染蔡家生活的困苦。典賣衣服爲的是買糧餬口，衣服都典賣到了「寸絲不掛體」的程度，再寫吃糠，才更可信，更有感染力。當然，所謂「寸絲不掛體」，衹是文學上的一種誇張說法，說明身無長物，再無可賣，並不是眞的到了「寸絲不掛」的程度。既然再無東西可賣，再賣衹有賣自身了。所以她才說：「幾番要賣了奴身己」。而自己又是不能賣的，因爲還有年老的公婆需要自己來管顧。趙五娘的生活處境確實艱難得很。在封建社會裏，對於一個被剝奪了獨立謀生能力的婦女來說，她怎麽能承擔得了呢？

第二支〔山坡羊〕側重寫趙五娘孤苦無告的心境。寫得很細膩：「滴溜溜難窮盡的珠淚，亂紛紛難寬解的愁緒。」既點出了愁緒的紛亂，又寫出了這種愁緒的外在表現——無窮無盡的眼淚。兩句唱詞，可以說是形神兼備。「骨崖崖難扶持的病體，戰欽欽難捱過的時和歲。」這就更進一步寫出了愁煩心緒的具體內容——歲月難捱。歲月，不說「度」，却說「捱」，凄苦的心情從中可見，再加一個「難」字，連「捱」都「難」，其苦更是可想而知了。這就是她所以心緒紛亂、珠淚不斷的原因。這支曲子裏所寫的吃糠，還衹是一種心理活動，並不是具體描寫吃糠的情景。不吃吧，「教奴怎忍飢？」吃吧，糠不是糧，怎吃得？萬般無奈，她才想到了死。這仍是在渲染「難捱過的時和歲」一句，把「難捱」的情景推上極點，讓他的女主人公在「難捱」的逆境中去「捱」，在「死」可以解脫痛苦的情況下不去死。這樣，才能更好地表現女主人公那種含辛茹苦、忍辱負重的生活毅力和堅韌不拔、頑強不屈的人生態度。

這兩支〔山坡羊〕曲子，在揭示趙五娘心理的時候，大量使用了疊字，渲染了悲苦的心境，形象地表現了女主人公動蕩不安的心緒。

在〔山坡羊〕之後的一段道白裏，劇作家先虛寫一筆蔡婆婆，照應前一齣蔡婆埋怨趙五娘的內容，爲趙五娘暗地裏吃糠創造環境，交代了她背地裏吃糠的原因。然後，劇作家一連用了三支〔孝順歌〕曲子，淋漓盡致地描寫趙五娘吃糠的情景。這三支曲子很有名，表現趙五娘的心理活動非常生動逼眞。

第一支〔孝順歌〕以糠自喻，表現趙五娘經歷的千辛萬苦，是從糠的遭遇與自己的身世遭遇相同這一點着眼的。作者首先寫她吃糠的艱難：「嘔得我肝腸痛，珠淚垂，喉嚨尚兀自牢嗄住。」這是她後面產生種種聯想的基礎。由糠的難以下嚥，使她想到了糠本身的不幸遭遇。它「遭礱被舂杵，篩你簸揚你，吃盡控持。」由糠的不幸，又想到了自己的命苦：「俏似奴家身狼狽，千辛萬苦皆經歷。」最後，她唱出了糠難以吞嚥的原因：「苦人喫着苦味，兩苦相逢，可知道欲吞不去。」作者通過這樣的反覆渲染，把趙五娘的悲慘遭遇充分地揭示了出來。

第二支〔孝順歌〕是以糠和米設喻，表現趙五娘夫貴妻賤、兩處分離之苦。在前一曲，趙五娘由糠想到了自己；在這一曲，她又由米想到了丈夫，她唱道：

糠和米，本是兩倚依，誰人簸揚你作兩處飛？一賤與一貴，好似奴家其夫婿，終無見期。（白）丈夫，你便是米麼，（唱）米在他方沒尋處。（白）奴便似糠麼，（唱）怎的把糠救得人饑餒！好似兒夫出去，怎的教奴，供給得公婆甘旨？

這一支曲子之所以被人們稱道，有三個原因。一是設喻的巧妙。它不是取喻體和本體之間的某一點相似，而是取其多點相似：在穀被舂碾成糠和米之前，緊相倚依，如同趙五娘與蔡伯喈這對新婚夫婦一樣親密，一相似；穀被分成糠和米是由於遭受到礱、舂杵、簸揚等外力折磨的結果，而五娘夫婦分離則是由於「三不從」，也是受外力壓迫所致，二相似；糠與米分離之後，米貴糠賤，再也不能會合到一起了，有如蔡伯喈的榮華富貴和趙五娘的饑寒勞碌，三相似；封建社會，婦女生活在最底層，支撐門戶的是男子，而在饑荒年月，贍養父母的不是蔡伯喈，却是趙五娘，這又如同是以糠救饑，四相似。被人稱道的第二個原因，是通過這種比喻，寄託了趙五娘對身世遭遇的感慨，是她對造成她們夫婦分離的「三不從」的血淚控訴。第三個值得稱道的原因，是這些比喻並不是游離在劇情之外，而是見景生情，即事設喻，不見斧鑿的痕跡。

第三支〔孝順歌〕表現趙五娘知其不可而勉力爲之的精神。她由前面以糠自比，想到了自己的無能爲力。儘管如此，她仍然爲了年老的公婆能够「苟活片時」，而頑強地生活下去。上面寫了她與糠那麼多的相似，接着又說她與糠的不同：「謾把糠來相比，（白）這糠尙兀自有人吃，（唱）奴家骨頭，知他埋在何處？」轉而感歎自己不如糠。作者採用這種回環反復、起伏跌宕的筆法，把趙五娘的形象鮮明生動地展示在觀衆和讀者面前。

琵琶記第二十齣・糟糠自厭

糠和米的一段唱詞歷來膾炙人口，眞可以說是「志在筆先，片言宛然代舌；情從境轉，一段眞堪腸斷！」（呂天成《曲品》）因爲這一場戲，甚至還引出了一些傳說。明人王世貞《匯苑詳註》云：

> 高明撰《琵琶記》，塡至吃糠一折，有糠和米一處飛之句，案上兩燭光合而為一，交輝久之乃解。好事者以為文字之祥，為作「瑞光樓」以旌之。

這當然衹是一種附會、一種傳說，並不是事實。但由此可以看出人們對這幾支曲子喜愛的程度。這確實是刻畫人物性格鞭辟入裏的神來之筆。

這齣戲的後半場，寫蔡公蔡婆上場之後風波頓起，把戲劇衝突推向了新的高潮。

高明筆下的女主人公趙五娘，不是溫室中經不起風雨的花草，而是霜雪嚴寒下青翠不凋的松柏。爲了更充分地表現女主人公的性格，劇作家把她放到了矛盾衝突最激烈、最尖銳的激流旋渦之中來進行描寫。刀光劍影、生死攸關，固然可以考驗人；但生而無計，死又不能，衹有無止無休地去承受着苦難的熬煎，却需要更大的毅力和勇氣，從而更能看出一個人的心靈和品格。

前面兩段描寫，充分表現了趙五娘既吃得苦、又耐得勞的優秀品質，但劇作家猶嫌不足。他還通過描寫蔡公蔡婆的一場大鬧，更進一層表現了趙五娘不但能吃苦、耐勞，而且也能任怨的美德。

趙五娘吃糠，是爲了省下細米來孝敬公婆；五娘背地裏吃糠，是怕公婆發現於心不忍，也是出於一片孝心。但這一片至誠至敬之心，却引起了公婆的懷疑：他們以爲五娘在背地裏弄什麼好東西吃，不僅搶白數落她，甚而動手打她。但五娘却沒有任何怨言。她何以能够如此呢？正如她自己所說：「奴須是你孩兒的糟糠妻室！」一種作兒媳的責任感，使她能爲人所不能爲，能忍人所不能忍。簡簡單單、普普通通的一句話，却閃爍着這位純樸婦女心靈的光輝，讀後令人潸然淚下。難怪蔡公蔡婆聽後，老淚縱橫地說：「原來錯埋冤了人，兀的不痛殺了我！」至痛至慘，心摧腸斷，雙雙倒地昏迷。二老的昏迷，本不是五娘的過錯，但她還是感到了內疚，發出了自責：「公公，婆婆，我不能够盡心相奉事，番教你爲我歸黃土。」情眞意摯，十分感人。

現實生活的慘痛教訓，使蔡公明白了事親、事君、立身的所謂「大孝」的害人，他蘇醒後唱道：「婆婆，我當初不尋思，教孩兒往皇都。把媳婦閃得苦又孤，把婆婆送入黃泉路，只怨是我相耽誤。」蔡伯喈的赴試，雖然是蔡公相逼的結果，但劇作家却並沒有把造成家庭悲劇的責任歸罪於他。通過蔡公的醒悟，客觀上，是批判和否定了統治階級所宣揚的功名富貴思想。但這時兒子已去、蔡婆已死，大禍已經釀成，後悔已經晚了。而蔡公信奉封建道德所造成的嚴重後果，却要由一個弱小的婦女來承擔，這對趙五娘不能不說是一個新的考驗。她將怎樣來對待這場天大的禍事呢？

後一場戲，描寫趙五娘設法埋葬婆婆。戲並不多，衹表現了兩個内容：一是通過張廣才的口，讚揚趙五娘的賢惠；二是表現張廣才的急人之難和好義樂施。這一場戲，衹是一個過場，不是劇作家描寫的重點。寫它的目的，是爲後面「祝髮買葬」的一出戲做鋪墊，從而把劇情步步引向深入。

在這出戲裏，蔡婆形象的質樸急躁、蔡公的深沉穩重、張廣才的古道俠腸，都刻畫得頗爲生動。但劇作家嘔心瀝血、慘淡經營的人物還是趙五娘。她不僅在戲曲史上，甚至在文學史上，都可算得上是一個光彩照人的形象。她之所以能够經得起時間的考驗，並不是因爲她的貌如何美，也不是因爲她的才如何高，而是因爲在她身上，集中了中國婦女的傳統美德。雖然，她沒有什麼大膽地反抗封建禮教、反抗黑暗社會的行動。相反，她是在默默地承擔着黑暗社會所加給她的巨大壓力，在盡着自己侍奉公婆、維護丈夫的職責。她是一個普普通通的人，是現實生活中一個活生生的平凡的人，她就生活在人們的左右，帶着滿身的人間煙火氣味，帶着風塵僕僕的泥土氣息；似乎人們常常看到她，非常熟悉她，然而却又很難找到她。體現在她身上的美德有很多方面，但最主要、最根本、也是最感人肺腑的一點，是她的捨己爲人。她生活的目的，不是爲自己貪求享受，而是爲他人承擔痛苦，所以張廣才說她：「眞個今人中少有，古人中難得。」趙五娘這個人物形象所具有的勞動人民家庭内部相依爲命、尊老敬長的「孝道」，這種思想品格，即使在今天也有它的價值。

劇作家對這個人物的刻畫，不是靠華麗的辭藻，也不是靠離奇的情節，而是採用適合人物身分的通俗、質樸的語言，深入細緻地傳達出人物的心聲，做到以情動人。高明說：「論傳奇，樂人易，動人難。」他從難處入手，「體貼人情，委曲必盡；描寫物態，彷彿如生；問答之際，了不見扭造。」（王世貞《曲藻》）這大概就是《琵琶記》取得成功的根本所在。

（張燕瑾）

幽閨記第三十二齣·幽閨拜月

施惠

【齊天樂】〔旦上〕懨懨捱過殘春也，又是困人時節。景色供愁，天氣倦人，針指何曾拈刺。〔小旦上〕閒庭靜悄，瑣窗瀟灑，小池澄澈。〔合〕疊青錢，泛水圓小嫩荷葉。

〔浣溪沙〕〔小旦〕階前萱草簇深黃，檻外榴花疊絳囊，清和天氣日初長。〔旦〕懶去梳妝臨寶鏡，慵拈針指向紗窗，晚來移步出蘭房。〔小旦〕姐姐，當此良辰美景，正好快樂，你反眉頭不展，面帶憂容，為甚麼來？

【青納襖】〔旦〕我幾時得煩惱絕，幾時得離恨徹！本待散悶閒行到臺榭，傷情對景腸寸結。〔小旦〕姐姐，撇下些罷。〔旦〕悶懷些兒，待撇下怎忍撇，待割舍難割舍。倚遍闌干，萬感情切，都吩咐長歎嗟。

【紅納襖】〔小旦〕姐姐，你繡裙兒寬褪了褶，為傷春憔悴些。近日龐兒瘦成勞

幽閨記第三十二齣・幽閨拜月

怯，莫不是又傷夏月？姊妹每休見撇，斟量着你非為別。（旦）你量着我甚麼？（小旦）多應把姐夫來縈牽，別無些話說。

【青納襖】（旦怒科）你把濫名兒將咱引惹，直恁的情性乖，心意劣。女孩兒家多口共饒舌，爹娘行快活要他做甚的？要妝衣滿篋，要食珍羞則盛設，和你寬打周折。（走科）（小旦）姐姐到那裏去？（旦）到父親行先去說。（小旦）說些什麼？（旦）說你小鬼頭春心動也。

【紅納襖】（小旦）我特地當耍說。（跪科）姐姐，望高擡貴手饒過些，一句話兒傷了俺賢姐姐。（旦）起來，且饒你這次，今後再不可如此。（小旦）若再如此呵，瑞蓮甘痛決，姐姐，你在此閒耍歇，小的每先去也。（旦）你那裏去？（小旦）祇管在此閒行，忘收了針綫帖。（旦）也罷，你先去。（小旦）推些掾故歸家早，花陰深處遮藏了。熱心閒管是非多，冷眼覷人煩惱少。（下）（旦）這丫頭果然去了。天色已晚，祇見半彎新月，斜掛柳梢；幾隊花陰，平鋪錦砌。不免安排香案，對月禱告一番。（卜算子）款把桌兒擡，輕揭香爐蓋；一炷新香訴怨懷，對月深深拜。（拜科）

【二郎神】（旦）拜新月，寶鼎中把明香滿爇。（小旦潛上，聽科）（旦）上蒼，這一炷香呵！願我抛閃下男兒疾效些，得再覩同歡同悅。（小旦）悄悄輕將衣袂拽。姐姐，却不道小鬼頭春心動也。（走科）（旦）妹子到那裏去？（小旦）我也到父親行去說。（旦扯科）（小旦）放手，我這回定要去。（旦跪科）妹子，饒過了姐姐罷。（小旦）姐姐請起。那嬌怯，無言俛首，紅暈滿腮頰。

【鶯集御林春】（小旦）恰才的亂掩胡遮，事到如今漏泄。姊妹每心腸休見別，夫妻每是有些周折。（旦）教我難推怎阻，罷罷，妹子，我一星星對伊仔細從頭說。（小旦）姐姐，他姓甚麽？（旦）姓蔣，（小旦）他也姓蔣，叫甚麽名字？（旦）世隆名，（小旦）呀！他家住在那裏？（旦）中都路是家。（小旦）姐姐，你怎麽認得他，他是甚麽樣人？（旦）是我男兒受儒業。

【前腔】（小旦悲介）聽說罷姓名家鄉，這情苦意切。悶海愁山，將我心上撇，不由人不淚珠流血。（旦）我悽惶是正理，祇合此愁休對愁人說。妹子，你啼哭為何因，莫非是我男兒舊妻妾？

【前腔】（小旦）他須是瑞蓮親兄。（旦）呀！元來是令兄，為何散失了？（小旦）為軍馬犯闕。（旦）是，我曉得了。散失忙尋相應者，那時節祇爭個字兒差迭。妹子，和你比先前又親，自今越更着疼熱，你休隨着我跟脚，久已後是我男兒那枝葉。

【前腔】（小旦）我須是你妹妹姑姑，你是我的嫂嫂又是姐姐。未審家兄和你因甚別，兩分離是何時節？（旦）正遇寒冬冷月，恨爹爹把奴折散在招商舍。（小旦）如今還思量着我哥哥麽？（旦）思量起痛辛酸，那其間他染病耽疾。（小旦）那時怎割舍得他？（旦）是我男兒教我怎割捨！

【四犯黃鶯兒】（小旦）他直恁太情切，你十分忒軟怯，眼睜睜怎忍相拋撇。（旦）枉是怨嗟，無可計設，當不過他搶來推去望前扯。（合）意似虺蛇，性似蝎螫，一言如何訴說！

【前腔】（小旦）流水也似馬和車，頃刻間途路賒，他在窮途逆旅應難捨。（旦）那時節呵，囊篋又竭，藥餌又缺，他那裏悶懨懨難捱過如年夜。（合）寶鏡分破，玉釵跌折，甚日重圓再接？

【尾聲】自從別後音書絕，這些時魂驚夢怯，莫不是煩惱憂愁將人斷

幽閨記第三十二齣・幽閨拜月

送也。

(旦)往時煩惱一人悲,(小旦)從此淒涼兩下知;
世上萬般哀苦事,無過死別共生離。

元末明初的南戲舞臺上,出現了《荆釵記》、《劉知遠白兔記》、《拜月亭記》(又名《幽閨記》)、《殺狗記》四部有影響的劇作,簡稱「荆、劉、拜、殺」四大傳奇。其中傳爲元人施惠(字君美)所作的《幽閨記》是思想性、藝術性最高的一部。

《幽閨記》是根據關漢卿的雜劇《閨怨佳人拜月亭》改寫的。其故事梗概是:金末,番兵入侵,主戰派大臣陀滿海牙遭姦臣陷害,全家被殺,祇剩其子陀滿興福,在逃亡中爲秀才蔣世隆搭救,興福暫在山寨安身。在兵亂中,蔣世隆與其妹瑞蓮,尙書王鎭的夫人與其女瑞蘭分別走散,瑞蘭在患難中得世隆相助,二人結爲夫婦;瑞蓮則被王夫人認作義女。王鎭在客店遇見瑞蘭,不認世隆爲婿,強行將女兒帶走。戰事平息後,王鎭一家團聚。瑞蘭在後花園焚香拜月,表露了對蔣世隆的深切思念。瑞蓮在旁竊聽,明白了她與瑞蘭的姑嫂關係。不久世隆、興福分別得中文武狀元,王鎭奉旨招二人爲婿,夫妻兄妹大團圓。

《幽閨拜月》是本劇最精彩的一齣戲。這一齣戲的矛盾衝突有兩條線:一條是瑞蘭與王鎭的思想衝突,這是通過對瑞蘭的離愁、幽怨的抒寫,從側面得到表現的,帶有悲劇的因素;另一條是瑞蘭與瑞蓮的性格衝突,這是通過姊妹調笑展開的,染有喜劇色彩。由於瑞蘭的愛情不是沒有希望的,特別是由於瑞蓮機智伶俐的性格,在這一齣戲悲喜交融的色調中,喜劇色彩就佔了主導的地位。

這是一個初夏之夜,瑞蘭、瑞蓮姊妹倆攜手來到後花園。閒庭靜悄,榴花吐紅,小池澄澈,嫩荷清圓,一派良辰美景;而瑞蘭反而愁眉不展,面帶憂容:「懨懨捱過殘春也,又是困人時節。景色供愁,天氣倦人,針指何曾拈刺。」作爲義妹,瑞蓮對瑞蘭十分體貼關心,不僅注意到她的形,而且憑着女性的敏感,猜想到她一定有心事。於是乘着花園無人,主動進行試探:「姐姐,你繡裙兒寬褪了褶,爲傷春憔悴些。近日龐兒瘦成勞怯,莫

幽閨記第三十二齣・幽閨拜月

不是又傷夏月？姊妹每休見撇，斟量着你非爲別。」瑞蘭聞言，吃了一驚，連忙反問：「你量着我甚麽？」瑞蓮這才不慌不忙地說出：「多應把姐夫來縈牽。」瑞蘭聽了，佯裝嗔怒，責道：「你把濫名兒將咱引惹，直恁的情性乖，心意劣。」她拉着瑞蓮，揚言要「到父親行先去說……說你小鬼頭春心動也」。瑞蓮趕緊分辯：「我特地當耍說。」並跪下再三哀求，瑞蘭才答應饒了她這次。這裏的喜劇性來自對比，來自不協調。姐姐心事重重，却還盡力裝出若無其事的樣子；妹妹天眞無邪，偏要打破砂鍋問到底。這是一層對比，是人與人之間性格上的對比，也可以說是人與人不同性格的不協調。瑞蘭明明自己「春心動」，却還要反咬一口，說瑞蓮「小鬼頭春心動也」，還煞有介事地要拉她「到父親行先去說」。瑞蓮對瑞蘭的心事，早已有七分把握，却還要假裝服輸，連連討饒。這又是一層對比，是一個人的內心和外表的對比，或者說內心與外表的不協調。司馬貞《史記索隱》在談到「滑稽」的時候說：「滑，亂也；稽，同也。言辨捷之人言非若是，說是若非，言能亂異同也。」黑格爾在《美學》中也說過：「本質與現象之間的每一差異，都是滑稽可笑的。」正是在這一點上，瑞蘭、瑞蓮的言行都產生了濃烈的喜劇性。

瑞蘭高興得過早了。她暗笑瑞蓮「上當」，殊不知瑞蓮也在那裏暗笑她「上當」呢。她以爲自己支走了瑞蓮，於是安排香案，對着斜掛柳梢的半彎新月，深深下拜：「願我拋閃下男兒疾效些，得再覩同歡同悅。」躲在花陰深處偷聽瑞蘭心中秘密的瑞蓮，這時又出現了：

〔小旦〕悄悄輕將衣袂拽。姐姐，却不道小鬼頭春心動也。〔走科〕

〔旦〕妹子到那裏去？

〔小旦〕我也到父親行去說。

〔旦扯科〕

〔小旦〕放手，我這回定要去。

〔旦跪科〕妹子，饒過了姐姐罷。

幽閨記第三十二齣·幽閨拜月

這裏的語言和動作都是前面的重複，不過前面是瑞蘭嚇唬瑞蓮，這裏却是瑞蓮調侃瑞蘭。重複也是一種喜劇手法。它使人產生聯想，想起瑞蘭曾經表演過的「假撇清」，想起「請君入瓮」，想起「即以其人之道，還治其人之身」。這裏推動喜劇情節向前發展的動力是瑞蓮的機智。因爲機智就是「以突然或意外的方式揭示事物之間的雷同或對立」（英哈茲列特語，轉引自陳瘦竹《論悲劇與喜劇》），瑞蓮就是以「突然或意外的方式」揭示了瑞蘭自己「春心動」、却反咬別人「春心動」這一本質與假象之間的「對立」，因而造成強烈的喜劇效果。

事已至此，瑞蘭不得不對瑞蓮傾訴衷腸。當她說出自己的心上人姓蔣，名世隆，中都人氏的時候，瑞蓮立刻轉喜爲悲，哭出聲來。這倒使瑞蘭莫名其妙了：「我悽惶是正理，衹合此愁休對愁人說。妹子，你啼哭爲何因，莫非是我男兒舊妻妾？」這裏用的是誤會的喜劇手法。柏格森《笑》一書在談到誤會時說過：「當一個情景同時屬於兩組絕不相干的事件，並可以用兩個完全不同的意思來解釋的時候，這個情景就必然是滑稽的。」瑞蘭企圖對瑞蓮啼哭的原因作出解釋，結果却鬧了笑話。這眞是「大水淹了龍王廟，一家人認不得一家人。」這就在這一齣戲的喜劇色調上又添加了精彩的一筆。當瑞蓮說出「他須是瑞蓮親兄」以後，瑞蘭和她覺得格外親熱：「妹子，和你比先前又親，自今越更着疼熱。」而瑞蓮的話仍然是俏皮的：「我須是你妹妹姑姑，你是我的嫂嫂又是姐姐。」這時姐妹二人已經心心相印，她們共同懷念「囊篋又竭，藥餌又缺」的蔣世隆，也共同詛咒造成這一悲劇的「意似虺蛇，性似蝎螫」的王鎮。劇情從此有了大的轉折，而這齣戲也就結束了。

《幽閨拜月》這出戲，舞臺上雖衹有兩個人物，但戲劇關目的安排頗具匠心，可以說是起伏跌宕、搖曳生姿。劇作家靈活地運用了對比、重複、誤會等多種喜劇手法，新意叠出，妙趣橫生。人物心理的刻畫，玲瓏剔透，細膩傳神。如果說關漢卿雜劇的第三折限於北曲體製，衹能由瑞蘭一人主唱，對於瑞蓮機靈乖巧的性格展現不够的話，那麼本齣自〔青衲襖〕以下各曲，均由瑞蘭、瑞蓮二人分唱，眞如珠聯璧合，星月交輝，兩個人物形象各具特色，但又都豐滿而鮮明。曲詞、賓白自然本色而又不乏文彩，情景交融，富有詩味。李贄評《幽閨記》「關目極好，說白好，曲亦好，眞元人手筆也」，而作爲全劇的精華之一，《幽閨拜月》一齣更是膾炙人口，有着歷久不衰的舞臺生命力。

（萬雲駿）

图书在版编目（CIP）数据

历代名篇赏析集成．宋金元卷·下／袁行霈主编．—北京：高等教育出版社，2009.2（2017.2重印）
ISBN 978-7-04-023576-0

Ⅰ．历…　Ⅱ．袁…　Ⅲ．①古典文学－文学欣赏－中国－辽宋元时代　Ⅳ．I206.2

中国版本图书馆CIP数据核字（2008）第035826号

策划编辑　迟宝东　　责任编辑　迟宝东
书籍设计　刘晓翔　　责任校对　张　颖
责任印制　尤　静

出版发行　高等教育出版社
社　　址　北京市西城区德外大街4号
邮政编码　100120
印　　刷　北京佳信达欣艺术印刷有限公司
开　　本　787×1092　1/16
印　　张　33.25
字　　数　540 000
购书热线　010-58581118
咨询电话　400-810-0598
网　　址　http://www.hep.edu.cn
　　　　　http://www.hep.com.cn
网上订购　http://www.landraco.com
　　　　　http://www.landraco.com.cn
版　　次　2009年2月第1版
印　　次　2017年2月第4次印刷
定　　价　66.00元

物料号　23576-001

郑重声明